'뻥' 뚫리는 설교학

설교의 원리와 실제

양동욱 지음

'뻥' 뚫리는 설교학

"이 책 한 권이면
당신도 명 설교자가 될 수 있다!"

좋은땅

추천의 글

그분의 발소리를 더 생생하게 들려주고자

김운용
장로회신학대학교 총장, 예배/설교학

민족의 밤이 깊어 갈 때 어두워서, 힘들어서, 주님의 은혜가 아니면 설 수 없어서 제가 섬기는 장로회신학대학교 전신인 조선장로회 신학교(평양신학교) 학생들은 새 학기 문을 열면서 먼저 사경회로부터 학기를 시작했었습니다. 하늘 아버지의 발걸음 소리를 듣고, 그분의 격려 말씀을 듣기 위해서였습니다. 그렇지 않고서는 그 시대를 이겨 갈 수가 없었고, 사명을 감당할 수 없었기 때문입니다. 새벽부터 저녁까지 말씀을 읽고, 설교를 듣고, 기도하고, 찬양하고, 오후엔 평양 시내에 나가 노방전도를 했었습니다. 강력한 말씀의 역사 앞에서 금식하고 밤새우면서 기도했다는 교수회의 기록을 접합니다. 그렇게 말씀을 통한 뜨거운 빛 비췸과 하나님의 발걸음 소리를 들은 그들이 교회로 나가 그 말씀을 바로 들려주려고 몸부림쳤습니다. 거기에서 주님의 교회가 우뚝 세워졌습니다.

들의 농작물은 농부의 발소리를 들으며 자란다지요. 어디 농작물만이겠습니까? 집에서 기르는 화초도 주인의 따뜻한 돌봄의 손길을 받을 때 잘 자라고, 소담한 꽃을 피워 냅니다. 하물며 하나님의 형상을 따라 지음을 받은 인간이겠습니까? 하늘의 메시지를 전하는 설교자에게 필요한 것은 하늘 아버지의 발걸음 소리를 듣는 것이고, 꼭 안아 주시는 그분의 품과 격려입니다.

"장미는 어떻게 심장을 열어 / 자신의 모든 아름다움을 / 세상에 내주었을까? / 그것은 자신의 존재를 비추는 / 빛의 격려 때문 / 그렇지 않았다면 우리 모두는 / 언제까지나 두려움에 떨고 있을 뿐."

14세기 페르시아 시인, 하피즈의 「모두 다 꽃」이라는 제목의 시입니다. 괴테는 하피즈의 시에 감동하여 '화답 시집'을 펴내기도 했습니다. 빛의 격려를 받고 아름답게 피어나는 장미를 노래한 시인의 시를 통해 '빛의 격려'를 받았기 때문이겠지요. 누구나 '자신의 존재를 비추는 빛의 격려'를 받으며 춤을 출 때 거기에서 소담한 꽃이 피고 세워지는 역사가 일어나게 됩니다.

이런 열정에서 귀한 책이 출간되어서 기쁩니다. 저자 양동욱 박사님은 대학을 졸업하고 긴 시간 공직자 생활을 했습니다. 늦은 나이에 안정된 직장을 내려놓고, 생계는 사모님에게 맡기고 늦깎이로 장신대 광나루 언덕에 올랐습니다. 늦은 나이에 시작한 신대원 공부에 지칠 만도 한데, 저자의 학문 열정은 장신대 대학원 석사 과정(Th. M)으로, 박사 과정(Ph. D)으로 계속 달리게 했습니다. 신대원 졸업 후에는 충청도 예산, 교회가 없는 작은 농촌 마을에 들어가 교회를 개척하고, 사재를 털어 임시 건물을 세우고, 한 영혼을 가슴에 품고 몸부림치던 때였습니다. 그러나 그의 대학원에서 석사·박사 과정에서의 세미나 발제와 보고서는 어느 것 하나 소홀히 하지 않았습니다.

그렇게 저자는 더 효과적으로 그 사역을 감당하기 위해 기차를 몇 번 바꿔 타고 광나루까지 먼 길을 달려와 학업의 열정을 불태웠습니다. 석사·박사 논문 지도교수로서 쇠할 줄 모르는 저자의 학문의 열정과 하나님의 말씀을 더 선명하게 들려주기 위한 몸부림을 대할 때면 숙연함이 느껴졌습니다. 본서는 그 열정의 결실입니다. 현장 사역을 감당하면서 가졌던 몸부림을 후배 설교자들에게, 설교학 공부를 시작한 신학도들을 돕기 위해 집필한 책입니다. 본서는 설교 작성에서부터 전달까지 전 과정을 한 권에 담아냈습니다. 설교학의 제반 이론을 모두 담아내면서도 현장에서 실제로 설교 능력 향상이 이루어질 수 있도록 이론과 실천이 하나가 된 명실상부한 설교학의 역작입니다.

평생을 말씀과 씨름하며 하나님의 세미한 음성을 듣고, 목양 현장에서 성도들에게 그 소리를 들려주시려고 몸부림치신 필자입니다. 자신이 연구한 설교학의 지혜와 통찰력을 담아 동역자들이 영광스러운 사역을 감당할 수 있도록 열정을 담아 엮은 책입니다. 어두움이 가득한 이 시대에, 신학자로 산다는 것, 설교자로 산다는 것 모두 수월한 일이 아니지만, 성실함과 열정으로 평생을 몸부림친 한 목회자의 외침입니다. 장미가 그 심장을 열어 아름다움을 드러내 보이는 마음으로 내놓은 본서를 통해 부디 '내 존재를 비추시는 하늘의 격려'를 새롭게 듣게 되시길, 그리고 이 어려움의 시간에도 다시 일어섬을 경험하실 수 있길 빕니다. 귀한 역작을 내놓으신 양동욱 박사께 감사와 박수를 보내면서 신학생과 현장 목회자들이 본서를 통해 더욱 설교의 향상이 일어나기를 기대합니다.

2024년 11월
장로회신학대학교 총장 김운용

저자 서문

"배는 항구에 매여 있으면 안전하다. 그러나 이를 위해 배를 만든 것은 아니다." 독일 속담이라고 한다. 새로운 세계를 향해 나갈 때 누구나 두려움을 느끼게 된다. 현재 자리에 그대로 머물려고 한다. 그러나 이를 위해 하나님이 우리를 하나님의 형상대로 창조한 것이 아니시다. 각자에게는 주어진 사명이 있다. 이를 위해 항구를 벗어나 거센 파도가 몰아치는 큰 바다로 나가야 한다.

필자가 2002년 12월 말에 정든 직장을 명예퇴직하고 신학교로 발길을 향했을 때는 주저한 적이 많았다. 신학대학원을 다니면서도 자꾸 뒤를 돌아보면서 목회에 대한 두려움에 휩싸인 적이 있었다. 그러나 용기를 내어 배를 저으며 큰 바다로 나가게 되었다. 거센 파도와 때로는 폭풍을 만나 밤잠을 자지 못하고 뱃머리를 잡은 적이 많았다. 그러나 신학대학원에서 성경을 깊이 공부하면서, 특히 설교학을 접하면서 새로운 소망의 불이 타오르고 있음을 발견했다. 특히 김운용 교수님의 설교학 강의와 채플 시간에 선포하는 설교 말씀에 감동하였다. 설교자에 대한 새로운 비전을 가지게 되었다. 40대 초반에, 장로회신학대학원에 입학한 늦깎이 신학생이었지만 내친김에 설교학 일반 석사(Th. M)와 박사 과정(Ph. D)까지 공부하였다.

특히 신학대학원에 재학하면서 개척한 교회의 목회 사역에서 설교의 중요성을 실감하게 되었다. 장로회신학대학교 대학원에서 신학 석·박사 학위 과정을 거치면서 그리고 현장에서 목회를 하면서 어떻게 하면 성경에 충실하면서 은혜롭고 풍성한 말씀을 선포할 것인가에 대한 연구와 실천에 몰두하게 되었다. 이렇게 17년의 세월을 거치면서 설교학에 대한 이론 정립과 효과적인 설교 선포에 대한 나름의 원리와 방법론을 확보하게 되었다. 이를 한 권의 책으로 담아 『'뻥' 뚫리는 설교학』이라는 이름으로 출판하게 되었다.

약 20개월에 걸쳐 본서를 집필하면서 어떻게 하면 설교학 정통 이론에 바탕을 두면서도 현장의 목소리를 반영한 이론과 실제가 일치하는 명실상부한 설교학 교재를 집필할 것인가에 초점을 맞추어 저술하였다. 신학대학원에서 신학생들이 본서를 교재로 사용하거나 혹은 현장 목회자들이 설교 능력 향상을 위해 본서를 활용할 때 실제적인 설교 능력 향상에 이바지할 수 있도록 집필하였다. 본서의 특징과 안내 사항은 다음과 같다.

1. 본서는 설교학의 제반 이론과 방법론이 목회 현장과 유리되지 않고 결합하도록 집필했다. 본서의 이론과 방법론을 실천하면 설교 능력 향상이 분명히 이루어지는 것을 경험할 것이다.
2. 본서는 국내외에서 출간된 각종 중요 설교학 교재의 이론과 방법론을 두루 참고하였다.
3. 본서의 인용문에서 굵은 글자는 필자가 강조한 부분을 표시한 것이다.
4. 본서의 성경은 한글은 개역 개정판을, 영어 성경은 KJV판을 사용하였다.

본서가 출간되기까지 많은 분들의 도움이 있었다. 먼저 장로회신학대학교 김운용 총장님께 감사를 드린다. 늦깎이로 시작한 필자를 아껴 주시고 격려하시며 신학대학원과 일반대학원 신학 석사와 박사 과정을 열정으로 지도해 주신 스승이신 총장님께 깊이 감사를 드린다.

그리고 세계로 열린 교회 교우들에게도 감사를 드린다. 필자의 말씀 선포에 귀를 기울이고 동참하면서 은혜의 숲길을 함께 걸어 주었다. 사모하는 마음으로 귀를 기울이고 함께 감격을 누리는 믿음의 동역자들이었다. 교우들이 있었기에 더욱 말씀 연구와 선포에 열심을 낼 수 있었다.

또한 장로회신학대학교 설교학 겸임교수로 재직하면서 본인의 설교학 강의에 함께 참여하고 설교 능력 향상을 위해 매진한 학우들에게도 깊은 감사를 드린다. 특히 과제로 제출한 설교문 작성과 이의 선포를 위해 땀을 흘리며 함께한 학우들에게 감사를 드린다.

무엇보다도 김기예 사모에게 감사를 드린다. 젊은 시절에 만나 사랑하고 결혼하고 자녀를 낳고 직장을 다니면서 아내는 많은 마음고생을 하였다. 필자가 뒤늦게 예수를 영접하고 다니던 직장을 정리하고 목회의 길을 걸으려고 했을 때도, 기꺼이 순종하며 함께하여 주었다. 김기예 사모의 기다림과 헌신과 믿음이 오늘의 나의 모습이 되는 지렛대 역할을 했다. 나의 사랑, 나의 믿음의 동반자 김기예 사모여, 다시 한번 깊이 감사를 드린다.

2024년 11월
저자 양동욱

목차

추천의 글 · 4
저자 서문 · 7

제1부   발상의 전환이 일어나야 한다

1장   나만 설교가 어려운 게 아니다 · **18**
   Ⅰ. 나는 왜 설교가 어려울까? · 18
   Ⅱ. 좋은 설교의 조건은 무엇인가? · 20
      1. 쉽게 준비한 설교는 내용이 없다 · 20
      2. 좋은 설교는 성경에 충실하면서 창의적인 설교이다 · · · · · · 21
   Ⅲ. 설교에 재능이 없어서 힘들어하는 것은 아닐까? · · · · · · · · · · 25
      1. 재능인가, 노력인가? · 25
      2. 절박한 필요는 탁월한 설교자를 만든다 · · · · · · · · · · · · · · · · 27
   Ⅳ. 흘리는 땀만큼 좋은 설교를 전할 수 있다 · · · · · · · · · · · · · · · · · 29
      1. 바쁘다는 것이 답이 될 수 없다 · 29
      2. 배우고 훈련된 만큼 전할 수 있다 · 30

2장   설교학은 목회에 도움을 줄 수 있는가? · · · · · · · · · · · · · · · **32**
   Ⅰ. 나의 설교학 방황기(彷徨記) · 32
   Ⅱ. 설교학 무용(無用)론과 유용(有用)론 사이에서 · · · · · · · · · · · 35
      1. 설교학(homiletics)은 과연 필요한가? · · · · · · · · · · · · · · · · · 35
      2. 설교학은 도움을 줄 수 있다 · 36
   Ⅲ. 왜 설교학의 효용성이 의심받는가? · 40
   Ⅳ. 설교학을 어떤 자세로 배울 것인가? · 43

3장   설교학의 실제적인 학습법을 찾아야 한다 · · · · · · · · · · · · **45**
   Ⅰ. 나무가 아닌 숲을 보아야 한다 · 45

  1. 지나치게 다양한 설교 용어가 혼란을 초래한다 ·········· 45
  2. 설교의 '정의'로 살펴보는 설교학의 큰 그림 ·········· 46
 Ⅱ. 설교자란 누구인가(who)? ·········· 49
 Ⅲ. 설교의 내용은 무엇인가(what)? ·········· 51
 Ⅳ. 설교의 준비와 전달이란 무엇인가(how)? ·········· 53

제2부   위기의 시대에는 설교자에게 새로운 자세가 필요하다

4장   위기의 시대에는 올바른 역사관을 가져야 한다 ·········· 56
 Ⅰ. 교회의 축소를 경험하고 있는 한국 교회 ·········· 56
  1. 곳곳에서 들려오는 비명 ·········· 56
  2. 지평선 너머의 희망을 볼 수 있어야 ·········· 58
 Ⅱ. 위기의 시대에 교회가 보인 대응 ·········· 63
  1. 초대 교회 박해와 승전사 ·········· 63
  2. 또 다른 위기를 맞이하는 교회 ·········· 66
 Ⅲ. 목회자가 가져야 할 역사관은 무엇인가? ·········· 71
  1. 역사를 바라보는 관점들 ·········· 71
  2. 설교자가 취해야 할 역사관은 무엇인가? ·········· 73
 Ⅳ. '기독교' 설교자의 자세를 갖추어야 ·········· 75

5장   위기의 시대에는 올바른 교회관과 설교관을 가져야 한다 ·········· 78
 Ⅰ. 하나님은 여전히 필요하다 ·········· 78
  1. 고장 난 인생에게 필요한 것은 ·········· 78
  2. 인간이 가진 종교의 씨앗 ·········· 81
 Ⅱ. 교회란 무엇인가? ·········· 84
  1. 인간에게 교회의 의미 ·········· 84
  2. 교회 '됨'의 실현인 예배 ·········· 86
 Ⅲ. 설교가 가지는 능력(형성력과 실행력) ·········· 90
  1. 설교에는 특별한 '힘'이 있다 ·········· 90
  2. 설교는 교회를 세우고 변화시키는 힘이 있다 ·········· 95
 Ⅳ. 설교자는 위기의 시대일수록 주님의 약속을 믿어야 한다 ·········· 100

6장 위기의 시대는 능력 있는 설교자를 부른다 · 103
  Ⅰ. 위기의 시대를 이겨내는 설교자가 필요하다 · 103
    1. 시대를 이끌었던 설교자 크리소스톰 · 103
    2. 결국은 설교자이다 · 106
  Ⅱ. 설교자는 소명 의식을 가져야 한다 · 108
    1. 설교자에게 필요한 것은 소명(calling) 의식이다 · 108
    2. 소명 받은 설교자가 가져야 할 자기 이미지 · 117
  Ⅲ. 성장으로 세상을 변화시키는 설교자가 되어야 · 121
    1. 세상과의 경쟁에서 승리하려면 · 121
    2. 성장을 추구하는 설교자가 되어야 한다 · 123
  Ⅳ. 설교의 능력을 믿고 이겨내는 설교자를 부른다 · 128

제3부 성공적인 설교를 하기 위한 6대 원리와 전략

7장 성공적인 설교를 위한 원리와 전략(Ⅰ)
  - 신뢰받는 설교자가 돼라! · 132
  Ⅰ. 설교에도 원리와 전략이 필요하다 · 132
    1. 매직 넘버 '1만 시간'의 법칙 · 132
    2. 설교는 소통이다 · 134
  Ⅱ. 성공적 설교의 제1 원리와 전략: 신뢰받는 설교자가 되어야 한다 · 142
    1. 이금희 아나운서의 체험담이 암시하는 것은 · 142
    2. 신뢰받는 설교자는 확신 있게 전하는 설교자이다 · 143
  Ⅲ. 신뢰받는 설교자는 독창적인 설교자이다 · 147
    1. 자신만의 설교 세계를 갖춘 설교자가 되어야 한다 · 147
    2. 보편성 속에 독특함을 갖추는 설교자가 되어야 한다 · 148
  Ⅳ. 제자의 길을 걷는 설교자: "나의 심장을 주님께 드립니다." · 152
    1. 참된 제자를 찾고 있는 한국 사회 · 152
    2. 참된 제자도를 실천한 존 칼빈 · 155

8장 성공적인 설교를 위한 원리와 전략(Ⅱ)
  - 회중 중심의 설교를 하라! · 159

Ⅰ. 선포의 패러다임이 바뀌어야 한다 · 159
　　　　1. '차별화 전략'이 필요한 시대 · 159
　　　　2. 회중 중심 설교의 중요성 · 160
　　Ⅱ. 성공적 설교의 제2 원리와 전략: 회중 중심의 설교를 하라 · 163
　　　　1. 회중 중심의 설교란 무엇인가? · 163
　　　　2. 어떻게 회중 중심의 설교를 실현할 것인가? · 164
　　Ⅲ. 회중 중심의 설교는 성경 해석에서 시작된다 · 168
　　　　1. 설교는 성경 해석의 결과물이다 · 168
　　　　2. '현재' 시각에서 성경 해석하기 · 169
　　Ⅳ. 사랑과 교통하심이 함께하는 설교가 되어야 · 174
　　　　1. 더 자세히 다가가 관찰해야 보인다 · 174
　　　　2. 성령님의 교통하심 속에서 선포해야 한다 · 175

9장　성공적인 설교를 위한 원리와 전략(Ⅲ)
　　　　- 들을 가치가 있는 설교를 하라! · **178**
　　Ⅰ. 설교는 메시지이다 · 178
　　　　1. 본질은 콘텐츠에 있다 · 178
　　　　2. 설교는 메시지이다 · 179
　　Ⅱ. 성공적 설교의 제3 원리와 전략: 성경적인 설교로 가치가 있는 설교를 하라 · 182
　　　　1. 성경적 설교가 설교학에서 가지는 의미 · 182
　　　　2. 성경적 설교의 개념과 실현하는 방법들 · 189
　　Ⅲ. 성경적 설교는 그리스도 중심의 설교에서 실현된다 · 197
　　　　1. 그리스도 중심의 설교란 무엇인가? · 197
　　　　2. 어떻게 그리스도 중심의 설교를 할 것인가? · 198
　　Ⅳ. 서재와 현장에서 성경적인 설교자가 만들어진다 · 204
　　　　1. 그리스도 중심의 설교 위력을 실감해야 한다 · 204
　　　　2. 명설교자는 서재와 현장에서 만들어진다 · 205

10장　성공적인 설교를 위한 원리와 전략(Ⅳ)
　　　　- 잘 짜여진 형태(구조)에 담아 전달하라! · **207**
　　Ⅰ. 메시지는 견고한 형태(구조)에 담아 전달해야 한다 · 207
　　　　1. 파리 에펠탑이 세워질 수 있었던 이유 · 207

  2. 설교 내용은 일정한 형태(구조)에 맞추어 짜여야 한다 ·················· 208
 Ⅱ. 성공적 설교의 제4 원리와 전략: 잘 짜인 형태(구조)에 담아 논리적으로 전하라 ·· 212
  1. 생각은 어떻게 외부로 표현되는가: 시작하고 보태지며 연결하고… ······ 212
  2. 전통 설교학 정립과 새로운 설교학의 등장 ······························· 217
 Ⅲ. 연역식 설교와 귀납식 설교란 무엇인가? ······································· 223
  1. 설교 형태의 기본인 연역식 설교 ·· 223
  2. 귀납식 설교란 무엇인가? ··· 234
  3. 4페이지(장면) 설교란 무엇인가? ·· 241
 Ⅳ. 자신만의 연장을 가져야! ··· 248
  1. '연역식이냐 귀납식이냐' 그것이 문제로다 ································ 248
  2. 자신만의 연장을 가져야 한다 ·· 251

11장 성공적인 설교를 위한 원리와 전략(Ⅴ)
- 선명하면서 생생한 언어로 은혜롭게 표현하라! ···························· **254**
 Ⅰ. 메시지는 효과적인 언어로 표현되어야 한다 ·································· 254
  1. 특급 호텔의 남다른 차이 ·· 254
  2. 효과적인 언어로 표현하여 설득력과 감동을 높여야 한다 ············· 255
 Ⅱ. 성공적 설교의 제5 원리와 전략: 선명하면서 생생한 언어로 은혜롭게 표현하라! ·· 258
  1. 한 장의 포스터가 주는 교훈 ·· 258
  2. 선명하면서 생생하고 은혜롭게 표현되어야 한다 ························ 260
 Ⅲ. 수사 표현법을 활용하여 수준 높게 표현하는 방법 ························ 267
  1. 표현법의 또 다른 산맥인 비유·예증 표현법 ······························ 267
  2. 어떻게 예증 자료를 사용할 것인가? ······································· 276
 Ⅳ. 비범한 설교자가 되기 위한 첫걸음을 어떻게 할 것인가? ··············· 286
  1. 일찍 일어나는 새가 벌레를 잡는다 ·· 286
  2. 목숨 걸고 자료를 수집해야 한다 ·· 288

12장 성공적인 설교를 위한 원리와 전략(Ⅵ)
- 설교를 효과적으로 평가하고 성장하라! ····································· **290**
 Ⅰ. 설교 능력은 향상되어야 한다 ··· 290
  1. 설교는 누구의 것인가? ·· 290
  2. 설교는 완료형이 아니라 '진행형'이다 ····································· 292

II. 성공적 설교의 제6 원리와 전략: 설교를 효과적으로 평가하고 성장하라! ········ 295
　　　　1. 설교 피드백(평가)의 중요성 ··· 295
　　　　2. 어떻게 설교 평가와 피드백을 실행할 것인가? ·· 297
　　III. 명설교자의 설교를 듣고 설교 능력 키우기 ·· 305
　　　　1. 귀가 열려야 입도 열린다 ··· 305
　　　　2. 설교 청취의 구체적인 방법 ··· 306
　　　　3. 청취할 때 자세 ··· 309
　　VI. 설교 피드백(평가)의 일상화는 모두를 행복하게 한다 ···································· 310

제4부 설교의 실제(實際): 설교 준비에서 작성과 선포를 어떻게 할 것인가?

13장 설교의 실제(實際) 1, 2단계: 설교 목적과 성경 본문 선택하기 ························ 314
　　I. 설교 준비에서 선포까지 전 과정 이해하기 ·· 314
　　　　1. 레시피(recipe)대로 했는데도 맛이 없는 이유 ·· 314
　　　　2. 설교 작성의 전 과정을 이해하여야 하는 이유 ·· 316
　　II. 설교의 실제(實際) 1단계: 설교 목적 세우기 ·· 320
　　　　1. 설교 목적의 중요성 인식하기 ·· 320
　　　　2. 설교 목적 세우기를 위한 전략 ··· 321
　　III. 설교의 실제(實際) 2단계: 성경 본문 선택하기 ··· 327
　　　　1. 큰 범위에서 본문 선택 방법 ·· 327
　　　　2. 범위를 좁혀 본문을 선택하는 방법 ·· 331
　　IV. 성경 본문 선택은 유기적인 관계에서 이루어져야 한다 ·································· 337

14장 설교의 실제(實際) 3~5단계: 본문 해석과 주제 설정 및 설교문 작성 ············· 340
　　I. 설교자는 만들어지는 것이다 ·· 340
　　　　1. 천재 화가는 따로 있는가? ·· 340
　　　　2. 땀과 헌신의 자세가 필요하다 ··· 341
　　II. 설교의 실제(實際) 3단계: 성경 본문 해석하기 ·· 344
　　　　1. 성경 해석의 본질 ··· 344
　　　　2. 성경 해석의 방법과 절차 ··· 348
　　III. 설교의 실제(實際) 4단계: 주제와 주 이미지 설정하기 ································· 352

        1. 주제의 의미와 구성 요소 ································· 352
        2. 주제 설정 방법 ·· 356
    IV. 설교의 실제(實際) 5단계: 설교문 작성하기 ············ 360
        1. 설교문 작성의 필요성과 유익 ························ 360
        2. 설교문 작성 과정 ·· 363
        3. 실제 설교문(연역식) 작성하기 ························ 370
    V. 대가가 되려면 땀과 눈물의 양이 차야… ················· 380

15장 **설교의 실제(實際) 6단계: 설교문 암기와 선포 및 피드백하기** **383**
    Ⅰ. 설교는 연기이다 ··· 383
        1. 영화가 흥행에 성공하려면 ···························· 383
        2. 설교는 '드라마이면서 연기'이다 ····················· 384
    Ⅱ. '연기자'로서 설교자가 갖추어야 할 자세 ·············· 388
    Ⅲ. 강대상에서 어떻게 효과적으로 선포할 것인가? ····· 393
        1. 연기자로서 설교자가 먼저 준비해야 할 것들 ··· 393
        2. 강단에서 어떻게 '연기'하여 선포할 것인가? ···· 398
    Ⅳ. 부르심의 상을 위하여 달려가는 설교자 ················ 406
        1. 마지막을 향하여 올라가라 ···························· 406
        2. 부르심의 상을 향하여 달려가는 설교자 ·········· 411

참고 문헌 ·· 414

| 부록 |
1. 연역식 설교문 예시-'초대받지 못한 손님!' ················· 421
2. 귀납식 설교문 예시-'행복으로 가는 길목에서!' ··········· 431
3. 4페이지 설교문 예시-'노란 냄비의 추억' ···················· 439

제1부

발상의 전환이 일어나야 한다

1장. 나만 설교가 어려운 게 아니다
2장. 설교학은 목회에 도움을 줄 수 있는가?
3장. 설교학의 실제적인 학습법을 찾아야 한다

1장

나만 설교가 어려운 게 아니다

Ⅰ. 나는 왜 설교가 어려울까?

"에이, 누가 새벽 기도회는 만들어서…."

K 목사는 투덜거리며 자리에서 일어났다. 유난히 아침잠이 많은 그였다. 목회를 시작한 지가 10년 가까이 되어 가지만, 새벽에 일어나는 것이 아직도 힘들다. 그러나 그를 더욱 어렵게 하는 것이 따로 있었다. 설교이었다. 옷을 입고 교회를 향하면서도 발걸음이 가볍지 않았다. 목회를 시작하면서 가장 어려운 것이 말씀을 전하는 것이었다. 처음이라 그러려니 했다. 그러나 시간이 지나고 목회 경륜이 쌓여 가도 강대상은 여전히 부담으로 다가왔다. 나름대로 설교 준비를 하고 강대상에 올라간다고 하지만, 설교가 진행되면서 성도들의 얼굴을 바라보면 힘이 빠지기 일쑤였다. 자신의 설교가 성도들에게 은혜를 끼치지 못하고 있기 때문이다. 나는 왜 이렇게 설교가 어려울까….

설교자들이 목회하면서 가장 어려운 것이 무엇이냐고 물어본다면, 대개가 설교라고 말할 것이다. 저녁이 되고 밤이 깊어지면 다음 날 있을 설교 때문에 잠을 설치기도 한다. 그럴 때마다 '나는 왜 이렇게 설교가 어렵고 힘들까?'라고 생각하게 된다. 목회자 중에는 설교 준비에 큰 어려움을 겪지 않는다고 말하는 사람도 있기는 하다. 그런 말을 들을 때마다 설교를 힘들어하는 자신이 원망스럽기도 하다.

과연 설교에 어려움을 느끼는 것이 일부 목회자에 국한된 일인가? 그렇지 않다는 것이다. 필자의 경험으로 보아, 목회자들이 설교를 힘들어하는 것은 당연하다. 설교를 손쉽게 할 수 있다고 말하는 목회자들의 설교는, 그 내용이 속 빈 강정에 불과한 경우가 많다. 목회를 알차게 하려는 설교자일수록, 말씀을 정성스럽게 준비하려고 할수록 설교 준비는 어려운 과정이 된다. 소위 명설교자라고 일컬어지는 목회자들은 수많은 땀과 정성들이 모여 거대한 호수를 이룬 결과이다. 설교를 준비하고 선포하는 각 과정은 본질이 인고(忍苦)의 과정이기 때문이다. 목회자들이 이것을 분명히 이해할 때, 설교에 부담감을 가지는 자신에 대한 위로가 되고 이를 해결할 방책을 살펴볼 수 있게 된다.[1]

---

1) 설교는 쉬운 일이 아니고 고된 사역이라는 것을 먼저 인식해야 한다. 그래야 각오를 새롭게 하고 슬기롭게 맞이하는 방안을 찾게 된다. 설교(목회)의 어려움에 대하여 일리온 존스(Ilion T. Jones)는 다음과 같이 말한다.
"목회는 고된 일을 요구한다는 것을 사실로 받아들이고 적응해야 한다. … 해리 포스딕(Harry E. Fosdick)이 설교란 '자신의 생명의 피로써 회중을 적시는 것이다'라고 했을 때 목회 사역이 얼마나 고된 것인가를 말하고 있는 것이다."-Ilion T. Jones, *Principles and Practice of Preaching*, 정장복 역, 『설교의 원리와 실제』 (서울: 생명의 말씀사, 1986), 67.

Ⅱ. 좋은 설교의 조건은 무엇인가?

1. 쉽게 준비한 설교는 내용이 없다

"저는 설교 준비를 특별히 하지 않습니다. 주일 예배 30분 전에 강대상으로 올라가지요. 그곳에서 무릎을 꿇고 말씀을 달라고 기도합니다. 말씀을 주시면 그 말씀을 가지고 강대상에서 설교합니다. 말씀을 주지 않으시면 어쩔 수 있습니까? 전하지 못하는 것이지요."

필자가 어느 목회자와 대화를 나누는 가운데 나온 말이다. 평소에도 설교하는 데 어려움이 없다고 말하던 사람이다. 어렵지 않은 이유가 강대상에서 기도하면서 하나님께 직접 받기 때문이라고 한다. 기도할 때 하나님이 주시는 말씀이 있다는 것이다. 전할 말씀을 주시면 전하고, 그렇지 않으면 어쩔 수 없다고 말한다. 그렇다고 주일 예배에서 설교하지 않는다는 뜻이 아니다. 강대상에서 설교하면서 떠오르는 생각을 얼기설기 대강 엮어서 설교한다. 이렇게 설교하는 것이 당연하다는 듯이 말하는 모습에서, 우리는 일부 목회자가 설교에 대하여 어떤 생각을 하는지 알게 된다.

많은 목회자는 설교를 준비하면서 지나치게 인간적인 노력을 하는 것을 바람직하지 않다고 말한다. '하나님의 말씀인 설교에 왜 인간의 생각과 말을 섞느냐?'라고 항변하는 목회자도 있다. 기도만 많이 하면 된다고 말한다. 기도하면 하나님이 말씀을 주신다는 것이다. 그것을 전하기만 하면 된다고 말한다. 과연 이런 자세가 바람직한가? 그렇지 않다는 것이다. 설교는 하나님의 말씀을 전하는 것이다. 그 하나님의 말씀은 계시의 말씀이다. 계시(revelation)는 '(덮개를) 벗겨냄'이라는 의미가 있다. 본래 감추어진 말씀인데 인간에게 드러낸 말씀이라는 뜻이다. 계시로의 하나님 말씀을 3가지 측면에서 설명한 사람이 칼 바르트(Karl Barth)이다. 이를 '삼중적 형태에서의 하나님의 말씀'이라고 칭한다. 먼저 '하나님의 계시된 말씀'으로서의 예수 그리스도를 꼽는다. 그리스도는 말씀 자체이기 때문이다(요 1:1). 말씀 자체이신 예수께서 육신으로 이 땅에 오심으로 '하나님의 계시된 말씀'이 되었다고 설명한다. 그리고 '하나님의 기록된 말씀으로서 성경'이 있다. 성경은 선지자와 사도를 통하여 친히 하신 말씀이 기록된 것으로, 예수 그리스도를 증언한다고 말한다. 마지막으로 '하나님의 선포된 말씀'으로 설교를 말한다. 바르트는 특히 선포된 말씀으로서 설교가 교회에서 삶의 기능을 규정짓는다고 말한다.[2] 설교가 성도의 신앙생활에 그만큼 중요한 의미가 있다는 것이다. 이에 대하여 안인규는 다음과 같이 말한다.

> 바르트의 인격적 계시란 하나님 말씀의 삼중적 형태 중에서 "지금 그리고 여기에" 임하는 하나님의 계시를 의미한다. 즉 예수 그리스도가 성경에 근거하여 올바르게 말씀이 선포되는 그곳에 실제로 임재하실 때에, 교회 공동체는 선포되는 말씀을 경청하고 깨닫는 수준에서 머무는 것이 아니라, 인격적으로 그리스도를 만나는 체험을 할 수 있다. 바르트가 주장한 올바른 말씀 선포를 통한 인격적 계시는 그리스도와의 인격적 만남 및 실질적인 체험을 통한 변화를 가져오는 근거가 된다….[3]

따라서 설교는 계시의 말씀이 된다. 그러면 설교는 어떻게 사람들에게 하나님의 뜻을 드러내는가? 기도가 그 수단이 되는가? 성경은 설교자의 선포를 통해 구체화된다고 말씀한다(롬 10:14,15). 그러므로 은혜롭고 좋은 설교는 성경에 대한 충실한 해석과 이를 바탕으로 정성스럽게 준비하고 전달하는 설교자의 수고가 뒷받침되어야 한다. 물론 여기에는 깨닫게 하시는 영이신 성령의 개입과 감동, 감화하심이 있어야 한다(고전 12:3). 설교자 자신이 감당해야 할 땀과 정성스러운 자세 없이 단순히 기도만 강조하는 것은 나태함에 대한 일종의 변명에 불과하다.

2. 좋은 설교는 성경에 충실하면서 창의적인 설교이다

그럼, 설교자가 한 편의 설교문을 작성하고 전달하는 과정에서 쏟아야 할 땀의 종류는 무엇인가? 이것은 좋은 설교란 무엇을 말하는가에 대한 논의에서 출발해야 한다. 성도들에게 은혜와 영적 감화를 끼칠 수 있는 설교의 기준이 무엇이냐와 관련이 있다. 모범적인 설교란 우선은 성경에 충실한 설교를 말한다. 설교는 대언(代言)의 말씀이기 때문이다. 기록된 말씀인 성경을 바르게 해석하고 이를 바탕으로 설교하는 것이 설교의 첫째 조건이 된다. 달리 말하면 성경적인 설교를 의

---

[2] Karl Barth, *Die Kirchliche Dogmatik*(Ⅰ-2), 신준호 역, 『교회 교의학(Ⅰ-1)』 (서울: 대한기독교서회, 2010), 126-165.
[3] 안인규, "하나님 말씀의 삼중적 형태에 대한 칼 바르트의 견해: 말씀 선포를 중심으로," 『조직 신학 연구』 29(2018), 111.

미한다. 설교가 본문으로 삼고 있는 특정 본문의 의미가 설교 전체에 잘 드러나게 하는 것이며, 나아가 성경적인 가치관을 충실히 반영한 설교를 말한다.

그러나 이것만 가지고 성도들에게 은혜를 주는 설교가 되는 것은 아니다. 성경에 충실한 설교만을 고집하면 지루한 설교가 되기 쉽다. 성경을 바르게 전한다는 이름 아래, 설교를 주석의 복사판으로 생각하고 전하는 설교자가 있다. 졸음만 안겨 줄 뿐이다. 성경적인 설교라고 하면 사람들이 따분한 설교라고 생각하는 이유가 여기에 있다. 탁월한 설교는 성경에 충실하면서도 보통의 설교와 차이를 보이는 남다른 설교를 의미한다. 성경 본문에 충실하면서도 설교의 전편에 흐르는 남다른 은혜와 통찰력이 배어 있어야 한다. 뻔한 언어가 아니고 심사숙고하여 선정된 언어를 사용하여 회중의 가슴을 시원하게 뚫어 주는 설교를 말한다. 이것은 보통의 설교와 구별되는 창의적인 설교를 말한다. 이런 설교를 한다는 것은 쉽지 않다. 대부분 설교자는 성경을 충실하게 전하는 것조차 버거워하기 때문이다. 창의적인 설교를 하는 목회자는 극소수에 불과하다.

이에 대하여 한국 최초의 설교학 교수로 알려진 곽안련(郭安連, 미국명 Charles Allen Clark) 교수의 말을 들어 보자. 그는 본래 미국인으로 1902년에 조선에 입국하여 선교 활동을 펼치던 선교사였다. 그가 선교 활동을 하는 중에 조선 최초로 세워진 평양신학교(장로회신학대학교 전신)에서 설교학 교수로 초빙받게 된다. 그곳에서 1908년부터 1941년까지 33년을 실천신학 교수로 봉직한다. 그리고 1925년에 조선 최초의 설교학 교재인 『설교학』이라는 책을 출판하였다. 이 책은 현대에 출판된 각종 설교학 교재와 비교했을 때도 손색이 없는 탁월한 책으로 평가받고 있다. 이 책에서 곽안련 교수는 '어떤 설교가 탁월한 설교인가?'에 대하여 자문하면서 그것은 '창의적'인 설교라고 말한다. 그런데 이런 창의적인 설교를 하는 사람은 극소수에 불과하다고 말하고 있다. 그는 자신이 저술한 『설교학』에서 1920년대 평양신학교 신학생들의 모습을 다음과 같이 말한다.

설교학을 교수함에 있어서 지정한 본문을 주면서 설교를 작성해 오라고 할 경우가 있다. 이때 학생 수가 전부 50명이라면 다섯 사람은 의외로 훌륭하게 잘 지어 오고 다섯 사람은 아주 잘못 지어 오고 나머지 40명은 모두 비슷비슷하게 아주 좋지도 않고 나쁘지도 않게 지어 오는 것은 이상한 일이다. **잘 지어 온 다섯 사람은 현저하게 다른 학생들보다 우수하다. 이 다섯 사람을 다른 사람보다 우수한 학생으로 만든 원인은 그들의 창작성이다.** 어떤 사람은 기회가 있는 대로 틈틈이 이 창작성을 성취하며, 어떤 사람은 항상 창작성을 얻고자 하는 것 같으나 노력하는 듯 마는 듯 하며, 또 어떤 사람은 그 생활면에 이 창작성에 전혀 관여하지 않는다.[4]

곽안련의 경험에 의하면 신학생들의 10%만이 창의성이 돋보이는 설교를 하고, 나머지 90%는 그저 그렇고 그런 설교 혹은 설교라고 부르기도 어려운 설교를 한다는 것이다. 곽안련은 창작성이 있는 설교를 하려면 노력이 필요하다고 한다. 대부분은 이런 노력을 '하는 듯 마는 듯' 한다고 탄식하고 있다.

설교가 어려운 이유가 여기에 있다. 설교를 대강 준비하고 전달하면서 시간이나 메우려고 하는 목회자라면 설교는 어려울 게 없다. 성경 본문을 대충 해석하고 거기에 자기 생각을 적당히 버무려서 성도들에게 내놓으면 되기 때문이다. 그러나 이런 식의 설교는 성도들의 귀를 잡을 수도 없고 영적 영향력도 없다. 창의적인 설교를 하는 데 필요한 '땀'이 들어 있지 않기 때문이다.

설교를 성실히 준비하고 성도들에게 알찬 영혼의 양식을 주려는 목회자에게 설교 준비와 실천은 어려울 수밖에 없다. 많은 수고와 땀을 쏟아부어야 하기 때문이다. 무(無)에서 유(有)를 만들어 내는 창의적인 과정이 되기 때문이다. 어떤 목회자는 설교의 이런 과정을 반박할지 모른다. 하나님의 말씀을 그대로 전하면 되지 않느냐고 말이다. 그러나 '그' 하나님 말씀은 저절로 하늘에서 뚝 떨어지는 것이 아니다. 강대상에서 예배 시작 직전에 기도한다고 갑자기 생기는 것은 더욱 아니다. 설교는 동전 몇 개를 자판기에 넣으면 손쉽게 얻을 수 있는 음료수가 아니기 때문이다. 성경 말씀으로 설교를 준비하되 그런 과정은 인간의 뇌에서 새로운 것을 만들어 내는 과정이다. 똑같은

---

4) 곽안련, 『설교학』(서울: 대한기독교서회, 1925), 237.

성경 본문이라도 설교자에 따라 다양한 설교문이 나온다. 심지어는 한 설교자가 같은 성경 본문을 가지고 몇 개월의 사이를 두고 설교를 해도 그 내용과 분위기는 매번 달라진다. 설교는 새로운 것을 뽑아내어 회중에게 전하는 창의적 활동의 일환이다.[5]

창의적인 활동을 거쳐 열매를 얻기 위해서는 고통 속에 땀을 흘리는 과정을 거쳐야 한다. 그래서 '산고(産苦)'라는 말이 있지 않은가? 산모가 아기를 출산키 위해 경험하는 그런 수고와 고통이 수반된다는 것이다. 어찌 인간 사회에만 이런 산고가 있겠는가? 어느 유명 시인은 한 송이의 꽃도 산고의 고통을 겪는다고 말한다.

"한 송이의 꽃을 피우기 위해 / 봄부터 소쩍새는 그렇게 울었나 보다. / 한 송이의 국화꽃을 피우기 위해 / 천둥은 먹구름 속에서 / 또 그렇게 울었나…."(서정주 「국화 옆에서」)

설교는 한 아기의 출산이나 한 송이의 국화꽃을 피우는 과정과는 비교할 수 없는 새 생명이 탄생하는 과정이다. 심판받아 죽을 수밖에 없는 타락한 인간이 설교를 듣고 회개하고 새로운 생명으로 탄생하기 때문이다. 따라서 설교는 지상의 어떤 생명의 탄생과 비교할 수 없는 가장 위대한 출산 과정이다. 그만큼 산고를 많이 경험해야 한다. 은혜롭고 좋은 설교를 하기 위해서는 성경에 바탕을 두면서도 성경 해석과 설교문 작성 그리고 이를 실행하는 과정마다 땀이 흠뻑 들어가야 성경적인 설교가 되면서 창의적인 설교가 된다. 그렇다면 설교는 '나'만 어려운 것이 아니다. 성도들에게 알찬 하나님의 말씀을 전하려는 갈망이 있는 목회자라면 모두가 겪어야 하는 산고의 과정이 된다.

---

5) 수준 높은 설교는 창의적 설교가 되어야 한다. 설교자는 성경을 해석하고 이것을 일정한 틀에 맞추어 '그럭저럭' 적당히 설교문을 작성하고 선포하는 차원을 뛰어넘어야 한다. 이를 위해서 설교자는 예술가가 되어야 한다. 창의적 설교는 한편으로 예술적인 활동의 결과이기 때문이다. 이에 대하여 앤드류 블랙우드(Andrew W. Blackwood)는 다음과 같이 말한다.
"젊은 설교자는 먼저 하나님이 자신을, 제품을 만드는 직공이 아니라 예술가로 부르셨다는 것을 알아야 한다. 예수님의 경우처럼 설교자는 건축가이다. 다른 사람에 의해 그려진 청사진에 따라 기계적으로 집을 만드는 목공이 아니다. 설교자는 인간이 살 집을 짓거나 혹은 하나님을 예배할 건물을 짓기 위해 계획을 세우고 여기에 맞추어 집을 짓는 건축 예술가여야 한다. 그러기 위해 설교자는 화가나 조각가가 창의적인 과정을 통해 작품을 만드는 것과 같아야 한다."-Andrew W. Blackwood, The Fine Art of Preaching (New York: Macmillan company, 1937), 3,4.

Ⅲ. 설교에 재능이 없어서 힘들어하는 것은 아닐까?

1. 재능인가, 노력인가?

설교가 창의적인 활동의 결과로 만들어지는 열매라고 하면 대뜸 '나는 재능이 없어 더욱 힘든 것이 아닐까?'라고 생각할 수가 있다. 창의적인 활동에는 그것에 필요한 타고난 달란트가 있어야 한다고 생각하기 때문이다. 목회자 사이에선 "재능이 없으면 설교는 힘들어!"라고 말하는 이유도 여기에 있다. 이런 생각에 더욱 불을 지피는 것은 명설교자라고 불리는 사람조차 이런 식으로 말하는 경우가 있다는 것이다. 우리나라에서 잘 알려진 영국의 위대한 설교자 마틴 로이드 존스(David Martyn Lloyd-Jones)는 다음과 같이 말했다.

현대 설교의 거장
마틴 로이드 존스

> "이처럼 우리는 타고난 능력과 지력 역시 강조할 필요가 있습니다. … 설교자는 무엇을 하는 사람입니까? 가장 분명한 것은 그가 말하는 사람이라는 것입니다. 기본적으로 그는 책을 쓰는 사람도 아니고 수필가도 아니며 문학가도 아닙니다. 기본적으로 그는 말하는 사람입니다. 따라서 언변(the gift of speech)이 없는 사람은 설사 다른 재능이 있다 하더라도 설교자가 되어서는 안 됩니다. 위대한 신학자는 될 수 있고 개인적인 권면이나 상담에 탁월한 사람은 될 수 있으며 그 밖의 일들도 많이 할 수 있지만, 그 기본적인 정의상 설교자는 될 수 없습니다."[6]

그의 말을 듣고 있으면, 설교의 재능을 타고나지 못했다고 생각하는 목회자들은 어깨를 움츠릴 수밖에 없다. 자신의 설교가 제대로 안 되고 힘들어하는 것을 재능 탓으로 돌리기가 십상이다. 신학교를 졸업하고 목회를 할 때는, 몇 년은 설교 능력 향상을 위하여 큰 노력을 한다. 다양한 설교 세미나에 참석하여 설교를 잘하는 방법을 배우려고도 한다. 그러나 이런 노력에도 불구하고 설교

---

6) David Martyn Lloyd-Jones, *Preaching and Preachers*, 정근두 역, 『설교와 설교자』 (서울: 복 있는 사람, 2005), 172, 173.

가 향상되는 것이 나타나지 않으면 포기하고 만다. "역시, 나는 재능이 없어!"라고 하면서 말이다.

과연 설교를 잘하려면 그에 걸맞은 탁월한 언변과 재능이 있어야 하는가? 이에 대하여 마틴 로이드 존스와는 반대로 말하는 설교학자가 있다. 미국의 저명한 설교자이자 설교학자인 토마스 롱(Thomas G. Long)은 다음과 같이 말한다.

> 설교는 배울 수 있는가? 사람들은 특히 설교를 처음 배울 때 종종 이런 의구심을 가진다. 많은 사람이 우러러보는 대부분의 역동적인 설교자들은 종종 특별한 내적 재능과 언어 구사력이 있는 것처럼 보인다. 이들에게 설교는 일련의 과정을 통해 습득되는 것이 아니라 원래부터 가진 재능으로 보인다. … 그들은 학습을 통해서라기보다 천부적으로 그런 능력을 갖추고 태어난 듯하다. … 과연 우리도 이와 같이 훌륭한 설교의 능력을 가질 수 있는가? 좋은 설교란 습득되는 것인가, 아니면 타고난 재능을 가진 사람들에게만 해당되는가?[7]

토마스 롱은 탁월한 설교자는 태어나는 것인가, 아니면 보통의 설교자도 배우고 노력하면 가능한가에 관하여 묻고 있다. 이에 대하여 토마스 롱은 노력과 훈련을 통하여 얼마든지 훌륭한 설교자가 될 수 있다고 말한다. 교회 역사를 보면 성도들에게 영적 양식을 공급하고 교회를 성장시키는 설교자는, 재능을 타고난 몇몇 탁월한 설교자가 아니라고 말한다. 오히려 평범한 재능을 가지고 있음에도 바른 말씀을 전하기 위해 최선을 다하여 배우고 전하는 설교자에 의해 유지되고 있다고 강조한다. 다시 한번 토마스 롱의 주장에 귀를 기울여 보자.

> 물론 교회는 이와 같이 특별한 재능을 가진 몇몇 예외적 설교자들을 통해서도 은혜를 받지만, 대부분의 경우 우리같이 신중하고 책임감 있으며 신실한 일반 설교자들의 설교에 의해 유지된다. 이런 점에서 설교는 마치 요리와 같다고 할 수 있다. 요리의 세계에도 미식가의 입을 황홀하게 하는 특별한 요리를 만드는 소수의 최고급 요리사들이 있다. 우리는 이들로부터 배울 수 있으며 그들의 솜씨에 영향을 받기도 하지만 평생 최고급 요리만

---

7) Thomas G. Long, *The Witness of Preaching*, 이우제 외 1인 역, 『증언 설교』 (서울: 기독교문서선교회, 2019), 38.

먹고 살지는 않는다. 실제로 우리의 몸은 매일 최선을 다해 만든, 사랑과 정성이 담뿍 담긴 음식을 통해 유지된다. 설교도 마찬가지이다. 하나님의 백성들은 대부분 최고의 설교자들에 의해 영적으로 성장하는 것이 아니라, 매주 최선을 다해 사랑과 정성으로 준비한 "일용할 양식"을 통해 성장하며, 이러한 준비를 위한 기술과 방법은 사실상 배움을 통해 습득할 수 있다. 설명의 도움을 위해 다른 이미지를 사용하자면, 설교는 피아노를 배우는 것과도 같다고 할 수 있다. 물론 기본적인 음악적 자질이 도움은 되겠지만 결국은 음계를 익히고 반주법을 배운 후 악보를 외워 반복에 반복을 거듭하며 연습하는 길뿐이다.[8]

토마스 롱은 초대 교회 이후 말씀으로 성도에게 은혜를 끼치고 교회를 성장시킨 설교자는, 재능이 아니고 최선을 다해 말씀을 전하는 설교자라고 강조한다.

2. 절박한 필요는 탁월한 설교자를 만든다

그럼, 어느 쪽이 맞는 말일까? 재능인가? 아니면 성실한 노력인가? 필자는 한쪽을 선택해야 한다면 토마스 롱의 입장에 서고 싶다. 필자도 처음에는 탁월한 재능이 유능한 설교자를 만든다고 생각했다. 그러나 설교학에 대한 연구와 신학생 지도 활동 그리고 짧지 않은 목회 현장에서의 설교 경험은 재능이 아니고 땀이 더욱 중요하다는 것을 깨닫게 해 주었다. 이에 대하여 교회사에서 '황금 입을 가진 설교자'로 칭해지는 크리소스톰(John Chrysostom)은 다음과 같이 말한다.

> 설교의 기술은 자연적으로 습득되는 것이 아니라 노력에 의해 되어진다. 아무리 완벽한 설교를 한다고 하여도 그가 부지런히 적용하며 연습하여 그 능력을 배양시켜 나가지 않는다면 퇴보할 수밖에 없다. 그러므로 은사가 있는 자들이 없는 자들보다 더 많은 노력을 해야 한다.[9]

왜 재능보다는 배우려는 자세와 성실한 자세가 더 중요한가? 아무리 큰 설교의 재능을 가지고

---

8) Thomas G. Long, *The Witness of Preaching*, 이우제 외 1인 역, 『증언 설교』 (서울: 기독교문서선교회, 2019), 39.
9) John Chrysostom, *On the Priesthood*, 채이석 역, 『성직론』 (서울: 엠마오, 1992), 160.

있어도, 그것을 믿고 생명을 출산키 위한 산고의 과정을 거치지 않으면, 잔재주와 입담으로 전하는 설교로 전락하기 때문이다. 가르치는 은사는 부족해도 말씀을 전하려고 하는 '절박한 필요(必要)'로 설교를 준비한다면, 그것이 창의적인 설교에 필요한 에너지를 '흠뻑' 제공한다. 탁월한 설교자가 되는 데 필요한 것은 '재능'이 아니라 '긴급한 필요성의 인식'이다. 그리고 이를 위하여 끊임없이 땀을 흘리는 성실성이다.

왜 그런가? 필요는 새로운 것을 만들고 발명하는 힘을 공급하기 때문이다. 에디슨이 발명왕이 된 것은 그의 재능보다는 전등이나 축음기 같은 것을 만들려는 절박한 '필요'가 있었기 때문이다. 그래서 '필요는 발명의 어머니'라고 하지 않는가? 목회자는 재능이 부족해도 설교로 성도에게 은혜를 끼치고 변화시키려는 강렬한 '필요'를 가져야 한다. 이런 마음이 절절히 흐르면, 그것으로 충분하다. 이런 목회자들은 설교 준비도 고통스럽게 한다. 또 오랜 시간 준비한다. 바르게 전하기 위한 다양한 방법을 훈련받고 성장하려고 한다. 주님을 대신하여 회중들에게 말씀을 전해야 할 긴급하면서 절박한 영적 필요가 있기 때문이다. 예레미야 같은 절박함을 가진 설교자이다. 예레미야는 "내가 다시는 여호와를 선포하지 아니하며 그의 이름으로 말하지 아니하리라 하면 나의 마음이 불붙는 것 같아서 골수에 사무치니 답답하여 견딜 수 없나이다"(렘 20:9)라고 호소하지 않았는가? 재능보다 앞서야 할 것은 절박하면서 긴급한 심령으로 성도를 바라보는 긍휼의 마음이다. 바른 말씀으로 죽음의 구덩이에서 건져 올리려는 영적 절박함을 가진 설교자가 위대한 설교자가 될 수 있다. 절박한 필요는 탁월한 설교자를 만든다.

Ⅳ. 흘리는 땀만큼 좋은 설교를 전할 수 있다

1. 바쁘다는 것이 답이 될 수 없다

'왜 나는 설교가 어려울까'라는 물음에 대한 또 다른 답이 있다. 그것은 설교자가 말씀을 전하는 것에 필요한 것을 가지지 못하였기 때문이다. 내가 가진 것이 없으면 다른 사람에게 나누어 줄 수 없다. 내가 알지 못하는 것은 다른 사람에게 가르칠 수 없다. 우리는 설교를 못 하는 이유에 대한 각자의 답을 가지고 있다. 많은 경우는 자신이 설교에 재능이 없기 때문이라고 생각한다. 그러나 그것은 재능의 문제이기보다는 땀이 부족한 결과라는 것을 앞에서 설명했다. 그럼 또 다른 이유가 있다면 무엇인가? 나 자신이 말씀을 가르치기 위해 알고 있는 것이 부족하다는 점이다. 그렇다면 누구도 강대상에서 은혜로운 설교를 하는 것은 불가능하다. 소위 '죽 쑤고 내려오는 것'이 다반사가 된다. 설교자는 자신이 이해하지 못하는 것을 남에게 전달할 수 없다. 마치 아내가 가진 재료가 없으면 음식을 만들 수 없듯이 말이다.

설교를 준비하고 선포하는 것을 주부들이 주방에서 요리하는 것으로 비유할 수 있다. 주부라고 해서, 멋진 주방이 있다고 해서 그것이 좋은 음식을 만들어 주는 필요충분조건이 되지 않는다. 음식을 잘하려면 어떻게 해야 할까? 우선은 냉장고에 각종 재료가 미리 갖추어져 있어야 한다. 손님이 찾아오고 나서야 시장에 가면 이미 늦다. 평소에 기본적인 재료는 냉장고에 골고루 갖추어 두어야 한다. 그렇다고 냉장고가 음식을 만들어 주는 것은 아니다. 주부의 손을 거쳐야 한다. 어떤 주부도 맛있는 음식을 만드는 방법을 알지 못하면 제대로 된 음식을 만들 수 없다. 물론 자신이 먹을 음식은 적당히 하면 만들 수 있다. 그러나 손님을 위해 준비한다면 특별한 손 솜씨가 필요하다. 그런 음식을 만드는 방법을 평소에 익혀 놓지 않으면 좋은 음식을 만들 수 없다.

설교를 준비하고 강대상에서 선포한다는 것은 마치 주부가 음식을 만드는 것과 같다. 설교를 효과적으로 준비하기 위해서는 먼저 설교의 재료가 되는 설교 소재에 대한 충분한 정보가 머리에 축적되어 있어야 한다. 성경에 대한 폭넓은 지식이 미리 갖추어져 있어야 한다. 설교를 준비하면서 그제야 성경 본문에 매달리고 연구한다면 그때는 이미 늦다. 텅텅 비어 있는 냉장고를 채우기 위해 급하게 슈퍼마켓에 가서 재료를 사 오는 것과 같기 때문이다. 성도들의 귀를 끌 수 있는 통찰력과 깊이가 있는 창의적 설교를 하기 위해서는, 성경 전반에 대한 지식과 아울러 다양한 독서를 통해 인간과 사회에 대한 폭넓은 이해가 있어야 한다. 이런 지식이 충분히 축적되어 있지 않으면, 주일이 임박해서 특정 성경 본문을 붙잡고 아무리 연구를 해도 좋은 설교를 준비할 수는 없다. 단편적이면서 얕은 설교밖에 되지 않는다.

그런데 목회자들의 현실은 어떠한가? 많은 목회자는 너무 바쁘다고 말한다. 목회의 여러 분야에 쫓기다 보면 성경 연구나 독서에 시간을 내기가 어렵다고 한다. 그래서 좋은 설교를 준비하기가 어렵다고 이유를 댄다. 그러나 목회자에게 설교를 준비하는 것 이상의 중요한 일이 어디 있는가? 미국의 대표적인 대형 교회의 하나인 펠로우십교회(Fellowship Church)를 이끄는 에드 영(Ed Young Jr.) 목사는 "담임 목사가 해야 할 일의 80퍼센트가 설교의 준비와 전달에 있다"[10]라고 말한다. 대형 교회를 이끄는 목사로서 얼마나 많은 일이 그를 기다리고 있겠는가? 그러나 에드 영 목사는 자신의 가장 중요한 일은 설교를 준비하고 선포하는 것이라고 말한다. 바쁘거나 설교 횟수가 너무 많아 충실한 설교를 준비하지 못한다는 것은 설득력이 없다.

2. 배우고 훈련된 만큼 전할 수 있다

우리는 앞에서 설교자가 아는 것이 부족하고 가진 것이 없어서, 설교에 어려움을 경험한다고 설명했다. 그런데 여기에 보태어, 또 다른 이유가 있다. 그것은 설교자가 설교를 어떻게 준비하고 선포해야 하는가에 대한 구체적인 방법을 모르기 때문이다. 설교에 대하여 배우지 않으면, 머리에 아는 것이 많아도 제대로 전할 수 없다. 냉장고에 다양한 음식 재료가 있어도 조리하는 방법을 모르면 좋은 음식을 만들 수 없는 것과 같다.

많은 목회자는 설교를 특별히 배울 필요가 없다고 생각한다. 신학대학원에서 배우는 설교학 정도만 익히면 된다고 말한다. 그러나 우리나라 신학 교육의 여건상 신학대학원에서 1, 2과목 정도의 설교학을 공부하는 것으로는 부족하다. 수박 겉 핥기 식의 학습만 얻고 나올 수밖에 없다. 설교에

---

10) Michael Duduit, ed, *Preaching with Power*, 권영주 역, 『능력 있는 설교 이렇게 한다!』 (서울: 국제제자훈련원, 2009), 429.

대한 진정한 배움은 목회 현장에서 이루어진다. 이에 대하여 일리온 존스는 다음과 같이 말한다.

> 필자는 목사가 목회 현장을 떠나 신학교로 다시 돌아가는 것은 불필요한 일이며 권할 것이 못 된다고 본다. 이런 상황을 느끼는 설교자가 있다면 그는 설교 이론을 다루는 책들을 통하여 매 주일 설교를 하면서 점진적으로 설교 이론을 공부하는 것이 현명하다. 설교자는 매주 설교를 계속하면서 깨달은 설교의 원리 속에서 자신의 방법을 평가하고 향상시키면서 배워 나가야 한다.[11]

그러나 목회 활동 중에도 설교에 대한 이론과 방법을 특별히 배우려고 하지 않는다. 그럴 필요가 없다고 생각하기 때문이다. 이런 마음의 바탕에는 한국 사람이니까 한국말로 설교하는 것은 어려울 것이 없다는 생각이 자리 잡고 있다. 과연 그럴까?

한국 사람이 한국어로 말하는 것은 어려울 게 없다. 그러나 그런 상황은 서로가 잘 아는 사람끼리 카페나 찜질방 같은 곳에서 부담 없이 대화할 때나 가능하다. 만약에 자신의 의견을 상대방에게 전하고 동의를 얻기 위하여 대화한다고 하자. '의도된 대화'를 위해서는, 부담 없이 대화하는 것과 차원이 다른 문제가 일어난다. 자신이 말할 내용을 사전에 준비해야 한다. 또 어떻게 전할 것인가에 대한 전략적인 접근도 필요하다. 제대로 준비하지 않고 말을 시작하면, 실패한 대화가 될 수밖에 없다.

부부가 식탁에 앉아 밥을 먹으면서 대화를 나누는 것은 어려울 것이 없다. 그러나 아내가 남편을 설득하기 위해 '의도된 대화'를 하려고 하면 도중에 부부 싸움으로 끝나는 경우가 많다. 부모와 자녀 간 대화도 마찬가지이다. 자녀를 앞에 앉혀 놓고 좋은 말로 타이르려고 대화를 시작한다. 그러나 부모들은 말을 마치지 못하고 중간에 큰소리를 내며 끝난다. 설득에 필요한 대화 기술을 배우지 못했기 때문이다. 한국 사람이라도 한국말로 상대방을 '설득'하는 것이 쉬운 문제가 아니라는 것을 보여 준다. 설교를 제대로 하려면 설교에 대한 보다 많은 배움과 훈련이 필요한 이유가 여기에 있다. 설교는 내가 가지고 알고 있는 것이 많아야 할 뿐 아니라 그것을 효과적으로 전할 방법을 배우고 훈련을 받아야 한다. 이런 과정을 거치지 않으면 목회 기간 내내 설교가 고역일 수밖에 없다.

---

11) Ilion T. Jones, *Principles and Practice of Preaching*, 정장복 역, 『설교의 원리와 실제』(서울: 생명의 말씀사, 1986), 9.

2장

설교학은 목회에 도움을 줄 수 있는가?

I. 나의 설교학 방황기(彷徨記)

2008년 5월. 봄의 따스한 기운이 산과 들판을 채워 가고 있었다. 그러나 나의 마음은 그리 넉넉하지 못했다. 무겁기만 했다. 공부를 계속해야 할지를 놓고 고민 중이었기 때문이다. 그날도 저녁이 되자 사택 부근의 산책로를 따라 걷고 있었다. 당시에 나는 장로회신학대학원 일반대학원 설교학 박사 과정(Th. D)을 밟고 있었다. 신학을 늦게 시작하였다. 공직 생활을 명예퇴직하고 40대 초반에 장로회신학대학원에 입학하였다. 늦게 시작했기에 신학대학원을 마치면 바로 목회 현장으로 뛰어들 요량이었다. 그런데 신대원에서 설교학을 공부하면서 재미에 푹 빠졌다. 거기에 채플 시간에 가끔 듣던 유명 목회자의 설교에 감명받았다. 능력 있는 설교자가 되고 싶다는 소망을 품게 되었다. 체계적으로 설교학을 공부하기 위해 설교학 석사(Th. M) 과정에 진학하였다. 졸업하자 박사 과정(Th. D)에 입학하여 계속 공부하였다. 늦은 나이에 공부하기가 쉽지만은 않았다. 큰 비용과 시간을 투자해야 했다. 그러나 고된 줄 모르고 공부하였다. 설교학 전공 과정을 마치면 뛰어난 설교자가 될 것 같은 기대감에 차 있었다.

그렇게 시작한 설교학 공부가 7년째가 되어 가고 있었다. 이 정도 시간이면 설교에 대한 나름의 '윤곽'이 잡히고 자신감도 가질 법하였다. 하지만 현실에서는 정반대였다. 강대상에서 설교하는 것이 여전히 서툴고 힘들었다. 때로는 갈피를 잡지 못하는 설교 때문에 성도들이 힘들어하는 모습까지 보였다. 머리에는 설교의 온갖 이론과 지식이 쌓여 갔지만, 강대상에서 설교하기는 미숙하기만 했다. 그동안 투자한 시간과 비용이 아깝다는 생각이 들었다. 나에게 설교에 대한 재능이 없어서 그런 것이 아니겠느냐는 생각도 들었다. '여기에서 설교학을 중단하는 것이 좋지 않을까?'라며 공부하는 것에 회의감에 빠지고 있었다. 처음에는 큰 기대를 품고 설교학을 공부했다. 그러나 이렇게 끝내야 하는 자신이 원망스럽기도 했다. 2008년도 5월의 봄은 그렇게 지나가고 있었다.

그런데 멀리서 낯선 건물이 보였다. 신축 건물이었다. 입구에는 '경축! 추사 김정희 선생 기념관 개관'이라는 큰 현수막이 걸려 있었다. 이곳 예산은 조선 최고의 서예가로 알려진 추사(秋史) 김정희(1786~1856)의 고향이다. 조선 시대부터 지어져 내려온 김정희의 본가가 아담하게 자리 잡은 곳이다. 많은 사람이 관광차 방문하는 예산의 명소이기도 하다. 예산군청은 '추사 고택(故宅)'을 방문하는 사람들을 위한 기념관을 완공하고 문을 열었다. 산책을 멈추고 발길을 돌려 기념관으로 들

어갔다. 기념관 내부에서는 추사 김정희의 삶을 소개하는 여러 조형물이 전시되고 있었다. 벽 곳곳에는 추사체로 쓰인 김정희 선생의 어록이 걸려 있었다. 이곳저곳을 살피던 나는 한순간 발걸음이 멈추었다. 벽에 새겨진 한 문장이 눈에 들어왔다. 글자들이 마치 천둥소리를 내며 달려오고 있는 듯하였다. 그곳에는 "내 글씨는 비록 말할 것도 못 되지만, 나는 70 평생에 벼루 열 개를 밑창 냈고 붓 일천 자루를 몽당붓으로 만들었다"라는 김정희의 어록이 걸려 있었다. 나도 모르게 무릎을 '탁' 쳤다. '그렇구나!' 막혔던 가슴이 '뻥' 뚫리는 기분이었다. 나의 설교학 공부가 왜 중간에 막히고 길이 열리지 않았는가를 깨달은 것이다.

추사 김정희는 조선 시대 서예의 최고봉에 올라간 사람이다. 서예를 기능의 차원을 넘어 예술의 경지로 끌어올렸다. 어떻게 이런 경지에 이르게 되었을까? 보통은 그에게 비범한 재능이 있었을 것으로 생각한다. 그러나 김정희는 그렇게 말하지 않는다. 재능이 아니라 노력을 말하고 있다. 오랜 세월을 인내하며 흘린 땀의 결과가 자신을 만들었음을 그 어록에서 고백하고 있었다. 만약에 그가 책상에 앉아 서예'학(學)'에 대한 온갖 책을 읽고 논문을 쓰고 책을 출판하면서 서예를 접했다

면 어찌 되었을까? 추사체를 창안한 조선 최고의 서예가라는 타이틀을 얻지 못했을 것이다.

추사 김정희가 말하는 '벼루 열 개와 붓 일천 자루'는 나에게 설교학 학습에 있어 문제가 무엇이었는지를 깨닫게 해 주었다. 신학대학원과 설교학 석·박사 전공 과정을 거치면서 설교학을 지식으로만 배웠다. 그 지식이 설교를 능숙하게 준비하고 은혜롭게 전하는 기법이나 능력으로 연결되지 않았다. '머리 따로, 입 따로' 설교학이 되었다. 그렇다면 해결책은 무엇인가? 지식이 아니라 기술로서 설교학을 배워야 한다는 것이다. 추사 김정희는 자신의 서예를 학문과 지식으로만 얻은 것이 아니다. 방에 종이를 펴놓고 무수히 많은 글자를 직접 손으로 쓴 것이다. 그것도 평생에 걸쳐서! 자그마치 벼루 열 개를 밑창 내고, 붓 일천 자루를 몽당붓으로 만들면서! 물론 김정희도 서예에 대한 '학(學)'을 공부하였다. 그는 당대 서예의 최고 대가인 중국의 옹방강(翁方綱, 1733~1818) 및 완원(阮元, 1764~1849)과 사제의 관계를 맺고서 예학을 가르침받았다. 그러나 중요한 것은 손으로 직접 쓰면서 글씨를 익힌 것이다. 그것이 조선 최고의 서예가를 만드는 원동력이 되었다. 그곳 기념관에서 나는 설교학을 어떻게 공부해야 실제로 설교 능력이 향상될 수 있는가를 깨달았다.

II. 설교학 무용(無用)론과 유용(有用)론 사이에서

1. 설교학(homiletics)은 과연 필요한가?

목회에서 가장 중요한 사역이 무엇일까? 현장 목회자들은 한목소리로 '설교'라고 말한다. 설교 때문에 교회의 토대가 놓이며 성도들의 신앙 성장이 일어나기 때문이다. 그러나 신학대학원 재직 중에는 설교의 중요성을 실감하지 못한다. 3년의 학업 과정에서 이수해야 하는 많은 과목의 하나이기 때문이다. 그런데 신학대학원을 졸업하고 목회 현장으로 나오면 사정은 달라진다. 설교 횟수도 일주일에 새벽 예배를 포함해 10회 이상 된다. 그렇다고 설교를 나름대로 준비하고 효과적으로 선포할 수 있는 능력을 갖추고 졸업한 것도 아니다. 신학대학원에서는 설교를 배울 기회가 많지 않기 때문이다. '설교학 개론' 강의와 담당 교수 앞에서 2, 3회에 걸쳐 행하는 '설교 실습'뿐이다. 이 정도 교육을 받고는 설교에 대한 기본 개념조차 정립하지 못하고 졸업하는 것이 현실이다.

그러나 목회 현장에서는 사정이 달라진다. 매 주일 예배에서 성도들은 목회자의 설교에 목말라하기 때문이다. '목회는 곧 설교'라는 말의 의미를 비로소 깨닫게 된다. 그제야 설교의 중요성을 체감하고 공부하기 시작한다. 현장에서 행하여지는 설교 세미나에 얼굴을 내밀기가 바쁘다. 설교에 관한 책들도 읽기 시작한다. 서가에는 설교학에 대한 각종 책이 쌓여 간다. 이런 노력을 기울인 결과는 어떻게 될까? 세미나에 참석해서 공부하고 설교에 관한 다양한 책을 읽으면, 손에 무엇인가가 잡히는 것 같다. 설교를 잘할 수 있을 것 같은 생각이 들기도 한다. 그러나 집으로 돌아와 설교문을 작성하고 강대상에서 설교하려면 제대로 되지 않는다. 생각은 굴뚝같은데 손과 입이 따라 주지 않는 것이다. 공부가 부족하려니 생각을 하게 된다. 설교학을 더 깊이 공부하면 잘될 거라는 생각에 석·박사 과정에 진학하게 된다. 큰 기대를 품고 시작하지만 졸업할 때가 되면 기대만큼 성과를 거두기가 쉽지 않다. 설교 능력이 제자리걸음을 하고 있기 때문이다. 설교학 학위 증서가 능력 있는 설교자가 되는 것을 보증하지는 않는다. '설교학을 공부해도 소용없다'라는 말을 하게 된다. 목회자들 사이에서 설교학 무용론이 심심치 않게 거론되는 이유가 여기에 있다.

여기에 더하여 일부 명망 있는 설교자들조차 설교학을 평가 절하한다. 영국의 명설교자 마틴 로이드 존스가 대표적인 예이다. 그가 쓴 Preaching and Preachers(『설교와 설교자』)는 한국의 목회자라면 누구나 한 번씩은 읽어 보았을 정도로 영향을 끼친 인기 도서이다. 그는 이 책에서 설교학에 대하여 다음과 같이 말한다.

> 마지막으로, 그야말로 마지막으로 꼽을 것은 설교학입니다. 설교학은 제게 거의 혐오의 대상입니다. 「설교 구성법」이라든지 「예화 구성법」 같은 제목이 붙은 책들이 있습니다. 제가 볼 때 그런 것은 매춘 행위와 같습니다. 설교학은 마지막에 두어야지 결코 앞에 두어서는 안 됩니다.[12]

마틴 로이드 존스는 설교학을 일부러 배울 필요가 없다고 말하고 있다. 목회에 별 도움이 되지 않고 자칫하면 부작용만 생길 수 있다는 것이다. 이런 글을 접하면 과연 설교학은 필요한가라는 의문이 든다.

2. 설교학은 도움을 줄 수 있다

과연 설교학은 목회자들의 설교 능력 향상에 도움을 주지 못하는가? 겉모양새만 요란한 종이로 만든 조화(造花)에 불과한가? 그렇지 않다는 것이다. 세상에 존재하는 각각의 전공 학문은 먼저 현장에서 관련 종사자들의 요청에 따라 그 필요성이 제기된다. 여기에는 시대적 '흐름'도 한몫을 한다. 그리고 이에 대한 응답으로 대학에서 학자에 의해 연구되고 그 결실이 모아져서 전공 학문으로 자리 잡게 된다. 설교학 역시 마찬가지이다. 초대 교회 이래 교회사가 진행되는 동안 현장에서 목회자에 의해 체계적인 설교 연구가 요청되었다. 이에 대한 응답으로 다양한 학자와 목회자에 의해 설교의 연구와 결실이 각종 논문과 저서로 나오게 된다. 특히 근대에 이르러 미국의 신학교를 중심으로 설교 연구가 이루어지면서, 실천신학의 한 분야였던 설교학이 독립하여 전공 학문으로 자리 잡게 되었다. 따라서 설교에 대한 보다 깊은 이해와 체계적인 훈련을 받기를 원한다면 설교학의 도움을 받는 것이 필요하다.

---

12) David Martyn Lloyd-Jones, Preaching and Preachers, 정근두 역, 『설교와 설교자』 (서울: 복 있는 사람, 2012), 197.

그럼, 왜 마틴 로이드 존스는 설교학 무용론을 주장했을까? 그것은 설교학에 대한 지나친 기대 혹은 잘못된 사용을 경계하기 위한 것이다. 그리고 마틴 로이드 존스는 설교학에 대한 교육을 받지 않아도 나름대로 설교할 수 있는 기초 체력을 가지고 있었다. 그가 자라고 성장한 영국의 교육 시스템이 이를 마련해 주었기 때문이다. 이것이 한국 목회자와 차이점이다. 사실 서구 사회에서는 설교학을 체계적으로 공부하지 않았어도 능력 있게 말씀을 전하는 설교자들이 많이 있다. 마틴 로이드 존스를 비롯하여 설교의 황태자라고 불리는 스펄전(Charles Haddon Spurgeon)도 설교학을 공부하지 않았다. 정식 대학 교육조차 받지 않았다. 그러나 이들은 명설교자의 반열에 올랐다. 이런 모습을 보면 구태여 설교학을 공부할 필요성이 없을 것처럼 보인다.

그러나 깊이 들어가면 그렇지 않다는 것이다. 누구도 배우지 않고 새로운 지식을 습득할 수 없으며, 훈련을 통하지 않고 기능을 터득할 수 없다. 설교란 기본적으로 성경의 내용을 해석하고 이를 바탕으로 설교문을 작성하고 강대상에서 선포하는 '담화(談話)' 과정이다. 여기에서 중요한 것은 상대방에게 자신의 주장을 논리적으로 말하여 동의를 얻을 수 있는 설득의 능력을 갖추는 것이다. 상대방이 나의 말을 알아듣지 못하고 고개를 돌리면 실패한 담화가 된다. 명설교자라고 불리는 사람들은 성도들의 귀를 열어 유심히 듣게 하고 동의를 얻는 것에 능한 사람들이다. 이를 위해서는 설교 내용을 논리정연하게 구성하고 이를 실감 나게 말할 수 있는 언어 표현 능력이 있어야 한다. 이런 능력은 타고나거나 저절로 터득되는 것이 아니다. 누군가에게 배우고 이를 무한에 가깝게 반복 훈련하여 나의 것으로 만들어야 한다. 이런 비결을 터득해 가면서 설교를 잘하는 목회자라는 소리를 듣게 된다.

마틴 로이드 존스가 설교학을 배우는 것에 회의를 품은 것은 무엇 때문일까? 그것은 그가 설교학을 구태여 배우지 않아도 중고등학교와 대학교 시절, 설득에 필요한 다양한 소통 방법을 배웠기 때문이다. 목회를 시작하면서 이를 바탕으로 자신만의 설교 기법을 터득하게 된 것이다. 그는 서구 사회가 오랫동안 가지고 있는 학교 교육 시스템의 혜택을 본 것이다. 서구 사회는 초등학교 시절부터 이런 능력을 학교에서 가르치고 습득하는 교육 시스템을 가지고 있다. 학교 교육의 중요한 목표의 하나가 독서와 토론을 통해 자신만의 독특한 관점을 형성하고, 이것을 한 편의 에세이(essay)로 쓰거나 말로 발표하는 능력을 갖추게 하는 것에 있기 때문이다. 미국이나 유럽에서 오래 거주하다 귀국한 한국의 부모들이라면, 한목소리로 말하는 것이 있다. 서구 사회와 한국 사회는 교육 목표와 방법이 다르다는 것이다. 한국은 초등학교에서 대학교에 이르기까지 암기 위주의 교육이고 시험은 사지선다형 중에 정답을 맞히는 '찍기 교육 위주'이다. 그러나 서구 사회의 교육은 암기와 정답 맞히기가 아니다. 객관식 시험 자체가 없다고 한다. 상대방을 설득하기 위한 글쓰기와 말하기 능력을 키우는 것에 중점을 두고 있다. 송숙희 작가는 자신의 인기 도서인 『150년 하버드 글쓰기 비법』에서 미국 대학의 교육 목표가 무엇인지를 다음과 같이 말한다.

> 미국과 유럽의 유서 깊고 명망 높은 대학들은 학생들이 비판적이고 논리적으로 생각을 펼치도록 글쓰기 수업을 맹렬하게 진행하는데요. 어떤 내용이든 논리적으로 생각하고 일목요연하게 표현해 상대를 설득하는 방법을 가르칩니다. … 미국 대학들의 목표는 학생들을 설득력 있는 사람으로 만드는 것이며 이 과정에서 가장 중요한 과목은 글쓰기입니다.[13]

설득에 능한 지식인을 키우는 것이 서구 대학의 교육 목표라고 말한다. 이런 교육 철학은 그 뿌리가 고대 그리스까지 거슬러 올라간다. 고대 그리스는 사람 간에 평등한 인간관계를 기본으로 사회가 짜이고 운영되었다. 우리가 잘 알고 있는 직접 민주제가 출발한 곳이 고대 그리스이다. 지도자를 뽑을 때도 정견 발표를 듣고 투표로 뽑는다. 분쟁이 생기면 원고와 피고로 나뉘어 재판정에 서서 200~300명의 배심원 앞에서 자신의 주장을 펼쳐 간다. 누가 더 설득력 있게 주장하느냐에 따라 평결로 가부가 결정된다. 조선 시대에 사람들 간에 분쟁이 생기면 원님 앞에 불려 가서 '네 죄를 네가 알렷다'라는 호통을 들으며 재판을 받던 것과는 다르다. 이런 사회에서는 설득력 있게 글을 쓰고 말하는 것이 사회를 살아가는 데에 필요한 능력이 된다. 고대 그리스에서 일찍부터 수사학(修辭學, rhetoric)이 발전한 이유가 여기에 있다. 수사학은 설득에 필요한 방법을 가르치고 배우는 학문이기 때문이다.

이런 고대 그리스의 전통적인 교육은 로마 제국에 와서 한층 견고한 학교 시스템으로 자리 잡는다. 로마 제국의 공교육 목표가 설득에 필요한 능력을 가르치는 것에 있기 때문이다. 로마 제국의

---

[13] 송숙희, 『150년 하버드 글쓰기 비법』(서울: 유노북스, 2022), 34,35.

교육 체계는 '초등학교-문법학교-수사학교'라는 3대 축으로 되어 있었다. 초등학교는 오늘날 한국의 초등 교육 기관이고 문법학교는 중등 교육 과정이다. 수사학교는 대학에 해당하는 것으로 로마 제국의 인재를 양성하는 최고 교육 기관이다.[14]

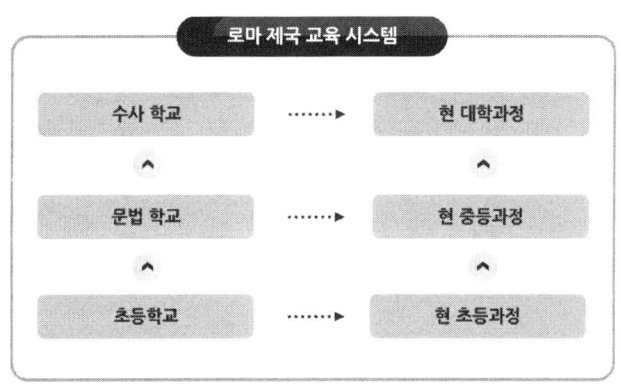

수사학교는 그 이름이 말해 주듯이 글쓰기와 말하기를 집중적으로 배워 설득에 능한 지도자를 기르는 학교이다. 이곳은 로마의 귀족 자녀나 부유한 로마 시민 혹은 재능이 특별히 뛰어난 로마 시민만이 입학할 수 있었다. 우리가 잘 알고 있는 아우구스티누스(Augustinus Hipponensis, 354~430)도 북아프리카의 카르타고에 있는 수사학교를 졸업하고 수사학 교수로 활동한 사람이었다. 그의 수사학 실력이 회심(回心)을 경험한 후에 위대한 신학자와 목회자가 되는 과정에서 큰 역할을 한 것이다. 이런 로마 제국의 학교 시스템이 천 년 이상 지속되고 이것이 오늘날 서구 사회의 교육 시스템으로

이어진 것이다. 마틴 로이드 존스는 이런 학교 교육 시스템을 가진 영국에서 대학까지 공부를 마쳤다. 어린 시절부터 글쓰기와 말하기를 통해 상대방을 설득할 수 있는 담화 능력을 갖추고 있었다. 설교학을 별도로 배우지 않아도 능력 있는 설교를 할 수 있는 기초 체력을 다지고 있었다. 그래서 설교학 무용론을 주장할 수 있었다.

---

14) 최미리, 『서양 교육사』 (서울: 문예사조, 2016), 38.

Ⅲ. 왜 설교학의 효용성이 의심받는가?

한국 목회자들은 서구 사회의 목회자들과 다른 처지에 놓여 있다. 설교에 가장 중요한 설득력 있게 쓰고 말하는 능력을 학교에서 배우지 못했다. 한국 교육의 특징인 암기와 객관식 시험 시스템에서 교육받았기 때문이다. 이런 공부법이 학생 시절에는 크게 문제가 되지 않는다. 그러나 졸업하고 사회생활을 시작하면 곧 문제에 부닥친다. 회사에 입사하여 논리정연한 보고서 한 장 제대로 쓰지 못한다. 글과 말로 상대방이나 상사를 설득해야 하는 업무에 배치되면 그야말로 '죽'을 쓰게 된다.

목회자는 어떠한가? 한국의 어느 직업보다 글솜씨, 말솜씨가 필요한 직업이다. 논리적으로 내용을 구성하여 설득 있게 전하는 능력이 없으면 그 설교는 우왕좌왕하는 설교가 된다. 그런데 이런 능력을 학교에서 거의 교육받지 못했다. 이런 상태로 신학대학원에 오게 된다. 학교에서 설교학에 대하여 1, 2과목 배운 것으로는 솜씨 있게 설교를 준비하고 선포하는 능력이 길러지지 않는다. 제대로 훈련받지 못한 상태에서 신학교를 졸업하고 목회 현장에 임하게 된다. 기초 체력이 없으므로 현장에서 설교 한 편을 준비하려고 해도 가쁜 숨을 내쉬게 된다. 이런 상황에 있는 목회자들에게 설교학은 절대적으로 필요하게 된다. 설교학은 기본적으로 설득에 필요한 글쓰기(설교문 쓰기)와 말하기(강대상에서 선포하기)를 이론과 함께 실제 방법을 중점적으로 가르치기 때문이다.

그럼, 목회자에게 설교학이 이렇게 필요함에도 왜 현장에서는 설교 무용론이 퍼져 있는가? 그것은 설교학이란 학문이 가진 한계 때문이 아니다. 설교학을 바르게 활용하지 못했기 때문이다. 한국의 설교학은 미국 설교학의 영향을 받으며 성장했다.[15] 사실 1980년대 이전만 해도 설교학이란 과목이 신학대학원에 개설되어 있지 않았다. 목회학이라는 과목 안에 다른 실천신학의 분야와 함께 뭉뚱그려 포함되어 있었다. 설교학에 대한 변변한 교재도 없었다. 신학대학원에서의 설교학 교

---

15) 한국을 비롯하여 세계 설교학계에 큰 영향을 끼친 곳이 미국 설교학회(Academy of Homiletics; https://www.homiletics.org/)이다. 1965년에 설립되어 지금은 회원이 200명에 달하는 학회로 성장했다. 미국 설교학회의 설립은 '새로운 설교학 운동(The New Homiletics)'이 시작되던 시기와 맞물린다.

육은 유명 설교자들을 초청하여 현장 경험담을 곁들여 설교 구성과 전달법을 교육하는 것이 전부였다. 그러나 1980년대 들어서 장로회신학대학교를 비롯한 각급의 신학대학교에서 미국 설교학을 공부한 학자들이 대거 국내로 진입하면서 설교학은 별도의 학문으로 자리 잡게 되었다.

그러나 미국 설교학의 직수입에 따른 한계점도 드러나기 시작했다. 이미 설명한 것처럼 미국의 학생들은 각급 학교에서 글쓰기와 토론하기를 통하여 주체적으로 글로 쓰고 말로 표현할 수 있는 능력을 기른 후에 신학대학원으로 진학한다. 따라서 미국의 설교학은 학생들의 담화 능력이 있다는 것을 전제로 하여, 이를 향상시키기 위한 다양한 설교학 이론과 추상적인 설교신학을 펼쳐 가게 된다.

그러나 한국의 신학생들은 글쓰기와 토론 및 발표 능력이 갖추어져 있지 않은 상태에서 미국의 설교학을 접하게 된다. 기술로서의 설교학이 아닌 신학과 이론으로서의 설교학을 만나게 된다. 설교학을 학습하면서 머리에는 설교에 대한 각종 이론이 가득하지만 실제로 설교 능력의 향상으로 나타나지 않게 된다. 그래서 설교학의 효용성이 의심받게 된다. 그럼 어떻게 설교학을 공부하여 설교 능력의 향상을 가져오게 할 것인가? 그것은 설교학을 지식이 아닌 손과 입으로 배우는 것이다. 설교에 대한 다양한 이론과 방법론을 배우는 것은 뒤로 물리는 것이다. 우선은 '손'으로 설교문 쓰기와 '입'으로 선포하기에 따른 기술을 익히는 것이다. 설교 능력 향상을 위한 핵심이 여기에 있다. 이에 대하여 레실 티자르드(Leslie J. Tizard)는 다음과 같이 말한다.

> 설교를 포함한 공적 연설에 의한 커뮤니케이션은 기술 내지 예술(art)의 영역에 속한다. 여기에서 '예술 내지 기술'은 일종의 법칙에 따라 규율되는 실제적인 스킬(skill)을 가지고 이것에 따라 작업하는 것을 의미한다. … 모든 예술은 그것 자체의 규칙이 있고 또한 모든 성공적인 예술가는 의식적이든 무의식적이든 이런 규칙에 따라 작업을 한다.[16]

본서 1장에서 수준 높은 설교는 창의적 설교여야 한다고 설명했다. 창의적 설교는 예술성이 듬뿍 담긴 설교이다. 이런 예술성이 담긴 설교는 먼저 기술로서의 설교 기법을 터득해야 한다. 높은

---

16) Leslie J. Tizard, *Preaching: The Art of Communication* (New York: Oxford University Press, 1959), 49.

수준의 글쓰기와 말하기 능력을 배우고 갈고닦아야 한다. 글쓰기와 말하기에는 오랜 시간 동안 수많은 사람이 시행착오를 통해 확보한 일종의 법칙 또는 원리가 있다. 이것에 맞추어 수많은 시간을 입과 손을 놀리면서 담화 능력을 키우는 '실제적'인 학습 훈련의 시간을 가져야 한다.

Ⅳ. 설교학을 어떤 자세로 배울 것인가?

설교학을 이론이 아닌, 기술로서 배워야 한다는 말에 거부감을 느끼는 사람도 있을 것이다. 고매한 학문을 지나치게 땅으로 떨어뜨리는 것이 아니냐고 반박할 수도 있다. 그러나 설교학이 무엇인가에 대한 정의를 살펴보면 답은 간단히 나온다. 설교학은 영어로 homiletics이다. 제임스 댄(James Daane)은 이 단어의 어원을 풀이하면서 설교학을 "설교 작성의 기술 혹은 예술"[17]이라고 정의를 내린다. 이를 좀 더 풀이한다면 '설교학은 설교문을 작성(sermon)하고 이것을 강대상에서 선포하는 것(preaching)과 관련된 기법(art)'을 배우는 것이 된다. 물론 설교에 대한 다양한 이론도 배운다. 그러나 그 이론은 설교문 작성과 실행에 있어 어떻게 하면 좀 더 규범적이고 모범적인 설교를, 더욱 능숙하고 은혜롭게 선포할 것인가에 대해 이론적으로 규명하는 것이 된다. 설교학은 기독교 교리를 다루는 조직신학이나 교회사를 다루는 역사신학과 같은 순수한 이론신학이 아니다. 목회 현장에서 필요한 설교에 대한 기법이나 기술을 가르치는 실천신학이 된다.

설교학이 실천신학이라고 한다면 설교학을 어떻게 학습할 것인가에 대한 방법이 자연스럽게 도출된다. 그것은 설교학이 지금까지 쌓아 올린 학문적 성과를 충분히 활용하면서도 기능 위주, 기술 위주의 교육으로 접근하는 것이다. 머리로 설교학을 배우는 것이 아

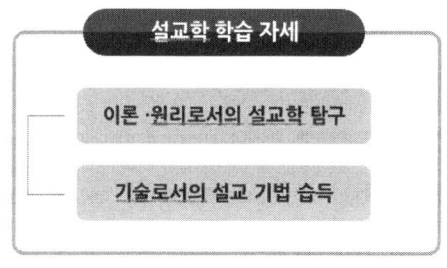

니라 손과 입을 통하여 기능으로 배워야 한다는 것이다. 이런 설교학에 대한 실천신학적인 성격을 도외시하고 지나치게 설교에 대한 다양한 이론이나 신학을 배우려고 한다면 설교 능력의 향상은 요원할 수밖에 없다.

설교학이 현장에서 설교에 실제적인 도움을 주는 '실천 학문'이 되려면 발상의 전환이 일어나야 한다. 설교에 대한 제반 이론을 중시하면서도 실제로 설교를 준비하고 전달하기 위한 '기법'에 대한 방법을 제시하고 이를 훈련할 수 있어야 한다. 설교학을 이론이 아니라 '기능' 내지 '기술'로서

---

17) James Daane, *Preaching with Confidence*, 장택수 역, 『확신에 찬 설교』 (서울: 도서출판 디모데, 2018), 93.

접근하는 것이다. 이것은 설교학이란 '설교 작성의 기술 혹은 예술'이란 정의에 부합하는 접근법이기도 하다. 이를 위해서는 설교학의 이론은 설교 작성과 전달에 도움이 되는 가이드 역할을 하는 '원리'로 단순화시켜야 한다. 진리는 복잡한 것이 아니다. 가장 단순한 곳에 진리가 있고 단순함 속에 최고의 정밀함이 숨어 있다. 그리고 설교의 준비와 전달에 대한 기법을 제시하되 이것도 단순화시켜야 한다. 일부 설교학 교재를 보면 지나치게 다양한 설교 기법 또는 방법을 제시하는 것을 본다. 이렇게 되면 배우는 사람은 제대로 이해가 되지 않고 혼란스러워한다. 배우는 동안은 우선은 단순한 원리와 방법을 가지고 익히고 훈련받아야 한다. 어느 정도 수준이 올라간 후에 다양한 이론과 방법을 찾아도 늦지 않다. 이렇게 전통 설교학에 기반을 두고 마련한 설교 원리와 설교 기법을 배우고 터득하면 설교 능력의 향상이 일어난다. 여기에 반복 훈련을 계속하게 되면 자기만의 설교 방법론이 형성되면서 효과적으로 설교를 준비하고 선포할 수 있는 설교 능력이 생기게 된다. 설교에 대한 자신감이 생기고 주변에서도 능력 있는 설교자라는 평가를 받는다.

3장

설교학의 실제적인 학습법을 찾아야 한다

Ⅰ. 나무가 아닌 숲을 보아야 한다

1. 지나치게 다양한 설교 용어가 혼란을 초래한다

연역식 설교, 귀납식 설교, 이야기식 설교, 스토리텔링 설교, 주제 설교, 강해 설교, 상관 설교, 큐티 설교, 서사 설교, 4페이지 설교, 묵상 설교, 대화 설교, 내러티브 설교, 본문 설교, 분석 설교, 대지 설교, 3대지 설교, 현상학적 전개식 설교, ppt 설교, 복음 설교, 양육 설교, 설명식 설교, 선포 설교, 전도 설교, 치유 설교, 케리그마 설교, 성경적 설교, 설화체 설교, 예화 설교, 시리즈 설교….

목회자가 설교에 관심을 두고 설교학 책을 펼치면 곧 어리둥절하게 된다. 몇 페이지 나가지 못해 설교에 대한 다양한 용어들을 마주하게 되기 때문이다. 이렇게 많은 용어를 보면서 설교학을 제대로 공부하려면 공부량이 엄청나게 많을 것이란 생각에 주눅마저 들게 된다. 모처럼 설교에 관심을 가지고 책을 폈다가도 금세 덮기가 십상이다. 과연 설교학은 이렇게 많은 용어가 필요할 정도로 복잡하고 어려운 학문일까? 그렇지 않다는 것이다. 설교학은 그 속성상 공부할 양이 많은 것도 아니고 복잡한 것은 더욱 아니다. 목회자들의 설교 능력을 향상하기 위한 '실천 학문'이기 때문이다. 연구실에서 독서와 사색을 통하여 학문의 맥을 잡고 내용을 채워 나가는 순수 이론 신학이 아니다. 목회 현장에서 설교를 준비하고 그 능력을 키워 나가는 데 필요한 범위 내에서 연구하는 '실제적'인 학문이기에 그렇다.

그럼, 왜 이렇게 설교에 대한 많은 용어들이 생기게 되었을까? 그것은 설교학 발전 과정에서 학자에 의해 새롭게 발견된 부분을 설명할 수 있는 새 용어가 필요했기 때문이다. 또한 같은 내용을 가리키면서도 설교학자들에 따라 강조점이 다르다 보니 각기 다른 용어로 설명하는 까닭도 있다. 그래서 몇십 년 전에 나온 설교학 교재와 비교해서 현대의 설교학 교재는 설교에 대한 용어가 훨씬 많아진 것이다. 이렇게 용어가 다양하고 많아지면 심적 부담과 함께 학습에 혼란을 겪게 된다. 설교학 전공자들조차 제대로 맥을 잡지 못하고 갈팡질팡하는 경우가 많다.

설교학에 대한 혼란을 방지하고 효과적으로 공부하려면 작은 것을 한쪽으로 제쳐 놓고 큰 덩어리로 보는 것이 필요하다. 설교학을 큰 줄거리에서 '맥'을 짚어 가면서 어느 정도 범위에서 공부할 것인가를 윤곽을 그려 보는 것이다. 예로 산에서 등산하다가 길을 잃어버렸다고 하자. 주변은 하늘을 가릴 정도로 잎이 무성한 나무들로 가득 차 있다. 어디가 어디인지 도무지 알 수 없다. 그럼, 자신이 처한 위치와 나아갈 방향을 잡기 위해 위로 올라가야 한다. 산꼭대기까지 올라가서 주변을 둘러본다. 그러면 산봉우리들이 보이고 어느 곳으로 가야 할지 한눈에 보이게 된다.

설교학 역시 마찬가지이다. 설교의 각종 용어에 매달리거나 혹은 각 과정에 대하여 처음부터 깊이 파고들어 가기보다는 설교학 전체 범위를 한눈으로 먼저 살피는 것이 필요하다. 설교학이 다루고 있는 내용과 방법론을 분야별로 큰 덩어리로 살펴보는 것이다. 그래서 설교학 전체의 범위와 과정을 이해하고 그다음에 세부 과정으로 들어가야 혼선을 줄이면서 효과적으로 공부를 할 수 있다.

2. 설교의 '정의'로 살펴보는 설교학의 큰 그림

그럼, 어떻게 하면 설교학 전체를 한눈에 살펴볼 수 있을까? 설교학자마다 다양한 범위와 방법을 제시한다. 그러나 가장 좋은 것은 설교에 대한 정의를 살펴보고 그것에 따라 갈래를 나누어 보는 것이다. 설교가 무엇인가를 살필 때 설교학에서 고전적인 정의로 간주하는 것이 필립스 브룩스(Phillips Brooks, 1835~1893)가 내린 정의이다. 그는 19세기 미국을 대표하는 명설교자의 한 사람으로 설교학의 발전에도 크게 이바지했다. 브룩스는 설교에 대하여 다음과 같이 말한다.

설교한다는 것은 한 사람이 여러 사람들에게 진리를 전달하는 것입니다(preaching is the communication of truth by man to men). 그 행위 속에는 두 가지의 진수라 할 요소가 있습니다. 그 하나는 진리요, 다른 하나는 인격성입니다. 그 둘 중 어느 하나를 무시하고 없애 버리고는 설교일 수 없습니다.[18]

여기에서 우리는 그가 설교를 두 가지 요소로 나누어 설명하고 있음을 알 수 있다. '누가(who)', '무엇을(what)'을 전하느냐는 관점에서 설명한다. 그런데 여기에서 우리는 한 가지 요소를 더하고자 한다. 그것은 '어떻게(how)'라는 요소이다. 그는 '설교는 소통이다(preaching is communication)'라고 정의하고 있다. 그렇다면 '어떻게' 소통할 것인가도 설교를 정의할 때 중요하게 취급해야 할 요소가 된다.

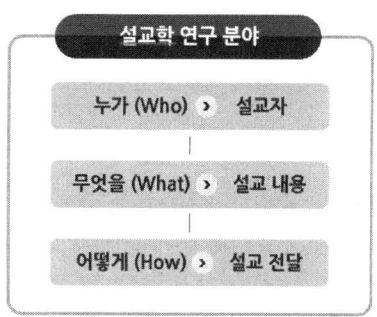

---

18) Phillips Brooks, *On Preaching*, 서문강 역, 『설교론 특강』 (서울: 크리스천다이제스트, 1995), 16.
- ■ 설교에 대한 정의는 이 외에도 다양하다. 다양한 설명을 살펴보면 설교란 무엇인가에 대한 이해의 폭이 넓어질 수 있다. 설교의 정의에 대한 주요한 내용은 다음과 같다. - 정장복, 『한국 교회의 설교학 개론』 (서울: 예배와 설교 아카데미, 2001), 71-75.
  - 하나님 말씀을 설교하는 것이 바로 하나님의 말씀이다.-제2 스위스 신앙고백.
  - 설교는 행위의 변화를 일으키려는 명백한 목표를 가지고 한 사람이 다수의 사람에게 성경의 진리를 전달하는 것이다.-Daniel Baumann.
  - 설교는 하나님의 말씀에 기초하고 사람을 구원하려는 계획과 목적에서 사람을 감동하도록 권면하는 법이 있는 종교적 강화(講話)이다. - 곽안련(Allen Clark).
  - 인격을 통한 진리가 우리의 진정한 설교에 대한 묘사이다. - Phillips Brooks.
  - 설교는 말씀으로 화신이 되어 그의 회중 가운데를 걷고 있는 그리스도 자신이다. - Dietrich Bonhoeffer.
  - 설교는 단순한 말이 아니다. 그것은 사건이다. 진정한 설교에는 무엇인가가 일어난다. 그러므로 설교의 주요 관심은 그리스도 안에서 하나님의 구속 역사를 예시하며, 그것이 설교의 행위 안에서 살아 있는 실재가 된다. - Donald G. Miller.

- ■ 설교의 정의가 이렇게 다양한 것은 주장하는 사람의 강조점이 다르기 때문이다. 그렇다면 설교의 정의에 필요한 핵심 요소는 무엇인가? 이에 대하여 제임스 콕스는 다음과 같이 말한다.-James W. cox, *Preaching*, 원광연 역, 『설교학』 (서울: 크리스천다이제스트, 1999), 13-26.
  - 설교는 선포이다(proclamation).
  - 설교는 증거이다(witness).
  - 설교는 가르침이다(teaching).
  - 설교는 예언이다(prophesying).

사실 필립스 브룩스의 이런 정의는 설교학이 시작된 이후 설교학자나 목회자 사이에서 조금씩 차이는 있지만 대동소이하게 사용하고 있었다. 예로 아우구스티누스는 최초의 설교학 교과서라고 평가받고 있는 *De Doctrina Christiana*(『기독교 교양』)에서 다음과 같이 말한다.

> 모든 성경 해석의 기초는 두 가지이다. 하나는 올바른 뜻을 확인하는 방법이고, 또 하나는 그 확인한 방법을 알리는 방법이다.[19]

아우구스티누스는 가르치는 교사(설교자)의 임무를 성경에서 올바른 뜻을 발견하는 것과 이것을 효과적으로 알리는 방법을 찾아내는 것이라고 말한다. 그렇다면 우리는 설교란 '누가(who), 무엇(what)을 어떻게(how)와 관련된 행위'라고 말할 수 있다.

그렇다면 설교학은 설교자, 설교 내용, 설교 전달에 대한 이론과 방법 그리고 이에 필요한 원리를 연구하고 제시하는 것이라고 할 수 있다. 이렇게 설교의 정의에 따라 설교자, 설교 내용, 설교 전달의 3대 축으로 나누어 학습하는 것이 설교학의 중요 부분을 모두 포함하면서도 큰 갈래에 따라 학습하는 효과적인 방법이 된다.

---

19) St. Augustinus, *De Doctrina Christiana*, 김종흡 역, 『기독교 교양』 (파주: 크리스천다이제스트, 1992), 171.

II. 설교자란 누구인가(who)?

1992년 미국에서 대통령 선거가 한창일 때였다. 당시 민주당의 후보였던 클린턴 후보가 내건 구호가, "문제는 경제야, 바보야!(It's the economy, stupid!)"였다. 선거 운동의 핵심이 사람들의 먹고사는 문제를 해결해 주는 것임을 간결한 문구로 표현한 것이다. 이 구호가 유권자들에게 큰 호소력을 가지고 다가와 빌 클린턴이 승리하는 데에 일조하였다고 한다. 핵심을 잘 잡고 이를 활용한 결과이다. 그럼, 설교에 있어 가장 중요한 것은 무엇일까? 바로 사람이다. 말씀을 전하는 설교자라는 개별 인격체이다. 이런 표현에 일부는 거부감을 가질 수 있다. 거룩하신 하나님의 말씀을 전하는 것에 있어 왜 사람을 '그리' 강조하느냐고 반발할 수도 있다. 그러나 설교의 본질을 바르게 이해하기 위해서는, 설교에 따라다니는 지나친 신비주의에서 벗어나야 한다. 설교가 하나님의 말씀이 되는 것은 구호로 이루어지는 것이 아니고, 하나님의 말씀'답게' 선포될 때 가능하기 때문이다. 그리고 그런 말씀을 준비하고 전달하는 것은 결국 사람의 몫이다. 따라서 설교자, 설교의 내용인 말씀과 그 준비와 전달이라는 설교학 구성의 3대 축에서 가장 먼저 살펴야 할 것은 설교 실행의 주체자인 설교자가 되어야 한다. 필립스 브룩스가 설교를 '설교자의 인격'을 통해 전달하는 것으로 정의를 내린 이유가 여기에 있다. 똑같은 성경 본문을 가지고 설교를 준비하고 선포해도 그것을 실행하는 목회자에 따라 분위기와 내용이 전혀 달라지기 때문이다.

그럼, 설교자가 설교를 하나님 말씀답게 선포하기 위해 무엇을 갖추고 있어야 할까? 그 세부 내용은 무엇이 되는가? 그것은 설교자가 자신이 선포하는 설교에 대하여 어떤 이해와 자세(설교자의 설교 이해)를 가지고 있는가에 달려 있다. 설교자가 설교를 바르게 알지 않으면, 강대상에서 공허하게 떠도는 인간의 말이 된다. 설교가 성도와 교회에 어떤 영향을 미치는가? 왜 사람들은 설교를 지금도 필요로 하는가? 설교의 실제적인 능력은 어떻게 되는가 등에 대한 바른 이해가 먼저 있어야 한다.

이와 아울러 설교자는 자신에 대하여 어떤 이해를 가지고 있는가(설교자의 자기 이해)를 살펴보아야 한다. 설교 강단에는 누구나 설 수 있다. 그러나 하나님의 말씀을 전하기 위해서는 '자격'을 갖춘 사람이 아니면 설교 사역을 감당할 수 없다. 설교자는 하나님의 말씀을 전하는 소명 의식과 아울러 영적 자질과 실제적인 능력을 갖추고 있어야 한다. 이렇게 될 때 성경을 바르게 이해하고 해석하여 하나님을 대신하여 강대상에서 말씀을 전할 수 있는 것이다.

한편 설교자는 세상의 관점에서도 일정한 자질 내지 능력을 갖추어야 한다. 소통의 전문가이자 언어 마술사가 되어야 한다. 많은 사람이 필립스 브룩스가 내린 설교의 정의를 사용하면서도 도외시하는 부분이 있다. 설교는 본질적으로 '소통'이라는 것을 제대로 이해하려고 하지 않는다. 설교는 언어를 사용하여 회중을 향하여 하나님의 뜻을 전하는 행위이다. 소통의 최고 목표는 설득에 있다. 알아듣지 못하면 실패한 소통이 되고 설교의 효과도 거둘 수 없기 때문이다. 폴 틸리히(Paul Tillich)는 "전달되지 않은 메시지는 메시지가 아니다. … 그러므로 나의 질문은 메시지는 어떤 것이어야 하는가에 있지 않고 오히려 어떻게 현대인들에게 초점을 맞추어 전달하느냐에 나의 관심이 있다"[20]라고 말한다. 그렇다면 소통으로서의 설교는 곧 설득에 성공하는 설교라는 등식이 성립한다. 이런 설득에 성공하는 설교가 되기 위해서는 소통의 수단이 되는 언어의 특질을 잘 이해하는 것이 중요하다. 언어를 보다 능숙하고 효과적으로 사용하여 회중들의 귀를 잡아 둘 수 있는 언어의 마술사가 되어야 한다(설교자의 언어 구사력). 이를 위해 필요한 것이 무엇인가를 살펴야 한다.

---

20) Paul Tillich, *"Communicating the Gospel," Union Seminary Quarterly*, Ⅶ/4, 3, 정장복, 『한국 교회의 설교학 개론』 (서울: 예배와 설교 아카데미, 2001), 285 재인용.

Ⅲ. 설교의 내용은 무엇인가(what)?

'소문난 잔치에 먹을 것이 없다'라는 속담이 있다. 명성과 달리 내용이 없다는 뜻이다. 설교학계에서는 오랜 논쟁이 있어 왔다. 좋은 설교란 무엇을 말하는가? 은혜로운 설교가 되기 위해 갖추어야 할 조건은 무엇인가? 이에 대하여 설교의 내용이 중요하다는 관점과 설교의 형태와 언어 표현이 중요하다는 관점이 나란히 존재한다. 예전에는 설교의 내용을 중시했다. 어떻게 하면 하나님의 말씀다운 설교가 되게 할 것인가에 관심을 가졌다. 설교의 외적 형태와 전달은 그리 중시하지 않았다. '듣든지 아니 듣든지' 말씀만 제대로 전하면 된다는 태도였다.

그러나 시대의 변화로 초점이 설교자에서 회중으로 옮겨 오게 되었다. 예로 예전에는 공장에서 물건을 만들면 시장에서 판매하는 것은 신경을 쓰지 않았다. 공급자 중심의 사회였다. 그러나 현대는 소비자 중심 사회가 되었다. 이런 소비자 중심의 사회는 사회 전 영역에서 문화적 배경으로 자리 잡고 각 분야에 영향을 미치고 있다.

설교학의 연구 경향도 설교자 중심에서 소비자인 회중의 입장을 중시하고 이를 이루는 방안을 제시하는 쪽으로 바뀌고 있다. 미국에서는 1970년대 프레드 크래독(Fred B. Craddock)에 의해 기존 설교학과 대비되는 '설교 갱신'을 위한 다양한 방법론이 제시되었다. 그의 활동은 곧 미국 설교학계와 목회자들에게 큰 반향을 일으켰다. 유진 라우리(Eugene Lowry) 등의 설교학자들에 의해 후속 연구가 이루어지고 이런 흐름이 '새로운 설교학 운동(The New Homiletics)'이라는 이름으로 하나의 학파를 이루게 되었다. 이들에 의해 회중 중심의 설교를 위한 방법론이 다양하게 주장되기 시작했다. 그 결과로 1970년대부터는 귀납식 설교, 이야기식 설교, 4페이지 설교 등의 새로운 설교 형태가 등장하게 되었다. 이런 경향이 한국 설교학계에도 도입되어 한때는 국내에서도 귀납식, 이야기식, 4페이지 설교가 큰 관심을 끌기도 했다.

그러나 무엇보다도 중요한 것은 설교의 내용이다. 내용이 시원찮으면 회중들에게 영적 유익이 없다. 아무리 설교 형태를 새롭게 하여 이야기식으로 전개해도, 그래서 들려지는 설교를 한다고 하여도 영혼의 양식이 되지 않으면 설교의 가치는 크게 떨어지게 된다. 따라서 설교자는 설교의 내용을 어떻게 채울 것인가에 먼저 관심을 기울여야 한다. 이를 위해서는 먼저 영의 양식이 될 수 있는 좋은 설교의 조건을 이해해야 한다. 설교의 내용이 성경에 충실한 설교가 되어야 한다. 한편으로 설교는 과거의 기록된 말씀인 성경에 기반하여 선포하여도 그 실행은 현재 '선포되는' 말씀이 된다. 이렇게 설교가 현재화된 하나님의 말씀이 되기 위해 어떤 조건과 과정이 필요한지 알아보는 것이 필요하다.

Ⅳ. 설교의 준비와 전달이란 무엇인가(how)?

설교학의 3대 축의 하나인 설교자와 설교 내용에 대하여 설명했다. 이제 남아 있는 것은 '어떻게(how)'와 관련된 설교 방법론이다. 설교를 어떻게 준비하고 전달할 것이냐와 관계된다. 설교자가 어떻게 성경을 해석하고 이를 바탕으로 설교문(sermon)을 작성할 것인가? 작성된 설교문을 강대상에서 어떻게 선포할 것(preaching)인가의 문제이다.

설교자는 마치 건축가와 같다. 건축가는 자격과 실력을 갖춘 후에 자재를 확보하고 설계도에 따라 건축을 진행한다. 설교자 역시 마찬가지이다. 설교문을 작성하는 것에 필요한 능력을 갖춘 후에 성경 연구 등을 통해 설교 소재를 확보하고, 설교 형태에 따라 설교문을 작성하고 선포한다. 설교문을 작성하고 선포하는 것은 배우고 익히는 과정이다. 따라서 이에 필요한 원리와 기술을 먼저 이론으로 배워야 한다. 그런 후에 손과 입을 실제로 사용하여 '쓰고 말하기'를 기술로 익혀야 한다. 이것은 무한 반복 훈련을 통하여 가능하다. 설교학은 한편으로 설교문을 작성하고 선포하는 것과 관련된 기술을 다루는 학문이라고 정의를 내린 배경이 여기에 있다. 이런 것에 익숙하여 능통하여질 때, 은혜로운 설교자, 능력 있는 설교가 되어 간다.

그 방법은 무엇인가? 성경 해석을 통해 확보된 내용을 어떤 형태로 구성할 것인가? 어떤 언어를 사용하여 표현하고 작성할 것인가, 어떻게 선포할 것인가, 어떻게 피드백할 것인가와 관련이 있다. 본서에서는 설교자, 설교 내용, 설교 준비와 전달이라는 세 범주를 가지고 제1부(발상의 전환이 일어나야 한다), 제2부(위기의 시대에는 설교자에게 새로운 자세가 필요하다), 제3부(성공적인 설교를 하기 위한 6대 원리와 전략)와 제4부(설교의 실제: 설교 준비에서 작성과 선포를 어떻게 할 것인가?)에서 이를 자세히 살필 것이다.

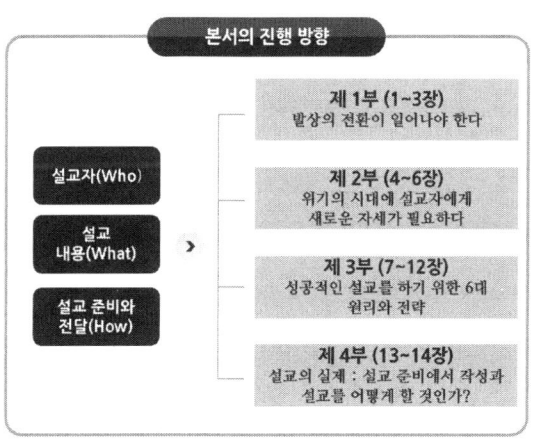

제2부

위기의 시대에는 설교자에게 새로운 자세가 필요하다

4장. 위기의 시대에는 올바른 역사관을 가져야 한다
5장. 위기의 시대에는 올바른 교회관과 설교관을 가져야 한다
6장. 위기의 시대에는 능력 있는 설교자를 부른다

4장

위기의 시대에는 올바른 역사관을 가져야 한다

Ⅰ. 교회의 축소를 경험하고 있는 한국 교회

1. 곳곳에서 들려오는 비명

"가을에 교단마다 총회가 다 끝났습니다. 각 교단에서 발표한 것에 의하면 한국의 주요 교단만 작년에 40만 명이 줄었습니다. 10년 동안에 주요 6개 교단의 교인만 176만의 교인이 줄었습니다. 여러분 10, 20년 후의 대한민국에 과연 기독교가 존재할까요? 존재한다면 어떤 모양일까요? … 교회를 이 지경으로 만든 것은, 교회가 이런 위기에 직면하게 한 것은 전적으로 저 자신을 포함한 목사들의 책임입니다. 또 이런 위기에서 교인들은 자유로울 수 있나요? 아닙니다. 목사들이 이 위기의 공범들이라면 교인들은 동조자 내지 방관자들입니다. 교회를 이 지경으로 만든 그 책임을 벗어나려면 교회를 새롭게 해야 하는 것입니다."

위의 내용은 유튜브 설교 방송의 일부분을 녹취한 것이다. 지금은 은퇴하였지만, 한국의 대표적인 설교자의 한 사람으로 꼽히는 목회자가, 2022년 무렵 서울 모 교회의 초청을 받아 설교한 것으로 여겨진다. 설교의 제목은 '10년 후의 한국 교회의 미래'라고 붙여져 있다. 설교자의 표정과 목소리에서 교회의 미래에 대한 걱정과 두려움을 느낄 수 있

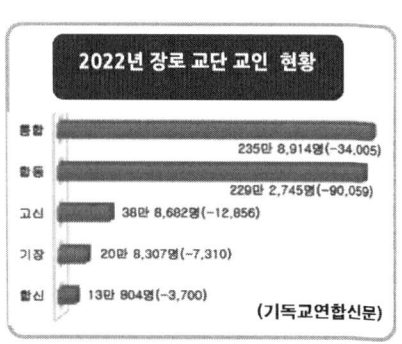

다. 우리는 이런 종류의 설교를 최근 유튜브에서 손쉽게 접할 수 있다. 곳곳에서 현장 목회자들이 느끼는 위기감을 설교에서도 확인할 수 있다.

한국 교회의 축소는 통계로도 확인이 된다. 한국의 주요 교단인 대한 예수교 장로회 통합 측을 보자. 교인 수는 2022년 현재 235만 8,914명이라고 한다.[21] 전년도와 비교하여 34,000명 정도가 감소한 결과라고 한다. 이대로 계속되면 교단 측은 5년 후인 2028년도에는 196만 명, 2030년도에는 185만 명까지 감소할 것으로 전망한다.[22] 대한 예수교 장로회 합동 측의 상황도 크게 다르지 않다. 2022년도의 교인 수는 전년도에 비해 9만 명이나 줄어들어 229만 2,745명이라고 한다.[23] 한국 교회가 쇠퇴기에 접어들었다는 우려가 이곳저곳에서 나오는 이유이다.

한국 교회는 세계 교회사에서 유례를 찾아볼 수 없을 정도로 급성장을 이루었다. 장로교 통합은 2012년만 해도 교인 수가 281만 531명이었다.[24] 교계에서는 곧 3백만을 돌파할 것이라고 기대하며 축하 행사까지 했다. 그러나 현실은 반대로 흘러갔다. 교인 수가 계속 감소하였기 때문이다. 10년이 지난 2022년에는 무려 50만 명이나 줄어들었다. 그 결과 2022년도 교인 수가 235만 명으로 나타난 것이다. 전망은 더욱 비관적일 수밖에 없다. 한국은 이미 저출산과 고령화 사회로 진입했기 때문이다. 이런 추세가 계속된다면 교회 성장은커녕 존립 자체를 걱정해야 할 상황까지 올 수 있다. 그러니 은퇴한 모 목사가 교회의 위기를 말하면서 목회자와 성도를 향하여 질책하는 것은 당연하다.

그러면 미국 교회는 어떠한가? 한국과 별반 다르지 않다. 미국의 권위 있는 사회 통계 조사기관인 Pew Research Center에서는 2021년도의 미국 기독교인 비율을 조사하여 발표하였다. 이 발표에 의하면 2021년도 기준으로 자신을 그리스도인이라고 응답한 사람의 비율은 전체 인구의 63%

---

21) 대한 예수교 장로회 통합의 2023년도 교인 수는 2,207,982명(통합 측 홈페이지 '교세 현황')으로 전년도와 비교하여 약 15만 명의 교인 감소가 있었다.
22) 이인창, "교세 추락 끝은 어디에? 합동 9만 명, 통합 3만 명 감소," 『기독교연합신문』, 2022.9.26.
23) 대한 예수교 장로회 합동의 2023년도 교인 수는 2,250,530명(리폼드 뉴스)으로, 전년도와 비교하여 약 4만 명 감소한 것이다.
24) 대한 예수교 장로회 총회(통합) 홈페이지(http://new.pck.or.kr).

로 조사되고 있다. 그런데 이 비율은 2007년도의 78%에서 15%가 급감한 것이다.

영국의 상황은 어떠한가? 미국처럼 그리스도인들의 비율이 점차 줄어들고 있다. 영국의 권위 있는 일간지인 가디언(The Guardian)지는 '잉글랜드·웨일스 2021 인구 센서스' 자료를 발표하였다. 이 보도에 따르면 잉글랜드와 웨일스에서 자신을 그리스도인이라고 응답한 비율이 전체 인구의 46%에 그쳤다고 발표했다. 이 비율은 10년 전인 2011년도의 59%보다 13%가 줄어든 결과라고 한다.[25]

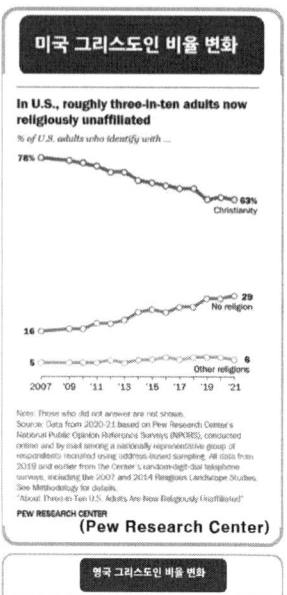

우리는 미국과 영국의 그리스도인 비율이 한국처럼 계속 줄어들고 있음을 알 수 있다. 이렇게 줄어드는 상황은 쉽게 멈추지 않을 것임을 예상할 수 있다. 그렇다면 한국만이 아니라 미국과 영국의 교회들도 교회 축소를 경험하며 비명을 내고 있음을 알 수 있다.

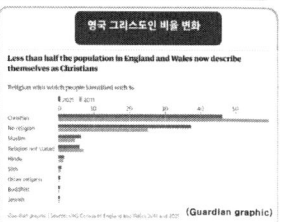

2. 지평선 너머의 희망을 볼 수 있어야

한국 교회의 쇠퇴는 현장 목회자들에게는 위기로 다가오고 있다. 자신이 목회하고 있는 지역과 교회가 10, 20년 후에는 어떻게 될 것인가? 미래에 노심초사하는 목회자가 늘어나고 있다. 이런 위기를 맞이하는 일선 목회자들에게 필요한 자세는 무엇인가? 일부 목회자들이 주장하는 것처럼 '교회 갱신'을 하면 교회 축소를 막을 수 있을 것인가? 그렇다면 그 '교회 새롭게 하기'의 핵심은 무엇인가? 우리는 교회 갱신을 위한 효과적인 방안을 마련해야 한다. 교회는 언제나 새로워지고 개혁하여야 하기 때문이다. 그러나 더욱 중요한 것이 있다. 목회자는 단순히 자신이 목회하는 교회 혹은 한국의 기독교인이 감소한다는 것만으로 낙심해서는 안 된다는 것이다. 지평선 너머의 역사를 볼 수 있어야 한다. 비록 보이지 않는 먼 곳에 있지만, 그곳에서 장차 무엇이 일어날지를 바라보아야 한다.

---

25) "Census 2021 in charts: Christianity now minority religion in England and Wales," *The Guardian*, 2022.11.29. (https://www.theguardian.com)

2천 년 기독교 역사에서 교회는 언제나 위기의 연속이었다. 과거의 역사에서 교훈을 배우며 미래의 나아갈 방향을 설정할 수 있어야 한다. 위기의 시대일수록 목회자는 올바른 '역사관'으로 무장해야 한다. 세상의 흐름과 평가에 연연하지 않는 자세가 필요하다. 기독교적 역사관을 가지고 '그렇다면 나는 오늘 무엇을 설교할 수 있는가?'를 묻고 답하여야 한다. 세상 분위기에 휩쓸려 '어쩔 수 없어'라는 수동적인 자세에 빠져서는 안 된다. '할 수 있다'라는 영적 자신감을 가지고 위기를 돌파하는 모습을 보여 주어야 한다. 그리고 이를 강대상에서 외쳐야 한다.

기독교회 2천 년의 역사는 '도전과 응전'의 과정이었다. 교회를 향한 도전에 효과적으로 대응한 결과, 오늘날 세계 속의 교회가 되었다. 그럼, 위기와 침체를 맞이한 한국 교회에서 목회자는 어떤 자세가 필요한가? 먼 미래에도 한국은 여전히 교회가 있어야 하며, 곳곳에서 십자가가 어둠을 밝힐 것이라는 확신을 가지는 것이다. 교회는 역사의 마지막 순간까지 구원의 방주 역할을 할 것이라는 믿음이다. 이런 믿음을 갖지 못하면 힘 있는 목회를 할 수 없다. 한 편의 설교마다 정성을 쏟아부어 준비하여 선포할 수 없다. 패배주의에 빠진다면 그 순간부터 목회는 활력을 잃고 '생계형 목사'로 전락하게 된다. 세상에서 교회의 위기를 말할수록, 목회자는 올바른 역사의식을 가지고 세상과 맞서는 자세가 필요하다. 그래야 힘 있는 목회와 설교 사역을 감당할 수 있다.

이를 위해서는 먼저 교회의 현실에 대한 올바른 분석이 선행되어야 한다. 우리는 앞에서 한국과 미국 그리고 영국 교회의 그리스도인들이 갈수록 줄어들고 있다는 것을 설명했다. 축소의 원인이 무엇 때문인지를 살펴야 한다. 교회의 구조적인 모순이 분출한 결과인가? 하나님의 능력이 더 이상 세상에서 통하지 않아서인가? 성도들이 세상에서 '빛과 소금'의 역할을 하지 못하여 사회 신뢰를 잃은 결과인가? 다양한 원인이 있을 것이다. 그러나 통계를 자세히 살펴보면 보다 큰 원인이 통계의 숫자에 숨어 있음을 알 수 있다. 한국과 미국 그리고 영국에서는 급격한 사회 변동을 경험하고 있다는 점이다.

사회 변동에는 다양한 요소들이 영향을 미친다. 가장 크게 영향을 미치는 요소의 하나가 '인구 구조의 변화'이다. 인구학의 권위자인 폴 몰런드(Paul Morland)는 *The Human Tide*에서 사회의 구조적인 변화는 인구 구조의 급격한 변화에서 시작한다고 주장한다.[26)] 먼저 미국 교회를 보자. 미국은 유럽에서 이민 온 사람들이 세운 국가였다. 유럽에서 건너온 앵글로·색슨족이 국민의 대다수를 차지했다. 이들 대부분은 자신을 그리스도인이라고 여기는 청교도의 후예들이었다.

그러나 현대에 들어서면서 인구 구성에 급격한 변화가 생기기 시작했다. 남미, 중동, 아프리카, 아시아의 각지에서 수많은 사람이 미국으로 이민을 오고 있다. 그 결과, 인구의 다수를 차지하던 백인 앵글로·색슨족의 비율이 점차 줄어들고 있다. 인구 구조에서 앵글로·색슨족이 차지하는 비율의 감소는 개신교도의 감소로 나타난다. 앞에서 제시한 Pew 연구소의 발표에서 이런 변화를 읽을 수 있다. 미국의 종교 인구의 감소 가운데 개신교도의 감소가 가장 두드러지기 때문이다.

표에서 보는 것처럼 미국의 그리스도인 가운데 가톨릭교도는 2007년 기준 24%, 2021년에는 21%로 큰 변동이 없다. 그런데 개신교도는 2007년에는 전체 인구에서 52%를 차지했는데 2021년에는 40%로 급감했다.[27)] 미국 내 그리스도인 감소에 가장 큰 영향을 미친 이유는 다양한 이민자의 유입으로 인한 인구 구조의 급격한 변화라고 추론할 수 있다.

영국에서의 인구 구조의 변화로 인한 그리스도인의 축소는 더욱 두드러진다. 앞에서 우리는 영국의 그리스도인들이 2011년도의 59%에서 2021년도에는 46%로 급감했다는 것을 설명했다. 이 기간에 무슨 일이 일어난 것일까? 시대의 변화에 따라 자연스럽게 교회를 떠난 사람들이 많았을 것이다. 그러나 근본적으로 미국과 같이 영국 사회도 인구 구조의 변화를 경험하고 있다. 옆의 표에서 보는 것처럼 영국의 레이체스터(Leicester), 루톤(Luton), 비어밍햄(Birmingham)에서는 흑인, 중동인, 아시아인의 비율이 전체 인구의 50%를 넘어서고 있다. 심지어 뉴엄(Newham)에서는 이런

---

26) Paul Morland, *The Human Tide*, 서정아 역, 『인구의 힘-무엇이 국가의 운명을 좌우하고 세계사의 흐름을 바꾸는가?』 (서울: 미래의 창, 2022), 26.
27) Gregory A. Smith, "*About Three-in-Ten U.S. Adults Are Now Religiously Unaffiliated,*" Pew Research Center, 2021.12.14.(https://www.pewresearch.org)

다인종이 69.2%를 차지하고 있다.[28] 그렇다면 이 지역에서 순수한 영국 백인은 전체 인구의 30%에 불과하다는 뜻이다. 영국으로 밀려오는 엄청난 이민자들의 유입이 영국 본토 백인의 비율을 줄어들게 한다. 그 여파로 백인들이 믿던 전통 그리스도교의 교인들도 감소하고 있다.

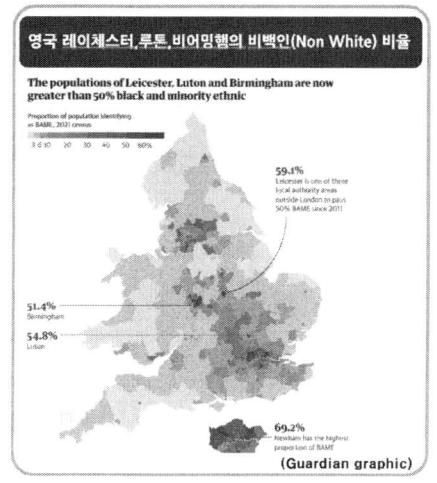

한국의 기독교인 감소는 인구 구조의 변화라기보다 사회 문화 환경의 급격한 변화에서 초래된 부분이 많다. 한국의 전통 사회는 급격히 해체되어 가고 있다. 부모와 자녀가 함께 사는 전통적인 가정을 주축으로 하는 사회가 아니다. 1인 가구가 급격히 늘고 있다. 여기에 절대 가치와 권위를 부인하고 상대적 가치를 추종하는 포스트모던 사회가 진행되고 있다. 기독교는 전통 가치가 존중되고 가족 공동체가 온전히 보존되는 곳에서 그 진가를 발휘할 수 있다. 각자가 별도의 생활을 하는 사회와 상대적 가치관을 바탕으로 하는 포스트모던 사회 그리고 물질만능주의로 접어든 사회에서는 기독교를 비롯한 종교에 관한 관심이 급격히 떨어질 수밖에 없다. 한국 교회는 사회 구조의 변화에 따른 양적 축소를 경험하고 있다.

그러면 그리스도인은 이렇게 인구 구조나 사회 문화 토대의 변화에 따라 계속 줄어들 것인가? 그래서 미래에는 일부 인본주의적 종교학자나 목회자가 주장하는 것처럼 소멸 단계에 접어들 것인가? 앞으로 이런 주장들이 더욱 기세를 부릴 것이다. 이들은 각종 사회 통계 자료를 제시하며 주장을 펼쳐 갈 것이다. 우리가 이런 자료나 주장을 접하면서 경계해야 할 것은 각종 사회 관련 조사가 생각만큼 신빙성을 지니지 못한다는 것이다.

사회 관련 조사나 연구는 두 부분으로 되어 있다. 어떤 사실에 대한 수집과 분류 그리고 이에 대한 해석과 평가의 두 부분이다. 사회의 특정 부분의 현상을 연구할 때는 모든 부분을 조사하는 것이 아니다. 일정한 범위를 한정하여 조사하게 된다. 조사 범위에서 벌써 한계를 가지게 된다. 또한

---

28) "Census 2021 in charts: Christianity now minority religion in England and Wales," *The Guardian*, 2022.11.29. (https://www.theguardian.com)

조사 결과에도 연구자의 해석과 평가가 뒤따르게 된다. 제한적인 객관적 사실에 연구자의 주관적 해석이 가미되어 연구 결과를 발표하게 된다. 자료의 평가와 해석에서 가장 큰 영향력을 발휘하는 것이 연구자가 가진 가치관이다. 사람은 자기만의 '안경'을 쓰고 세상을 바라보게 된다. 똑같은 객관적인 자료를 가지고도 세계관이 다른 사람들 사이에는 해석도 다를 수밖에 없다.

따라서 위기의 시대에 목회자에게 필요한 것은 올바른 역사관을 가지고 현실을 바라보는 것이다. 역사관에서 세상을 바라보는 가치관과 세계관이 생기기 때문이다. 목회자가 세속적인 역사관을 가지고 있으면 교회를 바라보는 모습은 비관적일 수밖에 없다. 목회자는 기독교적인 역사관을 가지고 있어야 한다. 눈앞에 보이는 모습은 실망스러울 수도 있지만, 지평선 너머에서 새로운 내일을 준비하시는 주님을 바라보아야 한다. 그럴 때 목회자는 교회를 붙잡고 기도하며 설교 사역을 감당할 수 있다. 위기의 시대에 먼저 필요한 것은 설교 능력의 향상이나 기량의 발전 혹은 설교학의 각종 지식을 축적하는 것이 아니다. 교회의 현재를 정확히 평가하고 미래를 기독교적 역사관으로 예측하고 대비하는 것이다. 본 장에서는 위기의 시대에 목회자가 가져야 할 역사관은 어떤 모습이어야 하는가를 알아본다. 이를 위해 2천 년 역사에서 교회가 위기를 경험할 때마다 주님은 교회를 어떻게 보존하고 또 확산시키고 있는가를 알아볼 것이다.

II. 위기의 시대에 교회가 보인 대응

1. 초대 교회 박해와 승전사

❶ 박해 속에서도 뻗어 가는 초대 기독교회

초대 교회사를 탐구할 때 하는 말이 있다. 초대 교회의 역사는 기적의 역사라는 것이다. '기적'이라는 단어 외에는 초대 교회의 역사를 설명할 방법이 없기 때문이다. 세상의 눈으로 보면 소멸할 수밖에 없었다. 그러나 교회는 로마 제국을 정복하고 승리의 나팔을 불게 되었다. 초대 교회의 이런 모습을 독일의 저명한 역사 신학자인 하르낙(Adolf von. Harnack)은 "기독교는 기적을 통하여 재생산된 것이 분명하다. 왜냐하면 세상에서 가장 위대한 기적은 여타의 기적과 달리 그 기독교라는 종교가 비범하게 확대되어 온 것이기 때문이다"[29]라고 말한다.

과연 그랬다. 유대의 변방인 갈릴리 출신의 나사렛 예수가 십자가에 처형당했을 때, 유대 종교 지도자와 로마 총독은 나사렛 이단의 무리(행 24:5)는 곧 사라질 것으로 예상했다. 어느 종교이든 신흥 종교는 창시자의 강력한 카리스마에 의존하여 급성장하게 된다. 그러다 지도자가 사망하면 자연스럽게 수그러들고 퇴장의 과정을 밟는다. 그러나 예측과는 달리 그리스도의 교회는 살아남았다. 예수님 처형 직후에는 교인이 불과 천여 명에 불과했을 것이었다. 그러나 몇 달이 못 되어 수천 명으로 증가하였다(행 2:41). 그 기세는 유대를 넘어 사마리아까지 확산한다. 바울에 의해 서기 50년 후반기가 되면 로마 제국 곳곳에 교회가 설립된다. 그렇다고 교회가 성장하기에 좋은 사회적 토양이 마련된 것도 아니었다. 선교 초기에는 팔레스타인의 유대인과 제국 각 지역에 흩어진 디아스포라 유대인의 배척을 받았다. 60년대 후반부터는 로마 제국의 조직적인 대박해가 있었다.[30]

---

29) Adolf von. Harnack, *The expansion of Christianity in the first three centuries* II (London: Williams & Norgate, 1905), 466n, Rodney Stark, *The Triumph of Christianity*, 허성식 역, 『기독교 승리의 발자취』 (서울: 새물결플러스, 2020), 227에서 재인용.

30) 로마의 네로, 도미티안, 트라얀, 하드리안, 아우렐리우스, 세베루스, 막시미누스, 데키우스, 발레리아누스, 갈레리우스 황제에 이르기까지 10번의 대박해가 있었다.

이런 박해는 로마 황제에 의해서만 일어난 것이 아니었다. 로마 도시의 곳곳에서 민중의 거센 탄압을 받아야 했다. 기독교인들이 자신들과 달랐기 때문이다. 제국의 각 도시에 세워진 수호신 신전에서 제전(祭典)을 드리지도 않았다. 심지어는 군인으로 복무하는 것을 거부하는 그리스도인들까지 생겼다. 로마인들은 도시가 큰 수해나 흉년 혹은 불의의 사고를 당하면 도시의 수호신에게 제전을 드리지 않은 기독교인 때문이라고 여겼다. 로마인은 폭동을 일으키고 기독교인을 공개적으로 처형하기도 했다.[31]

이뿐 아니었다. 로마 제국의 다신(多神論)주의와 현세적 방탕주의는 교회의 생존에 또 다른 위협이었다. 로마 제국에는 수많은 신들이 있었다. 신전 앞에서 신들을 즐겁게 해 준다는 명목으로 방탕한 행사들이 공개적으로 벌어졌다. 이런 타락한 세상 문화에서 그리스도인들이 배척당하면서도 경건한 신앙인으로 산다는 것은 쉬운 일이 아니었다.

그러나 로마 제국의 탄압에도 불구하고 초대 교회는 뿌리를 뻗어 가며 확산하여 갔다. 미국의 종교사학자인 로드니 스타크(Rodney Stark)는 다음의 표와 같이 로마 제국 당시의 기독교 성장을 수치로 제시하고 있다.[32]

본 표에 의하면 로마 제국에서 기독교는 200년대까지는 극히 미미하게 성장하였음을 알 수 있다. 200년까지는 전체 인구에서 차지하는 비율이 0.35%에 불과했다. 그러나 4세기에 들어서서 급성장하게 된다. 300년에는 전체 인구의 9.9%에서 312년에는 14.8%를 보여 주고 있기 때문이다. 교회는 이 여세를 몰아 313년에는 콘스탄틴 황제

로마 제국에서 기독교 성장

로마 제국내 기독교 성장(로마 인구:6,000만 명 /매년 3.4% 성장 예상)

연도	기독교 인구	기준 수치	전체 인구 중 백분율 (추정치)
40	1,000	–	–
50	1,397	–	–
100	7,434	–	–
150	39,560	5만 미만	0.07
180	107,863	–	0.18
200	210,516	–	0.35
250	1,120,246	100만	1.9
300	5,961,290	600만	9.9
312	8,904,032	–	14.8

자료 / Rodney Stark, The Triumph of Christianity

(Flavius Valerius Aurelius Constantinus, 272~337)가 기독교회를 공인하게 한다. 392년에는 테오도시우스 황제(Flavius Theodosius, 347~395)에 의하여 국교로 인정되었다. 로마 속주인 유대에서 한

---

31) Rodney Stark, *The Triumph of Christianity*, 허성식 역, 『기독교 승리의 발자취』 (서울: 새물결플러스, 2020), 207.
32) Rodney Stark, *The Triumph of Christianity*, 허성식 역, 『기독교 승리의 발자취』 (서울: 새물결플러스, 2020), 232.

갈릴리 청년에 의해 시작된 신흥 종교가 300년 만에 로마 제국의 박해를 이기고 승리를 한 것이다.

❷ 초대 교회 승리의 원동력

그럼 초대 교회가 승리한 비결은 무엇일까? 우선은 초대 교회의 놀라운 전도 활동을 들 수 있다. 초대 교회는 초기에는 사도들을 중심으로 유대와 사마리아 지역으로 급속하게 세력을 뻗어 갔다. 그러나 서기 1세기 중반이 되면 탁월한 복음 전도자인 사도 바울에 의해 로마 제국의 해양 도시를 중심으로 교회가 세워지기 시작했다. 각 지역에 세워진 교회는 박해를 피해 가정에서 소규모 모임으로 시작되었다. 도시마다 크고 작은 가정 교회가 세워지게 되었다. 150년쯤이 되면 로마 제국의 40~50개 도시에서 규모가 수십 명에서 수백 명에 이르는 크고 작은 가정 교회가 있었을 것으로 추정한다.[33] 기독교인들은 가정 교회를 중심으로 놀라운 결속력을 보이면서 주변으로 복음을 전파했다.

초대 교회가 뿌리를 내리며 지역민들에게 파고들 수 있었던 것은, 이들의 뚜렷이 구별되는 생활 태도와 높은 도덕심에 있었다. 당시 로마 제국은 제국의 확장에 따른 영토 확장과 노예의 급속한 증가로 각종 생산물이 비약적으로 성장했다. 이런 물질적 풍요는 로마 사회 특유의 헬레니즘 문화와 결합하여 현세적이면서 쾌락적인 문화를 만들었다. 그러나 기독교인들은 이들과 구별되는 생활 자세를 보여 주었다. 물질적 쾌락에는 초연한 채 거룩한 삶을 유지하려는 삶을 살려고 했다. 이 세상을 나그네의 삶으로 여기고, 피안의 세계인 천국의 삶을 소망하며 살아가는 모습이, 당시 쾌락과 방탕에 물들어 있던 로마인들에게 깊은 경외감을 불러일으켰다. 이것이 로마 사회 각계각층을 파고드는 원동력이 되었다. 2세기 중엽에 기록한 것으로 알려진 '디오그네투스의 편지(*Epistle to Diognetus*)'에서는 당시 그리스도인의 생활 모습을 다음과 같이 묘사하고 있다.

> 그리스도인들은 그 거주지나 언어나 습관에 있어서는 다른 인간과 구별되지 않는다. 이들은 자기들끼리만 도시를 만들고 따로 살지는 않으며, 다른 이들과 다른 언어를 말하거나 특이한 습관을 좇는 것도 아니다. … **그러나 그들 스스로가 지키고 있는 인생관은 특**

---

33) Rodney Stark, *The Triumph of Christianity*, 허성식 역, 『기독교 승리의 발자취』 (서울: 새물결플러스, 2020), 231.

기할 만하다. 이들은 고향에 살고 있으나, 나그네로 거주하고 있다. 이들은 지구 위에 존재하면서도 시민권은 천국에 가지고 있다. 이들은 모두에 의해 핍박받으면서도 인류 모두를 사랑하고 있다…[34]

초대 교회가 로마 제국과의 영적 전쟁에서 승리한 비결을 정확히 파악하는 것은 불가능하다. 인본주의적 설명은 한계를 보일 수밖에 없다. 초대 교회의 역사를 '기적 중의 기적'이라고 칭하는 이유가 여기에 있다. 그러나 한 가지 분명한 이유를 우리는 알고 있다. 주님의 약속과 인도하심이다. 주님은 '내가 세상을 이기었노라'(요 16:33)라고 말씀하신다. '땅끝까지 복음이 전파될 것'(행 1:8)이며, '세상 끝 날까지 너희와 함께 있을 것'(마 28:20)이라고 약속하신다. 세상에서는 초대 교회사를 기적의 역사라고 한다. 그러나 우리는 그 기적 속에는 주님의 섭리와 인도하심이 있음을 고백한다.

2. 또 다른 위기를 맞이하는 교회

❶ 위기에 대한 아우구스티누스의 대응

초대 교회는 3세기의 기나긴 투쟁을 마치고 승리의 축배를 들기 시작했다. 388년의 로마 원로원 결정은 승리의 결정적 표식이 되었다. 원로원은 당시 황제의 제안에 따라 로마 원로원의 가장 높은 곳에 자리 잡았던 로마 최고의 신인 유피테르(Jupiter) 신상을 제거하였다. 그 자리에는 그리스도의 십자가가 놓이게 되었다. 교회가 로마 제국의 최고 권력 기관에까지 파고들었음을 보여 준다. 원로원의 결정이 로마인에게 얼마나 큰 놀라움을 가져왔는지, 원로원 의원 한 명이 자결하기까지 했다.[35]

이어서 392년에는 테오도시우스 황제에 의해 국교로 선포되었다. 기독교 외에 다른 종교는 금지되었다. 로마 제국 각지에 세워진 이방 신전은 철거되었다. 일부는 교회로 개조되기도 하였

---

34) F. F. Bruce, *The Spreading Flame*, 서영일 역, 『초대 교회 역사』 (서울: 기독교문서선교회, 2009), 226,227.
35) Nanami Shiono, *Romajin No Monogatari* 14, 김석희 역, 『로마인 이야기 14권』 (파주: 한길사, 1976), 372,373.

다.[36] 황제와 귀족과 로마 시민은 주일이 되면 앞다투어 교회로 달려와 예배를 드렸다. 얼마 전까지 기피와 혐오의 대상이던 교회가 갑자기 유력 인사들이 예배에 참석하는 장소가 되었다. 유능한 청년들이 목회자가 되기 위해 신학교로 몰려오는 시대가 된 것이다.

기독교가 공인된 후에 불과 70년 만에 제국의 국교로 지정한 이유가 무엇인가? 로마 제국은 다신교 국가였다. 30만이 넘는 다양한 신들을 섬기는 국가였다. 그러나 이를 포기하고 기독교를 합법적인 국교로 삼은 배경에는 급박하게 돌아가는 국내외 상황이 있었다. 로마 제국 곳곳에서 울타리가 허물어지는 말기 현상을 보인 것이다. 야만인으로 불리며 멸시하던 고트족, 훈족 등이 국경을 침범했고 로마군은 패배를 거듭했다. 로마가 멸망할지도 모른다는 공포가 밀려왔다.

이럴 때 로마 제국의 황제와 시민은 교회가 믿는 하나님과 예수 그리스도가 그들의 국경을 지켜 줄 것이라고 믿기 시작했다. 로마 제국이 믿었던 수많은 신들은 이제 수명을 다했다고 생각했다. 유일신인 하나님과 그리스도를 믿으면 국경의 전세는 역전될 것으로 여겼다. 이런 로마인들의 기독교회에 대한 맹목적인 신뢰가 급속하게 확산하여 국교로 지정되는 원인의 하나가 되었다.

아우구스티누스는 이렇게 제국에서 기독교에 대한 열망이 높아져 가던 시기에 역사에 등장했다. 어린 시절은 부모의 속을 썩이는 불량 아동이었고, 젊어서는 기독교 이단인 마니교에 심취하여 어머니 '모니카'의 눈물이 마를 날이 없었다. 그러나 30대 초반에 회심을 경험하면서, 주님의 종으로 살기로 결심하고 목회를 시작한다. 로마 제국에서 교회가 전성기를 누리기 시작한 시기에 목회를 시작한 것이다. 그가 가진 지성과 열정까지 더하여져서 교회의 최고 지도자로 인정받게 된다.

그러나 목회 후반기는 순조롭지 못했다. 교회를 둘러싸고 있는 외부 환경이 급속히 악화하였기 때문이다. 로마 제국 주변에 있던 이방 민족들이 수시로 침략하여 제국을 어지럽혔다. 급기야는 410년에 고트족이 로마시를 3일간 점령하여 약탈하는 사건이 발생했다. 이를 계기로 로마 시민들은 제국이 멸망할 것이라는 두려움에 싸이게 된다. 천 년을 이어 오며 전 세계를 호령하던 제국이 왜 이렇게 되었을까? 많은 사람은 교회를 의심했다. 로마 제국을 지켜 줄 것 같았던 교회가 그 역

---

36) Nanami Shiono, *Romajin No Monogatari* 14, 김석희 역, 『로마인 이야기 14권』 (파주: 한길사, 1976), 364.

할을 하지 못하고 있다고 여겼다. 심지어는 조상 때부터 섬기던 신들을 버리고 다른 신을 섬긴 결과로 전쟁에서 패배를 거듭한다고 생각했다. '교회 때문에 로마가 몰락하고 있다'[37]라며, 교회에 대한 불신과 원망이 갈수록 높아 갔다.

교회를 향한 민심이 싸늘하게 식어 가자, 그리스도인들은 두려움을 느끼게 되었다. 교회의 미래를 심각하게 걱정하게 되었다. 과연 교회는 앞으로도 살아남을 것인가? 제국이 무너지면 교회도 함께 사라지는 것이 아닐까? 로마 제국의 탄압 속에서도 살아남은 교회였다. 그러나 야만족인 이방인의 공격에 교회는 어떤 역할도 할 수 없었다. 교회는 끝났다고 여기저기서 기독교인들이 탄식하며 두려움에 떨었다.

아우구스티누스는 이런 질문에 답하기 위해 일생 최대 역작인 *The City of God*(『하나님의 도성』)을 쓰기 시작했다. 두려움에 싸인 교회와 그리스도인들을 향하여 펜을 들었다. 60세가 다 되던 해인 413년에 시작하여 73세가 되던 해인 427년에 완성한 책이다. 14년 동안 이 책을 썼다는 사실에서 그가 얼마나 심혈을 기울여 썼으며, 또한 당시 교회 상황이 얼마나 절망적이었는가를 알 수 있다.

❷ 아우구스티누스가 보여 주려고 했던 이정표는 무엇인가?

아우구스티누스는 『하나님의 도성』에서 로마 제국과 기독교인에게 무엇을 보여 주려고 했는가? 로마 제국의 멸망은 교회의 책임이 아니라는 것을 먼저 강조하였다. 한편으로 두려움에 떨고 있는 기독교인들에게는 하나님이 준비하시는 교회의 새로운 미래를 준비할 것을 권면하였다.

그는 로마 제국의 국교가 되면서 제국과 교회를 하나의 몸체로 보려던 당시 사람들의 관점을 거부한다. 교회를 국교로 받아들였으니 로마 제국도 영원할 것이라는 생각을 거부한다. 로마 제국과

---

37) 박승찬, 『그리스도교 이야기』 (서울: 가톨릭 출판사, 2021), 271.

교회는 하나의 지역에 존재하지만, 작동 원리가 다르다는 것이다. 물론 로마 제국과 교회는 하나님의 주권과 섭리로 움직여 가고 있음을 말한다. 그러나 로마 제국은 땅에 기반을 둔 '지상의 도성'이다. 교회는 하나님의 나라를 구현하는 '하나님의 도성'의 상징적 존재이다. 지상의 도성과 하나님의 도성의 근본 차이는 존재하는 기반의 차이에서 시작한다. 두 도성 모두 '사랑'에서 시작한다고 한다. 그러나 사랑의 대상이 다르다. 자신과 세상을 사랑하는 사람들이 모인 곳이 '지상의 도성'이라고 한다. 하나님을 사랑하는 사람들이 모인 곳이 '하나님의 도성'이라고 한다. 아우구스티누스는 이를 다음과 같이 말한다.

> 그래서 두 가지 사랑이 두 도성을 건설했다. 하나님까지 멸시하는 자기 사랑이 땅의 도성을 만들었고, 자기를 멸시하면서 하나님을 사랑하는 사랑이 하나님의 도성을 만들었다. 따라서 땅의 도성은 자신을 사랑하고 하나님의 도성은 주를 사랑한다. 땅의 도성은 사람들에게 영광 받기를 원하고, 하나님의 도성은 우리의 양심을 보시는 하나님을 최대의 영광으로 여긴다.[38]

아우구스티누스는 땅의 도성과 하나님의 도성이 교차하며 세계의 역사는 펼쳐진다고 보았다. 역사의 마지막 지평을 향해 나아간다고 보았다. 땅의 도성은 멸망하고 하나님의 도성은 최종 승리를 거둘 것이라고 말한다. 어느 시대, 어떤 나라와 상관없이 "착잡하게 얽힌 인간사 속에 하나님의 보이지 않는 심판이 임재"[39]하고 그 결과로 한 나라가 흥하기도 하고 망하기도 한다는 것이다. 세계의 역사는 한편으로 하나님 심판의 역사라고 보았다. 종말의 때까지 하나님의 최후 심판은 미루어지지만, 땅의 도성은 꺼지지 않는 불로 심판을 받고 그리스도인들은 "하나님의 도성에 있을 영원한 행복과 안식을 누릴 것"[40]이라고 말한다.

그렇다면 아우구스티누스가 말하는 하나님의 도성은 현세에 있는 외형 교회와 어떤 관계에 있는가? 하나님의 도성은 곧 외형 교회의 또 다른 이름이라고 말할 수 있는가? 이에 대하여 아우구스

---

38) St. Augustinus, *The City of God*, 조호연 역, 『신국론: 하나님의 도성』 (서울: CH 북스, 1998), 998.
39) St. Augustinus, *The City of God*, 조호연 역, 『신국론: 하나님의 도성』 (서울: CH 북스, 1998), 962.
40) St. Augustinus, *The City of God*, 조호연 역, 『신국론: 하나님의 도성』 (서울: CH 북스, 1998), 1129.

티누스는 "그러므로 현재 있는 대로의 교회는 그리스도의 나라며 하나님 나라이다. 따라서 지금도 성도가 그리스도와 함께 왕 노릇을 하며, 앞으로 왕 노릇 할 때와 다를 뿐이다"[41]라고 말한다. 언뜻 보면 현세의 외형 교회를 하나님의 도성으로 보는 것 같지만, 전문가들은 반드시 그런 것은 아니라고 한다. 교회에는 알곡과 가라지가 섞여 있기 때문이라고 한다. 오히려 외형 교회는 미래에 있을 하나님의 도성의 하나의 표지판(signpost)이 된다는 것이다. 만일 교회가 미래의 영원한 하나님의 도성을 가리키고 증거하는 것에 실패한다면 교회는 세상에 속한 것이 되어 그 존재 이유를 상실하게 될 것이라고 한다.[42]

아우구스티누스는 제국의 몰락과 교회의 위기를 맞이하여 불안에 떨고 있는 교회와 기독교인을 향하여 올바른 역사관을 가지고 현실을 바라볼 것을 말한다. 그는 역사의 주인은 하나님이시며 세상은 심판과 멸망을 향하여 달려가는 기관차와 같다고 보았다. 그런 세상에서 교회는 구원의 방주가 되어 하나님의 택한 백성을 모으고 하나님을 찬양할 것이라고 보았다. 역사의 종말에는 교회는 세상을 이기고 승리자의 모습으로 새로워질 것이라고 말한다. 그는 이런 역사관을 가지고 그리스도인에게 소망을 주며 새로운 미래를 준비토록 했다.

---

41) St. Augustinus, *The City of God*, 조호연 역, 『신국론: 하나님의 도성』 (서울: CH 북스, 1998), 977,978.
42) 선한용, "어거스틴의 '신국론'에 나타난 '두 도성'에 대한 문제 연구," 『신학과 세계』 12(1986.5.), 184.

Ⅲ. 목회자가 가져야 할 역사관은 무엇인가?

1. 역사를 바라보는 관점들

아우구스티누스는 교회의 위기 앞에서 성경에 기반을 둔 역사관을 가지고 현실을 진단하고 미래의 이정표를 세웠다. 아우구스티누스에 의하여 기독교적 역사관이 정립되고 발전하기 시작하였다. 그럼, 역사관이란 무엇인가? 그것은 '역사 발전 법칙에 대한 체계적이고 조직적인 관점'을 말한다. 역사관에 의해 과거를 평가하고 현실을 진단하며 미래의 방향을 제시하게 된다. 역사관에 의해 개인의 정체성과 삶의 방향이 결정된다.

역사관은 각 개인의 가치관과 세계관에 따라 다양한 모습을 보인다. 역사관의 종류와 특징에 대하여 체계적으로 밝힌 사람이 데이빗 베빙톤(David W. Bebbington, 1949~)이다. 그는 스코틀랜드에 있는 스털링 대학에서 역사학 교수로 재직하면서 *Patterns in History*를 집필했다. 이 책에서 그는 역사관의 유형을 다음과 같이 다섯 가지 종류로 나누어 설명한다.

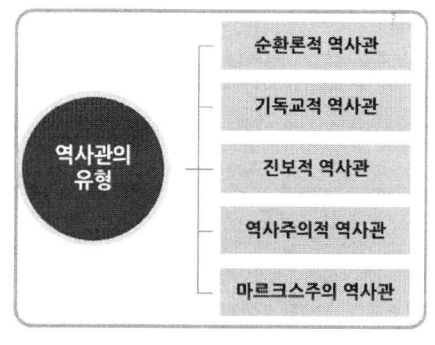

■ **순환론적 역사관**

순환론적 역사관은 세상의 역사는 수레바퀴가 회전하듯이 역사 과정도 순환한다고 본다. 이런 순환론적 역사관이 생긴 이유는 역사를 자연의 일부로 보았기 때문이다. 해마다 반복되는 자연의 주기적 변화가 인간 사회에서도 그대로 재현된다고 보았다. 고대의 중국과 인도 그리고 그리스와 로마 사회에 널리 퍼져 있던 역사관이라고 한다.[43]

---

43) David W. Bebbington, *Patterns in History*, 김진홍 등 역, 『역사관의 유형들』 (서울: 한국기독교학생회 출판부, 1997), 46, 47.

■ 기독교적 역사관

기독교적 역사관은 신구약 성경에 근거를 두고 있다. 역사는 수레바퀴가 돌거나 자연이 계절에 따라 주기적으로 바뀌듯이 순환한다는 관점을 거부한다. 이런 순환에는 인간의 죄도 회개도 그리고 구원도 존재할 수 없기 때문이다. 대신에 성경은 직선적인 역사관을 제시한다. 하나님이 역사에 개입하며, 어떤 목표를 향하여 일직선으로 움직이고 있다는 역사관을 제시한다. 마지막은 종말로 인한 심판과 구원으로 완성된다.[44]

■ 진보적 역사관

18세기에 유럽에서 발생한 계몽주의는 진보 사상으로 발전한다. 이성의 계발과 과학의 발전은 인간 사회의 발전을 가져온다는 낙관적 역사관을 배출했다. 진보적 역사관은 계몽주의와 진보 사상이 결합한 역사관으로, 역사의 주체를 인간으로 본다. 이것은 기독교적 역사관에서 역사의 중심을 하나님으로 보는 것과는 반대의 자세이다.[45]

■ 역사주의적 역사관

진보적 역사관에 반발하여 생겨난 역사관이다. 역사가 어떤 획일적 기준과 공식에 의해 발전한다는 관점을 거부한다. 각각의 국가나 민족은 독특한 사회와 문화를 만들어 간다는 관점이다. 각 민족과 국가의 고유성과 자율성을 인정하며 이를 존중할 것을 강조한다.[46]

■ 마르크스주의 역사관

마르크스의 유물론적 역사 철학을 바탕으로 만들어진 역사관이다. 마르크스는 물질 조건이 인

---

44) David W. Bebbington, *Patterns in History*, 김진홍 등 역, 『역사관의 유형들』 (서울: 한국기독교학생회 출판부, 1997), 78-88.
45) David W. Bebbington, *Patterns in History*, 김진홍 등 역, 『역사관의 유형들』 (서울: 한국기독교학생회 출판부, 1997), 117-122.
46) David W. Bebbington, *Patterns in History*, 김진홍 등 역, 『역사관의 유형들』 (서울: 한국기독교학생회 출판부, 1997), 152-162.

간의 사회와 역사를 형성한다고 보았다. 그는 세계사는 인간의 노동을 통해 만들어지는 잉여가치를 가지고 자본가와 노동자 간 착취와 투쟁으로 만들어지는 과정이라고 본다. 마르크스주의 역사관은 인간의 주체적 활동이 역사 발전의 원동력이라고 말한다.[47]

우리는 데이빗 베빙톤이 제시하는 다양한 역사관의 유형을 살펴보았다. 그럼, 왜 이렇게 각기 다른 역사관이 존재하는 것일까? 역사의 대상이 되는 사람과 그들이 살고 있는 환경은 같을 수밖에 없다. 그런데도 연구자에 따라 각기 다른 역사 해석이 일어난다. 이것에 대하여 베빙톤은 자연과 인간에 대한 이해의 차이에서 비롯된다고 보았다. 자연과 인간의 관계를 어떻게 볼 것이냐에 따라 역사관이 다르게 나타난다고 말한다. 인간을 자연의 한 부분으로 보는 인간관에서는 역사관의 내용이 숙명론으로 흐를 수밖에 없다. 우리가 앞에서 살펴본 순환론은 이런 유형에 속한다. 자연과 인간의 관계를 독립적으로 보고, 인간이 역사에서 주도적 역할을 하는 것으로 보는 세계관에서는 역사를 전투적으로 보게 된다. 마르크스주의 역사관이 이런 유형에 속한다.

2. 설교자가 취해야 할 역사관은 무엇인가?

그러면 위기의 시대를 살아가는 한국 목회자는 어떤 역사관을 가져야 하는가? 그것은 베빙톤이 설명한 기독교적 역사관을 가지는 것이다. 기독교적 역사관이란 무엇인가? 우리는 자연과 인간 사이의 관계를 어떻게 설정하느냐에 따라 다양한 역사관이 발생한다는 것을 살폈다. 세상적인 역사관은 양태는 다양해도 역사의 동인(動因)을 사람으로 본다. 기독교적 역사관은 '역사의 동인은 하나님이시다'라는 관점에서 세상과 역사를 바라보는 것이다. 세상의 역사관과 기독교적 역사관의 근본적인 차이는 역사의 주체를 누구로 볼 것이냐에서 결정된다.

이것은 역사를 바라볼 때 인본주의적 방식으로 역사를 평가하는 것을 지양하는 것을 의미한다. 기독교적 역사관은 올바른 신앙관에 바탕을 둔 것이어야 한다. 사람 중심의 세속적인 세계관이 아니라, 하나님이 역사의 주관자이심을 고백하는 신앙을 가지고 있어야 한다. 이런 올바른 신앙관이 형성되어 있지 않으면 아무리 기독교적 직함을 가지고 있어도 올바른 역사관을 가질 수 없다. 니버

---

47) David W. Bebbington, *Patterns in History*, 김진홍 등 역, 『역사관의 유형들』 (서울: 한국기독교학생회 출판부, 1997), 188-199.

(Reinhold Niebuhr)는 그리스도인이 먼저 올바른 신앙관을 가져야 할 이유를 다음과 같이 말한다.

> 그리스도교의 신앙은 그리스도의 생애와 죽음과 부활이 역사에서 되어진 일을 대표하고 그 안에서 또한 그것을 통하여 역사의 의미 전체가 분명하게 밝혀지며, 이러한 모든 의문이 해결된다는 것을 긍정하는 일에서 시작하며, 또한 그것에 근거하고 있는 것이다. 이 일에 비추어 보아, 역사를 해석하는 일은 어느 의미의 구조를 창조하고, 그 안에서 특정한 국가의 역사를 역사 전체의 중심이라고 보는 학설을 의심할 여지가 없이 초월하는 것이다.[48]

다시 말하면 신앙이란 잣대를 가지고 역사를 평가하고 방향성을 정하는 것이다. 그리고 이에 따라 바른 가치관과 세계관을 갖는 것을 말한다. 이것은 구체적으로 무엇을 말하는가? 하나님의 구속 사관과 섭리 사관 그리고 목적론적 사관을 가지고 역사를 바라보는 것이다. 하나님은 타락한 세상에서 택한 백성의 구원을 위해 역사를 이루어 가신다. 역사의 움직임에는 하나님의 섭리가 있다. 역사에는 종말론적 심판과 하나님 나라 완성이라는 하나님의 목적이 있다.[49]

역사의 동인이 '하나님이시다'라는 것을 고백한다면, '역사적 현장'에 서 있는 '나'는 무엇을 하여야 할 것인가라는 물음에 직면하게 된다. 이것을 '역사의식'이라고 한다. 기독교적 역사관은 하나님이 각자에게 주신 사명을 가지고 역사 현장에 개입하여 '특별한 역사적 소명'을 감당하는 것이다. 하나님의 목적인 하나님 나라 완성의 일부분을 감당하기 때문이다. 여기에서 우리는 인간을 자연의 일부로 보는 순환론적 역사관을 거부한다. 인간이 역사의 주체라는 진보적 혹은 마르크스적인 역사관도 거부한다. 인간은 하나님의 피조물이지만 한편으로 하나님의 형상으로 창조된 고귀한 존재이다. 하나님을 대신하여 세상을 관리하고 통치할 것을 위임받은 존재이다(창 1:26-28). 따라서 하나님 나라의 완성을 위하여 달려가는 역사의 수레바퀴에서, 사명의 자리를 발견하는 것이 기독교적 역사관을 가져야 하는 최종 목적이 된다. 위기의 시대에 한국 교회 설교자는 올바른 역사관을 가지고 세상을 향하여 담대하게 생명의 말씀을 선포하여야 할 시대적 사명을 가진다.

---

48) Reinhold Niebuhr, *Faith and History*, 종로서적 편집부 역, 『신앙과 역사』 (서울: 종로서적, 1983), 27.
49) 이상규, "기독교적 역사 이해," 『통합 연구』 7(1994), 22.

Ⅳ. '기독교' 설교자의 자세를 갖추어야

중세 시대의 일이다. 경건한 수도사들이 수도처에서 나와 세상에서 복음을 전하기로 하였다. 이들은 바다를 건너 알지 못하는 땅으로 가서 전도하기로 했다. 해변에 도착하여 자그마한 범선을 구했다. 이들은 배를 타기 전에 배 뒤편에 있는 '키'를 없애 버렸다. 그러자 주변에서 고개를 갸우뚱했다. 배에 키가 없으면 방향을 조정할 수 없기 때문이다. 그러나 이들은 돛과 바람에만 의지하여 항해하기로 한 것이다. 방향이 어디로 향하든지 그리고 어느 곳에 상륙하든지 그곳에 하나님의 섭리가 있다는 것을 믿고 그곳에서 복음을 전하기로 하였다. 하나님의 보이지 않는 섭리에 발걸음을 맡기기로 한 것이다.

로뎀나무 아래 엘리야
(Ferdinand Bol 작)

우리는 성경에서 위대한 영적 거장을 많이 만난다. 그 중의 한 명이 엘리야이다. 그는 가장 타락했던 북이스라엘 아합왕 시대에 활동했던 선지자이다. 갈멜산에서 바알과 아세라를 섬기는 이방신 제사장 850명과 대결을 벌여 승리를 거두는 놀라운 영적 능력을 보여 준다(왕상 18:20-40). 그러나 엘리야는 대승리를 거둔 직후 깊은 침체를 경험하게 된다. 브엘세바 광야의 로뎀나무 아래서 하나님께 죽기를 청하는 나약한 모습을 보게 된다. 왜 이런 모습을 보이는 것일까? 그것은 자신이 생각한 대로 세상이 움직이지 않았기 때문이다. 하나님의 권능을 갈멜산에서 보여 주었음에도 백성들은 회개의 모습을 보이지 않는다. 아합왕과 이세벨은 엘리야를 죽이려고까지 한다. 그는 자기 능력을 보여 주면 세상이 하나님께로 돌아올 것을 기대했는데 세상은 오히려 박해하고 있다.

이렇게 깊은 절망감에 빠진 엘리야를 하나님이 찾아오신다. 이때 엘리야가 한 말이 무엇인가? "오직 나만 남았거늘 그들이 내 생명을 찾아 빼앗으려 하나이다"(왕상 19:10)라고 말한다. 이스라엘에서 하나님을 믿는 사람은 '자신뿐'이라는 것이다. 교회가 사라지게 되었다고 탄식하는 모습을 엿볼 수 있다. 그러나 하나님은 뜻밖의 말씀을 한다. "그러나 내가 이스라엘 가운데에 칠천 명을 남기리니 다 바알에게 무릎을 꿇지 아니하고 다 바알에게 입 맞추지 아니한 자니라"(왕상 19:18)는 것이다. 하나님은 엘리야가 생각하는 것 '이상'으로 이스라엘에는 여전히 많은 사람이 여호와를 믿고 있다고 말씀한다.[50]

이번 장에서는 한국 교회가 전성기를 지나 축소의 시대에 접어들었다는 점을 설명했다. 침체의 시대를 맞이한 목회자가 어떤 자세를 가지고 현실을 보아야 하는가를 설명했다. 한국 교회의 현실을 보고 일희일비할 필요가 없다는 것이다. 일부 목회자들이 설교나 세미나에서 '한국 교회는 이제 끝났다'라고 말하는 것에 연연할 필요가 없다는 것이다. 엘리야는 자기 능력과 노력에도 불구하고 세상이 변하지 않는 것을 보고 절망을 했다. 그러나 그에게 필요한 것은 눈에 보이는 현실이 아니다. 이스라엘 역사의 주인은 아합왕이 아니고 하나님이라는 것을 굳게 믿고 사명을 따라 나아가는 것이다. 한국 교회 설교자들은 양적 성장이 아니고 질적 성숙을 바라보며 말씀의 종으로 사명을 감당해야 한다. 하나님이 엘리야를 향해 '이스라엘에는 네가 생각하는 것보다 훨씬 많은 하나님의 백성이 있다'라고 하신 것을 기억해야 한다. 눈으로 보는 한국 교회와 기독교인은 줄어들 것이다. 그런데도 한국에는 생각하는 것 '이상'으로 하나님의 백성이 여전히 많이 있다는 것을 인식해야 할 것이다.

그렇다면 종말을 향하여 달려가는 역사의 현장에서, 말씀의 종으로서 어떤 자세로 설교 사명을 감당할 것인가? 이런 의미에서 어느 신학자의 외침은 오랜 시간이 지났음에도 오늘의 설교자에게 큰 울림을 주고 있다. 양승훈은 스탈린과의 권력 투쟁에서 패배하여 1929년에 해외로 망명한 트로

---

50) • 한국 기독교인은 현재 감소 추세에 있다. 그러나 세계 전체로 보았을 때는 오히려 증가 추세에 있다고 한다. 미국 고든 콘웰대 세계 기독교 연구센터의 '2022년 세계 기독교 현황 및 전망' 자료에 따르면 세계 기독교인의 경우, 2000년 9억 5,600만 명에서 현재 13억 400만 명으로 20년 만에 40% 증가율을 보였다. 2025년에는 13억 5,600만 명, 2050년에는 18억 1,600만 명까지 늘어날 것으로 추산했다. "종교의 시대 오나… 3년 뒤 무신론자 줄고 기독교인 더 늘어,"「국민일보」, 2022.2.4.

• 특정한 시대에 어느 한 곳에서는 그리스도인의 숫자가 줄어들고 있지만 다른 곳에서는 늘어나고 있다는 것을 알 수 있다. 한국 교회와 기독교인들은 현재 한반도의 남쪽에서 그리스도인들이 줄어드는 것을 염려하기보다는, 좀 더 큰 견지에서 세계 교회는 성장하고 있다는 것을 이해할 필요가 있다.

츠키(Leon Trotsky)를 예로 들어 말한다. 트로츠키는, 러시아의 비극은 작가가 없는 것이 아니라 공산주의를 완전히 이해하고 이것을 자연스럽게 표현할 수 있는 진정한 의미의 '공산주의 작가'가 없는 것이라고 말했다고 한다. 양승훈은 이를 인용하면서 한국 교회의 문제를 다음과 같이 말한다.

> 오늘날 한국 교회의 문제는 교회에 다니는 사람이 적은 게 아니라 성숙한 신자가 적은 것이다. 교인들 중엔 재벌도, 박사도, 정치가도, 문학가도, 예술가도 많은데 정말 그리스도처럼 사고하고, 행동하고, 말하는, 다시 말하면 기독교 세계관에 흠뻑 젖은 자가 드물기 때문에 경제계도, 학계도, 정치계도, 문학계도, 예술계도 기독교적 영향력이 드러나지 않는다. 교회도 많고 선교회도 많고, 기타 기독교와 관련된 단체가 수없이 많지만 편협한, 혹은 왜곡된 기독교 세계관이 지배하고 있는 한 이 땅 위에 기독교 문화 형성을 포함한 진정한 선교는 요원할 것이다.[51]

곳곳에서 한국 교회 위기를 말하는 시대에 우리는 살고 있다. 이런 시대에 설교자에게 무엇이 필요한가? 하나님의 시각에서 현실을 진단하고 다가오는 미래를 제시하는 것이다. 세상에는 경고를, 교회와 그리스도인에게는 소망을 보여 주는 '기독교' 설교자의 자세를 갖추는 것이 무엇보다 필요하다.

---

51) 양승훈, 『기독교적 세계관』 (대구: 기독교대학 설립 동역회 출판부, 1988), 45.

5장

위기의 시대에는
올바른 교회관과 설교관을 가져야 한다

I. 하나님은 여전히 필요하다

1. 고장 난 인생에게 필요한 것은

기독교 변증가인 C.S 루이스(Clive Staples Lewis, 1898~1963)는 하나님과 인간의 관계를 다음과 같이 설명한다.

> "… 하나님이 우리를 만드셨습니다. 사람이 엔진을 처음 만들었듯이 인간을 처음 만드셨습니다. 차는 휘발유를 넣어야 달릴 수 있게 만들었기 때문에 다른 것을 넣으면 달릴 수가 없습니다. 하나님은 그분 자신을 넣어야 달릴 수 있도록 인간을 만드셨습니다. 스스로 우리 영혼을 연소시킬 연료가 되시고, 우리 영혼이 먹을 음식이 되신 것입니다. 다른 연료나 음식은 없습니다. 종교의 신세를 지지 않으면 우리 식으로 행복하게 해 달라고 하나님께 요청해 봤자 소용없는 이유가 여기에 있습니다."[52]

루이스는 하나님은 인간에게 자동차의 휘발유와 같은 존재라고 비유로 설명한다. 하나님 없이는 인간이란 이름의 자동차는 제대로 운행할 수 없다고 한다. 다른 연료를 대신 채우면 얼마간은 달릴 수 있다. 그러나 곧 고장 나게 된다.

---

52) Clive Staples Lewis, *Mere Christianity*, 장경철 역, 『순전한 기독교』 (서울: 홍성사, 2001), 89,90.

자동차에는 제대로 된 연료가 필요하듯이, 사람은 하나님을 필요로 한다는 루이스의 주장은 예외를 허용하지 않는다. 솔로몬이 이를 증명한다. 솔로몬은 역사상 가장 큰 권세와 부를 누렸다. 장수의 축복도 누렸다. 이런 것으로 만족할 수 있다면 솔로몬이 가장 행복한 인생을 살았다고 할 것이다. 그러나 솔로몬의 고백은 그렇지 못하다. 그가 노년에 쓴 것으로 알려진 전도서에서, "헛되고 헛되며 헛되고 헛되니 모든 것이 헛되도다"(전 1:2)라고 탄식한다. 하나님을 떠난 인생은 실패한 인생으로 끝난다는 것이 솔로몬의 고백이다.  아무리 높은 지위와 많은 돈을 가진 사람도 하나님이 없으면 고장 난 자동차처럼 실패할 수밖에 없다. 이런 사실을 깨달은 솔로몬은 전도서 끝부분에서 "하나님을 경외하고 그의 명령들을 지킬지어다 이것이 모든 사람의 본분이니라"(전 12:13)라고 말한다. 이것이 행복한 인생을 보증한다는 것이다. 이 지점에서 우리는 한국 사회는 여전히 하나님을 필요로 하며 또 찾게 될 것이라는 근거와 소망을 가지게 된다.

한국 사회에서 교회가 침체를 맞고 있는 이유의 하나는 먹고사는 문제가 해결되었기 때문이다. 한때는 세계에서 가장 가난한 나라라고 불리었다. 그러나 이제 한국은 미국이나 유럽과 같이 선진국이 되었다. 이렇게 급속한 경제 성장을 이룬 바탕에는 교회와 그리스도인들의 신앙 열정이 큰 몫을 차지하였다. '가난은 나라님도 어찌지 못한다'라며 굶주림을 숙명처럼 여기고 살던 민족이었다. 그러나 패배주의를 극복하고 '할 수 있다'라는 정신으로 조국 근대화와 경제 성장의 선봉이 되었다. 교회는 새벽부터 '잘살아 보세'라며 하나님을 향하여 기도하는 성도들로 가득 찼었다. 수많은 사람이 교회를 찾아서 주님을 만나 신앙을 얻고, 물질 축복도 누렸다. 교회는 성장하고 경제 발전도 이루게 되었다. 이렇게 하여 불과 70년 만에 후진국에서 선진국으로 도약하게 되었다.

한국 사회가 선진사회로 진입하자, 사람들의 관심도 변하게 되었다. 여가 생활을 어떻게 즐길 것인가가 최대 관심사가 되었다. 주말이 되면 교회 대신에 관광지를 찾는 사람이 늘어났다. 급박하게 교회에 가서 하나님께 매달릴 일이 줄어든 것이다. 예전에는 성도들이 중병에 걸리면 교회 가서 기도하고 목회자에게 안수기도를 받았다. 그러나 이제는 교회 대신에 가까운 병원으로 달려간다. 예기치 않게 경제적으로 어려움을 당하여도 국가에서 마련한 사회복지 제도가 해결해 주었다.

이런 현상은 서구 사회에서는 이미 오래전에 나타났다. 미국과 유럽이 선진국이 되면서 교회가 침체를 경험하였기 때문이다. 한 세기 전만 해도 영국은 아프리카와 세계 각지에 선교사를 파송하던 기독교 국가였다. '암흑의 대륙' 아프리카로 파송된 선교사들의 선교 보고를 들은 영국 본국의 교인들은, 눈물을 흘리며 후원을 아끼지 않았었다. 그러나 지금은 하나님을 외면하고 교회를 떠나는 사람들이 늘어나는 것이 선진국의 현실이다. 이런 대열에 한국 사회도 끼어들었다.

그렇다면 선진국이 되면 더 이상 하나님과 교회가 필요치 않게 될까? 빵 문제가 해결되면 인간의 모든 문제는 해결되는 것인가? 그렇다면 교회 십자가는 역사 속의 유물이 될 것이다. 그러나 인류의 역사는 그렇지 않다는 것을 보여 준다. 빵으로는 해결할 수 없는 인간의 영적(靈的) 문제가 여전히 남아 있게 된다. 이를 성경에서는 "사람이 떡으로만 사는 것이 아니요 여호와의 입에서 나오는 모든 말씀으로 사는 줄을 네가 알게 하려 하심이니라"(신 8:3)라고 말씀한다.[53]

인간은 빵으로만 살 수 없고 하나님의 말씀이 필요하다는 것은 무엇인가? 그것은 인간은 물질을 뛰어넘는 영적인 '관계'와 '공급'이 필요하다는 것이다. 영적인 갈망을 채워 주지 않으면 물질로는 채울 수 없는 '허망'이 있다는 것이다.[54] 영적인 것은 오직 하나님만이 공급하실 수 있다. 하나님의 말씀은 영적 연료가 된다. 하나님의 말씀을 통해 공급되는 영적인 연료를 채워야 인간이라는 자동차가 운행될 수 있다. 인간은 종교성을 가지고 태어난다. 종교성은 원시사회에서 현대에 이르기까지 누구나 가지는 보편적인 현상이다. 이를 밝히는 연구는 차고도 넘친다.

---

53) 존 킬링거(John Killinger)는 현대와 같이 지식의 홍수, 매스컴의 오락물 범람 그리고 정보가 넘치는 사회에서도 사람들은 여전히 교회를 찾고 설교를 들으러 온다고 말한다. 설교는 창조주 하나님에 대한 말씀을 전하기 때문이라고 한다. 사람들은 하나님에 대하여 말하는 것을 다른 어떤 것을 말하는 것보다 더 중요하게 여긴다고 말한다. - John Killinger, *Fundamentals of Preaching*(London: SCM, 1985), 12,13.

54) • 현대에 와서 과거와 다르게 우울증, 불면증, 불안증, 공황 장애 등 정신 질환이 급증하고 있다는 것은 공지의 사실이다. 이것은 인간은 물질만으로는 살 수 없는 영적 존재라는 것을 보여 준다.
• 칼 융은 인간의 실존 모습을 "불안한 소망과 미래에 대한 인간의 육체적, 정치적, 경제적, 정신적인 고통이 오늘의 삶에 결집하여 있다"라고 말한다. - Carl G. Jung, *The undiscovered self*(New York: Mentor Book, 1958), 11.

2. 인간이 가진 종교의 씨앗

에밀 뒤르켐(David-Émile Durkheim, 1858~1917)은 1912년에 의미 있는 연구를 시작한다. 그는 현대 사회학의 창시자로 불리는 사람이었다. 사회학은 사회의 제반 구조와 현상을 관찰하고 측정하여 인간의 삶에 미치는 요소와 그 관계를 밝히는 경험과학이다. 에밀 뒤르켐은 사회학적 방법론을 동원하여 인간이 가진 종교성을 탐구하게 된다. 종교의 생성과 발전 그리고 작동 원리와 이것이 인간의 삶에 미치는 영향을 밝히려고 했다.

당시 뒤르켐이 활동하던 시기는 계몽주의 사조가 전 유럽을 덮고 있던 시기였다. 계몽주의의 발전은 서구 사회에 깊숙이 자리 잡았던 기독교의 쇠퇴를 가져왔다. 기독교적 가치관과 사회 시스템이 허물어지고 이성주의, 과학주의가 그 자리를 대체하고 있었다. 이런 사조에 따라 인간에게 이제 종교는 더 이상 의미가 없다는 풍조가 팽배했다. 그런데 뒤르켐은 과연 인간에게 종교는 어느 특정 지역이나 시대에만 통용되는 한시적 제도에 불과한 것인가에 의문을 가지고 있었다. 그는 인간의 본성 깊은 곳에는 종교성이 자리 잡고 있을 것으로 생각했다.

그는 이를 알아보기 위해 오스트레일리아의 원시 종족인 씨족 사회를 연구 대상으로 삼았다. 원시 씨족 사회를 대상으로 정한 이유는, 이런 사회가 고대 사회의 모습을 가장 많이 간직한 '원초적인 형태'의 공동체라고 보았기 때문이다. 이들을 관찰하면 고대 사회에서 현대에 이르기까지 인간이 가진 종교적 본성을 파악할 수 있다고 생각했다. 그는 연구 결과를 *Les Formes Elémentaires de La Vie Religieuse*(『종교 생활의 원초적 형태』)로 펴낸다. 이 책은 인간의 종교성과 역할에 관하여 체계적인 연구를 시작한 기념비적인 책으로 알려져 있다.

이 책에서 그는 종교란 "초자연적인 것으로 신비의 세계요, 불가지의 세계이며 이해할 수 없는 세계이며 한편으로 모든 사물의 질서를 이해하는 수단"이 된다고 말한다.[55] 종교는 초월적인 세계에 대한 지향이며, 사람의 삶과 미래에 영향을 미친다고 말한다. 오스트레일리아의 원시 씨족 사회에서는 토템 신앙을 통해 씨족의 정체성과 방향 그리고 통합을 이룬다고 말한다.[56] 뒤르켐은 이들이 가진 종교성을 사회학적 연구를 통해 밝혀내었다.

그런데 뒤르켐의 이런 주장은 새로운 것이 아니었다. 이미 칼빈은 400년을 앞서서 『기독교강요』에서 모든 사람은 종교의 씨앗을 가지고 있다고 주장했다.[57] 그는 『기독교강요』 첫 권에서 '창조주 하나님을 아는 지식'에 대하여 논하면서 사람들 마음속에는 본성적으로 하나님을 갈망하며 알고자 하는 '신(神) 지식'을 가지고 있다고 말한다. 이런 갈망을 종교의 씨앗이라고 표현한다. 칼빈은 다음과 같이 말한다.

…그리고 삶의 다른 면에서 짐승들과 별로 다를 바 없는 것 같은 미개한 사람들에게도 여전히 종교의 씨앗 같은 것이 어느 정도 있는 것을 보게 된다. 그러한 공통적인 관념이 모든 사람의 정신 속에 그렇게도 깊이 자리 잡고 있으며, 그렇게도 끈질기게 모든 사람의 마음속에 존재하고 있는 것이다! 그러므로 세상이 시작된 이래로 종교가 없는 지역이나 도시나 가족이 있었던 적이 없으므로 이러한 사실이야말로 신에 대한 지각이 모든 사람의 마음속에 새겨져 있다는 무언의 고백인 셈이다.[58]

우리는 뒤르켐과 칼빈의 주장을 통하여 인간의 마음속 깊은 곳에는 종교의 씨앗이 자리 잡고 있다는 것을 알 수 있다.[59] 그렇다면 한국인은 미래에도 여전히 각양각색의 신들을 찾을 것이다. 아

---

55) Emile Durkheim, *Les Formes Elémentaires de La Vie Religieuse*, 노치준 역, 『종교 생활의 원초적 형태』 (서울: 민영사, 1992), 51.
56) Emile Durkheim, *Les Formes Elémentaires de La Vie Religieuse*, 노치준 역, 『종교 생활의 원초적 형태』 (서울: 민영사, 1992), 243.
57) 이런 종교의 씨앗을 성경에서는 '영원을 사모하는 마음'(전 3:11)으로 표현한다.
58) John Calvin, *Institutes of the Christian Religion III*, 원광연 역, 『기독교강요(하)』 (서울: 크리스천다이제스트, 2003), 49.
59) 인간의 마음 안에 자리 잡은 종교성에 대하여 조직신학자 벌코프는 다음과 같이 말한다. "종교는 인간 생활의 가장 보편적인 현상 가운데 하나이다. 때때로 인간을 가리켜 '고칠 수 없도록 종교적'이라고 묘사한다. … 그것은 땅 위의 가장 낮고 미개한 족속에서조차 어떤 형태의 종교가 존재한다는 사실을 설명할 수 있게 해 준다."-Louis Berkhof, *Systematic Theology*, 이상원 등 공역, 『벌코프 조직신학』 (파주: 크리스천다이제스트, 2001), 109.

무리 과학이 발전하고 물질문명의 혜택을 누려도 종교성은 사라지지 않는다. 우리는 이 지점에서 한국 교회의 미래에 대하여 소망을 가지게 된다. 거짓 종교는 시대와 장소에 따라 부침이 있을 수 있지만 참된 종교인 그리스도의 교회는 영원히 계속될 것이다. 그렇다면 목회자는 현재 한국 교회의 축소에 대하여, 세상의 아우성에 귀를 기울일 것이 아니다. 위기의 시대일수록 설교자는 교회가 인간에게 왜 필요한가, 교회를 교회답게 하는 것은 무엇인가, 이를 위해 설교는 어떤 역할을 감당할 수 있는가에 대한 고민과 실천이 있어야 한다.

Ⅱ. 교회란 무엇인가?

1. 인간에게 교회의 의미

❶ 구약 시대 성전(temple)의 의미

그럼, 교회(church)[60]란 무엇인가? 앞에서 인간은 종교성을 가지고 태어난다고 설명했다. 이런 종교성 때문에 역사 이래로 수많은 종교가 생기고 사라진 것이다. 그러나 참된 종교는 역사성과 공간성을 초월한다. 인간의 종교성을 충족시켜 주는 진리와 생명이 있기 때문이다. 우리는 참된 종교는 기독교회만이

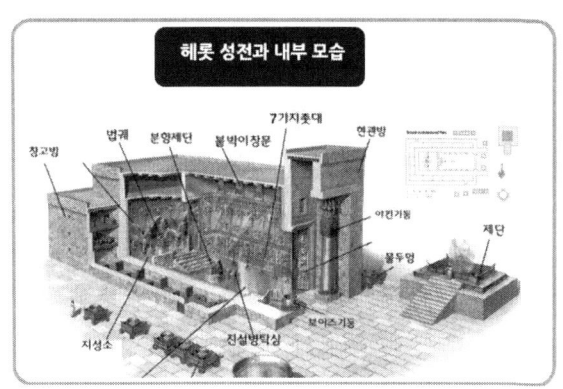

있을 뿐이라고 말한다. 그렇다면 교회란 무엇인가? 이를 그레고리 비일(Gregory K. Beale)은 '하나님의 임재를 상징하는 곳'이라고 설명한다.[61] 하나님이 임재하시어 인간을 만나시고 교제가 이루어지는 곳이 교회가 된다. 그런데 그레고리 비일에 의하면 하나님 임재의 상징으로서 성전은 이미 에덴동산에서부터 시작되었다고 한다.[62] 창세기 3장에서 보는 것처럼 하나님은 에덴동산에서

---

60) • 교회(church)를 구약에서는 성전(temple)이라고 부른다. 이들 용어의 차이를 살펴보면, 먼저 성전은 '하나님이 임재하시는 건축물'(대하 7:1-3)의 의미가 있다. 이에 비해 교회는 건물이라는 개념보다는 '그리스도의 몸'(엡 1:22,23), 혹은 그리스도를 주로 고백하는 '성도의 영적 공동체'(고전 12:27)의 의미가 있다. 그러나 성전과 교회는 모두 '하나님의 집'(창 28:22, 대상 22:1, 대하 3:3, 딤전 3:15)이라는 공통점을 가진다. 따라서 성전과 교회를 동의어로 사용해도 문제는 없을 것이다.

• 그러나 조직신학에서는 교회를 '선택받은 자들의 공동체(community of elect)'라고 정의한다(Louis Berkhof, *Systematic Theology*, 이상원 등 공역, 『벌코프 조직신학』, 857-862). 그렇다면 구약에서 교회는 이스라엘 민족 공동체가 되고 신약에서는 그리스도를 주로 고백하는 자들의 공동체가 된다.

61) Gregory K. Beale, *The Temple and the Church's Mission*, 강성열 역, 『성전 신학: 하나님의 임재와 교회의 선교적 사명』 (서울: Holy Wave Plus, 2014), 44.

62) Gregory K. Beale, *The Temple and the Church's Mission*, 강성열 역, 『성전 신학: 하나님의 임재와 교회의 선교적 사명』 (서울: Holy Wave Plus, 2014), 88,89.

아담을 부르시고 만나시기 때문이다.

그러나 아담과 하와가 동산에서 추방된 후에 에덴동산과 같은 완전한 형태의 성전을 상실하게 되었다. 이후에 노아와 아브라함, 이삭, 야곱에서 보는 것처럼 제단을 차려 놓고 제사를 지내는 임시적 형태의 모습만이 있을 뿐이었다. 그러나 이스라엘이 애굽에서 해방된 후에 시내산에서 하나님의 임재를 경험하면서 이스라엘은 근본적인 변화를 경험하게 된다. 시내산 언약을 통하여 여호와는 이스라엘의 하나님이 되고 이스라엘은 하나님의 백성이 된다.[63] 하나님은 이스라엘에 율법을 수여하시고 성막 건축을 허락하신다. 율법을 통하여 하나님의 백성 됨과 교제의 방법이 제시되고 성막을 통하여 하나님의 임재와 만남을 경험할 수 있게 된다. 시내산 언약에서의 성막은, 솔로몬 시대 성전 건축을 통해 구약 성전의 모습으로 완성된다.

구약 성전은 비록 눈에 보이는 건물을 지시하지만 그렇다고 교회가 유형의 건물만을 뜻하는 것은 아니다. 성전의 핵심 부분은 지성소이다. 이곳이 하나님의 임재의 상징적 장소가 된다.[64] 이곳에서 대제사장이 대속죄일에 하나님께 이스라엘 백성의 죄를 고백하고 하나님께 용서받는 '만남'이 이루어졌다. 이것을 보았을 때 구약에서 성전은 유형적인 건물을 지칭하지만, 그럼에도 성전을 하나님의 '임재'와 '만남'의 상징으로 보았던 것을 알 수 있다.

❷ 신약 시대의 교회(church)의 의미

구약 시대에서 보여 주었던 유형으로서의 성전은 그리스도의 임재로 근본적인 변화를 경험한다. 구약 성전은 그리스도의 오심으로 이루어질 교회를 예표 하는 것이기 때문이다.[65] 그리스도가 오심으로 성전은 유형의 건물이 아니고 그리스도 자신을 가리키게 되었다. 성전이 하나님의 임재

---

63) 이를 출애굽기 19장 5-6절에서 "세계가 다 내게 속하였나니 너희가 내 말을 잘 듣고 내 언약을 지키면 너희는 모든 민족 중에서 내 소유가 되겠고 너희가 내게 대하여 제사장 나라가 되며 거룩한 백성이 되리라"라고 표현한다.
64) Gregory K. Beale, *The Temple and the Church's Mission*, 강성열 역, 『성전 신학: 하나님의 임재와 교회의 선교적 사명』 (서울: Holy Wave Plus, 2014), 44.
65) Gregory K. Beale, *The Temple and the Church's Mission*, 강성열 역, 『성전 신학: 하나님의 임재와 교회의 선교적 사명』 (서울: Holy Wave Plus, 2014), 500.

의 상징이자 현현(顯現)이라면 그리스도께서 세상에 오시는 순간에, 성자 하나님이신 그리스도께서 성도들의 성전이 되는 것이다. 이 점을 예수께서는 유대 지도자들과의 논쟁을 통하여 분명히 드러내신다. 성전에서 장사하는 상인들을 쫓아내는 예수의 행동에 분노한 유대인들이 표적을 요구한다. 그러자 예수는 헤롯 성전을 대신할 새로운 성전을 자신이 3일 만에 지을 것이라고 말씀한다. 그래서 유대 종교 지도자들은 "이 성전은 사십육 년 동안에 지었거늘 네가 삼 일 동안에 일으키겠느냐"(요 2:20)라며 빈정댄다. 그러나 성경은 곧이어 "그러나 예수는 성전(temple) 된 자기 육체를 가리켜 말씀하신 것이라"(요 2:21)라고 증언한다. 예수 그리스도의 오심으로 예표에 불과했던 구약 성전이 폐지되고, 진정한 성전인 그리스도의 교회가 완성된다는 것이다. 그러므로 성전은 그리스도 자신이 되신다.

그러나 한편으로 그리스도의 몸이신 성전은 성도와의 연합을 통하여 완성된다. 하나님은 인격의 하나님이시다. 하나님은 홀로 고립되게 존재하는 것이 아니다. 하나님은 인간과의 만남을 통해 사랑의 교제를 이루어 가며, 성도와의 연합을 이루어 가신다. 예수 그리스도는 요한복음 15장의 포도나무 비유로 인격적인 하나님의 모습을 성자 하나님과 택한 백성의 '연합'으로 설명하신다. 그렇다면 신약 교회는 포도나무이며 성전의 몸 되신 그리스도와 포도나무의 가지이며 그리스도의 지체가 되는 성도의 연합이 된다. 그래서 벌코프는 교회란 "그리스도께서 성령의 사역을 통하여, 사람을 자신에게 연합시키고 그들에게 참된 믿음을 주어서 교회를 곧 자기의 몸처럼 여기는 성도의 무리로 구성되는 것"[66]이라고 설명한다. 이제 세상은 그리스도의 몸 된 교회를 통하여 하나님을 직접 만나고 교제를 나누며 필요한 영육 간의 모든 것을 공급받게 된다. 이런 인생을 성경은 '시냇가에 심어진 나무'(시 1:3)라고 표현한다.

2. 교회 '됨'의 실현인 예배

한국 사회에서 존경받는 학자가 있다. 고령임에도 집필 활동과 강연 활동으로, 한국 사회의 고민과 답을 제공하여 많은 사람의 존경을 받고 있다. 이분은 기독교인으로 잘 알려져 있는데, 언론과의 인터뷰에서 다음과 같이 말한다.

---

66) Louis Berkhof, *Systematic Theology*, 이상원 등 공역, 『벌코프 조직신학』 (파주: 크리스천다이제스트, 2001), 841.

"나는 독서를 통해 예수를 알았지, 결코 목사들의 설교를 통해 안 것이 아니다. 만약 설교를 통해 기독교 신앙에 접근했다면, 이미 기독교를 포기했을 것이다. 어릴 때부터 독서로 예수를 알고, 예수의 인생관, 가치관, 그리고 기독교 정신을 체화했다. …… 오늘날 교회는 사랑의 봉사보다는 소유 욕구를 충족시키는 데 더 큰 관심을 가지고 있다."[67]

그에게 있어 예수는 신문 기사 제목이 보여 주는 것처럼 사회 부조리에 대한 개혁을 이루어 가며 특히 사랑의 봉사를 실천하는 분으로 그려지고 있다. 예수에 대한 다양한 시각과 이해가 가능하다. 그러나 성경에서는 예수는 사회 개혁가로서 혹은 단순한 사랑과 봉사의 실천자로 세상에 오신 것이 아니다. 영혼 구원자로서 죄 문제를 해결하기 위해 오셨음을 밝히고 있다.[68] 또한, 성경은 성도가 사랑의 실천을 하는 것은 구원의 원인이기 때문이 아니라, 예수를 만나 성화(聖化)의 결과로 자연스럽게 나타나는 삶의 변화임을 말하고 있다.[69]

주변을 보면, 하나님을 믿고 예수님을 사랑하지만, 교회를 다니지 않고 마음속에 신앙만을 가지고 있다고 하는 사람을 만날 수 있다. 교회를 다니지 않는 이유의 하나로 교회의 모습에 실망했기 때문이라고 말한다. 교회의 볼썽사나운 모습을 자주 본다는 것이다. 이런 부분은 한국 교회가 귀를 기울이며, 또한 교회 갱신을 위한 소중한 채찍으로 삼아야 할 것이다. 그러나 또한 우리는 '과연, 삼위일체 하나님을 믿는다는 것은 무엇을 의미하는가?', '신앙생활에서 교회는 어떤 의미와 역할을 하는가?'에 대하여, 이들과 진지한 대화를 하여야 한다. 달리 말하여 교회 생활 없이 삼위일체 하나님을 만나고 가르침을 받고 이를 실천하는 것이 가능한지에 물음을 제기해야 한다. 목회자는 교회에 대한 세상의 실망과 비난에 대하여 적절하게 대응하고 답을 제시해야 한다. 이를 위한 첫걸음으로 교회에 대해 바른 이해를 해야 한다. 성도에게 있어 교회란 무엇을 말하는가? 성경을 근거로 정확하게 안내해야 한다.

우리는 앞에서 교회란 하나님의 임재의 상징이자 그리스도의 몸 된 지체들의 영적 공동체라고

---

67) 이길우, "예수는 혁명가… 교회가 곧 기독교라는 생각은 위험," 『한겨레』, 2015.12.23.
68) "아들을 낳으리니 이름을 예수라 하라 이는 그가 자기 백성을 그들의 죄에서 구원할 자이심이라 하니라"(마 1:21).
69) "오직 성령의 열매는 사랑과 희락과 화평과 오래 참음과 자비와 양선과 충성과 온유와 절제니 이같은 것을 금지할 법이 없느니라"(갈 5:22,23).

설명했다. 교회는 인정 넘치는 교제나 정의로운 이웃으로서의 시민이 모인 곳 혹은 적절한 휴식을 제공하는 문화 시설을 갖춘 곳이 아니다. 인간은 창조주이신 하나님과의 만남이 필요하다. 하나님과의 만남은 임재의 현장인 교회에서 그리고 하나님과의 연합인 그리스도의 몸 된 교회에 소속됨으로써 가능하다. 만약에 교회가 세상의 관심을 받기 위해 더 아름다운 교회 건물과 실내장식을 갖추고 다양한 행사와 친밀한 교제가 있는 곳으로 만들려고 하면 반드시 실패할 것이다. 생활 수준의 발전에 따라 교회보다 더 다채로운 행사와 분위기 좋은 시설을 갖춘 곳이 이곳저곳에서 나타날 것이다. 이들과 경쟁에서 이길 방법을 교회는 가지고 있지 못하다.

그러나 인간은 영적으로 '영원'을 사모하도록 창조되었다.[70] 영원의 사모는 하나님을 만남으로써 가능하다. 이런 영적 만남은 세상의 어떤 시설이나 사람이 결코 제공할 수 없다. 교회만이 하나님을 향한 사모함과 갈급함을 해결해 줄 수 있는 유일한 기관이 된다. 영적인 만남이 이루어지는 곳이 교회이다. 그렇다면 하나님과의 만남이 이루어지는 교회가 되는 것이 교회가 존재하는 이유이며 세상을 이길 가장 강력한 무기가 된다.

교회에서 영적인 하나님과의 만남은 무엇을 통해 일어나는가? 예배를 통해서이다. 예배의 현장에서 인간은 하나님을 찾고 부르짖고 만난다. 인격적인 하나님은 어디에 계시는가? 하나님은 세상 어디에도 계시지만 하나님을 찾지 않는 불신자들 사이에는 계시지 않는다. 시편 14장 4-5절에서 "죄악을 행하는 자는 다 무지하냐 그들이 떡 먹듯이 내 백성을 먹으면서 여호와를 부르지 아니하는도다 그러나 거기서 그들은 두려워하고 두려워하였으니 하나님이 의인의 세대에 계심이로다"라고 말씀한다. 하나님을 경외하며 찾는 성도들 사이에서 하나님은 임재하시고 만나신다는 것이다. 다른 말로 하면 예배 현장에서 하나님의 임재와 만남이 이루어진다.

이것은 예배라는 단어의 뜻을 살펴보면 쉽게 알 수 있다. 예배(禮拜)의 문자적 의미는 "초월적 존재 앞에 경배하는 의식, 또는 그런 의식을 행함"[71]이 된다. 이를 기독교에 적용한다면 예배란 '하나님께 예를 갖추어 경배를 올리는 것'이라고 할 수 있다. 예배의 의미는 영어로 예배를 뜻하는

---

70) "하나님이 모든 것을 지으시되 때를 따라 아름답게 하셨고 또 사람들에게는 영원을 사모하는 마음을 주셨느니라"(전 3:11)
71) 국립국어원, "예배", 『표준국어대사전』.

'worship'이란 단어에서 잘 보여 준다. 이 단어의 의미는 '존경과 존귀를 올려드리는 것'이며 이를 좀 더 확장한다면, "예배는 하나님께 최상의 가치를 돌리는 것"이라는 뜻이 된다.[72]

한편 영어에서 예배를 의미하는 것에는 'worship'이라는 단어 외에 'service'가 있다. 독일의 예배학자인 피터 브루너(Peter Brunner)는 이를 독일어의 'Gottesdienst'라는 단어를 사용하여 설명한다. 이 단어는 '하나님'과 '봉사'라는 의미가 있다. 그렇다면 예배란 '회중에 대한 하나님의 봉사'와 '하나님께 드리는 회중의 봉사'란 두 가지 측면이 있다고 말할 수 있다.[73] 결국 service로서의 예배란 하나님과 인간의 서로 간의 '봉사', '섬김'의 의미가 있다.[74] 이를 달리 말하면 '예배는 인간을 향한 하나님의 최상의 선물이며, 하나님을 향한 인간의 최상의 찬양과 섬김'이 된다. 그렇다면 예배는 기독교의 본질이라고 할 수 있다. 그래서 칼빈은 예배를 "기독교의 영혼"[75]이라고 말한다. 칼빈은 예배가 "하나님이 그의 백성에게 신뢰, 평온함, 기쁨을 가져다주는 토대"[76]라고 보았기 때문이다. 그렇다면 예배는 교회 '됨'의 본질 요소가 된다. 교회는 예배를 통하여 창조주이신 하나님과 그의 백성 간의 만남이 일어나고 은혜와 생명과 진리가 가득한 현장이 될 것이다. 인간은 세상에 존재하는 한 교회를 찾게 될 것이다. 예배를 드리며 하나님과의 만남을 통하여 영적 기갈을 해소하면서 삶의 방향과 목적을 확보하게 될 것이다.

---

72) 정장복, 『예배학 개론』 (서울: 예배와 설교 아카데미, 2003), 20.
73) James F. White, *Introduction to Christian Worship*, 정장복 외 1인 역, 『기독교 예배학 입문』 (서울: 예배와 설교 아카데미, 2000), 25.
74) 성경에서 예배를 나타내는 단어는 구약에서는 '아바드(봉사, 섬김)'와 '샤하아(굴복, 순종, 숭배)'가 있다. 신약에서는 '프로스퀴네오(굽어 엎드리다)', '라트레이아(그분만을 섬기다)', '레이트르기아(하나님께 바치는, 봉사하다)'라는 단어가 있다. 이들 용어를 합하면 예배에 대한 다양한 정의가 나올 것이다.
75) John Calvin, "교회 개혁의 필요성," 박건택 역, 『칼뱅 작품 선집 III』 (총신대학출판부, 2009), 340.
76) John Calvin, *Commentary on the Book of Psalms I* (Grand Rapids: Wm. B. Eerdmans publishing Co., 1949), 122.

Ⅲ. 설교가 가지는 능력(형성력과 실행력)

1. 설교에는 특별한 '힘'이 있다

❶ 뇌는 설교를 특별하게 취급한다

인간은 동물과 뚜렷한 차이가 있다. 이 중의 하나가 언어를 사용하는 것이다. 언어를 통하여 다른 사람과의 관계가 형성되고 사회 구조가 만들어지고 다양한 문명과 문화가 형성된다. 그래서 인간을 '호모 로퀜스(Homo loquens, 언어적 동물)'라고 부른다. 언어는 인간의 본질 요소의 하나이다.

언어는 한편으로 사람의 일상생활에서도 막강한 영향력을 미친다. 요즘 가요계의 특징의 하나는 트로트 열풍이 불고 있다는 것이다. 방송사마다 시청자들을 잡기 위해 트로트 경연 대회를 열기에 바쁘다. 그런데 가수 사회에서 금기 사항이 있다고 한다. 슬픈 곡조를 띤 노래를 부르면 안 된다는 것이다. 어둡고 우울한 분위기의 노래는 가사에서도 그 특징이 나타난다. 단어가 '실패', '이별', '죽음', '고독', '아픔' 등의 부정적인 내용을 가진 것이 대부분이다. 이런 분위기와 가사를 가진 노래를 계속 부르면, 가수로서의 길뿐 아니라 삶 자체가 무너지는 경우가 많다고 한다. 노래를 부른 대로, 가사대로 인생이 만들어진다는 것이다. 이런 원리를 익히 알고 있는 가수는 이왕이면 명랑한 분위기의 노래를 부르려고 한다고 한다. 다음의 글은 노랫말이 가수, 나아가 인간의 삶에 얼마나 큰 영향을 미치는지를 보여 준다.

> 세상을 일찍 떠난 가수들 대부분은 무겁거나 어두운 노래를 불렀다. 노래는 가사에다 곡조까지 실어 말보다 영향력이 더 크다. 이별, 죽음, 슬픔, 한탄, 고통, 아픔의 노래를 부른 가수는 목숨이 짧을 확률이 높다. 가수는 노래를 취입할 때 같은 곡을 2,000~3,000번씩 부르며 연습한다. 작곡가로부터 "감정을 좀 더 넣으라"란 주문을 받고 그렇게 하다 보면 서서히 그 노래의 주인공이 되어 간다. 생활 스타일, 사고방식, 마음 자세가 가사 내용대로 따라간다는 게 전문가들 분석이다. 사람의 뇌세포 중 98%가 말의 영향을 받는다는

연구 결과가 이를 뒷받침해 준다.[77]

우리는 이 글을 통해 사람의 말에는 이성의 눈으로는 이해되지 않는 특별한 힘이 있다는 것을 알게 된다. 말이 입 밖으로 나가면, 말한 내용대로 삶의 구체적인 현장에서 어떤 모양을 만들며 나아간다는 것을 알 수 있다.

가수가 부르는 노래가 사람의 생각에 일정한 영향을 미친다면 설교는 어떠할까? 설교는 노래나 세상의 어떤 연설보다 더 강력한 힘을 발휘할 것이다. 설교는 세상 언어와 구별되는 하나님의 언어이기 때문이다. 이를 북미의 설교학자인 폴 스캇 윌슨(Paul S. Wilson)은 다음과 같이 말한다.

> 성경은 하나님의 음성이다(God's voice). 이스라엘의 선택받은 사람들에게 말씀하셨던 하나님, 그리고 자신을 노출시킨 자기 계시로서의 사건을 성경의 증언자들로 하여금 성경에 기록하게 하신 하나님이, 똑같은 성경을 통하여 우리 시대에도 말씀하신다. 설교자로서 우리는 하나님의 말씀을 전하기 위하여 하나님이 우리의 음성을 사용하신다고 감히 주장할 수 있다.[78]

설교는 인간의 입을 통하여 선포되지만, 실상은 하나님의 '말씀'이라는 것이다. 그러므로 설교에는 인간 사이에서 주고받는 언어 혹은 가수가 자기 귀에 들려주는 가사 이상의 어떤 '힘'이 있다는 것을 짐작할 수 있다. 설교가 회중의 귀에 들리면 그 순간부터 인간의 머리에 영향을 미친다고 할 수 있다.

미국 듀크대학 의과대학 교수이면서 목사였던 리처드 콕스(Richard H. Cox)는 *Rewiring Your Preaching: How the Brain Processes Sermons*(『뇌는 설교를 어떻게 받아들이는가』)라는 책을 통하여 "뇌는 설교를 특별하게 인식한다"[79]라고 말한다. 설교가 뇌의 기억 창고에 유입이 되면 다른

---

77) 왕성상, "음악 기록을 통해서 본 '가수들의 노래와 삶'," 『기록인』 27(2014 여름호), 59.
78) Paul S. Wilson, *The Practice of Preaching* (Nashville: Abingdon Press, 2007), 22.
79) Richard H. Cox, *Rewiring Your Preaching: How the Brain Processes Sermons*, 김창훈 역, 『뇌는 설교를 어떻게 받아들이는가』 (서울: 기독교문서선교회, 2014), 75.

정보와는 달리 쉽게 잊히거나 사라지지 않고 계속 선한 영향력을 행사하게 된다고 한다. 이런 과정을 거쳐 뇌는 자신이 가진 믿음의 가치관을 강화하기도 하고, 불신자는 기존의 가치관을 버리고 설교를 통해 새로운 정보를 받아들여 변화의 과정을 경험하게 된다고 한다.[80]

리처드 콕스가 주장한 것처럼 뇌가 설교를 특별하게 취급한다는 것은 우리 주변에서 쉽게 입증될 수 있다. 그리스도인이라면 설교가 특별하다는 것을 인정한다. 그리스도인 사이의 대화에서 '설교를 듣는다'라고 하기보다는 '하나님 말씀'을 듣는다는 말을 많이 쓴다. 그만큼 잠재의식 속에 설교를 특별하게 취급한다는 의미이다. 세상의 불신자들도 교회에서 선포되는 설교를 특별하게 취급하여 존중하려는 경향이 있다. 인간의 삶 속에서 설교는 알게 모르게 뇌에서 특별하게 취급하고 있다는 방증이다. 이를 리처드 콕스는 다음과 같이 말한다.

> "이 세상 어떤 곳에도, 교회 강단으로부터 나오는 설교와 같은 것은 없다. 설교는 다른 어떤 곳에서는 찾을 수 없는 교회에 주어진 고유한 특징이다. 전 세계에서 설교와 비교할 만한 것은 아무것도 없다. 어떠한 단체도 교회와 같은 방식으로 설교단에서 '진리'를 제시하지 않는다. 인간의 뇌는 유년기부터 설교자의 말씀을 특별하고 존경을 요구하는 것으로 여기는 경향이 있다. 비록 설교 말씀이 믿어지지 않거나 받아들여지지 않을지라도, 대부분의 사람들은 설교자는 존경받아야 한다고 생각한다."[81]

인간의 뇌가 설교를 특별하게 취급하고 설교는 머리에 특별한 영향을 미친다는 것을 알 수 있다.

❷ 설교는 '특별한 힘'을 가지고 있다

그러면 설교에는 어떤 힘이 있을까? 그것은 단순히 도덕적인 교훈이나 연설에서 보여 주는 그런 효과를 뛰어넘는다. 하나님의 말씀이 능력으로 덧입혀졌다는 증거는 성경의 첫머리에서부터 시

---

80) Richard H. Cox, *Rewiring Your Preaching: How the Brain Processes Sermons*, 김창훈 역, 『뇌는 설교를 어떻게 받아들이는가』 (서울: 기독교문서선교회, 2014), 89,90.
81) Richard H. Cox, *Rewiring Your Preaching: How the Brain Processes Sermons*, 김창훈 역, 『뇌는 설교를 어떻게 받아들이는가』 (서울: 기독교문서선교회, 2014), 75.

작된다. 창세기 1장에서는 하나님이 선포하신 말씀대로 세상이 창조되었음을 증거하고 있다. 성경은 곳곳에서 말씀이 선포된 대로 사람의 행동이 바뀌고 삶의 모습이 변하여 간다는 것을 보여준다. 예로 창세기 12장에서 등장하는 아브라함의 예를 보자. 그는 하나님의 부르심에 순종하며 나아올 때, "내가 너로 큰 민족을 이루고 네게 복을 주어 네 이름을 창대하게 하리니 너는 복이 될지라"(창 12:2)라는 말씀을 듣는다. 하나님의 말씀이 선포되고 들려진 것이다. 아브라함의 인생은 그 후에 어떻게 변했는가? 창세기 25장에서 백칠십오 세로 사망할 때까지 백 년 동안 선포된 하나님의 말씀대로 실행되며 복된 인생을 살아가는 것을 볼 수 있다.

그러면 왜 하나님의 말씀에는 인간의 이성으로는 이해되지 않는 영적 영향력이 강력하게 발휘되는가? 히브리 원어로 살펴보면 그 이유가 드러난다. 구약 성경에서 '말'은 히브리 원어로 '다바르(dabar)'이다. 이 단어는 '명령(command)', '행동(act)', '사건(event)', '충족(fulfillment)' 등의 의미가 있다. 이를 종합하면 하나님의 말씀은 선포되면 그대로 이행되는 '사건'이 되며 이런 사건을 통해 하나님의 약속이 '충족'되며 '형성'되어 간다는 것이다. 이런 말씀의 특별한 효력에 대하여 이사야는 다음과 같이 선포하고 있다.

> "이는 비와 눈이 하늘로부터 내려서 그리로 되돌아가지 아니하고 땅을 적셔서 소출이 나게 하며 싹이 나게 하여 파종하는 자에게는 종자를 주며 먹는 자에게는 양식을 줌과 같이 내 입에서 나가는 말도 이와 같이 헛되이 내게로 되돌아오지 아니하고 나의 기뻐하는 뜻을 이루며 내가 보낸 일에 형통함이니라"(사 55:10,11)

신약에서는 하나님 말씀에 대하여 더욱 강력한 효과가 있음을 말씀한다. 구약에서 말씀으로 세상을 창조하신 하나님이 신약에서는 직접 이 땅에 내려오셨음을 선언한다. 사도 요한은 성자 예수께서 말씀 자체이며 강림하신 하나님(요 1:1)이라고 증언한다. 요한복음 1장 14절에서는 "말씀이 육신이 되어 우리 가운데 거하시매"라고 증언한다. 예수님이 공생애 기간에 말씀을 통하여 기적을 행하시고 병자를 치유하시며 문제를 해결하는 모습에서, 말씀에는 새로운 것을 만들어 내는 언어 형성력이 있다는 것을 알 수 있다.

주님은 설교의 능력을 제자에게도 수여하신다. 예수님이 승천하시기 전에 제자들에게 주신 마지막 명령은 무엇인가? 만민에게 복음을 전하는 것이다. 예수님은 "너희는 온 천하에 다니며 만민에게 복음을 전파하라"(막 16:15)라고 명하신다. 여기에서 '복음을 전파하라'의 의미를 KJV 영어 성경은 '복음을 설교하는 것(preach the gospel)'이라고 번역하였다. 달리 말하면 예수 그리스도의 복음을 설교 형태로 선포할 때, 주님이 주신 말씀의 권능이 나타나면서 선포한 내용대로 형성되고 실행되는 영적 능력이 나타나게 된다는 것이다.

설교에는 어떤 특별한 영적 '힘'이 있다는 것은 설교의 정의를 살펴보면 명확하게 드러난다. '설교가 무엇인가'라는 질문에는 수많은 답이 존재한다. 신약 성경에도 설교를 의미하는 단어가 30개 정도 등장하는 것으로 알려져 있다.[82] 설교를 이해하는 방식과 강조점에 따라 다양한 정의가 있을 수 있음을 알 수 있다. 그러나 가장 단순하게 정의한다면 설교는 '하나님의 말씀'이 된다. 사도 바울은 데살로니가전서 2장 13절에서 "너희가 우리에게 들은 바 하나님의 말씀을 받을 때에 사람의 말로 받지 아니하고 하나님의 말씀으로 받음이니 진실로 그러하도다"라고 표현하고 있다. 데살로니가 교회 회중들이 사도 바울이 행한 설교를 단순히 인간의 말로 받지 않고 '하나님의 말씀'으로 인정하고 수납하였다는 것이다.[83] 설교는 인간의 입으로 말하여졌지만, 그럼에도 하나님의 말씀이다.

이렇게 설교가 하나님의 말씀이라는 것은 구약에서도 풍성하게 나타난다. 선지서를 보면 곳곳에서 선지자가 자신의 말을 인간의 말이 아닌, '여호와의 말씀'으로 표현하고 있기 때문이다.[84] 따라서 우리는 설교는 인간의 입을 통하여 선포되는 '하나님의 말씀'임을 알 수 있다. 이를 달리 표현하면 설교가 하나님의 이름으로(by) 선포될 때, 성경을 바탕으로 하나님의 기쁘신 뜻을 위하여

---

82) 퀴케에 의하면 설교를 의미하는 단어가 신약 성서에는 30개 정도가 있다고 한다. 이를 영어로는 일률적으로 preaching으로 번역했지만, 뜻은 약간씩 차이가 있다. 이 중에서 preaching을 의미하는 대표적인 원어로는 '시장과 같은 공개된 장소에서 외치는 공적인 전달자(town crier)'를 의미하는 'κῆρυξ(a herald, preacher; 딤전 2:7)'가 있다. 그 외에 'εὐαγγελιζόμενοι(I bring good news, preach good tidings; 행 14:7)', 'διδάσκειν(I teach; 행 4:2)', 'ἀποφθέγγεσθαι(I speak out, declare; 행 2:4)'가 있다고 한다.-Michael J. Quicke, *360 Degree Preaching* (Grand Rapids: Baker Academic, 2003), 25.
83) 데살로니가전서 2장 13절의 '하나님의 말씀'을 원어 성경에서는 λόγον Θεοῦ로, King James Bible에서는 'the word of God'으로 표현하고 있다.
84) 사 43:1, 렘 1:9, 렘 50:33, 겔 36:33.

(for) 선포될 때, 그리고 성령 안에서(in) 선포될 때 그 설교는 하나님의 말씀이 된다.[85] 따라서 하나님의 말씀인 설교가 행하여지는 곳에는 인간의 언어의 한계를 뛰어넘은 특별한 힘이 나타난다.

2. 설교는 교회를 세우고 변화시키는 힘이 있다

❶ 참된 교회의 표지로서 말씀과 성례

칼빈의 『기독교강요』는 기독교 역사에서 가장 탁월한 교리 변증서의 한 권으로 꼽힌다. 이 책을 통하여 천 년의 중세 시대에 갇혀 있던 복음의 본질이 회복되었기 때문이다. 초대 교회의 교리와 신앙이 회복되었다. 칼빈의 『기독교강요』는 루터가 1517년 비텐베르크 대학 교회 정문에 붙인 95개 논제에서 시작되었던 종교개혁이, 칼빈에 의하여 교리상으로 완성되었다는 의미도 가진다. 『기독교강요』는 크게 네 부분으로 되어 있다. 1부에서는 '하나님을 아는 지식', 2부에서는 '그리스도를 아는 지식', 3부에서는 '그리스도의 은혜를 받는 길' 그리고 마지막 4부에서는 그리스도인의 신앙 유지와 성장을 위한 '외적인 수단'에 대하여 설명한다.

칼빈은 4부에서 그리스도인의 연약함 때문에 그리스도의 장성한 믿음의 분량에 이르려면, 외적인 도움이 필요하다고 말한다. 주님은 이런 외적 도움을 교회 안에 간직하였다고 말한다. 교회는 주님이 주신 외적 수단을 통하여 성도들의 믿음의 성장과 신앙생활의 승리를 보장한다는 것이다. 이런 수단이 교회 안에 간직되어 있다고 말한다. 칼빈은 교회와 성도의 관계를 다음과 같이 말한다.

> 하나님께서는 그의 자녀들을 교회의 품속으로 모으셔서 유아와 어린아이의 상태에 있는 동안 교회의 도움과 사역을 통하여 그들을 기르실 뿐 아니라 또한 그들이 장성하여

---

85) 설교가 하나님의 말씀이 되는 동력의 하나는 성령의 임재와 충만함. 그리고 깨닫게 하심에 있다. 설교자가 성령 안에서 예수 그리스도를 구주로 증언할 때, 그리고 이 말씀을 성도들이 성령 안에서 수납할 때 말씀의 역사가 일어난다.

마침내 믿음의 목표에 도달할 때까지 어머니와 같은 보살핌을 통하여 인도하시기를 기뻐하시는 것이다.[86]

칼빈에게 있어 교회는 성도의 어머니가 되는 것이다. 그래서 칼빈은 "교회는 성도의 어머니이며 그 어머니인 교회를 떠나서는 죄 사함이나 구원에 대한 소망을 가질 수가 없다"[87]라고 말하였다. 성도의 신앙은 교회를 통하여 형성되고 발전되고 열매를 맺을 수 있다는 의미가 있다. 또한, 사람들이 교회를 통하지 않고 단순히 성경의 지식적 탐구를 통하여 삼위 하나님을 온전히 이해하고 그 뜻을 실천하여 하나님이 원하시는 삶을 산다는 것은 한계를 지닐 수밖에 없다는 것을 의미한다.

그럼, 교회는 어떤 수단을 통하여 어머니로서 역할을 하며 성도들의 신앙생활을 이끌어 갈 것인가? 이것은 과연 교회의 참된 모습은 무엇으로 알 수 있는 것인가와 관련이 있다. 주님은 거짓 교회와 구별되는 참된 교회의 구별을 위한 표 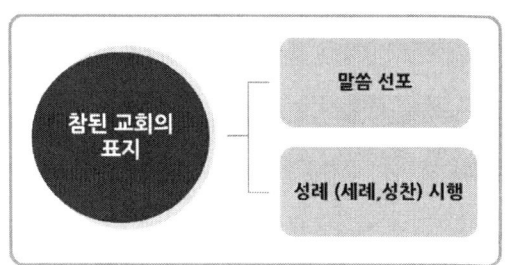 지(marks, tokens)를 주셨다. 그 표지는 설교와 성례(세례와 성찬)이다. 칼빈은 "말씀이 순결하게 전하여지고 또한 그 말씀을 통하여 그리스도께서 정하신 규례를 따라 성례가 시행되면 거기에 하나님의 교회가 존재한다는 것을 의심해서는 안 될 것이다"[88]라고 말한다. 그런데 성례는 한편으로 설교에 종속된다. 벌코프는 '말씀의 참된 선포'가 가장 중요한 표지가 된다고 말한다. 왜냐하면 말씀의 선포는 성례가 없이도 존재하지만, 성례는 말씀 없이 독립적으로 존재할 수 없기 때문이다.[89] 그렇다면 선포되는 설교가 참된 교회와 그렇지 않은 교회를 가르는 가장 중요한 요소임을 알 수 있다. 그래서 칼빈은 "교회는 오로지 외적인 설교를 통해서만 세워지며, 또한 성도들은 오직 하나의 끈에 의해서만 묶이며, 하나로 연합하여 배우고 전진함으로써 하나님께서 세우신 교회의 질서를 유지한다"[90]라고 말한다. 그렇다면 설교에는 세상의 어떤 언어에서도 찾아볼 수 없는 특별한

---

86) John Calvin, *Institutes of the Christian Religion III*, 원광연 역, 『기독교강요(하)』 (서울: 크리스쳔다이제스트, 2003), 10.
87) John Calvin, *Institutes of the Christian Religion III*, 원광연 역, 『기독교강요(하)』 (서울: 크리스쳔다이제스트, 2003), 14.
88) John Calvin, *Institutes of the Christian Religion III*, 원광연 역, 『기독교강요(하)』 (서울: 크리스쳔다이제스트, 2003), 23.
89) Louis Berkhof, *Systematic Theology*, 이상원 등 공역, 『벌코프 조직신학』 (파주: 크리스쳔다이제스트, 2001), 869.
90) John Calvin, *Institutes of the Christian Religion III*, 원광연 역, 『기독교강요(하)』 (서울: 크리스쳔다이제스트, 2003), 18.

힘이 있다는 것을 알 수 있다.

❷ 설교가 가지고 있는 능력은 무엇인가?

a. 하나님을 만나는 사건으로서의 설교(형성력)

설교의 제일의 목적이자 기능은 세상 사람을 주님에게로 부르고 변하게 한다는 것이다. 예수님이 이 땅에 오신 첫째 목적이 사람을 부르시고 모으시기 위한 것이다. 부르신 사람이 변하여 세상 사람에서 하나님의 사람으로 변하게 하시는 것이다.

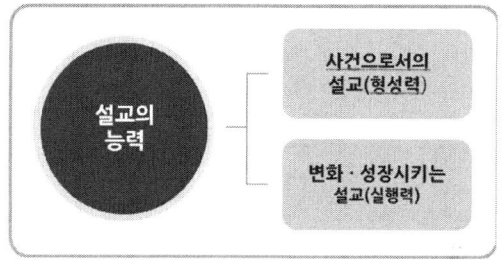

이에 따라 하나님이 얻는 기쁨을 "죄인 한 사람이 회개하면 하늘에서는 회개할 것 없는 의인 아흔아홉으로 말미암아 기뻐하는 것보다 더하리라"(눅 15:7)라고 하신다.

하나님의 사람으로 변하기 위해서는 믿음이 필요하다. 하나님의 말씀을 들을 수 있는 영적 시야가 열려야 한다. 이를 위해서는 설교가 선포되어야 하고, 들어야 한다. 그래서 "믿음은 들음에서 나며 들음은 그리스도의 말씀으로 말미암았느니라"(롬 10:17)라고 말씀한다. 회개의 가능성은 오직 복음의 말씀을 들으면서 시작된다고 말씀한다. 이렇게 듣고 믿음이 생기면 영육 간의 완전한 변화가 일어난다. 옛사람은 죽고 새 사람이 새롭게 태어나는 것이다. 이를 "그런즉 누구든지 그리스도 안에 있으면 새로운 피조물이라 이전 것은 지나갔으니 보라 새것이 되었도다"(고후 5:17)라고 말씀한다.

세상의 어떤 제도, 학문이나 수양으로도 성경에서 말씀하시는 인격의 완전한 변화와 재탄생을 보증하지 못한다. 하나님은 설교라는 말씀을 '들려줌'으로써 심령 안에 위대한 변화를 일으키시는 것이다. 설교는 '선포'를 통하여 하나님의 사람으로 거듭남의 역사가 일어나도록 하는 것이다. 이런 변화가 일어나기 위해서는 하나님과의 만남의 사건이 있어야 한다. 하나님의 말씀이 선포되는 현장은 어떤 영적 진동이나 흔적도 없이, 오직 사람의 '행사'로만 진행될 수는 없다. 설교가 행하여지는 현장에는 육신의 눈으로는 보이지 않는 영적인 능력이 나타나기 때문이다. 성경은 이를 "하나님의 말씀은 살아 있고 활력이 있어 좌우에 날선 어떤 검보다도 예리하여 혼과 영과 및 관절과 골수를 찔러 쪼개기까지 하며 또 마음의 생각과 뜻을 판단하나니"(히 4:12)라고 말씀한다. 설교에는 영혼의 각 부분을 수리하고 치유하며 변화시키는 신비로운 힘이 있다는 것이다.

왜 그럴까? 설교 속에서 교인들에게 찾아와 주시고 만나 주시는 하나님의 행동이 숨어 있기 때문이다. 폴 스캇 윌슨은 설교를 '하나님의 행동하심'이며, 하나님을 만나는 '영적 사건'이라고 설명한다.[91] 설교에서 성도들은 하나님을 영적으로 만나고 변하고 감화받고 성장하는 놀라운 사건을 체험하게 된다.[92] 옛사람을 벗어 버리고 새 사람으로 만들어 가는 '형성력'이 설교에는 있다. 우리는 앞에서 예배를 하나님과의 영적인 만남의 사건으로 정의했었다. 그런데 이런 사건의 핵심 수단이 설교가 된다. 그래서 초대 교회에서는 성경을 읽거나(reading), 혹은 설교(preaching)하는 것을 예배의 중심에 두었다.[93] 초대 교회부터 설교는 예배의 한 부분이 아니라 곧 예배 자체라는 인식을 가졌다는 것을 의미한다.[94]

b. 성도들을 변화시키고 성장시키는 설교(실행력)

설교가 하나님과 영적인 만남의 사건이라면, 이는 그리스도인들을 변화시키는 힘을 가진다. 온전한 하나님의 말씀이 선포되면 회중 안에 변화가 일어나고 부흥의 역사가 일어난다. 예수 그리스도를 닮아가는 것이다. 폴 스캇 윌슨은 설교에는 "그리스도의 이미지를 닮아 가서 교회가 공동체 안에서 사랑으로 돌볼 수 있도록 변화를 일으키는 힘"이 있다고 말한다.[95] 설교가 회중을 변화시키고 교

---

91) Paul S. Wilson, *The Four Pages of the Sermon* (Nashville: Abingdon Press, 1999), 41.
92) 폴 스캇 윌슨은 "하나님은 설교를 통하여 행동하신다"라고 말한다[Paul S. Wilson, *The Practice of Preaching* (Nashville: Abingdon Press, 1995), 23.]. 따라서 설교는 "하나님에 대한 추상적인 언급이나 정보 제공이 아니고, 하나님과의 만남(encounter) 혹은 사건(event)"이 되어야 한다고 말한다[Paul S. Wilson, *The Four Pages of the Sermon* (Nashville: Abingdon Press, 1999), 41.].
93) Hughes O. Old, *The Reading and Preaching of the Scriptures in the Worship of the Christian Church Vol I, The Biblical Period* (Grand Rapids: Wm. B. Eerdmans Publishing Co., 1998), 7.
94) 이와 관련하여 R.E.O. White는 "설교는 곧 예배"라는 명제를 주장한다. 그는 설교에서 예수 그리스도의 죄 사함과 은총이 선포될 때, 신적 진리가 드러나며 예수 그리스도의 구속과 죄 사함 그리고 이로 인한 하나님의 영광 모습이 구현되는 성례전적 의미를 드러낸다고 말한다. R.E.O. White, *A Guide to Preaching* (Grand Rapids: Wm. B. Eerdmans Publishing Co., 1973), 3-11.
95) Paul S. Wilson, *Preaching and Homiletical Theory* (St. Louis, Mo.: Chalice Press, 2004), 66.

회를 새롭게 하며 영적 부흥을 이루어 가는 강력한 힘이 있다는 것은 성경에서 입증되고 있다.

예로 바울의 증언을 보자. 바울이 2차 세계전도 여행(A.D. 49-52)에서 유럽에 세운 교회의 하나가 데살로니가 교회였다. 데살로니가를 방문했을 때 유대인 회당에서 복음을 전하다가 유대인들의 반발을 사서 쫓겨나게 된다. 그러나 짧은 시간에 복음을 전했음에도 불구하고 그곳에서 놀라운 역사가 일어난다. 데살로니가 교회가 생기게 된 것이다. 고린도 지역으로 옮겨 복음을 전하면서 바울은 데살로니가 교회가 성장하고 있다는 소식을 듣게 된다. 이에 데살로니가 교회에 대한 깊은 감사와 격려 그리고 교회 생활의 여러 가지를 권면하기 위해 데살로니가 전·후서를 쓰게 된다.

바울은 데살로니가 교회가 짧은 시간에, 유대인들의 박해 속에서도 회중들이 변화되고 교회가 성장할 수 있게 된 힘을 설교에 두고 있다.[96] 회중들이 바울의 복음을 들을 때 인간의 말이 아닌 하나님의 말씀으로 들었다는 것이다. 믿음으로 듣고 성령의 역사가 일어나서 복음의 능력이 일어났다고 말한다. 바울은 이렇게 말한다.

"이러므로 우리가 하나님께 끊임없이 감사함은 너희가 우리에게 들은 바 하나님의 말씀을 받을 때에 사람의 말로 받지 아니하고 하나님의 말씀으로 받음이니 진실로 그러하도다 이 말씀이 또한 너희 믿는 자 가운데에서 역사하느니라"(살전 2:13)

말씀을 전하고 듣는 자 모두가 설교를 하나님의 말씀으로 믿고 전하고 들을 때, 그곳에는 영적인 신비와 힘이 있다는 것이다. 설교에는 하나님의 뜻을 각 개인의 영혼 안에서 이루어 가는 '실행력'이 있다.[97] 우리는 설교의 이런 모습에 대한 확신을 가지고 말씀을 선포하는 자세가 필요하다. 설교에는 특별한 힘이 있다는 것을 믿을 때 위기의 시대에도 말씀 사역을 넉넉히 감당할 수 있다.

---

96) 폴 스캇 윌슨은 설교의 종국적인 목적은 성도의 변화에 있다고 말한다. 이에 대하여 다음과 같이 말한다.
"설교는 변화시키는 것이다. 왜냐하면, 하나님은 설교를 통하여 성도를 가다듬어 가시기 때문이다. 회중을 그리스도의 제자로 바꾸어 가며, 서로가 그의 몸인 교회에 붙어 있게 만든다. 그것은 단순히 개인 차원의 믿음의 수준에 머무는 것이 아니라 공동체에 봉사하도록 성도를 변화시킨다."-Paul S. Wilson, *Preaching and Homiletical Theory*(Missoury: Chalice Press, 2004), 67.
97) 폴 스캇 윌슨은 설교에서 말씀이 바르게 선포될 때 그곳에는 하나님과의 만남이 일어나고 또한 선포된 말씀 속에는 그것을 이루고 실행(performation)시키는 힘이 일어난다고 말한다.-Paul S. Wilson, *Preaching and Homiletical Theory* (Missoury: Chalice Press, 2004), 63.

Ⅳ. 설교자는 위기의 시대일수록 주님의 약속을 믿어야 한다

우리는 지금까지 교회의 성격과 본질 그리고 교회를 교회답게 하는 수단에 대하여 살펴보았다. 교회는 구약에서 성전이란 이름으로 불리면서 삼위 하나님의 현현 혹은 임재의 상징이었으며 이것이 신약에 이르러서 그리스도와 성도의 영적인 연합, 곧 그리스도의 몸 된 교회로 완성된 것을 살폈다. 구약 성전에서 임시적이고 부분적으로 임재하시던 하나님이 신약 교회에서 항구적으로 성도와 연합을 통하여 임재하시게 되는 것이다.[98] 그렇다면 하나님이 영원하시고 성도들을 향한 사랑이 영원하시므로, 하나님과 성도 간의 영적인 연합인 교회도 영원하다고 말할 수 있다. 이에 대하여 칼빈은 "우리는 창세 이래로 주님의 교회가 이 땅에 없었던 때가 없었으며, 또한 이 시대의 완성 때까지 교회가 이 땅에 없을 때가 없을 것이라는 사실을 붙들어야 할 것이다"[99]라고 말하고 있다.

목회자는 교회의 위기를 말하는 이 시대에 교회의 '영원함'을 굳게 붙들어야 할 것이다. 어느 시대에나 교회의 위기가 없었던 때가 없었다. 그러나 이런 위기 속에서 교회는 세상을 이기고 시대를 뛰어넘어 오늘에 이르고 있다. 여기에는 교회를 향하신 하나님의 사랑과 섭리를 믿으며 그리스도의 몸 된 교회를 지켜 온 성도와 목회자가 자리 잡고 있다. 이들에 의하여 교회는 시대의 마지막을 향하여 달려가면서 그 끝에서 교회의 '영광'을 함께 맛보게 될 것이다.

요한계시록은 세상의 마지막이 될 일에 대하여 21, 22장을 통하여 우리에게 보여 주고 있다. 요한계시록 21장 1-2절에서 "또 내가 새 하늘과 새 땅을 보니 처음 하늘과 처음 땅이 없어졌고 바다도 다시 있지 않더라 또 내가 보매 거룩한 성 새 예루살렘이 하나님께로부터 하늘에서 내려오니 그 준비한 것이 신부가 남편을 위하여 단장한 것 같더라"라고 시작한다. 지상의 하늘과 땅이 사라지고 새 땅과 새 하늘, 곧 새 예루살렘이 하늘에서 내려오는 모습을 소개한다. 이것은 창세기 3장

---

98) 사도 바울은 "너희는 너희가 하나님의 성전인 것과 하나님의 성령이 너희 안에 계시는 것을 알지 못하느냐"(고전 3:16)라고 하면서, 성령이 성도들에게 항구적으로 임재하시므로 성도가 하나님의 성전이 된다고 말한다.
99) John Calvin, *Institutes of the Christian Religion III*, 원광연 역, 『기독교강요(하)』 (서울: 크리스천다이제스트, 2003), 33.

에서 보여 주었던 에덴동산의 회복을 의미한다. '새 에덴동산'에서 하나님의 형상을 회복한 '새 인간'이 하나님과 함께 교제하며 찬양하며 영생 복락을 누릴 것을 의미한다.

요한계시록 21장 1절부터 22장 5절에서 보여 주는 새 예루살렘, 곧 새 에덴동산은 종말에 이루어질 성전의 완성을 의미한다. 성전은 에덴동산에서 시작하여 구약 성전을 거쳐 신약의 교회로 이어진다. 그리고 마지막 종말의 때에 완성될 것이다. 옛 땅과 옛 하늘은 사라지고 그 자리를 하늘에서 내려온 새 땅과 새 하늘, 곧 새 예루살렘이 대신할 것이다. 이때 '종말론적 성전'이 완성될 것이다. 그레고리 비일은 다음과 같이 말한다.

> …그 결과 새 창조와 새 예루살렘은 하나님의 장막과 같으며, 요한계시록 21장 전체에 걸쳐 하나님의 특별한 임재의 자리로 묘사되는 참된 성전을 일컫는다고 할 수 있다. 바로 이런 하나님의 임재가 과거에는 이스라엘의 성전에만 국한되었으나, 이제는 교회를 통해 널리 퍼져 가기 시작했으며, 종국에는 온 땅과 하늘을 가득 채우고 그것과 동일시될 것이다. 그리하여 창조 세계 전체를 다스리는 에덴동산 성전의 종말론적 목표가 마침내 성취될 것이다.[100]

설교자가 교회의 이런 본질적 성격을 이해한다면, 설교 사역의 가치와 영광을 바울처럼 외치지 않을 수 없다. 그는 예루살렘으로 복귀를 만류하는 에베소 교회 장로를 향하여 "내가 달려갈 길과 주 예수께 받은 사명 곧 하나님의 은혜의 복음을 증언하는 일을 마치려 함에는 나의 생명조차 조금도 귀한 것으로 여기지 아니하노라"(행 20:24)라고 고백하고 있다. 설교 사역은 그리스도의 몸 된 교회를 세우고, 지체인 성도들을 양육하여 믿음의 장성한 분량에 이르도록 하는 거룩한 사역이기 때문이다. 오직 설교를 통하여 복음이 전파되고 교회가 세워지고 확장되어 가는 것이다.

그렇다면 설교자는 이 시대가 교회의 위기를 말한다고 할지라도 흔들릴 필요가 없다. 2천 년 교회의 역사는 언제나 위기의 역사였다. 그러나 이런 위기에서도 마지막에는 승리할 수 있었던 것은

---

100) Gregory K. Beale, *The Temple and the Church's Mission*, 강성열 역, 『성전 신학: 하나님의 임재와 교회의 선교적 사명』 (서울: Holy Wave Plus, 2014), 505,506.

교회가 시간을 초월하여 '영원'할 것이고, 종말에는 '영광'을 입을 것이기 때문이다. 한국의 교회는 시대적 사명을 깨닫고, 감격을 가지고 사역에 임하는 설교자에 의하여 지켜지고 이어져 갈 것이다. 한국 교회의 새로운 역사를 써 가기를 원하는 설교자에게 주시는 주님의 말씀이 있다.

"내가 너희에게 분부한 모든 것을 가르쳐 지키게 하라 볼지어다 내가 세상 끝날까지 너희와 항상 함께 있으리라 하시니라"(마 28:20).

6장

위기의 시대는 능력 있는 설교자를 부른다

I. 위기의 시대를 이겨내는 설교자가 필요하다

1. 시대를 이끌었던 설교자 크리소스톰

기독교 2천 년 역사에는 위대한 설교자들이 등장했다. 이들에 의하여 교회는 새로워지고 시대는 각성했다. 이런 설교자의 한 사람으로 안디옥의 요한 크리소스톰(John Chrysostom, A.D. 349~407)을 꼽는다. 그는 '황금 같은 입'을 가진 설교자라는 애칭으로 불렸다. 그가 목회하던 시리아의 안디옥 교회에서 설교를 듣는 회중의 반응을 다음과 같이 소개한다.

> "…그가 쏟아내는 황금 줄기 같은 설교를 듣고자 몰려오는 사람들이 매일같이 많아졌다. 완숙한 예술가적 다재다능을 발휘하면서 그의 설교는 구구절절이 감동적이었다. 청중들은 자기네 도시의 고통을 묘사할 때는 마음이 녹아내려 눈물을 흘리는가 하면 … 무엇보다 하나님을 신뢰함으로써 평안을 가지라는 그의 말씀에 영혼의 활력을 되찾았다."[101]

그의 설교 감화력은 한 교회에만 머물지 않았다. 안디옥 도시 전체에 미쳤다. 이런 명성을 듣고 제국의 수도 콘스탄티노플에서 그를 교회의 감독으로 데려가려고 했다. 그러자 안디옥 시민은 '데려가지 말라'고 외치며 시위를 벌이기도 했다. 그의 설교는 이렇게 안디옥에서 콘스탄티노플 그리고 로마 제국 전체로 퍼져 나갔다. 그가 콘스탄티노플 교회에서 권세를 가진 자의 타락과 횡포와

---

101) Edwin C. Dargan, *A History of Preaching I*, 김남준 역, 『설교의 역사 I』 (서울: 솔로몬, 1994), 124.

하나님의 심판을 설교할 때는 황제와 귀족과 부자들이 두려워 떨었다고 한다.

그가 한 시대에 크게 쓰임 받는 설교자가 될 수 있었던 것은 그가 보인 헌신의 자세에서 시작한다. 그는 로마 제국의 고위층 장군의 아들로 태어났다. 상류층 출신이기에 당시 다른 청년들처럼 부와 권력을 누리며 사치스러운 생활을 할 수 있었다. 그러나 그는 반대의 길을 갔다. 검소하면서 절제 있는 생활을 했다고 한다. 20대 초반에는 2년 동안 동굴에서 은거 생활을 하면서 금식과 기도와 말씀 연구에 집중했다고 한다. 후일에 하나님이 쓰실 수 있도록 이때부터 말씀의 종으로서 훈련을 쌓아 갔던 것이다.

여기에 더하여 그는 설교자에게 필요한 여러 능력을 익혔다. 당시 최고의 수사학자인 리바니우스(Libanius)에게 수사학을 배웠다. 말하기와 연설 능력을 길렀다. 그는 여기에 그치지 않고 성경 공부에 치중하였다. 당시 탁월한 성경 주석가로 알려진 디오도르(Diodore)에게 성경 해석법을 배웠다.[102] 디오도르는 후에 안디옥 학파라고 불리는 성경 해석의 한 분파를 이끌어 가는 대표자가 되었다.[103] 그가 황금 입을 가진 설교자라고 일컬음을 받는 배경에는 이런 수사학과 성경 해석에 대한 깊은 학습이 있었던 것이다.

그러나 그가 위대한 설교자라고 불리게 된 가장 큰 원인은 '자세'에 있었다. 말씀의 종으로서 어떤 태도를 가지고 있어야 하는가에 대한 깊은 고민과 실천이 있었다. 하나님이 자신을 부르신 시대적 사명을 감당하려고 했다. 크리소스톰이 활동하던 시기는 로마 황제 테오도시우스(Flavius Theodosius, 347~395) 시대였다. 기독교가 로마 제국의 국교가 되었다. 그러나 제국의 곳곳에서는 여전히 타락과 죄악의 모습을 벗어나지 못했다. 황제와 귀족들은 교회를 그들의 정치적 기반을 다지는 수단으로 활용했다. 교황과 주교들은 제국의 특권층과 결탁하여 이권을 챙기기에 바빴다.

---

102) Hughes O. Old, *The Reading and Preaching of the Scriptures in the Worship of the Christian Church II* (Grand Rapids, Michigan: William B. Eerdmans Publishing Company, 1998), 172.
103) 안디옥 학파(School of Antioch)는 고대 기독교회에서 성경 해석 방법론과 관련하여 알렉산드리아 학파와 쌍벽을 이루던 학파이다. 로마 제국 시리아의 수도 안디옥을 중심으로 활동하였으며, 성경을 문자적, 역사적 상황을 고려하면서 해석하려는 학파이다.

그러나 크리소스톰은 이들과 달랐다. 세상에 안주하지 않았다. 오히려 황제와 같은 특권층과 교회 지도자의 회개를 촉구하는 설교를 자주 하였다. 그가 남긴 설교를 보면 당시 수도 콘스탄티노플에서 가난한 자들의 빈궁한 삶을 엿볼 수 있다. 이들을 외면하고 사치와 방탕을 일삼는 권력층을 질타하는 설교를 자주 했다. 아래는 그의 설교의 한 부분이다.

"어떤 사람들은 굶주림으로 고통을 겪는데, 다른 사람들은 근사하게 흥청댑니다. 누구는 은(銀) 변기에 용변을 보는데, 다른 사람들은 빵 한 조각이 없습니다. 이 무슨 미친 짓입니까? 어찌 우리가 이렇게 터무니없이 야비하게 되었습니까! 하나님께서 우리가 이 완고함과 단호히 맞서 싸울 수 있게 해 주시고, 우리의 불의에 마땅한 벌을 내려 주시기를!"[104]

그의 이런 모습은 황제와 황후의 미움을 받게 된다. 급기야는 노년에 콘스탄티노플에서 추방당하게 된다. 그러나 도중에 건강이 악화한다. 그는 자신의 목숨이 얼마 남지 않은 것을 보고 길가에 서 있는 작은 교회로 간다. 그곳에서 마지막 성찬을 한다. 그리고 무릎을 꿇고, "하나님은 모든 일에 영광을 받으소서!"[105]라는 한마디를 하고 조용히 눈을 감는다. 그의 나이 58세였다.

그는 사역의 마지막 순간까지 하나님의 영광을 실천한 사람이다. 그가 후대에 위대한 설교자로 평가받는 것은 탁월한 설교 때문만은 아니다. 그리스도의 참된 제자로 살려는 자세와 주어진 사명을 감당하려는 열정 때문이다. 요한 카시안(John Cassian)은 그의 생애를 다음의 한 줄로 요약하여 평가한다.

"그는 구세주의 품 안에서 자기의 열정을 불태웠다."[106]

---

104) Rudolf Brandle, *Johannes Chrysostomus*, 이종한 역, 『요한 크리소스토무스: 고대 교회 한 개혁가의 초상』 (칠곡군: 분도, 2016), 119.
105) Rudolf Brandle, *Johannes Chrysostomus*, 이종한 역, 『요한 크리소스토무스: 고대 교회 한 개혁가의 초상』 (칠곡군: 분도, 2016), 233.
106) Edwin C. Dargan, *A History of Preaching I*, 김남준 역, 『설교의 역사 I』 (서울: 솔로몬, 1994), 131.

우리는 크리소스톰을 통해 설교자가 어떤 자세를 가지고 말씀 사역을 감당해야 하는지를 보게 된다. 자신을 부르신 주님만을 바라보면서, 세상을 향하여 때로는 회개와 심판을, 때로는 구원과 영생의 축복을 선포하는 '말씀의 종'이 되는 것이다.

2. 결국은 설교자이다

우리는 지금 본서의 2부를 다루고 있다. '위기의 시대에는 설교자에게 새로운 자세가 필요하다' 라는 주제를 가지고 4장과 5장에서 이를 살펴보고 이제는 6장에 이르고 있다. 위기의 시대를 살아가는 설교자는 바른 역사관과 교회관 및 설교관을 가져야 하고 능력 있는 설교자의 모습을 갖추는 것이 필요하다는 것을 강조하고 있다. 위기의 시대에 설교자의 위치가 그만큼 중요한 것이다. 결국은 설교자에게 달려 있다. 바르트는 설교자가 하나님의 말씀을 선포한다는 표현 대신에 "하나님이 설교자를 통하여 친히 말씀하신다"[107]라고 말하며 설교자의 역할을 강조한다.

에드윈 다간(Edwin Charles Dargan)은 *A History of Preaching*(『설교의 역사』)에서 교회의 부흥과 쇠퇴 이면에는 설교자가 자리 잡고 있다고 말한다. 그는 다음과 같이 말한다.

> 교회의 영적 생활과 활동의 쇠퇴는 흔히 생명력이 없고 형식적이며, 열매 없는 설교를 동반한다. 이런 설교는 한편으로는 쇠퇴의 원인이고 다른 한편으로는 쇠퇴의 결과이다. 반면에, 기독교 역사의 위대한 부흥들을 조사해 보면, 거의 대개가 강단 사역에서 시발점을 찾을 수 있으며 그 부흥들은 진행되면서 더 높은 수준의 설교를 개발하고 가능케 했다.[108]

교회의 역사는 곧 설교의 역사이다. 이런 점은 우리가 앞서 살펴보았던 크리소스톰의 예를 통해서도 확인할 수 있다. 한 사람의 설교자에 의하여 로마 제국의 교회가 영적 생동력을 유지하며 사람들에게 영적 감화력을 발휘할 수 있었다. 오늘의 시대에도 위대한 설교자를 필요로 한다. 그렇

---

107) 안인규, "하나님 말씀의 삼중적 형태에 대한 칼 바르트의 견해: 말씀 선포를 중심으로," 『조직신학 연구』 29(2018), 125.
108) Edwin C. Dargan, *A History of Preaching I*, 김남준 역, 『설교의 역사 I』 (서울: 솔로몬, 1995), 27-28.

다면 우리는 6장에서 설교자가 가장 먼저 갖추어야 할 것이 무엇인가를 알아본다. 설교자를 설교자답게 하는 것이 무엇이며 설교를 통해 세상을 변화시키려면 어떤 자세와 능력을 갖춰야 하는가를 살핀다.

Ⅱ. 설교자는 소명 의식을 가져야 한다

1. 설교자에게 필요한 것은 소명(calling) 의식이다

❶ 소명 의식이란 무엇인가?

한 여행객이 마을을 지나고 있었다. 교회당 건축이 한창이었다. 잠시 멈추어 지켜보았다. 많은 사람이 각양각색으로 일을 하고 있었다. 마지못해 일하는 사람들이 눈에 띄었다. 감독의 눈을 피해서 게으름을 피우고 있었다. 또 한 부류의 사람은 일을 하면서 멀리 있는 시계탑의 시침을 보기가 바빴다. 지루해하는 모습이 역력했다. 그런데 이들과 구별되는 사람이 눈에 띄었다. 콧노래를 부르며 일하고 있었다. 감독에게 그 연유를 묻자, 그는 자발적으로 나온 사람이라고 한다. 교회당 건축에 기쁜 마음으로 참여하고 있다고 한다. 그러나 다른 사람은 그렇지 못했다. 주인 대신에 나온 하인이 대부분이었다. 돈벌이 때문에 나온 사람도 있었다. 이들에게는 일하는 것이 고역일 수밖에 없었다.

우리는 이 에피소드를 통해서 일을 하는 목적에 따라, 사람의 행동 방식에 큰 차이가 난다는 것을 볼 수 있다. 기쁨을 가지고 효과적으로 일하려면, '나는 이 일을 왜 하여야 하는가?'에 대한 합당한 대답이 있어야 한다. 그리스도인이라면, 자신의 일을 통하여 '하나님의 영광'을 드러내기를 원한다면, 어떤 일이든지 찬양하며 임할 수 있다.

설교자로 부름을 받은 목회자에게 가장 필요한 자세는 무엇일까? 특별히 목회 환경이 갈수록 어렵고, 세상의 외면이 심해지는 시대에 어떤 태도를 가져야 할까? 그것은 소명 의식을 갖추는 것이다. 소명 의식이란 무엇인가? 하나님이 자신을 목회자로, 설교자로 부르셨다는 부르심(calling)에 대한 자각이다. 이런 부르심에 기꺼이 '아멘' 하며 순종으로 응답하는 것이다. 소명 의식을 가지고 강단에 서는 목회자와 그렇지 않은 설교자는 하늘과 땅만큼이나 차이가 난다. 소명 의식이 없으면 목회자는 수많은 직업의 하나에 불과한 것이 된다. 목회하면서도 먹고사는 문제가 가장 큰 문제로 다가온다. 목회 현장에서 부딪히는 여러 문제를 헤쳐 나갈 힘을 얻지 못한다. 자신 혼자만이 힘겹게 교회를 지킨다고 생각하기 십상이다. 지치고 힘들 수밖에 없다.

설교자가 소명 의식을 가진다는 것은 한편으로 하나님만을 신뢰하고 의지한다는 것을 의미한다. 세상의 하찮은 일도 혼자 힘으로 할 수 있는 것은 없다. 누군가의 격려와 도움이 있어야 한다. 목회는 눈에 보이지 않는 영적인 세계를 대상으로 하기에 어렵다. 사람의 마음을 대상으로 하다 보니 힘들 수밖에 없다. 또한 목회 현장에서 계획대로 되지 않고 열매도 없으면 낙심할 수밖에 없다. 그럴 때 소명 의식을 가진 설교자는 하나님을 바라보게 된다. 자신을 부르시고 세상으로 보내신 하나님의 약속을 기억한다. 보내실 때는 그에 필요한 능력도 함께 주셨을 것이라는 믿음을 가지고 있다.

하나님이 말씀의 종으로 목회자를 '부르시고' '보내실 때' 주시는 능력은 무엇인가? 그것을 성경에서는 '은사(恩賜)'라고 한다. 효과적인 사역이 이루어지도록 하나님이 값없이 주시는 선물이다. 따라서 하나님의 부르심(calling)에는 하나님의 주심(giving) 개념이 포함되어 있다.[109] 에베소서 4장 11절을 보면 이것이 명확히 드러난다. "그가 어떤 사람은 사도로, 어떤 사람은 선지자로, 어떤 사람은 복음 전하는 자로, 어떤 사람은 목사와 교사로 삼으셨으니"라고 말씀한다. 그 의미는 주님은 교회를 세우시기 위하여 말씀의 종으로서 사도, 선지자, 복음 전하는 자, 목사와 교사를 각 교회에 보내셨다는 것이다.[110] 그런데 주님이 목회자를 교회로 보내실 때는 사역에 필요한 여러 은사를 주신다. 칼빈은 에베소서 4장 11절을 주석하면서 목회자에게 주시는 여러 은사 중의 하나로 '말씀의 은사' 곧 설교의 은사를 주신다고 설명한다.[111] 설교자로 부름을 받은 목회자는 정도의 차이

---

109) 천병욱, "교역을 위한 소명과 은사에 관한 연구," 『신학과 선교』 22권(1997), 18.
110) 개역 개정판에서 에베소서 4장 11절은 "그가 어떤 사람은 사도로, 어떤 사람은 선지자로, 어떤 사람은 복음 전하는 자로, 어떤 사람은 목사와 교사로 삼으셨으니"로 되어 있다. 여기에서 말씀의 종을 교회로 보내신 것을 '삼으셨으니'라는 단어로 번역한다. 그런데 이 단어를 원어로 보면 'ἔδωκεν(edōken)'으로 의미는 'to give'이다. 이런 점에 착안하여 KJV은 "And he gave some, apostles; and some, prophets; and some, evangelists; and some, pastors and teachers"로 번역한다. 따라서 본 구절의 의미는 그리스도께서 교회를 세우시기 위하여 말씀의 사역자를 각 교회에 '보내셨다(gave)'라는 것이다. 그러기 위해서는 먼저 목회자를 향한 개인적인 부르심(calling)이 있어야 한다. 그리고 이를 다시 교회와 세상에 보내시게(giving) 된다. 주님은 이렇게 부르시고 보내심의 과정에서 사역에 필요한 여러 은사를 주신다. 그중의 하나가 설교의 은사가 될 것이다.
111) 존 칼빈 주석 출판 위원회 역, 『신약성경 주석 9권』("엡 4:11") (서울: 성서교재간행사, 1982), 337.

는 있을망정 말씀을 잘 전할 수 있는 은사를 주님께 받았다고 보아야 할 것이다.

소명 의식은 하나님이 자신을 부르시고 능력을 주시어 주님의 몸 된 교회를 이루어 가려는 것을 인식하고 이에 따라 행동하는 것을 말한다. 그렇다면 설교자는 하나님이 부르시면서 주신 말씀의 은사를 발굴하고 개발하여, 주님의 뜻을 강대상에서 선포하려는 굳센 의지가 필요하다. 만약에 이런 소명 의식과 은사 개념을 가지지 못하면, 목회 현장에서 부딪히는 여러 문제를 제대로 대처하며 이겨낼 수 없다. 주신 말씀의 은사를 발견하고, 설교를 더 은혜롭게 하면서 교회를 성장시키려는 열성도 부족하다. 현실에 안주하게 된다. 그러면 성도들을 영적으로 감화시키면서 교회를 이끌어 갈 동력을 얻을 수 없다. 계속 몰려오는 어려움에 시달릴 뿐이다. 정장복은 한국 교회의 가장 큰 문제의 하나를 소명 의식이 없는 목회자가 설교 강단을 채우는 것이라고 말한다.[112] 무엇보다도 주신 소명을 자각하는 것이 필요하다. 아울러 자기 내면에 묻혀 있는 '말씀의 은사'를 발견하여야 한다. 주님이 주신 '원석'을 캐내어 오랜 시간을 갈고 다듬어 다이아몬드와 같은 보석으로 만들어 가는 자세와 지혜가 필요하다.

❷ 소명 의식은 어떻게 확인할 수 있는가?

그럼, 설교자는 어떻게 소명 의식을 가지고 있는가를 확인할 수 있는가? 하나님의 부르심은 외적으로, 육신적으로, 사람이 알아들을 수 있는 음성으로 부르시는 것이 아니다. 하나님은 영이기에 영적으로 부르신다. 영적으로, 성령을 통하여, 은밀하게 부르시기에 사람이 쉽게 판별하여 알 수가 없다.[113] 그러나 이를 확인하는 방법이 있다. 설교의 역사에서 인정받는 탁월한 설교자의 경험담과 조언이 안내 역할을 할 수 있다. 이들의 조언을 참고하면 자신의 소명 의식을 점검하는 것에 도움을 받을 수 있다. 영국의 대설교자 마틴 로이드 존스는 소명을 받았는가의 검증 방법으로

---

112) 정장복, 『한국 교회의 설교학 개론』 (서울: 예배와 설교 아카데미, 2001), 77, 78.
113) 김선권은 하나님이 직분자에게 주시는 소명은 "하나님만이 보이지 않는 교회의 지체인 택한 자를 알듯이, 직분의 소명은 하나님만이 주시며 하나님만이 그것을 아신다"라고 말하며 소명의 신비성과 은밀성을 강조한다. 김선권, "칼뱅의 소명론: 활동하는 하나님, 활동하는 인간," 『한국 조직 신학 논총』 제52집(2018), 105.

다음 네 가지를 제시한다.[114][115]

- 정신을 짓누르는 일종의 부담감이 느껴지며 마음이 동요된다. 그러면서 생각의 방향이 설교를 향하게 된다.
- 주변에서 '혹시 설교자로 부름받았다는 생각이 들지 않습니까?'라는 질문을 받을 정도로 인정받는다.
- 죽어가는 영혼을 불쌍히 여기며 복음을 전하고 싶다는 열망을 가지게 된다.
- 설교 외에 다른 일을 전혀 할 수 없을 것 같은 강력한 이끌림을 받는다.

이런 소명 의식은 달리 말하면 아기를 돌보는 부모의 마음이라고 할 수 있다. 어린 아기를 돌보는 것은 중노동이다. 잠시도 눈을 뗄 수가 없기 때문이다. 그러나 부모는 다르다. 자식을 잘 돌봐야 한다는 강권적인 사랑의 마음이 있다. 아기가 아파서 울게 되면 불쌍한 마음이 가슴 한쪽에서 밀려온다. 아기를 돌보는 일 외에는 어떤 것도 눈에 들어오지 않는다. 목회 현장에서 이런 마음으로 말씀을 준비한다면 그 설교자는 하나님의 부르심을 받았다는 외적 표시가 될 것이다. 그러면 설교 사역이 힘들어도 아기의 웃는 얼굴에 피곤이 달아나는 어머니의 마음을 가지고 설교 준비를 하게 된다. 이를 위해 수고를 아끼지 않는다.

이런 부모의 마음은 소명 의식을 가지고 사명을 감당한 주의 종들에게 공통으로 보인다. 모세를

---

[114] David Martyn Lloyd-Jones, *Preaching and Preachers*, 정근두 역, 『설교와 설교자』 (서울: 복 있는 사람, 2012), 173-177.

[115] ■ 스펄전은 소명 의식을 확인하는 방법으로 다음의 네 가지를 제시한다.-Charles H. Spurgeon, *Lectures to my students*, 원광연 역, 『목회자 후보생들에게』 (고양: 크리스천다이제스트, 2009), 40-50.
- 하나님의 부르심을 자각하고, 이를 이루고자 하는 강력한 갈망이 있다.
- 가르치는 일과 교육자의 직분에 필요한 자질들이 어느 정도 있다.
- 성도들 사이에서 설교의 효과 즉 회심을 경험하는 성도들이 '어느 정도' 일어난다.
- 목회와 설교 사역에 대하여 교회와 성도 사이에서 어느 정도 인정을 받는다.

■ 조직신학자인 벌코프가 보는 직분자가 가지는 소명의 특징은 다음과 같다.-Louis Berkhof, *Systematic Theology*, 이상원 등 공역, 『벌코프 조직신학』 (파주: 크리스천다이제스트, 2001), 881.
- 하나님에 대한 사랑과 하나님을 위해서 하나님 나라의 특별한 과제를 담당하도록 강권함을 받고 있다는 인식.
- 어느 정도는 지적이나 영적으로 직분을 맡기에 합당한 자질을 갖추었다는 확신.
- 하나님이 분명히 목적에 이르는 길을 준비하고 계신다는 체험.

보자. 가나안으로 향하여 광야에서 행군하는 중에도 수많은 어려움을 경험한다. 이스라엘의 끊임없는 불신앙과 불평 그리고 자신을 향한 불신 때문이었다. 이런 이스라엘에 모세는 노여움을 보이지 않는다. 오히려 이스라엘이 우상 숭배로 하나님께 큰 징계를 받을 위기에 처하자, 무엇이라고 하며 하나님 앞에 나서는가? 출애굽기 32장 31-32절에서 "모세가 여호와께로 다시 나아가 여짜오되 슬프도소이다 이 백성이 자기들을 위하여 금 신을 만들었사오니 큰 죄를 범하였나이다 그러나 이제 그들의 죄를 사하시옵소서 그렇지 아니하시오면 원하건대 주께서 기록하신 책에서 내 이름을 지워 버려 주옵소서"라고 말한다. 이스라엘을 향한 부모의 마음을 가졌기 때문이다.

예레미야를 보자. 바벨론에 의해 멸망당할 위기에 처한 남유다 말기에 선지자로 활동했다. 남유다를 향하여 하나님이 마련한 '구원의 방도'를 말씀으로 전했지만, 백성들은 외면했다. 오히려 배척하고 탄압했다. 침묵하고 있으면 핍박을 면할 수 있지만 예레미야는 그럴 수 없었다. 예레미야 20장 9절에서 "내가 다시는 여호와를 선포하지 아니하며 그의 이름으로 말하지 아니하리라 하면 나의 마음이 불붙는 것 같아서 골수에 사무치니 답답하여 견딜 수 없나이다"라고 말한다. 음식을 거부하며 얼굴을 돌리는 아기를 껴안고 어떻게든 음식을 먹이려는 어머니의 마음을 예레미야가 가졌기 때문이다.

이런 마음은 사도 바울에게도 나타난다. 그가 3차 전도 여행을 마치고 예루살렘으로 귀국하는 도중에, 밀레도에서 에베소 교회 장로와 모임을 하게 된다. 자신이 떠난 후 에베소 교회를 잘 이끌도록 당부하기 위한 것이다. 이때 장로들이 붙잡는다. 예루살렘으로의 귀국을 만류한
다. 대적자들이 올가미를 쳐놓고 기다린다는 것이다. 이때 바울은 "내가 달려갈 길과 주 예수께 받은 사명 곧 하나님의 은혜의 복음을 증언하는 일을 마치려 함에는 나의 생명조차 조금도 귀한 것으로 여기지 아니하노라"(행 20:24)라고 말하며 이들과 작별하고 예루살렘으로 향한다.

왜 급하게 예루살렘으로 가려고 했을까? 당시는 오순절을 앞둔 시기였다. 오순절과 같은 명절에는 각지에서 사람들이 예루살렘으로 성지순례를 온다. 이들에게 그리스도의 복음을 전하기 위해 (행 20:16), 서둘러 예루살렘으로 가려는 것이다. 위험을 무릅쓰고 굶주린 자녀에게 먹을 것을 준비하는 어머니의 마음이 느껴지지 않는가? 남을 위해서 수고하는 것은 힘들다. 그러나 자기 자식을 위한 것이면 고통이 아니고 기쁨이 된다. 하나님이 설교자를 부르실 때는 하나님의 마음을 각자에게 나누어 주신다. 하나님의 마음은 한편으로 부모의 마음이다(시 2:7, 사 49:15). 하나님과 부모의 마음으로 세상을 보고 교회를 돌보며 성도를 대하도록 하신다. 설교자가 가져야 할 소명 의식은 아무리 강조해도 지나침이 없다.

❸ 소명 과정은 어떻게 되는가?

a. 사도 바울의 예

설교자가 소명 의식을 갖고 있다면 말씀 준비와 선포에 필요한 능력을 하나님으로부터 받게 된다. 보람과 기쁨을 가지고 설교 사역을 감당하게 된다. 또한 목회 현장에서 경험하는 다양한 어려움을 이겨낼 수 있도록 한다. 서서히 목회의 열매도 맛보게 된다. 바울이 그 예이다. 그가 로마 제국과 대적자들의 공격에도 불구하고 말씀을 전하고 교회를 세울 수 있었던 이유는 소명 의식을 가졌기 때문이다. 바울이 제국 곳곳을 다니며 복음을 전도할 때 경험해야 했던 고달픔이 어떠했을까? 그 모습을 미국의 신약 학자인 레이먼드 브라운(Raymond E. Brown, 1928~1998)은 다음과 같이 묘사하고 있다.

> 바울은 이곳저곳을 다니며 일하는 장인이었다. 음식을 살 돈을 벌기 위해 때로는 고군분투하기도 했다. … 바울은 심지어 짐을 질 나귀 한 마리조차 살 돈이 없었다. 아니, 있어도 쓰려고 하지를 않았을 것이다. 그는 얼마 되지 않은 소지품을 자루에 담아 어깨에 메고 하루에 많을 때는 20마일이 넘는 길을 터벅터벅 걸어갔을 것이다. 때로는 피혁 일(leatherworking)을 해서 번 돈으로 여관에서 잠을 잘 때도 있었을 것이다. 그러나 많은 경우에는 추위나 비나 눈을 맞아 가면서 잠을 자야 할 때도 많았을 것이다. 그런 와중에

도적의 희생양이 되기도 했을 것이다.[116]

그러면 바울은 어떻게 소명 의식을 가지게 되었는가? 그의 소명 의식은 다메섹 도상에서 주님의 음성을 들을 때부터 시작한다. "땅에 엎드러져 들으매 소리가 있어 이르시되 사울아 사울아 네가 어찌하여 나를 박해하느냐 하시거늘 대답하되 주여 누구시니이까 이르시되 나는 네가 박해하는 예수라."(행 9:4, 5) 이 순간 그는 영적으로 예수를 만나고 회심을 경험한다.[117] 그리고 아나니아를 통해 "이 사람은 내 이름을 이방인과 임금들과 이스라엘 자손들에게 전하기 위하여 택한 나의 그릇이라"(행 9:15)라는 말씀을 받는다. 바울을, 이방인을 향한 복음 전도자로 부르신 것이다.[118] 이렇게 바울은 주님의 부르심에 대한 분명한 자각이 있었다. 복음 전도자로, 설교자로 부르심을 받았다는 것은 예수님을 영적으로 체험하고, 설교자로 부름을 받았다는 내적 확신에서 시작한다.

(페테르 파울 루벤스 작)

설교자로 부름을 받았다는 것은 현장에서 설교를 잘하는 것만을 의미하지 않는다. 설교를 잘하면 '말씀의 은사'를 받았거나 '소명'을 받았다는 식으로 평가한다. 그러나 설교를 잘한다고 이를 소명을 받았다는 표지(標紙)로 보는 것은 바람직하지 않다. 현재 설교를 능숙하게 해도 그것이 앞으로 계속 유지된다는 보장이 없다. 반대로 설교를 제대로 하지 못한다고, 그것 때문에 말씀의 종으로 세움을 받지 못했다고 말할 수도 없다.

사도 바울의 경우를 보자. 그는 현장에서는 능숙하게 설교하지 못했던 것 같다. 그의 서신서를

---

116) Raymond E. Brown, *An Introduction to the New Testament* (New York: Doubleday, 1997), 447.
117) 바울의 다메섹 회심 경험을 한편으로는 소명을 받은 사건으로 본다. 이에 대한 자료는 다음의 책을 참고하라.
　　• John C. Beker, *Paul the Apostle: The Triumph of God in Life and Thought* (Philadelphia: Fortress, 1980), 10.
　　• 김연태, 『바울 해석』(서울: 대한기독교서회, 1994), 28-30.
118) 바울이 가졌던 소명 의식은 갈라디아서 1장 15-16절에서 "그러나 내 어머니의 태로부터 나를 택정하시고 그의 은혜로 나를 부르신 이가 그의 아들을 이방에 전하기 위하여 그를 내 속에 나타내시기를 기뻐하셨을 때에 내가 곧 혈육과 의논하지 아니하고"라고 고백하고 있는 부분에서도 확인할 수 있다.

보면 탁월한 글쓰기 능력을 갖췄다는 것을 알 수 있다. 그러나 설교에서는 그렇지 못한 것으로 보인다. 고린도후서를 보면 "그들의 말이 그의 편지들은 무게가 있고 힘이 있으나 그가 몸으로 대할 때는 약하고 그 말도 시원하지 않다 하니"(고후 10:10)라고 말하고 있다. 그가 설교에는 능숙하지 못했으며 이것은 당시 고린도 교회 분파의 하나의 원인이었음을 암시한다.

그러나 그는 말씀의 종으로 부름을 받았다는 것을 의심치 않았다. 능수능란하지는 않을지언정, 힘 있는 설교로 그리고 서신을 통하여 로마 제국 각지에 교회를 세워 나갔다. 그리스도와 복음에 대한 확신과 소명 의식을 가졌기에 가능했다. 따라서 소명 의식은 현재 설교를 잘하느냐 여부와는 직접 관련이 없다고 하겠다. 주님을 만난 성령 체험과 내적 소명 의식이 먼저 자리를 잡아야 한다. 그리고 하나님의 마음으로, 부모의 마음으로 설교 사역을 감당하는 것이다. 그러면 설교가 능숙하지 못해도 그 속에 진실한 마음이 있기에 그리고 하나님의 마음이 녹아 있기에 설교 현장에서 반드시 역사가 일어난다. 점차로 설교 능력도 향상하게 된다.

b. 존 칼빈의 예

설교자로서 소명 의식은 사도 바울처럼, 분명히 구별할 수 있는 엄청난 영적 사건을 통하여 받는 것만을 뜻하지는 않는다. 때로는 자신만의 은밀하면서도 갑작스런 영적 경험을 통해 성령의 임재를 경험할 수도 있다. 종교개혁자 칼빈이 이런 예에 속한다. 칼빈은 프랑스 오를레앙에 있는 대학을 졸업할 때까지 가톨릭교도로 남아 있었다. 그러나 그는 대학을 졸업하고 24세(1533) 전후에 로마 가톨릭 교인에서 종교개혁자로 돌아서게 된다.[119] 여기에는 그의 회심 경험이 결정적인 역할을 한다.[120] 회심 당시 상황을 다음과 같이 말한다. "나는 즉시 새로운 길을 달려가고자 하는 간절한 소원이 불타올랐고, 다른 공부를 손에서 놓지 않았지만, 그것을 예전처럼 맹렬히 추구하지는

---

119) Wulfert de Greef, *Johannes Calvin*, 박경수 역, 『칼뱅의 생애와 작품 세계』 (서울: 대한기독교서회, 2016), 35,36.
120) 칼빈은 그의 시편 주석에서 회심 당시의 모습을 다음과 같이 묘사하고 있다. "처음에 나는 너무도 고질적으로 교황주의의 미신에 열성적이어서 그 진흙의 깊은 수렁에서 쉽게 벗어날 수 없었기 때문에, 하나님께서 갑작스런 회심으로 나의 마음을 복종시키셨고…"라고 회상하고 있다. 존 칼빈 주석 출판 위원회 역, 『구약성경 주석 7권』(시편 주석 '서문') (서울: 성서교재간행사, 1982), 160,161.

않았다."[121] 가톨릭교회의 예비 사제이면서 법률가로서 세속적인 성공을 꿈꾸었던 그가, 예수 그리스도의 종이 된 것이다.

또한 칼빈은 바울처럼 직접 주님의 음성을 듣고 설교자로 부름을 받은 것도 아니었다. 사람의 입을 통하여 부름을 받았다. 그가 27살이 되던 해인 1536년에 프랑스 국왕의 종교 탄압을 피해 망명길에 오르면서 잠시 제네바에 머물게 된다. 그때 프랑스에서 먼저 제네바에 도착하여 종교개혁의 깃발을 올리고 있던 기욤 파렐(Guillaume Farel)이 여관에 머물던 칼빈을 방문한다. 파렐은 칼빈에게 제네바  에서 목회하며 함께 종교개혁을 이끌자고 제안한다. 칼빈은 정중하게 거절한다. 자신은 목회에 소질이 없으며 조용히 연구하고 책을 쓰는 학자가 어울린다는 것이다. 거친 도시 제네바에서 목회하며 종교개혁을 이끌 자신이 없었다.

그때 파렐은 "고작 연구를 핑계로 내세워 우리를 도와서 하나님의 일을 하지 않는다면, 하나님께서 당신을 저주하실 것이요! 당신은 그리스도의 영예보다 당신 자신의 영예를 구하고 있기 때문이오!"[122]라고 외쳤다고 한다. 이 말을 들은 칼빈은 어떠했을까? 그는 다음과 같이 고백하고 있다.

> "마치 하나님께서 나를 제지하시려고 하늘에서 그 전능한 손으로 누르시는 것같이 느꼈습니다. … 큰 두려움에 사로잡혀서 모든 여행 일정을 중단했습니다. … 기욤 파렐 목사님이 나를 제네바에 머물도록 붙들었습니다."[123]

칼빈은 27살의 젊은 나이에 파렐의 음성을 통해 하나님의 뜻을 받았다. 그리고 그곳에서 짐을 풀고 목회를 시작한다.

---

121) Thea B. Halsema, *This was John Calvin*, 강변교회 청소년학교 도서위원회 역, 『이 사람 존 칼빈』 (서울: 성약, 2007), 54.
122) Thea B. Halsema, *This was John Calvin*, 강변교회 청소년학교 도서위원회 역, 『이 사람 존 칼빈』 (서울: 성약, 2007), 112.
123) Thea B. Halsema, *This was John Calvin*, 강변교회 청소년학교 도서위원회 역, 『이 사람 존 칼빈』 (서울: 성약, 2007), 113.

그러나 그의 제네바에서의 목회는 순탄치가 않았다. 급기야는 제네바 의회와의 갈등으로 청빙된 지 2년이 못 되어 추방당한다. 하나님의 뜻을 받들어 목회를 시작했지만, 현실에서는 많은 어려움을 경험했다. 그는 이후에 다시 제네바 교회로 돌아와 그곳에서 55세에 임종할 때까지 목회를 계속한다. 30년이 채 안 되는 목회 기간에 위대한 종교개혁자, 성경 해석자, 설교자로서 업적을 남기게 된다. 그가 어려움을 이겨낼 수 있었던 것은 하나님을 만난 영적 경험과 소명 의식이 있었기 때문이다. 우리는 칼빈과 바울의 예를 통해 회심과 소명을 받는 모습은 각양각색이라는 것을 알게 된다. 그러나 분명한 것은 이런 영적 체험과 소명 의식은 목회자 각자에게 분명한 자각으로 마음에 자리 잡게 된다.[124] 그리고 목회와 설교 사역에 있어 가장 중요한 토대가 된다.

2. 소명 받은 설교자가 가져야 할 자기 이미지

우리는 바울과 칼빈의 예를 통해서 회심과 소명을 받는 과정을 살펴보았다. 그러면 주님의 부르심을 받은 설교자는 어떤 자화상을 가져야 할까? 소명 받은 설교자의 정체성은 무엇일까? 바울의 예를 통해 우리는 답을 얻을 수 있다. 바울은 그리스도의 대사, 교사, 치유자로서의 정체성을 가지고 있었다.[125]

---

124) • 영적 체험과 소명 의식을 가져야 한다는 것은 모든 사람이 신학교 진학이나 혹은 목회를 시작하면서 가져야 한다는 것을 뜻하지는 않는다. 신학과 목회를 시작할 때는 이런 체험과 자각이 없어도 목회하는 과정에서 영적 체험과 소명 의식을 자각하는 경우도 많을 것이다. 하나님이 부르시고 소명을 주시는 것은 전적으로 하나님의 주권에 해당한다. 그때와 방법은 오직 하나님만이 아신다.
• 설교자의 소명 의식에 대하여 레슬리 티자드는 다음과 같이 말한다. "많은 설교자는 자신이 하나님의 손에 '붙잡힘'의 때와 장소를 정확히 알지 못하는 경우가 많다. 시간이 지나야 설교가 자신의 소명이고 설교 외에는 다른 어떤 것도 할 수 없다는 그런 확신을 점진적으로 하게 된다. 과거에는 몰랐던 것을 시간이 지나면서 하나님이 자신을 붙잡고 있다는 것을 알게 된다. 루터조차도 처음에는 몰랐지만, 시간이 지나면서 하나님이 '늙고 앞도 못 보는 말과 같은 자신을 이끌고 계셨음을 알게 되었다고 고백한다."-Leslie J. Tizard, *Preaching: The Art of Communication*(New York: Oxford University Press, 1959), 21.
125) 칼빈은 설교자를 다음과 같이 보았다. 지태일, 『칼빈의 삶과 신학의 모티프』(용인: 도서출판 레노바레, 2021), 509-516.
• 하나님 말씀의 종.
• 하나님을 대신하는 영적인 아버지.
• 하나님이 명하신 대사.
• 사도적 계승자.

❶ 그리스도의 대사(大使)로서의 설교자

바울은 먼저 자신은 그리스도의 대사 혹은 전령으로 세움을 받았다는 의식을 가지고 있었다. 대사 혹은 전령(傳令)은 권위를 가지고 왕의 명령을 전하는 사람이다. 바울은 고린

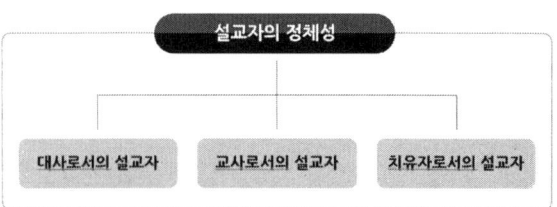

도 교회를 향하여 "그러므로 우리가 그리스도를 대신하여 사신이 되어 하나님이 우리를 통하여 너희를 권면하시는 것같이 그리스도를 대신하여 간청하노니 너희는 하나님과 화목하라"(고후 5:20) 하면서 자신을 그리스도의 대사로 소개하고 있다. 그리고 교인들에게 자신이 전하는 설교를 하나님의 말씀으로 받도록 권면했다. 이를 순종하고 실천한 데살로니가 교회를 향하여 "이러므로 우리가 하나님께 끊임없이 감사함은 너희가 우리에게 들은 바 하나님의 말씀을 받을 때에 사람의 말로 받지 아니하고 하나님의 말씀으로 받음이니 진실로 그러하도다 이 말씀이 또한 너희 믿는 자 가운데에서 역사하느니라"(살전 2:13)라고 말하며 감사와 칭찬을 아끼지 않고 있다. 설교자가 그리스도의 대사라는 자의식을 가지고 설교할 때, 바른 설교를 할 수 있다. 성경에 기반을 둔 성경적 설교를 하게 된다. 성경은 설교자에게 주시는 하나님의 친서이기 때문이다. 그럴 때 설교는 하나님의 '대언'의 말씀이 된다.

❷ 교사로서 설교자

바울은 한편으로 자신을 하나님의 말씀을 가르치는 교사로 보았다. 그는 에베소 교회에서 목회하고 있는 디모데에게 목회자로서 직무를 설명하면서, "너는 말씀을 전파하라 때를 얻든지 못 얻든지 항상 힘쓰라 범사에 오래 참음과 가르침으로 경책하며 경계하며 권하라"(딤후 4:2)라고 말한다. 목사의 직무를 복음을 전파하는 것(preaching)과 복음을 가르치는 것(teaching) 두 가지로 꼽은 것이다.

교회 부흥은 전도로 불신자를 먼저 교회로 불러 모으는 것에서 시작한다. 그 후에는 불신자가 정착하고 일꾼으로 성장하여야 교회 성장이 일어난다. 이를 위해서는 교회 안에서 '양육 과정'이

이루어져야 한다. 설교자가 교사가 되어 말씀을 잘 가르쳐 믿음의 성장이 일어나도록 하는 것이 중요하다. 이런 과정에서 교인들이 목회자를 신뢰하고, 서로 깊은 교제가 이루어지고 교회를 사랑하게 된다.[126] 그러면 다시 자발적인 전도가 이루어지게 된다. 칼빈이 교회를 '그리스도의 학교'[127]라고 부른 이유가 여기에 있다.

❸ 치유자로서 설교자

설교자가 가져야 할 또 하나의 이미지는 치유자로서 자신을 바라보는 것이다. 미국의 설교학자 제이 다니엘 바우만(J. Daniel Baumann)은 설교의 중요한 기능의 하나는 성도의 아픔을 말씀으로 치유하고 위로하는 것이라고 말한다.[128] 그는 특히 현대와 같이 복잡한 사회에서 수많은 일들을 경험하며 살아가는 현대인들에게는 치유 설교가 필요하다고 강조한다.[129] 그래서 치유 설교는 한편으로 목양 설교라고 불리기도 한다. 목회 현장에서 양 떼를 돌보는 목자의 마음으로 말씀으로 위로하고 치유하는 설교이기 때문이다.

바울의 사역에서 치유와 위로의 기능을 담당하는 설교는 많지 않다. 사도행전을 보면 그가 행한 설교가 총 11번 된다. 그런데 대부분이 하나님의 나라와 예수 그리스도의 주 되심을 전하는 복음

---

126) 일리온 존스는 목회자와 성도 사이의 신뢰 모습과 그 결과를 다음과 같이 말한다.
"교인들이 목회자를 신뢰하게 되면, 마음속의 무거운 짐을 털어놓으며, 죄를 고백하고, 어려움을 자세히 말하고, 기독교 신앙에 대한 의심이나 기타 자세한 사항 등을 물어올 뿐 아니라 목회자에게 개인적, 가정적, 단체적인 문제들을 상담해 오게 된다."-Ilion T. Jones, *Principles and Practice of Preaching*, 정장복 역, 『설교의 원리와 실제』(서울: 생명의 말씀사, 1986), 31
127) John Calvin, *Institutes of the Christian Religion III*, 원광연 역, 『기독교강요(하)』(서울: 크리스천다이제스트, 2003), 14.
128) J. Daniel Baumann, *An Introduction to Contemporary Preaching*, 정장복 역, 『현대 설교학 입문』(서울: 엠마오, 1983), 299-300.
129) 바우만은 치유 설교가 필요한 이유를 "많은 기독교인들이 병들어 있다. 어떤 사람들은 신경증에 걸려 있다. 모두가 필요를 안고 있다. 어떤 설교의 대가가 '회중석의 모든 줄마다 하나의 병든 가슴이 자리 잡고 있다'고 말했듯이, 치유적 설교는 과거 어느 때보다 오늘날 더 필요로 한다"고 말한다. 그는 치유적 설교를 위한 구체적인 방법으로 다음을 제시한다.- J. Daniel Baumann, *An Introduction to Contemporary Preaching*, 정장복 역, 『현대 설교학 입문』(서울: 엠마오, 1983). 299-301.
• 설교자는 회중이 불안, 슬픔, 미움, 질투와 같은 어떤 문제나 어려움을 겪고 있다 는 것을 먼저 인정한다.
• 설교자는 회중이 경험하는 이런 삶의 아픔을 구체적으로 규명하고 한계를 정해 준다.
• 이런 삶의 문제를 해결하고 치유하기 위해 성경의 진리를 제시하며 하나님만이 유일한 치유자이심을 제시한다.

전파에 주력하고 있다. 치유와 관련된 설교는 사도행전 14장의 루스드라에서 장애인을 치유(행 14:8-10), 사도행전 16장의 빌립보에서 귀신 들린 여종 치유(행 16:17,18) 그리고 사도행전 20장의 드로아에서 유두고 소생 사건(행 20:9-12) 정도이다.

비록 바울의 설교에서 치유 설교에 대한 언급은 없다고 할지라도 사역을 자세히 살펴보면, 바울이 목자의 마음을 가지고 목양하고 있음을 알 수 있다. 그는 골로새 교회를 향하여 "내가 너희와 라오디게아에 있는 자들과 무릇 내 육신의 얼굴을 보지 못한 자들을 위하여 얼마나 힘쓰는지를 너희가 알기를 원하노니"(골 2:1)라고 하며 교인들을 향한 목자로서 마음을 표현하고 있다. 또 고린도후서 2장 4절에서는 "내가 마음에 큰 눌림과 걱정이 있어 많은 눈물로 너희에게 썼노니 이는 너희로 근심하게 하려 한 것이 아니요 오직 내가 너희를 향하여 넘치는 사랑이 있음을 너희로 알게 하려 함이라"라고 말한다. 이로 보건대 바울은 목회 현장에서 수시로 설교로 교인들의 마음을 위로하고 치유하는 사역을 하였다는 것을 짐작할 수 있다.

설교에서 치유와 위로의 역사가 나타나기 위해서는 그리스도를 대신하여 선포하는 설교에는 이성으로는 깨달을 수 없는 영적 능력이 있다는 것을 믿어야 한다. 그리스도의 신임장을 가지고 주님의 이름으로 행하여지는 설교에는 주님의 능력이 회중에게 베풀어진다는 믿음을 말한다. 그러나 더욱 중요한 것은 회중을 불쌍히 여기는 마음이다. 영육 간의 고통을 겪는 회중의 일이 자기 일처럼 깊은 고통으로 다가와야 한다. 그래야 회중들을 위해 절박하게 기도할 수 있고, 담대하게 치유의 설교를 선포할 수 있기 때문이다.

지금까지 설교자가 능력 있는 말씀의 종이 되기 위해 자세가 중요하다는 것을 설명했다. 그것은 사도 바울이 예수님을 향해 가졌던 소명 의식 그리고 구체적으로 목회 현장에서는 대사, 교사, 치유자로서의 모습으로 드러나야 한다는 것을 설명했다.

III. 성장으로 세상을 변화시키는 설교자가 되어야

1. 세상과의 경쟁에서 승리하려면

현대 사회는 과거 사회와 큰 차이를 보인다. 그중의 하나가 기업체의 경영 전략이 근본적인 변화를 경험하고 있다는 것이다. 2000년대 이전만 해도 기업이 시장에서 주도권을 가지는 '공급자 중심'의 시대였다. 그러나 지금은 '소비자 중심' 사회로 개편되고 있다. 이제는 소비자의 '필요'를 충족시키지 못하는 기업이나 사회 각 부분은 존재가 어려워지는 시대가 되었다.

설교자는 사회 변화에 민감하게 반응해야 한다. 변화된 사회 분위기에 목회와 설교의 패러다임을 어떻게 맞추어 갈 것인가를 모색해야 한다. 지금은 교인들의 '눈과 귀'를 놓고 쟁탈전을 벌이는 시대이다. 과거처럼 마을 사람들이 성탄절이 되면 교회에서 제공하는 먹거리와 각종 공연을 보기 위해 찾던 시대가 아니다. 지금은 먹을 것, 볼 것이 넘쳐나는 세상이다. 사람들의 눈과 귀를 차지하려고 방송사와 유튜버 등 매체 간의 경쟁을 벌이고 있다. 이럴 때 설교자는 어떻게 하면 성도들의 눈과 귀를 세상의 매체와의 경쟁에서 빼앗기지 않을 것인가를 고민해야 한다.

한국 사회에서 교회의 침체가 뚜렷해지는 이유의 하나는 사회 문화 구조와 인구 구조의 급격한 변화 때문이다. 그러나 한편으로 설교자들이 세상 미디어와 경쟁에서 이기지 못한 결과이기도 하다. 현대 교인들은 지루한 설교, 알맹이 없는 설교, 두서없는 설교에 더 이상 인내하지 않기 때문이다. 교인들의 귀에 쏙 들어오는, 마음을 달래고 채워 주는 능력 있는 설교가 아니면, 과거처럼 단순히 하나님의 말씀이라는 이유로 귀를 기울이는 시대가 아니다.

많은 설교자는 설교가 '순수한' 하나님의 말씀으로 머물러야 한다고 생각한다. 여기에 인간적인 기법이나 노력을 기울여서는 안 된다고 여긴다. 그러나 해 아래 사람이 만든 모든 것의 기원은 하나님이시다. 철학이나 인문학 그리고 경제학과 세상 학문은 모두 하나님에게서 시작되고 하나님의 섭리가 들어 있다. 이들 세상 학문을 효과적으로 사용하여 말씀이 더욱 실감 나면서, 하나님이 세상을 통치하신다는 깨달음이 오는 설교가 될 때 사람의 눈과 귀를 잡을 수 있다.

고대 그리스 사회에서 창안되고 로마 제국에서 크게 번성한 수사학 역시 예외는 아니다. 기독교의 위대한 업적을 남긴 사람들은 모두 수사학을 적극적으로 배우고 활용하여 설교를 효과적으로 전달한 사람이다. 아우구스티누스도 원래는 수사학자였다. 후에 회심하면서 목회자요 설교자로 돌아선 경우이다. 그는 자신이 가지고 있는 수사학을 활용하여 최초의 설교학 교과서인 *De Doctrina Christiana*(『기독교 교양』)를 펴내었다. 크리소스톰 역시 수사학을 배워 이를 설교에 활용했다. 칼빈은 대학에서 법학을 전공하였다. 그는 후에 신학을 공부하고 각종 신학서를 저술할 때도 법학을 공부하면서 익혔던 논리적인 사고 전개와 정확한 단어 사용법을 활용했다. 아우구스티누스, 크리소스톰, 칼빈은 세상 학문에도 관심을 가지고 익혀서, 이들을 활용하여 세상과의 경쟁에서 이길 수 있는 실력을 갖추게 된 것이다.

그러나 한국 교회에서는 이런 모습을 찾기가 어렵다. 목회 현장에서 설교 사역이 제대로 이루어지지 않는 원인은 복합적이다. 그러나 핵심적인 원인을 꼽으라면 설교자의 머릿속에 설교할 내용이 부족하다는 것이다. 머릿속에 있지 않은 내용을 입술을 통해 말할 수 없는 법이다. 머리에 계속 설교할 내용을 채워 놓고 그 '양'이 충분하여야 한다. 마치 저수지에 물이 넉넉히 차야, 빼내어 논과 밭으로 물을 흘려보낼 수 있는 것과 같다. 이를 위해서 설교자는 계속 공부하여 필요한 지식과 지혜를 머리에 채워야 한다.

사도 바울의 예를 보자. 그가 주님으로부터 긴요하게 사용된 이유는 사도행전과 바울 서신서를 살펴볼 때 여러 가지로 짐작할 수 있다. 가장 큰 이유의 하나는 예수 그리스도의 주권적 선택에 있다. 또 주님을 향한 순수한 믿음과 헌신, 복음 전파에 대한 열정, 구약 성경의 해박한 지식, 로마 시민권을 가진 자유인 등도 복음 전파의 도구가 되었다. 마지막으로 그의 상당한 수준에 이른 언어 소통 능력이다. 로마서를 비롯한 그의 서신서에서 우리는 범상치 않은 글쓰기 솜씨를 엿볼 수 있다.

바울의 글쓰기 능력은 당시 로마 제국의 수사학 교육을 받은 결과로 여겨진다. 바울이 당시 수사학의 교육을 받았느냐 여부는 지금까지 논쟁 중이다. 바울이 고린도전서 2장 4, 5절의 "내 말과 내 전도함이 설득력 있는 지혜의 말로 하지 아니하고 다만 성령의 나타나심과 능력으로 하여 너희 믿음이 사람의 지혜에 있지 아니하고 다만 하나님의 능력에 있게 하려 하였노라"를 근거로 수사학의 교육을 받지 않았을 것이라 주장하는 학자도 있다. 그러나 이 표현은 당시 사람들이 수사학을 잘못 사용하여 자기변명과 궤변을 일삼는 것에 대한 반감을 드러낸 것에 불과하다. 그가 서신서에서 보여 주는 논리 전개와 어휘 사용 및 각종 비유법의 사용을 볼 때 상당한 수준의 수사학 교육을 받았을 것이라고 주장하는 사람도 있다.[130] 더욱이 그는 로마 시민권자였다. 당시는 로마 시민이라면 수사학을 배워 자기 생각을 자유롭게 글로 표현하고 말할 수 있는 능력을 갖추는 것을 당연하게 여기던 시대였다. 바울은 수준 높은 언어 구사 능력을 습득하여 복음의 진리를 세상에 능숙하게 전파하였음을 알 수 있다.[131] 위기의 시대에 한국 교회는 이런 실력을 갖춘 설교자를 필요로 한다. 이를 위해서는 날마다 성장하는 설교자가 되어야 한다.

2. 성장을 추구하는 설교자가 되어야 한다

2020년도에 흥미 있는 제목으로 세상의 관심을 끌었던 책이 출판되었다. 마케팅 전문가인 장중호가 펴낸 『세상을 바꾸는 힘, 절실함』이다. 그는 고대 사회에서 현대에 이르기까지 불가능을 가능으로 바꾸며 성공한 사람들의 공통점을 찾아내었다. 그것은 '절박함'이었다. 그는 현대의 경영자를 예로 든다. 갈수록 경쟁이 치열해지며 경영 환경이 악화되는 현대 사회에서 성공한 기업의 특징이 있다고 한다. 절실함이다. "경영의 핵심은 뛰어난 전략도, 엄청난 사업 아이디어도 아니다. 어떻게 경영자의 절박함과 사원의 절실함을 합쳐서 폭발시키는 에너지로 만들 것인가에 달려 있다."[132] 저자가 말하는 절박함이란 자신의 한계를 뛰어넘고자 하는 열정, 자신의 목표를 꼭 이루어내겠다는 의지의 집약적인 표현이라고 설명한다.

---

130) 채규식, "고전 수사학의 탐구 대상으로서의 바울," 『수사학』 35(2019), 143.
131) 헨리 데이비스는 설교자의 언어 구사 능력의 중요성을 다음과 같이 말한다.
"복음을 전달하는 것은 과학이라기보다는 기술이다(the communication of the gospel, any communication, is an art rather than a science). … 사람이 설교를 하려면 구두 언어의 소통 기술을 익히고 이에 필요한 감각을 배양시키고 그 능력을 향상시켜야 한다."-Henry G. Davis, *Design for Preaching* (Philadelphia: Muhlenberg Press, 1958), 12.
132) 장중호, 『세상을 바꾸는 힘, 절실함』 (서울: 메이트북스, 2020), 40.

사도 바울이 로마 제국의 박해를 받으면서도 사명을 감당하고 복음의 열매를 맺을 수 있었던 것은 이런 절박함을 가지고 있었기 때문이다. 그는 주님의 "너희는 온 천하에 다니며 만민에게 복음을 전파하라"(막 16:15)라는 말씀을 가장 충실하게 실천한 사람이다. 로마 감옥에 갇혀 있으면서도 "나의 간절한 기대와 소망을 따라 아무 일에든지 부끄러워하지 아니하고 지금도 전과 같이 온전히 담대하여 살든지 죽든지 내 몸에서 그리스도가 존귀하게 되게 하려 하나니"(빌 1:20)라고 하며 '오직 복음!'을 외쳤다.

갈수록 목회 환경이 각박하고 어려워지는 현대 사회에서 성공적인 목회와 교회 성장을 위해서는 '절박함과 열심'이 필요하다. 주님의 명령에 따라 한 명이라도 더 복음을 전하

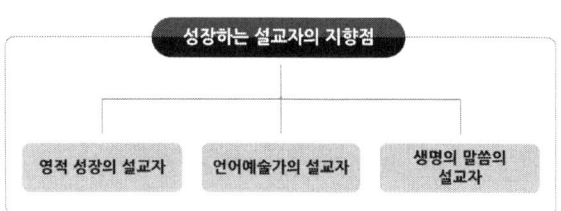

려는 마음으로 씨앗을 뿌리려는 설교자이다. 이를 위해서는 성장하는 설교자, 복음 전파에 최선을 다하는 설교자라는 자화상이 필요하다. 목회 현장에서 과거처럼 성장을 위한 성장주의는 피해야 한다. 그러나 교회의 양적 성장을 도외시할 필요는 없다. 사도 바울처럼 로마 제국의 주요 도시에는 모두 복음을 전한다는 목표로 설교 사역에 임하면 열매는 맺게 되어 있다. 이를 위해서 세 가지 방향에서 성장이 일어나야 한다.

❶ 영적인 성장이 일어나는 설교자

사도 바울은 평생을 그리스도를 본받고 섬기는 설교자로 살아가기를 원했다. 이런 그의 열망은 자신이 고백하는 자화상의 변화를 통해 알 수 있다. 그는 목회 중반기까지만 해도 사도들 가운데 가장 낮은 자리에 머무는 것으로 만족했다. 고린도 교회를 향하여 "나는 사도 중에 가장 작은 자라…"(고전 15:9)라고 말한다.

그러나 그의 이런 자화상은 목회 후반기에 이르면 변한다. 로마 감옥에 갇혀 있을 때는 성도 중의 가장 작은 자에 만족했다. 이를 "모든 성도 중에 지극히 작은 자보다 더 작은 나에게…"(엡 3:8)라고 말한다. 다시 노년에 로마 감옥에서 순교를 앞두고 디모데에게 보낸 서신에서 그는 "죄인 중

에 내가 괴수니라"(딤전 1:15)라고 고백한다. 이렇게 '사도 중에 가장 작은 자-성도 중에 지극히 작은 자-죄인 중에 괴수'라고 고백하는 모습에서 우리는 바울의 영적 성숙이 일어났다는 것을 알 수 있다. 그리스도를 한층 온전하게 본받는 성품으로 되어 간 것이다. 그리스도를 본받는 삶의 마지막은 자신을 부인하고 그리스도만을 온전히 드러내는 것이기 때문이다.

설교자는 바울을 본받아 예수 그리스도와 깊은 교제가 이루어지는 가운데 영적 성장이 일어나야 한다. 이것이 세상을 이기며 복음을 바르게, 힘 있게 전할 수 있는 으뜸 비결이 될 것이다. 이런 기쁨을 누리기 위해서는 교회 강대상 아래서 기도의 자리를 지켜야 한다. 기도의 '양'을 늘리고 기도의 '질'을 높이는 것이다. 기도 시간을 확보하고, 주님이 기뻐하시는 내용으로 그 시간을 채울 때 성령의 내주하심과 충만함 가운데 영적 성장이 이루어질 수 있다. 영적 성장이 지속해서 일어나는 가운데 선포하는 설교에는 회중의 영혼을 두드리고 변화시키는 주님의 능력이 배어 있다.

❷ 언어 예술가가 되는 설교자

설교자는 능숙하게 글을 쓰고 이를 설득력 있게 전하는 언어 기술자가 되어야 한다. 나아가 설교를 예술의 단계로 끌어올리려는 목표를 가져야 한다. 기술에 해당하는 'art'는 한편으로 예술로도 번역되기 때문이다. 기술이 더욱 발전하여 예술이 된다는 의미이다. 예술이란 무엇인가? 그리스도인이면서 깊은 사색으로 많은 울림을 주고 있는 톨스토이는 예술을 "인생의 필수적인 한 조건"[133]으로 보고 있다. 그에게 있어 예술은 특정 분야에서 종사하는 특별한 전문가의 활동만을 가리키지도 않는다. 그는 예술을 "사람에게 일어나는 가장 고귀하고 가장 좋은 감정을 타인에게 전하는 목적을 가진 인간 활동"[134]이라고 말한다. 예술은 가치 있는 내용을 언어나 그림, 기타 음악 등을 사용하여 다른 사람에게 전달하고 이를 공유하며 공감하는 활동이라고 본 것이다. 톨스토이는 이를 위하여 예술은 쉽게 이해되고 접근할 수 있고 감동을 줄 수 있어야 한다고 말한다.[135]

---

133) Graf Leo Tolstoy, *What Is Art*, 동완 역, 『예술이란 무엇인가』 (서울: 신원문화사, 2007), 63.
134) Graf Leo Tolstoy, *What Is Art*, 동완 역, 『예술이란 무엇인가』 (서울: 신원문화사, 2007), 87.
135) Graf Leo Tolstoy, *What Is Art*, 동완 역, 『예술이란 무엇인가』 (서울: 신원문화사, 2007), 131-134.

설교자는 언어로 하나님의 말씀을 전달하여 세상과 소통하며 공감하려는 사람이다. 이를 위해서 설교자는 언어의 기술자를 뛰어넘어 예술가의 경지로 나아가야 한다. 예술가로서 설교자란 구체적으로 무엇을 말하는가? 성경을 해석하고 적용하는 데 남다른 독창력과 창의력을 발휘하는 설교자이다. 그리고 이를 유려한 언어를 사용하여 마음에 감동을 일으키는 설교자이다. 글 속에서, 말속에서 아름다움과 진리 됨이 드러날 때 사람들은 감동하며 마음이 움직인다.

이런 예술가로서 설교자가 된다는 것은 특별한 재능을 가지고 있는 사람에게만 해당되는 것이 아니다. 기술로서의 설교에 더욱 능숙해지는 가운데 거기에 정성과 충분한 땀이 배어 있으면 예술가로 성장하게 된다. 어머니의 마음으로 설교를 준비하고 진행하는 자세가 중요하다. 우리는 '집밥'만 한 식당이 없다고 한다. 한편으로 음식은 손맛이라고도 한다. 정성이 있고 음식을 만드는 특별한 기술이 있어야 한다는 것이다. 설교자는 자신이 섬기고 있는 교우들에게는 세상에서 가장 맛나고 영양가 있는 말씀 식탁을 차려 주겠다는 자세가 필요하다. 이런 자세를 가지면 말씀 식탁을 잘 차리기 위해 기술을 닦게 된다. 기술이 어떤 일정한 수준을 넘으면 그 설교가 예술의 경지에 오르게 된다. 설교가 기술이 되고 예술의 단계로 상승하는 것은 현장에서 설교자의 끊임없는 배움과 훈련의 결과로 일어난다.[136] 현대는 전문가의 시대, 프로들의 시대이다. 설교자는 자신의 설교 기량을 최고조로 끌어올려 언어의 기술자에서 예술의 단계로 끌어올리려는 비전을 가지고 땀을 흘리는 자세가 필요하다.

❸ 생명의 말씀을 전하는 설교자

설교자는 최종적으로 생명의 말씀을 전하는 설교자로 성장해야 한다. 죄악 된 사람의 마음 안에 복음의 씨앗이 뿌려질 때 생명의 역사가 시작된다. 그리스도 안에서 다시 태어난 새 인생을 시작

---

136) 아서 엘렌(Arthur Allen)은 설교는 예술의 경지로 올라가야 한다는 것을 다음과 같이 말한다.
"설교는 위대하면서도 아주 중요한 예술이다. 어떤 다른 예술처럼 기법(rules)과 원리(principles)를 터득하여 능숙하게 사용할 수 있어야 한다. … 예술로서의 설교는 여러 신학적인 지식을 강의실에서 배운다고 가능한 것이 아니다. 사람들은 골프에 대하여 교실에서 배울 수는 있다. 그러나 그런 방식으로 골프를 배운다면 서투른 선수가 될 것이다. 아무리 타고난 재능을 가진 설교자라도 예술로서의 설교가 되게 하는 원리와 기법을 실제로 배우고 터득하지 않는다면 그 재능을 발휘할 수 없다."-Arthur Allen, *The Art of Preaching* (New York: Philosophical Lib., 1943), 7,8.

하는 것이다. 이것이 예수님이 이 땅에 오신 목적이고 제자들에게 맡기신 사명이다. 생명의 말씀이 되기 위해서는 명실상부한 하나님의 말씀이 되어야 한다. 음식을 예로 들어 보자. 좋은 음식이 되기 위해서는 먼저 재료가 좋아야 한다. 그다음에는 그 재료를 능수능란한 솜씨로 요리하는 기술이 있어야 한다.

　설교자는 세상의 어떤 연설가들과도 비교할 수 없는 가장 좋은 재료를 손에 쥐고 있다. 하나님의 말씀인 성경이다. 진리이며 생명을 가져다줄 수 있는 최상의 재료를 가진 것이다. 여기에 가장 좋은 솜씨로 음식을 만들면 된다. 언어의 예술가가 되는 것이다. 가장 좋은 재료인 성경을 가지고 언어 예술사가 되어, 예수님의 마음으로 선포할 때, 생명의 말씀이 될 것이다. 세상에서 가장 강력한 경쟁력을 가진 하나님 말씀이 된다. 이런 설교가 세상에 소망을 주고 하나님의 나라로 더욱 변혁시키는 원동력이 될 것이다. 주님은 이런 설교자를 부르고 계신다.

Ⅳ. 설교의 능력을 믿고 이겨내는 설교자를 부른다

우리는 지금까지 '결국은 설교자에게 달렸다'라는 명제를 가지고, 그렇다면 설교자는 무엇을 갖추고 있어야 할 것인가를 살펴보았다. 그런데 설교자도 사람이다. 목회 사역 중에 낙심할 때가 있다. 이런 낙심은 교회 부흥의 비전이 클수록, 목회자의 열정과 땀이 많을수록, 그런데 그 효과가 미비할수록 크게 나타난다. 열정을 가지고 말씀의 씨앗을 뿌렸음에도 열매가 적으면 낙심도 크게 된다.

그럼, 목회 현장에서 설교가 행하여졌을 때 성도들이 받아들이는 효과는 얼마나 될까? 이것은 시대와 지역과 교회 환경에 따라 천차만별이다. 부흥의 시대와 그렇지 않은 시대는 차이가 난다. 영적으로 완악한 지역과 그렇지 않은 지역에서도 차이가 난다. 설교를 듣는 훈련이 잘된 교회와 그렇지 않은 교회에서도 큰 차이가 난다. 일률적으로 정할 수 없다. 그러나 우리는 설교의 대가들이 말하는 경험담을 참고할 수는 있다.

제네바 교회에서 목회하며 종교개혁을 이끌었던 칼빈은 어떠했을까? 그가 제네바 교회에서 목회하며 저술하였던 『기독교강요』[137]에서 "가령, 백 명에게 똑같은 설교를 한다면 스무 명이 믿음의 순종으로 기꺼이 받아들이고, 나머지는 무가치한 것으로 받아들이거나 비웃거나 혐오감을 나타낼 것이다"[138]라고 말한다. 그가 이 말을 한 의도는 설교는 택한 백성에게만 효과가 있으며 그것도 전적으로 하나님의 은혜가 임해야 효과가 있다는 것을 설명하려는 것이다. 그러나 한편으로 우리는 칼빈과 같은 위대한 신학자요 설교자도 현장에서 생각만큼 설교의 효과를 크게 보지 못했다는 것을 짐작할 수 있다.

---

137) 칼빈은 1536년에 스위스 바젤에서 종교 박해를 피해 은둔 생활을 하면서 『기독교강요』 초판본을 펴냈다. 이후 제네바에서 목회하면서 계속 수정판을 펴낸다. 그는 제네바에서 죽음을 앞두고 마지막 최종판인 1559년판(라틴어)과 1560년판(프랑스어)을 펴낸다. 그는 목회하면서도 신학과 성경을 연구하여 기독교 최대 변증서인 『기독교강요』를 일생의 역작으로 남긴 것이다.
138) John Calvin, *Institutes of the Christian Religion III*, 원광연 역, 『기독교강요(하)』 (서울: 크리스천다이제스트, 2003), 589.

칼빈도 사람이기에 자신의 설교에 귀를 기울이지 않는 사람이 많으면 낙심하였을 것이다. 더구나 그가 목회하던 제네바는 당시 유럽에서도 방탕과 타락이 극심하던 도시로 알려져 있었다. 유럽 각국의 난민들이 자유를 찾아 제네바시로 몰려왔기 때문이다. 이런 도시에 자리 잡은 제네바 교회도 결코 분위기가 좋을 수 없었다. 그런 곳에서 청빙을 받아 죽을 때까지 목회하며 설교 사역을 감당했다. 때로는 교회에서 거부당하고 심지어는 도시의 적대자로부터 길거리에서 모욕당하는 수모를 겪기도 했다.

그러나 그가 계속 교회를 지키며 말씀 사역을 할 수 있었던 것은 설교의 능력을 믿었기 때문이다. 그는 인간의 입으로 선포되지만, 하나님의 말씀인 설교에는 영적 감화력과 능력이 있다고 믿었다. 겉보기에는 회중 가운데 소수의 사람만이 설교를 받아들이지만, 그런 속에서도 영적 능력이 일어나고 있다는 것을 믿었다. 이런 그의 설교의 능력에 대한 확신은 제네바 교회에서 계속 담대하게 말씀을 선포할 힘을 주었다. 그 결과 그의 목회 후반기에 이르러서는 제네바 도시 전체가 영적으로 크게 변하는 모습을 경험할 수 있었다.[139] 영국의 종교 박해를 피해 제네바로 망명했던 존 녹스는 변화된 제네바를 향해, "이곳은 사도 시대 이래로 이 땅에 존재한 가장 완벽한 그리스도의 학교입니다"[140]라고 말한다. 도박과 술집과 싸움질이 넘쳐나던 방탕한 도시에서 거룩한 도성으로 변하게 되었다는 것이다.

위기의 시대를 살고 있는 설교자에게 중요한 자세는 무엇인가? 그것은 하나님의 거룩한 부르심을 받았다는 소명 의식 그리고 그리스도의 대사라는 정체성이다. 이와 아울러 설교의 능력을 확신하는 것이다. 비록 목회 현장에서 열정을 다하여 말씀의 씨앗을 뿌렸음에도 그 열매가 자신이 생각했던 것처럼 나타나지 않을 수 있다. 그러나 눈에 보이지 않는 영적 세계에서 말씀의 씨앗은 뿌

---

139) 일리온 존스는 설교의 능력을 다음과 같이 말한다.
"설교는 하나님이 주신 도구로써 사람들의 마음을 정화시키고, 뒤틀린 정서를 바르게 잡아 주고, 죄와 공포와 근심으로부터 해방시키고 그리스도 안에서 새로운 인격을 형성해 주도록 한다."-Ilion T. Jones, *Principles and Practice of Preaching*, 정장복 역, 『설교의 원리와 실제』 (서울: 생명의 말씀사, 1986), 34.
140) Thea B. Halsema, *This was John Calvin*, 강변교회 청소년학교 도서위원회 역, 『이 사람 존 칼빈』 (서울: 성약, 2007), 293.

린 대로 자라고, 때가 되면 열매를 거두게 된다는 것을 확신해야 한다. 미국의 *Christianity Today*의 편집장이면서 풀러 신학교의 교수였던 제임스 댄은 다음과 같이 말한다.

> 말씀의 신비로운 창조 능력을 모르고, 말씀을 선포할 때 말씀이 역사하여 말씀을 실천하는 사람들이 세워진다는 사실을 모른다면, 강단에서 말씀을 선포하겠다는 열망이나 말씀을 사회·정치 영역에서 실천하겠다는 열망이 오래가기 어렵다. 말씀의 특성과 능력을 인정하지 않으면 행동을 통한 복음 선포 역시 일시적 유행에 머무르기 쉽다. … 강단이 쇠락하면 교회가 쇠락한다. 설교가 위기에 처하면 교회가 위기에 처한다. 이 두 위기는 하나님 말씀의 본질을 모르는 데서 발생한다.[141]

시대와 사회가 교회를 외면하고, 자신의 사역지에서 목회가 어려울수록 설교자는 말씀의 위력을 믿고 더욱 수준 높은 설교를 위해 땀을 흘리며 연구하고 강대상에서 확신 있게 외치는 자세가 필요하다.

---

141) James Daane, *Preaching with Confidence*, 장택수 역, 『확신에 찬 설교』 (서울: 도서출판 디모데, 2018), 18, 23.

제3부

성공적인 설교를 하기 위한 6대 원리와 전략

7장. 성공적인 설교를 위한 원리와 전략(Ⅰ)
8장. 성공적인 설교를 위한 원리와 전략(Ⅱ)
9장. 성공적인 설교를 위한 원리와 전략(Ⅲ)
10장. 성공적인 설교를 위한 원리와 전략(Ⅳ)
11장. 성공적인 설교를 위한 원리와 전략(Ⅴ)
12장. 성공적인 설교를 위한 원리와 전략(Ⅵ)

7장

성공적인 설교를 위한 원리와 전략(Ⅰ)
- 신뢰받는 설교자가 돼라!

Ⅰ. 설교에도 원리와 전략이 필요하다

1. 매직 넘버 '1만 시간'의 법칙

> 세 그룹에 속하는 모든 학생은 대략 다섯 살 전후에 연주를 시작한 것으로 나타났다. 초기 몇 년간은 대략 일주일에 두세 시간씩 비슷하게 연습했지만, 여덟 살이 될 무렵부터 변화가 나타나기 시작했다. 자기 반에서 가장 잘하는 아이는 다른 아이보다 연습을 더 했다. … 연습 시간은 점점 길어졌고, 스무 살이 되면 자신의 실력을 갈고닦겠다는 확고한 목적을 가지고 일주일에 서른 시간을 연습했다. 결과적으로 스무 살이 되면 엘리트 학생은 모두 1만 시간을 연습하게 된다. 반면 그냥 잘하는 학생은 모두 8,000시간, 미래의 음악 교사는 4,000시간을 연습한다.[142]

위의 내용은 2000년대 초반에 미국에서 출판되자마자 세계적으로 인기를 얻은 *Outliers: The Story of Success*(『아웃라이어: 성공의 기회를 발견한 사람들』)의 초반 부분이다. 이 책에서 말콤 글래드웰(Malcolm Gladwell)은 대가가 되는 데 필요한 것은 재능인가, 노력인가라는 질문으로 시작한다. 그는 전문가가 되기 위해서는 노력이 더 중요하다고 주장한다. 1만 시간이라는 숫자를 채울 때 대가의 반열에 오를 수 있다고 말한다. 그래서 1만 시간을 '매직 넘버(magic number)'라고

---

[142] Malcolm Gladwell, *Outliers: The Story of Success*, 노정태 역, 『아웃라이어: 성공의 기회를 발견한 사람들』 (서울: 김영사, 2009), 55.

부른다.

저자는 바이올린과 같은 악기의 연주자를 예로 들고 있다. 학생 시절에 연습한 양에 따라 그 수준이 결정된다는 것이다. 프로의 경지에 도달하기 위해서는 연습 시간이 4천 시간, 8천 시간을 뛰어넘어 1만 시간에 도달하여야 한다고 한다. 다시 저자의 말을 들어 보자.

> 작곡가, 야구 선수, 소설가, 스케이트 선수, 피아니스트, 체스 선수, 숙달된 범죄자, 그 밖에 어떤 분야에서도 연구를 거듭하면 할수록 이 수치를 확인할 수 있다. 1만 시간은 대략 하루 세 시간, 일주일에 스무 시간씩 10년간 연습한 것과 같다. 물론 이 수치는 '왜 어떤 사람은 연습을 통해 남보다 더 많은 것을 얻어내는가?'에 대하여 아무것도 설명해 주지 못하고 있다. 그러나 어느 분야에서든 이보다 적은 시간을 연습해 세계 수준의 전문가가 탄생한 경우를 발견하지는 못했다. 어쩌면 두뇌는 진정한 숙련자의 경지에 접어들기까지 그 정도의 시간을 요구하는지도 모른다.[143]

글래드웰은 1만 시간이라는 연습량을 채웠을 때 왜 탁월한 사람이 되는가에 대한 메커니즘(mechanism)을 제시하지는 않는다. 다만 우리의 뇌가 연습량만큼 더욱 능숙하게 작동한다고 말할 뿐이다.

그러면 대가가 되기 위하여 왜 이렇게 많은 시간이 필요할까? 왜 우리의 두뇌는 단번에 낮은 곳에서 높은 곳으로 뛰어오르는 것을 허락하지 않는 것일까? 왜 산 아래부터 시작하여 한 걸음씩 꼭대기까지 올라가야 하는 것일까? 그것은 우리 두뇌가 자기 생각들을 외부로 표현하기 위해 사용하는 '손'과 '발' 혹은 '입'을 자유자재로 활용하는 데 필요한 연습량이 아닐까?

예를 들어 보자. 어떤 사람이 길을 걷다가 어느 집에서 흘러나오는 피아노 소리를 듣게 된다. 곡에 너무나 감동하였다. 자신도 그런 곡을 연주하고 싶었다. 그는 집으로 돌아와 피아노 앞에 앉는

---

143) Malcolm Gladwell, *Outliers: The Story of Success*, 노정태 역, 『아웃라이어: 성공의 기회를 발견한 사람들』 (서울: 김영사, 2009), 56.

다. 건반을 두드린다. 머릿속에 있는 남아 있는 멋진 선율을 건반에서 표현하고 싶은 것이다. 생각대로 될까? 불가능하다. 왜냐하면 머릿속에서 아름다운 음률이 떠올라도, 손가락이 생각대로 움직여 주지 않기 때문이다. 생각 따로, 손가락 따로 하는 것이 될 것이다. 자녀를 피아노 학원에 보낸 경험이 있는 학부모라면 안다. 간단한 악보를 연주하기 위해서도 얼마나 많은 연습과 시간이 필요한지를.

그러면 왜 우리 손과 발과 입과 같은 전달 수단은 오랜 시간 훈련이 필요할까? 그것은 뇌에서 떠오르는 생각들을 즉각적이고 자연스럽게 움직이기 위해서는 수많은 훈련이 필요하기 때문이다. 피아니스트는 손가락으로, 성악가는 입으로, 축구 선수는 발로 세상과 소통하며 자기 뜻을 펼쳐나간다. 손과 입과 발을 자신이 생각한 대로 자유자재로 움직이기 위해서는 '1만 시간'이라는 훈련이 필요하다는 것이 말콤 글래드웰의 주장이다.

2. 설교는 소통이다

❶ 설교자의 유형-나는 어느 유형에 속할까?

여의도 순복음 교회 이영훈 목사는 성공적인 목양에 필요한 목회자의 자질을 몇 가지로 꼽고 있다. 강력한 성령의 권세를 가진 지도력, 교회 성장을 위한 비전 소유, 목양을 위한 헌신적인 자세, 효과적인 의사 전달 능력 등이다.[144] 이영훈 목사는 이 중에서 가장 중요한 자질로 효과적인 의사 전달 능력, 즉 설교 능력을 꼽고 있다. 그는 조용기 목사의 예를 들면서 "설교를 잘하고 성경을 잘 가르친다는 것은 교회 성장 지도자의 필수 요소이다"[145]라고 말한다. 우리는 이런 예를 경험을 통해 알 수 있다. 설교를 잘하면서도 교회가 부흥되지 않는 경우는 찾기가 힘들다. 그러나 설교가 제대로 되지 않으면서도 교회가 부흥되는 경우는 더욱 찾기 어렵다.

설교는 성도들이 하나님의 사람으로 성장하며 영적 양식을 취하는 가장 효과적인 방법이기 때

---

144) 영산 신학 연구소 편, 『영산의 목회와 신학 Ⅲ』 (군포: 한세대학교 출판부, 2008), 299-325.
145) 영산 신학 연구소 편, 『영산의 목회와 신학 Ⅲ』 (군포: 한세대학교 출판부, 2008), 316.

문이다. 교회에서 담임 목회자를 청빙할 때, 먼저 살펴보는 것이 설교 능력이다. 목사가 설교를 잘하면 목양 과정에서 다소 문제가 드러나도 대부분은 덮고 넘어간다. 그러나 설교가 되지 않으면 교회는 크고 작은 문제에 휩싸일 가능성이 커진다. 그래서 많은 설교자가 능력 있는 설교자가 되기를 꿈꾼다. 그러나 설교가 일정 수준 이상 도달하여 은혜로운 설교를 선포하는 목회자는 쉽게 찾아보기 어렵다. 한국 설교자는 대략 다음의 유형으로 나눌 수 있을 것이다.

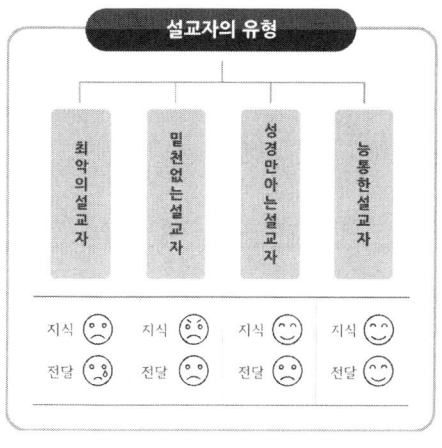

■ 설교 내용이 빈약하고 제대로 전달도 못 하는 설교자

강단에서 선포하는 설교 내용에 알맹이가 없는 경우이다. 매번 선택하는 성경 본문도 특정 부분에 한정되어 있다. 목회자에게 친숙한 본문, 설교하기 쉬운 본문에 집중된다. 왜 그런가? 공부하지 않는 목회자이기 때문이다. 목회자가 공부하지 않으면 머리에 채워진 지식이 없기에 설교 내용도 빈약한 것으로 채워질 수밖에 없다.

더구나 빈약한 설교 내용조차 솜씨 있게 전하지도 못한다. 횡설수설한다. 무슨 말을 하는지 본인도 모르고 성도들도 모른다. 설교를 일목요연하게 전달하는 훈련도 되어 있지 않기 때문이다.

■ 설교 내용은 빈약하나 화려한 말솜씨로 그럴듯하게 전달하는 설교자

또 다른 유형은 내용이 빈약하지만, 타고난 말솜씨 덕분에 유창하게 설교하는 것처럼 보이는 목회자이다. 그러나 본 교회 교인들은 알고 있다. 주일 설교에서 매번 엇비슷한 내용으로 설교를 한다는 것을. 설교에 대한 기대를 하지 않는다. '그 내용이 그 내용'이기 때문이다. 책과는 거리가 먼 설교자이다. 그런데도 타고난 말솜씨가 있어 어느 정도 성도들의 귀를 열게 한다. 때로는 성도들의 웃음소리가 터져 나오게 하는 솜씨도 있다. 그러나 곧 공허한 설교로 끝나 버린다. 설교가 '재치

있는 말솜씨'에 불과하기 때문이다.

■ 성경과 신학에 깊은 지식을 가지고 있으나 제대로 전하지 못하는 설교자

위의 경우와 반대되는 경우이다. 성경과 신학을 꾸준히 공부하는 목회자이다. 성경에 깊은 지식을 가지고 있다. 그러나 문제는 이것을 강대상에서 제대로 전하지 못한다는 것에 있다. 설교하면 성도들이 졸아 버린다.

이런 유형의 목회자들은 성경과 신학을 열심히 공부만 하면 설교는 저절로 된다고 생각하는 유형이다. 그러나 머릿속에 저장된 지식과 그것을 제대로 '말'로 전하는 것은 별개라는 것을 알지 못한다. 전하는 것이 능사가 아니다. 성도들이 귀를 기울이고 듣게 하는 것은 설교자의 책임이기 때문이다.

■ 깊고 다양한 설교를 '쏙쏙' 들어오게 전하는 설교자

가장 바람직한 설교자 유형이다. 말씀에 대한 사랑이 있고 책상에서 계속 연구하는 목회자이다. 설교 전달의 중요성도 잘 알고 있다. 들려지는 설교를 위해 노력하는 설교자이다. 회중들은 매 주일 선포되는 설교로 은혜를 받곤 한다. 설교자와 회중 모두 말씀에 대한 기쁨으로 가득 차 있다.

위에서 살펴본 것에서 네 번째 유형은 능숙하면서도 은혜롭게 설교하는 설교자이다. 그러나 그 숫자는 많지 않을 것이다. 대부분은 설교에 자신이 없어서 강대상을 쳐다만 보아도 어깨가 움츠러드는 목회자일 것이다.

그럼 어떻게 하면 은혜로운 설교를 힘 있게 선포할 수 있을까? 먼저 설교의 본질이 무엇인가를 살피는 것이다. 그리고 본질에 도달하기 위한 원리와 전략을 살펴보고 자신의 것으로 만드는 것이다. 이를 위해 수많은 시간을 땀으로 채우는 것이다. 어쩌면 설교에서도 '대가'가 되기 위해 매직 넘버인 '1만 시간'이 필요할지 모른다.

❷ 설교는 소통(communication)이다

a. 설교가 소통인 이유

회중들에게 은혜로운 설교를 하기 위한 원리와 전략을 터득하기 위해서는 지나치게 이상에 매달리거나 공허한 설교 이론을 붙잡고 있으면 안 된다. 실제로 접근해야 한다. 설교는 강대상에서 입과 몸의 행동을 통해 전달되는 현실적인 선포 행위이기 때문이다. 설교가 '거룩한 하나님 말씀'이라는 구호를 내세우기보다 그런 말씀이 되도록 효과적으로 전하는 방안을 찾아야 한다. 그러기 위해서는 설교의 본질이 무엇인가를 이해해야 한다. 본질을 제대로 이해할 때 그 봉우리에 도달하는 방법도 보이기 때문이다.

설교란 무엇인가? 우리는 설교의 정의에 대하여 가장 많이 인용하는 것이 필립스 브룩스가 내린 정의라는 것을 3장에서 설명했다. 필립스 브룩스의 정의를 다시 상기하면 "설교한다는 것은 한 사람이 여러 사람들에게 진리를 전달하는 것입니다(preaching is the communication of truth by man to men)"[146]라고 말한다. 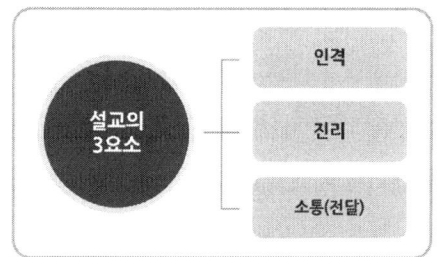그는 설교의 중요한 요소로 '인격과 진리'를 말하고 있다. 그런데 우리는 여기에 '소통' 혹은 '전달'이라는 요소도 덧붙여야 한다는 것을 3장에서 설명했다. 따라서 설교는 인격과 진리와 소통(전달)의 세 가지 요소가 결합된 행위라는 것을 알 수 있다. 보통의 설교자라면 세 가지 요소 중에 인격과 진리를 중시할 것이다. 그러나 전달이라는 측면도 무시할 수 없다. 오히려 말씀이 회중에게 제대로 전하여지기 위해서는 '전달'이라는 요소가 무엇보다도 강조되어야 한다. 전달에 실패하면 아무리 준비가 잘된 설교도 헛수고가 되기 때문이다.

그렇다면 우리는 필립스 브룩스가 내린 설교의 정의를 '인격을 통한 하나님과 회중 간의 진리의 소통'이라고 바꾸어 말할 수 있다. 설교자의 선포를 통해 하나님과 회중 간의 소통이 일어나기 때문이다. 이를 위해서는 먼저 설교자와 회중 간의 성공적인 소통이 일어나서 진리의 '공유(共有)'

---
146) Phillips Brooks, *On Preaching*, 서문강 역, 『설교론 특강』(서울: 크리스천다이제스트, 1995), 16.

가 일어나야 한다. 그래서 설교는 한편으로 커뮤니케이션이라고 말할 수 있다. 의사소통을 뜻하는 communication은 communis라는 라틴어에서 온 단어로 '공통', '공유'라는 의미를 지니기 때문이다.[147] 은혜로운 설교가 되기 위해서는 소통, 즉 커뮤니케이션에 성공하는 설교가 되어야 한다.[148] 소통이 원활하게 되지 않으면 설교는 실패한 것이 된다. 마치 상수원에서 좋은 물을 흘려보내도 수도관이 막히면 물이 가정에 제대로 공급이 되지 않는 것과 같다. 성공적인 설교가 되려면 '소통'이라는 측면에서 무엇이 필요한지 고민하고 이를 이루기 위한 원리와 전략을 확보해야 한다.

b. 소통에 성공하기 위해 필요한 것은

그러면 왜 소통을 이리도 강조하는가? 왜 설교는 한편으로 소통이라고 하는가? 물론 설교학은 설교의 내용을 어떻게 채울 것인가를 일차적으로 연구한다. 그러나 한편으로 그 내용을 어떻게 전달할 것인가도 동시에 다룬다. 따라서 설교학은 설교의 내용(contents)과 전달 방법(delivery)을 동시에 탐구하는 학문이라고 할 수 있다. 가장 중요한 것은 설교의 내용이다. 그러나 내용이 좋아도 제대로 전달되지 않으면, 그래서 소통에 실패하면 소용이 없다. 설교의 목적을 달성할 수 없기 때문이다. 설교의 목적은 무엇인가? 필립스 브룩스는 "설교의 목적이란 사람들의 영혼을 설득하고 움직이는 데 있습니다. 바로 그 목적을 염두에 두지 않으면 안 되는 것입니다. 설교가 그 목적을 상실하면 설교는 힘이 빠지고 맙니다"[149]라고 말한다. 설교의 목적은 영혼의 변화를 끌어내는 것이다. 그런데 이런 변화를 이끌기 위해 설득에 성공해야 한다. 그러려면 소통에 성공하는 설교가 되어야 한다. 설교가 회중을 설득하는 데 성공하게 되면 영육 간의 변화가 일어나기 때문이다. 설득에 성공하기 위해서는 '들려지는 설교'가 되어야 한다. 잘 들려지지 않으면 결코 설득에 성공할 수 없기 때문이다. 이를 단순화하면 '소통=설득=들려지는 설교=성공적인 설교'가 될 것이다.

그런데 설득에 성공하는 언어 커뮤니케이션을 가장 먼저 연구하고 이를 체계화한 사람이 아리스토텔레스(Aristoteles, B.C. 384~B.C. 322)이다. 그는 이를 수사학이란 이름을 붙여 이론화하였

---

147) 차배근, 『커뮤니케이션학 개론(상)』 (서울: 세영사, 1978), 18.
148) 김운용은 설교를 '삶의 변형을 목적으로 하는 일종의 설득 커뮤니케이션'이라고 말한다.-김운용, "삶의 변형이라는 관점에서 본 설득 커뮤니케이션과 설교에 대한 연구," 『장신논총』 1(2008), 154.
149) Phillips Brooks, *On Preaching*, 서문강 역, 『설교론 특강』 (서울: 크리스천다이제스트, 1995), 108.

다. 수사학이란 "각각의 사안과 관련하여 내재된 설득력 있는 요소들을 찾아내는 능력"[150]이라고 정의를 내린다. 그는 설득에 성공하는 소통이 되기 위해서 세 가지 요소가 필요하다고 말한다. 에토스(연설자), 로고스(연설 내용), 파토스(회중)이다. 에토스는 설득에 성공하기 위해 연설자가 갖추어야 할 인격과 관련된 요소이다. 로고스는 연설의 내용과 관련된 요소이다. 파토스는 회중과 관련된 부분이다. 아리스토텔레스는 『수사학』이란 책에서 이들 세 가지 요소가 설득에 어떻게 영향을 미치는가를 제시하였는데 이는 2,500년이 지난 오늘까지 각종 커뮤니케이션 이론에 큰 영향을 주고 있다.[151]

그러나 현대에 들어와서 아리스토텔레스의 이런 이론을 보다 세분화하고 정교화할 필요성이 제기되었다. 현대는 과거 아리스토텔레스가 활동하던 시대와는 비교할 수 없을 정도로 사회가 다양해지고 의사소통의 종류도 폭발적으로 늘어났기 때문이다.

아리스토텔레스의 소통 이론을 기본으로 하면서도 현대에 맞게 보다 세분화시켜 모델을 제시한 대표적인 인물이 미국의 커뮤니케이션 학자 해럴드 라스웰(Harold Lasswell)이다. 그의 모델은 소위 SMCRE 모델[152]이라고도 불린다. 그는 효과적인 소통이 일어나기 위해서는 다섯 가지 측면이 고려되어야 한다고 말한다. 발신자(sender), 메시지(message), 소통 통로(channel), 수신자(receiver), 효과(effect)이다.[153]

---

150) Aristoteles, *Techne Rhetorike*, 박문재 역, 『아리스토텔레스 수사학』 (파주: 현대지성, 2020), 17.
151) 아리스토텔레스의 수사학은 현대에 와서 설득을 목적으로 하는 커뮤니케이션 분야에 많은 영향을 주고 있다. 현대의 설교학 역시 수사학에 크게 영향을 받고 있다. 폴 스캇 윌슨은 설교학에서 수사학적 방법론에 더욱 귀를 기울여야 할 필요성을 다음과 같이 말한다.-Paul S. Wilson, *The Practice of Preaching* (Nashville: Abingdon Press), 65.
"우리는 청중을 고려하고, 언어와 스타일과 목적과 형태 등을 고려한다면 고전 수사학을 말할 수밖에 없다. 수사학은 고전적 의미에서 '설득의 기술(the art of persuasion)'과 관련된 것이기 때문이다."
152) 해럴드 라스웰은 1948년에 *The Communication of Ideas*(edited by Lyman Bryson)라는 책에서 「The Structure and Function of Communication in Society」라는 글을 발표한다. 여기에서 그는 커뮤니케이션 과정을 분석하면서 효과적으로 소통이 이루어지기 위해서는 source, message, channel, receiver, effect의 요소가 적절하게 고려되어야 한다고 주장한다. 이런 그의 주장을 모델화한 것이 SMCRE 모델이다. 본서에서는 설교 역시 커뮤니케이션이며 따라서 효과적인 소통이 이루어지기 위해서는 SMCRE 모델에 따라 설교의 각 과정에서 sender인 설교자(source), receiver인 회중, message인 설교 내용, channel인 효과적인 설교문 작성과 전달, effect인 설교 평가와 반영의 다섯 가지 요소로 나누어 설명한다.
153) 윤석민, 『커뮤니케이션의 이해』 (서울: 커뮤니케이션북스, 2007), 77.

SMCRE 모델에 따르면 '들려지고 설득에 성공하는 설교'가 되기 위해 다섯 가지 요소가 동시에 고려되어야 한다. 발신자인 설교자, 메시지인 설교 내용, 내용을 전달하는 통로인 설교문 작성과 전달, 수신자인 회중, 설교의 효과를 측정하고 반영하는 효과의 다섯 가지 부분이 빠짐없이 강조되어야 한다.

설교학은 설득에 성공하는 설교를 가능하게 하는 원리, 전략, 기법을 개발하고 제시하는 실천학문이다. 이런 원리와 전략과 기법들은 단순할수록 좋다. 왜냐하면 사물이나 사건을 이끌어 가는 본질은 복잡할 수 없기 때문이다. 복잡하면 가르치기도 어렵고 배우기도 힘들다. 응용하기는 더욱 어렵다. 핵심만을 원리로 뽑아내고 이것을 확보하기 위한 전략을 마련하여야 한다. 그리고 현장에서 무한 반복으로 훈련하여 자신만의 기법을 터득해야 한다. 목회 현장에서 말콤 글래드웰이 말한 '매직 넘버인 1만 시간'을 채우는 것이다. 훈련의 양이 채워지는 정도에 따라 설교의 모습도 자리를 잡아가면서 은혜롭게 말씀을 전한다는 평가도 따라올 것이다. 우리는 해럴드 라스웰의 SMCRE 모델을 응용하여 소통에 성공하는 설교가 되기 위해 필요한 것이 무엇인가를 살필 것이다. 설교가 들려지고 설득에 성공하여 회중의 변화를 이끌어 내는 설교가 되기 위해 필요한 원리와 전략을 아래와 같이 여섯 가지 측면으로 장을 달리하며 자세히 살펴볼 것이다.

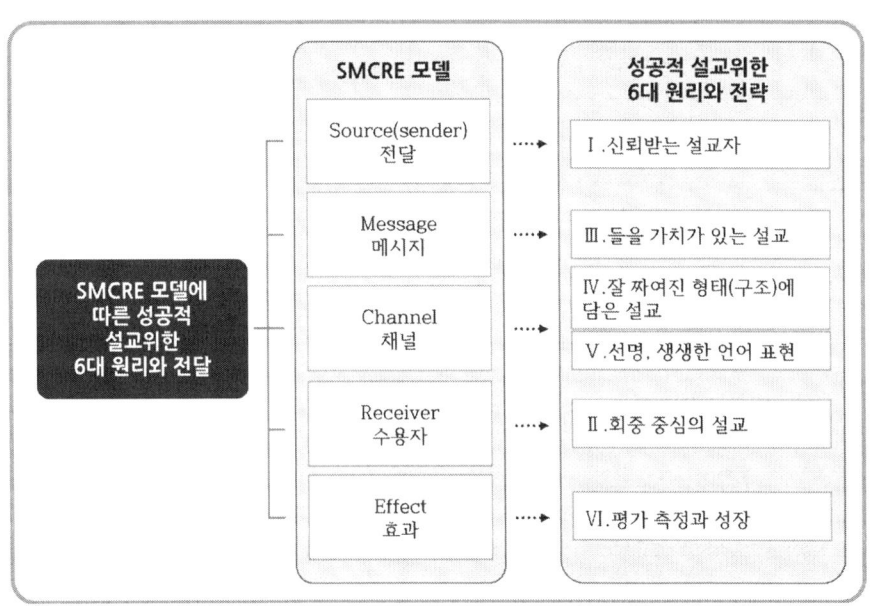

- 제1 원리와 전략(sender)
  - 신뢰받는 설교자.

- 제2 원리와 전략(receiver)
  - 회중 중심의 설교.

- 제3 원리와 전략(message)
  - 들을 가치가 있는 내용으로 채워진 설교.

- 제4 원리와 전략 ❶(channel)
  - 잘 짜여진 형태(구조)에 담아 전달하는 설교.

- 제5 원리와 전략 ❷(channel)
  - 선명하면서 생생한 언어로 표현하는 설교.

- 제6 원리와 전략(effect)
  - 효과적인 평가로 효과 측정 및 성장.

II. 성공적 설교의 제1 원리와 전략: 신뢰받는 설교자가 되어야 한다

1. 이금희 아나운서의 체험담이 암시하는 것은

설교가 회중들의 귀에 들려지면 마음에 어떤 식으로든 변화가 일어난다. 하나님의 말씀으로서 설교는 그만큼 역동성과 효과성을 가지고 있기 때문이다. 그런데 들려지는 설교가 되려면 가장 먼저 설교자와 관련된 것이 갖추어져야 한다. 회중은 설교자의 '인격'을 통하여 하나님의 말씀을 받는다. 설교자 본인이 회중들에게 신뢰받지 못하면 그 설교는 회중의 귀를 뚫고 마음에 도달할 수 없다. 실패한 설교가 되는 것이다. 따라서 설득에 성공하는 제1 원리는 신뢰받는 설교자가 되어야 한다는 것이다. 이런 점 때문에 아리스토텔레스는 설득에 성공하는 세 가지 요소 중에 '에토스(Ethos, 성품)'를 가장 먼저 강조한 것이다. 아리스토텔레스는 "화자(話者)의 성품으로 인한 신뢰는 청중이 그를 신뢰할 만하다고 생각하도록 화자가 말할 때 생긴다"[154]라고 말한다.

그러면 화자의 신뢰받는 인격이 의사소통 현장에서 얼마나 큰 영향을 미칠까? 이에 대하여 한때 KBS의 '아침 마당'이란 프로그램의 간판 진행자였던 이금희 아나운서의 경험담을 들어 보자. 그는 '아침 마당'의 토크쇼 프로그램을 1998년부터 2016년까지 18년을 이끌었었다. 이렇게 말한다.

"제가 18년 보름 동안 아침 생방송 토크쇼를 진행했는데요. PD가 정리했더라고요. 제가 그만두니까요. 제가 24,000여 명을 인터뷰를 했더래요. … 제가 그 많은 분들을 인터뷰하면서 느낀 것은 말을 잘한다는 것은 그냥 달변이 아니더라고요. 눌변(訥辯)인데도 진심을 다해 말하면 그것이 전달되고, 또 하나 놀라운 것은 시청률도 잘 나와요. 이분이 진심을 다해 말하면 더듬거리거나 약간 표현력이 떨어져도 시청자들

---

154) Aristoteles, *Techne Rhetorike*, 박문재 역, 『아리스토텔레스 수사학』 (파주: 현대지성, 2020), 17.

이 몰두해서 보더라고요. 그것이 브라운관을 뚫는 것 같아요. 진심이라는 것이…"[155]

이금희 아나운서의 경험을 통해, 우리는 소통에 성공하여 은혜로운 설교가 되기 위해서 무엇이 필요한가를 알 수 있다. '신뢰'받는 설교자가 되는 것이다. 신뢰가 없으면 회중은 고개를 돌린다. 그러나 신뢰를 받으면 설교가 능숙지 못해도 회중은 경청한다. '신뢰'는 다른 모든 요소를 이기고 성공적인 설교가 되게 하는 핵심 요소이다. 일반 설교학 교재에서는 설교자의 이런 '신뢰' 부분을 큰 비중을 두고 설명하지 않는다. 그러나 현장에서 오랜 경험을 한 목회자는 신뢰받는 설교자가 얼마나 중요한지를 알고 있다. 신뢰받는 선포자가 되기 위해서 설교자는 무엇이 필요한가? 그것은 먼저 확신 있게 전하는 설교자가 되는 것이다.

2. 신뢰받는 설교자는 확신 있게 전하는 설교자이다

오늘날에는 사람 간의 소식이 풍성한 시대이다. 궁금한 것이 있으면 핸드폰으로 손쉽게 소식을 들을 수 있다. 그러나 예전에는 우체부의 편지를 통하여 소식을 주고받았다. 간절하게 소식을 기다리던 사람들은 마을 밖에서 커다란 빨간 가방을 메고 동네로 들어오는 배달부를 기다려야 했다. 군대에 간 아들이나 멀리 집을 떠난 남편의 소식을 기다리는 아낙네들의 눈길은 간절할 수밖에 없다. 이런 소식을 가지고 찾아가는 우체부의 발걸음은 힘이 들어 있다. 한걸음에 그 집으로 달려가 "편지 왔습니다"라고 외칠 수 있다.

설교자는 어떤 의미에서 집배원이라고 할 수 있다. 하나님의 소식을 간절히 기다리는 사람들에게 전하는 복음의 배달부이다. 설교자는 자신이 전하는 그 소식이 기쁜 소식이라는 것을 알게 되면 무표정하게 전할 수 없다. 서둘러 강대상으로 뛰어가 회중들에게 힘 있게 전할 것이다. 이런 설교자의 마음을 이사야 선지자는 "좋은 소식을 전하며 평화를 공포하며 복된 좋은 소식을 가져오며 구원을 공포하며 시온을 향하여 이르기를 네 하나님이 통치하신다 하는 자의 산을 넘는 발이 어찌 그리 아름다운가"(사 52:7)라고 말하고 있다. 어떠한가? 이스라엘을 향하여 하나님의 기쁜 소식을

---

155) 김미경 TV(유튜브 채널), "다른 사람의 마음을 움직이는 말하기 노하우-이금희 아나운서"(https://www.youtube.com/watch?v=HvjprfJSZA4).

가지고 곳곳에 다니며 전하는 파수꾼의 힘찬 발걸음이 느껴지지 않는가?

설교자가 신뢰받는 설교자가 되기 위해서는 확신 있고 자신만만하게 말씀을 전해야 한다. 만약에 설교자가 이런 확신이 없으면 회중을 결코 설득시킬 수 없다. 그럼 어떻게 하면 확신 있는 설교를 할 것인가? 두 가지로 나누어 설명할 수 있다.

❶ 체험적인 설교자

설교자가 확신을 두고 설교하려면 자신이 먼저 말씀에 대하여 체험해야 한다. 자신이 경험하지 못하고 단순히 성경 지식을 전한다면 확신 있게 설교할 수 없다. 확신 있는 설교란 하나님 말씀의 구체적 내용들에 대하여 자

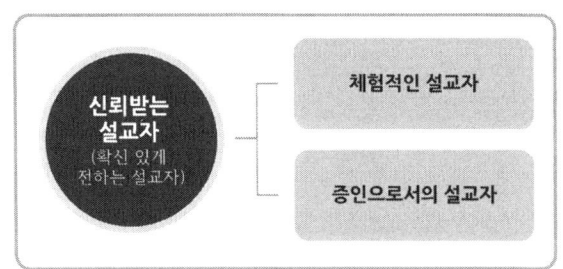

신이 하나님을 만나고 은혜를 받고 깨달은 말씀을 근간으로 설교의 내용을 구성하고 전달하는 것을 의미한다.

그런데 개인적인 체험을 바탕으로 전하는 설교에 대하여 설교학계와 목회자들 사이에서는 거부감을 보여 왔다. '하나님의 거룩한 말씀에 왜 인간의 경험이 들어가야 하는가'라는 것이다. 설교자는 하나님의 말씀 자체만을 전해야지 자기 경험담을 전해서는 안 된다고 말한다. 설교가 하나님의 말씀에 대한 객관적인 전달이 되어야지 설교자 개인의 주관적인 경험을 전달해서는 안 된다는 의미를 가지고 있다.

그러나 성경의 내용을 살펴보면 곳곳에서 하나님의 택한 백성들이 하나님을 만난 경험을 소개하고 있는 것을 볼 수 있다. 세상의 조롱에도 불구하고 120년을 방주 만드는 것에 몰두한 노아, 75세라는 나이의 한계를 잊어버리고 아들을 얻기 위해 하란에서 낯설고 거친 땅 가나안으로 옮겨 온 아브라함, 한때 예수를 박해하던 자에서 예수를 위해 자신의 생명조차도 아끼지 않는 헌신의 사람으로 바뀐 사도 바울. 모두가 삼위일체 하나님을 삶의 현장에서 만나고 그 만난 체험이 성경에 기

록된 것이다.

그러면 왜 설교에서 설교자 개인의 영적 체험을 바탕으로 설교할 수밖에 없고 오히려 그런 설교가 설득에 성공하는 효과적인 설교가 될 수 있는가? 그것은 설교자 개인의 체험을 바탕으로 설교할 때 회중은 더욱 귀를 곤두세우고 듣기 때문이다. 해돈 로빈슨(Haddon Robinson)은 청중들이 관심을 보이면서 은혜받았다고 평가하는 설교는 회중의 필요(needs)를 잘 반영할 뿐 아니라, 설교자 자신의 체험을 효과적으로 구성하고 전달하는 설교라고 말한다.[156]

설교가 왜 예수 그리스도를 만난 체험을 말하는 설교여야 하는가에 대하여 존 스토트(John R. Stott)는 다음과 같이 말한다.

> 우리의 과업은 철학적인 냉정함으로 예수님에 관해 강의하는 것이 아니다. 우리는 인격적으로 그분과 결탁되었다. 그의 계시와 구원이 우리의 삶을 바꾸어 놓았다. 우리의 눈이 열려 그가 우리의 구원자이심을 보았고, 우리의 귀가 뚫려 그가 우리의 주님이심을 들었다. … 우리는 또한 우리 자신의 개인적인 경험으로부터 그를 선포함을 주저하지 않는다.[157]

우리는 설교가 결국은 개인의 영적 경험 또는 체험이 될 수밖에 없으며, 그럴 때 설득에 성공하는, 그래서 은혜를 끼치는 설교가 된다는 것을 말할 수 있다.

❷ 증인으로서의 설교자

체험으로서의 설교를 한다는 것은 개인적 간증과는 차원이 다르다. 교회 공동체에서 자주 접하는 신앙 간증 역시 특정 개인이 하나님을 만난 은혜의 경험을 회중 앞에서 전하는 것이다. 그러나 설교자의 개인적 체험에 바탕을 둔 설교는 이런 간증에 머물 수 없다. 설교는 하나님의 보내심을

---

156) Haddon Robinson, "Bringing Yourself into the Pulpit," Bill Hybels, Stuart Briscoe, Haddon Robinson, eds. *Mastering Contemporary Preaching* (Portland: Christianity Today Inc., 1989), 8.
157) John R. Stott, *The Preacher's Portrait*, 채경락 역, 『설교자란 무엇인가』 (서울: 한국기독교학생회출판부, 2010), 109.

받은 자의 교회 공동체를 향한 공식적인 말씀의 전달이기 때문이다. 따라서 설교는 개인의 간증과 달리 공적 성격과 공동체적 성격을 지니게 된다.

설교가 개인의 체험을 바탕으로 하되 공적 성격을 지니기 위해서는 그 설교가 '증인'으로서의 성격을 지녀야 한다. 여기에서 증인은 witness, testimony로 공적인 의미가 있다. 따라서 설교는 체험적 설교가 되는 동시에 그 설교가 공동체에서 공적으로 행하는 공적 증언이 되어야 한다. 설교자는 증인의 자격으로 강대상에서 선포하는 것이다. 이와 관련하여 베드로와 사도들은 예루살렘에서 복음을 전한다는 이유로 체포되어 산헤드린 공회에 섰을 때 "우리는 이 일에 증인이요 하나님이 자기에게 순종하는 사람들에게 주신 성령도 그러하니라"(행 5:32)라며 공적 증인의 자격으로 말하고 있음을 분명히 한다.

증인으로서 설교 강단에 서기 위해서는 교회 공동체 유산의 바탕에서 설교해야 한다. 공동체의 유산은 성경을 의미한다. 성경은 교회라는 신앙 공동체에 하나님이 주신 계시의 말씀이면서 진리의 말씀으로 계승되고 내려온 것이다. 따라서 설교자는 자신의 체험을 설교화할 때 엄격하게 성경의 말씀을 토대로 구성하고 선포해야 한다.[158]

또 하나의 검증대로 삼아야 할 신앙 공동체의 유산은 기독교 교의(교리)이다. 교의란 조직신학자 벌코프에 의하면, "교회가 공적으로 정의하고 신적 권위에 근거하여 교회로부터 확립된 진리라고 선언한 것"[159]을 말한다. 이런 교의(교리)는 설교자가 성경을 해석하고 설교할 때 성경을 종합적으로 해석하도록 돕는다. 또한 설교자 개인의 해석이 올바른 것인가를 검증하는 도구가 된다. 초대 교회 이래 내려온 진리의 검증대를 통과할 때, 설교는 정밀하고 풍성한 하나님의 말씀으로서 성격을 가지게 된다. 이런 검증대를 통과했을 때 그 설교는 개인적 체험의 단계를 넘어 성경과 공동체 신앙 유산에 근거한 진리의 말씀이 되는 것이다.

---

158) 토마스 롱(Thomas G. Long)은 설교자가 강대상에 설 때 공적 '증인'의 자격을 가지고 서야 한다고 말한다. 설교자는 성경 연구를 통해 하나님의 음성을 듣고 임재를 경험하며 이런 경험을 통하여 얻은 하나님에 대한 증언을 전달해야 한다고 말한다.- Thomas G. Long, *The Witness of Preaching*, 정장복 공역, 『증언으로서의 설교』 (서울: 기독교문서선교회, 2019), 96-102.

159) • Louis Berkhof, *Systematic Theology,* 이상원 등 공역, 『벌코프 조직신학』 (서울: 크리스천다이제스트, 2001), 19.
  • 교의(교리)학을 미국에서는 조직신학이라고 부르고 있다.

Ⅲ. 신뢰받는 설교자는 독창적인 설교자이다

1. 자신만의 설교 세계를 갖춘 설교자가 되어야 한다

2020년 2월 9일은 한국 영화, 나아가 한국 문화계에 큰 기념비가 세워진 날이다. 영화계의 노벨상이라고 불리는 제92회 아카데미상에서 봉준호 감독의 「기생충」이 무려 4개 부문을 수상했기 때문이다. 특히 비영어권 영화가 최우수 작품상을 받은 것은 92년의 아카데미 역사상 처음 있는 일이라고 한다.

한국 영화가 세계 영화계에서 인정받은 비결은 무엇일까? 여기에 대하여 수상자인 봉준호 감독은 "'기생충'은 가장 한국적인 것들로 가득 차서 오히려 가장 넓게 전 세계를 매료시킬 수 있었던 것이 아닌가 생각한다"[160]라고 말한다. 한국인의 관점과 분위기에서 사건을 풀어 가고 해답을 제시한 것이 전 세계 영화인들의 마음을 사로잡았다는 것이다.

영화가 영상을 매개로 소통을 꾀하는 커뮤니케이션이라면, 설교는 언어를 통해 소통하는 커뮤니케이션이다. '소통'의 과정을 통하여 설득하고 감동을 주려는 목적에는 차이가 없다. 설교가 평범한 수준을 뛰어넘어 뛰어난 설교의 자리로 발돋움하기 위해서는 어떻게 해야 할까? 그것은 설교자 본인만의 색깔을 드러내는 독창성을 가진 설교가 되어야 한다. 자신의 색깔이 분명한 설교가 사람들의 귀를 잡을 수 있다.

자신의 독특성을 갖추고 드러내는 설교자의 모습에 대하여 많은 목회자는 거부감을 가질 수 있다. 하나님의 말씀인 설교를 지나치게 설교자 '개인'에게 맞추는 것이 아닌가 하는 우려 때문일 것이다. 그러나 설교의 '본질'을 살펴보면 이런 설교의 독창성을 강조하는 것이 오히려 필요하다는 것을 알 수 있다. 설교란 무엇인가? 우리는 이에 대하여 지금까지 필립스 브룩스의 정의를 사용하였다. 그는 설교는 '인격(human personality)을 통하여 전달되는 진리(divine truth)'라고 설명했다.

---

160) 조재영, "봉준호 '기생충' 가장 한국적이어서 전 세계 매료한 듯," 『연합뉴스』, 2020.2.10.

여기에서 인격은 개인적 독특성을 가진 설교자를 말한다. '인격'은 모든 설교자가 같을 수 없다. 천양지차의 모습을 보이는 것이다. 하나님은 어쩌면 다양한 개성을 지닌 설교자들을 '개별적'으로 부르시고 사용하시어 더욱 풍성한 영의 양식을 주시려는지 모른다. 이런 점을 고려하여 필립스 브룩스는 다음과 같이 말한다.

> 인격을 통한 진리라고 말하는 것이 참된 설교 사역에 대한 묘사입니다. 그 진리는 진실로 인격을 통하여 나와야 합니다. 단순하게 입술로만 하는 것이라든지, 단순히 자기의 이해나 자기의 펜에서만 나오는 것이어서는 안 됩니다. 그 진리는 설교자의 성품, 설교자의 정서, 설교자의 지성적이고 도덕적인 존재를 통하여 나와야 합니다. 그것은 순전하게 그로 말미암아 나와야 합니다. 두 설교자가 있다고 하고, 그 두 사람이 연구나 지성적인 능력은 같다고 상정합시다. 그런다 할지라도 두 설교자의 설교에는 큰 차이가 있다고 저는 생각하는 것입니다.[161]

하나님은 설교자 자신이 가진 고유한 개별성을 활용하여 더 효과적으로 말씀을 전하도록 하신다는 것을 알 수 있다. 그렇다면 구약의 선지자인 아모스는 요엘이 될 수 없고, 예레미야는 이사야가 될 수 없다. 아모스답게, 예레미야답게 말씀을 전하는 것이 가장 효과적으로 하나님의 뜻을 전하고 드러내는 것이라고 할 수 있다. 그럴 때 회중들은 더욱 하나님의 말씀에 집중하여 들을 수 있다.

2. 보편성 속에 독특함을 갖추는 설교자가 되어야 한다

그럼 어떻게 하면 다른 설교자와 구별되면서도 자신만의 색깔을 가진 설교자가 될 수 있을까? 이런 설교자가 되기 위해서는 먼저 보편적인 설교 세계를 확립해야 한다. 자신만의 설교 세계를 지니었다고 하여도 설교는 성경과 교회 공동체의 유산인 교리에 기반을 둔 보편적인 진리를 담고 있어야 한다. 진리의 보편성을 지니지 않으면 편협하고 일방적인 설교가 될 수밖에 없다. 다음의 두 가지 접근이 유용할 것이다.

---

161) Phillips Brooks, *On Preaching*, 서문강 역, 『설교론 특강』 (서울: 크리스천다이제스트, 1995), 18, 19.

❶ 영적 체험의 범위를 넓히는 설교자

앞에서 확신 있는 설교를 하려면 설교자 자신의 영적 체험을 바탕으로 설교하여야 한다는 것을 설명했다. 그래야 자신 있게 선포할 수 있기 때문이다. 그런데 그런 영적 체험이 아직 목회 경험이 짧아서 충분히 축적되고 숙성되지 않은 단계에 머무는 경우가 있을 수 있다. 이런 상황에서도 설교자는 자신이 체험한 것만을 설교해야 할까? 그렇다면 전체 성경 66권 중에서 설교자가 자신 있게 설교할 수 있는 부분은 많지 않을 것이다. 설교자에게 어떤 말씀은 자신이 체험하지 못한 그런 영역에 있어 영적으로 확신의 단계에 도달하지 못한 말씀일 수 있다. 그러나 그럴 때도 말씀을 연구하고 기도하면서 회중에게 전해야 한다. 왜냐하면 설교자는 일차적으로 교회 공동체의 일원이면서 한편으로 말씀을 전달하도록 위임받은 말씀의 종이기 때문이다.

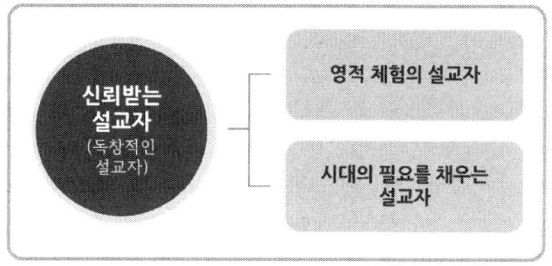

목사 안수를 받는다는 것은 바로 공동체의 일원이 되어 하나님으로부터 대표로 말씀을 받고 이를 회중에게 전달한다는 것을 의미한다. 그렇다고 하면 교회 공동체에서 진리의 말씀으로 확정되고 전수된 말씀은 어느 것 하나 소홀히 함이 없이 전달해야 한다. 이것이 교회 공동체의 일원이자 대표자로서 설교자의 책무이다. 따라서 자신이 체험하지 못하고 영적 확신이 없는 성경의 부분이라도 설교로 전하여야 한다. 이런 과정을 통하여 예전에는 이해되지 않던 말씀도 어느 순간에 살아 있는 말씀으로 다가오면서 영적 체험을 하게 된다. 자신에게 주시는 말씀이 되는 것이다. 설교자는 먼저 자신이 경험한 영적 체험과 은혜를 중심으로 설교를 전달하되, 그런 범위 밖에 있는 성경도 기도하면서 함께 전하도록 해야 한다. 이런 과정을 통하여 성경에 대한 보다 폭넓은 이해와 깊은 신뢰가 확대되면서 자신만의 독특한 설교 세계를 구축하게 된다. 보편성을 지니면서도 독특성을 갖춘 설교가 가능하게 된다.

❷ 시대의 필요를 채워 주는 설교자

성경은 특정한 시대를 살아가는 사람들에게 주신 말씀이다. 하나님의 말씀은 어느 시대에나 통용되고 수용되는 진리의 말씀이지만 한편으로 특정한 시대에 맞추어 선포되는 개별성과 독특성을 지닌다. 예를 들어 보자. 여호수아 1장에 나오는 여호수아를 향한 가나안 진군 명령은 여호수아 시대를 살았던 이스라엘을 향한 하나님의 명령이시다. 과거의 말씀이다. 그렇다면 현대의 한국인에게 3,500년 전의 가나안 진군 명령이 무슨 의미가 있는가? 과거의 말씀이 아닌 오늘의 말씀으로 바꾸어 전해야 한다. 오늘의 말씀이 되게 하려면 시대에 맞게 적용하여 전해야 한다. 그래야 회중은 더욱 설교자를 신뢰하며 귀를 기울이게 된다.

성경의 말씀이 과거가 아닌 오늘에 주시는 말씀이 되게 하려면 그 시대를 살아가는 회중의 필요(needs)와 이들을 향한 하나님의 뜻을 먼저 확보해야 한다. 설교의 대가를 이룬 사람들은 한결같이 이런 시대의 필요를 자신의 언어로 표현하고 이것으로 자신만의 설교 세계를 구축한 사람들이다. 팬트(Fant)와 핀슨(Pinson)은 *20 Centuries of Great Preaching*이라는 책에서 "훌륭한 설교는 시의적절한 설교"[162]라는 결론을 내렸다. 시의적절한 설교는 설교자가 설교를 통하여 그 시대 사람을 말씀으로 보살펴 주고 사람들의 '필요'를 채워 주는 설교를 의미한다.

우리는 시대에 적절한 설교로 한국 교회를 이끌며 풍성한 말씀 식탁을 제공하였던 역사적 경험을 가지고 있다. 20세기 한국 교회를 이끌었던 조용기 목사, 옥한흠 목사, 이중표 목사 등이 그 예이다. 이들은 자신들의 개별성이 흠뻑 묻어나면서도 교회와 회중이 필요로 하는 '그 시대'의 말씀을 선포했다. 우리가 아는 것과 같이 조용기 목사의 '3박자 축복', 옥한흠 목사의 '예수와 성령의 이름으로', 이중표 목사의 '별세 신학'이 그 예이다.

자신만의 설교 철학을 만들고 색깔이 분명한 설교자가 되려면 시대의 아픔에 대한 깊은 이해가 필요하다. 명설교자는 한결같이 세상의 아픔을 자신의 아픔처럼 느꼈던 사람들이다. 그리고 기도

---

162) Haddon Robinson, Craig Brian Larson, eds, *The Art and Craft of Biblical Preaching*, 전의우 등 공역, 『성경적인 설교와 설교자』 (서울: 두란노 서원, 2006), 101에서 재인용.

했던 사람이다. 하나님이 주시는 말씀으로 시대를 향해, 아픔을 어루만지며 소망을 주었던 설교자이다. 지금의 한국 교회는 더욱 이런 설교자를 필요로 한다. 세상의 문제와 사람의 고통을 가지고 하나님께 기도할 때 하나님은 그 설교자를 예레미야처럼, 호세아처럼, 하박국처럼 특별하게 사용하실 것이다.

Ⅳ. 제자의 길을 걷는 설교자: "나의 심장을 주님께 드립니다."

1. 참된 제자를 찾고 있는 한국 사회

2024년 7월 2일, 한 언론에 실린 기사 제목이 사람들의 눈길을 끌었다. "'시골 의사'의 솔직 고백에 댓글 창 폭발한 이유"였다. '시골 의사 tv'라는 유튜브 채널을 개설하고 운영하는 의사의 영상이 대박이 났다. 경남의 시골 마을을 지키며 소소한 일상을 소개하는 내용의 영상이었다.

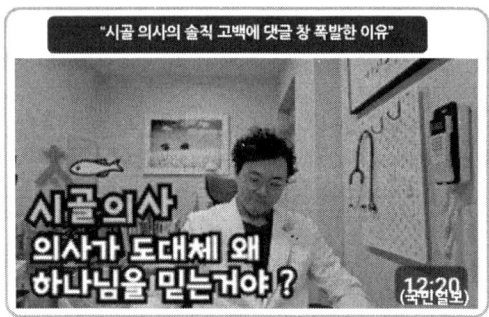

평소에는 구독자 4,000명, 평균 조회 수 500회 수준에 불과하였다. 그런 그의 채널이 갑자기 세상에 알려진 것은 '의사가 도대체 왜 하나님을 믿는 거야?'란 영상을 올리면서이다. 농촌 교회에 출석하며 신앙생활을 하는 젊은 의사의 소회를 담담하게 털어놓는 내용이다. 이 영상은 조회 수가 19만 회(2024.8.2. 기준)를 넘기며 구독자 수를 3만 명으로 가파르게 끌어올리고 있다. 더구나 영상에 붙여진 댓글이 2,000개가 넘어 사람들을 놀랍게 한다. 다음은 그 댓글 내용이다. '저도 교회 다니는 의사인데 왜 더 일찍 믿지 않았을까 안타까워합니다. 좀 더 일찍 믿었더라면 더 나은 의사가 되지 않았을까 하구요….' '교회도 안 다니고 예수님도 믿어지지 않는 1인입니다. 의사님의 신앙고백이 진심으로 느껴지고 마음속에 깊이 와닿네요. 저에게도 하나님이 손을 내미시는 날이 오기를 기도합니다.' '갑자기 뜬 영상을 두 개째 보는데, 교회도 안 다니고 예수님도 안 믿는데 왜 보느냐고 자꾸 물어보시니 당황스럽네요. 하나님을 알고 싶고 알아가는 중입니다.'

'시골 의사 tv'라는 유튜브에서 올리는 영상은 어찌 보면 평범한 영상들이다. 일반인이면 그리고 신실한 신앙인이면 누구나 체험했을 내용이다. 그런데 왜 사람들은 박수를 보내고 있을까? 그것은 유튜브 영상을 제작하는 사람의 직업이 '의사'이기 때문이다. 당시는 정부와 의사 간의 갈등이 계속되던 때였다. 2024년 2월 6일에 정부는 의대생 입학 정원을 대폭 늘려 2025년도부터 적용하겠다고 발표했다. 이에 전공의, 의과대학 재학생, 의대 교수들이 집단으로 반발하여 사직하거나 출석 거부 혹은 진료 거부를 하고 있었다. 이런 의사의 행동에 일부 국민들은 곱지 않은 시선을 보내고 있었다. 국민은 의사들의 집단 이기주의, 자기 밥그릇 챙기기에 불과한 것으로 여기고 있었다. 그러나 유튜브에서 보여 주는 '시골 의사'의 모습은 일반인들이 생각하는 '의사'와는 반대였다. 돈벌이가 아니라 농촌에서 묵묵히 자신을 헌신하는 모습을 영상에서 보여 주었기 때문이다. 그는 2024년 3월에 '의료계 파업과 지방 의료 공백'에 대한 자신의 생각을 아래와 같이 밝히기도 했다.

> "올해 1, 2월 기준 지난해보다 환자 수는 20%, 매출은 28%가 줄었다. 매년 매출이 10% 정도씩 줄어드는데 현실적으로 의원을 유지하는 게 이상한 일. … 여길 떠날 수는 없을 것 같다. 할머니들이 다 돌아가시고 더 이상 동네에서 내가 할 역할이 없다 싶으면 떠날 것이다."[163]

농촌의 고령화로 환자 수는 줄고 수입은 매년 감소하여 의원 운영이 어렵다는 것이다. 보통의 의사라면 빨리 짐을 싸서 도시로 나감직도 하다. 그러나 그는 끝까지 마을을 지키겠다고 한다. 자신의 진료가 필요한 할아버지, 할머니를 섬기며 시골을 지키겠다고 말한다. 그는 도시에서 고소득을 올리면서 얼마든지 안락하게 살아갈 수 있다. 그러나 그렇게 하지 않았다. 신앙인이기 때문이다. 사람들은 그에게서 '참된 그리스도인'의 모습을 발견하였다. 예수님을 믿는 사람이라면 '저렇게 살아야 해'라고 하면서 박수를 보내고 있는 것이다.

한국 교회는 여러 도전에 직면하고 있다. 이런 도전의 하나가 교회에 대한 사회의 긍정적 인식이 떨어지고 있는 것이다. 교회는 세상과 동떨어진 존재가 아니다. 세상 속에서 사람들과 함께 어울리며 존재 의미를 확보하여야 한다. 고기가 물을 떠나서는 살 수 없듯이 교회는 세상과 동떨어져서는 존재할 수 없다. 교회가 세상에서 복음을 전파하고 사회적 사명을 감당하려면 대사회적 신뢰가 일정 수준 이상 도달해야 한다. 그러나 한국 교회의 현실은 그렇지 않다.

---

163) 최기영, "'시골 의사'의 솔직 고백에 댓글 창 폭발한 이유," 『국민일보』 2024.7.2.

기독교윤리실천운동이 '2023 한국 교회의 사회적 신뢰도 여론조사'를 발표하였다.[164] 이 조사에서 교회에 대한 사회의 신뢰도가 떨어지고 있음을 알 수 있다. 응답자 중에 '한국 교회를 신뢰한다'는 비율은 20.8%에 불과하다. 반면 '한국 교회를 신뢰하지 않는다'는 응답은 74.6%로 조사되었다. 국민의 5명 중 4명이 한국 교회를 신뢰하지 않고 있다. 한국의 여러 종교 가운데서도 선호도가 가장 낮게 나타났다. 응답자들에게 가장 친근감을 주는 종교는 불교가 23.2%로 가장 높았고 가톨릭 19.9%, 개신교 19.6% 순으로 드러났다.

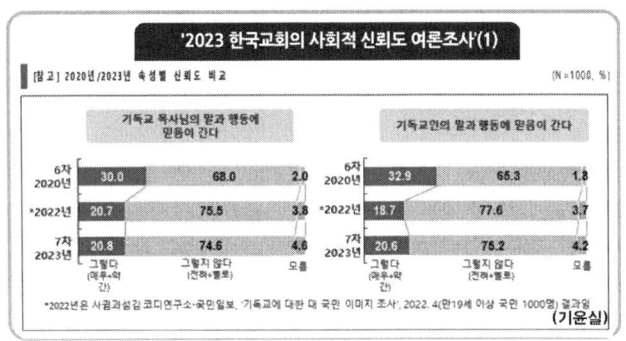
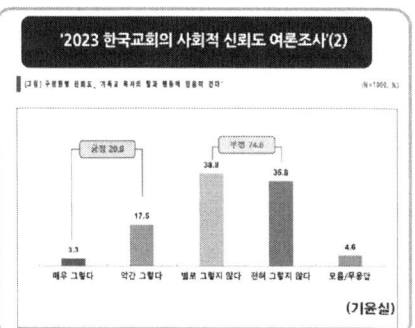

교회에 대한 사회 시선이 날로 차가워지는 이유는 무엇일까? 여러 요인이 있을 것이다. 그중의 하나는 목회자에 대한 신뢰가 떨어지기 때문일 것이다. 조사 자료에 의하면 응답자 중에 '기독교 목사의 말과 행동에 믿음이 간다'고 답한 비율은 20.8%에 불과했다. 이 수치는 2020년과 비교하여 10%가 하락한 수치이다. 신뢰하지 않는다고 답한 응답자는 74.6%에 이른다. 신문에서 자주 보도되는 교회 이기주의, 목회직 세습 문제, 목회자의 성 추문 등 일탈, 교회 재정의 불투명한 사용 등이 목회자 신뢰를 떨어트리고 이것이 교회에 대한 불신으로 이어지고 있다.

교회에 대한 세상의 신뢰를 회복하기 위해선 무엇이 필요할까? 목회자의 역할이 중요하다. 세상은 목회자가 교회를 대표하며 성도를 이끌고 있다고 보기 때문이다. 목회자는 세상 사람들이 기대하는 삶의 모습을 보여 주어야 한다. 목회자의 삶에서 예수님의 모습을 찾기를 원한다. 세상은 교회를 원하는 것이 아니고 교회 안의 목회자와 성도를 통하여 하나님과 주님을 알기를 원한다. 목회자의 삶에서 주님의 모습을 발견할 때 세상 사람은 교회를 신뢰하고 찾게 될 것이다.

---

164) (사)기독교윤리실천운동, 『2023 한국 교회의 사회적 신뢰도 여론조사 결과 자료집』, 2023.2.16.

목회자의 모습은 한편으로 교회 성도에게도 지대한 영향을 미친다. 성도는 말씀을 듣고 하나님을 만나기 위해 교회를 나온다. 말씀이 효과적으로 성도에게 들려지고 삶에 스며들게 하려면 강대상에서 선포하는 목회자를 신뢰할 수 있어야 한다. 필립스 브룩스가 지적한 것처럼 설교는 '인격'을 통해 전달되는 말씀이기 때문이다. 말씀의 통로인 설교자의 인격이 성도에게 신뢰받지 못하면 설교는 회중의 마음을 열지 못한다. 성도는 고개를 돌린다. 설교를 열심히 준비하고 선포해도 그 효과가 나타나지 않는다. 목회자는 말씀과 삶이 하나가 되어야 한다.[165]

2. 참된 제자도를 실천한 존 칼빈

목회자의 삶과 설교가 일치를 이루어 교회와 세상에 선한 영향을 끼친 인물이 존 칼빈이다. 칼빈은 1517년에 루터에 의해 시작된 종교개혁을 완성하여 현대의 개신교 기틀을 마련한 인물이다. 그는 교의신학의 완성판인 『기독교강요』를 집필했고 모범적인 성경 해석과 설교 방법론을 확립한 사람이다. 교회와 지역사회를 변화시키기도 했다. 칼빈이 제네바에 부임할 당시 제네바는 유럽에서 가장 타락한 '소돔의 도시'라고 일컬어졌다. 그러나 칼빈의 수고와 설교의 영향력에 의해 제네바는 후에 역사상 가장 온전한 모습을 보인 '그리스도의 학교'라는 칭호를 얻었다.

칼빈의 이런 업적은 어디에서 기인하는가? 그의 학력과 지식에서 왔는가? 그는 몽테귀 대학에서 문학석사 학위를 받았다. 오를레앙 대학에서 법학을 공부하기도 했다. 당시로서는 최고의 학력을 가지고 있었다. 또한 많은 논문과 신학서를 저술하여 학자적인 능력을 보여 주기도 했다. 그러나 그가 목회에서 거둔 열매는 이런 학력이나 세상적인 실력에서 비롯된 것이 아니다. 그의 마음 깊은 곳에 자리 잡고 있는 제자로 살아가려는 열심에서 시작되었다. 이런 칼빈의 열심은 온갖 고난과 아픔이 몰려올 때에 더욱 빛을 발휘하여 사람을 감동시켰다.

---

165) 말씀과 삶이 일치하는 설교자는 도덕적으로 흠이 없는 설교자를 의미한다. 그러나 이것이 설교자가 강단에 설 수 있는 자격이나 조건이 된다는 것을 뜻하지는 않다. 설교자는 일차적으로 주님의 보내심을 받은 자이기 때문이다. 이에 대하여 종교개혁자들의 관점을 보여 주는 제2 헬베틱 신앙고백은 다음과 같이 선언한다. "…이제 선포되는 그 말씀 자체가 존중되는 것이지 그 말씀을 선포하는 설교자가 그리 되는 것이 아님을 믿는다. 말씀을 선포하는 그가 악하거나 죄인이라 할지라도 하나님의 말씀은 여전히 진실하고 선한 말씀임을 우리는 믿는다."-David Buttrick, A Captive Voice, 김운용 역, 『시대를 앞서가는 설교』(서울: 요단출판사, 2002), 56.

그가 제네바에서 28세(1536년)에 목회를 시작하여 55세(1564년)에 세상을 떠날 때까지 27년의 목회는 '고난과 슬픔'의 시간이었다. 제네바에서 그의 대적자들은 끊임없이 공격할 기회를 엿보고 있었다. 제네바 의회는 종교개혁과 시정(市政)의 주도권을 잃지 않으려고 칼빈과 자주 충돌을 일으켰다. 그의 목회와 삶은 마치 수레에 짐을 가득 싣고 허덕이며 언덕을 올라가야 하는 소처럼 힘든 상황이었다.

칼빈은 가정생활도 순조롭지 못했다. 그는 31세라는 늦은 나이에 '이델레트'라는 여인과 결혼하였다. 연이어 세 명의 자녀를 두면서 가정의 단란함을 맛보았다. 그러나 이런 행복도 오래가지 않았다. 아이들이 자라면서 모두 병으로 죽었다. 사랑하였던 아내도 상심과 고된 가사로 병을 얻어 죽었다. 칼빈이 41세가 되던 때였다. 노년에 접어들면서 홀로 남겨진 것이다. 더구나 그는 '걸어 다니는 병원'이라고 할 정도로 많은 병을 앓고 있었다. 평생 코감기, 천식, 소화불량, 두통, 관절염, 궤양성 치질, 결석병, 악성 폐렴, 늑막염 등 병을 달고 다녔다.

그럼에도 그의 목회 열정은 식지 않는다. 새벽 5시면 어김없이 일어났다. 주일에는 성 베드로 교회에서 두세 차례 설교를 했다. 월·수·금요일에는 주중 설교를 했다. 매주 화·목·금요일에는 공개 강연회를 열었다. 매주 목요일에는 당회를 열고 각종 회의를 주재하였다. 그리고 틈틈이 서재에서 연구와 집필에 몰두했다. 아파서 책상에 앉지 못할 때는 침대에 누워서 설교문을 작성하거나 집필을 했다. 그는 자신에게 주어진 시간을 한시도 허투루 보내지 않았다.

고난과 아픔 속에서도 식지 않는 그의 열정은 어디에서 나오는 것일까? 그가 제네바에서 함께 종교개혁을 이끌었던 기욤 파렐에게 보낸 편지에서 답을 찾을 수 있다. 그는 파렐의 강권적인 권유에 의해 제네바에서 목회를 시작했다. 그러나 2년이 채 안 되어 제네바에서 추방을 당한다. 강력하게 종교개혁을 이끌려는 칼빈을 제네바가 수용하지 않은 것이다. 그는 제네바를 떠나 스트라스부르로 옮겨 새롭게 목회를 시작한다. 이 도시는 '종교개혁 시대의 안디옥 교회'로 불리던 도시였다. 이곳에서 좋은 대우를 받으면서 목회를 할 수 있었다.

그러나 제네바 의회는 추방한 지 4년이 못 되어 다시 칼빈을 찾는다. 전령을 보내 제네바로 와 달라는 청빙서를 보낸다. 칼빈이 아니면 제네바를 이끌 사람이 없다는 것을 깨달은 것이다. 칼빈은 깊은 고뇌에 빠졌다. 주변에서는 만류를 했다. 칼빈 역시 주저했다. 칼빈에게 제네바는 '하늘 아래 이렇게 큰 두려움을 주는 곳은 없다'고 했을 정도로 험악한 도시였다. 그러나 다시 돌아가기로 했다. 그때의 심정을 기욤 파렐에게 편지를 써서 남겼다.

"이 문제에서 제 자신의 주인은 제가 아님을 기억하며, 저의 심장을 희생 제물로 주님께 드립니다. 하나님께 순종하기 위하여 사슬에 묶인 저의 영혼을 드립니다."[166]

이 서신에서 보여 주듯 칼빈의 목회관은 '나의 심장을 주님께 드립니다(I offer my heart to you, Lord)'이다. 자신의 가장 귀한 것조차 아낌없이 주님을 위해 올려 드리는 헌신의 자세가 있었다. 이것을 삶으로 실천했다. 온갖 고난과 고통 속에서도 그리스도를 본받아 가는 삶의 모습을 보여 주었다. 강대상에서 설교하는 그의 모습에서 제네바 시민은 그리스도의 모습을 발견한 것이다. 주님의 참된 제자를 발견한 것이다. 그의 설교는 더욱 힘을 얻어 갔고 주일이 되면 설교를 들으려는 사람으로 교회는 가득 찼다. 사람을 변화시키고 그 영향력이 교회를 뛰어넘어 제네바, 나아가 전 유럽으로 퍼져 나갔다.

이번 7장에서는 설교자가 회중에게 선포하는 말씀이 효과를 거두려면 신뢰받는 설교자가 되어야 한다는 것을 설명했다. 이를 위해서는 알찬 내용의 설교를 효과적으로 선포하여야 한다. 그러나 보다 중요한 것은 설교자가 회중에게 깊은 신뢰를 얻어야 한다. 강대상에서 설교하는 목회자의 모습에서 주님의 모습을 발견토록 해야 한다. 참된 제자도를 실천해야 한다. 그것은 '자기 부인'이다. 스펄전은 '참된 제자가 살아가는 법'이라는 설교에서 '그리스도의 제자란 누구를 말하는가?'라고 물은 후 '그리스도 위에 다른 것을 올려놓지 않는 제자', '그리스도를 위해 가장 소중한 것도 내

---

166) 본 서신은 그가 제네바로 돌아갈 것을 결심한 1540년 10월에 기욤 파렐에게 보낸 서신의 일부이다.-Thea B. Halsema, *This was John Calvin*, 강변교회 청소년학교 도서위원회 역, 『이 사람 존 칼빈』 (서울: 성약, 2007), 191.

려놓을 수 있는 사람', 이를 위해 '내 구주 예수를 더욱 사랑하는 사람'이라고 말한다.[167] 칼빈은 이것을 실천한 그리스도의 제자였다.

"이에 예수께서 제자들에게 이르시되 누구든지 나를 따라오려거든 자기를 부인하고 자기 십자가를 지고 나를 따를 것이니라"(마 16:24).

---

167) Charles H. Spurgeon, *You Follow Me!*, 송용자 역, 『예수가 가르친 제자도』 (고양: 터치북스, 2023), 42-56.

8장

성공적인 설교를 위한 원리와 전략(Ⅱ)
- 회중 중심의 설교를 하라!

Ⅰ. 선포의 패러다임이 바뀌어야 한다

1. '차별화 전략'이 필요한 시대

한국 사람의 커피 사랑은 유난하다. 전 세계에서 주목을 받고 있다고 한다. 시장조사기관인 유로모니터에 따르면 2020년 기준 한국인의 연간 커피 소비량은 성인 1명당 367잔이라고 한다. 이는 전 세계 평균(161잔)의 2배가 넘는 수치로, 프랑스에 이어 2위를 차지한다고 한다. 이에 따라 커피점도 급증하기 시작했다. 수년 사이에 두 배로 늘어 2023년에는 커피전문점이 10만 개에 이르게 되었다고 한다.[168] 동네마다 골목마다 커피점이 없는 곳이 없다.

커피점이 급증하다 보니 경쟁도 치열할 수밖에 없다. 커피점 업주 사이에서는 '미운 사람 있으면 커피점 창업하라고 부추겨라'라는 우스갯소리가 있다고 한다. 이런 상황에서 커피점 업주들은 치열한 경쟁을 벌인다. 고객의 마음을 사로잡는 커피점이 되기 위해 사활을 걸 수밖에 없다. 다른 커피점과의 경쟁에서 이기기 위해서는 '차별화 전략'이 필요하다. 고객이 좋아할 커피 맛을 내기 위해 고가의 커피 추출기를 도입하는가 하면 많은 돈을 들여 수시로 인테리어를 바꾸기도 한다. 차별화 전략의 핵심은 고객 만족에 있다. 고객이 만족하면 매장을 찾는 발걸음은 잦아진다. 그러면 매출이 늘어난다. 차별화 전략은 생존을 위한 전략인 것이다.

---

168) 하수정, "카페 10만 시대… 한국인은 150년 전부터 커피를 사랑했다," 『매일경제』, 2023.4.9.

차별화 전략은 커피점에만 해당하지 않는다. 치열한 경쟁 사회로 접어드는 한국 사회의 각 부분에서 차별화 전략이 필요치 않은 곳이 없다. 교회 역시 예외는 아니다. 교회는 가까이는 인근 교회와 경쟁을 벌이고 있다. 나아가 성도의 귀를 붙잡기 위해 사회의 다양한 미디어 매체와 경쟁을 벌이고 있다. 그렇다면 교회 역시 선의의 차원에서 '차별화 전략'이 필요한 시대에 접어들었다고 할 수 있다.

2. 회중 중심 설교의 중요성

설교란 무엇인가? 하나님 말씀을 전하는 것이다. 죄인을 향한 용서와 은혜의 자리로 돌아올 것을 선포하는 것이다. 따라서 사람들이 수용하든 그렇지 않든지 일방적으로 선포된다. 설사 사람들이 거부하고 회피할지라도 하나님의 말씀은 계속 선포되어야 한다. 하나님의 말씀으로서의 설교는 일방적인 선포의 성격을 갖는다. 이런 성격은 에스겔서 3장 10, 11절의 "인자야 내가 네게 이를 모든 말을 너는 마음으로 받으며 귀로 듣고 사로잡힌 네 민족에게로 가서 그들이 듣든지 아니 듣든지 그들에게 고하여 이르기를 주 여호와의 말씀이 이러하시다 하라"라는 구절에서 잘 나타난다.

설교는 일방적 선포를 본질로 하지만, 말씀을 전할 때도 일방적으로 전해도 된다는 것을 의미하지는 않는다. 일부 설교자는 '듣든지 아니 듣든지' 무조건 전해야 한다고 생각하는 사람들이 있다. 그러나 회중들이 귀를 기울이지 않으면 그 설교는 실패한 말씀이 된다. 그렇게 되면 설교의 목적인 '인격의 변화'를 기대할 수도 없다. 설교자는 일방적인 선포로서의 설교의 본질을 이해하면서도 강대상에서 전할 때는 회중들이 귀를 기울일 수 있도록 설교해야 한다. 지금까지 설교는 전달자인 설교자에 초점이 맞추어져 있었다. 그러나 시대가 바뀌었다. 수용자인 '회중 중심의 설교'가 되어야 한다. 그래야 들려지고 설득에 성공하는 설교가 된다. 회중 중심의 설교는 '회중의 입장과 필요(needs)'를 고려하면서 설교를 구성하고 전하는 것을 의미한다. 설교자는 자신이 전하려는 분명한 말씀을 가지고 있어야 한다. 그러나 전할 때는 회중의 상황을 고려하면서 말씀을 전해야 한다.[169]

---

[169] 폴 스캇 윌슨은 설교는 그리스도 안에서 하나님과의 관계를 다루면서도 한편으로 회중과의 관계에 초점을 맞추어야 한다고 말한다. 설교에서 그리스도 중심성, 회중 중심성을 강조한다. Paul S. Wilson, *The Practice of Preaching* (Nashville: Abingdon Press, 1995), 75.

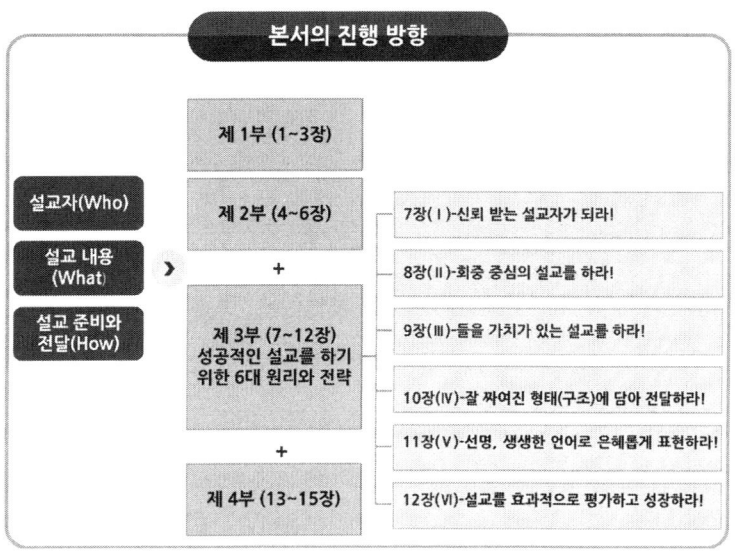

우리는 설교를 커뮤니케이션으로 보고 성공적인 소통을 위해서 무엇이 필요한가를 살펴보고 있다. 해럴드 라스웰의 SMCRE 모델에 따라 '성공적인 설교를 하기 위한 6대 원리와 전략'을 제시하고 있다. 8장에서는 두 번째 원리와 전략으로 '회중 중심의 설교'의 필요성과 그 방법을 살펴볼 것이다. 설교가 은혜롭고 성공적인 말씀이 되려면 알찬 내용을 가지고 효과적으로 전달해야 한다. 그런데 그 내용은 설교자가 목회적 필요에 따라 일방적으로 정하는 것이 아니다. 회중의 상황과 필요를 고려하면서 말씀을 구성하고 전달해야 한다. 그래야 회중은 귀를 기울이고 경청하게 된다. 설교에 있어 회중의 중요성은 아무리 강조해도 부족하지 않다.

그러나 기존 설교학 교재에서는 회중의 문제를 거의 다루지 않는다. 교재의 초반부에서 청중의 상황을 의미하는 파토스(pathos)의 개념을 설명하는 정도에 머문다. 이런 영향을 받아서 많은 설교자가 회중을 고려하지 않고 설교하는 것이 현실일 것이다. 그러나 성공적인 설교가 되려면 회중 중심의 설교를 하여야 한다. 회중에 대한 배려가 이렇게 중요하기에 미국의 대표적인 설교학자인 토마스 롱은 The Witness of Preaching(『증언 설교』)에서 설교의 핵심 요소를 회중, 설교자 자신, 설교 내용, 그리스도의 임재로 꼽으면서, 회중을 가장 앞에 세운 것이다.[170] 토마스 롱은 현대의 설교학자 가운데 회중의 중요성을 인식한 인물이지만 그도 회중의 의미와 가치 그리고 회중 중심의

---

170) Thomas G. Long, *The Witness of Preaching*, 이우제 외 1인 역, 『증언 설교』 (서울: 기독교문서선교회, 2019), 42, 43.

설교를 실현하는 구체적인 방법은 제시하지 않고 있다.

설교자는 과거의 일방적인 선포를 당연시하던 시대에 가지고 있던 자세를 탈피해야 한다. 회중의 입장을 고려하면서 말씀을 전해야 한다. 회중을 고려하지 않고 일방적으로 전하는 것은 마치 커피점을 운영하는 업주가 고객의 필요를 고려하지 않고 자신의 입장에서 매장을 운영하는 것과 같다. 그 결과 얼마 지나지 않아 문을 닫아야 하는 상황이 될 것이다. 설교자 역시 과거 시대와 다른 환경에서 말씀을 전하고 있다. 과거에 설교 강단은 독점적인 권위와 존경을 받고 있었다. 하나님의 말씀이라는 이유로 회중은 무조건 경청하는 것을 당연하게 여겼다. 그러나 권위가 점차 소멸하는 포스트모던 사회에 한국 교회는 자리 잡고 있다.[171] 설교가 하나님의 말씀이라는 이유로 일방적인 경청을 요구할 수 있는 시대가 아니다. 무엇보다 사람들의 눈과 귀를 사로잡기 위한 다양한 매스미디어가 폭증하고 있다. 과거처럼 볼 것, 들을 것 없던 시대에 교회 와서 설교를 듣던 시대가 아니다. 거실에는 텔레비전이 놓여 있고 개인의 손에는 휴대폰이 있다. 유튜브를 포함한 다양한 매체가 사람들의 시선을 잡으려고 경쟁하고 있다. 이런 상황에서 설교자는 과거와는 다른 자세로 회중에게 임해야 한다. 일방적인 선포가 아니라 회중의 입장을 고려하면서 전하는 '차별화' 전략이 필요하다. 이렇게 회중 중심의 설교가 될 때 설교가 가지고 있는 진리성과 생명성이 제대로 드러날 것이다. 이를 위해서는 회중 중심의 설교란 무엇인가를 정확히 이해하고 이에 필요한 원리와 전략을 확보하는 것이 필요하다. 본 장에서는 회중 중심 설교의 의미, 가치와 실현하는 방법을 알아본다.

---

171) ■ 김운용은 한국 교회가 직면한 도전 가운데 가장 핵심적인 것으로 사회 구조 및 문화의 급속한 변화를 꼽고 있다. 이런 변화의 구체적인 내용이 포스트모던 사회, 다원주의 사회, 정보화 사회, 오락화 및 감각주의 사회로의 진입이라고 말한다. 변화된 시대에 살고 있는 회중은 성경과 설교를 과거처럼 절대적 진리로 여기고 수용하는 것이 아니고 상대화시킨다고 진단한다. 김운용, 『설교의 새로운 패러다임』 (서울: 장로회신학대학교 출판부, 2004), 32-45.
■ 포스트모던 사회에서의 설교 사역에 대한 자세한 자료는 김운용, "포스트모던 시대에서의 설교," 『장신논단』 17(2001), 339-361을 참고하라.
■ 한편, 포스트모던 사회의 특징에 대하여 윌슨은 다음과 같이 설명한다.-Paul S. Wilson, *Preaching and Homiletical Theory* (St. Louis, Mo.: Chalice Press, 2004), 136.
- 권위의 수평화.
- 공동체에의 관심.
- 상호의존적 관계.
- 정보보다는 커뮤니케이션 강조.
- 다양성의 강조.

II. 성공적 설교의 제2 원리와 전략: 회중 중심의 설교를 하라

1. 회중 중심의 설교란 무엇인가?

커뮤니케이션 세계에서 치열한 경쟁이 일어나는 곳이 광고업계이다. 방송이나 신문을 통해 기업은 소비자에게 긍정적인 이미지를 심어 주려고 한다. 광고 효과를 얻기 위해 이에 걸맞은 연예인을 내세우고, 광고 문안에도 정성을 기울여 문장을 뽑아낸다. 기업은 소비자의 마음을 얻기 위해 큰돈을 내면서 광고에 온 힘을 쏟는다.

광고업계가 소비자의 마음을 잡기 위해 벌이는 노력을 한 보험회사의 포스터를 통해 알아보자. 다음과 같은 글로 시작한다. "진정한 연기는 그 사람의 마음이 되어 보는 것. 보험도 마찬가지예요. 그 마음이 되어 봐야 당신께 진정한 힘이 될 수 있으니까. 현대해상도 당신의 마음이 되어 봅니다." 어떤가? 소비자를 향한 깊은 관심과 배려가 느껴지지 않는가? 커뮤니케이션이 설득에 성공하려면 처음부터 마지막까지 소비자를 깊게 배려하여야 한다는 것을 보여 준다.

그렇다면 위 포스터의 문구를 다음과 같이 바꿔 보면 어떨까? "진정한 설교는 회중의 마음이 되어 보는 것. 그 마음이 되어 봐야 성도님에게 진정한 힘이 될 수 있으니까. ○○○ 교회는 여러분의 마음이 되어 봅니다!" 어떠한가? 설교가 성공하는 의사소통이 되려면 회중의 입장에서 선포하는 것이 중요한 것을 알 수 있지 않은가?

설교자들은 설교 내용만 좋으면 그것으로 끝나는 것으로 생각한다. 다른 요소들은 고려하지 않는다. 그리고 자신이 가진 역량 대부분을 성경 연구에 쏟는다. 그러나 성경 연구에 투자하는 시간의 1/10 정도를, '이 설교가 회중들에게는 어떻게 들릴까?', '회중에게는 어떤 의미를 지닐까?'라고 생각하면서 설교를 준비한다면 이런 배려 없이 설교하는 것과는 큰 차이를 보일 것이다.

설교자는 설교가 상대방이 있는 소통이며 커뮤니케이션이라는 것을 먼저 이해해야 한다. 회중의 필요를 채워 주는 회중 중심 설교의 중요성을 절감해야 한다. 그리고 그 방법을 찾아야 한다. 물론 설교의 본질을 굳게 붙잡고 있어야 한다. 성경에 충실한 설교가 되어 명실상부한 진리의 말씀이 되도록 해야 한다. 그러나 설교의 본질을 굳건히 잡으면서도 회중의 입장과 필요를 고려하면서 전하는 자세가 필요하다. 이런 모습을 바울이 잘 보여 주고 있다. 그는 고린도 전서 9장 20절에서 "유대인들에게 내가 유대인과 같이 된 것은 유대인들을 얻고자 함이요 율법 아래에 있는 자들에게는 내가 율법 아래에 있지 아니하나 율법 아래에 있는 자 같이 된 것은 율법 아래에 있는 자들을 얻고자 함이요"라고 말한다. 그는 전도와 설교 전략을 대상에 따라 차별화하는 전략을 썼음을 보여 준다. 회중의 관점에서 설교하는 것이 이렇게 중요하기에 팀 켈러(Timothy Keller)는 설교에서 가장 중요한 것 두 가지를 꼽으라면 "성경 본문과 듣는 사람"[172]이라고 말한다.

2. 어떻게 회중 중심의 설교를 실현할 것인가?

회중 중심의 설교는 무엇을 의미하는가? 그것은 설교를 듣고 있는 사람들의 영육(靈肉) 간의 '필요(needs)'를 채워 주는 것을 말한다.[173] 이렇게 할 때 회중은 그 설교가 '자신'을 향한 하나님 말씀으로 들리게 된다. 귀를 기울이게 되고 설득에 성공하는 설교가 된다. 그럼 어떻게 회중들이 귀를 기울이는 설교를 할 것인가? 1단계는 성경 본문을 선택하고 설교문을 작성하는 과정에서 '가상의 회중'을 상정하고 설교화하는 것이다. 자신의 서재 앞에 회중이 앉아 있는 것으로 상상하자. 그리고 그에 걸맞은 성경을 선택하고 해석하고 설교문을 작성하자. 이것이 첫째 과정이다.

보통 설교자들은 성경 본문을 선택하고 해석하는 과정에서 구체적인 회중을 생각하는 경우가 드물다. 자신의 처지에서 성경을 선택하고 설교문을 작성한다. 이렇게 되면 설교의 구체성이 떨어

---

172) Timothy Keller, *Preaching*, 채경락 역, 『팀 켈러의 설교』 (서울: 두란노 서원, 2016), 27, 28
173) 회중 중심의 설교는 적용(application) 중심의 설교라고도 할 수 있다. 설교 현장에서는 목회자가 설교에서 '적용'의 중요성을 잃어버리는 경우가 많다. 설교의 부가적인 부분으로 보고 설교 말미에 잠깐 언급하는 것으로 그치는 것이 다반사이다. 그러나 회중 중심의 설교는 적용을 설교의 중앙에 놓는 것을 말한다. 설교의 보조 부분이 아니고 설교 그 자체라고 할 수 있다. 이에 대하여 존 브로더스(John A. Broadus)는 "적용은 설교에서 단순히 보조품이나 혹은 하위 부분이 아니고 설교의 중심 부분(the main thing)이다"라고 말한다. John A. Broadus, *On the Preparation and Delivery of Sermons* (New York: Harper & Row, 1944), 165.

진다. 설교의 내용이 회중의 삶과 '직접적'인 관계가 없고, '뜬구름 잡기' 식의 추상적인 설교가 된다. 이런 식의 설교는 과녁을 향하지 않고 자신이 쏘고 싶은 방향으로 화살을 쏘는 것과 같다.

설교의 역사에서는 많은 명설교자들이 등장한다. 이들의 공통점은 정확히 과녁을 정하고 말씀의 화살을 쏜다는 것이다. 회중들이 필요로 하는 내용으로 말씀을 구성하고 전한 것이다. 이것을 설교학에서는 '적용'에 탁월한 설교라고 말한다. 적용이란 무엇인가? 회중의 입장에서 성경을 해석하고 그들의 삶의 자리에서 말씀을 들려주는 것이다. 설교의 황제라고 일컬어지는 찰스 스펄전은 회중의 관심사와 필요를 채워 주는 설교의 중요성을 특히 강조한다. 설교자가 회중이 집중하는 설교를 하려면 회중의 관심사를 불러일으키고 이것을 공급해 주는 설교를 하면 된다고 말한다. 그는 '자식은 변호사에 의해 자신에게 주어질 유언장의 유산이 낭독되는 동안에는 결코 졸지 않는다'[174]라고 비유적으로 말하면서, 설교도 듣는 회중에게 직접적으로 관련된 내용이 되어야 한다고 말한다. 어떤 의미에서 회중 중심의 설교는 '적용 중심의 설교'라고 할 수 있다. 성경 본문의 선택과 해석과 설교문 작성 모두를 상대방인 회중의 입장을 고려하면서 설교화하는 것이다. 이를 위해서는 구체적으로 회중의 모습을 머릿속에 그려 가며 준비하는 것이 중요한 전략이 된다. 어떤 회중의 모습을 상정해야 할까? 두 가지 차원의 모습을 그릴 수 있어야 한다.

❶ '일반적인 사람'으로서의 회중을 상상하며 설교하기

그러면 설교자는 자신의 서재 앞에 어떤 회중을 앉히고 설교를 준비해야 할까? 설교에서 회중에 대한 배려를 신경 쓰는 설교자라면 보통은 교회 성도들을 몇 개의 계층으로 나누고, 구분된 계층의 어느 한편을 염두에 두고 설교를 준비한다. 그런데 처음부터 특정 부류를 염두에 두고 설교를 준비하면 이런 계층에 포함되지 않는 다른 교인들에게는 자신들과는 관계없는 설교가 되기 쉽다. 특정 그룹을 주 대상으로 하더라도 그 설교는 모든 회중을 위한 설교가 되어야 한다. 그래야 설교가 모두에게 적용되는 보편적 진리성을 확보하게 된다.

---

[174] Charles H. Spurgeon, *Lectures to my students*, 원광연 역, 『목회자 후보생들에게』 (고양: 크리스천다이제스트, 2009), 218, 219.

설교의 보편성을 확보하려면 설교자 앞에 앉아 있는 회중을 일반적인 성도를 대표하는 회중으로 설정해야 한다. 보편적인 일반 사람을 내세우는 것이다. 그렇게 해야 그 설교가 모든 회중과 관련 있는 설교가 된다. 필립스 브룩스가 이런 방식으로 회중을 상정할 것을 제안한다. 이렇게 일반적인 사람을 대표 회중으로 설정하면 다음과 같은 효과가 있다고 말한다.

> 회중 속에서는 보편적인 인간성에 아주 가까운 것을 보게 될 것입니다. 가장 넓게 숙고하는 형식을 취하는 인간 본성을 만나게 될 것입니다. 개인적인 특이성은 사라지고 단순하게 그저 인간의 가장 보편적인 모습 앞에 설교자가 서게 되는 것입니다.[175]

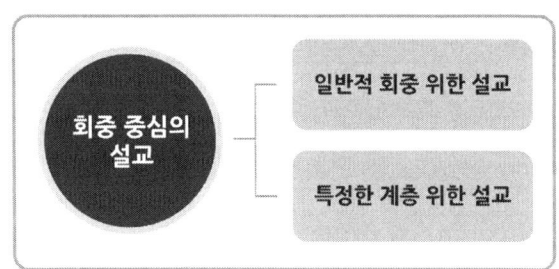

그러면 보편적인 인간성을 가진 회중은 어떤 사람인가? '인생'이란 무거운 바위를 지고 힘겹게 살아가는 보통의 사람이다. 수많은 문제에 허덕이며 고통 속에 살아가는 인간이다. 주일이 되면 교인들은 밝은 얼굴로 교회로 들어선다. 그러나 그 마음을 헤집어 보면 삶의 고달픔이 가득 차 있는 것이다. 그 고달픔의 중심에는 '인간의 죄'가 자리 잡고 있다. 인간의 죄로 인하여 사람들은 삶에서 다양한 문제와 고통과 실패를 맛보고 살아간다. 보편적인 인간성을 가진 사람은 죄 중에 살아가는 '죄인으로서의 인간'을 말한다. 회중들은 하나님 말씀으로 위로받고 새로운 힘을 얻기 위해 교회로 오는 것이다. 설교자는 회중을 상정할 때 일차적으로는 죄인으로서의 인간, 그런데도 말씀을 사모하는 보편적인 사람을 앞에 세워 놓고 설교를 준비해야 한다.[176] 죄악 속에 고통받는 사람을 말씀으로 진단하고 일으켜 세우는 설교를 할 때, 그 설교는 모든 회중에게 통용되는 보편적인 진리의 말씀이 된다. 설교의 적용력이 최대한 확대된다.

---

175) Phillips Brooks, *On Preaching*, 서문강 역, 『설교론 특강』 (서울: 크리스천다이제스트, 1995), 177.
176) 1930년대 미국 대공황 시대에 지치고 힘든 회중을 향하여 삶의 상황 설교(life-situational preaching)라는 독특한 설교를 창안하여 큰 인기를 끌었던 포스딕은 "모든 설교는 번잡한 마음의 문제와 괴로움으로 지친 양심의 고통 그리고 혼란스런 삶의 문제들을 해결해 주기 위해 최대한 노력을 기울여야 한다"라고 말한다.-Harry E. Fosdick, "What is the Matter with Preaching," *Harper's Magazine*, 정장복, 『한국 교회의 설교학 개론』 (서울: 예배와 설교 아카데미, 2001), 146에서 재인용.

❷ '특정한 계층' 상상하고 설교하기

회중을 먼저 보편적인 일반 사람으로 상정했으면 다음 단계는 이들을 다시 세부적으로 나누는 것이 필요하다. 교회의 특성에 따라 교인들을 많은 계층으로 나누고 그중에 두세 계층에 맞는 설교를 하는 것이다. 필립스 브룩스는 처음에는 일반적인 사람을 대상으로 삼되 그다음에는 다시 작은 회중으로 나눌 것을 권면한다.[177] 그래야 설교가 보다 구체적인 설교가 되기 때문이다. 해돈 로빈슨도 이런 방식을 추천한다. 회중을 몇 그룹으로 나누고 설교의 목적에 따라 두세 개 그룹을 목표로 삼고 설교할 것을 권고한다.[178] 대신에 매주 설교의 대상을 바꾸어 가며 설교하는 것이다. 밤에 서치라이트를 비출 때 어느 한 장소에 고정하는 것이 아니고 이리저리 방향을 바꾸며 비추는 것과 같다.

어떤 의미에서 죄인으로서의 일반적인 사람과 특정한 계층으로서의 회중은 서로 연결되어 있다. 특정한 계층의 회중들이 가진 개별적인 문제도, 그 뿌리는 '죄악'이란 곳에서 출발했기 때문이다. 사람들의 고민과 문제가 서로 달라 보여도 크게 보면 한 뿌리에서 출발한다. 인간의 죄가 시작점이 된다. 그렇다면 개별적인 특징을 가진 사람의 문제도 보편적인 인간의 죄에서 시작된다고 보아야 한다. 인간의 죄라는 관점에서 각 사람의 고민과 문제를 분석하고 설교화하는 것이다. 이렇게 하면 설교가 구체성과 보편성을 함께 가지게 된다. 설교에서 적용력이 높아지면서 인격적인 변화도 끌어낼 수 있다. 이에 대하여 라메쉬 리처드(Ramesh Richard)는 다음과 같이 말한다.

> 적용이 없는 성경 강해는 영적인 변화를 일으키지 못한다. 성도들의 삶을 변화시키지 못한다면, 아무리 학문적으로 정확한 설교라도 아무 의미가 없게 되고 만다. 적용은 성도들에게 맞도록 변환되어야 하며 구체적이어야 한다.[179]

적용이 완벽하게 이루어질 때 그 설교는 회중 중심의 설교가 되며 설교의 목적도 달성된다.

---

177) Phillips Brooks, *On Preaching*, 서문강 역, 『설교론 특강』 (서울: 크리스천다이제스트, 1995), 180.
178) Haddon W. Robinson and Craig B. Larson, eds, *The Art and Craft of Biblical Preaching*, 전의우 등 공역, 『성경적인 설교와 설교자』(서울: 두란노, 2006), 169.
179) Ramesh Richard, *Scripture Sculpture*, 정현 역, 『7단계 강해 설교 준비』 (서울: 도서출판 디모데, 2005), 155.

Ⅲ. 회중 중심의 설교는 성경 해석에서 시작된다

1. 설교는 성경 해석의 결과물이다

1970~1980년대 이름을 떨친 모 부흥사가 있었다. 부흥회를 인도하는 교회마다 회중들에게 은혜를 끼치는 설교를 하였다. 주변에서 비결을 물었다. 다른 비결은 없다고 말했다. '회중들이 듣고 싶은 것'을 말씀으로 전할 뿐이라고 했다. 문제는 그것을 어떻게 파악하고 설교화하는가였다. 자신이 목회하는 교회가 아니지 않은가? 그러나 나름대로 비결이 있었다. 가령 어느 교회에서 부흥회를 요청하면 먼저 담임 목회자와 깊은 대화를 나누면서 부흥회를 하는 이유, 부흥회의 주제 등을 파악한다. 거기서 끝나는 것이 아니다. 교회가 위치한 곳의 주변 목회자들을 통하여 그 교회의 상황을 파악한다. 부흥회 며칠 전에는 교회를 직접 방문하여 현장 답사를 한다. 교회가 어떤 형편에 있고, 회중이 무엇을 필요로 하는지를 파악하려는 것이다. 이런 준비가 있었기 때문에 부흥회 현장에서 회중들의 귀를 붙잡을 수 있었다.

설교자들은 먼저 회중들의 형편부터 살피는 것이 중요하다. 그래야 회중의 상황을 이해하면서 문제가 보이기 때문이다. 이를 위해 앞부분에서 설교자가 가상의 회중을 상상하고 설교를 준비할 것을 설명했다. 이렇게 자신 앞에 설교를 듣는 회중의 모습을 상상했다면 그다음에는 성경 해석의 단계로 나아간다. 성경을 회중의 모습을 상상하면서 연구하고 해석하는 것이다. 이런 과정을 통하여 회중에게 들려줘야 할 말씀이 나오게 된다. 설교는 결국은 성경 해석의 산물이 된다. 말씀의 텍스트로 삼고 있는 성경을 어떻게 해석하느냐에 따라 설교의 내용도 크게 달라질 수밖에 없다. 회중 중심의 설교가 이루어지는 것은 성경을 어떻게 회중의 삶의 상황에 맞추어 해석하느냐에 달려 있다.

장로회신학대학교 조직신학 교수이면서 설교학에도 깊은 관심을 가지고 있는 윤철호는 오늘의 한국 설교의 문제점을 두 가지로 설명한다. '설교 내용'이 위기를 맞고 있으며 '설교 전달'에도 문제를 드러낸다고 말한다. 그는 올바른 설교를 위해서 "성서적 충실성과 상황적 적합성이라는 이중적

과제를 충족시켜야 한다"[180]라고 말한다. 성서적 충실성은 성경에 기반을 둔 설교를 말한다. 상황적 적합성은 성경을 회중의 삶과 직접 관련이 있도록 해석하고 설교화하는 것을 의미한다. 어떻게 이런 원칙을 이룰 수 있는가? 우리는 그것을 성경을 '현재 시각'에서 그리고 '언약 사건의 재현'으로 이해하고 해석하는 것이라고 말한다.

2. '현재' 시각에서 성경 해석하기

성경은 과거 사건에 대한 기록이다. 그러나 옛날 사건으로만 머물지 않는다. 그렇게 되면 오늘의 사람들에게 큰 의미를 가지지 못한다. 설교는 성경을 기반으로 하되 오늘의 회중들에게 주시는 말씀으로 선포해야 한다. 적용에 성공하는 설교가 되어야 한다. 보통의 설교자는 성경에 대한 설명이 끝나고 나면 설교 끝부분에서 몇 구절 적용하는 것으로 끝낸다.

이런 방식으로는 적용이 제대로 이루어지지 않는다. 적용을 성경 해석의 첫 단계부터 시작해야 한다. 성경을 오늘의 회중에게 주시는 말씀으로 접근하는 것이다. '현재 시각'이라는 돋보기를 가지고 성경을 분석하고 의미를 찾는다. 과거 사건을 오늘의 사건으로 연결시키는 것이 적용의 진정한 의미이다. '적용'이라는 단어는 이런 의미를 가진다. 적용을 의미하는 영어 단어 application은 라틴어 applicationem에서 파생된 것으로 어원은 '결합, 연결, 관계'를 의미한다. 설교는 과거에 있었던 사건에 대한 정보를 제공하는 것이 아니다. 설교자의 해석 과정을 통하여 '오늘' 주시는 말씀으로 연결해야 한다. 이는 다음의 절차를 거쳐 이룰 수 있다.

❶ '오늘의 회중'에게 주시는 말씀으로 현재화하라

설교자들은 적용이라고 하면 보통 설교 중간중간에 회중들의 삶과 관련된 내용을 '몇 조각' 들려주는 것으로 이해한다. 그러나 이런 방식은 진정한 적용이라고 할 수 없다. 고대 이스라엘 사회에서 일어난 사건을 소개하고 그 뒤에 잠깐 회중의 이야기를 덧붙이는 것은 큰 의미가 없다. 워렌 위어스비(Warren Wiersbe)는 이런 방식을 다음과 같이 비판한다.

---
180) 윤철호, 『설교의 영광 설교의 부끄러움: 설교 비평의 이론과 실제』 (서울: 장로회신학대학교 출판부, 2013), 29.

여부스족에게 무슨 일이 일어났는지 궁금해서 교회에 나오는 사람은 없다. 과거에 오래 머무는 설교는 진정한 설교일 수 없다. 그것은 성경 이야기나 강의에 불과하다. 우리는 현재를 살아가며, 하나님이 우리에게 하시는 말씀을 들어야 한다.[181]

그러면 오늘에 주시는 말씀이 되기 위해서는 구체적으로 어떻게 할까? 그것은 성경을 읽을 때 과거 시제로 접근하는 것이 아니고 오늘의 시제에서 다가가는 것이다. 회중들의 삶의 자리(Sitz im Leben)에 주시는 말씀으로

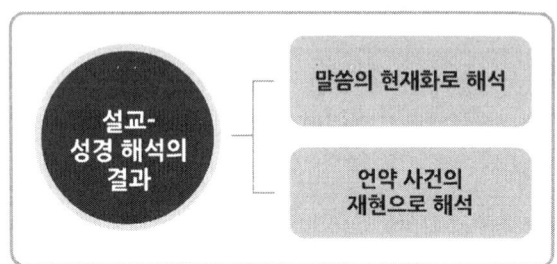

해석하고, 회중들의 삶에 적용하는 것이다. 이것을 우리는 '현재 시각에서 성경을 해석하기'라고 말한다. 이런 방식으로 해석하는 것에 대하여 윤철호는 다음과 같이 말한다.

> 설교의 과제는 하나님의 말씀으로서의 권위를 전제한 모든 성서의 구절 속에 내포되어 있는 영적 의미를 캐어내는 것이라기보다는 성서가 증언하는 예수 그리스도 안에 계시된 하나님의 복음을 오늘의 상황 속에서 해석하고 적용함으로써 사람들의 삶을 변화시키고 새로운 삶의 의미를 가져다주는 데 있다.[182]

설교가 과거 사건을 소개하는 것이 아니라 그를 현재 시점에서 해석하고 설명하는 과정은 어떤 의미에서 창의적 과정에 속한다. 기존의 주석서 수준의 설명을 뛰어넘어 '현재'라는 새로운 세계로 진입하는 것이기 때문이다. 그래서 윤철호는 "성서적 해석은 창조적 작업이다"[183]라고 말한다. 창의적 해석이 올바르게 일어나고 이것이 설교문의 전편에 흐른다면 그만큼 큰 효과를 거두게 된다. 그럼 어떻게 현재 시각에서 성경 해석을 할 것인가가 문제가 된다.

성경 연구의 과정은 성경 본문 선택-해석-의미 파악을 거친다. 설교의 목적에 따라 본문이 선택

---

181) Warren Wiersbe, David Wiersbe, *Elements of Preaching*, 남병훈 역, 『설교의 정석』 (서울: 한국기독학생회출판부, 2012), 63.
182) 윤철호, "성서해석과 설교," 『장신논단』 34(2009.4.) 167.
183) 윤철호, 『설교의 영광 설교의 부끄러움: 설교 비평의 이론과 실제』 (서울: 장로회신학대학교 출판부, 2013), 33.

되면 각종 주석서를 활용하여 역사적 배경을 살피고 문장을 이해한다. 이렇게 하여 전체 본문에 대한 의미가 파악되면 다음에는 영적 교훈을 알아보고 설교문을 작성한다. 그러나 설교자는 이 정도 수준으로 끝나서는 안 된다. 이런 자세는 성경을 과거의 사건으로만 파악하는 것이 된다.

'현재 시점에서 성경을 해석'하는 것은 과거에 일어난 사건을 오늘의 시대로 바꾸어 해석하는 것이다. 성경에서 발생한 과거 사건과 현재 성도의 삶 사이에 공통점을 찾아내는 것이다. 인간의 삶은 시대와 역사적 공간에 따라 무수한 차이를 보이는 것 같으나 크게 보면 차이가 없다. 죄악 된 인간의 삶은 어느 시대에나 비슷한 모습으로 살아가기 때문이다. 고대 사회에서 아브라함이 경험했던 삶의 애환과 어려움은 현대인에게도 엇비슷하게 일어나고 경험한다. 설교자는 과거 성경 속의 인간들과 오늘의 회중 간의 공통점을 파악하는 것이 중요하다. 해결책을 말씀으로 보여 주어야 한다. 과거가 아닌 오늘의 시대에 다가오시고 말씀하시는 하나님을 보여 주어야 한다. 그럴 때 그 설교는 회중들의 다양한 문제를 드러내면서도 말씀으로 치유하고 방향을 제시하는 설교가 된다. 명실상부하게 회중 중심의 설교가 된다.

구체적인 예를 들어 보자. 사도 바울이 초대 교회 회중들에게 들려준 말씀 가운데 가장 인상적인 부분은 골로새서 3장에 나오는 종에 대한 교훈이다. 바울은 "종들아 모든 일에 육신의 상전들에게 순종하되 사람을 기쁘게 하는 자와 같이 눈가림만 하지 말고 오직 주를 두려워하여 성실한 마음으로 하라 무슨 일을 하든지 마음을 다하여 주께 하듯 하고 사람에게 하듯 하지 말라"(골 3:22,23)라고 권면한다. 당시 초대 교회 회중의 상당수가 노예와 여자였다. 교회에 오기 전까지 주인에게 채찍을 맞고 온 노예들과 남편에게 학대받은 여자들이 부지기수였을 것이다. 이들에게 분노하지 말고 순종하라고 한다. 이럴 때 종들의 마음은 어떨까?

그런데 그 순종은 육신의 주인이 아니고 그리스도에게 하듯 하라고 말한다. 여기에서 바울은 중요한 원리를 제시한다. 인간 사회는 언제나 권력을 기반으로 지배와 복종의 관계가 계속되는 사회이다. 불평등의 사회이다. 그러나 새롭게 펼쳐져 나가는 하나님의 나라는 그 반대이다. 사랑과 섬김을 기반으로 하는 나라이다. 바울은 이들을 향해 그리스도의 제자라면, 하나님의 나라에서 사는 사람이라면 그 백성답게 '섬김'으로 하나님의 나라를 땅의 나라에 확장하는 삶을 살 것을 말한다.

만약에 설교의 목적을 현대의 생존경쟁에서 힘겹게 살아가는 직장인을 위로하고 치유하는 것으로 결정했으면 어떤 본문을 선택할 것인가? 그것은 노예의 삶을 다루고 있는 골로새서 3장이 좋은 예가 될 것이다. 선택했으면 해석 과정을 통해 2천 년 전 초대 교회 당시 종들의 모습과 오늘의 직장인 모습을 비교하는 것이다. 과거의 종들은 쇠사슬을 차고 있다면 오늘의 직장인은 '돈'이라는 사슬에 매여 산다. 현대 사회에서도 돈이 없으면, 과거의 노예처럼 자유가 없기는 마찬가지이다. 사람을 지배하는 권력의 양상은 달라도 약한 자는 강한 자에게 예속되어 살아가는 것이 인간 사회의 본질이다.

그렇다면 오늘의 직장인을 향해 어떤 설교를 할 것인가? 돈을 많이 벌어 약자가 아니라 강자의 편에 서라고 말할 수는 없다. 그것은 땅의 세상을 살아가는 일반 사람들의 방식이지 하나님 나라 백성의 방식이 아니다. 직장이란 감옥에서 벗어나 영적 자유를 가지고 보람을 가지고 살아가는 그리스도인의 모습을 보여 주는 것이다. 예수 그리스도의 말씀에 답이 있다. 예수 그리스도는 하나님의 아들이시지만 순종과 섬김으로 모두의 왕이 되셨다. 세상은 더 많은 돈, 더 많은 출세를 통하여 오늘의 삶의 감옥을 벗어나라고 말한다. 그러나 주님은 순종과 섬김으로 원수를 친구로 만들면서 영적 자유를 누리도록 말씀하신다. 현재의 삶에서 과거의 성경을 해석하고 성경에서 제시하는 답을 다시 현재화하여 회중에게 들려주는 것이다. 진정한 적용은 이렇게 성경 해석 과정에서부터 현재의 시각에서 성경을 해석하고 적용하는 것이다.

❷ '언약 사건의 재현'으로 해석하고 적용하라

성경을 오늘의 회중의 삶에서 해석하는 설교는 한편으로 '언약 사건의 재현'을 통하여 구체화한다. 이스라엘이 이런 예를 보여 주고 있다. 유대인들이 하나님의 선민이라는 정체성이 확립된 것은 출애굽 후 하나님과 맺은 '시내산 언약'(출 19:5,6)에서 시작한다. 이 약속은 이스라엘이 순종하였을 때 여호와는 이스라엘의 하나님이 되시고, 이스라엘은 선택된 제사장 나라요, 하나님의 백성이 된다는 것이다.

그런데 이들은 하나님의 약속에 불순종하였다. 가데스 바네아에서 하나님을 향한 불신의 결과가 이들을 다시 광야로 몰아넣었다. 광야 38년의 세월이 지나고 모세는 모압 평지에서 다시 하나님과 언약을 맺는다. 그 내용은 시내산 언약의 복사판이다. 그러나 대상이 바뀌었다. 모압 평지에 있는 이스라엘은 시내산 언약의 당사자가 아니라 그들의 자녀이다. 이들이 모압 평지에서 하나님과 언약을 맺는다. 신명기 29장 13절에서 "네 조상 아브라함과 이삭과 야곱에게 맹세하신 대로 오늘 너를 세워 자기 백성을 삼으시고 그는 친히 네 하나님이 되시려 함이니라"라고 하신다. 새로운 당사자가 되어 하나님과 언약을 맺는 것이다.

모압 평지에서 언약을 맺은 백성들은 옛날의 조상들을 통해 이를 물려받은 것이 아니다. 이는 하나님과 새롭게 언약을 맺은 '언약 사건'이다. 그래서 신명기 29장 14-15절에서 "내가 이 언약과 맹세를 너희에게만 세우는 것이 아니라 오늘 우리 하나님 여호와 앞에서 우리와 함께 여기 서 있는 자와 오늘 우리와 함께 여기 있지 아니한 자에게까지이니"라고 말씀하신다. 모압 평지에 서 있는 출애굽 2세대는 언약 사건의 재현을 통하여 하나님과 언약을 맺는 당사자가 된 것이다.

구약의 언약 사건은 예수 그리스도 안에서 새롭게 갱신되어 오늘의 그리스도인들에게 연결된다. 성경을 현재 사건으로 해석한다는 것은 '그리스도 안에서' 새롭게 된 그리스도인들이 '언약의 당사자'가 되는 것이다. 세상에서 그리스도인으로 살아가는 것이 '언약 사건의 재현'이 된다. 설교자는 설교를 통하여 성경에서 보여 주는 과거의 언약 사건을 오늘의 언약 사건으로 재현해야 한다. 설교를 언약 사건의 재현으로 구성하고 선포할 때, 설교 현장에서 현재의 회중에게 다가오시는 하나님의 모습을 보여 줄 수 있다. 그런 설교가 세상의 부조리와 권력 앞에 상처받은 심령을 치유할 수 있고 다시 일어서는 힘을 준다.

Ⅳ. 사랑과 교통하심이 함께하는 설교가 되어야

　설교가 회중들에게 외면당하는 이유의 하나가 회중들의 삶과 관련이 없는 탁상공론식의 설교로 흐르기 때문이다. 회중 중심의 설교가 적절하게 이루어지면 성도들은 놀랍도록 귀를 기울이고 설교에 집중한다. 왜냐하면 설교가 자신의 이야기이기 때문이다. 이를 위해서 설교자는 깊게 관찰할 수 있는 남다른 눈을 가져야 한다. 그렇지 않으면 회중들의 삶의 모습이 잘 보이지 않는다. 어느 신학자가 "한 손에는 성경을, 한 손에는 신문을"이라고 말한 이유가 여기에 있다. 설교자는 설교를 할 때 교회 안에서만 통용되는 언어가 아니라, 세상 사람들이 공감할 수 있는 '시장 언어'로 설교하는 능력을 갖춰야 한다.

1. 더 자세히 다가가 관찰해야 보인다

　세상은 멀리서 '무심'하게 바라보면 아무 문제 없이 '만사형통'하게 흘러가는 것 같다. 그러나 가까이 다가가면 그곳에는 수많은 문제가 뒤엉켜 큰 소동 속에 굴러가는 것을 알게 된다. 이른 봄에 산에 핀 꽃들은 아름답기 그지없다. 그러나 가까이 다가가서 보면 꽃 주변에는 거친 돌들과 메마른 땅 그리고 해충들이 우글거린다. 이런 환경을 이겨내고 '한 송이의 꽃'이 피게 되는 것이다.

　사람도 마찬가지이다. 멀리서 바라보면 큰 문제 없이 살아가는 것 같다. 그러나 가까이 다가가서 대화하면 '인생'이라는 무거운 바위를 지고 힘겹게 사는 것을 알게 된다. 사랑은 무엇인가? 가까이 다가가는 것이다. 살피고 문제점을 파악하고 함께 그 짐을 지는 것이다. 어머니가 아기를 가까이 안고 자세히 보는 것과 같다. 가까이 살필수록 관심과 사랑이 깊다는 것을 보여 준다. 우리는 "너희에게는 머리털까지 다 세신 바 되었나니"(마 10:30)라는 말씀을 통해, 택하신 자를 향한 하나님의 깊은 사랑을 알 수 있다.

　성도들의 삶을 먼발치에서 보면 문제없이 살아가는 것같이 보인다. 주일 예배에서 깍듯하게 인사를 나누는 성도들 사이에서 지난 한 주간도 큰 문제 없이 살았다는 모습만 보인다. 그러나 가까이서 대화를 나누어 보면 모두가 눈물을 참고 살아왔다는 것을 알게 된다. 교회에 와서 말씀으로 위로받고 말씀으로 해결책을 찾고자 나온 것이다.

따라서 설교자가 회중 중심의 설교를 하기 위해서는, 이들의 삶에서 부딪히는 문제를 먼저 파악해야 한다. 구체적으로 삶의 고달픈 모습을 발견할 수 있어야 한다. 이러기 위해서는 하나님의 마음을 가져야 한다. 머리털까지도 세려고 다가가는 마음을 가지면 성도들의 삶의 구체적인 모습이 보인다. 하나님의 마음, 긍휼히 여기시는 마음으로 성도들에게 다가가는 것이다.

사도 바울이 사명을 온전히 마칠 수 있었던 힘도 긍휼히 여기는 마음으로 성도에게 다가갔기 때문이다. 그런 예를 우리는 고린도 교회를 향한 바울의 마음에서 읽을 수 있다. 바울이 세운 교회 중에 유난히 많은 문제를 가진 교회였지만 포기하지 않고 양육할 수 있었던 것은, "내가 너희를 부끄럽게 하려고 이것을 쓰는 것이 아니라 오직 너희를 내 사랑하는 자녀 같이 권하려 하는 것이라 그리스도 안에서 일만 스승이 있으되 아버지는 많지 아니하니 그리스도 예수 안에서 내가 복음으로써 너희를 낳았음이라"(고전 4:14,15)라는 구절을 보면 알 수 있다. 그는 아버지의 마음, 불쌍히 여기는 마음을 가졌다.

무심히 보면 문제도 보이지 않고 답도 제시할 수 없다. 그러면 설교는 무미건조한 설교, '뜬구름 잡기' 식의 설교가 되고 만다. 회중 중심의 설교를 하려면 하나님의 마음을 가지고 관찰하고 말씀을 준비해야 한다. 청중을 긍휼히 여기는 마음이 깊을수록 더 명확하고 분명하게 그리스도의 복음을 전할 수 있다. 답은 그리스도의 십자가에 있기 때문이다.

2. 성령님의 교통하심 속에서 선포해야 한다

설교자가 회중이 필요로 하는 말씀을 준비하다 보면 설교자의 '의도'가 과중하게 투영되는 설교가 될 수 있다. 설교를 할 때 일방적으로 전달하는 것도 문제지만 설교자의 의중이 지나치게 강조되는 것은 더욱 큰 문제이다. 설교가 성경에서 하나님의 뜻을 끌어내어(pull out) 전하는 것이 아니고, 설교자의 의도를 설교에 집어넣는 것(put into)이 되기 때문이다. 이러면 설교는 하나님의 말씀에서 벗어나 설교자의 말이 되어 버린다. 설교학계에서 흔히 말하는 '비성경적인 설교'가 되어 버린다. 설교자가 회중들의 귀에 '쏙쏙 들리는 달콤한 말'만 전하려고 할 때 나타나는 현상이기도 하다.

이렇게 설교자의 의도가 설교에 과중하게 투영된 비성경적인 설교는 근본적으로 성경에 대한 깊은 이해가 부족하기 때문에 나타난다. 설교 본문으로 삼은 성경 본문을 성경 전체의 관점에서 이해하는 것이 아니고 단편적으로 해석하되 자신이 보고 싶은 것만 보기 때문이다. 설교자가 회중 중심의 설교를 하려면 손에서 성경을 놓지 않도록 해야 한다. 성경을 가까이하며 연구해야 한다.

한편으로 설교자는 성령님의 도우심이 절대적이라는 것을 깨달아야 한다. 설교자가 성경에 박식하고 신학에 조예가 깊어도 성령님의 도우심이 없으면 인간적 오류가 설교에서 나타난다. 자칫하면 하나님의 뜻에서 벗어난 설교가 되기 쉽다. 성령님은 말씀을 깨닫게 하시는 영이기 때문이다. 예수님은 성령님의 역할에 대하여 "보혜사 곧 아버지께서 내 이름으로 보내실 성령 그가 너희에게 모든 것을 가르치고 내가 너희에게 말한 모든 것을 생각나게 하리라"(요 14:26)라고 말씀하신다. 성령님의 조명과 도우심은 설교자뿐 아니라 회중에게도 설교가 하나님의 말씀이 되도록 역사하신다. 성령께서 설교자와 함께할 때 설교자는 성경에 대한 보다 풍성하고 정확한 뜻을 깨닫게 된다. 성령님은 성경 본문 선택과 연구 그리고 필요한 서적이나 자료의 선택에 개입하신다. 그리고 성경 본문에 대한 탁월한 해석과 무릎을 '탁' 칠 만한 설교 사상의 발현과 배치에 개입하신다. 또한 실제 강대상에서 설교할 때도 담대함과 진지함과 열정을 부어 주신다. 그래서 설교가 인간의 말이 아닌 하나님의 말씀이 되게 한다. 성경과 설교 그리고 성령의 관계를 칼빈은 다음과 같이 말한다.

> 하나님은 그의 택하신 자들 속에서 두 가지 방식으로 일하신다. 내적으로는 성령을 통해서 일하시고, 외적으로는 그의 말씀을 통해서 일하시는 것이다. 그의 성령을 통해서는, 택한 자들의 마음에 빛을 비추시어 사랑하고 배양하는 마음을 일으키시고 그들을 새로운 피조물로 만드신다. 그리고 그의 말씀을 통해서는 그 동일한 새로운 피조물의 상태를

사모하게 하고, 구하게 하며, 거기에 이르도록 일깨우신다.[184]

설교자가 성령님의 도우심 가운데 설교를 준비하고 선포할 때, 회중에게도 성령님의 감동과 감화하심이 일어난다. 설교가 설득에 성공하는 설교를 넘어 은혜로운 설교로 다가오게 된다. 이런 설교가 진정한 회중 중심의 설교가 될 것이다.

---

184) John Calvin, *Institutes of the Christian Religion* Ⅰ, 원광연 역, 『기독교강요(상)』 (고양: 크리스천다이제스트, 2003), 394.

9장

성공적인 설교를 위한 원리와 전략(Ⅲ)
- 들을 가치가 있는 설교를 하라!

Ⅰ. 설교는 메시지이다

1. 본질은 콘텐츠에 있다

김미경 강사. 그는 자타가 공인하는 인성 개발 분야 최고의 강사이다. 그가 방송에 출연하여 강연하면 시청률이 껑충 뛰어오른다고 한다. 그가 운영하는 유튜브 채널(MKTV 김미경 TV)은 구독자 수가 160만 명에 달한다. 영상을 올리면 조회 수가 100만을 훌쩍 넘는다. 비결은 무엇일까? 그만의 특별한 비법이 있으리라 생각한다. 그러나 김미경의 답은 단순하다.

> 전문 스피치는 나만이 할 수 있는 말, 나만의 독특한 콘텐츠를 갖춰야 비로소 할 수 있다. … 어떤 사람이 스피치 학원을 20년 다녔다고 해서 청중이 모여들까? 청중은 들을 만한 말에 귀를 기울인다. 누구나 할 수 있는 말은 단 10분만 들어도 지루해진다. 청중을 귀 기울이게 만들려면 독특한 콘텐츠가 있어야 한다. 정보의 홍수 속에 살아가는 현대인들은 똑똑하다. 그들은 강연을 듣기 전에 들을 만한 콘텐츠인지 아닌지 귀신같이 구분한다.[185]

---

185) 김미경, 『아트 스피치』 (파주: 21세기 북스, 2017), 70.

김미경은 탁월한 강사에게 필요한 요소를 두루 갖춘 사람이다. 재치 있는 입담, 순발력, 청중과 주고받는 감성 능력, 넘쳐나는 열정…. 그러나 김미경은 이런 것이 본질이 아니라고 한다. 본질은 '내용(contents)'에 있다고 말한다. 메시지가 가장 중요하다고 한다. 이것을 한 문장으로 요약하여, "스피치, 테크닉이 아니라 콘텐츠이다"[186]라고 표현한다.

사람은 사회적 동물이다. 사람 간의 원활한 소통은 사회가 유지·발전하기 위한 필수 요소이다. 소통 능력이 뛰어난 사람이 주목을 받는 이유가 여기에 있다. 그렇다면 소통 즉 커뮤니케이션의 본질은 무엇인가? 무엇이 소통을 촉진해 의도하였던 목적을 달성하는가? 콘텐츠에 있다. 들을 만하고 가치 있는 내용으로 채워져 있어야 한다. 그래서 '콘텐츠가 본질이다'라고 말할 수 있다.

2. 설교는 메시지이다

우리는 지금까지 설득에 성공하는 설교 커뮤니케이션이 되기 위한 원리들을 알아보고 있다. 이를 위해서 해럴드 라스웰의 SMCRE 모델에 따라 살펴보고 있다. 라스웰은 소통을 위해 다섯 가지 요소가 자신의 역할을 다할 때 성공적인 커뮤니케이션이 된다고 말한다. 발신자(sender), 메시지(message), 소통 통로(channel), 수신자(receiver), 효과(effect)이다. 어느 것 하나 중요하지 않은 것이 없다. 그러나 가장 중요한 요소를 꼽으라면 무엇이 될까? 그것은 8장에서 설명한 것처럼 회중 중심의 설교이다. 그럼 이를 실행하려면 어떻게 하면 되는가? 그것은 회중에게 들을 가치가 있는 내용으로 메시지를 구성하는 것이다. 다른 요소는 메시지를 효과적으로 표현하고 전달하기 위한 부가적인 요소이다. 설교가 설득에 성공하는 커뮤니케이션이 되려면 메시지가 좋아야 한다. 들을 만한 가치가 있는 내용으로 설교가 구성되어야 한다. 그래야 회중들이 귀를 기울인다.

설교의 목적은 무엇인가? 회중의 변화에 있다. 회중에게 영육 간의 변화가 일어나지 않았다면 성공적인 설교라고 말할 수 없다. 그렇다면 변화와 직접 관련된 커뮤니케이션 요소는 무엇일까? 설교의 내용이다. 메시지가 하나님의 말씀이 될 때, 회중의 마음에 들어가서 강력한 에너지를 발휘한다. 히브리서 4장 12절에서는 "하나님의 말씀은 살아 있고 활력이 있어 좌우에 날선 어떤 검

---

186) 김미경, 『아트 스피치』 (파주: 21세기 북스, 2017), 67.

보다도 예리하여 혼과 영과 및 관절과 골수를 찔러 쪼개기까지 하며 또 마음의 생각과 뜻을 판단하나니"라고 말씀한다. 그래서 우리는 '설교는 메시지이다'라고 주장한다.

그럼 좋은 메시지란 무엇을 말하는가? 그것은 내용이 하나님의 말씀으로 채워진 설교를 말한다. 어떻게 하면 설교가 하나님의 말씀이 될 수 있을까? 이에 대하여 칼 바르트는 세 가지 차원에서 '말씀'을 설명한다. '계시된 말씀'이신 예수 그리스도, '기록된 말씀'인 성경 그리고 '선포된 말씀'인 설교이다.[187] 세 가지 차원의 말씀이 하나로 연결될 때 온전한 하나님의 말씀이 된다.

세 가지 차원의 말씀은 모두 소중하다. 그러나 이 중에서 실제로 실현되는 차원의 말씀이 있게 된다. 설교이다. 말씀 자체이신 예수 그리스도는 설교로 선포될 때 회중의 귀에 들려진다. 쓰인 말씀으로서의 성경은 강대상에서 설교로 선포되지 않으면 효력을 발휘할 수 없다. 이런 점 때문에 종교개혁자들은 설교의 중요성을 강조한다. 마틴 루터가 "복음은 실로 기록된 것이 아니라 말해진 말씀이어야 한다. … 복음은 펜이 아니라 입으로부터 나오는 말에 의한 좋은 소식 또는 선포를 의미한다"[188]라고 말한 이유가 여기에 있다. 종교개혁자들은 말씀이 강대상에서 설교로 선포될 때 비로소 살아 있는 하나님의 말씀으로 회중들의 심령에서 역사한다고 말한다.

그런데 성경은 그 중심에 예수 그리스도가 자리 잡고 있다. 신구약 성경은 하나님의 아들이신 예수께서 이 땅에 오셔서 행하신 일에 대한 증거를 기록하고 있다. 또한, 성경은 예수 그리스도를 '말씀 자체'라고도 증언한다(요 1:14). 그렇다면 설교는 기록된 말씀인 성경을 기반으로 하되, 말씀 자체이신 예수 그리스도를 증언하는 설교가 되어야 한다. 달리 말하면 설교가 성경적인 설교

---

187) Karl Barth, *Die Kirchliche Dogmatik(Ⅰ-2)*, 신준호 역, 『교회 교의학(Ⅰ-2)』 (서울: 대한기독교서회, 2010), 126-165.
188) 윤철호, "성서해석과 설교," 『장신논단』 34(2009.4.), 160.

(biblical preaching)이면서, 그리스도 중심의 설교(Christ-centered preaching)[189]가 될 때 온전한 하나님의 말씀이 된다. 이렇게 될 때, 모든 사람이 귀를 기울이고 들을 가치가 있는 설교가 된다.

우리는 본서의 3부에 해당하는 '성공적인 설교를 하기 위한 6대 원리와 전략'을 살펴보고 있다. 9장에서는 이에 대한 세 번째 요소를 '들을 가치가 있는 설교를 하라'라는 제목으로 설명한다. 들을 가치가 있는 설교란 성경적인 설교, 그리스도 중심의 설교가 된다. 이것이 의미하는 것과 이를 이루기 위한 원리와 전략이 무엇인지를 살펴본다.

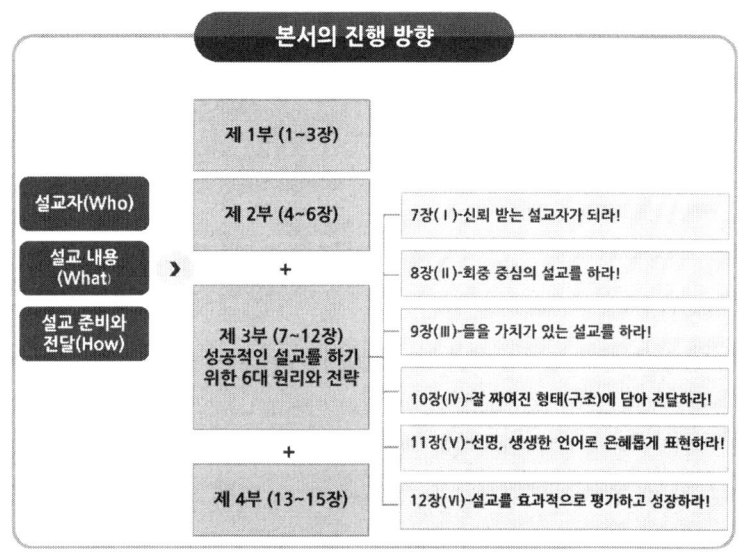

---

189) 그리스도 중심의 설교는 복음 중심의 설교라고도 할 수 있다. 이 개념은 '율법적 설교'와 대척점에 있다. 율법적 설교는 회중에 대한 질책과 책임 추궁과 무조건적인 순종을 요구하는 설교이다. 설교를 듣는 회중의 어깨에 '정죄'라는 바위를 올려놓는 것이다. 그러나 그리스도 중심의 설교는 어깨에서 짐을 내려 주는 것이다. 죄의 용서와 주님의 무한한 사랑과 미래에 대한 소망을 갖도록 하는 것이다. 설교로 십자가를 통해 주신 자유와 생명과 진리의 복을 누리도록 하는 것이다. 이에 대하여 폴 스캇 윌슨은 다음과 같이 말한다.
"부모의 꾸중을 듣고 자란 아이가 있다면, 필요한 것은 따스한 포옹과 신뢰와 사랑이다. 마찬가지로 회중도 똑같은 필요를 가지고 있다. 하나님과의 관계에서이다. 우리는 설교에서 이제 훈계보다는 따스한 격려가 필요한 때이다. 하나님은 이런 회중의 필요를 채워 주기 위에서 그리스도 안에서 자신을 버리셨다."-Paul S. Wilson, The Practice of Preaching (Nashville: Abingdon Press, 1995), 102.

Ⅱ. 성공적 설교의 제3 원리와 전략: 성경적인 설교로 가치가 있는 설교를 하라

1. 성경적 설교가 설교학에서 가지는 의미

❶ 설교자는 '정직한 말씀의 전달자'가 되어야 한다

6.25 전쟁이 한창이던 1950년 11월. 태백산맥 골짜기에 자리 잡은 강원도 동막골에 이방인이 찾아왔다. 추락한 미군 전투기 조종사 스미스 대위(스티브 태슐러 분)였다. 동막골 사람들은 미군을 정성스럽게 치료해 준다. 그리고 미군 주위로 모여들었다. 마을 밖에서 전쟁이 일어났다는 것도 모른 채 천하태평

영화 '웰컴 투 동막골'에서 선비가 미군과 대화 시도하는 모습

으로 살고 있던 사람들이다. 난생처음 마주하는 외국인이었다. 무슨 연유로 비행기가 추락했는지 궁금하였다. 동네에서 제일 똑똑하다는 김 선비(조덕현 분)가 나섰다. 손에는 낡아빠진 영어 회화 책이 쥐어져 있었다. 김 선비는 미군과 대화를 시작한다.

김 선비: How are you?(안녕하십니까?)
스미스 대위: What, What?(뭐라고?)
김 선비: How are you?(안녕하십니까?)
스미스 대위: Are you think I am fine?(내가 안녕하냐고?)
Look at me, Look at me.(내 꼴을 보라고.)

미군은 부상당해 누워 있는 자신을 보고 '안녕하시냐'고 묻는, 안경을 낀 선비가 이해되지 않았다. 마을 사람들은 김 선비에게 묻는다.

"뭐이 잘 안돼?"

그러자 김 선비는 손에 쥐어져 있는 영어 회화 책을 보여 주면서 이상하다는 듯이 말한다.

"조금 이상한 것이, 여기를 이렇게 보시면 아시겠지만, 제가 먼저 'How are you?'라고 물으면 저쪽에서는 'Fine, and you?'라고 말하면서 대화가 시작되는데…."[190]

영어책 순서대로 대화가 흘러가지 않자 당황한 것이다. 지켜보던 미군은 참다못해 소리를 지른다.

"Do you speak English?(당신, 영어는 할 줄 아는 거야?)"

김 선비는 영어를 모르고 있었다. 그렇다면 모른다고 말하고 다른 방법을 찾았어야 했다. 자신의 유식함만을 보이려고 했다. 통역자로서 가장 중요한 '정직성'을 상실하고 만 것이다.

설교자가 성경적 설교를 하여야 한다는 것은 무엇을 의미하는가? 설교자는 '정직한 말씀의 전달자'가 되어야 한다는 것을 뜻한다. 설교자는 말씀의 대언자(代言者)이다. 그러기에 하나님의 뜻을 정확하게 전달할 책무를 가진다. 만약에 하나님의 뜻이 왜곡되게 전달한다면, 대언자의 책무를 저버리는 것이다. 예수님이 "맹인이 맹인을 인도하면 둘이 다 구덩이에 빠지리라"(마 15:14)라고 말씀하신 것처럼 참혹한 결과가 일어난다. 정직한 대언자로서 설교하는 것이 회중뿐 아니라 설교자에게도 가장 중요한 일임을 알 수 있다.

목회자들의 소망은 교회가 성장하는 것이다. 회중들이 주일마다 설교를 경청하여 신앙 성장이 일어나고 새 성도들도 늘어나는 것이다. 이런 소망이 이루어지기 위해 목회자에게 필요한 것은 무엇인가? 목회는 종합 예술이라고 한다. 여러 요소를 갖추어야 한다. 그러나 핵심 요소는 설교 능력이다. 목회자들의 설교가 좋으면 교회는 성장하게 되어 있다. '설교가 좋다'라는 말의 핵심은 회중에게 들을 가치가 있는 설교를 하는 것이다. 그것은 성경에 충실한, 성경적 설교를 말한다. 하나님

---

190) 영화「웰컴 투 동막골」의 대사 일부.

의 말씀다운 설교가 선포되면 건강한 교회, 사랑이 넘치는 교회, 성장하는 교회가 된다. 2천 년의 교회 역사, 설교의 역사가 이를 증명한다.

❷ 성경적 설교가 설교학에서 가지는 위치

설교가 하나님의 말씀이 되기 위하여 성경적 설교가 되어야 한다는 것은 당연한 전제이다. 그러나 설교의 역사를 살펴보면 과거에는 크게 주목을 받지 못했다. 설교학에 대한 최초의 교재로 알려진 책이 아우구스티누스의 *Doctrina Christiana*(『기독교 교양』)이다. 이 책의 제4권에서는 31장에 걸쳐 설교에 대한 다양한 개념과 방법을 소개하고 있다. 하지만 성경적 설교라는 개념은 보이지 않는다. 이런 경향은 이후에 발행된 설교에 대한 다른 저서에서도 같은 모습을 보인다. 예로 찰스 스펄전이 후배 목회자들을 위해 집필한 *Lectures to My Students*(『목회자 후보생들에게』)에서는 설교 준비와 선포에 필요한 다양한 방법을 소개한다. 그러나 성경적 설교에 대하여는 설명하지 않고 있다. 미국에서 설교학에 대한 최초의 교재라고 평가받는 필립스 브룩스의 *Lectures on Preaching*[191]에서도 마찬가지이다. 현대에 들어와 출간한 설교학 교재에서도 같은 현상을 보인다. 예로 다니엘 바우만이 1946년에 출간한 *An Introduction to Contemporary Preaching*이나 존 녹스(John Knox)가 1957년에 출간한 *The Integrity of Preaching*, 1963년에 출간된 브라운(H.C. Brown)의 *Steps to the Sermon: A Plan For Sermon Preparation*에서도 성경적 개념을 깊이 있게 다루지 않고 있다. 다룬다고 해도 개념 정도만 간단히 언급할 뿐이다.

---

191) *Lectures on Preaching*은 필립스 브룩스가 예일신학대학에서 강의한 내용을 1877년에 출간한 책이다. 이 책은 총 8개 장으로 구성되어 있다. 각 장의 제목을 살펴보면 당시 목회자들이 설교에서 어떤 분야에 관심을 가졌는지를 알 수 있다.
Phillips Brooks, *Lectures on preaching* (New York: Dutton, 1877)
- 1장: 설교의 두 요소(the two elements in preaching)
- 2장: 설교자 자신에 대하여(the preaching himself)
- 3장: 설교 사역에서의 설교자(the preacher in his work)
- 4장: 설교의 아이디어(the idea of the sermon)
- 5장: 설교 작성하기(the making of the sermon)
- 6장: 회중에 대하여(the congregation)
- 7장: 이 시대에 있어 목회 사역(the ministry for our age)
- 8장: 인간 영혼의 가치에 대하여(the value of the human soul)

물론 위에서 언급한 설교학 교재가 설교는 성경에 기반을 두고 선포해야 한다는 사실을 무시하는 것은 아니다. 당연한 전제이기에 특별하게 취급하지 않을 수 있다. 그러나 목회 현장에서는 그렇지 않다. 목회자들이 성경적 설교에 대한 명확한 이해가 없다 보니 비성경적 설교를 하는 것이 다반사였다. 설교 시작 전에 성경 본문을 읽고, 설교하면서 성경 본문을 몇 구절 인용하면 그것이 곧 성경적 설교라고 생각하기도 한다. 그러나 내용은 설교자 개인의 이야기나 세상 이야기로 채우곤 했다. 설교가 하나님의 말씀이 되는 것과는 거리가 멀었다.[192] 신학교에서 체계적인 신학 교육, 특히 설교학에 대한 충분한 교육이 이루어지지 않은 것이 원인이었다.

현대 강해설교 대가 해돈 로빈슨

성경적 설교에 관한 관심과 연구는 북미 설교학계에서 등장했다. 1970년대가 되자 미국 설교 강단에서 큰 변화가 일어나게 된다. 청교도들이 세운 기독교 국가인 미국에서 교회의 영향력이 쇠퇴하게 된다. 교인들이 급감하게 된 것이다. 사회에서도 교회의 영향력이 줄어들게 되었다. 교회와 신학계에서는 그 원인을 찾게 되고 대책의 하나로 '설교 새롭게 하기 운동'이 일어나게 된다. 이런 움직임이 '새로운 설교학 운동(The New Homiletics)'이라는 이름으로 모습을 드러낸다. 설교 갱신을 통해 교회를 새롭게 하고 기독교 위상을 회복하려는 설교학계 노력의 하나였다. '새로운 설교학 운동'은 설교학에서 다양한 활동을 펼치게 되지만 가장 큰 결실은 설교가 어떻게 하면 명실상부한 하나님의 말씀이 되도록 할 것인가를 제시했다는 것이다. 성경적 설교에 관한 본격적인 연구가 시작된 것이다.

이런 움직임에 기폭제 역할을 한 학자가 해돈 로빈슨(Haddon W. Robinson, 1931~2017)이다. 그는 *Biblical Preaching: The Development and Delivery of Expository Messages*란 책을 출판함

---

192) 설교가 하나님의 말씀이 되기 위해서는 몇 가지 전제가 필요하다. 파커는 설교가 하나님의 말씀이 되기 위해서 다음의 세 가지가 필요하다고 말한다.-T.H.L. Parker, *The Oracles of God* (Cambridge: James Clarke, 2002), 45-55.
- 설교가 하나님 말씀이 되려면 성경에 대한 바른 이해와 해석이 있어야 한다.
- 설교가 하나님 말씀이 되려면 설교자는 그리스도의 위임과 보냄을 받은 주님의 대사가 되어야 한다.
- 설교가 하나님 말씀이 되려면 설교는 인간의 이성으로는 알 수 없는 주님이 보여 주실 때 알 수 있는 계시의 말씀이라는 것을 인정해야 한다.

으로써 성경적 설교의 개념과 방법론을 제시한다. 그의 설명을 들어 보자.

> 성경적 설교는 아직 하나님께서 건재하게 살아 활동하시던 '그 옛날 좋은 시절의 예수님과 그의 사랑 이야기'를 되풀이하는 것에 그쳐서는 안 된다. … 성경에 기초한 설교를 통해서 하나님께서는 세상 남녀들과 직접 만나시고, 이들을 구원에 이르게 하시며(딤후 3:15), 의와 온전한 기독교인의 품성을 소유하도록(딤후 3:16,17) 하시는 것이다. 하나님께서 설교를 통해 개인들과 만나시고, 그들의 영혼을 붙잡으시는 순간에는 무엇인가 장엄한 사건이 발생하는 것이다.[193]

그 이후로 출판되는 설교학 교재에서는 '성경적 설교'라는 항목을 반드시 포함해야 할 정도로 중요한 설교학적 연구 과제가 되었다. 예로 2005년에 미국에서 출판된 설교학 교재로 설교학에 대한 종합 전과(全科)라고 여겨지는 *The Art and Craft of Biblical Preaching*[194]은 '성경적 설교란 무엇을 말하는가'란 주제로 시작하고 있다. 정직한 말씀의 대언자가 되기 위해 어떻게 하면 성경적 설교를 할 것인가에 관한 관심이 높아진 결과였다.

❸ 다양한 설교 용어 이해

성경적 설교가 설교학에서 큰 위치를 차지하고 있지만 명확하게 개념이 규정되어 있지 않다. 용어의 혼란이 일어나고 있다. 대표적인 예로 성경적 설교와 강해 설교를 같은 개념으로 알고 일부에서 혼용하여 사용하는 것이다. 그러나 엄밀하게 말하면 강해 설교는 성경적 설교를 이루기 위한 방법론의 하나일 뿐이다. 그럼 왜 이렇게 용어의 혼란이 일어나게 된 것일까? 그것은 해돈 로빈슨의 *Biblical Preaching: The Development and Delivery of Expository Messages*가 국내에서 번역되어 출판되면서 일어나게 되었다. 출판사에서 이 책의 제목을 『강해 설교: 강해 설교의 원리와 실제』라고 붙여 출판하게 된다. 원래 영어 제목에 충실하게 번역하자면 '성경적 설교: 강해 설교의

---

193) Haddon Robinson, *Biblical Preaching: The Development and Delivery of Expository Messages*, 박영호 역, 『강해 설교』 (서울: 기독교문서선교회, 2007), 21,22.
194) 한국에서는 두란노에서 『성경적인 설교와 설교자』와 『성경적인 설교 준비와 전달』이라는 2권의 시리즈로 2006년도에 번역본이 출간되었다.

원리와 실제'로 해야 했다. 성경적 설교가 되기 위한 설교의 한 방법론으로 '강해 설교(Expository preaching)'를 소개하고 있기 때문이다. 그러나 이와 다르게 번역하여 출판하면서, 성경적 설교는 곧 강해 설교라는 생각을 독자에게 심어 주게 되었다. 이것은 해돈 로빈슨의 의도와도 차이가 나는 것이었다. 그는 이 책에서 강해 설교는 설교자가 성경적 설교가 되기 위해 추구할 '자세' 내지 '철학'이라고 말하고 있기 때문이다.[195]

그렇다면 강해 설교는 성경적 설교에 이르는 하나의 방법론 내지 철학이라고 할 수 있다. 그럼에도 한국에서는 '강해 설교=성경적 설교'라고 생각들이 굳어져 가고 있다. 강해 설교가 아니면 성경적 설교가 아니라는 의식이 팽배하다. 이로 인해 성경적 설교가 가져야 할 본질적 측면이 충분히 드러나지 못하고, 다양한 설교 형태 발전에도 지장을 주고 있다.

설교자는 먼저 성경적 설교가 무엇을 의미하는가를 정확히 이해해야 한다. 그다음에 어떤 설교 형태를 취하여 성경적 설교를 달성할 것인가를 탐구해야 한다. 성경적 설교라는 개념을 이해하기 위해서는 이를 둘러싼 다양한 설교 용어를 먼저 체계적으로 정리하여 이해하는 것이 필요하다. 옆의 표에서 보는 것처럼 설교의 제반 과정은 설교 준비 단계-설교문 작성 단계-설교문 암기 단계-설교 실행 단계-설교 평가와 반영 단계로 나눌 수 있다. 이런 과정과 관련하여 설교 용어를 이해하면, 성경적 설교가 무엇을 의미하는지를 알 수 있다.

1단계인 설교 준비 단계는 설교를 최초로 준비하는 단계이다. 설교의 본문으로 삼을 성경을 선택하는 단계이다. 이때 설교자는 무턱대고 본문을 선택하지 않는다. '나는 이번 주일에 어떤 성경 본문을 텍스트로 삼아 설교를 할 것인가'를 자문하면서 선택한다. 이것은 설교의 목적과 관련이 있다. 목적에 따라 그것에 적합한 본문을 선택하게 된다. 설교 목적이 복음 선포인가, 성도의 양육인가, 치유인가, 사회에 대한 경고와 예언의 말씀인가에 따라 복음 설교, 양육 설교, 치유 설교, 사회적 선지 설교로 나눌 수 있다.

---

195) Haddon Robinson, *Biblical Preaching: The Development and Delivery of Expository Messages*, 박영호 역, 『강해 설교』 (서울: 기독교문서선교회, 2007), 24.

2단계에서는 설교 작성 단계에 들어간다. 설교 목적에 따라 선정된 성경 본문을 어느 정도 범위로 삼아 연구하여 분석할 것인가를 정하는 것이다. 구체적으로는 성경을 한 구절씩 따라가며 설교하는 '구절 설교(verse by verse preaching)'가 있다. 이보다 범위를 넓혀 특정 성경 본문을 대상으로 설교하는 '본문 설교(text-driven preaching)'가 있다.[196] 한국에서 목회자들이 통상적으로 말하는 강해 설교는 구절 설교 혹은 본문 설교를 연역식으로 구성하여 선포할 때를 말한다. 이와 달리 '주제 설교(topic preaching)'가 있다.[197] 성경 범위를 한정하는 것이 아니고 전체 성경을 본문으로 하되, 특정 주제를 중심으로 성경의 여러 부분을 섭렵하면서 메시지를 구성하는 것이다. 강해 설교와 반대되는 설교 형태가 주제 설교가 된다.

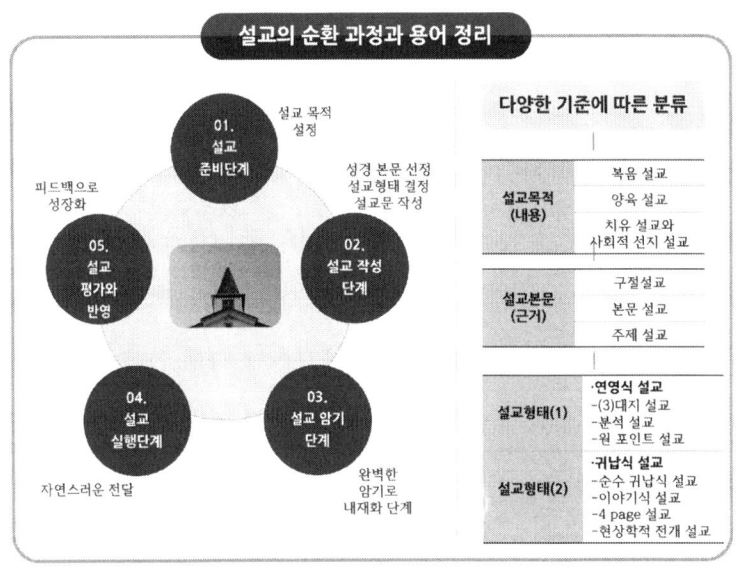

이렇게 성경 본문이 결정되었으면 이제는 설교문을 작성하게 된다. 성경을 해석하고 의미를 찾아내면서 설교 목적 등 여러 가지를 고려하면서 설교문을 작성하게 된다. 설교문을 어떤 형태(구

---

196) 프레드릭 마이어(Frederick B. Meyer)는 *Expository Preaching: Plans and Methods*에서 강해 설교(expository sermon)를 "성경 가운데 한 권이나 혹은 어느 특정한 부문을 본문으로 하여 연속적으로 주석하며 진행하는 설교"라고 정의를 내린 바 있다.-Frederick B. Meyer, *Expository Preaching: Plans and Methods* (New York: George H. Doran co., 1912), 21.
197) 주제 설교와 관련된 보다 많은 학습을 위해서는 Ronald J. Allen, *Preaching the Topical Sermon*, 김창훈 역, 『강단의 비타민, 주제 설교의 재발견』 (서울: 솔로몬, 2010)을 참고하라.

조)에 따라 작성하는가에 따라 연역식 설교와 귀납식 설교로 나눌 수 있다. 연역식 설교에서도 3대지 설교, 분석 설교, 원 포인트 설교가 있다. 귀납식 설교는 다시 순수 귀납식 설교, 이야기식 설교, 4페이지 설교, 현상학적 전개 설교 등으로 나눌 수 있다.

설교의 준비와 작성 과정에 따라 이렇게 다양한 설교 용어를 정리할 수 있지만, 설교자에게 가장 중요한 것은 성경 본문과 설교 형태에 따른 분류이다. 구절 설교, 본문 설교 혹은 주제 설교를 할 것이냐 그리고 전개 방식을 연역식으로 할 것이냐 혹은 귀납식으로 할 것이냐이다.[198]

2. 성경적 설교의 개념과 실현하는 방법들

❶ 성경적 설교는 정직한 대언자가 되는 방편이다

설교자가 성경적 설교를 한다는 것은 말씀의 전령이 되어 하나님의 뜻을 정확히 전달한다는 것을 뜻한다.[199] 설교를 자기 생각이나 경험을 전하는 수단으로 사용해서는 안 된다는 것이다. 이에 대하여 바렛(C.K. Barrett)은 "설교자는 자신을 드러내거나 자기 견해를 회중들에 보이기 위해 강단에 서는 것이 아니다. 성경에 담겨 있는 하나님의 진리를 드러내고 전하기 위해 강단에 서는 것

---

198) 정장복은 설교를 다음의 기준으로 분류한다. 정장복, 『한국 교회의 설교학 개론』 (서울: 예배와 설교 아카데미, 2001), 158.

- ■ 설교의 기본 유형 및 전개 형태
  - 본문 설교(textual sermon)
  - 주제 설교(topical sermon)
  - 강해 설교(expository sermon)
  - 서사 설교(설화체, 이야기체)
  - 예화 설교
  - 대화 설교
  - 독백 설교
  - 대지 설교
  - 상관 설교
  - 분석 설교
  - 인물 설교

199) 종교개혁자 루터는 "내가 설교할 때, 나의 입은 하나님의 입이 된다"라고 말한다. 그만큼 설교자는 자신이 선포하는 설교에 대한 막중한 책임 의식과 감격을 가지고 정확하게 전달하여야 함을 말한다.-Philip S. Watson, *Let God Be God* (Eugene: Wipf and Stock, 1947), 152.

이다"²⁰⁰⁾라고 말한다. 성경적 설교는 정직한 말씀의 대언자가 되기 위한 핵심 방편이다.

그럼 성경적 설교를 하기 위한 구체적인 방법은 무엇인가? 그 원리는 간단하다. 설교의 메시지와 성경의 메시지를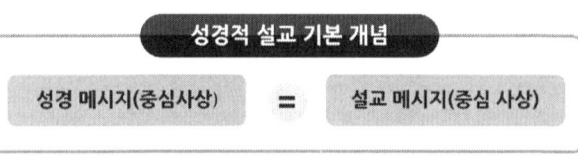
같게 만드는 것이다. 구체적으로는 설교의 중심 사상이 본문으로 삼고 있는 성경과 일치하게 구성하는 것이다. 이를 정장복은 "설교의 내용 전체가 성경적 관념에 근접해 있는 가운데서 그 특징과 본질을 나타내야 한다"²⁰¹⁾라고 말한다. 그러나 현실에서 설교자가 설교의 메시지와 성경 본문의 메시지를 일치시키는 것은 생각만큼 간단하지 않다. 여러 단계를 거치고 고심하는 가운데 성경의 메시지와 일치하는 설교 메시지를 구성할 수 있다. 설교자들은 이런 과정을 숙지하고 무수한 훈련을 통하여 자신만의 방법을 확보하여야 한다.

성경적인 설교를 하기 위한 첫째 과정은 설교가 텍스트로 삼고 있는 성경 본문을 선택하고 올바르게 해석하는 것이다. 이것을 성경을 '강해(expository)'한다 말한다. 강해의 의미는 '어떤 것을 설명하거나 묘사하다(explaining or describing something)'라는 뜻이다. 설교자가 설교를 위해 성경 본문을 해석하여 그 결과물로 메시지를 구성하는 절차이다. 그렇다면 강해 설교는 특별한 설교 방법일 수가 없다. 설교자라면 당연히 성경에 기반을 둔 설교를 하여야 하기 때문이다.²⁰²⁾ 그러나 현

---

200) C.K. Barrett, *Biblical Problems and Biblical Preaching*, 정장복, 『한국 교회의 설교학 개론』(서울: 예배와 설교 아카데미, 2001), 101에서 재인용.
201) 정장복, 『한국 교회의 설교학 개론』(서울: 예배와 설교 아카데미, 2006), 102.
　　그 외에 정장복은 성경적 설교가 가져야 할 요소로 다음을 말한다.
　　• 설교 가운데 그리스도의 현존(presence)이 보여야 한다.
　　• 설교에서 하나님과 인간의 만남의 현장이 마련되어야 한다.
　　• 설교의 메시지는 '오늘'이라는 현재적 의미를 부여해야 한다.
　　• 설교자는 구약과 신약을 하나의 성경으로 보는 관점을 가지고 설교해야 한다.
　　• 설교가 하나님의 말씀이라는 확신을 회중에게 심어 주어야 한다.
　　• 설교는 명령과 책망과 훈계 중심보다는 은총과 사랑과 용서의 하나님을 보여 주어야 한다.
202) 리차드 메이휴는 "강해 설교자는 주어진 본문을 통해 청중들에게 성경의 의미를 드러내고 이해하기 어려운 내용을 설명하며, 청중들에게 적절히 적용하는 것"이라고 설명한다. 강해 설교는 일종의 성경에 대한 존중과 아울러 설교자는 충실한 해석 및 설명자이어야 한다는 당위성을 내포한다.-Richard Mayhue. *Rediscovering Expository Preaching* (Dallas: Word, 1992), 11.

실에서는 설교자들이 성경을 제쳐 놓고 자기 생각을 설교하는 것이 많다. 이를 바로잡고 성경의 중요성을 강조하기 위해 그리고 설교는 특정 성경 본문을 정확히 해석하여 설교해야 한다는 당위성을 강조하기 위해 강해 설교라는 용어를 사용하는 것이다.

자기 생각을 연설을 통해 다른 사람에게 전할 때는 해석의 과정이 필요 없다. 머릿속에 있는 생각들을 정리하여 일목요연하게 전하기만 하면 된다. 그러나 내 생각이 아닌 다른 사람의 생각을 전하려면 그 사람의 뜻을 알아야 한다. 이를 위해서는 해석 과정이 필요한 것이다. 성경은 수천 년 전에 쓰인 문서이다. 성경이 비록 한국어로 쓰였다고 해서 한글을 아는 사람이면 누구나 손쉽게 이해할 수 있다는 것은 아니다. 정밀한 해석 과정을 거쳐야 성경 본문의 뜻이 드러난다. 성경에서 발생한 사건의 역사적 배경을 살피고 성경 기자의 의도를 살피면서 구절별로 해석하는 과정을 거쳐야 한다. 그래야 특정 성경 본문의 메시지가 선명하게 설교자의 손에 잡힌다. 이렇게 정확하게 성경 해석을 통해 확보된 설교 소재를 가지고 연역식이나 귀납식으로 설교를 형태화하면 한 편의 설교가 완성되는 것이다. 이것이 성경적 설교가 된다.

그렇다면 성경적 설교란 특정한 설교 형태를 말하기보다 설교자가 성경을 대하면서 취해야 할 규범적 자세를 말한다고 할 수 있다.[203] 한편으로 설교가 선포된 후에 그 설교가 과연 하나님의 말씀이냐를 판단할 수 있는 평가 기준이 되기도 한다. 토마스 롱은 성경적 설교란 설교자가 지향하고 판단받는 규범성과 평가성을 갖는 개념이라고 설명한다.[204]

---

[203] 존 녹스는 성경적 설교를 정의하는 것은 쉬운 일이 아니라고 말한다. 그는 성경 본문에 근거를 둔다고 하면서도 비성경적인 설교가 될 수 있고, 성경 본문에 매달리지 않으면서도 성경적인 설교가 될 수 있다고 말한다. 그는 성경적인 설교가 가져야 할 특징으로 다음을 꼽는다.-John Knox, *The Integrity of Preaching* (New York: Abingdon press, 1957), 19-23.
- 성경적인 설교는 성경의 본질적이면서 핵심적인 사상(ideas)을 설교하는 것이다.
- 성경적인 설교는 성경에서 보여 주는 사건의 중심 되는 것을 설교하는 것이다.
- 성경적인 설교는 교회 생활의 본질을 어떻게 풍성하게 할 것인가에 대한 답을 제공하는 설교여야 한다.
- 성경적인 설교는 성경을 과거의 사건이 아닌 현재 회중의 삶과 연결되는 사건으로 설교하는 것이다.

[204] Thomas G. Long, *The Witness of preaching*, 이우제 외 1인 역, 『증언 설교』 (서울: 기독교문서선교회, 2019), 111.

❷ 성경적 설교는 바른 성경 해석의 결과물이다

한국 역사상 최고의 관객을 동원한 영화가 「명량」(최민식 주연)이다. 1,760만 명이 관람했다. 관객들은 임진왜란에서 이순신 장군의 활약을 실감 나게 감상하였을 것이다. 또한, 관객들은 영화를 보면서 당시 상황을 그대로 '재현'한 것으로 생각하였을 것이다. 그러나 영화는 영화일 뿐이다. 임진왜란이란 역사를 배경으로 하지만 영화에서 보여 주는 것처럼 그대로 사건이 일어난 것이 아니다. 작가가 임진왜란이란 사건에 자신의 펜으로 윤색을 가하여 시나리오를 쓰고 이를 기반으로 영화가 만들어진 것이다.

많은 사람은 중고등학교 역사 교과서에서 배운 역사적 사건들이 '사실' 그대로 일어난 것을 기록한 것이라고 생각한다. 그렇지 않다. 역사서에는 과거 사건을 기록하는 역사학자의 사관(史觀)에 따라 주관적 해석이 들어가는 것이다. 이를 예리하게 규명한 사람이 영국의 역사가인 에드워드 카(Edward H. Carr, 1892~1982)이다. 그는 *What is History*(『역사란 무엇인가』)라는 책에서 다음과 같이 말한다.

> 역사란 본질에서 현재의 눈을 통하여 그리고 현재의 문제들에 비추어 과거를 바라보는 것이며 역사가의 주요 임무는 기록하는 것이 아니고 평가하는 것임을 의미한다.[205]

카에게 있어 역사적 사실은 '날것' 그대로 존재하는 것이 아니고, '해석'을 통하여 만들어지는 결과물이다. 예를 들어 보자. 역사학자가 임진왜란 당시의 사회상을 저술한다고 하자. 그는 필요한 역사 자료를 모으기 위해 도서관을 찾고 역사 현장을 방문할 것이다. 이렇게 모여진 자료들을 자루에 가득 채웠다고 하자. 그러나 저술할 때는 자루에 모아진 사료들을 모두 꺼내어 바닥에 펼치고 설명하는 것이 아니다. 자루에서 필요한 것을 골라 사용하게 된다. 이런 과정에서 선택하는 사람의 관점과 해석 자세가 영향을 미친다. 그렇다면 역사서는 역사학자의 해석 결과물이다.

설교가 하나님의 말씀이 되는 것은 왜 그런가? 기록된 말씀인 성경에 기반하여 설교를 구성하기

---

205) Edward H. Carr, *What is History*, 김택현 역, 『역사란 무엇인가』 (서울: 까치글방, 1997), 34.

때문이다. 그러나 설교자는 단순히 성경 본문을 그대로 읽고 간단히 설명하면서 설교하지 않는다. 심사숙고하여 성경 본문을 선택하고 또 본문을 해석하고 평가하여 메시지를 만들게 된다. 본문을 선택하고 해석하고 평가하는 과정은 설교자마다 다르다. 목회관과 성경 및 세계관에 따라 큰 차이를 보인다. 같은 본문을 가지고도 설교자마다 설교 분위기와 내용이 크게 차이가 나는 이유가 여기에 있다. 설교는 성경 해석의 결과물이다. 이런 점 때문에 종교개혁자 칼빈은 "설교는 성경의 주해와 해석이라는 의미에서 하나님의 말씀"이라고 말한다.[206]

설교가 성경 해석의 결과물이라고 한다면 바른 설교가 되기 위해서는 반듯한 성경 해석 과정이 필수적이다. 그 과정을 알아보자.

a. 과거 사실에 대한 자료 확보(수집)

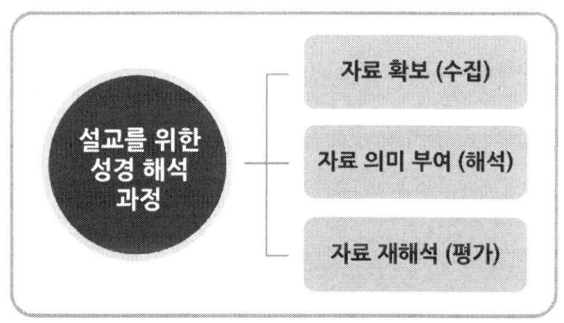

설교자가 설교를 준비하기 위해 가장 먼저 하는 일은 성경 연구를 통해 본문에서 일어난 역사적 사건들을 마주 대하는 것이다. 다양한 사실들을 가능한 한 많이 확보하여야 한다. 성경에서 많은 자료를 확보할수록 더욱 풍성하게 메시지를 구성할 수 있다. 이를 위해서는 성경 본문의 단어와 문장을 짚어 가며 분석을 해야 한다. 각종 주석서를 참고로 하여 사실 그대로를 '재현'하려고 노력을 한다. 이와 아울러 본문의 배경이 되는 역사적 상황도 탐구해야 한다. 그래야 사건이 일어난 배경을 이해하면서 더욱 정확하게 다양한 자료들을 확보할 수 있기 때문이다. 설교 메시지를 구성하기 위한 재료로서 설교의 소재(素材)를 확보하는 단계이다.

b. 수집된 자료에 대한 의미 부여(해석)

1차 연구를 통해 사건에 대하여 객관적인 사실이 수집되었으면 그 자료에 대한 해석을 통해 의

---

206) Thomas H.L. Parker, *The Oracles of God*, 황영철 역, 『하나님의 대언자』 (서울: 익투스, 2006), 64.

미를 뽑아내야 한다. 어떤 역사적 사실 이면에는 당시 사람들을 향한 하나님의 뜻이 담겨 있기 때문이다. 이것은 성경에서 확보한 역사적 사건에 대한 해석을 통해 가능하다.

이렇게 성경에 있는 사건을 해석할 때는 설교자의 관점과 자세가 중요하다. 설교자는 자신이 가지고 있는 목회관과 성경관 그리고 세계관에 따라 각양각색으로 해석하게 된다. 그러나 설교자가 임의로 해석해도 된다는 것을 의미하지 않는다. 말씀 공동체의 일원인 설교자는 자신이 몸담고 있는 교단, 나아가 종교개혁의 전통을 이어받는 복음주의적 성경관을 가지고 해석해야 한다. 이를 위해서는 성경에 대한 깊은 이해가 필요하다. 이와 함께 상상력을 활용한 창의적인 해석을 할 수 있으면 더욱 깊이가 있는 메시지를 구성할 수 있다. 이를 위해 성경과 신학에 대한 깊은 지식이 있어야 한다. 성경 전반에 대한 깊은 지식이 없으면 통찰력 있는 성경 해석이 되지 않는다. 또한 교의신학(조직신학)과 신구약 배경사와 예배신학 등에 대한 지식도 필요하다. 이럴 때 깊이가 있으면서 창의적인 해석이 가능하다.

c. 오늘의 시각에서 재해석하기(평가)[207]

특정 성경 본문을 해석하여 시대적 배경과 관련된 의미와 교훈을 파악했으면 다음에는 오늘의 관점에서 재해석한다. 설교학에서 말하는 적용 과정이다. 설교는 과거 사실에 대하여 '정보'만을 전하는 것이 아니다. 그렇다고 과거에 대한 의미와 교훈을 전한다고 설교의 사명이 완수된 것도 아니다. 설교는 오늘의 회중들을 향한 하나님의 말씀이 되어야 한다. 그렇기 위해서는 해석의 결과물을 가지고 오늘의 회중에 주시는 의미와 교훈으로 바꾸는 작업이 필요하다. 이것을 적용이라고 한다. 적용(application)의 원래 의미는 '갖다 붙이는 것(attaching to)'이다. 설교학에서 적용이라고 하면 성경 본문의 의미와 교훈을 오늘의 회중에 갖다 붙이는 것 정도로 설명한다. 그러나 적용은 그 이상의 의미가 있다. 단순히 과거를 오늘의 것으로 연결하는 것이 아니다. 오늘의 시각에서 과거의 성경의 사건을 바라보아야 한다. 오늘의 시각에서 재해석하고 평가해야 한다. 그래야 설교가 '살아 있는' 하나님의 말씀이 된다. 적용은 설교가 과거 사건의 단순한 설명이 아니고 오늘

---

[207] 성경 해석을 과거의 시각에서 해석하고, 이를 오늘의 시각에서 재해석하는 과정을 폴 스캇 윌슨은 '4페이지 설교'에서 자세히 설명하고 있다. 이에 대한 내용은 본서 10장 '4페이지(장면) 설교란 무엇인가?'를 참고하라.

의 회중에게 주시는 하나님의 말씀이 되기 위한 핵심 장치가 된다.

이제 여호수아 5장의 '길갈에서 일어난 사건'을 예로 들어 보자. 여호수아 5장은 약속의 땅에 첫 발을 내디딘 하나님의 사람들에게 필요한 것이 무엇인지를 보여 준다. 이스라엘이 광야 생활을 청산하고 요단강을 건넌 직후에 발생한 사건을 기록하고 있다. 이곳에서 할례를 시행하고 유월절 제사를 드리게 된다(수 5:2-11).

가나안 땅에 입성하자마자 왜 여호수아는 할례와 유월절 의식을 거행했을까? 이들 앞에는 당시 지중해에서 가장 강력한 문명을 가졌던 페니키아인(두로, 시돈, 블레셋 등 다민족 종족)들이 버티고 있었다.[208] 이들과 마주 싸워야 할 이스라엘은 무기나 군사력에서 상대가 되지 않는 약체 민족이다. 강력한 적들을 앞에 두고 한가하게 할례와 유월절 제사를 지내고 있다. 왜 그랬을까? 이를 이해하려면 당시 상황에 대한 깊은 이해가 있어야 한다.

여호수아를 지도자로 하여 이스라엘은 B.C. 1405년 1월 11일에 요단강을 건너 가나안에 발을 내디딘다. 이날은 40년 전에 애굽에서 출애굽한 날(B.C. 1446년 1월 14일)을 며칠 남겨둔 날이었다. 하나님은 당시 출애굽하는 이스라엘에게 대대로 유월절을 지킬 것을 명하신다(출 12:1-28). 여호수아는 40년 전의 하나님의 명에 따라 길갈에서 할례와 유월절을 지킨 것이다. 하나님이 의도적으로 이때를 전후하여 요단강을 건너가게 하신 것을 알 수 있다. 할례와 유월절이 당시 이스라엘에 큰 의미가 있었기 때문이다. 그러나 우선은 당시 상황에 대하여 성경과 관련 자료의 연구를 통해 더욱 많은 자료를 모으는 것이 중요하다.

---

208) 페니키아인들은 이스라엘이 가나안에 입성할 당시(B.C. 1500~B.C. 1200)에 가나안 해변의 두로, 시돈 등에 도시 국가를 만들어 지중해를 주름잡고 있던 해양 민족이었다(위키 백과). 이들의 활약은 가나안 내륙 지역까지 영향을 미쳤을 것이고 그 영향을 받은 가나안족들은 당시 이스라엘과는 비교도 할 수 없는 월등한 문명과 군사력을 가지고 있었다.

그다음 단계는 1차로 확보한 사실에 대한 의미와 교훈을 확보하는 것이다. 이를 위해 해석 과정이 필요하다. 왜 하나님은 가나안에서 할례와 유월절 제사를 지내도록 했는가? 구약과 교의신학의 지식을 활용하여 할례와 유월절 제사가 가지는 신학적 의미를 파악해야 한다. 할례와 유월절에는 하나님의 백성이라는 '정체성'과 가나안 땅을 주시겠다는 '언약'이라는 두 요소가 숨어 있다. 하나님은 할례와 유월절 제사를 통해 '하나님의 백성'으로서의 정체성을 확립하고 그들이 밟고 있는 가나안은 하나님이 주신 땅이라는 '약속'을 상기시키고 있다. 정체성을 확인하고 언약의 하나님을 기억하는 것이 전쟁을 앞둔 이스라엘에 가장 긴급한 일인 것이다.

이렇게 해석의 결과로 의미와 교훈을 확보했다면, 오늘의 회중에게 어떤 의미가 있는가를 평가해야 한다. 적용 과정에 들어가는 것이다. 오늘의 회중 역시 눈에 보이는 물질세계 뒤에는 어둠의 세력과의 영적 전쟁을 앞두고 있다. 회중들은 십자가 군사가 되어 승리하여 하나님의 영토(하나님의 나라)를 넓혀 가야 할 책무가 있다. 십자가 군사로서 가장 중요한 것은 무엇인가? 정체성과 언약을 붙잡는 것이다. 이것이 현대의 그리스도인들이 시급하게 갖추어야 할 최고의 무기인 것이다.

그럼 여호수아 5장에서의 할례와 제사는 오늘의 회중에게 무엇으로 바뀌는가? 성령 세례와 예배가 된다. 구약의 할례는 신약에서 (성령) 세례로 바뀌었다. 로마서 2장 29절에서는 "오직 이면적 유대인이 유대인이며 할례는 마음에 할지니 영에 있고 율법 조문에 있지 아니한 것이라"라고 말씀한다. 그리고 유월절 제사는 신약에서 주일 예배로 전환되었다. 주일 예배에서 하나님의 임재와 언약이 있다. 그렇다면 십자가 군사는 주일마다 "영과 진정으로 드려지는 예배"(요 4:24)를 통해 그리스도인으로서의 정체성을 새롭게 하고, 언약의 하나님을 붙잡고 믿음을 다져야 한다. 오늘의 주일 예배는 3,500년 전 길갈에서 이스라엘이 드렸던 할례와 유월절이 되는 것이다.

이제 설교를 구성하기 위한 중심 사상(주제)을 뽑아 보자. 주제는 질문과 답변의 과정을 통하여 확보된다. 여호수아 5장 길갈 사건을 통하여 하나님은 '회중들이 주일 예배에서 붙잡아야 할 것은 무엇인가?'를 묻고 계신다. 이에 대한 답은 '십자가 군사로서 정체성과 언약'이 된다. 이 주제를 가지고 설교할 때, 회중들은 여호수아 5장에서 이스라엘에 주셨던 말씀이 오늘의 '자신'에게 주시는 '현재의 말씀'이라고 느끼게 된다.

Ⅲ. 성경적 설교는 그리스도 중심의 설교에서 실현된다

1. 그리스도 중심의 설교란 무엇인가?[209]

❶ 모든 성경은 예수 그리스도를 향한다

인류 역사상 가장 오랜 기간 통치한 로마 제국. 서양의 고대사는 로마로 흘러가고, 다시 흘러나와 현대로 이어진다고 말한다. 역사가들은 제국의 저력은 로마 곳곳을 연결한 로마 가도(街道)에서 나온다고 말한다. 시오노 나나미는 『로마인 이야기』에서 로마 가도의 의미를 다음과 같이 말한다.

> 모든 길은 로마로 통한다기보다 모든 길은 로마에서 출발한다고 말하는 편이 적절하지 않을까 싶을 정도지만, 그것은 로마가 제국의 심장이었기 때문이다. 그리고 심장에서 몸 구석구석까지 피를 보내는 동맥이 바로 로마 가도였다. 수도 로마를 떠날 때는 12개였던 로마 가도가, 추운 북해에서 뜨거운 사하라 사막까지, 대서양에서 유프라테스강까지 … 150,000km나 되는 혈맥이 로마 제국이라는 몸에 구석구석까지 뻗어 있었던 것이다.[210]

로마 제국은 도로를 통해 로마시와 각 지역의 교류를 촉진하여 수준 높은 문명을 각 지역에 공급하면서 효과적으로 통치할 수 있었다.

설교가 하나님의 말씀이 되기 위해서는 성경적 설교가 되어야 한다. 성경적 설교는 성경 연구에 관한 집중적인 연구를 요구한다. 성경은 방대한 내용을 가진 책이다. 신구약 66권에 1,189장, 31,102절, 1,836,947 단어(개역 개정판 기준)로 구성되어 있다. 이렇게 방대한 성경을 공부한다는 것은 쉬운 일이 아니다.

---

209) 제임스 샌더스(James A. Sanders)는 성경 자체가 예수 그리스도를 통하여 인간을 구원하시려는 하나님의 이야기 (God's Story)라고 말한다. 성경이 예수를 중심으로 전개된다면, 설교는 그리스도 중심의 설교가 되어야 한다.-*James A. Sanders, God Has a Story Too* (Philadelphia: Fortress Press, 1979), 28.
210) Nanami Shiono, Romajin No Monogatari Ⅹ, 김석희 역, 『로마인 이야기 10』 (파주: 한길사, 2002), 49,50.

많은 양을 가진 성경을 잘 이해할 방법은 무엇인가? 말씀의 갈래를 따라 성경을 분석하고 이해하는 것이다. 창세기에서 흘러나온 시냇물은 갈래를 타고 흘러가면서 마침내 거대한 강물이 되어 굽이쳐 흘러가다가 요한계시록에서 마감한다. 성경이라는 거대한 강물의 중심에는 예수 그리스도께서 존재한다. 모든 물은 예수 그리스도로 흘러가고 다시 나와서 곳곳으로 퍼져 나간다. 성경을 가장 효과적으로 학습하는 방법은 예수 그리스도라는 대주제를 붙잡고 연구를 이어 가는 것이다.

지금까지 설교가 하나님의 말씀이 되기 위해서는 성경적 설교가 되어야 한다고 설명했다. 그런데 성경적 설교의 구체적인 결실은 그리스도 중심의 설교(Christ-centered preaching)를 할 때 열매로 맺어진다. 구약은 오실 메시아이신 예수 그리스도를 말씀하고, 신약은 오신 메시아를 구체적으로 증거하기 때문이다. 그리스도 중심의 설교를 깊이 연구한 에드먼드 크로우니(Edmund P. Clowney)는 그리스도에게 초점이 맞추어져 있지 않은 설교는 인간의 의무를 강조하는 도덕적 설교가 된다고 말한다. 그는 설교는 본질에서 예수 그리스도를 증언하는 설교가 되어야 한다고 주장한다.[211] 설교가 참으로 하나님의 말씀이 되기 위해서는 성경을 기반으로 하되, 예수 그리스도를 증언하는 설교가 되어야 한다.

2. 어떻게 그리스도 중심의 설교를 할 것인가?

그럼, 그리스도 중심적인 설교를 어떻게 할 수 있을까? 성경 본문을 그리스도의 인격과 사역의 관점에서 해석하는 것이다.[212] 다시 말해

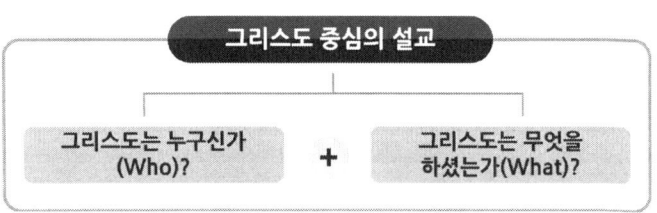

신구약 성경의 특정 본문을 해석할 때 예수의 '그리스도 되심'과 '주님으로서의 활동하심'이라는 도

---

211) Edmund P. Clowney, *Preaching and Biblical Theology*, 류근상 역, 『설교와 성경 신학』 (고양: 크리스챤출판사, 2003), 69.
212) 류응렬은 예수 그리스도 중심 설교는 그리스도의 인격적인 측면, 사역, 가르침에 따라 선포하는 것이라고 말한다. 류응렬, "예수 그리스도 중심의 설교: 그 기초와 방법론," 『신학지남』 제70권(2003), 297, 298.

구를 통하여 해석하는 것이다.[213] 따라서 '예수는 어떤 분으로 모습을 드러내는가?(who)', '예수께서는 어떤 사역을 드러내시는가?(what)'라는 두 가지 도구를 가지고 본문을 분석하는 것이다. 이런 해석 자세는 신약보다는 특히 구약을 해석할 때 더욱 유용하다.

예를 들어 보자. 사무엘상 17장에는 다윗과 골리앗의 대결 장면이 나온다. 겉모습만으로 보면 거대한 골리앗과는 상대가 되지 않는 다윗이 당돌하게도(?) 앞으로 나간다. 주변에는 골리앗의 조롱에 사기를 잃고 두려워 떨고 있는 이스라엘의 군대들이 있다. 이때 다윗은 여호와의 이름으로 '작은 물맷돌'을 던져 단숨에 골리앗을 제압하고 이스라엘 군대에 용기를 심어 준다. 그 기세로 블레셋 군대를 물리치고 큰 승리를 거둔다.

사무엘상 17장에서 다윗과 골리앗의 대결을 구약의 테두리 안에서만 분석하면 대단한 믿음을 가진 한 청소년의 무용담으로 비칠 수 있다. 그 이상의 의미를 찾기 힘들다. 그러나 사무엘상 17장을 예수 그리스도의 인격과 사역이라는 분석 도구로 접근하면 보다 풍성하고 정확한 하나님의 은혜와 뜻이 드러난다. 다윗은 예수 그리스도의 예표(豫表)로 볼 수 있기 때문이다.

우리는 복음서에서 다윗의 모습을 보여 주는 예수님의 활동을 발견할 수 있다. 마가복음 4장 35-41절에서는 갈릴리 바다에서 광풍을 만난 예수의 제자들 모습이 소개된다. 갈릴리 바다를 건너던 중에 마주친 광풍에 제자들은 두려워하며 "선생님이여 우리가 죽게 된 것을 돌보지 아니하시나이까"(막 4:38)라며 뱃고물에서 잠을 자는 예수를 깨운다. 이 모습은 골리앗의 조롱에 두려워 떨고 있는 이스라엘 군대의 모습과 중첩된다. 이때 예수께서는 일어나시며 단숨에 광풍을 제압해 버린다. "바람을 꾸짖으시며 바다더러 이르시되 잠잠하라 고요하라 하시니 바람이 그치고 아주 잔

---

213) 존 스토트는 설교는 성경과 세상 사이에 '다리를 놓는 것'이라고 말한다. 다리를 놓기 위해서는 인간 삶의 근본적인 문제와 삶의 목적 등이 무엇인가를 이해해야 하며, 이것을 해결하기 위한 방법은 성경에서 보여 주는 그리스도를 세상에 소개하는 것이라고 말한다. 그리스도 중심의 설교는 성경과 세상을 연결하는 다리가 될 것이라고 말한다.-John R.W. Stott, *Challenge of Preaching*, 박지우 역, 『설교: 말씀과 현실을 연결하는 살아 있는 설교』(서울: IVP, 2016), 77-84.

잔하여지더라"(막 4:39). 이런 예수님의 모습은 사무엘상 17장의 다윗의 모습과 연결하여 설교할 수 있다. 사무엘상 17장의 다윗을 예수 그리스도의 인격과 사역이란 프리즘을 통과시켜서 보면 우리를 대신하여 세상과 싸우시는 예수 그리스도의 모습(인격과 사역)을 끌어낼 수 있다. 그리스도 중심의 설교를 한다는 것은 예수 그리스도의 하나님 아들 되심, 구세주 되심과 활약을 신구약 성경 해석의 주춧돌로 삼는 것이다.

그럼 그리스도의 인격과 사역이라는 분석 도구를 활용하여 성경(특히 구약)을 해석할 때 구체적인 방법론은 무엇인가? 이에 대하여 시드니 그레이다누스(Sidney Greidanus)는 *Preaching Christ from the Old Testament*라는 책에서 일곱 가지의 방안을 제시한다. 점진적 구속 역사 방식, 약속과 성취, 모형론, 유비, 통시적 주제, 신약 성경 관련 구절 인용, 대조 방식이다. 일곱 가지 방식을 자유롭게 활용할 수 있을 정도로 훈련을 쌓는다면 그리스도 중심의 설교가 되면서 강력하고 은혜로운 설교가 될 것이다. 여기에서는 시드니 그레이다누스가 제시한 일곱 가지 방식 중에 활용도가 클 것으로 여겨지는 것을 세 가지 뽑아 설명한다.[214]

❶ 점진적 구속 역사 방식

성경은 계시의 말씀이다. '계시(revelation)'란 감추어진 것이 모습을 드러낸다는 뜻이다. 하나님이 커튼을 벗기고 방 안으로 빛을 비추어 주실 때 숨겨졌던 진리가 모습을 드러낸다는 것이다. 그런데 계시로서의 성경은 한편으로 점진적인 모습으로 서서히 드러난다. 하나님이 커튼을 한꺼번에 벗

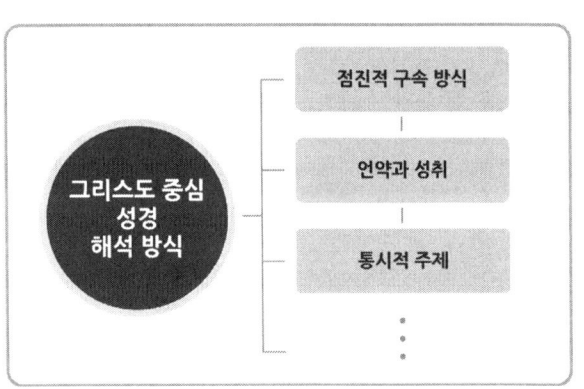

기고 모든 것을 보여 주시는 것이 아니다. 조금씩 서서히 보여 주신다는 것이다. 이것을 점진적인 계시 방식이라고 칭한다. 그렇다면 구약의 말씀보다는 신약의 말씀이 더욱 풍성한 계시를 드러낸

---

214) 일곱 가지 방식에 대한 자세한 사항은 Sidney Greidanus, *Preaching Christ from the Old Testament*, 김진섭 등 공역, 『구약의 그리스도, 어떻게 설교할 것인가?』 (서울: 이레서원, 2002), 345-405를 참고하라.

다고 볼 수 있다. 구약에서는 '희미'하게 비추이던 계시의 말씀이, 점차 밝아져서 그리스도가 오심으로 완전한 빛이 온 방에 가득 임하게 되었다는 것이다.

시드니 그레이다누스는 성경의 점진적 계시로서의 성격을, 구약을 해석할 때 활용하자고 주장한다. 이를 '점진적 구속 역사 방식'이라고 설명한다. 구약에서 신약으로 다가올수록 구속의 역사가 더 넓어지고 분명해지는 특징을 이용하는 것이다. 그레이다누스는 그 예로 시편 84편을 들고 있다. 시편 84편에서는 '주의 궁전'에 대한 사모함이 성전에 가고 싶은 열망으로 표현되고 있다. 성전에 가고 싶은 열망이 얼마나 강렬한지 성전 처마 밑에 사는 참새와 제비를 부러워할 정도이다(시 84:3). 왜냐하면, 일반 백성은 성전까지 거리가 멀어 쉽게 갈 수 없으나 새들은 늘 성전 처마 밑에 있기 때문이다.

그런데 시편 84편에서 성전을 사모하고 성전 예배를 흠모하는 소망을, 신약 성도들은 완전히 누리고 있다는 것이다. 예수 그리스도가 오심으로 성전이 성도의 옆에 있기 때문이다. 예수님이 "두세 사람이 내 이름으로 모인 곳에는 나도 그들 중에 있느니라"(마 18:20)라고 약속하셨듯이, 그리스도의 이름으로 모여 예배드리는 그곳이 성전이 되기 때문이다. 신약의 그리스도인들은 구약의 이스라엘이 '희미'하게 맛보던 은혜를 가장 풍성하게 맛보고 있다. 구약을 이렇게 예수 그리스도의 오심과 사역의 관점에서 점진적으로 펼쳐 가는 구속의 역사로 설명하면 풍성한 주님의 은혜를 설교에서 담아낼 수 있다고 한다.

❷ 언약과 성취

하나님은 세상을 향하여 축복을 주실 때, '언약'의 '성취'를 통하여 이루어 가신다. 성경의 큰 골격은 '언약'과 '성취'라는 두 기둥으로 되어 있다는 것을 알 수 있다. 시드니 그레이다누스는 구약을 설교할 때 예수 그리스도의 오심으로 인하여 언약이 성취되었다는 것을 드러내는 것이 그리스도 중심의 설교를 하는 방안이라고 설명한다.

시드니 그레이다누스는 그 예로 이사야서 61장 1-4절의 본문을 예로 든다.[215] 본문에서는 "주 여호와의 영이 내게 내리셨으니 이는 여호와께서 내게 기름을 부으사 … 그들은 오래 황폐하였던 곳을 다시 쌓을 것이며 옛부터 무너진 곳을 다시 일으킬 것이며 황폐한 성읍 곧 대대로 무너져 있던 것들을 중수할 것이며"라고 약속하고 있다. 이것은 포로로 잡혀 있던 이스라엘이 때가 되면 하나님에 의해 해방된다는 것을 약속하신 것이다. 그런데 이 약속은 이스라엘이 바벨론에서 해방되던 B.C. 538년에 일차적으로 성취되었다. 그러나 최종적인 성취는 약 500년 후에 예수님이 이 땅에 오심으로 성취되었다. 그래서 예수님이 나사렛 회당에서 안식일에 이사야서 61장 1-4절의 말씀을 읽고 "…이 글이 오늘 너희 귀에 응하였느니라"(눅 4:18-21)라고 말씀하신 것이다. 따라서 이사야서 61장 1-4절 본문과 누가복음 4장 18-21절의 본문을 약속과 성취의 관점에서 설교한다면 그리스도의 오심과 언약의 성취가 더욱 잘 드러날 것이다.

❸ 통시(通時)적 주제

성경은 다양한 사건과 사람들의 모습을 보여 주고 있다. 그런데 이런 모습에는 모두 주제가 있다. 이런 주제를 일정한 구분에 따라 분류하면 성경 전체를 몇 가지의 주제로 나눌 수 있을 것이다. 이렇게 확보된 주제는 시간과 공간을 뛰어넘어 어디에서나 통용되는 '통시적 주제'가 된다. 시드니 그레이다누스는 신구약 성경을 해석할 때 각각의 사건에서 공통 주제를 파악하여 이것을 예수 그리스도의 인격과 사역으로 연결하여 해석하고 설교하는 것이 그리스도 중심의 설교를 하는 하나의 방편이라고 말한다.

시드니 그레이다누스는 통시적 주제를 사용하여 그리스도 중심 설교를 하는 방법으로 창세기 28장의 사건을 제시한다. 야곱이 형 에서의 미움을 받아 하란으로 도피하는 도중에 벧엘에서 하나님을 만난 사건이다. 그는 이를 '동행'이란 주제로 접근한다.[216] 본 사건의 주제는 하나님은 택한 백성과 함께하신다는 '임재와 동행'이다. 이 약속은 야곱에게만 해당하지 않는다. 모든 언약 백성

---

215) Sidney Greidanus, *Preaching Christ from the Old Testament*, 김진섭 등 공역, 『구약의 그리스도, 어떻게 설교할 것인가?』 (서울: 이레서원, 2002), 356, 357.
216) Sidney Greidanus, *Preaching Christ from the Old Testament*, 김진섭 등 공역, 『구약의 그리스도, 어떻게 설교할 것인가?』 (서울: 이레서원, 2002), 391.

에게 해당한다. 그래서 통시적 주제가 된다. 그 예로 신약에서는 예수님이 제자들에게 '동행'을 약속하신다. 부활하신 주님이 제자들에게 "내가 세상 끝날까지 너희와 항상 함께 있으리라 하시니라"(마 28:20)라고 말씀하시기 때문이다. 벧엘에서 약속하신 하나님의 동행하심이 신약에서는 예수님이 '임마누엘'의 하나님(마 1:23)이 되어 약속을 이어 가시는 것이다. 설교자가 구약과 신약의 각각의 사건에서 공통된 주제를 그리스도의 인격과 사역의 관점에서 도출하고 메시지로 구성하면 더욱 은혜로운 설교가 될 것이다.

그런데 그리스도 중심의 설교를 구성할 때 유의 사항이 있다. 그것은 특정 성경 본문을 무턱대고 위의 방식을 사용하여 그 결과물로 그리스도 중심의 설교를 하려고 해서는 안 된다는 것이다. 먼저는 특정 본문을 충분히 연구하고 분석한 후에 그 결과물을 다시 예수 그리스도의 인격과 사역이란 프리즘을 통과하게 해야 한다. 자칫하면 억지로 구약을 예수 그리스도로 연결하여 무리하게 그리스도 중심의 설교를 하려고 한다는 뉘앙스를 풍길 수 있다.[217] 그리스도 중심의 설교를 위해서는 신구약 성경에 대한 보다 많은 연구와 분석이 요구된다.

---

217) 김대혁, "현대 설교의 위기와 그리스도 중심적 설교의 재발견," 『복음과 실천신학』 제62권(2022), 266.

Ⅳ. 서재와 현장에서 성경적인 설교자가 만들어진다

1. 그리스도 중심의 설교 위력을 실감해야 한다

우리는 지금까지 설득에 성공하는 설교가 되기 위해 어떤 메시지로 구성할 것인가를 살펴보았다. 회중이 들을 가치가 있는 내용으로 채워진 설교, 즉 성경적 설교, 그리스도 중심의 설교가 필요하다는 것을 설명했다. 이를 위해서는 많은 연구와 훈련이 필요하다. 본 장에서는 이에 대한 최소한의 부분만 설명했을 뿐이다. 설교자는 수많은 시행착오를 통해 성경적이면서 그리스도 중심의 설교가 되기 위한 자신만의 방식을 터득하여야 한다.

우선은 성경 전반에 대한 해박한 이해가 있어야 한다. 여기에 교의학에 대한 깊은 이해도 필요하다. 특히 신론과 인간론 그리고 구원론과 기독론에 대한 지식이 있어야 한다. 어느 것 하나 손쉽게 얻을 수 있는 것이 없다. 그러나 성경적 설교, 그리스도 중심의 설교는 모든 설교자가 결코 포기할 수 없는 목표지가 되어야 한다. 설교자를 부른 주님의 목적이 그리스도를 증언하는 대언자로 불렀기 때문이다. 그렇다면 이를 위해 시간을 투자하고 땀을 흘릴 준비가 되어 있어야 한다. 어떻게 하면 지치지 않고 마지막까지 걸어갈 수 있을까?

무엇보다 설교자의 확신이 필요하다. 성경적인 설교, 특히 그리스도 중심의 복음 설교의 위력을 실감해야 한다. 회중의 심령을 말씀으로 시원하게 하며 예수 그리스도를 만난 기쁨으로 충만한 교회가 되게 하는 길은 그리스도를 증거하는 설교로 가능하기 때문이다. 그리스도 중심의 복음 설교에 대한 확신이 있으면 오랜 시간을 땀으로 훈련할지라도 이겨낼 수 있다. 이런 각오로 예수 그리스도를 증거하는 설교를 위해 노력할 때, 주님께서도 옆에서 도와주실 것이다. 주님은 이를 위해 설교자를 선택하고 세상에 보내셨기 때문이다.

2. 명설교자는 서재와 현장에서 만들어진다

한국의 사극 드라마 중에 가장 높은 시청률을 올린 연속극으로 「허준」을 꼽는다. 1999년에 MBC에서 방영한 드라마로 방영 당시 올린 최고의 시청률은 지금까지 깨어지지 않고 있다고 한다. 왜 「허준」이 그토록 큰 인기를 끌었는가? 거기에는 '허준'(전광렬 분)이라는 인간의 남다른 삶의 모습이 감동을 주었기 때문이다. 그가 천한 신분임에도 불구하고 어의(御醫)라는 최고의 자리에 올라간 것 때문이 아니다. 그 과정에서 보여 준 그의 자세가 큰 울림을 준다. 그는 유의태(이순재 분)라는 스승을 만나 수련의 과정을 겪게 된다. 그때 함께 배움의 과정에 있던 스승의 아들인 유도지(김병세 분)와 큰 대비를 보인다. 유도지는 한의학에서 꼭 필요한 것만 공부한다. 그리고 환자를 받을 때도 사람을 보아가면서 진료를 한다. 처세술에 밝은 사람이다.

그러나 허준은 정반대였다. 아픈 사람은 누구든지 진료를 해 준다. 진료비를 낼 수 없는 가난한 사람들도 마다하지 않는다. 이들을 정성스럽게 진료하면서 한편으로 밤잠을 자지 않고 한의학을 공부한다. 올바르게 진료하여 더 많은 사람을 구하려는 거룩한 '열심'이 발동한 것이다. 의술이 깊어지고 임상 경험이 많아지면서 그는 조선 최고 의원의 자리로 올라갔다.

명설교자는 서재에서만 만들어지는 것이 아니다. 현장에서 수많은 설교 경험이 합해져서 탁월한 설교자의 모습을 갖추어 간다. 성경 연구와 목회 경험이 합해져서 자신만의 독특하면서 높은 차원의 설교 세계를 만들어 가게 된다. 훌륭한 의사는 연구와 임상 경험을 통해 태어나듯이, 명설교자도 서재와 강단을 오가면서 만들어진다.

한국 설교자의 어려움 가운데 하나로 흔히 너무 많은 설교 사역을 꼽는다. 설교자 대부분은 매주 10여 회 이상 설교를 한다. 현장 목회자들은 너무 많은 설교 사역 때문에 깊이 있는 설교를 하기 어렵다고 한다. 과연 그럴까? 주일 예배에서만 설교한다면 수준 높은 설교가 가능할까? 본인의 경험으로는 아니라는 것이다. 임상 경험이 없기 때문이다. 진정으로 뛰어난 설교자가 되려면 임상 경험이 풍부해야 한다. 설교 횟수의 일정한 양(量)이 차야 하고 또 다양한 목회 경험을 해야 한다.

그렇다면 매주 많은 설교 횟수를 자신의 설교를 가다듬고 발전시키는 계기로 삼으면 어떨까? 더 많은 연구와 더 많은 임상 경험을 강단에서 쌓는 것이다. 그러기 위해서는 설교를 사랑해야 한다. 설교는 사람의 영혼을 살리는 거룩한 하나님의 말씀이기 때문이다. 설교를 사랑해야 수많은 설교 사역을 기쁨으로 감당할 수 있다. 북미 설교 학계를 이끌었던 설교학자의 한 사람이었던 폴 스캇 윌슨은 그의 대표 저서인 *The Four Pages of the Sermon*에서 설교자가 갖추어야 할 으뜸의 자세로 '설교 사랑하기'를 꼽는다. 그의 말을 들어 보자.

> 나는 여러분들이 설교를 사랑하는 법을 배울 것을 희망합니다. 냉소적인 설교자는 다시 설교를 사랑하는 것에 빠져들 것을 권면합니다. 설교를 향상시키기 위한 노력이 성령님의 도우심 아래 언제나 새로운 감격으로 돌아오기를 소망합니다. 이럴 때 회중들의 믿음도 자라나게 될 것입니다. 설교자가 창의적인 설교 커뮤니케이션을 하기 위한 노력은 회중들이 하나님의 말씀을 더욱 효과적으로 듣도록 도와줄 것입니다.[218]

설교자가 설교를 사랑하고 기쁨으로 감당한다면 명설교자가 되기 위한 '거리'는 결코 멀리 떨어져 있지 않다. 그리고 그 거리를 기쁨으로 걸어갈 수 있다. 설교 사랑하기가 명설교자로 성장하기 위한 가장 큰 후원자가 될 것이다.

---

218) Paul S. Wilson, *The Four Pages of the Sermon* (Nashville: Abingdon, 1999), 14.

10장

성공적인 설교를 위한 원리와 전략(Ⅳ)
– 잘 짜여진 형태(구조)에 담아 전달하라!

Ⅰ. 메시지는 견고한 형태(구조)에 담아 전달해야 한다

1. 파리 에펠탑이 세워질 수 있었던 이유

"파리 에펠탑 기공식을 열다! 에펠 씨가 세계만국박람회를 위하여 전 세계에서 가장 높은 탑을 건설하여 경이로운 세기를 열어 가다. … 에펠탑, 파리의 자존심을 드러내는 경이로운 건축물, 어떻게 이런 경이로운 탑이 설계되고 세워질 수 있었는가?"

본 내용은 1889년 3월 31일, 파리에서 열린 에펠탑 준공식을 소개하는 신문 기사의 일부이다. 이 탑을 바라보는 프랑스 사람들의 자부심을 보여 준다. 당시 프랑스 정부는 보불 전쟁에서 패배한 국민의 상실감을 메워 주고, 파리만국박람회를 성공적으로 치르기 위해 상징물을 짓기로 했다. 건축가인 구스타프 에펠은 만국박람회가 열리는 마르스 광장에 대형 철탑을 세울 것을 제안한다. 그의 제안이 채택되어 2년이라는 짧은 기간에 완공된다. 이후 곳곳에서 철탑을 방문하는 세계적인 명소가 되었다.

에펠 탑 준공식을 알리는 신문 (London Herald)

에펠탑은 높이가 324m로 81층 높이에 해당하는, 당시에는 세계에서 가장 높은 건축물이었다. 이것이 가능했던 것은 막 등장하기 시작한 강철 구조물 덕분이었다. 산업혁명의 기술력은 마침내

목재와 돌로 건축하던 방법을 대신하여 철을 사용하여 구조물을 쌓아 가는 공법을 마련한다. 에펠탑은 강철을 사용하여 탑의 형태를 잡아 나갔기 때문에, 당시로서는 불가능하게 보였던 높이까지 탑을 쌓을 수 있었다. 에펠탑 건설은 산업혁명의 후광을 업고 비약적으로 발전하기 시작한 근대 건축의 출발을 알리는 신호탄으로 여겨지게 되었다.[219]

이상적인 건축물이 되려면 견고한 구조(structure)와 효과적으로 이용할 수 있는 기능(function) 그리고 아름다움(beauty)을 지니고 있어야 한다고 한다. 이를 건축의 3요소라고 말한다.[220] 이 중에서 가장 중요한 요소는 무엇일까? 건축 구조이다. 구조가 받쳐 주지 않으면 기능이 뛰어나고 미적으로 수려해도 의미가 없다. 우리나라에서 가끔 발생하는 건축물 붕괴 사고는 건축물 구조가 제대로 확보되지 않았기 때문이다. 에펠탑은 대형 구조물일수록 견고한 구조를 갖추고 있는 것이 얼마나 중요한 것인가를 보여 준다.

건축가는 자신이 구상하고 있는 건축물을 일정한 형태(frame) 내지 구조에 맞추어 쌓아 올라간다. 이렇게 건축가 내면에 있는 아이디어를 구조(형태)에 맞추어 건물이라는 이름으로 표현하는 것은 건축에만 해당하지 않는다. 음악, 시나 소설 혹은 그림의 창작 활동에도 그대로 적용된다. 예로 음악가들의 작곡 활동을 들어 보자. 머리에 아무리 좋은 악상(樂想)이 있어도 이를 무턱대고 오선지에 표현하지 않는다. 일정한 구조 내지 형태에 맞추어 표시한다. 베토벤의 5번 교향곡 '운명'은 음악적으로 기승-전-결이라는 구조로 되어 있다. 이런 구조에 따라 음악이 진행되기에 청중들은 곡을 들으면서 몰입하게 되고 곡이 끝났을 때는 큰 감동을 하게 된다.

2. 설교 내용은 일정한 형태(구조)에 맞추어 짜여야 한다

설교자는 한 편의 설교문을 작성하기 위해 많은 것을 준비한다. 먼저 설교가 본문으로 삼고 있는 성경 말씀을 연구한다. 여기에 다양한 책을 참고하여 필요한 자료도 확보한다. 설교자의 머리에는 많은 설교 소재들이 쌓여 간다. 알찬 설교를 하려면 그만큼 많은 준비가 필요한 법이다. 이렇

---

219) 편집부, "산업혁명에 힘입은 근대 건축… 철·유리로 도심 마천루를 짓다," 『매일경제』, 2017.3.10.
220) 남수현 외 공저, 『건축의 정석』 (서울: 도서출판 집, 2021), 307.

게 해서 준비가 끝났다고 하여도 문제는 그다음부터이다. 설교자는 생각나는 대로 설교문을 작성할 수는 없다. 그렇게 되면 설교가 중구난방으로 흐르게 된다. 일정한 원리, 규칙에 따라 설교문을 작성해야 한다. 이런 방법을 터득하고 활용하는 것은 쉬운 일이 아니다. 설교학의 도움이 필요한 부분이다.

설교학의 과제는 크게 '무엇(what)'과 '어떻게(how)'라는 두 부분으로 나뉜다. '무엇'은 설교의 내용에 해당하는 부분이다. 성경에 충실한, 그래서 설교가 명실상부한 하나님의 말씀이 되도록 하는 것과 관련이 있다. 좋은 설교가 되기 위해서는 무엇보다도 내용이 좋아야 한다. 이를 위해서 앞 장에서 성경적인 설교, 그리스도 중심의 설교가 되어야 한다는 것을 설명했다.

그다음은 설교자의 머리에 있는 내용을 '어떻게(how)' 외부로 표현하고 전달하느냐의 문제이다. 설교자의 머리에 '기가 막힌' 내용이 들어 있어도 효과적으로 표현하지 않으면 소용없다. 성경에 해박한 목회자가 반드시 좋은 설교자로 연결되지 않는 이유는 표현하는 방법을 모르기 때문이다.

옛말에 '구슬이 서 말이라도 꿰어야 보배'라는 말이 있다. 설교자의 머리에는 보석 같은 구슬이 가득하지만, 그것을 제대로 꿰지 못하면 소용이 없는 것이다. 설교가 성도들에게 제대로 전달되지 않는 이유의 하나는 명료하게 표현하는 법을 모르기 때문이다. 설교자는 머리에 있는 메시지를 효과적으로 구성하여 표현할 수 있는 능력을 갖추어야 한다. 그래야 들려지는 설교, 설득에 성공하는 말씀이 된다.

이렇게 효과적으로 표현하고 전달하는 방법이 중요함에도 현장에서는 가장 무시되는 부분이기도 하다. 많은 목회자는 설교 방법론에 관심을 가지지 않는다. 심지어는 무시하는 경향이 있다. '성경만 연구하면 된다. 기도만 하면 된다'라고 말한다. 설교 형태 내지 구조에 대한 방법론을 말하면, '인간적인 방법'에 치중한다고 비판하는 목회자도 있다. 과연 그럴까? 그렇지 않다. 설교를 효과적으로 구성하고 표현하는 방법에 대한 것은 아무리 강조해도 지나침이 없다. 토마스 롱은 다음과 같이 말한다.

> 설교 형식은 마치 희귀 동물과 같다. 그만큼 설교 형식이나 구조는 여러 면에서 눈에 띄지 않는 요소이다. … 이와 같이 비교적 눈에 띄지 않는 요소임에도 불구하고 형식(형태)은 설교의 효과나 영향력에 있어서 절대적인 중요성을 가지고 있다. 자동차의 기어가 소리 없이 자동 변속을 하듯 설교 형식도 눈에 띄지는 않지만, 설교의 잠재적인 에너지를 실제적인 동력으로 바꾸는 역할을 한다.[221]

성경 연구와 기도를 통해 하나님으로부터 영감 넘치는 설교 재료를 받았다고 하자. 그러나 이것을 요리하여 말씀 식탁을 차리는 것은 설교자의 몫이다. 하나님이 설교자의 손과 입까지 직접 만져 주시지는 않는다. 어떤 의미에서는 설교 내용을 확보하는 것보다, 이것을 은혜롭게 표현하는 방법을 터득하는 것이 목회 현장에서 더 절실할지 모른다.

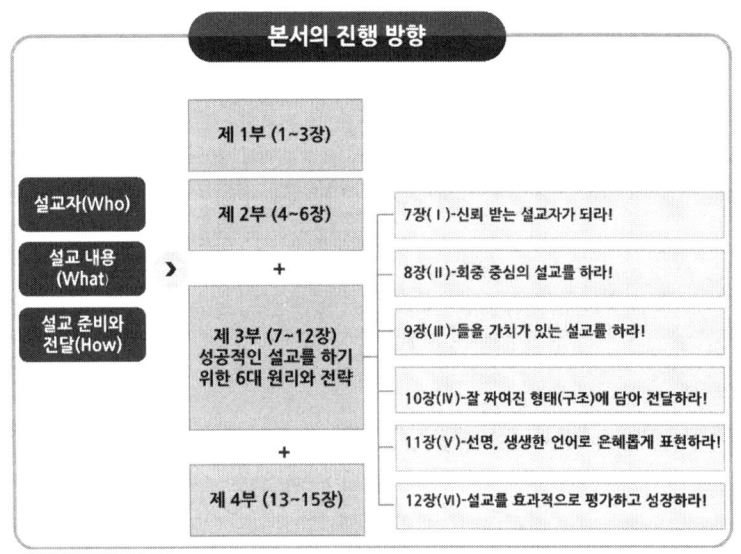

우리는 설득에 성공하는 설교 원리를 확보하기 위해 해럴드 라스웰의 SMCRE 모델에 따라 살펴보고 있다. 해럴드 라스웰은 커뮤니케이션에 있어 필요한 요소로 다섯 가지를 들고 있다. 우리가 앞장에서 살펴본 것처럼, 발신자(sender), 메시지(message), 소통 통로(channel), 수신자(receiver), 효과(effect)이다. 본 장에서는 어떻게 하면 성공적인 '소통 통로(channel)'를 확보할 것

---

221) Thomas G. Long, *The Witness of Preaching*, 이우제 외 1인 역, 『증언 설교』 (서울: 기독교문서선교회, 2019), 228.

이냐를 설명할 것이다. 소통 통로는 송신자가 가진 메시지를 수신자에게 표현하고 전달하기 위한 '방법'을 뜻한다. 달리 말하면 메시지를 어떤 형태(구조)에 담아 전달하느냐를 살피는 것이다.[222]

우리는 본서의 3부에 해당하는 '성공적인 설교를 하기 위한 6대 원리와 전략'을 살펴보고 있다. 10장에서는 이에 대한 네 번째 요소로 '잘 짜여진 형태(구조)에 담아 논리적으로 전하라'라는 제목으로 설명한다. 논리적으로 배열이 되어야 귀에 들려진다. 이를 위해서는 효과적인 형태를 마련하고 여기에 맞추어 내용을 배열해야 하는 것이다.

---

222) 생스터는 좋은 설교들의 공통점은 각 설교마다 좋은 설교 구조(structure, shape, form)를 가지고 있다고 말한다. 구조가 잘된 설교라야 회중이 이해가 잘되고 그만큼 설교에서 하나님의 은혜도 잘 드러난다고 말한다.-W. E. Sangster, *The Craft of Sermon Construction* (Grand Rapids: Baker, 1972), 53.

II. 성공적 설교의 제4 원리와 전략: 잘 짜인 형태(구조)에 담아 논리적으로 전하라

1. 생각은 어떻게 외부로 표현되는가: 시작하고 보태지며 연결하고…

❶ 하나의 씨앗이 떨어지면

우리 속담에 "천 리 길도 한 걸음부터"라는 말이 있다. 행동이 중요하다는 것이다. 생각에만 머물지 않고, 직접 발걸음을 옮기며 행동할 때, 그런 걸음이 합해져서 천 리 길에 이르게 된다. 예를 들어 보자. 조선 시대 부산 동래성에 사는 선비가 있다고 하자. 과거를 보기 위해 한양으로 출발하려고 한다. 첫걸음을 내디뎌야 한다. 그리고 계속 걸어야 한다. 그럴 때 걸음이 합해져서 십 리 길, 백 리 길, 천 리 길이 되고 한양에 도달하게 된다. 도중에 생략할 수도, 건너뛸 수도 없다. 매 걸음을 옮기면서 연결되고 합해져서 목적지에 도달하게 된다.

자기 생각을 말이나 글로 표현하여 다른 사람과 소통하는 과정도 이와 비슷하다. 우선은 첫 단어, 첫 문장을 시작해야 한다. 이런 문장들이 합해져서 전체 내용을 구성하게 된다. 그래서 첫 단어와 첫 문장이 중요하다. 김훈 소설가의 예를 들어 보자. 그의 대표적인 소설의 하나인 『칼의 노래』는 다음과 같이 시작한다.

> 버려진 섬마다 꽃이 피었다. 꽃 피는 숲에 저녁노을이 비치어 구름처럼 부풀어 오른 섬들은 바다에 결박된 사슬을 풀고 어두워지는 수평선 너머로 흘러가는 듯싶었다. 뭍으로 건너온 새들이 저무는 섬으로 돌아갈 때, 물 위에 깔린 노을은 수평선 쪽으로 몰려가서 소멸했다….[223]

김훈은 첫 단어를 '버려진 섬'으로 시작했다. 『칼의 노래』라는 소설의 전체 분위기를 짐작게 한다. 『칼의 노래』는 임진왜란 당시의 이순신 장군의 고뇌와 활동상을 그린 소설이다. '버려진 섬'이

---
223) 김훈, 『칼의 노래』 (서울: 문학동네, 2014), 9.

라는 첫 단어에서 이 소설이 어떤 방향으로 나갈 것인가를 암시한다. 전쟁으로 황폐하게 버려진 섬들과 그곳에서 살아가는 백성들의 모습이 엿보인다. 그러나 다음에 나오는 단어가 새로운 이미지를 보태어 준다. '꽃이 피었다'라는 문장이다. '버려진 섬'에 덧붙여짐으로써 새로운 희망이 시작되고 있음을 짐작게 한다. 김훈 작가가 첫 문장을 어떻게 시작할 것인가를 두고 며칠 밤을 고민했다는 것은 잘 알려진 사실이다. 첫 문장의 시작은 다음 문장으로 이어지면서 하나의 단락을 이루는 첫걸음이기 때문이다. 첫걸음이 좋아야 그다음 걸음도 순조롭게 옮길 수 있는 것이다.

사람의 생각은 어떻게 말이나 글로 옮겨지고 표현될 것인가? 그것은 단어라는 수단을 통해 이루어진다. 단어는 생각을 담는 그릇이기 때문이다. 그러나 단어는 그 자체로는 의미가 없다. 단어들이 합해져야 한다. 이것이 모여서 문장이 되고 단락(문단)이 된다. 단어에서 문장 그리고 단락을 형성하는 과정에서 개념을 형성하고 내용이 만들어진다.

예를 들어 보자. 김훈의 『칼의 노래』는 첫 단어를 '버려진 섬'으로 시작해서 여기에 또 '꽃이 피었다'라는 단어들이 합해져서 첫 문장인 '버려진 섬마다 꽃이 피었다'를 만들어 낸다. 그리고 이런 문장이 계속 만들어져서 최초의 단락이 형성된다. 이 단락에는 소설에서 보여 주고자 하는 이야기들인 작은 개념이 들어 있다. 따라서 단락은 소설이라는 큰 이야기를 구성하는 가장 작은 토막이자 토대가 된다. 이런 단락이 합해져서 하나의 '장(chapter)'을 형성하고, 장들이 합해져서 전체 소설이 된다. 『칼의 노래』는 총 44개의 '장'으로 되어 있다. 김훈 작가는 하나의 장을 완성
하기 위해 평균 15개 안팎의 단락을 사용하고 있다. 그렇다면 『칼의 노래』는 대략 600여 개의 단락이 모여서 44개의 장을 형성하고 이것이 완성된 소설을 구성한다는 것을 알 수 있다.

생각은 단어(word)-문장(sentence)-단락(paragraph)-장(chapter)의 과정을 통해서 시작하고 연결되고 보태지면서, 말하거나 쓰는 사람의 생각이 외부로 표현된다고 말할 수 있다. 하나의 단어가 떨어지면 그것이 '씨앗'이 되어 싹이 트고 자라면서 나무의 모습을 갖추어 가듯, 하나의 단어에서 시작한 것이, 점차 사람의 생각을 온전히 드러나게 한다.

❷ 설교는 단어에서 시작한다

설교는 언어를 통해 설교자의 생각을 외부로 표현하는 커뮤니케이션이다. 따라서 설교자의 생각(개념)을 표현하는

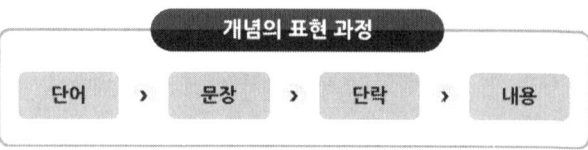

방식과 원리는 소설과 같다. 설교자는 자기 생각을 담은 단어를 모아 문장을 만든다. 이런 문장들이 합해져서 단락을 이룬다. 단락들이 모여서 작은 내용을 완성하고 이것이 합해져서 큰 내용을 형성한다.

성경이 기록된 방식도 이와 다르지 않다. 최초의 단어와 이 단어들이 합해져서 문장을 이루고 단락을 이루면서 전체 내용을 형성하게 된다. 예를 들어 보자. 시편 23편을 보자. 이 말씀은 '여호와'라는 단어로 시작해서 '나의 목자시니'라는 하나의 문장을 완성한다. 첫 단어, 첫 문장에서 시편 23편의 전체 내용의 골격과 분위기를 벌써 알 수 있다. 이렇게 시작한 단어는 총 6개의 문장으로 완성된다. 그런데 6개의 문장은 다시 2개의 단락으로 나눌 수 있다. 1절에서 4절까지는 시편 기자를 향한 하나님의 행동하심(은혜)이 그려진다. 5절에서 6절은 여호와를 향한 시편 기자의 행동(은혜에 대한 고백)을 보여 준다. 따라서 시편 23편은 '여호와'라는 단어로 시작하여 첫 문장을 이루고 이것이 단락을 형성하면서 전체 구조를 형성하여 하나님과 시편 기자의 아름다운 관계를 표현하고 있다.

설교 역시 마찬가지이다. 설교자는 성경 연구를 통해 확보된 설교 소재들을 단어와 문장과 단락으로 만들어 가면서 설교문을 완성한다. 그렇다면 한 편의 설교문에는 어느 정도의 단락이 필요할까? 30분 정도의 주일 설교에 필요한 설교문을 작성한다고 하자. 대략 A4 용지로 7장 내외의 설교문(11포인트)이 필요하다. 그런데 A4 1장은 설교자마다 차이가 있지만 3, 4개 정도의 단락으로 구성된다. 그렇다면 30분 분량의 설교에는 총 25개 안팎의 단락으로 구성된 설교문이 필요하다고 할 수 있다. 언뜻 생각하면 이 정도 분량의 설교문을 작성하는 것이 어렵지 않게 보일 수 있다. 그러나 책상에서 쓰려면 쉽지가 않다. 단어와 문장과 단락을 만들고 연결하면서 하나의 완성된 내용을 가진 설교문을 작성하는 것은 상당한 능력이 필요하다. 먼저는 단어와 문장과 단락을 만드는 법을

배우고 이런 단락을 어떤 방법을 사용하여 기본 골격을 잡으면서 쌓아가야 하는가를 알아야 한다. 이어서 무수한 훈련을 쌓아야 한다. 오랜 시간에 걸쳐 땀을 흘릴 때, 메시지를 효과적으로 표현하고 전달할 수 있는 능력 있는 설교자의 모습이 갖추어진다.

❸ 단락은 주제어를 중심으로 시작하여 완성된다

그렇다면 어떻게 25개 정도 되는 단락을 채워서 주일 설교문을 완성할 것인가? 먼저 말을 잘하는 사람들을 예로 들어 보자. 소위 '청산유수(靑山流水)'처럼 말한다고 한다. 물이 흐르듯, 막히지 않고 자연스럽게 말하는 사람을 말한다. 막히지 않고 물 흐르듯이 말한다는 것은 무엇인가? 핵심 주장을 분명히 가지고 있고, 이것을 중심으로 '술술' 풀어 간다는 것이다. 여기에서 핵심 주장은 '주제'를 말한다.

주제(主題)란 무엇인가? "글쓴이가 나타내고자 하는 기본적인 사상, 곧 중심적인 생각이나 사상"[224]을 말한다. '당신은 무엇에 대하여 말하려고 하는가?'라고 질문할 때 그 '무엇(what)'에 해당하는 것이다. 이것을 영어로는 topic, 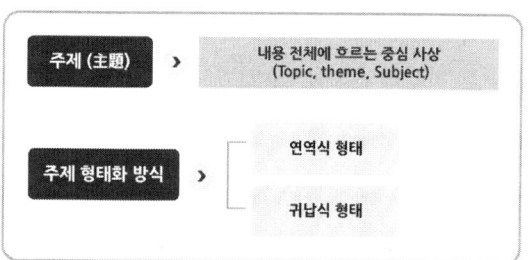 theme, subject 등 다양한 용어로 표현하나 뜻은 대동소이하다. 말하는 사람의 핵심 주장이다. 주제는 처음에는 작은 모습으로 시작한다. 그러나 진행되면서 보다 선명하게 모습을 드러내면서 전체 내용의 중심 기둥 역할을 한다. 이것은 마치 큰 나무를 얻기 위해서는 먼저 '씨앗'을 심는 것과 같다. 그 씨앗이 자라서 나무 기둥이 되고 이곳에서 줄기들이 뻗어 나가며 나무의 풍채를 갖추어 가는 것과 같다. 여기에서 '씨앗'은 주제가 되는데, 처음에는 작은 모양에서 시작하여 모습을 갖추어 가면서 전체 내용을 형성하며 이끌어 간다.

따라서 말을 하거나 글을 쓰는 능력에 있어 가장 중요한 것은 주제를 분명히 갖고 시작하는 것이다. 주제가 여러 개 있으면 혼선이 빚어진다. 나무 기둥은 단 하나여야 하듯이 주제도 하나여야

---

224) 건국대학교 글쓰기 교재 편찬위원회, 『대학 글쓰기』 (서울: 도서출판 역락, 2017), 54.

한다. '단 하나의 주제'를 가지고 일관성 있게 '끝까지' 풀어 가는 것이 핵심 요소이다. 유시민 작가는 글쓰기에 필요한 중요한 요소로 다음의 네 가지를 제시한다.[225]

> 첫째, 무슨 이야기를 하는지 주제가 분명해야 한다.
> 둘째, 그 주제를 다루는 데 꼭 필요한 사실과 중요한 정보를 담아야 한다.
> 셋째, 그 사실과 정보 사이에 어떤 관계가 있는지 분명하게 나타내야 한다.
> 넷째, 주제와 정보와 논리를 적절한 어휘와 문장으로 표현해야 한다.

유시민 작가가 제시하는 조건들은 사실은 모두 '주제'와 관련된 것임을 알 수 있다. 그는 단 하나의 주제를 가지고 내용을 구성하되 논리적인 글이 되어야 하며, 여기에 주제를 효과적으로 표현할 수 있는 어휘력도 갖고 있어야 한다고 말한다.

그렇다면 이제 주제가 확보되었다고 하자. 그다음에는 주제와 관련된 내용을 어떻게 풀어 가며 단락을 채워 가느냐가 문제가 될 것이다. 여기에는 일정한 규칙이 있다. 우리는 앞에서 에펠탑의 건설을 설명했다. 거대한 탑을 세우려면 먼저 '기본 골격'을 세워야 한다. 다음에 세부적인 것을 덧붙이며 채워 가게 된다. 언어 커뮤니케이션도 마찬가지이다. 주제어를 먼저 설정한 다음에는 기본 골격을 짜야 한다. 기본 골격에 따라 내용을 조금씩 채워 나가게 된다. 이런 기본 골격을 우리는 메시지의 형태 혹은 구조라고 부른다. 어떤 용어를 사용하든 전체 내용을 만들어 가는 데 필요한 기본적인 틀을 뜻한다.

인류는 주제어를 중심으로 일정한 구조나 틀을 갖추어 가면서 소통을 하는 것이 가장 효과적인 방법이라는 것을 발견했다. 그 결과물이 아리스토텔레스의 *Techne Rhetorike*(『수사학』)이다. 이 책에서는 연설을 효과적으로 수행하여 듣는 사람의 마음을 잡을 수 있는 다양한 기법을 제시하고 있다. 핵심 방법은 일정한 구조나 틀에 맞추어 기본 골격을 짜고 여기에 추가적인 내용을 보태면서 연설을 진행하는 것이다. 아리스토텔레스는 메시지의 형태 내지 구조(귀납식 혹은 연역식)의 중요성을 다음과 같이 말한다.

---
225) 유시민, 『유시민의 글쓰기 특강』 (서울: 생각의 길, 2015), 74, 75.

증명을 통해 설득하려는 사람은 누구나 예증(귀납식 전개법)이나 생략삼단논법(연역식 전개법)에 의거해야 하고, 이것 외에 다른 수단은 존재하지 않는다. 따라서 어떤 것을 증명하려고 할 때 반드시 삼단논법이나 귀납법을 사용해야 한다면, 생략삼단논법은 삼단논법에 속하고 예증은 귀납법에 해당하는 것일 수밖에 없다.[226]

그가 제시한 메시지의 형태 내지 구조의 기본 골격은 이후 현대에 이르기까지 언어 소통의 공식이 되었다.

설교 역시 본질은 언어 커뮤니케이션이다. 일반 말하기나 글쓰기의 원리에서 벗어나지 않는다. 좋은 설교가 되려면 '단 하나의 주제'를 확보해야 한다. 이 주제를 중심으로 일정한 형태 내지 구조에 맞추어 설교의 골격을 형성하며 설교문을 작성하여야 한다. 그래야 논리적이고 체계적이며 쉽게 이해할 수 있는 설교가 된다. 따라서 주제와 설교 형태(구조)의 관계를 바로 이해하여야 한다.

2. 전통 설교학 정립과 새로운 설교학의 등장

❶ 전통 설교학의 토대를 마련한 아우구스티누스

로마 제국의 분위기가 일순간에 바뀌었다. 콘스탄티누스 황제(Flavius Valerius Aurelius Constantinus, 274~337)가 313년에 기독교를 공인(밀라노 칙령)하면서부터이다. 380년에는 테오도시우스 황제(Flavius Theodosius, 347~395)가 기독교를 제국의 유일한 국교로 삼는 칙령을 내렸다. 이제 교회는 박해와 모멸의 대상이 아니고 제국의 중심부에 우뚝 서게 되었다. 주일이 되면 교회에서 예배를 드리는 것이 당연한 일과가 되었다. 웅장한 교회에서 황제와 귀족들 그리고 시민들이 예배를 드리는 것은 지위를 과시하는 수단으로까지 여겨지게 되었다. 당시 사회 분위기를 에드윈 다간은 다음과 같이 설명한다.

황제가 국가의 최고 통치자임과 동시에 교회의 수장을 사실상 겸유하게 되었는데 … 교

---

226) Aristoteles, *Techne Rhetorike*, 박문재 역, 『아리스토텔레스 수사학』(파주: 현대지성, 2020), 30.

회에 참석하고 설교자들의 말씀을 듣는 것이 사회적 일과가 되었다. 브로아더스가 적절히 지적한 대로, 콘스탄티노플, 알렉산드리아, 안디옥, 그 외 수백의 소도시들에 사는 상류계층의 사람들은, 마치 경마장에서 자기가 선호하는 말이나 영화관에 나타난 인기배우를 화제로 삼아 떠들어 대듯이 당대의 인기 있는 설교가들에 관해 떠들기 시작했다.[227]

기독교가 공식 국교가 되고 교회가 곳곳에 세워지면서 성직자의 수요가 급증하게 되었다. 시민들이 교회에서 수준 높은 설교를 듣는 것을 고상한 취미의 하나로 여기는 분위기가 조성되면서 역량 있는 설교자가 필요하게 되었다. 젊은 인재들이 성직자가 되기 위해 몰려들었다. 성직 교육 기관의 임무의 하나는 수준 높은 설교를 할 수 있는 역량을 키워 주는 것이었다. 이런 시대적 상황에서 아우구스티누스가 기독교 역사에 등장했다.

아우구스티누스는 기독교 역사에 있어 세계 복음화에 크게 이바지한 사람으로 꼽힌다. 사도 바울에 의해 시작된 복음의 신학화 작업은 아우구스티누스에게로 이어지고, 종교개혁자 루터와 칼빈을 거쳐 현대에 이르고 있다. 아우구스티누스는 정통 기독교 신학을 정립했을 뿐 아니라 설교학의 토대도 마련하였다. 그는 *De Doctrina Christiana*(『기독교 교양』)를 397~427년 사이에 4권의 책으로 출판한다. 이 중에서 제4권은 최초의 설교학 교재로 알려져 있다. 폴 스캇 윌슨은 이 책을 "기독교 역사상 최초의 설교학 교재로 가장 큰 영향을 미쳤다"[228]라고 평가하고 있다. 아우구스티누스는 로마 제국에서 가장 유명한 설교자의 한 사람이었다. 그의 뛰어난 설교 역량과 관심은 설교를 보다 학문적이고 체계적으로 가르칠 수 있는 교재를 집필토록 했다. 그의 이런 학문적 연구의 결과가 *De Doctrina Christiana*라는 책으로 열매를 맺게 된다. 이후 본 책은 설교 교육을 위한 기본 교재로 사용되었다.

아우구스티누스는 신학자이면서 목회자였다. 그리고 목회자가 되기 이전에는 제국에서 유명한 수사학자이기도 했다. 그의 설교에 대한 관점은 고대 그리스의 수사학에 많은 영향을 받은 결과였다. 그의 설교 방법론에서 가장 중요한 것은, 성경을 깊이 이해하고 이를 바탕으로 연역적인 방식

---

227) Edwin C. Dargan, *A History of Preaching I*, 김남준 역, 『설교의 역사 I』 (서울: 솔로몬, 1995), 94.
228) Paul S. Wilson, *A Concise History of Preaching* (Nashville: Abingdon Press, 1992), 60.

으로 설교를 구성하는 강해식 설교(expository preaching)를 제시했다는 것에 있다.[229] 이런 아우구스티누스의 설교 방법론은 이후 현대에 이르기까지 전통 설교학의 기본 골격을 제시한다.

❷ 새로운 설교학 운동(The New Homiletics)의 등장

> 설교가 피고로 서 있는 선거 공판 법정을 상상해 보자. 설교에 대해 수없이 많은 의견이 제시되고 평결이 발표된 후 이제 최종 선고가 내려지려는 순간에 서 있다. … 이제는 매주일 설교하는 설교자들이나 그 설교를 듣는 많은 그리스도인들이 설교가 시대착오적인 산물이 되었다고 느끼고 비판하는 소리를 높이고 있다. 물론 그들은 설교가 어떤 시대에는 강력하고도 효과적으로 복음을 증거하여 개인과 사회를 변화시켰다는 사실을 당연한 것으로 받아들인다.[230]

위의 내용은 현대 설교학 교재에서 가장 중요한 책의 한 권으로 꼽히는 크래독(Fred B. Craddock, 1928~2015)의 *As One without Authority*에서 나오는 부분이다. 이 책이 출간될 당시인 1970년대 미국 교회는 암울하기만 했다. 출석 성도 수가 급감하고 교회의 사회적 영향력도 축소하고 있었다. 쇠퇴하는 모습이 목격되던 시기였다. 설교 강단은 회중들에 외면당하고 있었다. 이런 모습을 당시 설교학자였던 크래독은 그의 대표적인 저서인 *As One without Authority*에서 '어두운 그림자에 뒤덮인 강단'이라고 표현하였다.

미국 교회가 위기감을 표시하며 해결 방안을 찾고 있을 때, 크래독은 그 방법을 제시한다. 설교 갱신을 통한 교회의 제 모습 찾기이다. 그는 미국 교회의 쇠퇴 원인을 회중들에게 외면받는 설교자의 모습에서 찾았다. 허공을 맴도는, 일방적이면서 들려지지 않는 설교가 회중들을 교회에서 떠나게 했다고 주장한다. 사회의 패러다임이 변하고 있음에도 설교자의 모습은 과거 전통에 머물고 있다고 본 것이다. 회중들이 다시 교회로 돌아오도록 하려면, 새 시대에 맞는 새로운 패러다임의

---

229) Hughes O. Old, *The reading and preaching of the scriptures in the worship of the Christian church II* (Grand Rapids: W.B. Eerdmans, 1998), 345.
230) Fred B. Craddock, *As One Without Authority*, 김운용 역, 『권위 없는 자처럼: 귀납적 설교의 이론과 실제』 (서울: 예배와 설교 아카데미, 2003), 30-32.

설교 전환이 필요하다고 주장하였다.[231]

당시 미국은 포스트모던 사회로 진입하고 있었다. 다원화와 정보화 사회 그리고 소비자 중심의 사회로 급격하게 전환하고 있었다. 설교학도 이런 변화에 맞추어 패러다임의 전환이 필요하다고 보고, 과거와는 구별되는 설교신학과 방법론을 제시했다. 이런 크래독의 주장에 당시 미국 설교학계의 여러 학자가 동조하면서 이후 약 40여 년간 미국 설교학계를 이끌어 간다. 새로운 설교신학과 방법론의 추구 경향을 '새로운 설교학 운동(The New Homiletics)'으로 부르게 된다.[232]

새로운 설교학 운동은 기존 설교학의 패러다임에 반대하여 일어났다. 따라서 새로운 설교학 운동의 본질과 내용을 정확히 이해하기 위해서는 이들이 '전통적 설교'라고 부르는 것이 무엇인지를 먼저 알아야 한다.

전통적 패러다임 vs 새로운 패러다임

전통적 패러다임	구분	새로운 패러다임
개념의 배열	전체 개관	경험 일으키는 배열
조직(Organize)	임무(Task)	구체화하기(Shape)
구축(Structure)	형태(Form)	진전하기(Process)
주제(Theme)	초점(Focus)	사건(Events)
요점(Substance)	원칙(Principle)	실마리 찾기(resoulation)
개요(Outline)	창작(Product)	플롯(Plot)
논리·명료(logic/Clarity)	수단(Means)	모호함/긴장(Ambiguity/Suspense)
이해(Understanding)	목표(Goal)	관객 참여의 사건(Happening)

(출처: 김운용, 『설교의 새로운 패러다임』)

---

231) 크래독의 이런 주장은 헨리 그래디 데이비스의 *Design for Preaching*(1958)에서 그 징조가 나타나기 시작했다.
232) 북미의 대표적인 설교학자의 한 사람인 폴 스캇 윌슨은 새로운 설교학 운동의 특징을 다음과 같이 말한다. 첫째로 회중의 경험과 참여를, 둘째로 증명보다는 공감을, 셋째로 추상성보다는 구체적 경험을, 넷째로 귀납적 전개와 이야기성을 강조한다. Paul S. Wilson, *Preaching and Homiletical Theory* (St. Louis, Mo.: Chalice Press, 2004), 137.

전통적 설교학은 우리가 이미 알아보았던 아우구스티누스에 의해 출발한 설교 방법론을 의미한다. 아리스토텔레스의 수사학에 영향을 받아 설교를 '설득'을 위한 행위로 보고 설교 형태를 명료한 이해를 특징으로 하는 '연역식' 형태로 짜 나아가는 것을 특징으로 한다. 전통적 설교의 또 다른 특징은 설교를 설교자 중심의 일방적인 선포 행위로 본다는 것이다. 교회의 설교 강단을 보면 회중과는 거리를 두면서, 높은 곳에 자리 잡고 있는 것을 볼 수 있는데 이것이 바로 이런 설교관을 반영한다.

이에 반해 '새로운 설교학 운동'의 설교신학은 설교를 할 때 '설득'이 아니라 회중들의 '참여'를 통한 '공감'에 중점을 둔다. 설교자와 회중 사이를 일방적인 상, 하 관계가 아닌 대등한 입장에서 말씀 여행을 함께 하며 참여하는 관계로 본다. 이것을 이루기 위해 설교 형태를 기존의 연역식으로 짜 나가는 것이 아니라 귀납식으로 내용을 구성하여야 한다고 주장한다. 김운용은 전통적 설교 방식과 새로운 설교 운동 방식의 차이를 유진 라우리(Eugene Lowry)의 이론을 바탕으로 앞의 도식과 같이 설명한다.[233][234]

크래독에 의해 주장된 귀납식 설교 형태는 이후 여기에 동조하는 학자들이 등장하면서 더욱 다양한 설교 형태를 제시하게 된다. 대표적인 설교학자로는 크래독(귀납적 설교), 유진 라우리(이야기식 설교), 데이빗 버트릭(현상학적 전개식 설교), 폴 스캇 윌슨(4페이지 설교), 에드먼드 스타이

---

[233] 김운용, 『설교의 새로운 패러다임』 (서울: 장로회신학대학교 출판부, 2004), 82.
[234] 토마스 롱은 새로운 설교학 운동에 속하는 설교학자의 주요 주장 내용을 다음과 같이 설명한다.
- 프래드 크래독(Fred B. Craddock)의 '귀납적 전개 방식'.
- 유진 라우리(Eugene Lowry)의 '이야기 설교 방식'.
- 폴 스캇 윌슨(Paul S. Wilson)의 '4페이지 방식'.
- 데이빗 버트릭(David G. Buttrick)의 '현상학적 전개 방식'.

자세한 것은 Thomas G. Long, *The Witness of Preaching*, 이우제 외 1인 역, 『증언 설교』 (서울: 기독교문서선교회, 2019), 231-257을 참고하라.

들(스토리로 설교하기)이 있다.[235]

    목회자들은 설교학 전공자 등 특별한 경우 외에는 새로운 설교학 운동의 다양한 설교신학과 방법론을 깊이 있게 이해할 필요는 없다. 다만 새로운 설교학 운동에서 제시하는 귀납식 설교 형태란 무엇인가, 이것과 대비되는 연역식 설교 형태가 무엇인가를 이해하는 것이 필요하다. 이런 이해를 바탕으로 자신만의 독특한 설교 형태를 확보하는 것이 중요하다. 설교란 '무엇'을 '어떻게' 표현할 것이냐의 문제인데 '어떻게'는 어떤 설교 형태로 설교화할 것인가에 대한 답이기 때문이다.

---

235) 북미 새로운 설교학 운동 계열에 속하는 학자와 대표 저서는 다음과 같다.
- Fred B. Craddock-*As One without Authority*.
- Eugene L. Lowry-*The Homiletical Plot: The Sermon as Narrative Art Form*.
- Milton Crum Jr.-*Manual on Preaching: A New Process of Sermon Development*.
- Edmund A. Steimle, Morris J. Niedenthal and Charles L. Rice-*Preaching the Story*.
- Ralph L. Lewis and Gregg Lewis-*Inductive Preaching: Helping People Listen*.
- Richard L. Eslinger-*A New Hearing: Living Options in Homiletic Method*.
- Don M. Wardlaw-*Preaching Biblically*.
- Paul S. Wilson-*The Four Pages of the Sermon: A Guide to Biblical Preaching*
- David Buttrick-*Moves and Structures*.

Ⅲ. 연역식 설교와 귀납식 설교란 무엇인가?

1. 설교 형태의 기본인 연역식 설교

❶ 세상에서 가장 비싼 보석은?

아름다운 목걸이는 여성들의 로망이다. 그 가치는 재료에 따라, 희소성에 따라 천차만별이다. 역사상 가장 비싼 목걸이는 어떤 것일까? 다음의 신문 기사를 보자.

> 세계에서 가장 비싼 다이아몬드 목걸이가 싱가포르 경매에 나올 예정이다. … 보도에 따르면 '라 인컴페러블'로 불리는 목걸이는 축제 중 진행되는 경매의 마지막을 장식할 예정이며, 가격은 무려 5500만 달러(약 589억 원)에 달한다. 화이트 다이아몬드 90개(총 230캐럿)로 장식된 목걸이는 가운데 박힌 407캐럿짜리 '인컴페러블' 옐로우 다이아몬드로 그 아름다움을 한층 뽐낼 것으로 보인다.[236]

이 목걸이는 정중앙에 '라 인컴페러블라'라고 불리는 금황색 다이아몬드(407.48캐럿)가 있고, 주변을 90개의 작은 다이아몬드가 장식하고 있다. 만약에 목걸이가 '인컴페러블'이라고 불리는 다이아몬드 하나만 덩그렇게 놓여 있다면 아름다움이나 가치는 크게 줄어들 것이다. 주인공인 다이아몬드와 이를 뒷받침하는 보조 다이아몬드가 한 세트가 되어 조화롭게 아름다움을 꾸미고 있다.

설교학은 크게 '어떤' 내용을, '어떻게' 표현할 것이냐를 연구하고 그 방법을 제시하는 실천 학문이다. 어떻게 표현하느냐에 대한 방법은, 어떤 설교 형

---

236) 편집부, "'세계에서 가장 비싼' 목걸이가 경매에… 가격이?," 『세계일보』, 2013.10.7.

태 혹은 설교 구조를 기본 골격으로 삼고 내용을 채워 가느냐에 대한 방법론이다. 설교에서 일정한 구조 혹은 형태에 따라 내용을 구성하는 과정은 목걸이를 만드는 원리와 같다. 목걸이는 주인공인 보석과 이를 감싸며 뒷받침하는 보조 보석들이 있다. 이것을 하나의 줄로 연결하여 목걸이를 만드는 것이다. 설교에서도 많은 내용이 하나의 설교 안에 포함되어 있다. 이런 내용에는 중심되는 내용과 이를 뒷받침하는 보조 내용이 있다. 하나의 설교문을 완성한다는 것은 중심되는 내용과 보조되는 것을 질서 있게 배열하는 과정이다.

앞에서 30분의 설교를 하려면 25개 안팎의 단락이 필요하다는 것을 설명했다. 여기에는 중심 단락이 있고 보조하는 것이 있다. 중심 단락은 주제를 포함한 단락을 말한다. 그렇다면 나머지 24개의 단락은 보조하는 단락이 될 것이다. 문제는 25개의 단락을 어떻게 논리적으로 연결하여 알기 쉽게 설교를 펼쳐 가느냐 하는 것이다. 그것은 주제를 중심으로 골격을 형성하되, 일정한 형태를 이용하여 짜 맞추어 가는 것이다. 각종 설교학 교재에서는 기본 골격을 형성하는 방법을, 주제를 중심으로 설명한다.

설교학 교재에서 주제를 설명하는 용어는 저마다 다르다. 북미(北美) 설교학자들이 사용하는 용어를 살펴보면 'topic', 'theme', 'subject', 'big idea', 'central idea', 'main idea', 'dominant thought', 'main theme', 'main thesis', 'main point', 'focus statement', 'central truth', 'one point' 등이 있다. 명칭은 다르지만, 의미는 동일하게 주제를 뜻한다.

주제는 설교 형태에 따라 설교 내용을 배열하는 과정에서 중심축 역할을 한다. 형태는 일종의 모형틀(model frame)과 같은 것이다. 진흙으로 그릇을 만들 때 일일이 빚으면 모양새가 모두 다르고 시간도 오래 걸린다. 더욱이 초보자라면 솜씨 있게 그릇을 만들 수도 없다. 이럴 때 '모형틀'이 있으면, 여기에 맞추어 보다 쉽고 규격에 맞추어 그릇을 만들 수 있다. 설교의 형태 혹은 구조란 설교자의 머리에 들어 있는 설교의 내용을 일정한 틀에 맞추어 배열하도록 도와주는 '도구'에 해당한다.[237] 그러나 설교 형태가 도구라고 해서 소홀히 해도 된다는 것이 아니다. 설교의 내용을

---

237) 데이비스는 설교 형태는 설교자의 머릿속에 있는 생각을 일정한 모양으로 '빚어내는' 역할을 한다고 말한다.-Henry G. Davis, *Design for preaching* (Philadelphia: Muhlenberg Press, 1958), 38.

효과적으로 표현하는 도구가 될 뿐 아니라 효과적인 전달을 위해 절대적인 중요성을 가진다. 설교자는 논리적이고 짜임새 있게 설교를 구성하려면 설교 형태나 설교 구조에 대한 이해를 정확히 하고 능숙하게 사용할 수 있어야 한다.

설교 형태는 앞에서 설명한 '주제'라는 용어처럼, 학자마다 설명하는 방식과 용어에서 차이가 난다. 그럼에도 불구하고 모든 설교 형태는 크게 두 가지 형태 중에 어느 하나에 속하게 되어 있다. 연역식 설교 형태와 귀납식 설교 형태이다. 따라서 목회자는 낯모르는 다양한 설교 형태에 지나치게 기대감이나 당혹감을 보이기보다는 연역식과 귀납식 형태에 대한 기본 원리를 먼저 이해하고 이들의 발전된 형태를 익혀 나가면 된다.

그럼 연역식 형태와 귀납식 형태를 구별하는 핵심 기준은 무엇일까? 그것은 주제의 위치를 어디에 두느냐에 따라 결정된다. 주제의 위치가 앞에 오느냐, 뒤에 오느냐에 따라 다음 배열 순서가 다르기 때문이다. 주제를 설교 앞부분에 두는 형태를 연역식 설교라고 한다. 우리가 중고등학교 국어 시간에 배운 두괄식(頭括式)이 여기에 해당한다. 주제를 설교 후반부에 배치하는 것은 귀납식이 된다. 미괄식(尾括式)이 여기에 해당한다.

연역식과 귀납식 설교 비교

연역식 설교	구분	귀납식 설교
'이끌고 나오다' ▶ '그렇다면'	용어 의미	'유도하여 이끌고 가다' ▶ '그런데?'
앞에 위치	주제 위치	뒤에 위치
두괄식 (頭括式)	별칭	미괄식 (尾括式)

만약에 연역식 설교에서 주제를 설교 전반부에 배치한다면 그다음은 어떻게 배열해야 할까? 그것은 주제를 뒷받침하고 설명하는 방식이 되어, '그렇다면…'이라는 모습을 가질 것이다. 주제는 말하는 사람의 핵심 주장이다. 주제가 앞에 왔다면 그다음부터는 왜 자신이 주장하는 주제가 옳은지를 설명해야 하기 때문이다. 연역식 형태의 이런 배열 방식은 단어 뜻에서도 드러난다. '연역식

(演繹式)'은 '펼쳐서 풀어내는 것'이란 뜻이며, 영어에서 연역식을 의미하는 'deduction'도 '이끌고 나오다'라는 뜻을 가진다.

❷ 연역식 설교 형태의 기본 형태인 3대지 설교

연역식 설교 형태는 설교의 앞부분에서 주제를 제시하고 이어서 주제를 알기 쉽게 설명하거나 증명하고 그것이 삶에서 얼마나 필요한 것인지를 보여 주는 것이다. 연역식 전개 형태는 비단 설교문 작성에서만 효용성을 발휘하는 것이 아니다. 사람이 말이나 글로 소통하는 모든 형태에서 가장 광범위하게 사용하는 기본 형태이다. 예를 들어 보자. 미국의 하버드대학교에서 학생들에게 글쓰기 방법을 가르칠 때 다음의 형태를 취하도록 지도한다고 한다.[238]

- **Opinion(의견)**
  - 자신의 핵심 의견을 말하라!
- **Reason(이유)**
  - 이유를 설명하라!
- **Example(증명)**
  - 이를 증명하라!
- **Opinion(의견)**
  - 다시 한번 의견을 강조하라!

이런 방식을 OREO(오레오) 방식이라고 부른다고 한다. 그런데 거창하게 방식이라는 용어를 사용하지만, 사실은 연역식의 한 형태라는 것을 알 수 있다. 먼저 주제인 의견을 제시하고 그 이유를 설명하고 다시 증명하기 때문이다.

연역식 전개 형태가 소통 커뮤니케이션에서 기본적인 형태로 사용되는 이유는 설득에 효과적인 구조이기 때문이다. 시작하면서 먼저 핵심 내용을 간략히 주제로 제시하고 이어서 추가 설명을 빠

---

[238] 송숙희, 『150년 하버드 글쓰기 비법』 (서울: 유노북스, 2018). 79.

르게 설명한다. 예로 홈쇼핑 방송에서 냉장고를 판매한다고 하자. 어떻게 하면 한정된 시간에 설득력 있게 제품을 설명하여 구매 버튼을 누르게 할 것인가? 연역식을 사용하여 설명하는 것이 가장 효과적이다. 먼저 왜 본 제품을 구입해야 하는가를 주제로 제시한다. 그리고 제품의 특징을 몇 가지로 나누어 설명한다. 마지막에는 본 제품을 사용한 소비자들의 후기담을 곁들여 설명한다. 이런 방식이 효과적으로 진행되면 소비자들은 저절로 구매 버튼을 누르려고 할 것이다.

2천 년의 설교 역사에서도 연역식 설교 형태가 기본 형태로 사용되었다. 아우구스티누스가 *De Doctrina Christiana*에서 연역식 형태를 사용하여 설교하는 것을 기본 형태로 제시하였기 때문이다.[239] 이후로 많은 설교자가 연역식 설교 형태를 사용하여 설교를 작성하게 되었다. 그래서 전통 설교 형태라고 불리게 된 것이다. 오랜 시간에 걸쳐 그 효용성이 입증되었다는 것을 뜻한다.

이런 연역식 설교 형태 중에 더욱 효과적인 형태로 등장한 것이 연역식 3대지 설교이다. 3대지 설교는 설교 전반부에 주제를 배치하고 이어서 3개의 대지를 덧붙여 설명하는 방식이다. 대지(大旨)의 사전적 의미는 "글이나 말의 대략적인 뜻"[240]이다. 주제를 받쳐 주는 소주제가 된다. 이런 소주제가 3개가 되어 앞부분에 나오는 대주제를 받쳐 주면서 말하고자 하는 바를 명확하게 드러나게 하는 것이다.

그럼 왜 대지는 3개여야 할까? 2개가 되거나 혹은 4개, 5개로 하면 더 좋지 않을까? 설교자들은 오랜 경험을 통해 '3'이라는 숫자가 듣는 회중이 친근하게 받아들이고, 가장 논리적으로 풀어 나갈 수 있는 구조라는 것을 발견한 것이다. 무엇보다도 '3'이라는 숫자는 과도하지 않고 경제적인 방법으로 주제를 받쳐 준다. '2'라는 숫자는 무엇인가 불안한 숫자이다. 그렇다고 '4' 혹은 '5'라는 숫자는 복잡하다는 생각을 하게 한다.

솥 중에 가장 견고한 솥은 삼발이 솥이다. 여기에 다리가 2개 혹은 4개가 되면 위태하거나 불필요한 다리가 생기게 된다. '3'이라는 숫자는 또한 가장 친숙하면서 진리라는 느낌을 준다. 예로 '하

---

239) St. Augustinus, *De Doctrina Christiana*, 김종흡 역, 『기독교 교양』 (서울: 크리스천다이제스트, 1992), 211-224.
240) 국립국어원, "대지," 『표준국어대사전』.

늘, 땅, 바다' 혹은 '물, 수증기, 얼음'이라고 하면 친숙하면서 완성의 의미가 있다. 연설에서도 마찬가지이다. '국민의, 국민에 의한, 국민을 위한 정치'가 민주주의의 속성을 가장 간결하면서 완벽하게 설명한 것은 '3'이라는 숫자를 사용했기 때문이다.

연역식 3대지 설교가 이렇게 오랜 시간 동안 많은 설교자에 의해 애용되면서 전통적인 형태로 자리 잡은 이유가 여기에 있다. 이에 대하여 채경락은 다음과 같이 말한다.

> "3대지 설교는 본문에서 끌어올린 주제를 효율적으로 담아내는 고전적 설교 틀입니다. 음악과 미술에 고전이 있듯이 설교에도 고전이 있다면 단연 3대지입니다."[241]

그럼 3대지 설교의 기본 형태는 어떻게 되는가? 먼저 설교의 전반부에 주제가 제시된다. 그리고 3개의 대지를 사용하여 주제를 더욱 상세히 설명한다. 그런데 시작하면서 바로 주제가 나오면 회중들이 당황할 수 있다. 주제를 암시하면서 관심을 두도록 하는 도입 부분이 필요하다. 이어서 주제가 나오고 다시 3개의 대지가 나온다. 끝부분에는 결론을 배치하여 동의와 결단을 끌어낸다.

이를 도표로 설명하면 다음과 같다. 이것으로 25개 단락으로 구성된 30분 설교용 설교문을 작성한다면 단락의 배분은 다음과 같이 할 수 있을 것이다.

■ **도입 부분: 1, 2개 단락**
■ **본론: 21, 22개 단락**
  • 주제 제시: 1, 2개 단락
  • 첫째 대지: 6, 7개 단락
  • 둘째 대지: 6, 7개 단락
  • 셋째 대지: 6, 7개 단락
■ **결론: 1, 2개 단락**

---

241) 편집부, "3대지 설교는 고전적 틀… 설교 작성 기본 중 기본," 『국민일보』, 2018.6.12.

3 대지 설교 기본 형태와 단락 수

명칭		의미	단락
도입		주제 암시 단계	1,2 단락
본론	주제 소개	주제 제시 단계	1,2 단락
	대지 전개	첫째 대지-소주제 제시+ 설명 + 증명 + 적용	6,7 단락
		둘째 대지-소주제 제시+ 설명 + 증명 + 적용	6,7 단락
		셋째 대지-소주제 제시+ 설명 + 증명 + 적용	6,7 단락
결론		마무리 단계 (요약과 행동 촉구)	1,2 단락
			총 25 단락

물론 이런 단락 배분은 설교자마다 많은 차이를 보일 것이다. 그러나 능숙한 설교자라면 이런 배분에서 크게 어긋나지 않을 것이다.

❸ 연역식 3대지 설교의 장점과 한계

a. 3대지 설교 형태의 유용성과 한계[242]

---

242) 채경락은 3대지 설교의 유용성을 강조한다. 그는 목회 현장에서 3대지 설교를 혹평하는 경향이 있다고 하면서 그런 평가는 3대지 설교에 대한 오해에서 비롯되었다고 말한다. 3대지 설교는 효과적으로 사용하면 어느 설교 형태에 못지않은 탁월한 설교 형태라고 강조한다. 3대지 설교에 대한 세간의 비평을 다음과 같이 옹호한다.-채경락, 『쉬운 설교』(서울: 생명의 양식, 2015), 26-46.

- **3대지 설교는 짜깁기 설교라고 하나 오히려 한 지붕 세 기둥의 관계이다.**
  - 3대지 설교에 대한 가장 흔한 비판이 3개의 대지를 적당하게 짜깁기한 것에 불과하다는 평가이다. 그러나 채경락은 오히려 설교의 주제를 3개의 기둥으로 통일성 있게 구성하였기에 견고한 설교라고 말한다.
- **3대지 설교는 명제가 왜곡되는 설교라고 하나 오히려 메시지가 선명한 설교이다.**
  - 3대지 설교에 대한 둘째 비판이 성경 본문에 들어 있는 명제를 뽑아 설교하는 과정에서 왜곡될 가능성이 있다고 한다. 3대지 설교는 성경 본문에서 하나의 명제를 뽑아 3개의 대지로 풀어서 전개한다. 이런 형태는 서신서나 율법서는 상관없지만 본문이 narrative이거나 시가일 때 3대지 형태를 쓰면 설교가 왜곡될 수 있다는 것이다. 이에 대해 채경락은 3대지 설교는 일종의 내용을 담는 그릇인데 그릇 형태에 따라 그 안에 있는 내용물이 바뀌지 않는다고 말한다. 오히려 본문 장르에 관계없이 3대지 설교를 사용하는 것은 메시지를 선명하게 드러내는 장점이 있다고 말한다.
- **3대지 설교는 낡은 형식에 불과하다고 하나 오히려 검증된 형태이다.**
  - 3대지 설교에 대한 비판의 하나는 오래된 낡은 형식이기에 새 시대에는 새 형식으로 설교해야 한다고 말한다. 그러나 채경락은 3대지 설교는 교회의 역사에서 오랜 시간에 걸쳐 효용성이 이미 검증되었다고 말한다. 낡은 형태이기에 버리자고 하기보다 3대지 설교의 유용성을 이해하고 효과적으로 사용하는 것이 필요하다고 말한다. 그러면서 채경락은 3대지 설교는 메시지의 명료성과 완성도와 역동성을 높여 주고 예배가 끝난 후에는 소그룹별로 말씀 나눔의 자료로 활용할 수 있다고 말한다.

■ 명확하게 이해하고 효과적으로 전달 가능

그럼, 3대지 설교 형태의 유용성은 무엇일까? 무엇보다도 명확한 이해와 전달이 가능하다는 것이다. 설득에 있어 가장 중요한 요소는 명확한 논증과 선명한 전달에 있다. 설교가 들리지 않는 가장 큰 이유는 논리적으로 내용을 전개하여 설득하지 못하기 때문이다. 소위 '갈팡질팡'하는 설교가 되기 때문이다. 이를 방지하려면 '단 하나의 주제'를 가지고 처음부터 마지막까지 끌고 가야 하는 것이다.

연역식 3대지 설교는 이것을 가능케 하는 구조이다. 도입 부분에서 주제에 대한 호기심을 일으킨 후 이어 본론 부분에서 주제를 제시한다. 그리고 대지 전개를 통하여 이 주제를 더욱 자세히 설명하면서 이해를 높인다. 그런 다음에는 적절한 예시나 통계 자료 혹은 성경 말씀을 인용하면서 주제가 왜 타당한지를 제시한다. 마지막 대지에서는 이런 주제를 받아들였을 때 효과를 제시하여 수용하고자 하는 마음을 생기게 한다.

■ 설교자가 쉽게 배우고 활용할 수 있다

설교자들의 큰 어려움의 하나는 머리에는 '기가 막힌 설교 내용'이 있는데 입으로 시원하게 나오지 않는다는 것이다. 기본 골격을 짜는 방법을 모르기 때문에 뒤죽박죽으로 설교를 할 수밖에 없다. 이를 방지하기 위해 설교의 형태가 필요한 것이다. 그런데 이런 형태나 구조가 복잡하면 가르치기도 어렵고 배우기는 더욱 힘들다. 많은 설교자는 설교 형태가 복잡해야 좋은 설교가 될 것처럼 착각한다.

건축이 용이한 모듈식 주택
(한국경제)

그러나 설교 형태는 단순해야 한다. 그래야 배우기도 쉽고 활용하기도 좋다. 단순한 것이 최고의 정밀을 보장한다. 또한, 단순해야 반복해서 사용할 수 있고 그러면서 응용력도 높아진다.

연역식 3대지 설교는 이런 의미에서 가장 단순한 설교 형태이다. 3대지 설교 형태는 일종의 모듈식 집짓기와 같다. 먼저 집의 구조를 잡기 위해 기둥으로 큰 골격을 세우고 다음에는 각각의 덩어리를 골격에 맞추어 채우면 된다. 도입부에 덩어리를 배치하고 본론에서 주제라는 덩어리와 3개의 덩어리를 맞추어 간다. 마지막으로 결론이라는 덩어리를 놓게 되면 한 채의 집이 완성된다.

■ **연역식 형태는 지루한 설교가 되기 쉽다**

그러나 3대지 설교에도 한계가 있다. 이런 한계를 잘 보완하는 것이 3대지 설교를 능숙하게 하면서 은혜로운 설교를 이끌어 가는 비결이 된다. 연역식 3대지 설교의 문제점은 자칫하면 설교를 들으면서 싫증을 느끼기 쉽다는 것이다. 회중들이 설교에 대한 기대감과 호기심이 사라지는 경우가 많다는 것이다. 설교가 뻔한 내용으로 채워지고 또 전개 방식도 상투적으로 '첫째, 둘째, 셋째' 등으로 이어지면 강의를 듣는 것처럼 설교가 지루하게 느껴진다.

그럼 3대지 연역식 설교에서 나타나는 이런 한계는 피할 수 없는 본질적인 문제인가? 아니라는 것이다. 능숙하지 못한 설교자가 고민 없이 연역식 3대지 설교를 사용할 때 나타나는 현상에 불과하다. 옛말에 '연장 탓만 한다'라는 말이 있다. 연역식 설교를 어설프게 사용하다 보니 장점을 살리지 못하고 문제점만 노출되는 것이다.

연역식 설교 형태는 시작하면서 '답'을 먼저 제시하는 것이다. 따라서 그 답이 회중들의 관심을 끌지 못하면 그다음부터는 들으려고 하지 않는다. 왜냐하면, 이미 '답'을 들었기 때문이다. 또한 '답'을 듣고 그 '답'을 왜 받아들여야 하는지를 타당하게 제시하지 못하면 회중들은 먼저 들었던 답을 폐기하게 된다. 그러므로 주제를 어떻게 제시하고 이를 흥미진진하게 풀어 가느냐가 중요하다.

b. 3대지 연역식 설교 형태를 사용할 때 유의 사항

그럼 3대지 연역식 설교의 장점을 극대화하면서 지루하지 않고 흥미를 가지면서 들을 수 있는 설교를 하려면 어떻게 해야 할까?

■ 설교 내용과 주제가 회중에게 도움이 되고 참신해야 한다

무엇보다도 설교 주제가 회중들이 관심을 가지고 들을 만한 것이어야 한다. 회중 관련성이 높아야 한다. 설교의 전반부에서 주제가 제시되었을 때 그것이 평소에 회중들이 관심을 가지고 찾던 것이어야 한다. 이를 위해 설교자는 회중의 삶에 깊은 관심이 있어야 하며 성경 해석에도 남다른 통찰력을 발휘해야 한다. 그래서 신선한 주제를 뽑아낼 수 있어야 한다. 상투적인 성경 해석으로 뻔한 주제를 뽑아내서는 회중들이 관심을 가질 수 없다.

예를 들어 보자. 시편 23편의 "여호와는 나의 목자시니 내게 부족함이 없으리로다…"는 하나님을 향한 다윗의 신앙 고백이다. 여기에서 어떻게 주제를 뽑아낼 것인가? 설교의 목적과 교회 분위기에 따라 다양한 주제를 뽑아낼 수 있을 것이다. 어떤 주제를 찾아낼지라도 회중들이 관심을 가질 수 있는 것이어야 한다. 예로 시편 23편의 주제를 '하나님을 향한 찬양'으로 할 수 있다. 이 정도로는 효과적으로 주제를 뽑아내었다고 할 수 없다. 여기에서 한 걸음 더 나아가 '고난 중에도 부르는 찬양'이라고 하자. 그러면 회중들이 귀를 기울일 수 있을 정도로 구체화되었다. 여기에서 더 나아가 '폭풍 속에서도 부르는 나의 찬양!'이라고 하자. 그러면 회중들은 귀를 바로 세울 것이다. 감당키 어려운 고난이 왔을 때 절망치 않고 찬양하는 것이 모든 성도의 숙제이기 때문이다.

■ 설교의 각 부분과 대지는 논리적으로 연결하여야 한다

연역식 3대지 설교의 최대 장점은 명확한 이해에 있다. 단 하나의 주제를 3개의 대지를 가지고 설명하기 때문에 선명하면서 명확하게 설득할 수 있다. 이를 위해서는 설교 전체 구조가 '논리적'으로 연결되어야 한다. 그렇지 않으면 설교를 듣는 회중들은 혼동을 일으킨다. 따라서 연역식 3대지 설교에서 설교자가 가장 관심을 가져야 할 것은 어떻게 하면 명확하면서도 논리적으로 전개할 것이냐이다.

이를 위해서는 설교의 내용을 이루는 각 단락이 서로 연결되어 있어야 한다. 예로 보석 목걸이는 연결되지 않으면 목걸이가 아니다. 실로 연결되어야 한다. 마찬가지로 설교의 각 단락은 서로 연결되어야 한다. 방법은 주제어를 중심으로 연결하는 것이다. 주제를 중심으로 연결하되 앞 단락

의 뒷부분을, 뒤따라오는 단락의 앞부분과 일치시키는 것이다. 이렇게 이어 가면 논리적으로 명확하게 연결된다.

■ **각 대지 사이는 움직임과 흥미성을 가져야 한다**

연역식 3대지 설교가 뻔한 설교, 지루한 설교가 되기 쉬운 것은 상투적인 언어 표현으로 대지를 전개하기 때문이다. 이것을 극복하기 위해서는 먼저 주제를 중심으로 단락과 대지를 서로 연결하되 움직임과 흥미성을 가져야 한다. 연역식 설교는 기본적으로 정적(static)인 구조를 가질 수밖에 없다. 일종의 모듈식 주택을 짓는 것이기에 움직임이 약하다. 그러다 보니 변화가 없고 관심도 떨어지는 것이다.

능숙한 설교자는 이런 정적인 구조에 '움직임과 흥미성'을 가미하여 지루하지 않고 관심 있게 듣도록 해야 한다. 이것은 3개의 대지를 어떻게 다양하게 전개할 것인가와 관련이 있다.[243] 이런 다양한 형태는 3대지 연역식 설교의 원리를 터득한 후 다양한 방식으로 연습하면서 스스로 그 방식을 터득해야 한다.

대지 형태를 어떤 방식으로 풀어 가다라도 모든 형태는 문제 제시와 이에 대한 해결이 응축된 모습을 가지고 있어야 한다. 인간은 문제 속에 고통받는 존재이다. 누구나 문제를 가지고 교회로 나온다. 해결받고 위로받기를 원한다. 설교는 이런 문제를 풀어 주고 위로해 주는 방식이 되어야 한다.

이것은 한편으로 성경의 모습이기도 하다. 성경의 기본 구조는 타락으로 고통받고 있는 인간의 모습이다. 이런 고통은 예수 그리스도를 통한 속죄와 구원으로 해결된다. 그 결과 고통에서 벗어나 기쁨으로 가득한 새로운 그리스도인이 되어 찬양하며 살아

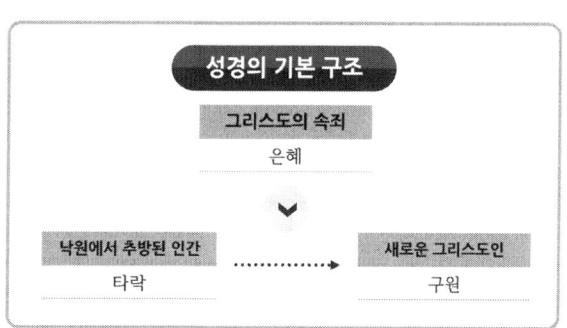

---

243) 3대지 설교의 다양한 형태는 14장의 〈3개 대지의 다양한 전개 방법〉을 참고하라.

가는 존재가 된다. 이것을 도표화하면 '타락과 고통-예수 그리스도의 속죄를 통한 구원-새로운 피조물이 된 그리스도인'이다. 이런 성경의 구조를 대지로 변환할 수 있으면 성경의 구조와도 일맥상통하면서 인간의 기본 문제를 해결해 주는 구조가 된다. 여기에 적절하게 '반전'을 가미하면 설교의 흥미성은 더욱 높아지게 된다.

2. 귀납식 설교란 무엇인가?

❶ '미스트롯'이 흥행에 성공할 수 있었던 이유

한국인 전성시대가 열렸다. 세계 곳곳에서 두각을 나타내고 있다. 특히 노래 분야에서 빼어난 활동을 하고 있다. 이제 'K-팝'은 세계인들이 즐겁게 보고 듣는 애창곡이 되었다. 젊은이들에게 'K-팝'이 있다면 장년·노년층에게는 트로트가 있다. 방송사마다 트로트 경연 대회로 시청자를 붙잡으려는 경쟁이 치열하다. 이 중에서 두각을 드러내는 것이 모 방송사의 '미스트롯'이다. 이 프로그램이 2021년에 시청자들에게 얼마나 큰 사랑을 받았는지 아래 기사를 보면 알 수 있다.

> '미스트롯 2'가 전국 31.0% 시청률로 또 한 번 자체 최고 시청률을 기록했다. 지난 18일 밤 10시 방송된 TV CHOSUN 원조 트롯 오디션 '미스트롯 2' 10회분은 최고 시청률 33.3%, 전체 31.0%(닐슨코리아 전국 기준)를 기록, 자체 최고를 경신했다. … 이날 방송에서는 준결승전 1라운드 '레전드 미션'의 나머지 무대와 2라운드 '1대 1 한 곡 대결'에 이어, 결승전에 진출할 최후의 7인이 가려졌다.[244]

그럼 '미스트롯'이 시청자들에게 큰 인기를 얻은 이유는 무엇일까? 가장 뛰어난 실력을 갖춘 가수 지망생들이 몰려서일까? 그런 면도 있을 것이다. 그러나 이 프로그램을 관찰해 보면 담당 PD의 연출 능력이 뛰어나다는 것을 알 수 있다. 경연 대회가 진행되면서 예상외 사건들이 속출한다. 뜻밖의 사람이 탈락하여 시청자들에게 아쉬움을 주는가 하면, 다시 기사회생하여 환호성을 지르게 한다. 결승전이 다가올수록 관심은 더욱 높아진다. 이런 열기의 최절정에서 우승자가 정해진다.

---

244) 최보윤, "미스트롯2, 최후 7인 가려다… 최고 시청률 33.3% '무적 행진'," 『조선일보』, 2021.2.20.

큰 환호성을 받으며 경연은 해피엔딩으로 마무리된다.

'미스트롯'이 시청자들의 큰 반응을 끌어낼 수 있었던 것은 연출에서 일종의 귀납식 전개 형태를 사용했기 때문이다. 귀납식 형태란 내면의 생각이나 아이디어를 외부로 표현할 때 사용하는 커뮤니케이션 방식의 하나이다. 앞에서 설명한 연역식 전개 형태와 대척점에 있는 구성 방식이다. 귀납식은 주제를 후반부에 배치한다. 그렇기 때문에 앞의 부분은 뒤에 배치한 주제라는 목표 지점을 향하여 달려가는 육상 선수와 같다.

만약에 '미스트롯'이 연역식 형태로 전개되었다면 어떻게 될까? 주제에 해당하는 우승자를 먼저 발표해야 한다. 그렇다면 경연의 나머지 부분은 왜 특정인을 우승자로 뽑을 수밖에 없는가를 설명하는 방식이 될 것이다. 이런 방식은 어울리지 않는다는 것을 알 수 있다. 결과를 미리 알고 경연 대회를 시청한다면 결말을 알고 영화를 관람하는 것과 같기 때문이다. 연역식은 짧은 시간에 많은 정보를 명확하게 이해시키고 설득하는 것에 장점이 있는 방식이라면, 귀납식 형태는 경연 대회 혹은 영화같이 보는 사람에게 흥미를 주면서 동행하여 공감을 얻는 것에 유용한 소통 방식이다.

그럼 왜 귀납식 전개 방식이 흥미를 주면서 공감을 얻는 효과를 줄까? 그것은 주제가 자리 잡는 위치 때문이다. 귀납식 전개 형태는 핵심 주장을 글이나 말의 후반부에 둔다. 전반부에서는 주제를 서서히 드러나게 한다. 후반부에 있는 주제에 도달할 때까지는 '그런데?'라는 의문부호를 붙이며 계속 설명해 나가야 한다. 그래야 사람들이 주제를 향해 계속 관심을 기울이기 때문이다. 귀납식 전개 형태의 이런 특징은 용어에서도 나타난다. 귀납법(歸納法)은 '돌아서(歸) 들어간다(納)'라는 의미이다. '우회 방식'을 사용하여 주제로 간다는 것이다. 영어의 귀납식을 나타내는 단어인 'inductive'도 같은 의미를 가진다. 주제를 향하여 '유도하며 이끌고 간다'라는 것을 나타낸다.

❷ 설교학에서 귀납식 설교(narrative preaching)의 대두

설교학에서 전통적인 형태는 연역식 전개 형태였다. 그러나 앞에서 설명한 것처럼 크래독은 귀납식 설교 형태를 제시했다. 그럼 왜 크래독은 귀납식 형태를 주장한 것인가? 그것은 연역식 설교 형태가 가지는 한계에 주목한 것이다. 연역식 설교 형태는 명확한 이해를 바탕으로 하지만 자칫하면 진부하고 뻔한 설교로 흐르기 쉽다. 무엇보다 설득을 목표로 하기에 회중들이 참여할 공간이 없게 된다. 일방적으로 듣고 수용할 것인가 아닌가만 결정할 수 있을 뿐이다.

크래독은 회중들의 참여를 보장하여 설교자와 회중이 설교를 선포하고 들으면서 함께 말씀 '여행'을 담보할 수 있는 설교 형태로 귀납식 설교를 제시한 것이다. 말씀 여행을 통하여 설교에 대한 흥미도를 높여서 지루한 설교가 아니고 관심을 가지고 들을 수 있도록 한 것이다. 귀납식 설교는 주제가 뒷부분에 있기 때문에 여기에 도달하기까지 삶에서 일어나는 소소하면서 구체적인 여러 부분을 모아서 결론에 도달하게 된다. 회중의 삶의 부분을 다루면서 설교를 통하여 설교자와 공감을 나누게 되는 것이다.

귀납식의 이런 전개 형태는 연역식 형태와 정반대의 모습을 가진다. 연역식 형태는 일종의 모듈식으로 집을 짓는 것이다. 미리 집의 큰 골격을 세우고 여기에 덩어리들을 짜 맞추는 방식이다. 그러나 귀납식은 처음 집을 지을 때부터 골격을 세우지 않는다. 아주 작은 부분부터 손수 짓기 시작한다. 집의 기초를 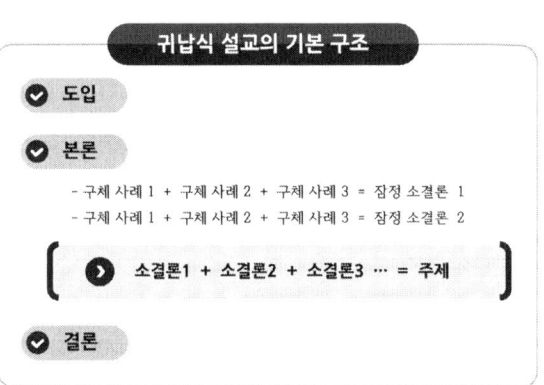 놓고 현관을 만들고 거실을 들이고 다시 각 방을 차례대로 만들어 간다. 이렇게 일일이 작은 부분들을 만들어 가면서 집의 형태가 점차 완성된다. 집주인은 기쁨으로 집을 만들어 갈 것이다. 지붕이 올라가고 방의 모습이 구체적으로 드러나고, 마지막에 실내장식까지 마치었을 때 감격까지 할 것이다. 집 짓는 과정이 좋았고 결과도 만족스럽기 때문이다. 귀납식 설교는 사소하면서도 구체적인 사례를 모아 결론을 맺어 가며 주제를 제시하는 형태이다. 이를 도표화하면 앞의 도표처럼 표시할 수 있다.

❸ 귀납식 설교의 진전된 형태인 이야기식 설교(storytelling preaching)

귀납식 설교 형태의 최대 장점은 회중들을 설교에 참여시키면서 몰입도를 높일 수 있다는 것이다. 그런데 문제는 귀납식 설교를 구성할 수 있는 일정한 형태가 존재하지 않는다는 것이다. 각자가 알아서 처음부터 마지막까지 '나름대로' 설교 내용을 배열해야 한다. 여기에는 공식으로 사용할 수 있는 형태를 제시할 수 없다. 귀납식 설교 형태의 최대 난점이 여기에 있다. 자기 나름대로 비법을 터득하여 설교 후반부에 자리 잡은 주제를 향하여 끌고 가야 하는데 자칫하면 길을 잃을 수 있다. 귀납식 설교를 듣는 회중들이 가장 많이 하는 불평의 하나는 '도대체 무슨 이야기인지 모르겠다'라고 하는 것이다. 이것은 주제를 향해 길을 나선 여행객이 도중에 길을 잃어버려서 나타나는 현상이다.

귀납식의 이런 한계를 보완할 수 있는 것이 이야기식 설교이다. 이야기식 설교는 귀납식 설교의 장점을 가진다. 귀납식 설교처럼 설교의 주제가 후반부에 자리 잡게 된다. 따라서 설교의 전반부에서 후반부까지는 '그런데?'라는 과정이 계속 일어나게 된다. 설교가 진행되면서 흥미를 느낄 수 있게 된다.

한편으로 이야기식 설교는 귀납식 형태에다 플롯(plot)이라는 요소가 추가로 들어간 것이다. 플롯이란 "소설, 영화 등에서 이야기를 구성하는 일련의 사건(series of events)의 논리적인 패턴과 배치를 의미"[245]한다. 다시 말하면 사람들 사이에 일어나는 에피소드를 사건화하여 더욱 극적으로 이야기를 이끌어 가는 방식이다. 사건화의 핵심 요소는 사람들 간의 갈등과 반전과 해결이다. 갈등과 반전 요소는 이야기식 설교가 귀납식 설교와 구분되는 핵심 요소이다. 여기에 발단과 결론을 보태면 하나의 훌륭한 형태가 만들어진다. 이야기식 설교는 '발단-갈등-절정-대단원'이라는 일정한 틀을 사용한다. 이야기식 설교는 귀납식 설교보다 더 극적으로 구성하여 흥미를 높일 수 있고 또한 일정한 형태가 있다는 장점이 있다.

이야기식 설교(narrative preaching)는 미국의 새로운 설교학 운동에 속하는 유진 라우리가 그의

---

245) '플롯', 『위키 백과』(https://ko.wikipedia.org/wiki/플롯).

첫 저서인 *The Homiletical Plot*에서 제시하면서 설교학계에서 큰 관심을 일으켰다. 그가 처음 발표한 초기의 이야기식 설교는 다음의 구조를 가진다.[246]

- **1단계: "oops!"('아이쿠', '저런', '아뿔싸' 등)**
  - 본문과 삶 속에서 경험되는 모순, 갈등, 문제를 제기하면서 평형이 깨어지는 단계.

- **2단계: "ugh!"('우', '와' 등 공포, 혐오의 감정)**
  - 모호함과 모순점을 분석하며 갈등 구조를 심화시키는 단계.

- **3단계: "aha!"('아하!')**
  - 해결의 실마리를 드러내는 단계.

- **4단계: "whee!"('와아', '야아')**
  - 복음을 체험하는 단계.

- **5단계: "yeah!"('그렇구말구', '그렇지', '그래, 맞아')**
  - 복음을 경험한 회중이 결단하는 단계.

유진 라우리가 제시한 형태는 상당히 복잡한 느낌을 준다. 그런데 그가 말하는 이야기식 설교 형태는 이미 소설이나 영화 혹은 연극 등에서 '기-승-전-결'의 방식으로 광범위하게 사용하고 있던 것이다. 이것을 유진 라우리는 자신의 용어로 다시 바꾸어 세상에 제시하였다. 그렇다면 설교자는 새로운 용어로 포장된 이야기식 설교 형태를 힘들게 배울 필요가 없다. 중·고등학교 과정에서 이미 배워 익숙한 '기-승-전-결' 구조를 활용하는 것이 효과적이다. 이를 도표로 표시하면 위의 표와

---

246) • Eugene L. Lowry, *The Homiletical Plot*, 이연길 역, 『이야기식 설교 구성』 (서울: 한국장로교출판사, 1996), 40-98.
  • 유진 라우리는 그 후에 *The Sermon: Dancing the Edge of Mystery*란 책에서 5단계를 4단계로 축소하고 새롭게 이름을 붙여, 갈등 제시(conflict)-심화(complication)-반전(sudden shift)-말씀의 펼침(unfolding)의 단계로 변경하여 제시하고 있다. 그가 처음 제시한 5단계는 구조가 상당히 복잡하고 개념도 모호한 면이 많았다. 이를 4단계로 축소하고 보다 단순하게 설명하고 있다.

같이 될 것이다.

이야기식 설교 (Storytelling preaching) 기본 구조		
구분	명칭	의미
Introduction (起)	문제·위기 발성	- 등장인물과 배경 소개 - 주인공과 적대자 사이에 위기가 일어난다.
Development (承)	위기 심화	- 위기가 심화되면서 갈등이 깊어진다.
Turn (轉)	위기 급 반전	- 갈등 최고조에서 급진전하여 전환이 일어난다. - 적대자 패배, 주인공 승리로 클라이맥스 도달. - 희중은 카타르시스 느끼며 복음 경청.
Conclusion (結)	이야기 결론	- 설교의 의미와 교훈 얻는다.

❹ 귀납식(이야기식 설교)의 한계와 유의사항

귀납식(이야기식) 설교는 지금까지 설명한 것처럼 많은 장점이 있는 형태이다. 그러나 한계도 있다. 귀납식(이야기식) 설교의 원리를 터득하고 기법을 익힘에 있어 이런 한계를 알고 접근하는 것이 중요하다.

a. 설교 형태를 배우고 활용하는 데 많은 어려움이 따른다

귀납식(이야기식) 형태가 가지는 최대 난점은 설교자가 귀납식 형태를 배우고 활용하는 데 많은 어려움이 따른다는 것이다. 무엇인가 새로운 것을 배우려면 먼저 원리를 이해해야 한다. 그리고 정해진 공식에 따라 무한 반복 훈련으로 나의 것으로 만들어야 한다. 그런데 귀납식 설교 형태는 연역식 설교 형태처럼 초보자들이 쉽게 사용할 수 있는 설교 형태가 존재하지 않는다. 나름대로 터득해야 한다. 그러기에 배우기도 어렵고 자신의 것으로 만들기에는 많은 시행착오와 시간을 거치게 된다.

이에 반해 이야기식 설교는 일정한 설교 형태를 가지고 있다. 그러나 이런 틀을 사용하여 이야기식 설교를 작성한다고 끝나는 것이 아니다. 갈등과 반전이 있는 플롯 형태를 만들어야 하기 때문이다. 이런 구조를 가진 설교를 하려면 상당한 글솜씨와 함께 소설가나 드라마 작가에 준하는 언어 구성 및 사용 능력을 갖추고 있어야 한다. 보통의 설교자들이 이런 능력을 갖추기는 쉽지 않다. 귀납식 설교와 이야기식 설교가 한때는 한국 목회자들에게 큰 관심을 끌면서 설교 세미나의 단골 메뉴였지만 자취를 감춘 것이 이런 이유 때문이다.

b. 적합한 언어 사용법을 배워야 한다

귀납식(이야기식) 설교를 하려면 언어도 이에 맞게 사용해야 한다. 이것은 연역식 설교에서 사용하는 언어와는 달라야 한다는 것을 의미한다. 연역식 언어는 주제를 제시하고 이에 대한 설명, 증명, 적용을 하는 구조이기에 언어가 설명적이며 단정적일 수밖에 없다(설명식). 그러나 이야기식 설교는 회중의 마음에 그림을 그려 주면서 사건들이 진행되는 것을 보여 주어야 하기에 상황을 '묘사'하고 보여 주는 '구상(具象) 언어'를 사용해야 한다(묘사식). 설명식 언어와 묘사(描寫)식 언어의 차이는 다음과 같다.

- 설명식 언어
  - 어머니로부터 이른 아침에 전화를 받았다. 갑작스럽게 할머니가 돌아가셨기에 집으로 급히 내려오라는 말씀이었다. 나는 급하게 가방을 꾸려 내려갈 준비를 하였다.

- 묘사식 언어
  - 이른 아침, 전화가 요란스럽게 울렸다. '혹시나' 하며 가슴을 누르고 전화기를 들었다. 전화선을 타고 멀리서 들리는 어머니의 목소리에는 가느다란 떨림이 있었다. "할머니가 돌아가셨단다"라는 소리를 듣자마자 나는 몇 방울 눈물을 떨어트렸다. 시골에 내려가면 "우리 길동이!"라며 맞이해 주시던 할머니의 모습이 안개가 피어오르듯 머리에서 떠올랐기 때문이다.

설명식 언어와 묘사식 언어는 근본적으로 다른 방식의 언어 표현이라는 것을 알 수 있다. 설명식에 비해 묘사식 언어가 훨씬 상황을 잘 보여 주고 관심을 끌게 하는 언어이다. 사람들에게 그림을 그려 주면서 관심을 끌어야 하는 귀납식(이야기식) 설교에서는 묘사식 언어를 사용해야 한다. 그런데 이런 언어를 습득하려면 상당한 시간과 노력이 소요된다. 묘사식 언어를 사용하려면 글쓰기 능력이 일정 수준 이상 도달해야 한다. 이런 점 때문에 귀납식(이야기식) 설교는 일반 목회자들이 쉽게 배우고 활용할 수 있는 형태가 아닌 것이다.

3. 4페이지(장면) 설교란 무엇인가?

❶ 4페이지(장면) 설교란 무엇인가?

우리는 지금까지 설교의 기본 형태에 속하는 연역식과 귀납식 설교에 대하여 살펴보았다. 여기에 덧붙여 4페이지 설교에 대한 형태를 살펴보자. 4페이지 설교는 한국 목회자에게 '4페이지'라는 용어 때문에 큰 관심을 끌고 있다. 이 설교 형태를 배우고 익히면 현장에서 설교 작성과 선포에 큰 도움이 있을 것이라는 기대도 하고 있다. 그러나 본서에서는 설교 형태에 관하여는 연역법과 귀납법 형태를 중심으로 설명하고 있다. 4페이지 설교가 현장에서는 기대하는 것만큼의 효과가 없기 때문이다. 그렇다고 4페이지 설교를 외면할 필요는 없다. 4페이지 설교에서 제시하는 설교신학과 방법론을 익히면

성경 해석과 적용 부분을 익히고 활용함에 있어 크게 도움을 주기 때문이다. 본서에서는 4페이지 설교가 등장하게 된 배경과 이 형태가 함축하는 설교 구성 방법론과 신학 그리고 유용성과 한계를 중심으로 살펴본다.

❷ 4페이지 설교의 기본 개념과 설교신학

a. 4페이지 설교가 등장하게 된 배경

4페이지 설교를 창안한 사람은 북미의 저명한 설교학자의 한 사람인 폴 스캇 윌슨이다.[247] 그는 1970년대부터 싹이 트기 시작한 새로운 설교학 운동의 중심에 있는 인물이다. 새로운 설교학 운동은 1970년대 초기에는 주로 설교 형태의 새로운 방법론 모색이라는 거시적 관점에서 시작하였다. 1980년대 들어서서는 이를 바탕으로 다양하면서도 구체적인 설교신학과 형태가 나타나면서 발전하기 시작했다. 1970년대 찰스 라이스(Charles Rice)에 의해 시작된 '이야기 설교(storytelling sermon)', 1980년대에 유진 라우리에 의하여 제안된 플롯을 가진 '귀납식 설교(narrative preaching)'와 데이빗 버트릭(David Buttrick)의 '현상학적 전개식 설교(phenomenological move preaching)'와 찰스 캠벨(Charles L. Campbell)의 '포스트 리버럴 설교(postliberal preaching)', 폴 스캇 윌슨의 '4페이지 설교(4 pages sermon)' 등이 그 예이다. 이 중에 특히 주목을 받은 사람은 폴 스캇 윌슨이다. 그는 창의적이면서 독특한 관점의 설교 방법론을 1999년에 출간한 The Four Pages of the Sermon에서 '4페이지 설교'라는 명칭으로 제시한다. 4페이지 설교는 단순히 새로운 설교 형태를 제시한 것이 아니다. 이 책에는 그가 주장하던 설교신학이 총체적으로 녹아 있다. 따라서 4페이지 설교를 이해하려면 그의 신학의 핵심 내용이 무엇이며 이것이 어떻게 4페이지라는 설교 형태로 녹아 있는가를 살펴보아야 한다.

b. 하나님을 만나는 언어 사건(oral event)으로서의 설교

폴 스캇 윌슨은 현 시대는 포스트모던 시대라고 진단한다. 오늘의 회중은 과거와는 다른 패러다임의 시대에서 살고 있다고 말한다. 따라서 과거 시대의 패러다임의 결과였던 전통적인 설교 형태도 설교신학도 새로운 시대에 맞게 변해야 한다고 말한다. 그는 과거 시대와 구분되는 포스트모던 시대의 특징의 하나로 영상 시대의 진입을 꼽는다. 단순히 말로만 정보를 전달하는 시대가 아닌,

---

247) 폴 스캇 윌슨의 대표적인 저서는 다음과 같다.
- *Imagination of the Heart: New Understandings in Preaching* (Nashville: Abingdon Press, 1988).
- *A Concise History of Preaching* (Nashville : Abingdon Press, 1992).
- *The Practice of Preaching* (Nashville: Abingdon Press, 1995).
- *The Four Pages of the Sermon: A Guide to Biblical Preaching* (Nashville: Abingdon Press, 1999).
- *God Sense: Reading the Bible for Preaching* (Nashville: Abingdon Press, 2001).
- *Preaching and Homiletical Theory* (St. Louis: Chalice Press, 2004).
- *Preaching As Poetry: Beauty, Goodness, and Truth in Every Sermon* (Nashville: Abingdon Press, 2014).

그림과 이미지로 소통하는 시대이다. 이런 시대에는 설교에서도 과거와는 다른 접근 방법을 사용해야 한다. 회중에게 단순히 들려지는 설교로 만족하는 것이 아니고, 이미지화된 언어를 사용하여 보여 주고 동참하는 설교가 되도록 해야 한다고 말한다. 구체적인 방법으로 설교 언어의 변화를 주장한다. 과거처럼 추상 명사를 사용하여 개념을 전달하여 설득에 치중하는 설교에서 벗어날 것을 강조한다. 설교를 할 때 감각 언어와 같은 구상 명사(具象名詞)를 사용할 것을 제안한다. 추상 언어는 개념의 도출과 전달에 효과적이라면 구상 언어는 사건의 실체를 드러내며 구체적 현장성을 느끼게 해 주는 언어이기 때문이다.[248]

그는 설교는 하나님을 만나는 사건이 되어야 한다고 말한다. 설교를 하나님이 자신을 드러내시는 사건(preaching as event)으로 본 것이다. 그는 "하나님은 설교 안에서 그리고 설교를 통하여 행동하신다(God acts in and through preaching)"[249]라고 말한다. 이렇게 설교가 하나님을 만나는 사건이 되기 위해서는 언어 사용에서 구상 언어 혹은 은유법과 같은 비유법을 사용하여 회중의 머리에 영상을 보는 것과 같은 이미지를 만들어 주어야 한다고 말한다.[250] 따라서 4페이지 설교를 효과적으로 활용하려면 먼저 설교 언어에서부터 획기적인 변화가 있어야 한다.

c. 대극적인 설교 구조를 사용하여 율법에서 은혜로운 설교로 이동 강조

그는 설교가 하나님을 만나는 사건이 되려면 이에 맞는 언어를 사용하여야 할 뿐 아니라 설교 구조에서도 변화가 있어야 한다고 말한다. 설교 속에서 행동하시는 하나님을 만나 은혜를 체험하며 변화된 삶을 촉구할 수 있는 구조가 되어야 한다. 그것은 성경의 구조를 반영하는 것이다. 그는 성경은 두 요소가 마주 보는 대비적인 구조로 되어 있다고 말한다. 성경의 한쪽에는 타락한 인간이 경험하는 죄와 곤경과 심판이 자리 잡고 있다. 그 반대편에는 구원받은 새로운 피조물이 된 인간이 누리는 용서와 은총과 구원이 자리 잡는다. 설교가 하나님이 드러나고 회중을 만나는 사건이 되려면, 설교도 성경 구조에 따라 대극적인 형태가 되어야 한다고 말한다. 구체적인 형태는

---

248) Paul S. Wilson, *The Four Pages of the Sermon* (Nashville: Abingdon Press, 1999), 50-52.
249) Paul S. Wilson, *The Practice of Preaching* (Nashville: Abingdon Press, 1995), 23.
250) 폴 스캇 윌슨은 "설교는 하나님에 관한 추상적인 언급이나 정보 제공이 아니라 하나님과의 만남(encounter) 혹은 사건(event)이 되어야 한다"고 말한다.-Paul S. Wilson, *The Four Pages of the Sermon* (Nashville: Abingdon Press, 1999), 41.

'죄에서 용서로(sin and forgiving)', '심판에서 은총으로(judgement and grace)', '곤경에서 은혜로(trouble and grace)'의 이동이다. 설교의 한쪽 면은 죄, 심판, 곤경을 축으로 하고 다른 한쪽 면은 용서, 구원, 은혜가 되어야 한다고 한다. 그렇다면 설교의 구조는 곤경(trouble)과 은혜(grace)가 대극적으로 마주 보는 형태가 된다. 대부분의 설교자는 성경의 이런 구조를 이해하지 못하고 있다고 한다. 그 결과로 설교가 하나님의 용서와 은총과 구원이 빠진 인간의 죄악 됨을 드러내고 이를 추궁하며 책임을 묻는 소위 율법적 설교가 된다고 말한다.

그런데 한편으로 설교는 성경에서 보여 주는 과거 사건에 대한 단순한 진술이나 정보 전달이 아니다. 과거 사건을 통하여 오늘의 회중에게 말씀하시는 하나님을 보여 주어야 한다고 말한다. 과거 성경에서 경험했던 하나님 백성의 죄와 곤경과 심판이 오늘의 회중과 어떻게 관련되어 있는지를 그려 주어야 한다. 이렇게 오늘의 회중에게 주시는 말씀으로 전환하지 않으면 설교는 과거의 사건에 머물게 된다. 이것은 성경 해석에서 확보된 '곤경에서 은혜로'의 구조를 어떻게 오늘의 사건으로 적용할 것이냐의 문제이다. 그렇다면 설교 구조는 한쪽은 과거 하나님의 백성과 관계된 사건이 있고 반대편에는 현재 회중과 관련된 하나님의 말씀이 있게 된다.

이것을 도표화하면 다음과 같이 네 부분으로 구성할 수 있다.[251]
- 성경에서의 곤경(trouble)-trouble in the bible.
- 현 회중이 경험하는 곤경(trouble)-trouble in the world.
- 성경에서의 하나님 행동과 은혜(grace)-God action in the bible.
- 현 회중이 경험하는 하나님의 행동과 은혜(grace)-God action in the world.

폴 스캇 윌슨은 설교의 구조는 이렇게 네 부분이 대극적이면서 상관적인 모습이 되어야 한다고 말한다. 그리고 이런 형태를 지닌 설교에 '4 pages sermon'이라는 명칭을 붙였다. 그럼 왜 4 pages라는 명칭을 붙였는가? 현시대는 영상의

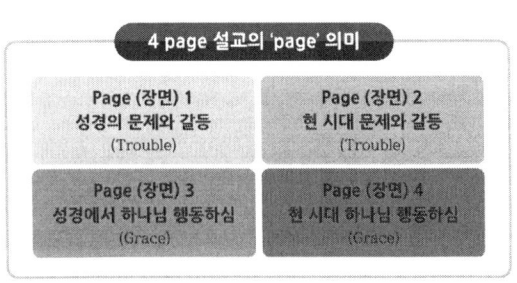

---
251) Paul S. Wilson, *The Four Pages of the Sermon* (Nashville: Abingdon Press, 1999), 16.

시대라고 말한다. 영화는 각각의 장면들이 모여서 하나의 스토리를 구성한다. 설교 역시 장면들이 모여서 하나님의 이야기를 영상화해야 한다고 말한다. 그는 자신이 제안한 설교의 네 부분이 영상의 각각의 장면을 구성하는 것을 은유적으로 표현하기 위하여 'page'란 용어를 사용하고 있다.[252] 여기에 도입과 결론이 첨가되면 한 편의 설교가 완성된다고 한다.

<4페이지 설교의 완성된 형태>
- 설교의 도입부
- 설교의 본론
  - (장면 1)-성경에서의 곤경(trouble).
  - (장면 2)-현 회중이 경험하는 곤경(trouble).
  - (장면 3)-성경에서의 하나님의 행동과 은혜(grace).
  - (장면 4)-현 회중이 경험하는 하나님의 행동과 은혜(grace).
- 설교의 결론부

❸ 4페이지 설교의 유용성과 한계[253]

a. 4페이지 설교의 유용성

---

[252] 윌슨의 이런 의도를 충실히 반영하려면 4 pages sermon을 번역할 때는 '4 장면 설교'라고 하는 것이 좋을 것이다. 그러나 한국에서는 '4페이지 설교'라는 용어가 이미 굳어 있기에 본서에서는 '4페이지 설교'라는 용어를 사용한다. 하지만 독자는 4페이지 설교는 종이 4장으로 구성된 설교가 아니라 영상의 각각의 '장면'으로 구성된 설교라는 것이라는 것을 이해해야 한다.

[253] 주승중은 4페이지 설교의 유용성과 한계를 다음과 같이 설명한다.-주승중, "새로운 설교 형태의 연구: 4페이지 설교," 『장신논단』 18(2002.12.), 494-496.
- 설교자는 설교문 작성에 있어 시간을 효율적으로 사용할 수 있다.
- 설교자는 자신이 구상한 설교의 각 부분을 4페이지의 어느 항목에 배치할 것인가를 바로 파악할 수 있어 설교 구조를 효과적으로 구성할 수 있다.
- 이미지 언어를 효과적으로 사용하면 영상을 보여 주는 것과 같은 설교를 할 수 있다. 회중은 설교를 들으면서 더욱 은혜의 현장으로 들어갈 수 있다.
- 그러나 설교자의 역량이 일정 수준 이상 도달하지 않으면 이미지화된 설교문을 작성하기가 어렵다. 4페이지 설교를 효과적으로 사용하려면 설교자의 언어 구사력이 상당한 수준에 도달해야 한다.

그럼 4페이지 설교 형태의 유용성은 무엇일까? 윌슨이 주장하는 장점은 다음과 같다.[254]

■ 설교 형태가 단순하기에 작성하기가 좋고 또한 회중도 명료하게 들을 수 있다

4페이지 설교는 크게 네 부분(서론과 결론을 포함하면 6개 부분)으로 되어 있다.[255] 각각의 부분도 서로 대비가 되면서 단순하다. 그만큼 설교 작성이 용이하고 복잡하지 않기에 회중도 쉽게 들을 수 있다고 한다.

■ 은혜를 체험하는 설교를 구조적으로 보장한다

설교자는 자칫하면 회중에게 순종과 도덕적인 삶을 강조하는 율법적인 설교를 하기 쉽다. 인간의 본성은 비난하고 정죄하는 것에 자연스럽게 기울기 때문이다. 4페이지 설교는 이런 율법적 설교를 구조적으로 방지한다. 인간의 곤경과 은혜를 하나의 쌍으로 대비적으로 제시하기에 회중은 말씀을 통하여 하나님의 은총을 체험하게 된다. 또한 4페이지 설교는 과거의 하나님과 현재 활동하시는 하나님을 하나로 묶기에 현재의 회중이 하나님을 만나는 은혜를 체험하는 것을 구조적으로 보장한다.

■ 시간을 효율적으로 사용하여 설교를 작성할 수 있다

설교자는 시간을 효율적으로 사용하여 설교문을 작성할 수 있다. 한 편의 설교를 준비하기 위해서는 많은 시간이 소요된다. 하루에 모든 것을 마칠 수 없고 나누어서 준비해야 한다. 4페이지 설교는 각각의 부분을 하루씩 나누어 준비한다면, 어느 하루에 편중되지 않고 골고루 시간을 분배해서 설교문을 작성할 수 있다고 한다. 예로 월요일에는 설교 목적과 필요 등을 설정하고 본문 선택과 연구에 치중한다. 그리고 화요일부터 매일 하루에 한 페이지씩 설교문을 작성하면 주간에 효과

---

254) Paul S. Wilson, *The Four Pages of the Sermon* (Nashville: Abingdon Press, 1999), 12,27-28.
255) 폴 스캇 윌슨은 4 pages라는 기본 틀을 이용하여 많은 변형이 가능하다고 말한다. 각 페이지의 순서를 바꾸거나 생략 혹은 덧붙이거나 분량을 조절하면 변화 있는 설교문을 작성할 수 있다고 한다.-Paul S. Wilson, *The Four Pages of the Sermon* (Nashville: Abingdon Press, 1999), 246-248.

적으로 설교문을 작성할 수 있다고 한다.

■ 시대에 부합하는 영상화된 설교가 가능하다

윌슨은 4페이지 설교에서 제시하는 대극적인 구조에다가 이미지 언어를 사용하면 영상을 보는 것 같은 설교가 가능하다고 한다. 회중이 몰입하면서 듣고 은혜를 체험하게 된다고 한다.

b. 4페이지 설교의 한계

폴 스캇 윌슨은 설교자들이 간과하기 쉬운 성경 해석과 적용 부분을 4페이지라는 이미지를 사용하여 이를 형태화하는 것에 성공했다. 그러나 그가 주장한 4페이지 설교는 연역식 설교 혹은 귀납식 설교와는 별개의 새로운 형태가 아니다. 모든 설교는 '주제'를 중심으로 설교문을 작성해야 한다. 이를 위해 어떤 형태를 사용할 것인가를 먼저 결정해야 한다. 주제의 위치에 따라 연역식 혹은 귀납식의 어느 하나를 선택하게 된다. 이들의 어느 한 형태를 따르지 않고 윌슨이 주장하는 것처럼 4페이지를 나열해서는 짜임새 있는 설교가 어렵다. 4페이지 설교는 연역식 혹은 귀납식의 어느 한 형태를 따르되 그곳에서 각각의 전개 방식을 '곤경에서 은혜로', '과거에서 현재로'라는 4페이지의 골격을 활용하여 각 부분을 채우는 것이다. 4페이지 설교를 실제로 활용하기 위해서는 연역식 혹은 귀납식 형태를 먼저 익숙하게 사용할 수 있어야 한다. 만약에 이들 기본 형식을 익숙하게 사용할 수 없다면 4페이지 설교는 효과적으로 이용할 수 없다. 이것이 한계이다. 그러나 연역식이나 귀납식 같은 기본 형태를 능숙하게 사용할 수 있다면, 4페이지 설교에서 제시하는 방법론을 첨가하여 사용하면 보다 수준 높은 설교가 가능할 것이다.

Ⅳ. 자신만의 연장을 가져야!

1. '연역식이냐 귀납식이냐' 그것이 문제로다

❶ 연역식 설교와 귀납식 설교는 보완(補完)재이다

지금까지 설교 내용을 어떤 형태로 표현할 것인가에 대한 방법을 설명했다. 구성 방식에 따라 연역식과 귀납식(이야기식)이라는 두 가지 형태가 있다는 것을 말했다. 그럼, 어떤 형식을 자신의 주된 연장으로 취할 것인가? 많은 설교자는 다양한 설교 형태를 이해하고 익히면, 능숙하고 능력 있는 설교자가 될 거라 생각한다. 연역식 설교, 귀납식 설교, 이야기식 설교, 4페이지 설교, 현상학적 전개식 설교 등 가능한 한 많은 설교 형태를 익히려고 한다. 그러나 사람의 능력에는 한계가 있다. 모든 것을 배우려고 하면, 소위 '죽도 밥도 안 되는 상황'이 오게 된다. 어느 것 하나 제대로 활용도 못 하게 된다. 자신에게 맞는 형태를 하나로 취해 최적의 연장으로 만들어야 한다. 다윗이 골리앗과의 대결에서 필요했던 것은 사울이 가졌던 갑옷과 투구와 칼이 아니었다. 자신이 쓰던 물맷돌이었다. 그러나 그 돌은 평소에 맹수로부터 양을 지키기 위해 수많은 연습을 하면서 어느 무기와도 비교할 수 없는 최상의 무기가 되었다. 설교에도 같은 원리가 적용된다. 대가는 '오직 하나'의 연장을 가지고 그것을 갈고닦으면서 더욱 기량을 높여 가는 사람이다.

그럼 어느 설교 형태를 자신의 주된 연장으로 삼아야 할 것인가? 우선은 연역식 설교 형태와 귀납식 설교 형태는 상호 배타적인 형태가 아니라는 것을 이해해야 한다. 어느 한 형태가 다른 형태보다 더 탁월한 기능을 발휘하는 '대체(代替)재'가 아니다. 전통적인 설교 형태인 연역식 설교 형태에 반대하여 '새로운 설교학 운동' 계열의 설교학자들이 제시한 귀납식 설교와 이야기식 설교 형태는 설교자들이 생각하는 것처럼 장점만 가진 최상의 설교 형태가 아니다. 새로운 설교학 운동 계열에 속하는 설교학자들은 귀납식(이야기식) 설교의 장점을 크게 부각시킨다. 그러나 이런 설명 방식은 설교 형태를 지나치게 단순화하고 어느 한 측면만을 과장하여 설명한 것이다. 아리스토텔레스는 그의 『수사학』에서 인간의 정보 소통 방식은 연역식과 귀납식이 있음을 제시하고 이들의 차이는 소통하려는 내용의 성격과 듣는 회중의 성격 그리고 설득 방식에 따라 차이가 날 뿐이라고 말한다.[256]

연역식 설교 형태와 귀납식(이야기식) 설교 형태는 두 가지 모두 인간의 커뮤니케이션 방식에 유용한 방식이다. 효과적인 소통을 위해 어느 한 방식을 버리고 다른 방식을 고집해야 하는 것이 아니고 보완재로서의 성격을 가진다. 연역식의 장점은 귀납식(이야기식)에서는 단점이 되고, 귀납식(이야기식)의 장점은 연역식에서는 단점이 된다. 따라서 서로가 모두 필요하다.

하늘을 높이 날아가는 독수리에게는 오른쪽 날개뿐 아니라 왼쪽 날개도 필요하듯이 효과적인 의사소통을 위해 모두 필요하다. 그러나 독수리에게는 두 날개가 있지만 주 날개와 보조 날개가 있게 마련이다. 마찬가지로 오른쪽 날개에 해당하는 설교 형태와 왼쪽 날개에 해당하는 설교 형태가 있게 마련이다. 능력 있는 설교자는 연역식 설교 형태와 귀납식 설교 형태 중 어느 한 형태를 오른쪽 날개로 삼아 주 연장으로 만들어야 한다. 그리고 왼편 날개에 해당하는 설교 형태도 보완적으로 사용할 수 있는 기량을 길러야 한다.

❷ 연역식 형태는 '설득'을 목적으로 하는 설교에 최적화된 형태이다

그럼, 설교자가 주 연장으로 삼아야 할 설교 형태는 무엇인가? 우선은 연역식 설교와 귀납식 설교는 본질적인 차이가 있다는 것을 이해해야 한다. 연역식은 명확한 '이해'를 통한 '설득'에 유용한 형태이고 귀납식은 '흥미'를 통하여 '공감'을 얻는 것에 유용한 방식이다. 그렇다면 설교에 맞는 형태는 무엇인가? 그것은 설교의 본질을 살펴보아야 한다. 설교는 말씀의 종을 통해 일방적으로 선포되는 하나님의 말씀이다. 순종하면 구원이요, 그렇지 않으면 심판이 있다는 것을 선포하는 것이다.

---

256) 아리스토텔레스는 사람을 설득하려는 사람은 연역법(생략삼단논법)과 귀납법(예증법)의 어느 한 가지를 사용해야 한다고 말한다. 수사학에서 이 둘의 방법은 자신만의 고유한 장점이 있고 어느 방법을 선택할 것인지는 연설가나 연설의 내용에 따라 달라질 수밖에 없다고 한다. 일반적으로 연역법이 청중을 상대로 한 연설에서 설득에 보다 효과가 있다고 말한다. 그는 다음과 같이 말한다. "예증(귀납법)을 사용한 연설은 설득력에서 결코 뒤지지 않지만, 청중의 호응을 보다 많이 이끌어 내는 것은 생략삼단논법(연역법)을 사용한 연설이다."-Aristoteles, *Techne Rhetorike*, 『아리스토텔레스 수사학』 (파주: 현대지성, 2020), 17-20.

그럼 연역식과 귀납식(이야기식) 설교 형태 중 어느 것이 설득에 더 효과적인 형태일까? 설교의 본질이 일방적인 선포라는 것을 고려하면 연역식 설교이다. 연역식 설교는 설득을 가장 효과적으로 이루려는 설교 방식이다. '선명한 주장과 이해'가 생명이다. 따라서 연역식 설교 형태를 성공적으로 사용하게 되면 설교가 끝난 후에 회중은 설교자의 주장과 의도를 분명하게 이해하게 된다. 연역식 설교가 2천 년의 기독교 역사에서 전통적인 설교 형태로 자리 잡은 것에는 이런 이유가 있었기 때문이다. 이런 방식은 설교뿐 아니라 설득을 목적으로 하는 연설에서도 마찬가지이다. 그래서 아리스토텔레스는 『수사학』에서 설득에 성공할 수 있는 효과적인 형태로 연역식 형태를 제시하고 있다. 다음과 같이 말한다.

> 설득은 일종의 증명 작업이라 할 수 있다. 수사학에서 설득은 생략삼단논법(연역식 추론 및 전개법)에 따라 이루어진다. 간단히 말해 생략삼단논법은 설득하는 데 있어서 가장 중요한 수단이다.[257]

그러나 귀납식(이야기식) 설교 형태는 그 목적이 '설득'에 있지 않다. 설교 과정에서 회중들의 '공감'을 얻는 것을 주목적으로 한다. 귀납식(이야기식) 설교를 하려면 설교자는 용의주도하게 자신의 주장(주제)을 숨기면서 전개하다가 설교 후반부에 이르러 주장(주제)을 극적으로 드러내며 회중들의 입에서 '아하!' 하는 탄성이 나오게 해야 한다. 마치 '춘향전'을 보는 관객이 숨을 죽이고 관람을 하다가, 이몽룡이 '암행어사 출두야!'라고 외칠 때 '아하!'라고 외치는 것과 같다.

귀납식(이야기식) 설교는 회중들이 설교를 듣고 감명받아 '아하!'라는 감탄이 나올 때 성공적인 설교가 된다. '간접 설득 방식'을 취한다.[258] 설교자가 '아하!' 포인트로 이끄는 것에 실패하면 설교에서 공감도 되지 않고 설득도 일어나지 않는다. 귀납식 설교 형태의 이런 한계 때문에 설교자들

---

257) Aristoteles, *Techne Rhetorike*, 『아리스토텔레스 수사학』 (파주: 현대지성, 2020), 14.
258) 김운용은 귀납식 설교에서 성공적인 설교가 되려면 회중에게서 '아하!'라는 감탄이 나와야 한다고 말한다. 이를 위해 설교의 각 부분이 통일성과 움직임이 있어야 한다고 말한다. 다음과 같이 말한다.
"귀납식 설교의 전개 방식은 긴밀한 연관성을 가지고 발전하기 때문에, 설교 한 편의 통일성(unity)과 움직임(movement)을 중요한 요소로 간주한다. … 귀납식 전개는 시작부터 결론, 특히 '아하, 그렇구나!' 탄성이 터져 나오는 지점을 향하여 집약적으로 움직여 나간다." 김운용, 『새롭게 설교하기』 (서울: 예배와 설교 아카데미, 2005), 309.

이 한때는 귀납식 형태를 사용하다가 다시 연역식 설교로 돌아가기도 한다. 이에 대하여 찰스 캠벨의 이야기를 들어 보자.

> 1970년대부터 2000년까지 이르는 40여 년간 귀납식 설교(이야기식 설교)가 가장 활발하게 선포되었던 미국 주류 교단 교회들의 교세가 쇠퇴했다. 미국에서 한때는 귀납식(이야기식) 설교가 목회자들에게 큰 관심을 끌었지만, 지금은 다시 전통적인 설교 형태로 돌아오고 있다고 한다.[259]

2. 자신만의 연장을 가져야 한다

대가들은 어떤 사람들인가? 가장 능숙하게 다룰 수 있는 연장을 하나씩 가진 사람들이다. 오랫동안 인내하며 수련의 기간을 견딘 사람이다. 이런 과정을 통해 자신만의 독특한 설교 방식과 형태를 익혀 나가는 것이다. 워렌 위어스비는 이런 점에서 "모든 설교자는 자신만의 독특한 스타일을 활용해야 한다"[260]라고 말한다. 대가들은 반복 훈련을 하는 가운데 원리와 기법을 터득하여 자신만의 연장을 확보한 사람이다. 이런 원리는 설교자에게만 해당하지 않는다. 세상에서 대가라고 불리는 사람에게 통용되는 원칙이다.

이남열 이발사가 면도칼을 피대에 가는 모습
(조선일보)

---

259) 찰스 캠벨은 그의 주저인 *Preaching Jesus*에서 미국에서 새로운 설교학이 전성기를 누리던 1970년부터 2000년까지 귀납식 설교를 활발하게 선포하던 미국 주류 교회들이 오히려 이 기간 동안 침체를 보였다고 지적한다. 그는 설교는 즐거움이 아니라 선포를 통한 교훈을 주는 것이어야 하는데, 귀납식 설교는 이에 충실하지 못했다고 설명한다. 찰스 캠벨은 귀납식 설교를 강조하는 설교자가 설교의 플롯 형식과 개인의 경험과 공감을 강조하면서 정작 성경의 본질인 그리스도의 이야기를 소홀히 하고 있다고 말한다. 또한 귀납식 설교는 성경을 제대로 알지 못하는 이민족이 급증하고 세속 문화가 확산되는 미국의 상황에 과연 적합하느냐 하는 의문을 불러일으켰다고 평가한다.-Charles L. Campbell, *Preaching Jesus: The New Directions for Homiletics in Hans Frei's Postliberal Theology* (Michigan: Eerdmans, 1997), 117-123.

260) Warren Wiersbe, David Wiersbe, *Elements of Preaching*, 남병훈 역, 『설교의 정석』 (서울: 한국기독학생회출판부, 2012), 27.

2023년, 95년 된 서울 최고(最古) 이발소에서 이발만 60년을 하며 자리를 지킨 이남열 이발사(당시 74세)가 언론에 소개된 적이 있다. 그의 손으로 이건희 삼성 회장 등 수많은 유명 인사의 머리를 다듬었다고 한다. 그가 오랜 세월 자리를 지키며 명성을 쌓은 비결을 다음과 같이 말한다.

> 대를 이은 정신은 첫째, 도구를 완벽하게 관리해야 한다는 것이다. "대팻날을 잘 가는 목수가 마름질도 잘하지. 이발도 연장 잘 가는 사람이 기술도 좋아요. 연장 갈 줄 모르는 사람한테 머리를 깎지 말라는 얘기야." 빗 하나도 질긴 종이에 빗살을 다듬어 쓴다.[261]

이남열 이발사는 "아직도 통달을 못 해 오늘도 배웁니다"라고 덧붙여 말한다. 그의 이발 인생은 연장인 면도칼을 보면 알 수 있다. 이발 기술에 일생을 걸며 연장을 날마다 갈고 다듬어 손님 머리를 정성껏 다듬어 주었다.

설교자는 하나님으로부터 위임받은 '말씀의 종'이다. 사람의 생명을 구하는 거룩한 사명을 위임받았다. 능력의 말씀, 생명의 말씀을 전하기 위해서는 먼저 성경과 신학 그리고 기타 학문과 자료를 깊이 연구하여 머리에 많은 내용을 쌓아 두어야 한다. 그러나 이것을 꺼내어 입으로 표현하기 위해서는 일정한 형태를 이용하여 외부로 설교를 드러내야 한다. 이를 위해서는 자신에게 맞는 설교 형태를 찾고 발견하고 날마다 다듬어야 한다. 이발사가 오랜 세월 동안 면도칼을 가죽 피대에 문지르면서 날을 갈고 기량을 익혀 가듯 설교 형태를 익혀야 한다.

먼저 설득의 취지에 가장 부합하는 연역식 설교 형태를 배우고 익혀야 한다. 독일 속담에 '연습만이 대가를 만든다'라는 말이 있다고 한다. 무한 반복 훈련을 통해 연역식 3대지 설교 형태에 들어 있는 본질을 이해하고 계속 연습하며 기량을 쌓아 가야 한다. 원리를 이해하고 반복 훈련을 통하여 연역식 설교 형태의 최대 장점인 '명확한 이해' 기법을 터득하고 활용해야 한다. 그러면서 한편으로 지루한 설교, 재미없는 설교가 되기 쉬운 연역식 설교의 한계를 다른 방식으로 메꿀 수 있어야 한다. 그것은 귀납식(이야기식) 설교 형태가 가지고 있는 흥미성과 공감성을 빌리는 것이다.

---

261) 김은경, "이발만 60년 이남열 '아직도 통달을 못 해 오늘도 배웁니다'," 『조선일보』, 2023.8.19.

그러기 위해서는 먼저 성경에 대한 탁월한 해석으로 통찰력 있는 내용을 확보하고 여기에 귀납식(이야기식) 설교 방식인 사람들의 이야기, 플롯이 있는 진행 방식, 설명식보다는 묘사식의 설명을 사용하는 법을 터득해야 한다. 그러면 연역식 설교를 취하면서도 흥미와 공감을 끌어낼 수 있는 설교가 가능하다. 자신이 자유자재로 활용할 수 있는 '주특기'에 해당하는 설교 형태를 가지는 것이 중요하다. 그 주특기는 연역식 3대지 설교 형태가 될 것이다. 이전의 수많은 선배 설교자들이 연역식 3대지 설교 형태를 애용하였듯이 말이다.

11장

성공적인 설교를 위한 원리와 전략(Ⅴ)
- 선명하면서 생생한 언어로 은혜롭게 표현하라!

Ⅰ. 메시지는 효과적인 언어로 표현되어야 한다

1. 특급 호텔의 남다른 차이

사우디아라비아의 왕세자 무함마드 빈 살만이 2022년 11월에 한국을 방문하였다. 세계 최고 갑부의 한 사람으로 꼽힌다. 그래서 묵을 숙소에 관심이 집중되었다. 한국에서 최고 수준을 자랑하는 호텔에 묵었다고 한다. 당시 기사를 보자.

(롯데호텔 로열 스위트룸 모습)
(롯데호텔)

> 빈 살만 왕세자는 롯데호텔 서울 최상위 객실인 이그제큐티브 타워(신관) 32층 로열 스위트룸(460.8㎡)에 머물 것으로 추정된다. 앞서 롯데호텔은 2018년 해당 객실 인테리어에 41억 원을 투자한 것으로 알려졌다. 이 객실의 1박 투숙료는 2,200만 원이다.[262]

그가 묵을 호텔은 다른 특급 호텔과 비교했을 때, 크기나 시설은 비슷하였을 것이다. 차이가 나는 것은 객실의 인테리어였다. 막대한 비용을 들여서 객실을 호화롭게 꾸몄다고 한다. 이에 갑부들은 큰 액수를 지불하면서 투숙하게 되는 것이다. 인테리어의 차이가 호텔 수준을 결정하고 있음

---

262) 이보람, "1박 2,200만 원, 객실 400개 예약… 빈 살만 왕세자가 픽한 호텔," 『중앙일보』, 2022.11.10.

을 알 수 있다.

10장에서 건축의 3요소는 '구조, 기능, 미'라고 설명한 바 있다. 건축물은 우선 견고한 구조를 가지고 있어야 한다. 편리한 기능도 필요하다. 여기에 최상의 건물이 되려면 인테리어에 투자하여 건물의 아름다움을 높일 것이다. 그러나 이런 비용은 아무나 투자할 수 있는 것이 아니다. 형편이 좋은 사람만이 예외적으로 투자할 수 있다.

목회자는 설교를 구성함에 있어 우선은 견고한 형태를 갖춘 설교가 되도록 해야 한다. 메시지를 체계적으로 배열하지 않아 중구난방의 설교가 되는 경우가 많기 때문이다. 이를 방지하기 위하여 일정한 틀에 맞추어 설교를 배치하고 구성하는 것이 필요하다. 연역식이나 귀납식(이야기식) 설교를 한다는 것은 틀에 맞추어 내용을 배열하여 논리적인 설교가 되도록 한다는 것을 뜻한다. 설교의 처음부터 끝까지 '아귀'가 맞게 전개되어야 논리적인 설교가 되고 그래야 설득에 성공하는 말씀이 된다.

그러나 탁월한 설교자는 여기에서 멈추지 않는다. 건축에서 견고한 구조와 편리한 기능을 갖추고 있다고 해서 그 건물이 최고가 되지 않기 때문이다. '미(美)적 요소'가 가미되어야 한다. 설교를 구성하는 과정에서 이런 미적 요소를 가미하는 것은 설교 내용을 어떻게 '언어'로 효과적으로 포장하여 표현하느냐와 관련이 있다. '이왕이면 다홍치마'라는 속담이 있다. 설교를 작성함에 있어 논리적인 설교가 되도록 해야 하되, 이 단계를 뛰어넘어 회중이 '실감과 감동'을 느낄 수 있는 언어를 사용하는 것이 필요하다. 설교 언어를 효과적으로 사용하여 회중이 생생하며 흥미진진하게 듣도록 하는 것이다. 이런 언어 표현법은 고도의 설교 능력을 갖춘 설교자만이 자유자재로 구사할 수 있다. 어떻게 하면 이런 경지의 설교자가 될 수 있을까? 그것은 언어의 마술사(the master of the language)가 되는 것이다.

2. 효과적인 언어로 표현하여 설득력과 감동을 높여야 한다

사람은 이야기를 좋아한다. 이야기를 통하여 소통하며 관계를 유지하고 즐거움도 느낀다. 텔레비전 방송국의 채널을 틀면 '드라마'가 흘러나오는 것도 이런 이유 때문이다. 지금도 많은 가정에서는 연속극 시간이 되면 텔레비전 앞에 앉는다. 그런데 과거 1960~1970년대에는 라디오 드라마가 대세였다. 저녁이 되면 가정에서는 라디오 주변으로 모여 앉았다. 라디오에서 흘러나오는 이야기에 웃기도 하고 옷고름으로 눈물을 훔치기도 했다. 텔레비전 드라마와는 다른 차원의 즐거움을 선사하였다.

라디오 청취자는 목소리로만 드라마의 내용을 전달받는다. 텔레비전 드라마처럼 눈으로 볼 수 없다. 라디오는 성우의 목소리로 배경을 보여 주고 사람들의 모습을 '말'로 그려 주면서 이야기를 끌어간다. 이렇게 되면 청취자들은 '상상'의 날개를 펴고 목소리를 타고 사건 현장으로 뛰어 들어간다. 드라마에서 일어나는 사건을 경험하면서 재미에 빠져드는 것이다. 드라마와 청취자가 하나가 된다. 그만큼 강렬한 몰입감을 불러일으키고 재미도 높아지게 된다. 어떤 면에서는 라디오 드라마가 텔레비전 드라마보다 몰입도와 재미가 더 컸는지 모른다.

성경은 큰 의미에서 하나의 이야기이다. 하나님의 사람을 향한 구원의 여정(旅程)을 이야기로 그려내고 있다. 창세기를 보면 하나님의 창조하심과 보살피심 그리고 이에 대한 아담과 하와, 노아, 아브라함, 이삭, 야곱, 요셉의 반응과 행동이 파노라마처럼 펼쳐진다. 사람들은 이런 대하드라마를 보고 들으면서 하나님의 구원의 손길을 느끼게 된다. 설교는 성경에서 보여 주시는 하나님의 이야기를 회중들에게 전달하는 것이다. 탁월한 설교자는 회중들에게 하나님의 이야기를 생생하면서 실감나게 전달하여 감동과 변화를 이끌어 낸다.

설교도 일종의 이야기라면 어떤 방식으로 전달하는 것이 효과적일까? 라디오 드라마인가, 텔레비전 드라마의 형식인가? 설교는 언어를 사용하여 배경을 설명하고 주인공의 감정과 행동을 그려낸다. 다른 시각 자료를 활용하지 않는다. 그렇다면 라디오 드라마 방식을 취하여야 한다. 회중이 눈으로 보는 것이 아니고 귀로 듣는 것이 설교이기 때문이다.[263] 그렇다면 설교자는 성경 내용을 정보를 전하듯이 메마르게 전달하는 것에 만족해서는 안 된다. 라디오 드라마처럼 목소리를 통하여 하나님의 이야기를 들려주어, 회중과의 만남의 사건이 되도록 해야 한다. 그렇다고 설교가 귀납

---

263) 폴 스캇 윌슨은 설교가 회중에게 효과적으로 들려지기 위해서는, 설교가 '구두 언어적 사건(oral event)'임을 이해하고 이를 위해 어떤 언어를 사용할지에 대한 방법을 확보해야 한다고 말한다. 그는 설교는 "눈을 위해 쓰는 것이 아니고 귀를 위해 써야 하는 것이 설교학의 금언(write for the ear, not for the eye, is the frequent, homiletical maxim)"이라고 말한다.- Paul S. Wilson, *The Practice of Preaching* (Nashville: Abingdon Press, 1995), 51.

식 혹은 이야기식 형태를 취하여야 한다는 것이 아니다. 연역식 설교를 할지라도 선명하고 생생한 언어를 사용하여 설교의 구체성과 생동감을 높여 하나님과 회중이 만나는 접촉점을 늘릴 수 있다.

이번 장은 효과적인 소통 통로를 확보하기 위하여 어떤 언어를 사용하여 효과적으로 표현할 것인가를 설명할 것이다. 우리는 설득에 성공하는 설교 원리를 확보하기 위해 해럴드 라스웰의 SMCRE 모델에 따라 살펴보고 있다. 10장에서는 효과적인 '소통 통로(channel)'를 확보하기 위한 방법으로 설교의 구조(틀)에 대하여 설명했다. 그러나 '소통 통로'는 설교 구조를 확보하고 내용을 배열한다고 완성되는 것이 아니다. 여기에 더하여 적절한 언어를 사용하여 메시지를 보다 선명하면서 생생하게 표현하는 것이 필요하다. 소통 통로는 견고한 설교 형태와 함께 효과적인 언어 표현이 확보될 때 완성된다.

우리는 본서의 3부에 해당하는 '성공적인 설교를 하기 위한 6대 원리와 전략'을 살펴보고 있다. 11장에서는 이에 대한 다섯 번째 요소로, '선명하면서 생생한 언어로 은혜롭게 표현하라!'라는 제목으로 설명한다. 추상적인 언어보다는 감각적인 언어, 구상(具象) 언어, 그림 언어를 사용하여 회중의 마음에 그림을 그려 주는 것이다. 설명하기보다 보여 주는 방식을 사용하는 것이다. 그러면 설교의 구체성과 실감성을 높여 설득에 성공하면서도 공감을 이끌어 내는 은혜로운 설교를 하게 된다. 이를 이루기 위한 원리와 전략이 무엇인지를 살펴본다.

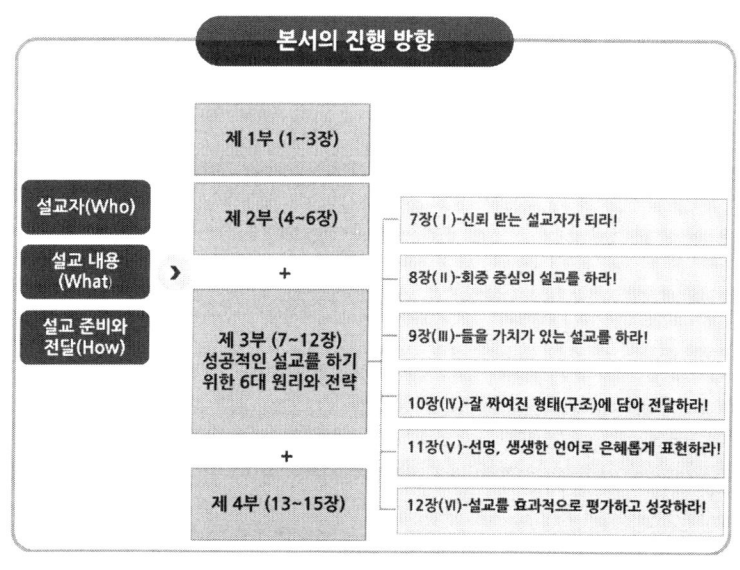

Ⅱ. 성공적 설교의 제5 원리와 전략: 선명하면서 생생한 언어로 은혜롭게 표현하라!

1. 한 장의 포스터가 주는 교훈

환경부에서는 매년 '탄소중립 실천 광고 포스터 전'을 공모한다고 한다. 탄소중립에 대한 국민의 관심을 환기하고 참여를 높이기 위한 것이다. 요즘 언론에서 자주 나오는 용어의 하나가 '탄소중립'이다. 그러나 이 단어가 무엇을 의미하는지를 정확히 이해하는 사람은 많지 않을 것이다. 지구 온난화 대책과 관련이 있는 것 정도로 짐작할 뿐이다.

그런데 환경부에서 2023년도 최우수 당선작으로 발표한 다음의 포스터를 보자. 그러면 '탄소중립'이 무엇을 뜻하는 것인지를 쉽게 알 수 있다. 당선작의 제목은 '탄소중립 실천, 심을 수 없다면 뽑아 주세요'이다. 포스터에서는 무엇인가 움켜쥐고 있는 손의 이미지가 중앙에 자리 잡고 있다. 그 손은 위로는 나무를 움켜쥐고 아래로는 전기 콘센트를 한 움큼 쥐고 있다. 이 포스터를 보는 사람은 탄소중립은 나무를 많이 심거나 혹은 전기를 적게 사용하는 것과 관련이 있다는 것을 알게 된다. 탄소중립이라는 생소한 단어를 길게 설명하지 않고도 하나의 문장을 이미지와 결합하여 쉽게 설명하고 있다. 포스터를 보는 사람의 결단도 은연중에 촉구하고 있다.

그럼 포스터에서 어떤 '의미 있는' 정보를 전달하려고 할 때 주된 장치는 무엇일까? 메시지일까? 아니면 이미지일까? 우리가 언뜻 생각하기에는 이미지일 것 같다. 나무와 전기 콘센트를 위아래로 움켜쥐고 있는 손의 이미지가 포스터의 핵심 요소인 것처럼 보인다. 그러나 포스터 디자이너인 카상드르는 다르게 말한다. 그는 『Affiche(포스터)』라는 잡지에서 다음과 같이 말한다.

포스터 디자이너는 항상 텍스트에서 출발해야 하며, 할 수 있는 한 포스터 중앙에 텍트를 위치시켜야 한다. 텍스트가 중심이 되어 그림이 그것과 조화를 이뤄야 하며, 그 반대가 되어서는 안 된다. … 왜냐하면 포스터에서 광고의 모든 장면을 조건 짓고 활성화시키는 것은 그림이 아니기 때문이다.[264]

우리는 포스터에서 정보 전달의 주된 장치는 메시지라는 것을 알 수 있다. 물론 이미지도 많은 정보를 담고 있다. 그러나 정보를 직접적이고 효과적으로 전달할 수 있는 수단은 '언어'이다. 이미지는 정보를 보다 선명하고 생생하게 전달하는 보조 역할을 하게 된다.

오늘의 시대를 이미지 시대라고 말한다. 과거처럼 문자로만 정보를 전달하지 않는다. 텔레비전, 광고 포스터, 유튜브에서 매일 엄청난 양의 영상과 이미지가 쏟아진다. 현대인들은 이미지를 통한 소통에 익숙해져 있다. 이런 시대에 맞추어 설교도 변할 필요가 있다. 과거에 출판된 책들을 보라. 페이지마다 글자가 빼곡하게 차 있다. 많은 글자로 채워진 것이 좋은 책이라고 여겨지기도 했다. 그러나 요즘에 나오는 책은 과거와 다르다는 것을 알 수 있다. 글자가 줄어들고 여백도 늘어났다. 여기에 삽화와 같은 이미지 자료가 곳곳에 자리 잡고 있다. 이미지 시대에 걸맞게 책 출판도 적응하고 있다.

설교 모습도 이미지 시대에 걸맞게 획기적으로 바뀔 필요가 있다. 과거 설교자들의 모습과는 차이를 보여야 한다. 글자로 가득 채워진 책이 아니라 여유 있는 페이지에 이미지도 삽입하여 설명하는 방식을 취해야 한다. 과거의 명설교자 설교집을 보라. 숨 막힐 것 같은 많은 내용들이 들어있다. 만약에 현대 회중들에게 이런 모습으로 설교한다면 명성에 상당한 손상을 입었을 것이다.

그럼, 이미지와 영상 시대에 살고 있는 현대인들에게 필요한 설교 모습은 무엇일까? 그것은 앞에서 언급한 한 장의 포스터에서 단서를 얻을 수 있다. 우선은 메시지가 중요하다. 설교는 '말씀'이기 때문이다. 여기에 보조적인 수단으로 이미지를 표현할 수 있는 언어를 추가로 사용하여 설교하는 것이다. 이미지화된 언어가 메시지와 적절하게 결합되면 큰 효과를 발휘하기 때문이다. 메시지를 선명하면서도 생생하게 그리고 은혜롭게 전달하게 된다.

---

264) Will Storr, *The Science of Storytelling*, 문희경 역, 『이야기의 탄생』 (서울: 흐름출판, 2019), 170에서 재인용.

2. 선명하면서 생생하고 은혜롭게 표현되어야 한다

❶ 메시지는 단순하면서도 선명하게 표현되어야 한다

설교자는 항상 설교가 회중에게 제대로 전달되고 있는지를 살펴야 한다. 설교가 잘 들려지고 있는지 점검해야 한다. 제대로 들려지지 않으면 설득에 실패하는 설교가 되기 때문이다. 설교의 목적인 회중의 변화를 이끌어

낼 수 없다. 설득에 성공하는 설교가 되기 위해서는 우선은 내용이 좋아야 한다. 내용을 이길 것은 세상에서 아무 것도 없다. 그런 다음에는 내용이 귀에 '쏘옥' 들어오도록 말로 잘 표현해야 한다. 선명하게 전해야 한다.

10장에서 좋은 설교 형태의 조건으로 단순한 구조를 가진 설교가 되어야 한다고 설명했다. 단순해야 설교자가 사용하기도 좋고 회중들에게도 쉽게 들려지기 때문이다. 설교가 회중에게 잘 들린다는 것은 선명하게 이해된다는 것을 의미한다. 선명하게 들리기 위해서는 자신이 구상하는 설교의 소재에서 불필요한 부분은 과감히 잘라내어야 한다. 설교 주제와 직접적으로 관련이 없는 부분은 제외시켜야 한다. 성경 연구를 통해 은혜받는 부분이 아깝다고 움켜쥐고 있으면 복잡한 설교가 된다. 뼈만 남을 정도로 칼질을 해야 한다. 이렇게 남겨진 부분을 단순한 설교 형태에 맞추어 전개하여 체계적이고 논리적으로 구성토록 해야 한다. 그래야 단순하면서도 선명한 설교가 된다. 그러면 잘 들려지는 설교가 된다.

성경에 충실하게 말씀을 전하려는 설교자가 하는 오해의 하나는 성경 본문을 상세하게 설명하는 것이 성경적인 설교라고 생각한다는 것이다. 이런 경향은 특히 강해 설교를 주로 하는 설교자에게 많이 나타난다. 성경에서 파악한 내용을 '미주알고주알' 강해하는 것이 올바른 방법이라고 생각한다. 강해 설교자 중에 특히 구절별 설교(verse by verse preaching) 형태를 취하는 설교자에게 나타난다. 이런 방식을 취하면 내용이 복잡해지고 지루한 설교가 된다. 회중들이 집중하지 않는

설교로 흐르기 쉽다.

설교는 특정 본문에 대한 신학 논문이나 신학교에서 행하여지는 강의가 아니다. 설교는 하나님이 그의 백성에게 대언자를 통해 들려주시는 '이야기'이며 '대화'이다. 따라서 설교는 논문이나 강의와는 달라야 한다. 만약에 당신의 자녀가 서울에서 부산까지 홀로 여행을 한다고 하자. 당신이 그 방법을 알려 주려고 할 때 서울에서 부산까지 이르는 과정을 상세하게 말하지 않을 것이다. 서울-대전-대구-부산 등으로 핵심적인 부분만 골라서 선명하게 전하여 머리에 잘 기억토록 할 것이다.

단순한 내용을 복잡하지 않고 간단한 설교 형태에 담을 준비가 끝났으면 다음에는 이를 효과적으로 표현해야 한다. 내용은 결국 글과 말로 드러나기 때문이다. 내용을 담아내는 언어의 기본 단위는 문장이다. 문장 구성을 단순하게 표현해야 한다. 지금과 같은 스피드 시대에 장황한 설명은 금기이다. 속도감 있고 선명하게 표현하려면 문장을 단순화시켜야 한다. '주어-목적어/보어-서술어'를 주된 표현 방식으로 사용해야 한다. 관형사나 부사와 같은 수식언은 가능한 한 피해야 한다. 특히 설교의 절정 부분에 이르러서는 짧고 단순한 문장으로 속도감 있게 진행하여야 힘 있고 선명하게 들려지게 된다.

나아가서 문장이 모여 하나의 단락을 만들 때도 한 단락 안에 지나치게 많은 문장을 담게 되면 지루한 설교가 된다. 한 단락에는 하나의 중요한 개념만 들어가도록 하되 가능한 한 10~15줄의 문장만으로 구성되어야 한다. 한 단락을 설교하는 시간은 대략 2분 내외가 되도록 해야 한다. 3분을 넘어가면 아무리 내용이 유익하고 재미있어도 회중의 집중도는 급격하게 떨어진다. 부득이 3분을 넘기게 되면 잠깐 주의를 환기시키고 다시 진행하는 방법을 사용해야 한다. 단순하면서 선명한 설교는 복잡하지 않은 설교 형태를 사용하되, 핵심 주제만을 가지고 짧은 문장을 속도감 있게 사용하여 표현해야 한다. 그러면 선명하게 들려지고 잘 들려지게 된다.

❷ 메시지는 실감나면서도 생생하게 표현해야 한다

앞에서 설교는 '선포된 하나님의 말씀'이라는 것을 설명했다. 따라서 설교는 메시지이다. 교회에서 주일 예배를 은혜롭게 드리려면 여러 부분이 필요하다. 찬양, 기도, 봉헌, 봉사 등 어느 한 가지도 소홀히 할 수 없다. 그러나 핵심 요소는 설교이다. 설교를 통해 하나님의 뜻이 온전히 드러나기 때문이다. 따라서 메시지는 가장 효과적으로 선포되어야 한다. 메시지를 표현하는 방식에는 설명 방식(explaining method)과 묘사 방식(describing method)이 있다. 설명 방식은 '대상의 본질이나 개념을 추상 명사 등을 사용하여 설명하는 방법'을 말한다. 묘사 방식은 '대상을 감각 언어를 활용하여 이미지를 그려 주면서 설명하는 방식'이다.[265] 설교자가 설명법을 사용하여 설교하면 중요 개념을 짧은 시간에 정확하게 전달하는 효과가 있다. 이에 반해 묘사법은 회중의 머리에 그림 이미지를 그려 주면서 설명하는 방식이기에 구체적이고 생생하게 들리게 된다. 두 가지 방식 모두가 효과적인 설교를 위하여 필요한 방식이다.

설교자는 성경 본문에서 확보한 설교 주제를 언어로 표현할 때는 핵심 내용을 정확하게 전하도록 해야 한다. 그러기 위해서는 설명 방식의 표현법이 필요하다. 어떤 개념을 회중들에게 들려줄 때 추상 언어를 사용하여 설명한다는 것을 의미한다. 추상 언어는 사랑, 슬픔, 분노와 같이 눈에 보이지 않는 추상적인 관념을 표현하는 명사를 말한다. 성경에서는 정확한 개념 설명을 위해 이런 추상 명사를 사용하여 설명한다. 예를 들어 보자. 요한복음 3장 16절의 "하나님이 세상을 이처럼 사랑하사 독생자를 주셨으니 이는 그를 믿는 자마다 멸망하지 않고 영생을 얻게 하려 하심이라"에서 중요한 개념을 '사랑'과 '멸망', '영생'과 같은 추상 명사로 표현하였다. 추상 언어에 의하여 세상을 향한 하나님의 뜻이 짧으면서도 명확히 드러난다.

그러나 추상 명사에도 한계가 있다. 회중에게 개념이 막연하면서 어렵고 건조하게 들린다는 것이다. 추상 명사를 지나치게 많이 쓰면 딱딱한 설교, 강의와 같이 어려운 설교 그리고 지루한 설교

---

265) 폴 스캇 윌슨은 감각 언어를 사용하면 마음에 이미지가 그려지면서 보다 구체적이고 실감나는 설교가 가능하다고 한다. 감각 언어는 인체의 오감을 활용하는 언어이다. 그는 이에 대한 예를 다음과 같이 들고 있다.- Paul S. Wilson, The Practice of Preaching (Nashville: Abingdon Press, 1995), 59.
- 눈을 향한 언어: "그가 말할 때, 그의 입술이 부르르 떨렸다."
- 귀를 향한 언어: "그는 한밤중에 바스락거리는 소리를 들었다."
- 혀를 향한 언어: "이런 아이디어 중에는 어떤 것은 시큼했다."
- 코를 향한 언어: "굴 안에는 나사로의 몸에서 나는 그런 썩은 냄새가 가득 찼다."
- 피부를 향한 언어: "이 말은 나에게 바늘로 콕콕 찌르는 소리와 같습니다."

가 된다. 이를 방지하기 위해 묘사 방법을 사용하여 손에 잡히듯 생생하게 들려지도록 하여야 한다. 주로 그림 언어와 같은 감각 언어 혹은 구상 언어를 사용하여 회중의 머리에 '이미지'를 그려 주면서 설명하는 방식이다.[266] 그러면 회중은 추상 명사를 사용하여 설명하는 방식보다 훨씬 흥미를 가지고 듣게 된다. 설교가 선명하고 생생하고 들리기 때문이다.[267]

이런 점 때문에 구약 성경에서는 묘사 방식을 사용하는 것을 많이 본다. 시편 78편 65-66절의 말씀을 보자. "그때에 주께서 **잠에서 깨어난 것처럼, 포도주를 마시고 고함치는 용사처럼 일어나사** 그의 대적들을 **쳐 물리쳐서** 영원히 그들에게 욕되게 하셨도다"(굵은 글자는 그림 언어를 표시) 이스라엘의 보호자가 되신 하나님의 행동이 그림 언어로 생생하게 그려지지 않는가? 이미지가 가지는 효과 때문이다.[268] 이런 점 때문에 언어 전문가들 사이에서는 일종의 불문율로 통용되는 것이 있다. "설명하지 말고 보여 주어라. 이론적인 설명만 담긴 스피치는 청중에게 아무것도 남기지 못한다."[269] 묘사 방식의 중요성을 다시 깨닫게 된다.

---

266) 추상 명사와 대척점에 있는 것이 구상 명사(具象名詞)이다. 구상 명사는 인간의 오감(五感)을 통해 느낄 수 있는 언어이다. 감각 언어, 그림 언어 등이 이에 속한다. 추상 명사는 이해하고 깨닫게 하나 구상 명사는 보여 주고 느끼고 공감하도록 한다.

267) 추상 언어(추상 명사)는 마음에 그림을 그려 주지 못하고 또한 구체적인 사물이나 상황을 전달하지 못한다. 짧은 단어로 개념을 명확하고 효과적으로 전달하지만 메마른 정보 전달이 되기 쉽다. 이와 반대되는 언어가 그림 언어 혹은 감각 언어이다. 이런 언어는 마음에 그림을 그려 준다. 공감이 생기도록 한다. 그러나 이들 언어는 배척이 아닌 보완 관계에 있다. 설교자는 추상 명사를 사용하는 설명식 표현법과 그림 언어를 사용하는 묘사식 표현법을 능숙하게 사용할 수 있어야 한다. Paul S. Wilson, *The Four Pages of the Sermon* (Nashville: Abingdon Press, 1999), 50-52.

268) 설교에서 그림 언어를 사용하면 회중이 그림을 그리면서 듣기 때문에 상상력을 발휘하게 된다. 설교에서 언어를 사용하여 상상력이 일어나도록 하는 것은 전통 설교학에서는 크게 주목하지 않았다. 설득을 목표로 하는 수사학의 영향을 받은 전통 설교학은 명철한 논리로 듣는 사람이 잘 이해하고 기억하게 하는 것에 관심이 있었기 때문이다.

그러나 현대에 와서 이미지 언어를 사용하여 상상력을 일으키며 설교하는 것이 잘 이해될 뿐 아니라 기억에도 오래 남는다는 것을 발견하게 되었다. 기억력과 상상력은 회중이 잘 이해하고 수용하는 것과 관련이 있다는 것을 알게 된다. 설교자는 그림 언어를 사용하여 회중이 상상력을 가지고 설교를 들을 수 있는 방법을 터득해야 한다. 이와 관련된 설교학자들의 주장은 다음과 같다.

• 리처드 에스링거-"이미지는 이제까지 숨겨져 있거나 무시된 측면에 집중하게 함으로써 일상적인 실제에 대한 새롭고 색다른 관점을 제공한다."-Richard Eslinger, *The Web of Preaching*, 주승중 역, 『설교 그물 짜기』(서울: 예배와 설교 아카데미, 2008), 374.

• 폴 스캇 윌슨-"오늘을 위한 하나님의 말씀이 생생히 살아 우리에게 다가온다면, 우리는 마음에서 상상력이란 증거가 생기는 것을 볼 수 있다. 설교자들은 이미지를 사용하여 회중의 마음을 만지고 행동할 수 있는 힘을 주는 것이 필요하다."-Paul S. Wilson, *Imagination of the Heart: New Understandings in Preaching* (Nashville: Abingdon Press, 1988), 17, 18.

269) 윤치영, 『사람의 마음을 사로잡는 아하! 스피치』(서울: 미래지식, 2010), 112.

그러나 설교는 메시지이기에 먼저는 개념을 정확하게 그리고 짧은 시간에 전달하는 설명 방식의 표현법을 익혀야 한다. 그런 후에 그림 언어를 사용하여 상황을 그려내듯 설명하는 묘사식 표현법은 필요한 부분에서만 사용해야 한다. 앞에서 설명한 것처럼, 포스터에서 중요한 것은 메시지이지 이미지가 아니기 때문이다. 설교에서도 이 원리는 그대로 적용된다.

❸ 메시지는 율법의 언어가 아닌, 은혜의 언어로 선포되어야 한다

설교는 선명하면서도 생생하게 전달되어야 하지만 한편으로 은혜로운 설교가 되어야 한다. 일주일 동안 세상에서 어려운 삶을 살고 나온 성도들이 주일 예배에서 기대하는 것은 말씀을 통하여 은혜를 받는 것이다. 그러나 현실에서는 설교를 듣고 머리가 복잡하고 무거워졌다는 성도의 하소연을 많이 듣는다. 왜 그럴까?

설교는 본질적으로 '복음'이어야 한다. 복음은 기쁜 소식이다. 따라서 설교를 듣는 회중은 기쁜 소식을 듣고 기쁨과 위로와 소망이 넘쳐야 한다. 그러나 설교를 듣고 말씀대로 살지 못했다는 죄책감이 오히려 어깨를 무겁게 한다면, 지나친 죄의식과 중압감을 느낀다면 복음이라는 설교의 본질에서 벗어난 것이다. 설교는 절망과 탄식과 죄책감을 불러일으키는 것이 아니고 소망과 환희와 해방을 선사하여야 하기 때문이다. 이를 위해서는 율법적인 언어가 아니라 은혜의 언어를 사용하는 방법을 터득해야 한다.

성경 내용을 설교화하는 과정에서 언어 표현 방식의 하나로 율법의 언어와 은혜의 언어가 있다는 것을 이해하고 그 사용법을 익혀야 한다. 율법의 언어는 회중에게 하나님에 대한 두려움, 죄책감, 절망감을 안겨 주는 것이다. 은혜의 언어는 하나님의 사랑을 체험하면서 자신감, 죄 사함으로 인한 감격, 소망, 미래를 담아내는 표현법이다. 이들 언어의 차이점을 다음의 예를 통해 느껴 보자.[270]

---

270) Shawn C. Lazar, *One Point Preaching: A Law and Gospel Model* (Independently published, 2019), 35.

■ 율법적 언어와 복음적 언어의 차이

- 설교에서 성도의 죄를 드러내고 있는가? vs 설교에서 그리스도의 구원을 드러내는가?
- 설교에서 성도의 의무를 말하는가? vs 설교에서 주님이 행동하신 은혜가 드러나는가?
- 설교의 분위기가 명령을 강조하는가? vs 설교에서 주님이 주신 약속을 강조하는가?

위의 예를 보면 율법의 언어와 은혜의 언어가 어떤 차이를 보이는지 알 수 있다. 이를 실제로 설교에서 활용하려면 현장에서 시행착오를 거치면서 세부적인 방법을 스스로 터득해야 한다.

숀 라자르(Shawn C Lazar)는 이와 관련하여 구체적인 방법의 하나를 제시하고 있다. 그것은 설교에서 주어를 삼위 하나님으로 하되, 시제를 현재형으로 하는 것이다. 왜 그럴까? 율법적인 설교의 특징의 하나는 주어를 사람으로 삼고 시제도 과거형으로 하는 경우가 많기 때문이다. 특히 설교자 자신이 주어가 되어 성도의 과거의 삶에 대하여 훈계하고 질책하는 내용으로 꾸며지는 경우가 흔하다. 만약에 이것이 의심스럽다면 당신의 설교를 살펴보라. 놀랄 정도로 책임과 의무와 질책을 담고 있다는 것을 발견할 것이다.

이것을 방지하기 위하여 주어를 삼위일체 하나님 특히 예수 그리스도로 하되, 동사를 현재형으로 한다. 그러면 예수 그리스도께서 과거가 아니고 설교가 행하여지는 '지금' '이 자리'에서 행동하고 계심을 회중들이 체험할 수 있다. 숀 라자르는 다음과 같이 예를 들고 있다.[271]

■ 예수님을 주어로 하되, 동사를 현재형으로 하는 예

- "예수님은 당신을 사랑하십니다."(요 3:16)
- "예수님은 당신에게 영생을 주셨습니다."(요 6:47)
- "예수님은 당신을 결코 (세상으로) 다시 던지지 않습니다."(요 6:37)
- "예수님은 당신의 모든 죄를 대신 감당하십니다."(롬 3:24)

---

271) Shawn C. Lazar, *One Point Preaching: A Law and Gospel Model* (Independently published, 2019), 36.

여기에 더하여 폴 스캇 윌슨의 4페이지 설교의 예에 따라 설교 구조를 대비 구조로 사용하면 더욱 효과적이다. 설교를 진행하면서 사람의 타락과 죄, 이로 인한 절망과 죽음을 먼저 배치시킨다. 이어서 대비적으로 구원과 사죄 그리고 희망과 생명을 배치시킨다. 부정과 긍정을 대극적으로 배치하고 그 사이에 예수 그리스도의 십자가 사건을 디딤돌로 배치한다. 그러면 주님이 주인이 되시어 현재에 행동하시는 예수님의 모습을 설교에서 그려낼 수 있다. 그리스도의 행동하심과 은혜는 죄가 깊은 곳에서 더욱 빛을 발하기 때문이다. 회중들은 설교를 들으면서 십자가 은혜를 깊이 체험할 것이다.

Ⅲ. 수사 표현법을 활용하여 수준 높게 표현하는 방법

1. 표현법의 또 다른 산맥인 비유·예증 표현법[272]

❶ 비유법의 중요성을 인식해야 한다

몇 년 전, 기독교 방송을 들으면서 운전하고 있었다. 어느 목사님의 설교가 흘러나오고 있었다. 설교가 메마르고 딱딱하다는 느낌이 들었다. 유심히 들어도 쉽게 들려지지 않았다. 왜일까? 조금 더 듣는 중에 답을 찾았다. 설교 중에 '하나님의 거룩한 말씀에 왜 사람의 이야기가 들어가야 합니까? 왜 예화들을 집어넣어 말씀을 전해야 합니까?'라며 목청을 높이고 있었다. 예화는 전혀 사용하지 않고 성경 본문을 많은 시간을 할애하여 자세히 설명하고 있었다. 본문을 있는 그대로 전하려니 추상적인 개념으로 가득 찬 어려운 설교가 되고 있었다.

주변에서 설교는 오직 하나님의 말씀만 선포해야 한다고 주장하는 목회자를 접하게 된다. 인간의 이야기를 집어넣을 수 없다는 것이다. 말씀의 거룩성을 강조하는 것이다. 이런 자세는 한편으로는 한국 교회의 전통이기도 하다. 찰스 클라크 선교사(Charles Allen Clark, 한국명 곽안련)는 한국 최초로 세워진 평양신학교에서 최초의 설교학 교수로 봉직하였다. 그는 1925년에 『설교학(Lectures on homiletics)』이란 책을 출판하였다. 이 책에서 가장 먼저 강조한 것이 거룩한 말씀을 대하는 설교자의 자세였다. 그는 다음과 같이 말한다.

> 설교하는 직분은 하나님께서 사람에게 주신 최고의 특권으로서 그리스도의 생명의 도를 전하여 영원히 죽을 인생을 영생의 길로 구원하는 것이다. 하나님께서는 이 고귀한 특권을 천사에게 주지 않으시고 우리에게 주셨다. 그러므로 우리는 자기의 최선을 다하여 사명을 완수하지 않을 수 없는 것이다. … 지금은 우리에게만 맡겨진 특권인 만큼 몸

---

[272] 넓은 의미의 비유 표현법에는 좁은 의미의 비유법과 예증법이 모두 포함될 것이다. 본서는 이런 관점에서 기술하였다.

과 마음을 다하여 이 천부(天賦)의 특권을 실현하지 않으면 안 된다.[273]

목회자들이 설교를 대하는 자세를 장엄하게 표현하고 있다. 이런 자세를 한국 교회는 '성언운반일념(聖言運搬一念)'[274]이라는 말로 표현하며, 아름다운 전통으로 자리 잡게 되었다.

목회자는 설교자로서 거룩한 사명과 책임감을 가져야 한다. 그러나 설교의 거룩성을 강조한 나머지 전달에 필요한 언어 사용에 제한을 두어서는 안 된다. 설교는 하나님의 말씀이지만 회중들에게 전할 때는 효과적으로 언어를 사용하여야 한다. 그래야 설득에 성공하는 설교가 된다. 그럴 때 하나님 말씀으로서의 설교의 목적이 달성된다.

설교를 효과적으로 표현하는 방법으로 설명 방식과 묘사 방식이 있다는 것을 설명했다. 이것 외에 또 하나의 중요한 표현법이 있는데 비유(比喩)법과 예증(例證)법이다. 비유법은 비유로 '빗대어' 설명하는 것이고 예증법은 전하려는 개념에 '예'를 들어 설명하는 방식이다. 이런 비유법 내지 예증법은 전하려는 개념이 추상 명사나 혹은 어려운 단어로 되어 있어 전달하기 어려울 때 사용하면 효과적이다. 앞에서 설명식 표현법을 주로 사용하되 필요하면 묘사식 표현법을 활용해야 한다고 말했다. 그래야 생생하게 이해되기 때문이다. 그러나 이런 묘사법을 사용해도 한계가 있다. 이럴 때 비유법이나 예증법을 사용하여 '빗대거나', '예'를 들면서 설명하면 개념이 확연히 머리에 와 닿는다. 선명하면서 생생하게 그리고 실감나게 이해된다.

예를 들어 보자. 요한복음 3장 16절의 말씀인 "하나님이 세상을 이처럼 사랑하사 독생자를 주셨으니 이는 그를 믿는 자마다 멸망하지 않고 영생을 얻게 하려 하심이라"에서 주제는 '구원'이다. 구원의 결과는 '영생'이 된다. 이 말씀의 핵심 단어인 구원과 영생은 추상 명사가 된다. 이들 단어를 설명식으로 상세하게 설명한다면 어렵고 지루한 설교가 된다. 묘사법을 사용하여 사이사이에 그

---

273) 곽안련, 『설교학』 (서울: 대한기독교서회, 2004), 37.
274) 한국 설교학의 토대를 마련하였던 정장복은 설교자가 가져야 할 으뜸의 자세로 '성언운반일념(聖言運搬一念)'을 꼽고 있다. 이런 자세는 구약의 선지자로부터 종교개혁자 존 칼빈 그리고 현재에 이르기까지 말씀을 신실하게 전하려는 모든 설교자들이 한결같이 가지고 있던 마음이자 자세였다고 말한다. 정장복, 『한국 교회의 설교학 개론』 (서울: 예배와 설교 아카데미, 2001), 14,15.

림을 그려 주면서 설교하면 보다 쉽고 머리에 와닿게 들려진다. 그래도 한계가 있다. 이럴 때 일화(anecdote)를 사용하는 것이다. 극적으로 구원을 받아 새사람이 된 예를 들어 설명하면 실감나면서도 흥미까지 선사하는 설교가 된다. 이런 강력한 효과 때문에 김용규는 『설득의 논리학』에서 "아홉 개의 설명보다 한 개의 예를 들어 설명하라"[275]라고 말한다.

❷ 설교학에서 예증법의 흑역사

지금까지 살펴본 것처럼 보다 실감나고 관심을 일으키는 설교가 되기 위해서는 예증법을 사용하여야 한다. 그러나 과거부터 지금까지 목회자들에게 크게 환영을 받지 못했다. 사용하더라도 마지못해 사용하는 모습을 보였다. 예증법 사용에 대하여 예전의 설교학에서도 제대로 다루지 않았다. 전통 설교학에서는 설교의 주목적을 설득으로 보았고, 예증법은 이를 이루기 위한 보조 수단으로 보았다. 부득이한 경우에만 제한적으로 사용해야 한다는 자세를 보였다. 그 밑바탕에는 하나님의 거룩한 말씀에 사람들의 이야기를 혼합할 수 없다는 인식이 자리 잡고 있었다.

그러나 현대에 이르러 미국에서 '새로운 설교학 운동'이 일어나면서 설교학자들 사이에서 회중의 위치에 대한 새로운 각성이 일어났다. 설교를 과거처럼 일방적인 선포에서 머무는 것이 아니고 회중이 함께 '동행'을 하면서 '공감'을 이끌어 내는 것으로 인식하게 된다. 설교의 본질과 방법에 대한 보다 폭넓은 이해를 가져오게 되었다.

회중의 위치에 대한 새로운 인식으로 언어 사용에도 남다른 관심을 가지게 되었다. 언어의 중요성을 인식하게 된 것이다. 회중에게 잘 들려지고 설득과 동행에 성공하기 위해서는 과거와 같은 설명식 표현에 한계가 있다는 것을 알게 되었다. 묘사법의 사용을 강조하기 시작한다. 특히 회중에 대한 배려와 공감을 위해 예증법을 보조적인 수단이 아니고 필수 사항으로 바라보게 되었다. 이에 대하여 '새로운 설교학 운동'의 지평을 열었던 크래독의 말을 들어 보자.

> 좋은 설교에서 예증(illustration)은 설교의 부분들을 비추는 이야기(stories)나 일화

---

275) 김용규, 『설득의 논리학』 (서울: 웅진지식하우스, 2020), 33.

(anecdotes)라기보다 설교 내용 자체이다. 다른 말로 하면, 이야기나 일화와 같은 예증은 설교의 어떤 부분을 보다 명확하게 설명해 주는 것이 아니라 메시지 그 자체이다. … 그 이야기나 일화는 본문의 그림이다(The story is the picture which is the text).[276]

크래독의 이런 입장은 현대 설교학 교과서에 그대로 반영되었다. 최근에 출판된 설교학 교재에서는 예증법에 대하여 많은 지면을 할애하여 설명하고 있다. 과거의 설교학은 설명 방식만 사용한, 그래서 밥과 국으로만 만족하던 시대를 반영했다. 그러나 현대에서는 묘사법과 예증법의 적절한 사용을 통하여 나물과 불고기까지 차려서 풍성한 식탁을 제공하려는 모습으로 발전하였다.

❸ 예증법이란 무엇인가?

그럼 예증법(illustration)[277]이란 무엇인가? 전하려는 개념이 어렵거나 생소할 때, 주변에서 경험할 수 있는 이야기나 사건을 예로 들면서 설명하는 방식이다. 이런 예증법을 사용하면 어떤 효과가 나타날까? 예증법을 뜻하는 illustration은 라틴어로 '빛을 비추다'라는 뜻을 가진 illustrare에서 왔다고 한다. 어둠 속에 묻혀 있던 대상에 빛을 비추어 모양새가 드러나게 한다는 뜻이다.

예증법을 사용하면 설교에서 숨어 있는 모습이 구체적으로 드러난다. 이미지로 그려지면서 보다 생생하게 들리게 된다. 설교의 구체성이 높아진다. 왜냐하면 예증법에서는 주로 사람들의 이야기인 일화를 사용하게 되는데, 이런 이야기에는 이미지가 들어 있을 뿐 아니라 친숙한 내용이기도 하기 때문이다. 이렇게 예를 들어 설명하면 쉽게 이해되고 흥미도 높아지는 효과가 있다. 설교에서 예증법을 효과적으로 사용하면 다음과 같은 효과를 얻을 수 있다.

---

276) Fred B. Craddock, *Preaching* (Nashville: Abingdon Press, 2010), 204.
277) 기존의 설교학 교과서에서는 illustration을 '예화'란 용어를 사용하여 설명한다. 그러나 본서에서는 이를 예증법이라는 용어로 사용한다. 왜냐하면 보통의 설교학에서 사용하는 예화는 예증법을 말하기보다 사람들의 사건이나 이야기를 뜻하는 일화(anecdote)이기 때문이다. 본서는 예화란 명칭 대신에 예증법(illustration)으로 사용하고, 예전의 예화에 해당하는 용어를 사람들의 이야기인 일화(anecdote)로 바꾸어 사용토록 한다.

- 설교를 보다 선명하며 쉽게 들리게 한다.
  - 예수님이 비유, 일화와 같은 예중법을 사용하신 것은 회중에게 보다 선명하면서 쉽게 전하려는 의도가 있었다.

- 설교에서 중요한 사항에서 예중법을 사용하면 오랫동안 기억된다.
  - 설교의 핵심 부분에서 일화와 같은 예중법을 사용하면 오랫동안 기억한다.

- 설교에서 교리와 같이 어려운 부분에서 예중법을 사용하면 쉬우면서 흥미성을 높여 준다.
  - 교리와 같은 내용을 추상 개념으로 설명하면 지루하고 어려운 설교가 된다. 이런 부분에서 비유법이나 일화와 같은 예중법을 사용하면 쉽게 이해하면서 흥미를 가지고 듣는다.

예중법이 설교에서 이와 같은 효과가 있기 때문에 크래독도 예중을 설교의 부수적인 부분이 아니고 본문 그 자체라고 말하였다. 스펄전도 예중법은 집의 창문을 통하여 들어오는 빛과 같은 것이라고 말한다. 추상적인 진리를 비유나 직유 같은 비유법을 사용하면 회중의 마음에 빛을 비추어 쉽고 흥미 있게 들을 수 있는 역할을 한다고 말한다.[278]

그럼 왜 사람은 일화와 같은 이야기를 좋아할까? 그것은 사람은 태어나면서부터 이야기를 좋아하는 본능을 가지고 있기 때문이다. 언어심리학자인 캐서린 넬슨은 사람에게는 이야기를 하려는 본능이 있다는 것을 연구를 통해 밝히고 있다. 그는 '요람에서 들려오는 이야기(narratives from the crib)'라는 사례 연구에서, 아기들은 태어나면서 옆에 있는 아기와 웅얼거림으로 이야기를 시작한다고 한다. 이런 웅얼거림은 간단한 단어에서 문장으로 그리고 조금 더 세밀한 문장을 사용하여 이야기를 나눌 정도로 발전한다고 한다. 그래서 캐서린 넬슨은 "인간은 태어날 때부터 이야기하고 싶은 유전자를 갖고 태어난다"[279]라고 말한다.

---

278) Charles H. Spurgeon, *Lectures to My Students*, 원광연 역, 『목회자 후보생들에게』 (고양: 크리스천다이제스트, 2009), 552-554.
279) Will Storr, *The Science of Storytelling*, 문희경 역, 『이야기의 탄생』 (서울: 흐름출판, 2020), 232에서 재인용.

이야기를 사용하면 사람들은 본능적으로 귀를 기울인다. 그런데 이런 이야기는 다름 아닌 사람들의 이야기이다. 설사 이솝처럼 각종 동물을 주인공으로 이야기를 꾸며 가도, 동물이 아닌 사람들의 이야기를 빗대어 꾸며 가는 것이다. 사람들의 이야기에는 삶의 애환이 있고 모두가 경험하는 공통의 이해 분모가 있다. 따라서 설교를 하면서 어렵거나 딱딱한 개념이 나왔을 때, 예를 들어 '빗대어' 설명하면 보다 쉽고 실감나게 들려지게 된다.

이렇게 예를 들어 설명하는 예증법은 이미 수사법이나 시나 소설 창작에서 '비유법'이란 명칭으로 광범위하게 사용하고 있었다. 그것을 설교학에서 예증이란 용어로 차용한 것이다. 수사법에서는 비유법을 사용하여 원개념을 다른 개념에 '빗대어' 비유적으로 표현한다. 대표적인 비유법으로는 은유법, 직유법, 대유법, 풍유법이 있다.

설교자가 예증법의 효과를 이해하고 효과적으로 설교에서 사용하기 위해서는 먼저 수사법이나 시학에서 말하는 비유법이 무엇인가를 이해해야 한다. 수사법이나 시학에서는 50여 개나 되는 수사 기법이 있다. 그러나 이들을 모두 알 필요가 없다. 설교에 직접적으로 필요한 부분만 바로 알고 제대로 사용하면 된다. 이를 알아보자.[280]

---

280) 직유법, 은유법, 대유법, 풍유법에 대한 설명은 다음의 시 창작 관련 책을 참고하였다.
- 오규원, 『현대시작법』(서울: 문학과 지성사, 1990), 291-408.
- 리헌석, 『우리 시의 얼개』(대전: 오늘의 문학사, 2014), 98-121.

■ 직유법(simile)
- 비유의 가장 기초적인 영역이다. 비유하는 원개념과 비유되는 보조 개념을 '같이, 처럼, 듯이, 인양'의 매개어를 사용하여 직접 비교하기에 단순하고 사용도 용이하다.
- 예) "천국은 마치 밭에 감추인 보화와 같으니 사람이 이를 발견한 후 숨겨 두고 기뻐하여 돌아가서 자기의 소유를 다 팔아 그 밭을 샀느니라"(마 13:44)
- 예) '시간은 물 흐르듯이 간다.'

■ 은유법(metaphor)
- 은유법은 직유와 달리 매개어를 사용하지 않고 간접적으로 비유하는 방식이다. 은유를 나타내는 metaphor는 '옮겨놓다'라는 뜻을 가진다. 원개념의 의미를 보조 개념에 옮겨놓는다는 의미이다. 두 개념 사이의 유사성과 차이성을 적절하게 활용하면 새로운 이미지를 만들어 내면서 독창적이고 창의적인 표현이 가능하다. 비유법 중에 가장 강력한 효과를 가진다.
- 예) "주의 말씀은 내 발에 등이요 내 길에 빛이니이다"(시 119:105).
- 예) "여호와는 나의 목자시니 내게 부족함이 없으리로다"(시 23:1).
- 예) '내 마음은 호수요.'

■ 대유법(代喩法)
- 사물을 직접 말하지 않고 대상을 상징하는 것을 대신 사용하여 원개념을 보다 분명하게 드러내는 표현법이다.
- 예) '우리에게 빵이 아니면 죽음을 달라!'(빵은 식량 전체를 상징함).
- 예) '펜은 칼보다 강하다'(펜은 지식을, 칼은 무력을 의미한다).

■ 대조법
- 반대되는 것을 나란히 비교하여 각각의 개념을 더욱 인상적이고 명확히 만드는 기법이다.
- 예) '잘되면 제 탓, 못되면 조상 탓!'

■ 점충(점강)법
- 하나의 개념을 계단을 올라가듯 단계를 높이거나(점충법), 계단으로 내려가듯 낮추어 가면서(점강법) 나열해, 회중의 감정을 절정으로 끌어가는 수사법이다.
- 예) '수신제가치국평천하'(점충법).
- 예) '천하를 태평히 하려면 먼저 그 나라를 다스리고, 나라를 다스리려면 그 집을 바로잡으며, 그 집을 바로잡으려 하면 그 몸을 닦아라'(점강법).

❹ 효과적인 예증 사용은 설교의 효과를 높인다

설교에서 예증법이나 비유법으로 전달하면 회중은 보다 쉽고 실감나게 듣게 된다. 그러나 보다 큰 효과는 사람의 마음에 변화를 일으킨다는 것이다. 예수님은 회중에게 교훈을 주실 때 비유 표현을 많이 사용하셨다. 복음서에서는 이를 "예수께서 이러한 많은 비유로 그들이 알아들을 수 있는 대로 말씀을 가르치시되 비유가 아니면 말씀하지 아니하시고"(막 4:33,34)라고 말씀한다. 대표적인 예가 누가복음 15장의 '잃어버린 양', '잃어버린 드라크마', '돌아온 탕자' 비유이다. 이렇게 비유 표현을 사용하면 사람들은 보다 쉽고 손에 잡히듯 실감나게 들을 수 있다. 그러나 예수님은 이런 이유 때문에 비유 표현을 많이 사용하신 것이 아니다. 보다 근본적인 이유가 있었다. 사람의 변화를 이끌어 내기 위한 것이다. 이에 대하여 에드워드 마커르트(Edward F. Markquart)는 다음과 같이 말한다.

> 이야기나 유비적 표현 혹은 이미지를 사용했을 때 나타나는 설교의 잠재력은 변화시키는 능력에 있다. 이런 것(비유법)을 사용하는 기본 목적은 우리를 변화시키는 것에 있다. 예수님이 비유(parable)를 사용하신 목적은 사람들을 즐겁게 하거나 선명하게 보여 주거나 귀를 기울이게 하기 위한 것이 아니고 그들을 변화시키려고 한 것이다. 그리고 이야기나 유비적 표현, 이미지가 가지는 효과는 현재에도 동일하다.[281]

설교를 예증법이나 비유법을 사용하여 전달하면, 회중의 마음에는 이미지가 그려진다. 사람의

---

281) Edward F. Markquart, *Quest for Better Preaching* (Minneapolis: Augsburg publishing house, 1985), 145.

머리는 어떤 정보를 듣고 기억할 때 추상적인 개념으로 기억하지 않고 이미지를 활용하여 기억한다고 한다. 예를 들어 보자. 하나님이란 단어를 머리에 떠올릴 때 어떤 것이 기억나는가? 이미지를 가지고 생각할 것이다. 주일 학교 아동들은 흰 수염이 치렁치렁 난 할아버지를 생각할지 모른다. 어떤 성도는 회초리를 들고 서 있는 훈육 선생님을 떠올리고, 누구는 환하게 웃으시며 팔을 벌리고 다가오시는 아버지의 모습을 연상할 것이다.

설교는 사람을 변화시키는 것이다. 변화를 일으키기 위해서는 머리에 이미 자리 잡은 이미지를 교체해야 한다. 새로운 이미지로 교체하면 새로운 개념이 자리 잡게 된다. 이미지나 이야기의 예를 들면서 비유적으로 설교한다는 것은 보다 강력한 이미지를 가지고 기존의 잘못된 이미지를 교체하여 변화시키는 과정이다. 그래서 예수님이 비유로 말씀을 하신 것이다. 이미지 교체로 기존의 생각을 새로운 가치관으로 교체하게 된다. 이런 점 때문에 크래독은 묘사 방식(description)이나 예증법(illustration)을 설교 본질의 한 부분이라고 말한다. 그의 말을 들어 보자.

> 왜 묘사 표현법(description)이 필요한가? 복음을 선포하면서 과거나 현재의 어떤 장면을 회중에게 그림을 보여 주듯 묘사하기 위한 것이 아니다. 묘사법은 설교자의 상상력을 묘사 방식으로 멋있게 드러내기 위한 것도 아니다. 그 목적은 회중의 상상력을 자극하여 활성화(activate)시키기 위한 것이다. 그러나 이 정도로는 부족하다. 묘사법의 기본 목적은 설교의 중심 내용에 대한 경험을 회중의 머릿속에 창의적으로 만들어 내기 위한 것이다. 설교는 말하여지는 것뿐 아니라 행동으로 이어져야 한다는 것을 전제로 한다. … 묘사 방식은 이미지를 제공한다. 그리고 이미지는 회중의 마음에 자리 잡은 부적절한 것, 과오들, 왜곡된 삶의 태도와 행동을 제거하도록 한다. 복음에 합당한 삶을 살도록 새로운 이미지를 제공하고 촉구한다. … 다른 말로 하면 묘사 방식의 활용은 설교를 언어로 멋있게 치장하는 것이 아니다. 어떻게 설교를 올바르고 효과적으로 전할 것이냐와 관계된 것이다.[282]

비유법을 사용한 설교의 효과가 이렇게 크다면 일화나 은유 혹은 직유와 같은 표현법을 사용하

---

282) Fred B. Craddock, *Preaching* (Nashville: Abingdon Press, 2010), 200, 201.

여 설교하는 것은 선택이 아니라 필수가 된다.[283]

2. 어떻게 예증 자료를 사용할 것인가?

❶ 평범함과 비범함의 차이는 언어 구사력에서 결정된다

탁월한 설교자가 되기 위해서는 어떻게 해야 할까? 많은 사람들은 성경 연구를 강조한다. 성경을 깊이 공부하여 많은 지식을 쌓아야 한다고 말한다. 그러나 성경에 대한 해박한 지식이 쌓여 있어도 입으로 표현하지 못하면 소용이 없다. 성경 지식은 탁월한 설교자가 되기 위한 하나의 '필요조건'이지 충분조건이 아니다.

예를 들어 보자. 탁월한 셰프(chef)와 그렇지 못한 사람과의 차이는 무엇인가? 탁월한 셰프는 무엇보다도 신선하고 좋은 재료를 충분히 냉장고에 보관하고 있는 사람이다. 재료가 준비되지 못하면 좋은 음식을 만들 수 없기 때문이다. 식자재가 준비되어 있어도 음식으로 만들어 손님들에게 내주는 것은 셰프의 '손'에 달려 있다. 재료에 대해 잘 알고 있고 각양각색의 재료를 조화롭게 맞추

---

[283] 설교자는 회중의 마음에 하나님에 대한 이미지를 그려 주어 복음에 대한 상상력을 북돋아 주어야 한다. 상상력의 활성화를 통해 설교가 더 잘 들려지고 더 은혜로워지고 더 변화를 위한 결단을 하게 된다. 상상력을 일으키는 언어 사용을 위해 폴 스캇 윌슨은 세 가지 방법을 제안한다.

- ■ 이미지 혹은 감각 언어를 사용하여 회중의 문제 있는 삶을 구체적으로 그려 준다.
  - 폴 스캇 윌슨은 이런 예를 다음과 같이 들고 있다. "그녀가 아침에 눈을 떴을 때, 자신이 부서진 병처럼 산산조각이 나 있었습니다. 술 때문에 망가진 인생을 벽에 사정없이 던지고 싶었습니다. 그러나 예수님 이름이 알코올 중독이란 이름보다 더 높이 있기에, 그리스도 안에 있는 사람에게는 알코올이 인생의 마지막이 아니란 것을 알게 되었습니다."-Paul S. Wilson, *The Practice of Preaching*, 54.
- ■ 대극적인 개념 혹은 반대되는 개념을 병렬로 사용하여 회중의 심상에 '불꽃'을 일으킨다.
  - 폴 스캇 윌슨은 이런 예를 다음과 같이 설명한다. "부자가 천국에 들어가는 것은 낙타가 바늘을 통과하는 것보다 더욱 어렵다", "부자가 천국에 들어가는 것은 메르세데스가 회전문을 통과하는 것보다 더 어렵다."-Paul S. Wilson, *Imagination of the Heart*, 45,46.
- ■ 비유법(특히 은유법)을 사용하여 마음에 그림을 그려 주고 상상하도록 한다.
  - 은유법은 일명 '비유법의 황제'라고 일컬을 정도로 모든 비유법 중 가장 효과가 강렬하다. 은유법은 서로 비슷하거나 이질적인 것을 하나로 묶어 표현하여 회중의 마음에 그림을 그려 주어 보다 쉽게 이해하고, 생생하게 기억하도록 해 준다.-Paul S. Wilson, *The Practice of Preaching*, 240-250.

며 음식을 만들 수 있는 솜씨가 있어야 한다. 그래야 탁월한 셰프가 되는 것이다.

평범한 설교자와 비범한 설교자를 가르는 것은 최종적으로 손과 입에 달려 있다. 머리에 저장된 각양각색의 설교 소재를 가지고 어떻게 손을 사용하여 설교문을 작성하고 입으로 효과적으로 선포하느냐에 달려 있다. 평범한 설교자는 저장된 정보의 양도 빈약할 뿐 아니라 그마저도 제대로 말로 표현하지 못한다. 그러나 탁월한 설교자는 남다르고 충분한 설교 소재를 가지고 탁월한 언어를 사용하여 빼어나게 전달하는 사람이다.

예를 들어 보자. 2천 년의 교회 역사에서 설교에 대한 최고의 탄사를 받은 사람이 스펄전이다. 그는 '설교의 황제'란 칭호를 받았다. 가장 탁월한 설교자의 위치까지 올라간 비결은 무엇인가? 성경에 대한 남다른 지식을 가지고 통찰력 넘치는 설교를 해서 그럴까? 그런 면이 분명히 있다. 그의 설교문을 읽어 보면 보통의 설교자나 신학자들이 발견하지 못하는 성경의 깊은 진리를 찾아내고 있기 때문이다.

그러나 그가 설교의 황제란 자리를 얻은 궁극적인 이유는 탁월한 언어 구사력에 있었다. 보통의 설교자는 생각할 수도 없는 언어를 사용하면서 성경의 깊은 진리를 감동 있게 전하고 있다. 그의 탁월함에 대하여 휴즈 올드(Hughes O. Old)의 말을 들어 보자. 그는 스펄전을 다음과 같이 말한다.

> 스펄전은 그의 설교에서 풍부하고도 흥미 있는 언어를 사용한 탁월한 언어구사자(rich vocabulary)임을 보여 준다. … 그는 광부, 군인, 선원이나 시골이나 런던의 거리에 있는 평범한 사람들도 이해할 수 있는 그런 이미지 언어(visual words)를 사용하여 이해력을 높였다. … 스펄전은 몇 세기 동안 위대한 설교자들이 그래왔듯 은유법, 직유법, 언어유희, 속담, 금언, 인용을 사용하여 설교했다. 그러나 그의 탁월함은 예증적인 일화(illustrative anecdote)를 사용하는 것에서 가장 두드러지게 나타난다.[284]

---

284) Hughes O. Old, *The Reading and Preaching of the Scriptures in the Worship of the Christian Church* (Grand Rapids, Mich.: W.B. Eerdmans, 1998), 441.

올드는 스펄전을 언어 구사에 통달한 언어 마술사(master of language)로 표현한다. 스펄전이 설교의 황제라는 칭호를 들은 결정적 이유의 하나가 적절하게 예증법을 사용하여 보다 쉽고 흥미 있게 그리고 감동을 주는 설교를 하였기 때문이다. 그의 설교문을 살펴보면 탁월한 언어 구사 능력을 쉽게 발견할 수 있다.[285]

스펄전이 로마서 8장 29절의 본문을 '영광스러운 예정'이라는 제목으로 설교한 것을 살펴보자. 그는 이 설교문에서 전형적인 연역식 3대지 설교를 하고 있다. '예정'이라는 주제어를 제시하고 이것에 대한 설명으로 첫째 대지에서 '그리스도를 본받는 것이 예정의 목적입니다', 둘째 대지에서 '예정은 그리스도를 본받기 위한 목표를 이루는 추진력입니다', 셋째 대지에서 '예정과 본받음의 목적은 그리스도 자체입니다'라고 설명한다.[286] 각 대지가 '예정'이라는 주제를 중심으로 긴밀하게 연결되면서 점차 상승하여 전개되고 있다는 것을 알 수 있다. 그는 주제를 대지별로 나누어 설명하면서 곳곳에 일화, 속담이나 명언, 성경 구절의 인용과 같은 예증법을 사용하여 실감나면서도 흥미가 넘치는 설교를 하고 있다.

스펄전이 그림 언어와 예증법을 사용하여 설교를 할 수 있었던 것은 이들 언어의 효과를 이해하고 있었기 때문이다. 그는 후배 목회자들에게 조언을 주기 위해 집필한 *Lectures to My Students*(『목회자 후보생들에게』)에서 다음과 같이 말한다.

> 집을 지을 때에 창문을 내는 가장 큰 목적은, 풀러의 말처럼, 빛이 들어오게 하는 데 있습니다. 비유들이나 직유들이나 은유들이 바로 그런 효과를 지닙니다. 그렇기 때문에 우리

---

285) 목회자들은 은혜롭고 탁월한 설교는 성경에 대한 내용을 자세하게 풀어 주는 설교라고 생각한다. 그러나 성도들의 귀를 열고 마음을 여는 은혜로운 설교는 이런 것보다 설교자의 언어 구사 능력에 더 크게 영향을 받는다. 이에 대하여 앤드류 블랙우드는 다음과 같이 말한다.
"설교자가 강대상에서 선포하는 메시지의 대중적인 효과는 설교자의 언어 구사 능력(ability of speak)에 의존한다. 설교의 영적 가치는 설교 목적이나 내용이 무엇이냐에 따라 영향을 받을 것이다. 그러나 평신도 입장에서는, 설교 목적이나 내용은 그리 중요하지 않다. 설교자가 어떻게 언어를 감화력 있게 구사하느냐에 따라 설교 효과가 좌우된다."-Andrew W. Blackwood, *The Preparation of Sermons* (New York: Abingdon-Cokesbury, 1948), 193.
286) Charles H. Spurgeon, *Treasury of the Bible*, 고성대 역, 『스펄전 설교 전집: 로마서』 (고양: 크리스천다이제스트, 2010), 374-394.

는 주제를 예로 설명하는 데에 혹은 바꾸어 말하면, "빛으로 주제를 밝혀 주는" 데에 그것들을 사용합니다. … 구체적인 예를 제시하거나 교리 그 자체를 비유적인 언어로 그려 내면 추상적인 진리들이 훨씬 더 생생하게 우리에게 다가오는 법입니다. 아무리 짧은 설교라도 가능하다면 좋은 은유가 최소한 한 가지는 있어야 할 것입니다.[287]

스펄전은 비유나 직유, 은유와 같은 예증법으로 자신의 설교를 구성할 때 일반 목회자들이 오해하는 것처럼 단순히 회중을 '재미있게' 하기 위해 사용한 것이 아니다. 효과적인 언어 구사, 특히 예증 표현을 사용하는 것이 설교의 설득력을 높이는 핵심 요소라고 보았기 때문이다. 그는 예증법 사용의 효과를 다음과 같이 말한다.[288]

- 청중이 흥미를 느끼며 주목하게 된다.
- 설교를 활기 있고 생생하게 만들어 준다.
- 어려운 교리나 애매하게 이해하고 있는 부분을 쉽고 명확하게 이해하게 해 준다.
- 제대로 교육을 받지 못한 사람도 분명하게 설교를 와닿게 들을 수 있다.
- 진리를 기억하고 깨닫는 것에 큰 도움을 준다.
- 설교에서 감동을 불러일으킬 수 있다.
- 설교에 무관심한 사람도 귀를 기울이게 된다.

스펄전은 예증법을 통한 비유적 표현의 놀라운 효과를 이렇게 실감하고 있었기에 설교마다 가장 효과적으로 예증법을 사용하여 사람의 귀를 열게 했다. 그가 설교의 황제라고 불린 이유는 언어 구사력 그리고 예증법의 적절한 사용을 활용하여 설교의 목적인 설득력을 높였기 때문이다.

---

287) Charles H. Spurgeon, *Lectures to My Students*, 원광연 역, 『목회자 후보생들에게』 (고양: 크리스천다이제스트, 2009), 552, 553.
288) Charles H. Spurgeon, *Lectures to My Students*, 원광연 역, 『목회자 후보생들에게』 (고양: 크리스천다이제스트, 2009), 600-630.

❷ 예증법의 종류와 효과적인 사용 방법

이제 예증법의 구체적인 종류와 사용법을 알아보자. 예증법은 비유적 표현을 사용하여 '예'를 들어 설명하는 방식이기에 비유적 표현 방법이 실제적인 사용법이 된다. 이미 설명한 것처럼 은유, 직유, 대유법을 사용하여 빗대어 예를 들어 설명하면 예증법이 된다. 구체적인 종류는 다음과 같다.

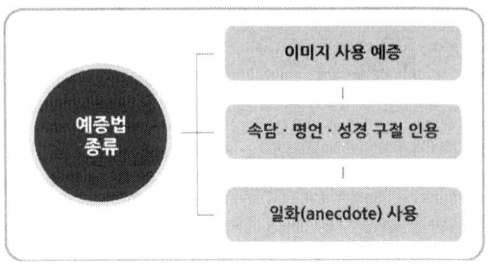

■ 이미지를 사용한 예증법

- 비유적 표현에는 이미지를 활용하여 빗대어 설명하는 방식이 있다. 이미지를 사용하여 예를 들어 설명하면 성경의 어려운 부분도 쉽게 이해되고 가슴에 와닿게 된다.
- 예를 들어 바울은 로마서 11장 17-24절에서 이방인이 받은 구원의 신비에 대하여 '돌감람나무'와 '참감람나무'의 접붙임이라는 비유로 설명한다. 바울은 이방인이 그리스도를 통해 하나님의 사람이 된 것이 말로만 그렇다는 것이 아니라고 한다. 본질의 변화가 일어나 세상 사람에서 하나님의 사람으로 변했다고 설명한다. 구원과 변화라는, 어려운 추상 명사를 '나무'라는 이미지를 사용하여 쉽고도 실감나게 설명한다.
- 돌감람나무가 참감람나무에 접붙임을 당했다는 것은 무엇일까? 지금처럼 종자학이 발전하지 않은 옛날에는 시골에서 돌배나무를 참배나무로 만들려면 접붙임을 이용했다. 돌배나무에 틈을 내어 참배나무의 조그마한 가지를 그 사이에 끼우고 새끼줄을 감아 준다. 그러면 '신기하게도' 돌감람나무에서 돌배가 아니고 참배가 열리기 시작한다. 그것은 나무 자체가 참배나무로 바뀌었기 때문이다.
- 로마서를 받아 든 로마 교회 교인들은 당시에 주변에서 접붙임을 광범위하게 사용하고 있었기에 바울이 말하는 구원과 변화의 의미를 금세 깨달은 것이다. 바울은 "그런즉 누구든지 그리스도 안에 있으면 새로운 피조물이라 이전 것은 지나갔으니 보라 새것이 되었도다"(고후 5:17)라는 말씀이 무엇을 의미하는지 접붙임이란 이미지를 사용하여 비유를 통해 생생

하면서도 실감나게 표현하고 있다.

■ 속담이나 명언, 성경 구절 인용

- 속담이나 명언 혹은 성경 구절을 인용하여 빗대어 설명하는 방식이다. 예로 '사명'이라는 주제를 속담을 인용하여 다음과 같이 설명할 수 있다.

"성도 여러분! 어떤 어려움도 없이 마음 편하게 살고 싶은 신앙생활을 원하십니까? 그러면 집 안에만 있으면 됩니다. 그러나 그렇게 살기 위해 하나님이 여러분을 부르신 것이 아닙니다. 독일 속담에 '배는 항구에 있으면 안전하다. 그러나 배를 항구에 묶어 두기 위해 만든 것은 아니다'라는 말이 있다고 합니다. 맞습니다. 하나님은 여러분을 배로 삼아 무엇인가 싣고 목적하는 다른 항구로 운행하기 위해 부르셨습니다. 운행을 위해 바다로 나서면 폭풍을 만나 어려울 수밖에 없습니다. 그러나 그런 어려움을 뚫고 건너편으로 가는 것이 여러분의 사명이고 하나님의 뜻이 됩니다…."(여기에서는 인생을 '배'라는 예를 사용하여 은유적으로 표현하고 있다.)

■ 일화(anecdote) 사용

- 보통은 이런 일화를 예화라고 부르고 있다. 그러나 예화라는 표현은 정확한 표현이 아니다. 예화(例話)는 '예(例)를 들어 설명하는 것'이란 뜻으로 여기에는 우리가 이미 살펴본 것처럼 이미지나 각종 격언과 속담 혹은 성경 인용과 같은 방식도 들어 있기 때문이다. 이야기를 통해 비유적으로 표현하는 방식은 일화라고 표현하는 것이 바람직하다.

- 일화는 예증법의 가장 중심적인 것으로 강력한 효력을 발휘한다. 이야기이기 때문이다. 이야기에는 사람들의 관심을 끌게 하는 강력한 흡입력이 있다. 일화로 설명하면 보다 흥미 있고 명쾌하게 설명할 수 있다. 특히 짧은 이야기 속에 갈등-위기 고조-전환-해결과 같은 플롯 구조가 있으면 최상의 예증 표현이 된다. 사람들은 이야기에서 갈등과 해결을 통해 카타르

시스를 느끼면서 깊게 깨닫기 때문이다.

- 필자가 설명을 위해 만든 다음의 일화를 보자. 성경은 예수님이 공생애 동안에 수많은 사람을 치유하시는데 그 배경에는 '불쌍히 여기시는' 마음이 있었다고 설명한다(마 9:36, 마 14:14, 마 15:32, 마 20:34). 불쌍히 여기는 마음이란 무엇을 뜻하는가를 다음의 예화로 설명할 수 있다.

2019년 12월 12일 중앙일보에 실린 기사입니다. 중국 광저우에서 미국 뉴욕으로 향하는 비행기에서 일어난 일입니다. 뉴욕에 도착하기 6시간 전에 비행기에서 응급환자가 발생한 것입니다. 한 할머니가 승무원을 다급하게 찾더랍니다. 남편이 죽어 가고 있다는 것입니다. 급하게 가 보니 70대 된 노인이 배가 남산만 하게 부풀어 오른 채 헐떡거리고 있었습니다. 승무원은 급하게 의사를 찾는다고 방송합니다.
마침 2명의 의사가 달려왔습니다. 이들은 바로 환자 진찰에 들어갔습니다. 전립선에 문제가 생긴 것입니다. 오줌이 제대로 배출이 안 되어 방광에 1,000mL 되는 오줌이 가득 찬 것입니다. 그대로 두면 방광이 터져 죽을 위험한 상황입니다. 오줌을 빼내야 살 수 있습니다. 그런데 의료 도구들이 비행기에 있을 리 만무하지요. 발을 동동 구르는 형편이 되었습니다.

그런데 샤오잔샹이라는 의사가 아이디어를 짜냈다고 합니다. 우유 빨대를 이용해 배에서 오줌을 빼낼 생각을 한 것입니다. 다른 방법은 없었습니다. 급하게 배에 구멍을 뚫고 방광에 빨대를 연결했습니다. 입을 대어 오줌을 빨아내기 시작합니다. 순간 악취가 주변에 진동합니다. 그러나 계속 빨아냅니다. 무려 37분 동안 그렇게 했다고 합니다. 그러자 수박 통처럼 부풀어 올랐던 배가 꺼지면서 노인의 의식이 돌아왔답니다. 비행기가 도착하자 병원으로 급하게 옮겨 목숨을 살릴 수 있었다고 합니다. 무엇이 이 의사가 남의 소변을 빨아대도록 만들었습니까? 37분 동안을 말입니다. 다름이 아닙니다. 환자를 향한 안타까운 마음입니다. 죽어 가는 환자를 살려야겠다는 생각이지요. 불쌍히 여기는 마음입니다. 세상에는 학력이 화려한 의사가 넘쳐납니다. 일류 대학을 나오고 의과대학 교수를 하는 의사도 많지요. 그러나 사랑으로 환자를 살리려고 달려드는 그런 의사는 찾기가 쉽지 않습니다.

예수님이 우리를 향해 가지신 마음이 이런 불쌍히 여기는 마음입니다. 그 사랑 때문에 저와 여러분은 모두 구원을 받았습니다. 다시 살아났지요…．

그럼, 예증법을 어떻게 효과적으로 사용할 것인가? 이에 대하여 버트릭은 다음의 세 가지 기준을 제시하고 있다.[289]

- 설교자가 제시하는 개념과 예증 사이에는 분명한 유추(analogy)가 있어야 한다.
- 설교 내용과 예화 사이에는 일정한 평형(parallel)이 있어야 한다.
- 예증은 설교 내용과 관련이 있어야 한다(appropriate).

버트릭은 예증을 사용할 때는 관련된 내용끼리 그리고 예화가 지나치게 커서 예화만 두드러지지 않게 사용하라는 것이다. 이것에 대하여 스펄전이 보다 현실감 있고 깊이 있게 사용하는 방법을 제시한다.[290]

- 예증을 적절하게 사용하라. 특히 일화는 지나치게 많으면 안 된다. 어느 정도가 적절한지 기준은 없다. 그러나 나름대로 기준을 정해 너무 적지도 많지도 않게 적절하게 사용하는 법을 터득해야 한다.
- 설교에서 다루고 있는 주제에 진정한 빛을 던져 주도록 사용하라. 보다 명확하게 이해되고 설명되는 방식이어야 한다.
- 예증법을 지나치게 두드러지게 사용하면 안 된다. 그러면 주객이 전도될 수 있기 때문이다.
- 예증법은 주제에서 자연스럽게 생겨 나오도록 사용해야 한다.
- 예증을 지나치게 상세하게 설명하면 안 된다. 그러면 긴장도가 떨어지기 때문이다. 적당하게 묘사하는 것으로 그쳐야 한다.

❸ 예증법의 효과적인 사용을 위해 기타 필요한 사항들

우리는 일화와 같은 이야기를 사용할 때 일부 목회자가 '그 이야기가 과연 사실일까?'라고 의문

---

289) David Buttrick, *Homiletic: Moves and Structures* (Philadelphia: Fortress Press, 1987), 133.
290) Charles H. Spurgeon, *Lectures to My Students*, 원광연 역, 『목회자 후보생들에게』 (고양: 크리스천다이제스트, 2009), 552-572.

을 제기하면서 사용을 주저하는 경우를 본다. 특히 세상에 널리 알려진 유명 인사를 대상으로 하는 일화일 때 문제가 된다. 증명되지 않은 이야기이기에 사용하기가 꺼림직하다고 말하는 목회자도 있다. 그러나 이런 자세는 바람직하지 않다. 일화는 '있음직한 사건'이면 족하다. 만약에 '정확성'을 문제로 삼는다면 사람들의 이야기나 사건의 어떤 것도 설교에 사용할 수 없다. 일화가 일어날 '개연성'이 충분히 있고 또한 설교를 쉽게 설명하고 '교훈'도 줄 수 있다면 그것으로 일화의 사용 가치가 충분하다는 것이다.

예수님은 많은 경우에 사람들의 이야기와 같은 예증 방법을 사용하여 설교하시고 교훈을 주셨다. 그러나 예수님이 예로 든 이야기가 정말로 일어난 사건이냐고 묻는 사람은 없다. 예로 예수님의 '선한 사마리아인 이야기'(눅 10:25-37)에서 이 비유가 실제 사건(non-fiction)이냐, 꾸며낸 이야기(fiction)이냐고 묻는 사람은 없다. 그렇게 물어보는 것은 핵심에서 벗어난 것이기 때문이다. 예수님의 의도는 그것이 정말로 일어난 사건이라고 말씀하는 것이 아니다. 비유를 통해 '진정한 이웃'이란 어떤 사람이냐를 말씀하고 있기 때문이다.

또 일화와 같은 예증법을 사용할 때 '용도'와 관련된 문제가 있다. 버트릭은 설교의 주제와 '연관'된 것만 사용해야 한다고 말한다.[291] 그렇다면 설교의 주제와 관련이 없는 일화는 사용해서는 안 되는가? 사용하면 설교에 해악을 미치는 것일까? 설교에서 소위 주제와 관련이 없는 '딴 이야기'를 해도 되느냐의 문제이다. 주제와 연관된 일화만 사용해야 한다고 범위를 제한하여야 하느냐의 문제이다.

이에 스펄전의 견해가 기준이 될 수 있다. 그가 예증의 용도에서 첫 번째로 든 것이 '청중들에게 흥미를 주고 주목을 끌기 위해 사용'하는 것이다. 물론 이것은 주제와 직접 관련이 있는 것을 일화로 사용하여 흥미를 주고 주목을 끄는 것을 의미한다. 그러나 일화의 가장 큰 장점이 흥미를 주는 것이라면 일화의 사용 범위를 확대할 필요가 있다. 주제와 직접 관련이 없어도 설교에 흥미를 못 느끼는 초신자들이 많은 경우에, 필요한 경우 '딴 이야기'를 들려주어 주의를 집중시키는 것이 필요하다. 특히 설교 시간이 1시간이 넘는 부흥회에서는 주제와 관련이 없는 일화를 사이사이에 사

---

291) David Buttrick, *Homiletic: Moves and Structures* (Philadelphia: Fortress Press, 1987), 133.

용하여 회중의 흥미를 일정하게 끌고 가는 것이 필요하다. 소위 잡담 비슷한 일화를 사용하는 것도 설교 기법의 하나가 될 수 있다는 것이다. 이에 대하여 화술학 박사 1호라고 칭하는 윤치영은 상대방과의 대화에서 어색함을 없애고 본격적인 소통에 들어가기 위해서는 '잡담'이 필요하다고 말한다. 『거침없이 말하려면 잡담력을 키워라』에서 다음과 같이 말한다.

> 꼭 필요 없는 말이라도 좋다. 서로 공유하고 있다면 그것이 인간적인 소통에 충분히 도움이 될 수 있다. 잡담은 스스로 마음의 스트레스나 화를 풀어낼 수 있다. 잡담은 관계를 즐겁게 해 주고 삶의 활력이 될 수 있으며 비즈니스에서도 친화력으로 성과를 높이게 된다. 꼭 필요하지 않은 말이라도 하찮게 여기지 말자. 잡담은 치유력과 활력과 친화력을 줄 수 있기에 마음껏 사용해 보자.[292]

'딴 이야기'가 긍정적인 측면이 있다면 그리고 설교자가 하나님의 말씀을 보다 관심을 집중시키면서 쉽게 들려주겠다는 선한 의도가 있다면 확대하여 사용하는 것도 가능할 것이다.

---

292) 윤치영, 『거침없이 말하려면 잡담력을 키워라』 (서울: 시아컨텐츠그룹, 2021), 19.

Ⅳ. 비범한 설교자가 되기 위한 첫걸음을 어떻게 할 것인가?

1. 일찍 일어나는 새가 벌레를 잡는다

지금까지 효과적인 언어 표현과 예증법을 사용하여 설교를 보다 선명하고 생생하게 그리고 은혜롭게 전하는 방법을 설명했다. 이런 과정을 통하여 서서히 언어 마술사로 성장하게 된다. 이것이 평범한 설교자에서 비범한 설교자로 넘어가기 위한 과정이 될 것이다. 먼저 다양한 예증 자료를 매일 그리고 꾸준히 모으는 것이 필요하다. 성실한 수집자의 자세가 필요하다. 이를 위해서는 이런 자료를 설교에 활용했을 때 얻는 효과를 실감해야 한다. 그래야 꾸준히 자료를 수집할 수 있는 동기 부여가 된다. 이런 예를 우리는 명설교자들의 모습에서 발견할 수 있다. 그 예가 옥한흠 목사이다. 총신대에서 설교학 교수를 역임하고 현재는 미국 한인교회에서 목회를 하고 있는 류응렬 목사가 옥한흠 목사와 인터뷰한 내용을 소개하고 있다. 인터뷰 과정에서 예상치 못했던 옥한흠 목사의 모습을 발견하고 이것을 신문에서 소개한다. 인터뷰 내용을 살펴보자.

> 옥한흠 목사님이 하나님의 품에 안기시기 전에 한 출판사의 부탁으로 목사님의 설교를 연구하고 인터뷰를 할 때였습니다. 목사님의 오랜 설교 사역에서 변화를 겪은 일이 있었는지 물었습니다. 예화가 얼마나 중요한지 발견하게 되었다는 뜻밖의 대답을 듣게 되었습니다. "교회를 개척한 몇 년 동안은 본문에 예화를 사용할 필요를 느끼지 못했는데, 교인들이 늘어나고 초신자들도 많이 초청되자 무엇을 전하는 것뿐만 아니라, 어떻게 전할 것인가의 문제가 대두되었습니다." 성경을 깊고도 쉽게 설명하기 위해 필요한 것이 예화라는 것을 발견한 것입니다. 목사님은 때때로 말씀을 해석하는 것보다 적당한 예화를 찾기가 더 어려운 적도 있었다고 고백하면서….[293]

옥한흠 목사는 진리의 말씀을 어떻게 하면 쉽고도 생생하고 은혜롭게 전할 것인가를 고민하는 가운데 그 방법을 발견했다. 적절하게 예증 자료를 활용하여 설교하는 것이다. 신학생이나 목회

---
293) 류응렬, "성경의 진리, 오늘 삶으로 생생하게 들려지게 하라," 『기독신문』, 2019.7.21.

경험이 많지 않은 설교자들은 효과적인 언어 표현과 예증법의 효용을 실감하지 못할 수 있다. 그러나 목회 생활이 길어질수록 그리고 예수님의 마음으로 설교를 보다 쉽게 들려주어 깨달음을 주려는 마음이 강해질수록 일화와 같은 비유적 표현법의 놀라운 효과를 발견하게 된다.

이렇게 예증법의 가치를 체험하게 되면 그다음에는 어떻게 필요한 예중 자료를 모을 것인가를 고민하고 실천하게 된다. '설교 예화집'과 같이 남이 이미 만들어 놓은 자료를 활용하는 것은 도움이 안 된다. 남이 발견한 것은 자신에게 큰 감동으로 다가오지 않기 때문이다. 자신이 직접 자료를 발견하되, 무릎을 '탁' 칠 정도로 공감한 내용을 예중 자료로 확보해야 한다. 자신이 감동하지 않은 것은 다른 사람에게 효과적으로 옮길 수 없기 때문이다. 이를 위해서는 직접 발로 뛰고 손으로 모으면서 자신만의 비유 자료나 일화 자료집을 만들어 가야 한다. 특별한 방법은 없다. 굶주린 매가 하늘을 날면서 땅에 있는 먹잇감을 찾듯이 절실한 자세를 가지면 된다. 책을 읽거나, 텔레비전 방송이나 유튜브를 보면서 혹은 여행을 하면서도 관심을 가지고 살펴보면 전광석화와 같은 깨달음이 온다. 일화 자료를 구성하고 만들 수 있다. 심지어는 일상생활에서도 찾을 수 있다. 본 필자는 일상생활에서 얻은 경험을 가지고 다음과 같이 일화로 사용하였다.

삶의 경험에서 일화를 만드는 방법

■ 제목: 기회를 놓쳐서 아쉬워하기보다는

몇 년 전의 늦여름이었습니다. 한낮에도 제법 선선한 바람이 불어오기 시작하던 때이었지요. 사택 현관을 열고 밖으로 나가려는데 안에서 아내가 "빨리 문 닫으세요"라고 말합니다. 밖에서 파리들이 문이 열리기만을 기다린다는 것이었습니다. 나는 현관을 열고 밖으로 나갔습니다. 밖에서는 파리들이 모여서 기회만 엿보고 있었습니다. 안에는 따스함과 먹을 것이 있었기 때문입니다. 잽싸게 문을 닫고 나왔습니다. 그러나 몇 마리는 틈을 비집고 안으로 들어가는 것에 성공했습니다. 기회를 놓친 파리는 현관 밖에서 부러워하면서 기회를 놓친 것을 아쉬워하는 것 같았습니다. 그러나 누가 알았겠습니까? 안에서는 아내가 파리채를 들고 기다리고 있었다는 것을.

성도 여러분! 여러분들은 기회가 왔음에도 그 기회를 잡지 못해 아쉬워하고 있습니까? 그러나 그 기회가 여러분의 미래에 도움이 되지 못할 수도 있습니다. 하나님만이 우리의 기회라는 것을 믿으시기를 축복합니다….

자신이 체험한 것에서 깨달음을 얻어 설교에 사용하면 자기 경험담이기에 더욱 실감이 나게 일화로 사용하게 된다.[294) 그러면 설교가 흥미와 공감을 높이면서 설득력 있는 설교가 된다.

2. 목숨 걸고 자료를 수집해야 한다

명설교자는 재능에 의해 혹은 시류에 의해 만들어지는 것이 아니다. 하나님의 사용하심의 결과이지만 하나님은 준비된 자를 쓰시는 법이다. 설교에 깊은 관심을 가지고 있는 사람은 수첩을 가지고 다닌다. 끊임없이 발견하고 자료로 정리한다. 이렇게 땀을 흘리며 설교 소재나 일화 자료를 모으고 쌓아 가면 어떤 효과가 생길까? 설교에 직접 활용하기에 그만큼 실감나고 흥미 있는 설교를 하게 된다. 그러나 이것보다 더 큰 효과가 숨어 있다. 설교자의 언어 표현 능력이 놀랄 정도로 늘어난다. 자료를 매일 조금씩 모아 100개, 200개, 300개로 늘려가면서 모아 간다고 하자. 그러면 설교에 보화처럼 사용할 수 있는 자료가 모아진다. 자료를 수집하고 활용하는 과정에서 글쓰기와 말하기 능력이 서서히 향상하게 된다.

가령 책을 읽으면서 감동되는 부분을 발견했다고 하자. 이것을 '날것' 그대로 설교에 사용할 수 없다. 설교의 주제와 분위기와 자신에 맞게 '가공' 과정을 거쳐야 한다. 그래야 가슴에 '확' 와닿는 일화 자료로 사용할 수 있다. 날것을 가공하여 좋은 설교 자료로 만들어 가는 과정에서 창의적인 생각, 응용력, 적절한 표현력까지 생기게 된다. 이런 언어 능력은 실제 설교 현장에서 설교문을 쓰고 강단에서 선포하는 능력으로 연결되어 나타난다. 이렇게 해서 매일같이 자료를 수집하여 몇 년에 걸쳐 1,000개의 자료를 모았다고 하자. 그러면 이 설교자의 언어 구사 능력은 자료 모으기를 시작하던 때와 비교하여 1,000배로 늘어났다는 것을 의미한다. 보통의 설교자와는 비교가 되지 않을 정도로 명쾌하면서 실감나고 흥미 넘치는 설교가 된다. 이런 언어 실력은 '설교학이나 신학박사 학위'를 딴다고 얻어지는 것이 아니다. 성경을 붙들고 연구한다고 주어지는 것도 아니다. 직접 뛰고 발견하고 활용하는 과정에서 생긴다. 명설교자로 일컬음을 받는 사람은 한결같이 이런 과정을

---

294) 이에 대하여 일리온 존스는 다음과 같이 말한다. "설교자 자신이 창작한 예화는 바로 자신의 사고의 일부이기 때문에 가장 효과적이다."-Ilion T. Jones, *Principles and Practice of Preaching*, 정장복 역, 『설교의 원리와 실제』 (서울: 생명의 말씀사, 1986), 128.

거친 사람들이다. 이들은 매의 눈을 가지고 주변을 살피고 관찰하고 그것을 메모장에 기록하고 정리하는 사람들이다.[295]

설교 자료와 각종 예증 자료를 수집하고 축적하는 효과는 여기에서 그치지 않는다. 성경과 세상을 보는 통찰력(inspiration)까지 생긴다. 통찰력은 '사물이나 현상을 환히 꿰뚫어 보는 능력'을 말한다. 성경과 세상을 겉 표면이 아니고 그 이면 깊은 곳까지 뚫어 보는 능력이다. 이런 통찰력을 갖추면 창의적이면서 영감 넘치는 설교가 가능하다. 어떻게 통찰력을 기를 것인가? 그 방법의 하나는 관련된 수많은 '자료를 검토'하고 '끊임없이 생각'하는 것이다. 뉴턴이 사과나무 아래 누워 있을 때, 떨어지는 사과를 바라보면서 우연히 만유인력을 발견한 것이 아니다. 그는 그 이전에 이 문제를 가지고 수많은 자료를 검토했을 것이고 끊임없이 생각했을 것이다. 충분한 자료가 충족되고 생각도 차고 넘쳤을 때 떨어지는 사과를 보면서 영감의 '불꽃'이 일어나고 만유인력을 발견한 것이다.

메모장을 가지고 생각하고 읽고 경험하면서 얻은 자료를 계속 모은다는 것은 끊임없이 설교에 대하여 생각하고 있다는 것을 의미한다. 생활이 곧 설교가 되는 목회자를 의미한다. 쌓여 가는 자료가 많을수록 생각의 양도 많아지고 그렇게 쌓여 갈 때 통찰력이 서서히 쌓여 간다. 그러면 남다른 눈을 가지고 성경 해석이 가능하고 영감 넘치는 설교로 표현할 수 있다. 이런 과정을 통해 평범함을 뛰어넘어 비범한 설교자로 성장해 갈 것이다. 그렇다면 메모장을 가지고 끊임없이 자료를 수집하고 정리하는 것은 필수가 되어야 한다. 목숨 걸고 수집하는 메모광이 되어야 한다.

---

295) 드와이트 무디(Dwight Lyman Moody, 1837~1899)는 미국 19세기 복음주의 운동을 이끌었던 중추적인 설교자였다. 그러나 그의 학력은 초등학교 5년 과정이 전부였다. 그는 설교문도 작성하지 않았다. 요약만 하여 설교했다. 그러나 그의 설교가 당시 미국과 유럽의 수많은 영혼을 살리고 교회를 부흥시킨 비결은 적절한 자료와 각종 예화를 사용하고 또 쉬우면서도 감성적인 설교로 회중에게 다가갔기 때문이다. 이를 위해 그는 각종 설교 자료와 예화를 모으는 것에 전력을 다했다. 그는 학력과 신학의 부족을 메우기 위해 평소에 독서를 열심히 했다. 독서를 하면서 설교 자료를 모으는 것에 전력을 기울였다. 무디는 자신이 설교 자료를 모으고 활용하는 방법에 대하여 다음과 같이 말한다.
"나는 책을 펼치면 책의 주제를 생각하면서 읽는다. 책을 읽으면서 주제에 대한 좋은 자료들이 있으면 그것을 정리하여 대봉투에 주제별로 정리를 해 놓는다. 설교를 준비하게 될 때는 평소에 자료를 모아 놓은 대봉투를 주제별로 놓고, 설교의 주제에 맞는 자료들을 봉투에서 뽑아내어 이것을 적절하게 배치하고 배분하여 한 편의 설교를 만든다."-Clyde E. Fant, JR, *20 Centuries of Great Preaching: An Encyclopedia of Preaching, vol. 6* (Waco: Word, 1971), 290.

12장

성공적인 설교를 위한 원리와 전략(Ⅵ)
- 설교를 효과적으로 평가하고 성장하라!

Ⅰ. 설교 능력은 향상되어야 한다

1. 설교는 누구의 것인가?

현대와 과거가 구별되는 현상 중의 하나는 생산 트렌드의 변화이다. 과거 시대는 공급자 중심의 사회였다. 소비자는 공급자가 제공하는 물품과 서비스를 수용할 것인가, 아닌가만 선택할 수 있었다. 가령 공장에서 냉장고와 같은 가전제품을 생산하여 시장에 선보인다고 하자. 그러면 그것을 살 여유가 있는 사람만이 제품을 사서 혜택을 누릴 뿐이었다. 소비자에게 선택의 폭은 넓지 않았다. 그러나 현시대는 소비자 중심의 사회이다. 기업 간의 경쟁이 치열해지면서 소비자의 마음을 얻지 못하는 제품은 시장에서 생존할 수 없게 되었다.

새로운 시대의 변화는 커뮤니케이션 분야에서도 예외는 아니다. 신문사나 방송사와 같은 언론·방송계는 과거처럼 우월적 지위에서 국민을 바라볼 수 없게 되었다. 신문사와 방송사 간에 그리고 정보 소통의 일부를 담당하는 유튜브와 같은 매체와 치열한 경쟁을 벌이는 시대이다. 각각의 언론 매체들은 구독자와 시청자 나아가 국민의 마음을 끌기 위해 여러 방면에서 노력을 기울이게 되었다.

그러면 구체적으로 신문사는 어떤 방법으로 구독자 혹은 국민의 지지와 관심을 받으려고 할까? 독자 반응을 예의 주시하고 피드백을 강화하는 것이다. 신문사가 제공하는 각종 뉴스와 정보가 독자의 요청에 부응하지 못하면 성장은 물론이고 회사의 존재를 위협받는다. 신문사의 독자를 향한 피드백의 필요성을 한 언론인은 다음과 같이 말한다.

> 신문을 만드는 사람들은 곧잘 '신문은 독자의 것'이라고 말한다. 아마 독자의 관점에서 신문을 만든다는 말 같지만, 구체적으로 무엇을 가지고 그렇게 말할 수 있는지 모르겠다. … 독자의 소리를 들어 보려는 가능한 노력을 포기하고 신문 제작을 일방적으로 밀고 나간다면 '신문은 독자의 것'이라는 공염불은 놔두고라도 신문과 독자가 긋는 영원한 평행선을 어떻게 교차시킬 것인가.[296]

신문사 편집부장인 기고자는 독자 반응에 대한 피드백을 강화하여 신문이 독자의 것이란 것을 실천하자고 주장한다. 구체적인 방법으로, 신문에 '독자란'을 신설·강화하여 수시로 독자의 피드백을 받아 신문 제작에 이를 반영하는 시스템을 만들 것을 제안한다.

설교는 누구의 것인가? 설교자의 것인가? 회중의 것인가? 아니면 하나님의 것인가? 많은 설교자는 설교는 하나님의 것이면서 동시에 설교자 자신의 것이라고 은연중에 생각할 것이다. 그러나 설교는 하나님의 것이면서 동시에 말씀을 받는 회중의 것이 된다. 설교자는 하나님의 말씀을 받아 회중에게 전달하는 위치에 있다.[297] 하나님의 말씀이면서 회중의 것이 되려면 설교에 대한 평가와 피드백이 이루어져야 한다. 그렇지 않으면 설교는 하나님 말씀이면서 회중의 것이라는 구호는 공허한 외침이 될 것이다.

설교를 평가하고 피드백을 강화할 필요성은 목회 환경의 급격한 변화에서도 찾을 수 있다. 현대의 회중은 과거와 달리 설교에 절대적인 권위와 필요성을 좀처럼 부여하지 않는다. 예전에는 회중은 설교 시간을 하나님의 말씀을 들으면서 동시에 사회생활에 필요한 지식과 정보를 얻는 시간으로 여겼었다. 회중들은 설교 외에 특별히 다른 곳에서 세상이 어떻게 돌아가는지를 얻을 방법이

---

296) 최종수, "커뮤니케이션에 있어서 피드백 작용," 『관훈저널』, 14(1969.4.), 115.
297) 이런 모습은 구약의 모세오경과 선지서에서 자주 볼 수 있다. 예로 출애굽기 19장 3절에서 "모세가 하나님 앞에 올라가니 여호와께서 산에서 그를 불러 말씀하시되 너는 이같이 야곱의 집에 말하고 이스라엘 자손들에게 말하라"라고 말씀한다. 말씀의 수여자(授與者)인 하나님, 전달자인 모세(선지자), 수혜자인 이스라엘의 구조로 되어 있다.

없었기 때문이다. 설교 시간이 되면 귀를 세우고 경청하는 자세를 보였다. 그러나 지금은 정보 획득 수단이 다양화되고 있다. 포스트모던 사회라는 특성 때문에 설교가 진리의 말씀이라는 절대적 권위도 옅어지고 있다. 이런 상황에서 설교자는 다른 커뮤니케이션과 경쟁하는 위치에 설 수밖에 없다.

설교자는 신문이나 방송 혹은 유튜브 등 다른 소통 수단과의 경쟁에서 우월적인 위치를 확보해야 한다. 진리와 생명의 말씀을 선포해야 하며, 또한 세상의 어떤 지식과도 비교할 수 없는 삶의 지혜를 들려주어야 한다. 이를 위해서는 설교에 대한 회중의 반응을 예민하게 관찰하여야 한다. 과거와 같이 일방적인 선포가 아니라, 같은 본문으로 하나님의 말씀을 전할지라도 회중의 '필요'와 '형편'에 맞게 선포하는 회중 지향적 설교자가 되어야 한다. 이를 확보하기 위해서는 설교가 행하여지고 난 후 적절한 평가와 피드백을 통해 자신의 설교가 회중에게 어떻게 전달되었는지를 평가하고 다음 설교에 반영하는 것이다. 이런 과정이 시스템화되고 일상화되었을 때 명실상부하게 설교는 하나님의 것이면서 회중의 것이라는 명제가 실현될 것이다.

2. 설교는 완료형이 아니라 '진행형'이다

광대무변한 하나님의 말씀을 받고 전하려는 설교자의 자세는 어떠해야 하는가? 우리는 그 실마리를 모세의 모습에서 찾을 수 있다. 모세는 호렙산 부근의 불타는 떨기나무에서 하나님으로부터 말씀을 받는다. 애굽에서 480년을 노예로 생활하던 이스라엘에게 해방과 약속의 땅 가나안을 주시겠다는 하나님의 말씀을 전하라는 사명을 받는다(출 3:8). 이때 모세는 어떻게 행동하는가? "모세가 여호와께 아뢰되 오 주여 나는 본래 말을 잘 하지 못하는 자니이다 주께서 주의 종에게 명령하신 후에도 역시 그러하니 나는 입이 뻣뻣하고 혀가 둔한 자니이다 … 주여 보낼 만한 자를 보내소서"(출 4:10/13). 왜 모세는 이렇게 말하는가? 자신이 말주변이 없으므로 전달자로서 자격이 없다는 것을 말하는가? 그렇다면 말재주 있는 사람만이 전할 자격을 가지게 될 것이다. 모세는 하나님의 영광스러운 모습과 말씀을 접하고 난 후, 자신의 죄악 된 모습으로 인한 경외감과 한계를 절감하고 무릎을 꿇고 있는 것이다.[298]

---

298) 모세의 이런 모습은 이사야가 하나님의 말씀을 받을 때도 같이 나타난다(사 6:5).

조직신학자 벌코프는 인간이 결코 이해하고 공유할 수 없는 하나님의 절대적 비공유성(非共有性)의 하나로 '무한성'을 제시한다. 하나님의 무한성은 절대적 완전성, 영원성, 광대성으로 이어진다.[299] 그렇다면 한계적인 인간으로서 설교자는 하나님으로부터 나오는 말씀을 자기 능력이나 지성으로 이해하고 전할 수 없게 된다. 말씀의 영이자 깨닫게 하시는 영인 성령께서 설교자의 마음 안에서 내주하시고 역사하심으로, 주시는 범위 안에서 받아서 전할 수 있을 뿐이다.

설교자는 자신의 한계를 깨닫고 더욱 말씀을 잘 전하려는 자세를 가져야 한다. 매일 성경을 연구하고 바르게 전하겠다는 학습자의 자세가 필요하다. 말씀 앞에서 겸손함을 가지고, 평생을 설교 능력 향상을 위해 노력하는 자세가 필요하다. 설교자는 배우고 익히는 그것만큼, 말씀을 전할 수 있기 때문이다. 이를 위해서는 설교를 행한 후에 올바르게 평가하고 이를 다시 다음 설교에 반영하는 피드백을 실천해야 한다. 이런 과정을 통해 설교 능력의 향상이 일어나고 회중에게 필요한 하나님의 말씀을 전할 수 있다.

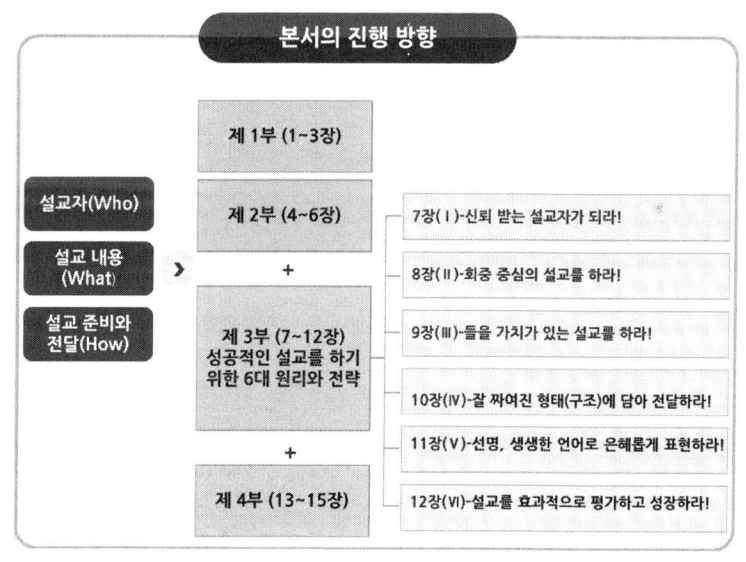

우리는 본서의 3부에 해당하는 '성공적인 설교를 하기 위한 6대 원리와 전략'을 살펴보고 있다. 12장에서는 이에 대한 여섯 번째 요소로, '설교를 효과적으로 평가하고 성장하라!'라는 제목으로

---

299) Louis Berkhof, *Systematic Theology*, 이상원 등 공역, 『벌코프 조직신학』 (파주: 크리스천다이제스트, 2001), 265-267.

설명한다. 우리는 지금까지 설교에서 설득에 성공하여 회중의 인격적인 변화를 끌어내는 방안을 확보하기 위해, 해럴드 라스웰의 SMCRE 모델에 따라 살펴보고 있다. 12장은 SMCRE 모델의 마지막 단계인 '평가/Effect(E)'에 대한 것이다. 평가가 설교자에게 어떤 의미를 지니는가? 그리고 이를 이룰 방법이 무엇인가를 알아본다. '평가'는 설교 수혜자로서 회중이 공급자(전달자)인 설교자가 제공한 설교를 접하고 이에 대하여 보이는 생각, 태도, 행동의 변화 등을 측정하는 것이다. 그래서 이를 다음 설교에 다시 활용하여 더 바람직한 설교가 되도록 하는 일련의 과정을 말한다. 설교 평가가 효과적으로 이루어지면 회중의 설교에 대한 만족도가 높아진다. 설교 피드백을 지속적으로 행하면 설교 능력의 향상도 일어난다.

II. 성공적 설교의 제6 원리와 전략: 설교를 효과적으로 평가하고 성장하라!

1. 설교 피드백(평가)의 중요성

❶ 피드백(평가)은 설교 능력 향상에 필수 요소이다

설교는 무엇(what)을, 어떻게(how) 전하는 것과 관련된 것이다. '무엇'은 하나님의 말씀에 대한 부분이며, '어떻게'는 효과적으로 언어 커뮤니케이션을 활용하여 전하는 것과 관련이 있다. 설교 능력의 향상이란 '무엇(what)'에 대한 것을 향상시키기 위해, 설교자가 서재에서 연구에 몰두하는 것이다. 그리고 '어떻게(how)'에 대한 부분을 향상시키기 위해 설교 기량(技倆)을 발전시켜 능숙한 설교자가 되도록 하는 것이다. 설교 기량이 향상된다는 것은 성경을 비롯한 신학과 인접 학문의 학문성이 더욱 깊어지고, 이것을 논리적으로 배열하고 적절하게 표현하여 회중에게 전하는 기술성이 높아진다는 것을 의미한다. 그렇다면 '학문성과 기술성'의 향상은 현재 완료형이 아니고 계속 진행형이 되어야 한다. 설교를 한 번 하는 것에서 끝나는 것이 아니다. 설교 평가와 피드백을 통해 설교가 단절되지 않고 계속 이어지면서 점점 더 학문성과 기술성이 높아져야 한다.

피드백(feedback)은 '다시 먹다', '되돌려 준다'라는 의미가 있다. 이를 커뮤니케이션에 반영한다면 정보를 제공한 사람이 정보를 받은 사람의 반응을 살펴서 평가하고 이를 다음 정보 생산에 반영하는 것이다. 평가와 피드백을 통해 정보 생산자는 정보 소비자에게 필요한 정보의 방향과 양과 질을 파악하고 이를 다시 반영한다. 이런 과정을 통해 소비자가 만족하는 정보를 생산하면서 동시에 자신의 정보 생산 능력도 향상하게 된다.

설교 능력은 한순간에 완성되는 것이 아니다. 평생을 배우고 익히면서 점진적으로 능력이 향상된다. 설교 평가와 피드백은 설교자의 능력 향상에 절대적으로 필요한 과정이다. 그런데도 지금까지 설교학에서 이에 대한 관심이 많지 않았다. 설교 평가와 피드백에 관하여 설명하는 책을 찾아보기 어렵다. 한 편의 설교를 행하면 그것으로 끝나는 것으로 여기고 있었다. 이렇게 되면 설교자의 설교 능력 수준은 정체될 수밖에 없다.

많은 경우에 목회자들이 신학대학원을 졸업할 때의 설교 실력이 목회를 은퇴할 때까지 답보 상태로 유지되는 경우가 많다. 한번 자신의 설교 능력을 점검해 보라. 신학대학원을 졸업하고 목회를 시작한 이후에 설교 능력이 조금씩 향상되고 있는가? 아니면 그대로 머물고 있는가? 설교 능력이 향상되지 않고 답보 상태에 있다면 그것은 설교에 대한 평가와 피드백이 제대로 이루어지지 않고 있기 때문이다. 설교 평가와 피드백은 '내가 다시 설교한다면 나는 어떻게 설교를 구성하고 전달할 것인가'라는 물음에 대한 답이기 때문이다.

❷ 설교 피드백은 설교 만족도를 높이기 위한 필수 과정이다

평가와 피드백의 일상화는 설교자의 능력 향상에서만 머물지 않는다. 회중의 설교에 대한 수용과 만족도가 향상된다. 설교는 일방통행이 아닌 쌍방 통행이어야 한다. 회중의 필요(needs)와는 거리가 먼 설교가 되어서는 안 된다. 하나님의 뜻과 회중의 필요가 적절하게 연결되어야 한다. 이를 위해서는 회중의 필요를 예민하게 관찰하고 반영하여야 한다. 기독교 설교 역사에서 존경받는 유명 설교자들은 이런 모습에서 벗어난 적이 없는 사람이다. 회중의 입장에서 하나님의 말씀을 바라보고, 하나님의 관점에서 회중의 필요를 채워 주는 사람이다.

스펄전이 설교의 황제라고 불리는 이유의 하나가 회중 중심의 설교를 하였기 때문이다. 설교 준비와 구성에서부터 회중의 필요에 예민하게 반응했다. 회중의 입장에서 설교 주제를 선정하고 성경을 해석하고 설교화했다. 스펄전은 회중이 필요로 하는 주제 선정의 중요성을 *Lectures to My Students*(『목회자 후보생들에게』)에서 누누이 강조하고 있다.[300] 회중들이 귀를 기울이고 집중해서 듣도록 하기 위해서는 주제 설정뿐 아니라 그것을 어떤 언어로 전하느냐도 중요하다. 아무리 회중에게 적합한 주제라도 추상적이고 어려운 단어로 표현하면 회중이 제대로 들을 수 없기 때문이다. 스펄전은 언어 선택과 사용에도 각별하게 노력을 기울인 사람이다. 우리가 앞 11장에서 살펴본 것처럼 그는 누구나 쉽게 들을 수 있는 일상 언어 그리고 눈과 귀와 손으로 체감할 수 있는 감

---

300) Charles H. Spurgeon, *Lectures to My Students*, 원광연 역, 『목회자 후보생들에게』 (고양: 크리스천다이제스트, 2009), 111.

가 언어를 효과적으로 사용했다. 이와 아울러 비유법을 사용하여 회중이 어려운 부분의 설교도 쉽게 이해하여 듣도록 배려했다. 이런 자세는 회중에 대한 깊은 배려의 결과였다. 이에 대하여 래리 마이클(Larry J. Michael)은 다음과 같이 평가한다.

> 단순하면서 설득력 있는 스펄전의 설교는 많은 사람을 매료시켰다. … 당시 사람들은 탁월한 웅변력, 힘 있는 목소리, 심금을 울리는 호소력, 생생한 언어, 극적인 제스처를 통해 심오한 진리를 담아내는 스펄전에게 칭찬을 아끼지 않았다. 스펄전의 설교는 다양한 집단의 사람들을 매료시켰던 폭넓은 호소력을 지녔다.[301]

회중에게 가까이 다가가기 위한 노력이 그의 탁월한 언어 능력 개발에 원동력이 되었을 것이다. 스펄전의 이런 자세를 우리에게 적용한다면 똑같은 결과를 가져올 것이다. 회중이 필요로 하는 주제를 선정하고 이를 효과적으로 표현할 수 있는 언어 능력을 키우려는 열망으로 평가와 피드백을 사용한다면, 누구나 탁월한 설교 능력을 갖추게 될 것이다.

2. 어떻게 설교 평가와 피드백을 실행할 것인가?

현대 경영학의 아버지로 불리는 피터 드러커(Peter F. Drucker, 1909~2005)는 경영학과 관련된 많은 책을 출판하였다. 그는 또한 경영학의 원리를 일상생활에서도 적용할 수 있는 방법을 책을 통해 일반인에게 소개하고 있다. 일종의 '자기 계발서'인 셈이다. 피드백에 대한 드러커의 여러 제안을 한 권의 책으로 담아 제시한 책이 『드러커 피드백 수첩』이다. 이 책에는 '역사상 알려진 유일하고도 확실한 학습 방법은 피드백이다'라는 드러커의 지론이 담겨 있다. 여기에서는 효과적인 피드백을 위해 다음의 네 가지 요소가 필요하다고 말한다.[302]

- 자신과의 대화
- 목표 설정

---

301) Larry J. Michael, *Spurgeon on Leadership*, 조계광 역, 『스펄전의 리더십』 (서울: 생명의 말씀사, 2005), 164,165.
302) Yasushi Isaka, *Drucker Feedback Diary*, 김윤수 역, 『드러커 피드백 수첩』 (서울: 청림출판, 2017), 25.

- 행동
- 목표와 성과를 비교

우리는 피터 드러커의 이런 제안을 설교학에서도 활용할 수 있다. 이것을 위해서는 피터 드러커의 네 가지 요소를 보다 단순화하여 2단계로 설정할 수 있다. 1단계로 설교 성장을 위한 동기 부여와 목표 설정, 2단계로 설교 실행 후 목표와 성과를 비교하고 다음 설교에 반영하기이다. 이를 차례로 살펴보자.

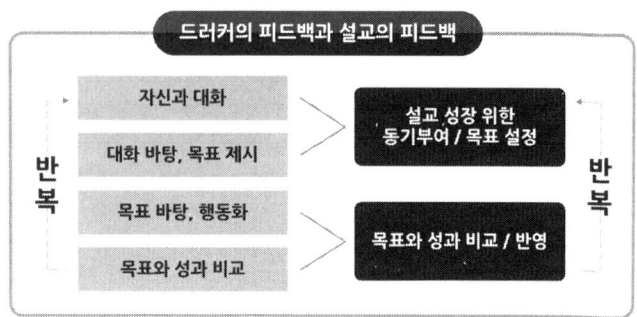

❶ 1단계: 설교 성장을 위한 동기 부여와 목표 설정

설교 평가와 피드백은 쉬운 작업이 아니다. 평가 과정에서 자신의 부족한 모습이 적나라하게 드러나고 이것을 지켜보는 것은 많은 용기가 필요하기 때문이다. 또한 평가와 피드백은 한 번으로 끝나면 의미가 없다. 땅에 박힌 펌프에서 물을 끌어 올리기 위해서는 계속 펌프질해야 하듯, 오랜 세월을 거쳐 반복적으로 행하여야 한다. 이런 과정을 오랜 시간에 걸쳐 행하기 위해서는 먼저 설교 능력 성장에 대한 강력한 동기 부여가 있어야 한다. 말씀의 종으로서 사명을 감당하겠다는 각오와 주님의 몸 된 교회를 설교를 통하여 사랑이 넘치고 성장하는 교회로 이끌겠다는 결심이 필요하다.

이를 위해서는 먼저 자신과 교회를 객관적으로 살펴보는 것이 필요하다. 과연 자신은 사명을 감당하고 있는가? 교회는 따스한 온기가 흐르고 성도들의 목소리에 유쾌함과 사랑이 묻어 있는가? 목회를 시작한 지 상당한 시간이 흘렀음에도 교회의 성장이 정체되거나 후퇴하고 있지는 않은가? 교회가 냉랭한 분위기로 덮여 있지는 않은가? 이런 현상이 목격된다면 그 원인을 여러 가지를 꼽을 수 있으나, 핵심 요소는 설교 능력의 부족이다. 설교가 제대로 되지 않으면 교회 성장은커녕 숨어 있던 교회의 문제가 계속 터져 나온다. 그러나 설교가 어느 정도 수준에 이르고 성도들이 만족하면 목회자와 교회에 대한 불만이 사그라진다. 결국은 설교가 문제가 되는 것이다.

설교가 제대로 되지 않으면 다른 곳에서 돌파구를 찾으려고 해도 해결책이 나오지 않는다. 기도회를 열심히 하고 전도를 힘껏 해도 성도들은 불평하기가 예사이다. 설교는 성도들의 찬 가슴을 온기로 채워 주고 성도들에게 교회에 대한 자부심을 불어넣어 주기 때문이다. 이것은 수많은 현장 목회자가 경험하는 것이고, 2천 년의 교회 역사가 증명한다. 교회 역사학자인 에드윈 다간이 '교회의 역사는 설교의 역사'[303]라고 말한 이유가 여기에 있다. 따라서 목회자는 설교 능력의 향상에 간절한 염원을 가지고 있어야 한다. 이런 동기 부여를 가지고 설교 평가와 피드백을 하여야 한다.

이렇게 평가와 피드백에 필요한 강력한 동기 부여를 가졌으면 다음에는 자신의 설교를 어느 수준으로 향상시킬 것인가에 대한 목표가 있어야 한다. 물론 일반 회사처럼 객관적인 평가 기준을 설정할 수는 없다. 기업에서는 '이득(profit)'이라는 수치를 가지고 평가할 수 있지만 설교 행위는 객관화시킬 수 있는 기준을 마련하기가 어렵다. 그러나 효과적인 평가를 위한 나름대로 기준을 정해야 한다. 다음과 같이 단계적으로 설교 수준을 향상시킬 것을 목표로 할 수 있다.

■ 중급 수준 단계: 들려지는 설교

회중이 설교를 집중해서 듣는 단계이다. 들려지는 설교가 행하여지고 있다는 증거가 된다. 이것이 설교자가 갖추어야 할 가장 기초적인 자세이자 능력이 된다. 들려지는 설교가 되려면 명확하게 설교 주제가 설정되어 있고 그것이 설교의 처음부터 마지막까지 논리적으로 연결되고 구성되어 있어야 한다.

설교의 1차 목표는 들려지는 설교가 되어야 하지만 이런 정도의 수준에 도달한 설교자는 현실적으로 많지 않다. 필자의 경험과 관찰에 의한다면 설교자의 태반은 들려지는 설교를 하지 못하고 있다. 필자가 어떤 설교자의 설교를 듣는다고 하자. 의도적으로 집중하여 듣고 있음에도 중간에서 설교를 듣는 것을 포기하는 경우가 많다. 들려지지 않고 설교가 난맥상을 보이기 때문이다. 그렇

---

[303] Edwin C. Dargan, *A History of Preaching I*, 김남준 역, 『설교의 역사 I』 (서울: 솔로몬, 1992), 27, 28.

다면 일반 회중은 거의 들려지지 않는다고 보아야 한다. 우선은 '들려지는 설교'를 목표로 삼는 것이 중요하다.

■ 고급 수준 단계: 은혜로운 설교

설교가 들려지면 다음 단계는 설교에서 은혜가 흘러나오는 단계이다. 들려지는 설교라고 모두 은혜로운 것은 아니다. 주제를 중심으로 논리적으로 연결하면 들려지는 설교는 된다. 그러나 내용이 성경에 충실하면서 가치 있는 것으로 채워지지 않으면 들려지고는 있지만 은혜는 되지 않는다. 들려지는 설교이면서 동시에 은혜로운 설교가 되도록 해야 한다.

은혜로운 설교는 성경에 충실한 설교를 할 때 가능하다. 하나님은 인간에게 '영원을 사모하는 마음'(전 3:11)을 주셨다. 성경에 충실한 설교는 영원을 사모하는 마음에 촉촉하게 비를 내리어 메마른 땅을 기름진 땅으로 바꾸는 역할을 한다. 특히 그리스도 중심의 복음 설교는 성도들을 강력한 은혜의 시냇가로 인도한다.

■ 최고 수준 단계: 능력이 있는 설교

들려지는 설교가 되고 은혜로운 설교가 되면 다음에는 영적 변화가 일어나는 능력 있는 설교로 발전해야 한다. 설교의 목적인 '변화'가 이루어지는 단계이다. 사람은 쉽게 변하지 않는다. 들려지는 설교가 되고 은혜로운 설교가 되어 회중이 고개를 끄덕이며 들어도 곧바로 인격적인 변화로 연결되지 않는다.

인격적인 변화는 그리스도를 영적으로 만나고 은혜를 체험할 때 가능하다. 그런데 주님을 영적으로 만나기 위해서는 성령의 도우심과 임재가 필요하다. 사람의 노력과 지성적 이해로 되는 것이 아니다. 그래서 칼빈은 "그리스도의 은혜는 성령의 은밀한 역사로 말미암아 베풀어진다"[304]라고 말한다. 성령의 역사가 일어날 때 주님을 만나고 인격적인 변화와 역사가 일어난다. 능력이 있는

---

304) John Calvin, *Institutes of the Christian Religion II*, 원광연 역, 『기독교강요(중)』 (고양: 크리스천다이제스트, 2003), 9.

설교는 성령의 설교를 의미한다.

성령의 역사가 일어나는 설교는 설교자가 성령을 체험하고 성령의 역할과 중요성을 절감하고 이를 위한 기도를 할 때 가능하다. 설교를 준비하는 과정에서부터 선포할 때까지 성령님의 임재와 도우심을 위하여 기도해야 한다. 설교자의 평소 기도 생활이 중요하다. 성령의 역사는 기도 시간의 양(量)과 기도 내용의 질(質)에 따라 차이를 보일 것이다. 설교자가 기도의 충분한 양을 채우면서 동시에 하나님의 말씀을 바르게 전하여, 영광이 교회와 회중에게 온전히 드러나도록 하려는 순수한 마음을 가지고 기도할 때, 삼위일체 하나님께서 도와주실 것이다.

❷ 2단계: 설교 후 목표와 성과를 비교하고 다음 설교에 반영하기

설교가 실행된 후에는 평가 단계에 이르게 된다. 정확한 평가를 통하여 자기 설교의 강점과 약점을 찾아내어 다음 설교에 피드백하는 것이 중요하다. 강점은 더욱 촉진하고 약점은 보강하면서 설교 능력이 서서히 향상하게 된다. 그런데 이런 평가를 위해서는 바람직한 설교는 무엇을 말하는가에 대한 객관적인 기준을 갖고 있어야 한다. 기준이 없이 설교를 평가한다는 것은 불가능하기 때문이다. 좋은 설교가 갖추어야 할 기본 조건은 크게 세 가지 영역이다.

- 설교 내용이 성경에 충실하면서, 성경적 가치관을 드러내고 있는가?(설교 내용)
- 설교 내용을 구성하는 구조와 이를 언어로 표현하는 방법이 효과적으로 이루어지고 있는가?(설교 구성과 표현)
- 설교가 실제로 행하여질 때 전달이 바람직하게 이루어지고 있는가?(설교 전달)

그런데 설교 평가에 필요한 기준을 확보하고 숙지하였다고 해도 자신의 설교를 듣고 평가하는 것은 쉽지 않다. 설교를 듣고 장단점을 구별하여 골라낼 수 있다는 것은 상당한 수준의 설교 능력을 갖추고 있다는 것을 뜻하기 때문이다. 설교를 들을 수 있는 귀가 갖추어지지 않아, 제대로 평가할 수 없는 경우가 많을 것이다. 설교 실력이 일정 수준에 도달할 때까지 다음 단계에 맞추어 자신의 설교를 평가하는 것이 좋다.

■ 1단계: 설교자 자신과 사모가 먼저 평가하기

설교를 실행할 때마다 영상을 촬영토록 한다. 방송 시설이 되어 있는 교회는 문제없으나 이런 시설이 없는 경우에 휴대폰을 이용하여 촬영해도 된다. 매 설교 영상을 촬영하고 설교를 끝낸 후 자신이 먼저 설교 영상을 보면서 살펴본다. 설교를 처음부터 끝까지 중단하지 않고 들을 수 있다면 그 설교는 '들려지는 설교' 수준에 도달했다는 것을 의미한다.

많은 경우에는 영상에 비친 자신의 설교 모습과 내용이 너무 부끄러워 영상을 보다가 중단하는 경우가 많을 것이다. 이것은 설교가 아직 초보 단계에 머물러 있다는 징표이다. 우선은 자신의 설교를 끝까지 들을 수 있을 정도의 수준으로 끌어올리는 것이 중요하다. 이런 단계에 도달하고 또 자신의 설교를 듣고 '참 괜찮다!'라는 마음이 들었다면 들려지는 설교 수준에 도달하면서 은혜로운 설교가 되었다는 것이다. 설교를 듣는 도중에 가슴이 뜨거워지고 손이 불끈 쥐어지면 그 설교는 은혜로우면서 성령의 역사가 나타나는 설교가 될 것이다.

그리고 가족의 의견을 듣도록 한다. 특히 아내의 평가가 중요하다. 아내는 회중보다 더 관심을 가지고 듣기 때문에 아내가 어떻게 들었는가를 아는 것이 중요하다. 아내 역시 설교 평가에 대한 능력이 없는 경우가 많기 때문에 정확한 평가를 바랄 수 없다. 다만 설교자가 아내에게 '제대로 들려졌습니까?'라고 묻고, 사모가 '좋았어요!'라고 하면 잘 들려지면서 은혜가 있는 설교를 했다는 방증이 된다. 이 정도의 평을 아내에게 듣는다면 설교 능력이 상당한 수준에 도달했다는 것을 의미한다.

■ 2단계: 교회 분위기와 성도 모습을 관찰하며 평가하기

설교가 끝난 후 회중의 모습을 관찰하면 자신의 설교가 어떠했는지를 대략 알 수 있다. 설교를 듣고 '목사님, 은혜받았습니다'라는 소리를 듣는다면 성공한 설교이다. 그뿐 아니라 성도들의 얼굴에 활기가 있고 목회자 앞에 반갑게 나와 인사한다면 성도들이 들려지고 은혜를 받았다는 증거이다. 이런 모습이 계속되면 설교 수준이 상당한 수준에 도달했다는 증거가 된다.

여기에 목회자의 비전과 지도력과 전도 전략이 적절히 마련되면 부흥의 계기가 마련될 것이다. 설교가 설득에 성공하여 회중들에게 진리의 말씀으로 다가가 회중을 가르치면서 영적 즐거움을 주기 때문이다. 아우구스티누스는 *De Doctrina Christiana*에서 설교자의 임무를 다음과 같이 말한다.

> 그러므로 웅변적인 성직자가 실천적인 진리를 권고할 때에는, 듣는 사람이 알도록 가르칠 뿐 아니라, 또 즐겁게 해서 그 주의를 끌도록 하고, 그의 마음을 움직여서 그의 의지를 굴복시켜야 한다.[305]

아우구스티누스는 설교자의 임무를 '가르치고', '즐겁게 하고', '설득으로 변화'를 일으키는 것이라고 말한다. 만약에 설교가 진행되면서 회중이 어렵거나 지루해한다면 설교자의 임무는 실패한 것이다. 설교가 끝난 후 회중이 기쁜 표정으로 인사를 하고 그의 삶에서 조금씩 변화가 일어난다면 성공하는 설교가 이루어졌다는 의미가 된다.

■ 3단계: 회중을 통한 객관적인 평가

가장 바람직한 것은 전문가에게 자신의 설교에 대한 평가와 피드백을 주기적으로 받는 것이다. 그러나 체계적으로 설교를 평가하고 피드백을 해 줄 수 있는 전문 기관이 한국에는 아직 없는 실정이다. 이에 대한 대안은 교회 회중의 평가에 의존하는 것이다. 어떤 면에서 전문가에 의한 평가보다 회중에 의한 평가가 더 효과적이고 정확할 수 있다. 회중은 설교에 대한 '소비자'이기 때문이다.

회중에 의한 설교 평가에 대하여 실제적인 방안을 제시한 사람이 빌 하이벨스(Bill Hybels)이다. 그는 "내가 계속해서 성장하기 위하여 건설적인 피드백을 어떻게 받을 것인가?"[306]라는 자세를 가지고, 목회 현장에서 자기 나름의 설교 피드백을 실천한 사람이다. 윌로 크릭 교회에서 다음의 방법으로 설교 피드백을 실행했다고 소개한다.

---

305) St. Augustinus, *De Doctrina Christiana*, 김종흡 역, 『기독교 교양』 (파주: 크리스천다이제스트, 1992), 195.
306) Haddon Robinson, Craig Brian Larson, eds, *The Art and Craft of Biblical Preaching*, 주승중 등 공역, 『성경적인 설교 준비와 전달』 (서울: 두란노, 2006), 520.

현재 우리 교회 장로들은 내가 설교하는 모든 메시지를 평가하며, 내가 메시지를 끝마치고 나면 곧 평가 질문에 대한 대답을 글로 써서 나에게 전해 준다. 설교를 평가하는 일에 관한 한 가장 통찰력이 있다고 인정하는 장로님이 한 분 있는데, 그분은 다른 장로들이 설교 평가 질문에 대답한 내용을 모아서 요약하고, 그 요약한 것을 주보 앞면에 쓴 다음 내가 예배당에 나가기 전에 그것을 내게 준다.[307]

한국 교회도 이를 응용하여 적용할 수 있다. 교회 규모가 어느 정도 되는 교회라면 매년 초에 성도의 각 계층을 대표할 수 있는 회중을 선별하여 설교를 듣고 솔직한 평가를 요청하는 것이다. 이를 위해서는 설교에서 어떤 부분에 대하여 평가를 할 것인가를 먼저 설정하고 이를 교육해야 한다.[308] 그리고 설교 평가가 담임 목사의 설교를 과대 칭찬하거나 혹은 비난하는 것이 아니고 정확한 평가와 반영이 이루어지도록 하여야 한다.

이런 시스템이 자리를 잡으려면 오랜 시간에 걸친 시행착오가 필요하다. 담임 목사가 설교에 대한 책임 의식을 갖고 어떤 지적도 받아들이는 겸손함을 갖고 있어야 한다. 그뿐만 아니라 회중이 정확하게 평가하도록, 구체적인 방법을 교육해야 한다. 교회의 회중이 매번 담임 목사의 설교를 평가하고 설교자가 피드백하여 다음 설교에 반영한다면, 명실상부하게 회중 중심적 설교가 실현될 것이다.

---

[307] Haddon Robinson, Craig Brian Larson, eds, *The Art and Craft of Biblical Preaching*, 주승중 등 공역, 『성경적인 설교 준비와 전달』 (서울: 두란노, 2006), 520.
[308] 회중에게 어떤 항목을 가지고 설교를 평가하도록 할 것인가에 대한 문제는 12장의 'Ⅲ. 명설교자의 설교를 듣고 설교 능력 키우기'를 참고하여 자기 나름의 기준을 정하고 이를 회중에게 교육해야 한다.

III. 명설교자의 설교를 듣고 설교 능력 키우기

1. 귀가 열려야 입도 열린다

한국 사람이 오랜 시간을 학습하였음에도 크게 실력이 늘지 않는 분야가 있다면 영어 회화이다. 영어 문장을 읽고 해석하는 능력은 어느 정도 갖추어져 있다. 그러나 미국인을 만나면 제대로 영화 회화를 할 수 있는 사람은 많지 않다. 영어 회화를 하기 위해 무엇이 가장 필요할까? 흔히 '귀가 열려야 입이 열린다'라고 말한다. 영어 청취력이 어느 정도 갖추어져야 입이 열려 말을 할 수 있다는 것이다. 사람의 구조에서 귀와 입은 서로 긴밀하게 연결되어 있다는 것을 암시한다.

영어 전문가들은 회화 초보자들이 청취력을 높이기 위해서는, 영미권 드라마를 보면서 잘 들리지 않는 부분을 그대로 따라 발음하는 섀도잉(shadowing)을 가장 효과적인 방법으로 추천한다. 원어민이 영어로 말하는 모습을 눈과 귀로 보고 들으면서 따라 말하면 귀가 서서히 열리게 된다. 귀가 열리는 만큼 입으로 말할 수 있는 회화 능력도 연관되어 향상된다.

자신의 설교에 대한 평가와 피드백을 위해서는 설교를 듣고 평가할 수 있는 '듣는 능력'이 있어야 한다. 그러나 이런 능력은 쉽게 갖추어지지 않는다. 오랜 시간 설교를 연구하고 실행하며 수많은 시행착오를 통하여 일정한 수준에 도달해야 한다. 이런 수준에 도달하지 않으면 설교를 들으면서 무엇이 강점이고 고쳐야 할 부분은 무엇인지가 파악이 안 된다. 보통의 설교자는 자신의 설교에 대해 정확한 평가를 하기가 쉽지 않다.

설교를 듣고 평가할 수 있는 능력을 기르는 방법의 하나는 일정 수준에 도달한 설교자의 설교를 청취하고 평가하는 것이다. 이런 과정을 통해 듣는 능력을 기른다. 특히 명설교자의 설교를 들으면서 본받고 싶거나 은혜받은 부분이 있으면 그 부분을 자신의 설교에도 응용하여 적용해 보는 것이다.[309] 이런 과정을 거치면, 영어 회화에서 '섀도잉'하면서 얻는 효과가 설교에도 나타난다. '귀'가 열리고 '입'도 열리게 된다.

2. 설교 청취의 구체적인 방법

먼저 명설교자 설교 청취는 오랜 시간에 걸쳐 꾸준히 실천하는 것이 중요하다. 영어 듣기 훈련에서 영어 드라마 한 편을 섀도잉한다고 곧바로 귀와 입이 열리지 않기 때문이다. 설교 청취 및 평가에 대한 방법을 먼저 알고 이를 습관화하여 실천하는 것이 중요하다. 다음에서 제시하는 방법은 이를 위한 하나의 방법이 될 것이다.

■ 청취 횟수와 대상 선정

- 설교 청취는 일주일에 최소한 한 편 이상 하도록 하되, 자기 귀가 완전히 열려 설교 평가 능력이 확보될 때까지 수년간에 걸쳐 행하여야 한다.
- 설교 청취 대상 선정은 설교 능력이 이미 검증된 명설교자의 설교를 대상으로 삼는다. 유튜브에 올린 설교 영상이 있으면 그중에 조회 수가 많은 것을 선정하여 청취하도록 한다.

■ 청취 방법과 활용

- 처음에는 평신도의 처지에서 편안한 마음을 갖고 설교를 듣도록 한다. 전체적으로 잘 들리는지를 파악한다. 아무리 명설교자의 설교라도, 설교를 들었을 때 제대로 들리지 않으면 그 설교는 짜임새와 논리성을 갖추지 못했다는 것을 의미한다.
- 설교가 잘 들린다면 그다음에는 필기구를 준비하여 메모하면서 듣도록 한다. 잘 들리는 설교의 특징은 큰 덩어리 중심으로 설교가 구성되어 있다는 것이다. 다시 말해 큰 개념을 중

---

[309] 명설교자의 설교를 듣고 본받으면서 설교 능력을 향상시키는 방법에 대하여 필자의 논문 "모방하기를 통한 설교 작성 및 전달 교습(敎習)법 연구 - 아리스토텔레스의 『수사학』과 『시학』을 바탕으로 -," 『신학과 실천』 77(2021.11.), 135-161을 참고하라.

심으로 전개되면서 그 개념 안에 개념을 뒷받침하고 설명하는 크고 작은 내용으로 구성되어 있다. 이런 설교는 메모하면서 듣기도 쉽다.

■ 설교 청취를 하면서 다음 항목을 점검하며 듣는다

- 전체적으로 주제를 중심으로 탄탄한 구조를 갖추고 있는가?
- 설교가 성경에 기반하여 충실하게 전하는 성경적인 설교인가?
- 설교에서 성경 해석이 정확하고 풍부하며 보다 깊은 통찰력을 보이고 있는가?
- 설교에서 사용하는 언어가 단순하면서 쉬운 말로 전하고 있는가, 적절한 비유법을 사용하여 생생하면서 실감나게 진행하고 있는가?
- 설교자의 모습이 자연스러우면서도, 설교의 강약과 속도 조절을 적절하게 조절하면서 전하고 있는가?
- 구체적인 방법은 다음의 평가표에 필요한 사항을 기재를 하면서 청취토록 한다.

〈구체적인 설교 청취 · 평가표〉

- 설교자:
- 본문:
- 제목:
- 청취 일시:

I. 설교 내용과 관련된 부분

① 설교가 전반적으로 성경적 가치를 잘 반영하고 있는가?
☞

② 성경 본문의 중심 사상(주제)이 설교에 잘 반영되었는가?
☞

③ 설교가 지루하지 않고 흥미 있게 진행되고 있는가?
☞

④ 설교에서 특별히 은혜 되는 부분이나 돋보이는 통찰력이 있는가?
☞

II. 설교 구조(형태)와 언어 표현과 관련된 부분

① 설교가 주제를 중심으로 짜임새 있게 구조화되었는가?
☞

② 설교가 잘 들리며 흐름이 매끄럽게 전개되고 있는가?
☞

③ 설교에서 다양하고 풍부하면서 적합한 언어를 사용하고 있는가?
☞

④ 설교에서 수사법을 적절하게 사용하여 쉽게 이해되면서 인상 깊게 들리는가?
☞

III. 설교 전달과 관련된 부분

① 설교자의 표정과 행동이 자연스럽게 전달되고 있는가?
☞

② 설교자의 목소리가 호감이 가면서 똑똑하게 들리는가?
☞

③ 표정이 웃으면서 시선 맞춤이 적절하게 유지되고 있는가?
☞

④ 설교가 진행되면서 강조 부분에서 적절하게 제스처를 쓰고 있는가?
☞

Ⅳ. 배운 점

· 장점
　☞

· 단점
　☞

· 기타
　☞

　이런 과정을 거치면서 메모가 끝났으면 청취한 설교에서 무엇이 배울 점이고 이것을 자신의 설교와 비교하여 어떻게 본받고 보강할 것인가를 살피도록 한다. 명설교자의 설교는 최소한 10편 이상 청취하도록 한다. 이 정도 해야 각 설교자마다 가지고 있는 고유한 특징과 장단점이 드러난다. 설교 능력이 아직 초보 단계에 있으면 한 설교자의 설교 청취 편수를 20편 이상 늘려야 한다.

　대상으로 삼았던 설교자의 설교 청취가 충분히 이루어지면, 다음 대상의 설교자로 바꿔 가며 설교 청취를 실행한다. 청취 설교 편수가 쌓일수록 대상 설교자의 숫자가 늘어날수록, 설교를 듣는 귀가 열리면서 자신의 설교 능력도 점차 향상되는 신기한 경험을 하게 될 것이다.

3. 청취할 때 자세

　설교를 들으면서 장단점을 파악할 때는 '겸손하게 배운다'라는 학습자의 자세를 가져야 한다. 설교에서 흠을 찾아내어 비판하려는 자세를 취하지 않도록 한다. 그럼, 비판거리만 보이고 장점은 보이지 않는다. 어느 분야에서든 대가의 반열에 오른 사람은 나름대로 각고의 노력을 기울이는 가운데 도달하며, 또 배울 만한 비결을 가진 법이다. 이것을 인정하고 설교를 들어야 장점은 더욱 잘 보이고 또 단점을 자신의 설교 능력 향상을 위한 반면교사(反面敎師)로 삼을 수 있다. 그래야 설교 청취 및 평가를 지속할 수 있고 자신의 설교 능력 향상에도 도움이 된다.

VI. 설교 피드백(평가)의 일상화는 모두를 행복하게 한다

판소리계에서 불문율로 내려오는 말이 있다. '귀 명창이 있어야 소리 명창도 있다.'[310] 창을 잘하는 소리꾼(소리 명창)이 있으려면 판소리를 제대로 듣고 즐기고 호응할 수 있는 청중(귀 명창)이 있어야 한다는 말이다. 제대로 듣는 사람이 없다면, 그래서 흥이 돋아나지 않으면 창을 하는 사람은 신이 나서 노래를 할 수 없다.

판소리 공연 모습
(인천일보)

탁월한 설교자가 되기 위해서는 본인의 자세와 노력이 중요하다. 그러나 이에 못지않게 강대상에서 설교가 행하여질 때 이를 듣고 함께 기뻐하고 즐거움을 나눌 수 있는 회중이 있어야 한다. 그렇기 위해서는 교회 규모에 맞게, 빈자리가 많지 않도록 어느 정도 자리가 차야 한다. 또한 회중이 설교를 진지하게 듣고 반응할 수 있는 자세를 가져야 한다. 교회가 썰렁하다면, 열정을 다해 선포하는데 회중들이 집중하지 않고 딴짓한다면 설교자는 맥이 빠질 수밖에 없다. 설교자가 초보 단계에서 탁월한 설교자로 변화되고 성장하기 위해서는, 이를 뒷받침하고 지원하고 함께 말씀 잔치에 참여할 수 있는 회중들이 있어야 한다. 이런 회중은 저절로 만들어지는 것이 아니다. 담임 목회자가 회중에게 말씀을 듣는 바른 자세를 정기적으로 교육해야 한다. 그러나 더 중요한 것은 회중들이 귀를 세우고 들을 수 있을 정도로 설교 내용을 구성하고 전달하는 것이다. 설교에 대한 만족도를 높이는 것이다. 그러면 자연스럽게 회중은 설교에 집중하면서 탁월한 청취자가 된다.

회중의 설교 만족도를 높이는 가장 효과적인 방법이 설교 평가와 피드백을 일상화시키는 것이다. 설교는 하나님의 것이면서 회중을 위한 것이라는 것을 피드백을 통해 실천하는 것이다. 설교가 과연 하나님의 말씀을 제대로 전달했는가, 회중의 영육 간의 필요를 제대로 살피어 설교에 반

---

310) 모 언론에서는 판소리를 관람할 관객을 초청하는 내용의 기사를 내보내면서, 제목을 "'판소리 명창'보다 귀한 '귀 명창' 모십니다"로 잡았다. 그리고 기사에서 '귀 명창은 판소리를 할 줄은 모르더라도 듣고 감상하는 수준이 판소리 명창의 경지에 이르는 사람을 칭한다'라고 설명한다. 판소리 공연에서 수준 높은 관객의 위치가 얼마나 중요한지를 보여 준다. 곽안나, "'판소리 명창'보다 귀한 '귀 명창' 모십니다," 『인천일보』, 2024.3.25.

영했는가를 기준으로 삼고 평가하고 반영하는 것이다. 피드백의 일상화를 통해 회중의 필요에 초점을 맞추는 설교를 하게 되면 교회 전체가 말씀을 집중해서 듣는 분위기로 변하게 된다. 설교 시간에 '딴짓'을 하던 회중도 서서히 설교에 귀를 기울이게 된다. 이에 대하여 데이빗 벨로(David Berlo)는 다음과 같이 말한다.

> 피드백은 발신자와 수신자 간에서만 아니라 수신자가 복수인 경우에는 수신자 상호 간에서도 작용한다. 이를테면 어떤 사람이 연설할 때, 다른 모든 청중들이 폭소를 터트렸는데 유독 한 사람만이 웃지 않았다고 하자. 그러면 웃지 않았던 사람은 모든 사람이 웃는데 자기만이 웃음을 느끼지 않았다면 혹시 자기의 유머 감각에 이상이 있지 않나 의심을 품게 되고, 연설가가 보내는 그다음 농담에 대하여는 그것이 우습게 여겨지든 않든 간에 자기도 웃으려 노력을 한다. 그러다 보면 처음에는 우습지 않았던 그 연설가의 농담이 마침내는 진짜로 우습게 여겨지게 된다는 것이다.[311]

설교의 평가-피드백의 효과가 이렇게 회중과 교회 전체에 대하여 막대한 영향을 미친다면 설교자는 이를 지속해 실천해야 한다. 그러나 현실에서는 쉽지 않다. 자신의 설교를 매번 스스로 평가하고 더욱이 유명 설교자의 설교와 비교하면서 평가한다는 것은 때로는 자존심이 상할 때가 있다. 또 생각대로 자신의 설교 능력이 늘지 않아 좌절감에 빠질 수도 있기 때문이다.

그러나 목회자가 말씀의 종으로 부름을 받았다는 사명감과 하나님의 광대무변하신 말씀을 끊임없이 연구하고 온전하게 전하려는 자세를 가진다면 어려운 일도 아니다. 말씀에 대한 경외감, 사명을 주신 주님에게 감사함, 회중을 주님의 마음으로 사랑하고 감싸는 자세를 가지고 있다면 평가-피드백의 일상화는 넉넉히 감당할 수 있을 것이다.

---

311) 최종수, "커뮤니케이션에 있어서 피드백 작용," 『관훈저널』 14(1969.4.). 118에서 재인용.

제4부

설교의 실제(實際): 설교 준비에서 작성과 선포를 어떻게 할 것인가?

13장. 설교의 실제(實際) 1, 2단계: 설교 목적과 성경 본문 선택하기
14장. 설교의 실제(實際) 3~5단계: 본문 해석과 주제 설정 및 설교문 작성
15장. 설교의 실제(實際) 6단계: 설교문 암기와 선포 및 피드백하기

13장

설교의 실제(實際) 1, 2단계: 설교 목적과 성경 본문 선택하기

I. 설교 준비에서 선포까지 전 과정 이해하기

1. 레시피(recipe)대로 했는데도 맛이 없는 이유

주방 문화가 크게 바뀌었다. 예전에는 사내아이가 부엌에 들어가면 "남자가 부엌에 들어가면 고추 떨어져"라며 부모님에게 타박받곤 했다. 그러나 요즘은 남자가 주방에서 설거지나 음식을 만드는 것이 이상하지 않은 시대가 되었다. 오히려 요리하기를 취미로 삼는 남자를 주변에서 쉽게 볼 수 있다. 텔레비전이나 유튜브에서는 세태를 반영하여 '먹방'('먹는 방송'의 줄임말) 영상이 큰 인기를 얻고 있다. 그런데 이런 영상이나 혹은 요리책을 보면서 음식을 만들어 본

사람들은 그것이 쉽지 않다는 것을 경험했을 것이다. 레시피대로 재료를 준비하고 요리했음에도 음식이 맛있지 않은 것이다. 왜 그럴까? 레시피에 문제가 있는 것인가, 아니면 요리를 하는 사람이 문제인가? 이에 대하여 한 신문에서 다음과 같이 설명한다.

> 레시피대로 요리를 했는데도 실패하는 일이 많은 이유는 뭘까? … 레시피를 보고 음식을 만들 때 가장 흔히 저지르는 실수가 레시피 전체를 숙지하지 않은 채 한 줄 단위로만 보고 따라 하는 것이다. 요리도 교통과 같아서 흐름을 따라가야 하는데, 전체 레시피를

머릿속에 넣어 두지 않으면 역주행이나 후진을 해야 하는 상황이 발생한다.[312]

레시피대로 음식을 만든다고 하지만 실제로는 자신이 대충 짐작해서 만든다는 것이다. 맛있는 음식을 만들려면 요리 전문가가 제시하는 방식대로 절차를 지켜가면서 하여야 한다.

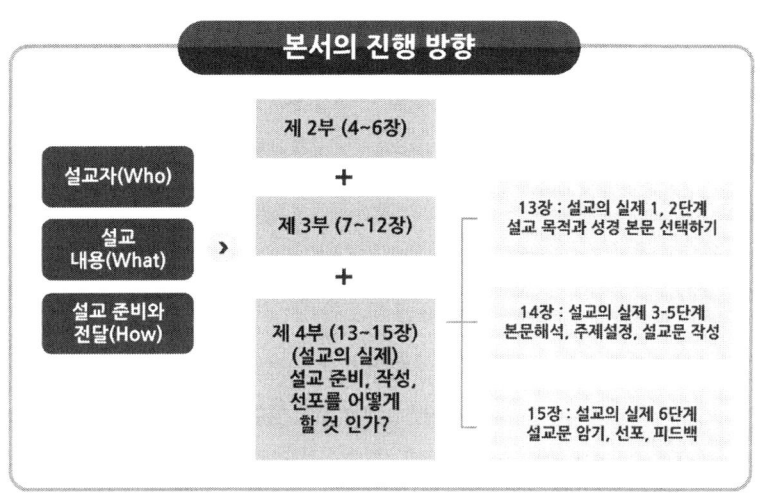

지금까지 3부에 걸쳐 능력 있는 설교자가 되기 위해 갖추어야 할 자세를 설명했다. 1부에서는 '발상의 전환이 일어나야 한다'라는 것을 강조했다. 2부에서는 '위기의 시대에는 설교자에게 새로운 자세가 필요하다'라는 것을 설명했다. 3부에서는 '성공적인 설교를 하기 위한 6대 원리와 전략'을 살펴보았다. 그런데 지금까지 설명한 이런 과정은 그 자체로 의미가 있는 것이 아니다. 한 편의 설교문을 반듯하게 작성하고 이를 강대상에서 선포하기 위한 사전 준비 과정이다.[313] 현장인 강대상에서 어떻게 은혜롭게 설교하느냐가 중요하다. 설교의 준비와 작성과 선포에 대한 실제적인 방법을 확보하는 것이 중요하다.

4부에서는 '설교의 실제(實際): 설교 준비에서 작성과 선포를 어떻게 할 것인가?'라는 주제를 가

---

312) 박선영, "레시피대로 했는데 왜 안 되지?," 『한국일보』, 2016.1.13.
313) 설교 준비 과정에서 설교문 작성이 필요한가에 대해 여러 논쟁이 있다. 필자는 설교문 작성이 꼭 필요하다는 태도를 견지한다. 그 이유는 14장의 'Ⅳ. 설교의 실제 5단계: 설교문 작성하기'에서 설명한다.

지고 6단계로 나누어 다룬다. 만약에 설교를 규범에 맞게 그리고 은혜롭게 준비하고 선포하기를 원한다면 본서의 4부에서 제시하는 방식의 전 과정을 빼놓지 않고 따라 하는 것이 필요하다. 자신이 하던 방식이 있을지라도 잠시 옆으로 치워놓는 것이다. '레시피'대로 하는 것이다.

본서에서 제시하는 원리와 방법은 국내외에서 출간된 설교학 교재를 두루 참고하였다. 또한 필자의 오랜 강단 경험을 바탕으로 마련된, 이론과 현장이 두루 통합된 방식이다. 가장 효율적이고 모범적인 방법의 하나임을 자신 있게 말할 수 있다. 본서에서 제시하는 방식을 따라 연습한다면 효율적이면서 모범적으로 설교를 준비하고 선포할 수 있게 될 것이다. 이런 과정을 반복 연습하고 훈련을 쌓는 것이 중요하다. 그러면 본서에서 제시하는 방법을 뛰어넘어, 자기 나름대로의 방안을 서서히 확보하여 은혜롭게 선포할 수 있는 수준까지 발전할 것이다.

2. 설교 작성의 전 과정을 이해하여야 하는 이유

❶ 효율적인 설교 준비를 위해 필요한 요소들

'설교의 실제(實際)'는 설교의 준비와 설교문 작성 그리고 선포에 이르는 과정의 원리와 구체 방법을 학습하는 것이다. 그런데 이런 일련의 과정 중에 가장 중요한 것이 설교문 작성 과정이다. 설교의 선포는 준비된 설교문을 기반으로 하여 행하여진다. 따라서 설교문이 바르게 준비되어 있으면 설교 준비는 거의 마쳤다고 할 수 있다. 그러면 설교문 작성을 위한 일련의 절차를 어떻게 세울 수 있을까? 이를 위해서는 한 편의 설교가 준비되고 선포되기까지 어떤 요소가 필요한지를 먼저 이해해야 한다. 설교문을 효과적으로 준비하고 작성하기 위해서는 다음의 일곱 가지 요소가 골고

루 반영되어야 한다.[314]

- **하나의 목적(One purpose)**
  - 설교의 실제 준비 과정에서 가장 앞세워야 할 것은 설교의 목적을 설정하는 것이다.

- **하나의 필요(One needs)**
  - 설교는 회중의 상황을 고려하고 이들의 필요를 채워 주는 방향으로 구성되어야 한다.

- **하나의 본문(One text)**
  - 설교의 목적과 회중의 필요를 충족시켜 줄 수 있는 성경 본문을 효과적으로 확보해야 한다.

- **하나의 주제와 이미지(One subject & image)**
  - 성경 본문에서 확보한 핵심 내용을 가지고 설교의 목적과 필요를 고려하면서 주제를 확정하고 이를 이미지화해야 한다.

- **하나의 교리(One doctrine)**
  - 성경 해석과 설교문 작성은 탄탄한 신학적 이해를 바탕으로 진행되어야 한다. 설교문 전반을 떠받들고 있는 신학을 하나의 교리로 표현하여야 한다.

---

314) 본서에서 제시하는 설교문 작성에서 고려해야 할 일곱 가지 요소는 폴 스캇 윌슨이 제시한 여섯 가지 요소를 기본으로 하여 한국 교회 실정에 맞게 변용한 것이다.
폴 스캇 윌슨은 한 편의 설교문을 짜임새 있게 작성하려면 다음의 여섯 가지 요소를 고려하여 설교의 전 과정을 규율해야 한다고 말한다.-Paul S. Wilson, *The Four Pages of the Sermon* (Nashville: Abingdon, 1999), 45-56.
- 하나의 본문(One text).
- 하나의 주제문(One theme sentence).
- 하나의 교리(One doctrine).
- 하나의 필요(One needs).
- 하나의 이미지(One image).
- 하나의 사명(One mission).

■ 하나의 행동(One action)
- 설교를 들은 회중이 행동하기를 원하는 것은 무엇인가? 설교의 목적과 회중의 필요를 고려하여 이를 정해야 한다.

■ 하나의 복음(One gospel)
- 설교는 하나님의 말씀이 되어야 한다. 이를 위해서는 성경에 기반을 둘 뿐 아니라 복음의 관점에서 선포되어야 한다. '그리스도 안(in Christ)'에서 성경을 해석하고 설교화하는 것이다. 이것이 성경적인 설교가 되면서 복음적인 설교가 되는 비결이다.

위의 일곱 가지 요소를 고려할 때 설교문 작성의 구체적인 절차를 마련할 수 있다. 이런 절차를 마련하는 것은 효과적으로 설교를 작성하고 선포하기 위한 것이다. 많은 설교자가 주먹구구식으로 설교를 준비하는 경우가 있다. 그러면 우왕좌왕하면서 불필요하게 시간을 낭비하게 된다. 표준화된 절차를 마련하고 여기에 맞추어 설교를 준비하고 선포하는 것을 익혀야 한다. 처음에는 불편하지만 익숙해지면 시간을 절약하면서 가장 효과적으로 설교를 준비할 수 있게 된다.

❷ 설교 준비와 작성과 선포의 전 과정 이해하기

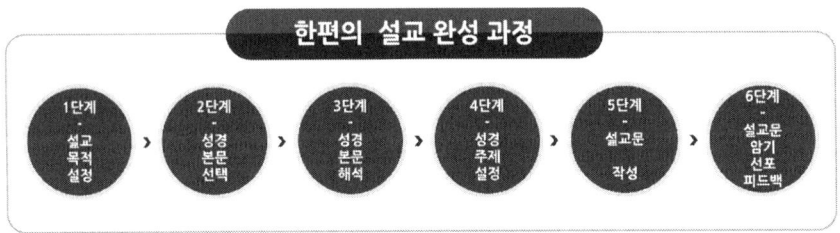

그러면 위에서 말한 일곱 가지 요소를 고려하면서 어떻게 효과적인 절차를 마련할 것인가? 다음과 같이 여섯 가지 절차를 마련할 수 있다.

■ 1단계: 설교 목적 마련하기
- 회중의 필요를 고려하면서 설교를 통하여 얻고자 하는 효과를 목적으로 설정한다.

■ **2단계: 성경 본문 확정하기**
- 설교의 근거가 될 성경 본문을 확정한다.

■ **3단계: 성경 본문 연구하기**
- 성경 본문을 주석서 등 다양한 자료를 확보하여 깊이 있게 연구한다.

■ **4단계: 설교 주제와 주 이미지 설정하기**
- 성경 본문 연구를 통해 설교 주제와 이미지를 설정한다.

■ **5단계: 설교의 형태를 결정하고 설교문 작성하기**
- 구체적인 설교 형태를 결정하고 실제로 설교문을 작성한다.

■ **6단계: 설교 암기와 선포하기 및 피드백하기**
- 작성된 설교문을 효과적으로 암기하고 담대하게 선포하고 피드백한다.

그러면 설교 작성의 6단계를 알아보자.

II. 설교의 실제(實際) 1단계: 설교 목적 세우기

1. 설교 목적의 중요성 인식하기

도시 변두리에서 조그마한 교회를 섬기는 목회자가 있었다. 부활절을 맞이하여 열심히 설교를 준비했다. 성경 본문을 충실히 연구하고 설교문도 정성껏 작성했다. 충실하게 준비한 만큼 자신감도 생기는 것 같았다. 강대상에서 힘 있게 선포했다. 설교를 마쳤을 때는 마음이 뿌듯했다. 역시 시간을 들여 준비한 보람이 있다고 생각했다. 주일 예배가 끝나고 사택으로 돌아와 사모에게 물었다. "오늘 설교 어떠했어요?" 기대 반 걱정 반으로 조심히 물었다. 사모는 "좋았어요. 그런데 오늘 설교를 왜 했어요?" 타박이 아니었다. 사모는 여느 때와는 달리 많은 은혜를 받았다. 그런데 설교를 들으면서 설교 내용이 교회 형편과 잘 맞지 않는다는 생각이 들었다. 초점이 분명하지 않은 흐릿한 영화를 보는 것 같았다.

설교자는 뒷머리를 크게 맞은 것 같았다. 설교를 열심히 준비했지만, 왜 설교하는지에 대한 뚜렷한 이유가 없었기 때문이다. 오랜 시간을 목회했지만, 목적에 따라 설교를 준비해야 한다는 것을 알지 못했다. 그래서 아내가 '왜 설교했느냐?'라고 물었을 때 답을 할 수 없게 된 것이다. 그는 지금껏 해 온 자신의 설교 준비 과정에 큰 문제가 있었다는 것을 알게 되었다. 설교하는 이유도 없이 설교를 준비한다는 것은 초점이 맞지 않은 영상을 스크린에 띄우는 것과 같기 때문이다.

목회자를 때로는 망망대해를 항해하는 배의 선장에 비유한다. 키를 잡은 배에는 많은 승객과 화물이 실려 있다. 배를 목적하는 항구로 안전하게 항해할 책무가 있는 것이다. 선장은 틈틈이 배를 둘러보고 안전 상태를 확인한다. 승객들에게 불편한 것은 없는지 친절하게 물어보기도 한다. 책임감과 배려심이 많은 선장이라는 것을 주변에서 인정한다. 한 승객이 다가와 선장에게 "이 배는 어디로 향하고 있습니까?"라고 물었다. 그런데 이때 선장이 제대로 답변하지 못하고 "글쎄요"라고 한다면 어떻게 될까? 승객들은 선장의 자격을 심각하게 의심할 것이다.

설교자는 매 주일 말씀을 열심히 준비해야 한다. 그러나 제대로 준비해야 한다. 승객이 목적지를 물었을 때 "예, ○○○로 향하고 있습니다"라고 답할 수 있는 선장처럼, "나는 이 설교를 이런 목적 때문에 준비했습니다"라고 말할 수 있어야 한다. 설교의 목적이란 설교를 통해 얻고자 하는 것이다. 이를 해돈 로빈슨은 "설교의 목적이란 설교의 결과로써 듣는 이의 마음속에 일어나리라고 기대하는 것을 밝히는 것"[315]이라고 설명한다.

많은 설교자는 성경 본문을 충실히 연구하여 이를 설교로 전하기만 하면 된다고 생각한다. 설교의 목적을 세우는 것을 사소한 것으로 생각한다. 설사 그 필요성을 이해하더라도 체계적으로 준비하고 설교에 반영하는 경우도 드물다. 설교 목적의 중요성과 방법을 이해하지 못하였기 때문이다.[316] 설교 목적 세우기는 사소한 것이 아니다. 이것은 이후에 진행되는 절차인 성경 본문 선정과 주제 설정 그리고 설교의 내용을 결정하는 데 큰 영향을 끼친다. 또한 이는 선명하면서 설득에 성공하는 설교가 되기 위한 핵심 요소이다.

2. 설교 목적 세우기를 위한 전략

❶ 회중의 필요를 고려하며 설교 목적 세우기

그러면 설교 목적을 어떻게 세울 것인가? 회중의 입장에서 이들의 필요를 고려하면서 목적을 세우는 것이 중요하다. 많은 목회자는 설교자 자신의 입장에서만 설교 목적을 설정하려고 한다. 이것은 마치 배의 선장이 승객의 입장은 고려치 않고 자신이 임의대로 방향을 정하여 운행하려는 것과 같다. 배의 키를 잡은 선장은 자신이 가고자 하는 방향으로 배를 항해하는 것이 아니다. 승객들이 원하는 곳으로 방향을 정해야 한다. 그렇다고 승객의 입장만 고려해서는 안 된다. 배의 주인인

---

315) Haddon W. Robinson, *Biblical Preaching: The Development and Delivery of Expository Messages*, 박영호 역, 『강해설교』 (서울: 기독교문서선교회, 2007), 131.
316) 앤드류 블랙우드는 설교가 회중에게 제대로 이해되지 못하는 가장 큰 이유 중 하나를 설교자가 설교 목적에 대한 분명한 인식과 설정이 없기 때문이라고 한다. 효과적인 전달을 위해 설교를 하는 이유와 목적을 하나의 문장으로 분명하게 서술할 수 있어야 한다고 말한다.-Andrew W. Blackwood, *The Preparation of Sermons* (Nashville: Abingdon-Cokesbury, 1948), 40-43.

선주의 입장도 고려해야 한다. 선주와 승객의 입장을 모두 고려하여 배의 방향을 정하여야 하듯이 설교자도 하나님의 뜻과 설교를 듣는 회중의 필요를 고려하여 설교 목적을 정해야 한다.

설교자는 말씀 선포를 통해 이루시려는 '하나님의 뜻'을 비교적 쉽게 확보할 수 있다. 성경 본문 연구와 지속적인 기도 생활로 하나님과 영적 교제가 활발하게 이루어지면 교회와 회중을 향한 하나님의 뜻을 이해할 수 있다. 그러나 설교를 듣는 회중의 필요를 파악하기란 쉽지 않다. 성도들의 형편을 잘 알 것 같아도 실제로 회중의 필요를 꼽아 보려면 쉽게 떠오르지 않는다. 또한 설교의 목적을 일반적인 회중에게 맞출 것인지, 범위를 좁혀 교회의 특정 계층에게 맞추어 설정할지를 결정하는 것도 쉽지 않다. 우선은 설교 목적을 교회의 어떤 계층에 맞출 것인지를 결정해야 한다.

이에 대하여 신문 기자들이 기사를 작성할 때 취하는 자세가 도움이 될 것이다. 기자는 입사하면 기사를 작성하기 위한 훈련을 받는다고 한다. 그런 훈련의 하나가 기사를 '관점(觀點)'을 가지고 작성하는 것이다. 여기에서 기사를 쓰는 목적이 구체화되기 때문이다. 우선은 기사를 읽는 사람이 일반 국민인 것을 가정하고 작성한다고 한다. 그러나 신문사는 한편으로 지향하는 가치와 방향성이 있고, 이에 호응하는 독자층이 있게 마련이다. 특히 정치 관련 기사는 신문사마다 독자층이 뚜렷이 구별되고 나누어진다. 따라서 기자는 일반 국민의 관점을 고려하면서도 한편으로는 자사 독자의 입장을 고려하면서 기사를 작성한다고 한다. 그래야 초점이 분명하고 독자의 필요를 채워 주는 기사가 되기 때문이다.

설교자 역시 마찬가지이다. 설교의 목적을 세울 때 우선은 교회의 일반 성도들을, 나아가 세상의 일반 사람들을 대상으로 해야 한다. 세상을 향한 하나님의 부르심과 초청이 설교이기 때문이다. 그러나 한편으로 교회의 특정 계층에 초점을 맞추어야 한다. 그래야 설교가 보다 초점이 분명하고 설득력이 높아지기 때문이다. 그런데 이렇게 특정 계층의 필요를 채워 주는 설교가 되면 이에 속하지 않는 계층은 소외되는 것이 아니냐 하는 의문이 들 수 있다. 이에 대하여 해돈 로빈슨은 설교의 대상에서 특수성을 강조할수록 오히려 설교의 일반적 성격이 높아진다고 말한다.[317] 따라

---

317) 해돈 로빈슨은 메시지가 직접적이고 구체적일수록 더욱 보편적이 된다고 말한다. Haddon W. Robinson, Craig B. Larson, eds, *The Art and Craft of Biblical Preaching*, 전의우 등 공역, 『성경적인 설교와 설교자』(서울: 두란노, 2006), 169.

서 설교자는 설교의 목적을 정할 때 일반성을 갖도록 하면서도 특수성이 견지되도록 하여야 한다. 그러나 이런 방식을 실제로 설교에 반영할 때는 이론처럼 쉽지가 않다. 설교 목적을 세우기 위한 이런 원칙을 이해하고 현장에서 훈련과 시행착오를 통해 스스로 터득할 수밖에 없다.

❷ 설교 목적 세우기 구체 방법

a. 큰 범위에서 목적 세우기

그러면 설교 목적 세우기를 위한 구체적인 전략은 무엇인가? 목적을 세움에 있어서는 우선은 큰 범위를 설정해야 한다. 대부분의 설교학 교재에서는 설교 목적에 따라 설교를 다음 네 가지로 분류하고 있다.[318]

목적에 따른 설교 분류
- 복음설교
- 양육설교
- 치유설교
- 사회적 선지 설교

■ **복음 설교(Kerygmatic preaching)**[319]
• 예수 그리스도의 탄생과 사역과 부활과 승천이라는 일련의 과정을 '복음(Good News)'의 관점에서 설교하는 것이다. 그리스도를 통하여 세상과

---

[318] J. Daniel Baumann, *An Introduction To Contemporary Preaching*, 정장복 역,『현대 설교학 입문』(서울: 도서 출판 엠마오, 1983), 288-311.

[319] ■ 설교를 목적에 따라 구분할 때 통상적으로 본서에서 제시하는 것처럼 네 가지로 분류한다. 그러나 크게는 복음 설교와 양육 설교로 나누기도 한다. 그렇다면 복음 설교와 양육 설교의 차이를 이해하는 것이 필요하다. 이에 대하여 찰스 도드(Charles H. Dodd)는 초대 교회에서 '설교하는 목적(to preach)'은 대체로 '복음을 전하는 것(the gospel)'이었다고 한다. 복음 설교와 양육 설교는 비교적 명확히 구분되었다. 초대 교회에서는 하나님을 기쁘시게 하는 것은 복음을 전파하는 것(kerygma)이지 가르치는 것(didache)이 아니라고 여겼다. 복음을 선포하는 것은 불신자를 향한 선포이고 가르치는 양육 설교는 이미 그리스도를 받아들인 기존 교인에 대한 도덕적인 교훈을 설교하는 것이기 때문이다. 초대 교회는 가능한 한 많은 불신자에게 복음을 선포하려는 열망을 가지고 있었음을 짐작게 한다.-Charles H. Dodd, *The Apostolic Preaching and Its Developments* (New York: Harper, 1935), 7,8.

■ 한편 로버트 마운스(Robert Mounce)는 복음 설교와 양육 설교와의 관계를 다음과 같이 말한다.
"…그런 의미에서 케리그마 설교는 놓여진 초석이요, 디다케는 그 초석 위에 세워진 진리의 체계이다. 그러므로 이 두 요소가 병존하지 않고는 완벽한 진리의 집을 세울 수 없다."-Robert Mounce, *The Essential Nature of New Testament Preaching*, 42-43. 정장복,『한국 교회의 설교학 개론』(서울: 예배와 설교 아카데미, 2001), 142,143에서 재인용.

화목하기를 원하시는 하나님의 뜻(고후 5:19)을 선포하는 것이다.

■ 양육 설교(Didactic preaching)
- 교훈적 설교라고도 한다. 그리스도인으로서의 정체성을 심어 주어, 세상에서 '빛과 소금'으로 살아가도록 양육의 관점에서 선포하는 설교이다.

■ 치유 설교(Therapeutic preaching)[320]
- 설교로 회중의 상처를 진단하고 치유하고 회복하려는 말씀을 의미한다. 말씀을 들으면서 예수님의 손길을 느끼고 치유와 회복의 역사가 일어나는 것은 예수님 시대뿐 아니라 오늘의 시대에도 같다. 설교자는 말씀의 치유 능력을 믿고 적절한 말씀 선포로 회중의 문제를 해결하고 치유하려는 자세를 가져야 한다.

■ 사회적 선지 설교(social prophetic preaching)
- 사회의 제반 문제를 진단하고 해결책을 제시하는 설교를 의미한다. 인간이 살아가는 사회에서는 어느 곳이든 개인과 공동체 차원에서 문제는 일어난다. 인간 사회에서의 문제를 정치, 사회, 과학 등 인본적인 방식으로 해결하는 것에는 한계가 있다. 이런 문제 이면에는 죄악 된 본성을 가진 인간들의 탐욕과 이기심, 그리고 교만으로 인한 갈등이 자리를 잡고 있기 때문이다. 설교자는 선지자의 자세로 사회의 크고 작은 문제들을, 하나님의 관점에서 성경적으로 분석하고 해결책을 제시하여야 한다.

b. 범위를 좁혀 목적 세우기

설교 목적을 큰 범위에서 복음 설교, 양육 설교, 치유 설교, 사회적 선지 설교 중 하나로 정했으면 다음에는 좁혀서 설교 작성에 실제 도움을 줄 수 있는 구체적인 목적을 설정해야 한다. 어떻게

---

[320] 헨리 데이비스(Henry G. Davis)는, 설교자는 회중의 현재 상태나 조건, 정신적 문제나 신앙의 침체로 인한 문제가 생겼을 때 이를 설교로 치유하여야 한다고 말한다. 이런 목적으로 행하는 설교를 치유적인 설교(therapeutic preaching)로 부를 것을 제안한다.-Henry G. Davis, *Design for Preaching* (Philadelphia: Muhlenberg Press, 1958), 127.

좁은 범위로 설교 목적을 설정할 수 있을 것인가? 매 주일의 회중과 교회 상황, 목회 방침, 성경 본문에 따라 다양한 모습을 보일 수밖에 없다. 일률적으로 정할 수가 없다. 그렇다고 중구난방식으로 정해서도 안 된다. 하나의 원칙을 가지고 설교 목적을 세부적으로 정해야 한다. 이것은 '설교란 무엇인가'란 설교론과 관련이 있다. 설교란 인간의 삶의 문제를 진단하고 이를 하나님의 말씀으로 해답을 제시하는 것이다. 그렇다고 인간이 살아가면서 부딪히는 모든 문제를 대상으로 하는 것이 아니다. 인간의 실존적 한계 때문에 일어나는 문제를 대상으로 한다. 세상에는 사람들이 수많은 어려움을 가지고 살아가는 것 같지만 그 뿌리를 파헤치면 결국 모든 어려움은 인간의 실존적 한계에서 시작하는 것이다.

예를 들어 보자. 한반도에 살았던 신라 시대, 고려 시대, 조선 시대와 현대의 한국인을 한자리에 모이도록 했다고 하자. 이들의 겉모습은 서로 큰 차이가 있다. 입고 있는 옷이 다르고 살고 있는 문화 배경이 다르기 때문이다. 그러나 벗은 몸으로 한자리에 모이도록 하면 차이가 나지 않는다. 구별이 안 되는 것이다. 그럴 뿐만 아니라 고민하는 문제 역시 크게 차이가 나지 않는다. 모두가 동일하게 인간의 실존적 문제에 직면하여 고통받고 두려워하며 살아가는 것이다. 삶의 불확실로 인한 불안, 자신의 무능력으로 인한 공포, 죽음 후의 삶에 대한 두려움 때문에 떨고 있는 나약한 인간의 모습을 하고 있다.

설교는 삶의 허상과 인간의 실존적 한계를 드러내 보이고 하나님의 형상을 회복한 온전한 인간으로 살아갈 수 있는 길을 제시하는 것이다. 에덴동산에서 광야로 추방되었던 인간이 '그리스도 안에서' 하나님의 품으로 돌아올 때 아픔, 분노, 불안, 두려움, 공포에서 벗어나 확신, 소망, 사랑의 관계를 회복하게 되는 것을 보여 주는 것이다. 좁은 범위에서 설교 목적을 세운다는 것은 아픔과 두려움을 경험하는 회중에게 '그리스도 안에서' 하나님과의 화목의 방편과 그로 인한 기쁨을 제시하는 것이다.[321] 따라서 설교 목적을 구체적으로 세우기 위해서는 어떤 형식을 취한다고 할지라도 '불화로 인한 두려움-그리스도 안에서 화목과 기쁨'의 구조가 한 문장 속에 포함되도록 해야 한다.

---

321) 성경은 하나님과 사람의 화목을 위해 그리스도께서 이 땅에 오셨음을 말씀한다. 로마서 5장 10, 11절에서는 "곧 우리가 원수 되었을 때에 그의 아들의 죽으심으로 말미암아 하나님과 화목하게 되었은즉 화목하게 된 자로서는 더욱 그의 살아나심으로 말미암아 구원을 받을 것이니라 그뿐 아니라 이제 우리로 화목하게 하신 우리 주 예수 그리스도로 말미암아 하나님 안에서 또한 즐거워하느니라"라고 말씀한다.

이렇게 '부정-긍정의 구조'로 설교 목적을 세우면 보다 명확하게 성경 해석이 가능하고 회중에게 초점을 맞춘 선명한 주제 설정도 가능하게 된다. 이에 대한 구체 방법은 '14장 설교문 작성하기'에서 설명한다.

III. 설교의 실제(實際) 2단계: 성경 본문 선택하기

1. 큰 범위에서 본문 선택 방법

설교 목적이 설정되었으면 다음 단계는 성경 본문을 선정하도록 한다. 능력 있는 설교자는 성경 본문을 무턱대고 선택하지 않는다. 설교자 자신과 회중 및 교회 상황을 고려하면서 심사숙고하여 결정한다. 성경 66권의 본문이 모두 귀중한 하나님의 말씀이다. 그러나 설교자는 성경 본문 선정에서도 '전략적 자세'를 취해야 한다. 아무 생각 없이 선정하는 것도 문제지만, '이상향(理想鄉)'에 젖어 '골고루' 영의 양식을 주어야 한다는 생각으로, 설교하기에 까다로운 본문을 선택해서도 안 된다. 말씀을 구성하고 선포하기에 보다 용이한 본문, 하나님의 뜻을 충분히 드러내면서 회중들의 필요를 채워 줄 수 있는 본문, 역동적인 설교 구성이 가능한 본문을 선정해야 한다. 이렇게 전략적으로 선택하려면 다음의 두 단계를 거쳐야 한다. 먼저 큰 범위에서 선택하고 다시 범위를 좁혀 선정하는 것이다. 큰 범위에서 선정할 때는 다음의 방식이 있다.

❶ '성서 일과(聖書日課, lectionary)'로 선택하는 방법

a. 교회력에 따른 성서 일과란 무엇인가?

일부 목회자 사이에서 교회력에 의한 성경 본문 선택에 대하여 그 효과를 지나치게 많이 기대하는 경향이 있다. 이런 방식으로 성경 본문을 선택하면 가장 효과

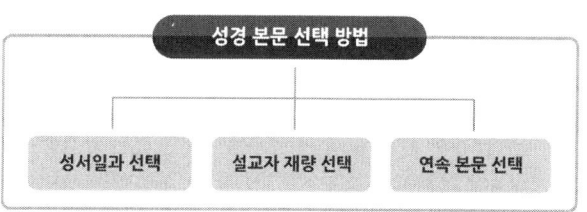

적으로 설교를 구성할 수 있다고 생각한다. 그러나 실제로는 그렇지 않다. 교회력에 따른 성서 일과로 선택하는 방법과 다음 항목에서 설명하는 목회자 자유재량에 의한 선택 방법 등은 각각의 장단점을 가지고 있다. 어느 방법이든 절대적으로 강점만 가진 방식은 없다. 각각의 방식에 대한 장단점을 알고 '자신만의' 최적의 방식을 찾아내는 것이 중요하다. 이를 위해서는 먼저 교회력에 따

른 본문 선택이 무엇을 뜻하는가를 정확히 이해해야 한다.

목회 현장에서는 '교회력으로 성경 본문을 선택'한다는 용어를 많이 사용한다. 그러나 이는 약칭이다. 정확한 용어는 '교회력에 따라 미리 날짜별로 배치된 성서 일과에서 본문을 선택하는 것'이 된다. '교회력'과 '성서 일과'란 두 개념이 합하여진 것이다. 그렇다면 교회력이란 무엇인가? 교회력이란 "그리스도의 구속사를 1년 주기로 하여 교회가 지키는 기념일로 그리스도의 탄생과 죽음, 부활과 재림으로 완성되는 구원 역사를 매년 재현하는 것"[322]이다. 소위 '교회용 달력'이라고 할 수 있다.

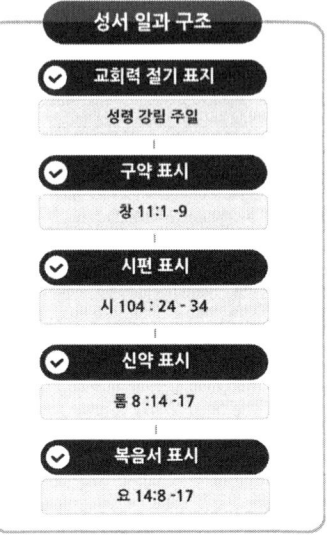

교회력은 크게 두 개의 절기가 기둥이 되도록 구성되어 있다. 주님이 세상에 오심을 기념하는 '성탄 절기(대림절-성탄절-주현절)'와 주님이 부활하심을 기념하는 '부활 절기(사순절-부활절-성령강림절)'이다. 그리고 두 기둥 사이에 '일반 절기'가 배치된다. 그렇다면 교회력은 '성탄 절기-일반 절기-부활 절기'로 구성되어 있다고 하겠다.

교회력에 따른 성서 일과는 이렇게 미리 정해진 절기에 따라 여기에 적합한 성경 본문을 배정하여 하나의 표로 만든 것이다.[323] 교회력의 해당 절기에 따른 성서 일과는 표에서 보는 것처럼, 맨 위 칸에는 해당 절기의 이름이 기재되어 있고, 그 아래로 4개의 성경 본문(구약, 시편, 신약, 복음서)이 배정되어 있다. 교회력에 따른 성서 일과에 맞추어 성경 본문을 선택한다는 것은 '성서 일과' 표에 따라 4개의 본문 중 하나를 선택하여 설교를 준비한다는 것을 뜻한다. 예를 들어 2023년 부활주일의 설교 본문을 선정할 때는 표에서처럼 4개의 본문 중 하나를 선택하여 이를 설교의 본문으로 삼는 것을 의미한다.

---

322) 주승중, 『은총의 교회력과 설교』 (서울: 장로회신학대학교 출판부, 2014), 65.
323) 대한 예수교 장로회 총회(통합)에서는 매년 연초가 되면 해당 연도의 교회력에 따른 성서 일과를 발표하고 있다.

b. 교회력에 따른 성서 일과로 선택했을 때 장단점

이런 방식으로 본문을 선택하면 성경의 전 분야를 골고루 설교할 수 있다는 장점이 있다. 목회자가 특별한 기준 없이 임의로 성경 본문을 선택하면 특정 부분만 선택하여 설교하게 되는 약점이 있다. 이런 약점을 피하면서 성경의 전 부분을 성도들에게 골고루 영의 양식으로 제공할 수 있다.

또 하나의 장점은 기독교 교리에 기반한 설교가 가능하다는 점이다. 교회력은 그리스도의 세상에 오심과 죽으심과 부활 및 승천에 따라 절기를 정하고 이것에 맞추어 성경 본문을 배정한 것이다. 기독교 기본 교리가 교회력의 구성과 성서 본문 배정에 이미 내포되어 있다. 설교자가 성경 본문에 내포된 교리를 이해하면서 설교를 구성하면 기독교 교리에 기반한 보다 깊은 설교를 할 수 있는 장점이 있다.

그리고 성도들에게 매년 초에 교회력에 따른 성서 일과표를 나누어 주면 성도들은 집에서 해당 주일의 성경 본문을 미리 공부하고 교회에 와서 설교를 들을 수 있다는 장점도 있다. 그만큼 설교를 깊이 있게 들을 수 있다.

그러나 이런 방식을 선택할 때 단점도 있다. 무엇보다도 설교자의 본문 선택의 폭이 좁아진다는 것이다. 설교자가 교회 실정에 따라 재량을 가지고 선택하는 것이 아니라, 미리 정해진 성서 일과에 따라 본문을 선택하면 해당 주일에 필요한 말씀을 구성하기가 어렵다. 또 하나의 문제점은 교회력에 따른 성서 일과가 서양의 기독교 전통을 기반으로 하기에 한국과 같은 유교 문화권에서는 맞지 않는 부분이 많다는 것이다. 이런 단점이 있기에 현장에서 이런 방식으로 성경 본문을 선택하는 목회자는 많지 않다.

❷ 목회자 자유재량에 따른 본문 선택

목회자가 매 주일 설교에 필요한 성경 본문을 자유롭게 선택하는 것을 말한다. 목회자들이 가장 많이 사용하는 방법이다. 설교자가 목회적인 필요와 교회 상황을 고려하면서 주일마다 자유롭게 본문을 택하여 설교한다. 목회자의 창의적인 설교가 가능하고 무엇보다도 회중의 필요와 교회 실정을 반영하여 설교할 수 있다는 장점이 있다. 하지만 설교자가 꾸준히 성경 연구를 하지 않으면 특정 부분의 성경 본문만 선택하게 된다. 설교자가 자신에게 익숙한 본문, 쉽게 설교를 준비할 수 있는 본문만 선택하게 되기 때문이다. 그러면 성경의 어느 한 부분에만 편중하여 설교하는 약점이 있다.

❸ 연속적인 본문 선택 방법

성경의 각 권 중 한 권을 선택하여 연속적으로 설교하는 방식이다. 예로 창세기를 선택하였으면 창세기 1장에서 50장까지 연속하여 본문을 선택하여 설교하는 것이다. 칼빈과 같은 종교개혁자들이 많이 사용한 방식이다. 주로 강해 설교 방식과 결합하여 사용된다. 예로 성경의 장과 절을 따라 강해(verse by verse preaching)하면서 연속하여 설교하는 방식이다.

이런 방식은 성경 본문 선택에 있어 시간을 크게 절약할 수 있다. 또한 설교가 성경의 한 부분에 편중되지 않고 전체에 걸쳐 골고루 설교할 수 있고, 성경 본문에 충실한 설교를 할 수 있는 이점도 있다. 그러나 단점도 만만치 않다. 비슷한 내용과 분위기를 가진 본문을 매주 연속하여 설교하기에 회중이 지루해할 수 있다. 또한 성경 본문이 미리 정해져 있기에 교회와 회중의 필요에 맞는 적절한 설교를 하기가 어렵다. 무엇보다도 회중이 성경에 대한 상당한 수준의 지식을 가지고 있지 않으면 회중에게 어려운 설교가 되기 쉽다.

❹ 어떤 방식이 효과적인가?

그러면 교회력에 따른 성서 일과로 선택하는 방법과 목회자의 자유재량에 따른 선택 그리고 연속 본문 선택 방식 중 어느 것이 가장 효과적인 방법일까? 정답은 없다. 이들 세 가지 방식이 등장하게 된 것은 현장에서의 목회 필요성이 있기 때문이고 또한 각각의 역사적 배경도 가지고 있다. 어느 한 방식이 다른 방식보다 더 효과적이라고 말할 수 있는 성질의 것이 아니다. 이들 방식 중에 자신의 설교 스타일과 회중의 형편과 교회 실정을 고려하면서 최적의 답을 찾는 수밖에 없다.

어느 방식을 사용하든 연 단위로 '연중 설교 계획'을 미리 수립하고 이에 맞추어 성경 본문을 선택하여 설교하는 것이 좋다. 연도 말에 다음 해에 역점을 두어야 할 목회 방향을 세워 놓고 여기에 맞추어 1년의 설교 계획을 '달' 단위로 미리 짜 놓는 것이다. 그리고 매 주일의 성경 본문은 그달의 설교 주제에 맞추어 선택하여 설교하는 방식이다. 예를 들어 ○○○ 교회에서 그해 설교의 대주제를 '하나님을 경외하는 성도로 가득 찬 교회'로 정했다고 하자. 그러면 매달의 설교 주제를 다음과 같이 정할 수 있을 것이다.

- 1월: 하나님을 어떻게 경외할 것인가?
- 2월: 예배로 하나님을 경외하는 교회
- 3월: 복음의 씨앗을 뿌리며 하나님을 경외하는 성도
- 4월: 십자가를 따라 하나님을 경외하는 성도
- …

이렇게 '연중 설교 계획'에 따라 주제를 정하고 성경 본문을 선정한다면 목회의 큰 그림이 그려지면서 설교도 짜임새 있게 준비할 수 있다. 그러나 연 단위로 설교 계획을 세우려면 어느 정도 목회 경험과 성경에 대한 해박한 지식이 있어야 가능하다. 우선은 달 단위로 설교 계획을 세워서 성경 본문을 선택하도록 습관을 만드는 것이 중요하다. 이런 것이 몸에 익혀지면 점차로 연 단위로 설교 계획을 세워 실천하도록 한다.

2. 범위를 좁혀 본문을 선택하는 방법

❶ 구체적인 본문 선택은 전략적 관점에서 접근

우리는 지금까지 큰 범위에서 성경 본문을 선택하는 방법을 알아보았다. 그다음 단계는 범위를 좁혀 서재에서 어떻게 본문을 선택하는가를 알아야 한다. 먼저 성경 본문 선택의 중요성을 인식하여야 한다. 성경 본문 선택은 효과적인 설교 준비뿐 아니라 회중의 신앙 성장과 설교자의 지속적인 성경 연구에도 영향을 미치기 때문이다. 스펄전은 *Lectures to My Students*(『목회자 후보생들

에게』)에서 본문 선택의 중요성을 다음과 같이 말한다.

> 여러분, 매 주일 오전과 저녁에 교인들에게 무슨 말씀을 전하여야 하는가에 대한 문제를 매우 중요하고도 진지하게 생각하기 바랍니다. 모든 성경이 좋고 유익하지만, 모든 본문이 모든 경우에 똑같이 적절한 것은 아니기 때문입니다. 모든 것에는 적절한 시기가 있고, 시기에 더 적절한 것이 있습니다. 지혜로운 주부는 가족 한 사람 한 사람에게 적절한 시기에 적절한 음식을 제공하기 위해서 수고합니다. … 많은 보석 중에서 우리는 현재의 정황에 가장 알맞은 보석을 선택해야만 합니다.[324]

성경 본문 선택이 왜 중요한가? 그것은 성경 본문에 따라 설교 준비가 더욱 쉽고 은혜로운 설교가 될 수도 있고 그렇지 않을 수도 있기 때문이다. 예로 탁월한 요리사는 음식 재료를 선택할 때 주먹구구식으로 접근하지 않는다. 같은 음식을 만든다고 해도 어떤 재료를 선택하느냐에 따라 음식을 만들기가 쉬운 것이 있고 까다로운 재료가 있기 때문이다. 경험 많은 요리사는 재료를 선택할 때 손님의 입맛을 만족시켜 주면서 자신의 역량을 최고로 발휘할 수 있는 것을 선택한다. 설교자 역시 설교의 재료인 성경 본문을 선택할 때 다음의 요소를 고려하여 전략적으로 선택해야 한다.

a. 공예배 성격에 맞게 본문 선택

주일 오전 예배, 주일 오후 예배와 수요 예배 그리고 새벽 예배와 금요 심야 기도회는 예배의 성격이 각각 다르다. 예배의 성격이 다르면 설교의 성격과 내용도 달라져야 한다. 각 공적 예배의 성격에 따라 성경 본문 선택을 달리해야 한다.

b. 회중과 목회자의 필요를 동시에 고려하여 선택

성경 본문을 선택할 때, 회중이 설교를 통하여 얻고자 하는 것을 고려해야 한다. 그러나 한편으로 설교자의 필요도 고려해야 한다. 설교자는 설교 준비를 통해 성경을 연구할 수 있는 기회를 가

---

324) Charles H. Spurgeon, *Lectures To My Students*, 원광연 역, 『목회자 후보생들에게』 (고양: 크리스천다이제스트, 2009), 127.

지게 된다. 설교자는 폭넓은 성경 지식을 가지고 있어야 깊이 있는 설교를 할 수 있다. 그런데 성경과 신학 지식은 목회 현장에서 쌓아 나가게 된다. 신학대학원에서 배우는 학습 과정은 목회 현장에서 본격적으로 성경과 신학을 공부하기 위한 기본 과정이다. 일종의 '몸풀기'에 해당한다. 본격적인 성경 연구는 신학대학원을 졸업한 후에 목회 현장에서 시작된다.

어떻게 하면 목회 현장에서 깊고도 체계적인 성경과 신학을 연구할 것인가? 물론 설교 준비와 관계없이 매일 일정한 시간을 성경과 신학 연구에 할애할 수 있다. 그러나 가장 효과적인 것은 각종 공적 예배에 맞게 성경 본문 선택을 하여 회중의 필요를 채워 주면서 동시에 목회자의 학습 기회로 삼는 것이다. 다음과 같은 방식이 하나의 유용한 방법이 될 것이다.

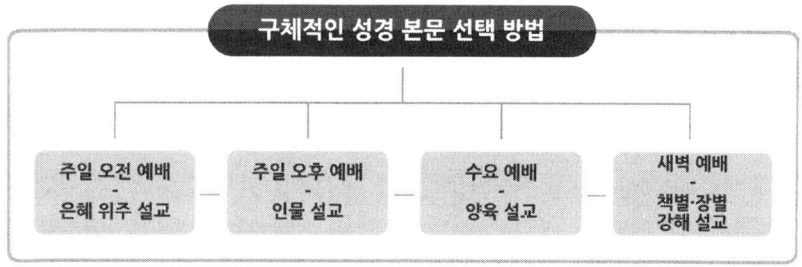

❷ 각각의 공예배에서 성경 본문 선택 방법

a. 주일 오전 예배(대예배) 설교

각각의 공예배 중에 주일 오전 예배가 가장 중요하다. 주일 예배에 대한 성도들의 기대감은 다른 예배와 비교할 바가 아니다. 주일 예배에서 말씀으로 은혜를 받으면 얼굴에 생기가 돌고 자신감을 보인다. 새 성도가 주일 예배에서 은혜를 받으면 정착률도 높아진다. 목회자는 주일 오전 대예배에 모든 것을 집중해야 한다. 이를 위해서는 주일 오전 예배는 무조건 '은혜주의'로 나가야 한다. 설교를 통해 성도에게 치유, 위로, 격려, 소망을 주도록 해야 한다. 따라서 은혜로운 설교가 가능한 본문을 선택해야 한다. 목회 철학을 '들먹이면서' 어려운 본문을 선택하여 설교하면 은혜와는 거리가 먼 딱딱한 설교가 되기 쉽다. 어떻게 하면 은혜로운 설교를 위한 성경 본문을 선택할 것인가? 다음 사항을 고려하면서 성경 본문을 선택하는 것이 좋다.

■ 사람의 이야기가 들어 있는 성경 본문을 선택한다

주일 오전 예배에 레위기와 같은 본문을 선택하면 어려운 설교가 될 수밖에 없다. 성도들에게 생소한 제사 절차를 소개해야 하고, 그 의미를 추상 명사로 설명할 수밖에 없기 때문이다. 이런 본문은 성도들의 양육과 교회의 성장을 위해서 필요하다. 그렇다면 다른 공적 예배로 돌리고 주일 오전 예배는 회중의 귀를 잡을 수 있는 내용을 선택해야 한다. 사람들의 이야기가 들어 있는 본문을 선택하는 것이 좋다. 사람은 본능적으로 다른 사람들의 이야기에 관심이 많기 때문이다. 성경 본문이 사람의 이야기에다가 갈등-해결의 구조로 되어 있으면 더욱 좋다. 그러면 설교에서 극적인 전환 과정을 만들 수 있고 회중은 크게 은혜를 받는다. 창세기의 요셉 이야기가 설교자들에게 가장 사랑받는 성경 본문이 된 것은 이런 이유에서이다.

■ 선택된 성경 본문은 하나의 완결된 중심 사상을 가지고 있어야 한다

선택한 성경 본문은 하나의 완결된 중심 사상을 가지고 있어야 한다. 사상의 시작과 끝이 성경 본문의 한 단락 안에 모두 포함되어야 한다. 그래야 설교도 완결된 사상을 충실하게 담아낼 수 있다. 이를 위해서는 성경에 표시된 단락 전체를 하나의 본문으로 선택하면 된다. 그러나 성경의 한 단락 안에서도 여러 사상과 내용이 중첩된 경우가 있다. 그럴 때는 한 단락을 전부 선택하지 않고 설교 주제를 좁게 잡아, 단락을 몇 개의 소단락으로 나눈 후 필요한 부분만을 취해야 한다.

예를 들어 요리사가 소고기로 요리한다면 특정한 부분만 선택하여 음식을 만들게 된다. 소의 등 쪽 부위를 선택할지라도 목심, 등심, 채끝을 골라 요리하게 된다. 나아가 목심과 같은 특정한 부분에서도 필요하다면 어느 한 부분만 잘라내어 요리할 수 있다. 성경 본문 선택도 한 단락 안에서 여러 내용과 사상이 들어 있다면 필요한 부분만을 잘라서

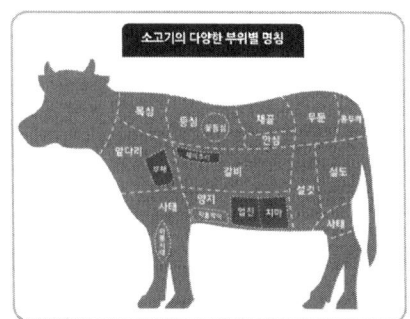

선택할 수 있다.

■ 회중에게 친숙한 성경 본문을 선택하는 것도 하나의 방법이다

많은 설교자는 새로운 본문을 선택해서 설교해야 회중이 흥미를 가진다고 생각한다. 그러나 회중은 새로운 것을 들으면서 은혜를 받는 것이 아니다. 오히려 익숙한 성경 본문을 선택해서 신선하면서 은혜롭게 설교할 때 감동한다. 예로 국민이 좋아하는 대중가요는 새로운 것이 아니다. 젊은 시절부터 들어온 익숙한 가요를 기가 막힌 실력으로 노래하면 즐거운 마음으로 듣게 된다. 회중에게 생소한 본문을 선택하여 설교하면, 본문의 배경 지식이 없기에 설교를 들으면서 어려워한다. 회중에게 익숙한 본문을 선택하되 성경 본문의 이면에 들어 있는 깊은 의미를 찾아내어 은혜롭게 전하는 것이 중요하다.

b. 주일 오후 예배

주일 오후 예배는 좀 더 편안한 자세로 들을 수 있게 설교를 구성하는 것이 좋다. 예로 아브라함, 다윗, 솔로몬의 신앙 모습이 들어 있는 본문을 선택하여 설교하는 것이다. 인물 설교를 통해 성도의 양육을 시도하는 것도 하나의 방식이다.

c. 수요 예배 설교

교회 핵심 일꾼을 양성한다는 목표로 양육 위주의 설교를 한다. 웨스트민스터 신앙고백서를 주교재로 하여 교리 교육을 할 수도 있다. 교리 교육을 통해 그리스도인이 갖추어야 할 자세를 교육하면서 자연스럽게 교회에 필요한 일꾼을 양성할 수 있다. 교리 교육을 통한 양육 설교는 PPT를 활용하면 효과적이다.

d. 새벽 예배 설교

새벽 예배 설교는 성도들에게 그날에 필요한 말씀을 들려주면서 한편으로 교회의 핵심 일꾼을 양성하는 계기로 삼아야 한다. 어느 교회이든 새벽 예배에 참석하는 성도는 교회의 핵심 일꾼이거나 그렇게 성장할 가능성이 크기 때문이다. 한편으로 새벽예배 설교는 목회자가 성경 전반에 걸쳐 체계적으로 공부할 수 있는 계기가 되도록 해야 한다.

새벽 예배 설교를 통해 교회의 핵심 일꾼을 양성하면서도 목회자의 성경 지식을 쌓는 계기로 삼기 위해서는, 창세기에서부터 요한계시록까지 전체 성경을 장별로 설교하는 본문 연속 설교 방식이 좋다. 책별, 장별로 강해 설교를 하면 교회의 핵심 일꾼들이 성경의 전반적인 사항을 배우게 되어 일반 성도와 구별되는 균형 잡힌 성도가 될 수 있다. 무엇보다도 목회자가 성경의 처음부터 마지막까지 공부할 수 있다. 이를 위해서는 오랜 시간을 끈기를 갖고 공부하여야 한다. 창세기에서 요한계시록까지 총 1,189장에 이르는 성경을 책별, 장별로 설교한다면 최소한 수년의 기간이 필요할 것이다. 몇 년의 성경 연구로 요한계시록까지 학습을 마쳤으면 다시 창세기부터 시작하는 것이다. 수년의 시간을 한 기간으로 정하고 반복해서 창세기부터 요한계시록을 강해 설교하면 성도들의 양육뿐 아니라 설교자의 성경과 신학 지식도 비약적으로 성장하게 된다.

Ⅳ. 성경 본문 선택은 유기적인 관계에서 이루어져야 한다

지금까지 본문 선택의 중요성과 효과적인 선택 방법 등을 설명했다. 먼저 설교 목적과 회중의 필요를 고려하면서 성경 본문을 선택해야 한다는 점을 말했다. 그런데 성경 본문 선택은 한편으로 목회자의 목회 철학에도 크게 영향을 받는다. 설교자의 목회관과 목회 방향에 따라 다양한 성경 본문을 선택하게 된다. 효과적인 성경 본문 선택을 위해서는 지금까지 설명한 여러 세부적인 사항을 고려할 뿐 아니라 설교자 자신이 건강한 목회 철학을 가지고 있어야 한다.

목회 철학이란 무엇인가? '나는 왜 목회하는가?'에 대한 답변이다. 올바른 목회 철학을 가진 설교자는 자신의 처지나 주변 환경에 영향을 받지 않는다. 어떤 어려움이 와도 극복하면서 주님이 주신 사명을 이루어 간다. 사도 바울이 대적자들에 둘러싸여 있으면서도 복음의 열매를 맺을 수 있었던 것은 확고한 목회 철학을 가졌기 때문이다. 그는 디모데전서 1장 12-20절에서 디모데에게 자신의 목회 철학을 피력한다. 특히 12절에서 "나를 능하게 하신 그리스도 예수 우리 주께 내가 감사함은 나를 충성되이 여겨 내게 직분을 맡기심이니"라고 말하면서 목회에 임하는 자세, 목회 철학의 한 단면을 보여 준다.

역사상으로 탁월한 능력을 발휘하며 많은 열매를 거둔 목회자는 한결같이 확고한 목회 철학과 이에 바탕을 둔 설교관을 가지고 있었다. 강력한 소명 의식과 열정이 없으면 누구도 열매를 거두는 데 필요한 수고와 인내를 견디어 낼 수 없기 때문이다. 역사상 가장 위대한 목회자요 설교자의 한 사람으로 추앙받고 있는 스펄전은 "목회에 대한 참된 소명이 있는 사람에게는, 반드시 하나님께서 우리의 영혼에게 행하신 일을 다른 사람들에게 전해 주고자 하는 갈망과 열정이 도저히 억누를 수 없을 만큼, 모든 것을 압도할 만큼 일어나는 법입니다"[325]라고 말한다.

효과적인 성경 본문 선택을 위해 왜 건강한 목회 철학이 필요할까? 성경 본문 선택을 제대로 하기 위한 것이다. 어떤 의미에서는 여러 요인을 고려하면서 성경 본문을 선택한다는 것은 상당히 번

---

325) Charles H. Spurgeon, *Lectures To My Students*, 원광연 역, 『목회자 후보생들에게』 (고양: 크리스천다이제스트, 2009), 40.

거로운 과정이다. 특별한 절차를 거치지 않고 바로 본문을 선택하고 설교문을 작성하는 것이 더 효율적으로 보일지도 모른다. 그러나 자신을 부르신 주님의 마음을 살핀다면, 그 주님의 마음으로 회중을 바라보며 설교를 준비하려고 한다면 첫 단계인 성경 본문 선택을 대충 할 수는 없는 것이다.

한편 바른 목회관과 설교관은 성경적인 교회관으로 이어져야 한다. 설교가 선포되고 실현되는 곳이 교회이기 때문이다. 교회란 무엇이며 어떤 목적을 가지고 세워졌으며 어떻게 그 목적을 이룰 것인가에 대한 분명한 교회관이 있어야 한다. 칼빈은 교회를 다음과 같이 말한다.

> 하나님께서는 그의 자녀들을 교회의 품속으로 모으셔서 유아와 어린아이의 상태에 있는 동안 교회의 도움과 사역을 통하여 그들을 기르실 뿐 아니라, 또한 그들이 장성하여 마침내 믿음의 목표에 도달하기까지 어머니와 같은 보살핌을 통하여 인도하시기를 기뻐하시는 것이다. "하나님이 짝지어 주신 것을 사람이 나누지 못할지니라"(막 10:9)고 말씀하셨듯이, 하나님께서 아버지가 되시는 자들에게는 교회가 또한 그 어머니가 되도록 하셨다.[326]

칼빈은 또한 교회를 주님의 학교라고도 부른다. 그는 『기독교강요』에서 "인간의 분별력은 너무도 많고 무력하기 때문에, 그 인간의 분별력을 떨쳐 버리는 일이 주님의 학교에서 진급하는 첫 과정이 되는 것이다"[327]라고 말한다. 설교를 통하여 복음을 선포할 뿐 아니라 회중의 신앙 성장을 위하여 양육을 하여야 한다는 것을 강조한다.

바울은 에베소 교회에서 목회하고 있는 디모데에게 "너는 말씀을 전파하라 때를 얻든지 못 얻든지 항상 힘쓰라 범사에 오래 참음과 가르침으로 경책하며 경계하며 권하라"(딤후 4:2)라며 목회자의 직무로 복음 전파와 성도의 양육을 들고 있다. 그렇다면 주님의 학교인 교회에서 설교자는 어머니의 마음으로, 교사의 자세로 다양한 커리큘럼을 가지고 학생들의 온전한 양육을 위하여 힘써야 한다.

---

326) John Calvin, *Institutes of the Christian Religion III*, 원광연 역, 『기독교강요(하)』 (서울: 크리스천다이제스트, 2003), 10.
327) John Calvin, *Institutes of the Christian Religion II*, 원광연 역, 『기독교강요(중)』 (서울: 크리스천다이제스트, 2003), 67.

교회란 헬라어로 '에클레시아(ecclesia)'로 '~로부터 부름을 받은 사람들'이란 뜻을 가진다. 교회는 '세상에서 하나님의 사람으로 부름을 받은 영적 공동체'라고 할 수 있다. 따라서 교회의 임무는 성도를 세상에서 불러 교회에서 양육하고 다시 세상으로 파송하는 곳이다. 이런 교회관을 가진 목회자는 성도의 양육을 최우선시하는 교육 목회를 지향한다. 교육 목회란 설교를 포함한 모든 목회 활동을 성도의 양육이라는 관점에서 접근하는 목회 철학을 말한다. 이를 위해 목사는 교사가 되겠다는 자세를 가지는 것을 말한다.[328]

목회 철학의 중심을 양육 목회 혹은 교육 목회에 두는 설교자는 성경 본문을 선택할 때도 주님의 학교의 학생인 회중의 위치를 고려하면서 심사숙고하여 선택한다. 주일 오전 예배, 주일 오후 예배, 수요 예배, 새벽 예배, 금요 기도회의 각종 공적 예배에 필요한 성경 본문을 '양육'이라는 관점에서 유기적으로 결합하여 전체적으로 체계성과 통일성을 갖도록 구성한다. 이런 자세로 성경 본문을 선택하는 설교자는 공예배마다 별다른 생각 없이 허겁지겁 본문을 선택하고 설교하는 목회자와는 엄청난 차이점을 보일 수밖에 없다. 이런 차이점이 쌓여서 보통의 설교자와는 차별성을 가진 유능한 목회자요 능력 있는 설교자로서 자리를 잡아가게 된다.

---

[328] 에베소서 4장 11절에서는 교회의 직분을 "그가 어떤 사람은 사도로, 어떤 사람은 선지자로, 어떤 사람은 복음 전하는 자로, 어떤 사람은 목사와 교사로 삼으셨으니"로 나눈다. 여기에서 목사와 교사를 한 직분의 두 가지 측면을 말하는 것인지 혹은 각기 다른 두 가지 직분을 말하는 것인지에 대하여 논쟁이 있다. 그러나 어떤 입장에 있든 목사는 한편으로 교사여야 한다는 점을 강하게 내포하고 있다. 존 칼빈 주석 출판 위원회 역, 『신약성경 주석』(에베소서) (서울: 성서교재간행사, 1982), 339.

14장

설교의 실제(實際) 3~5단계: 본문 해석과 주제 설정 및 설교문 작성

I. 설교자는 만들어지는 것이다

1. 천재 화가는 따로 있는가?

1983년 1월 11일. 미국인들은 공영방송인 PBS의 한 프로그램에 눈길이 쏠렸다. 폭탄을 맞은 듯한 곱슬머리에 텁수룩한 수염을 가진 중년 남성이, 어울릴 것 같지 않은 붓을 들고 캔버스 앞에 서 있었다. 그는 "안녕하세요, 밥 로스입니다. 앞으로 여러분을 초대하여 '그림 그리기의 즐거움(The Joy of Painting)'을 함께 누리게 될 것입니다"라고 말하면서 붓을 움직이기 시

작했다. 그러자 사람들은 입이 벌어지기 시작했다. 불과 20분 남짓한 시간에 멋진 풍경화가 완성된 것이다. 이 방송은 곧 미국 전역에서 폭발적인 인기를 얻으면서 세계로 퍼져 나갔다. 우리나라에서도 EBS에서 '그림 그리기의 즐거움'이란 이름으로 방송되면서 큰 인기를 얻었다. 그는 미국 현대 화가들 가운데서 가장 큰 인기를 누렸던 사람 중의 한 명인 밥 로스(Bob Ross, Robert Norman)였다.

이 방송이 시작되면서 많은 사람이 붓을 들었다고 한다. 그림 그리기에 로망을 가졌던 사람들이 기회가 왔다고 여긴 것이다. 그러나 완성한 사람은 많지 않았다. 불과 3%만이 끝을 맺을 수 있었

다고 한다. 기대하고 도전하였으나, 밥 로스처럼 붓이 움직여 주지 않았다. 몇 번 더 시도해 보다가 포기하였을 것이다. 그림은 천재나 그릴 수 있다고 하면서…. 사람들은 밥 로스 앞에 또 하나의 이름을 붙여 놓았다. '천재' 화가 밥 로스!

밥 로스는 과연 천부적인 재능을 가진 사람인가? 그렇지 않다는 것이다. 그도 역시 습작 과정을 거쳤다. 기성 화가가 되어서도 누구보다 많은 그림을 그리면서 실력을 쌓아 갔다. 미술평론가인 마이클 키멜만에 의하면 밥 로스는 52세에 암으로 세상을 떠날 때까지 약 3만 장의 그림을 그렸다고 한다. 하루에 평균 2장의 그림을 그린 것이다.[329] 밥 로스가 방송에서 손쉽게 그림을 그릴 수 있었던 것은 3만 장의 그림을 그리면서 쌓았던 내공 덕분이었다. 그는 자신의 실력은 재능이 아니고 훈련의 결과라고 하면서 다음과 같이 말한다.

> "누구나 그림을 그릴 수 있다는 게 정말 멋지지 않나요. 대단한 비법이 없어도 누구나 할 수 있습니다. 그저 꿈만 품으시면 됩니다. … 재능은 지속적인 관심과 같아요. 그러니까 연습할 의지만 있다면 재능도 쌓을 수 있습니다."[330]

그는 땀을 흘리며 훈련을 거듭하면 재능은 따라온다고 말한다. 이를 위해서는 그림 그리기에 대한 멋진 꿈이 있어야 한다고 말한다. 그래야 땀을 흘릴 수 있기 때문이다.

2. 땀과 헌신의 자세가 필요하다

목회자들이 가진 로망의 하나는 '설교를 잘하는 것'일 것이다. 이를 위해 나름대로 큰 노력을 하고 있다. 그런데 생각대로 되지 않는다. 도중에 포기하는 예도 많을 것이다. 유명 설교자가 진행하는 설교 세미나에 참석했다고 하자. 세미나에서 큰 감동을 받았다. 세미나에서 제시하는 방식대로 하면 잘될 것 같은 자신감도 생겼다. 그러나 집으로 돌아와 실제로 해 보면 뜻대로 되지 않는다. 얼마간은 그대로 하겠지만 성과가 없으면 도중에 포기한다. '설교는 재능 있는 사람만이 잘할 수

---

329) Michael Kimmelman, *The Accidental Masterpiece*, 박상미 역, 『우연한 걸작』(서울: 세미콜론, 2009), 95.
330) 성수영, "성수영의 그때 그 사람들," 『한국경제』, 2023.4.22.

있는 것이야'라고 자신을 위로하면서….

그러나 명설교자라고 일컫는 사람들은 그렇게 말하지 않는다. 남다른 열정과 많은 땀을 흘린 결과라고 말한다. 산의 정상까지 올라가 본 사람은 안다. 손쉬운 방법도, 지름길도 없다는 것을. 산의 밑자락에서 시작하여 꼭대기까지 한 걸음씩 땀을 흘리며 올라가야 한다는 것을. 등산을 재능으로 하는 사람은 없다.

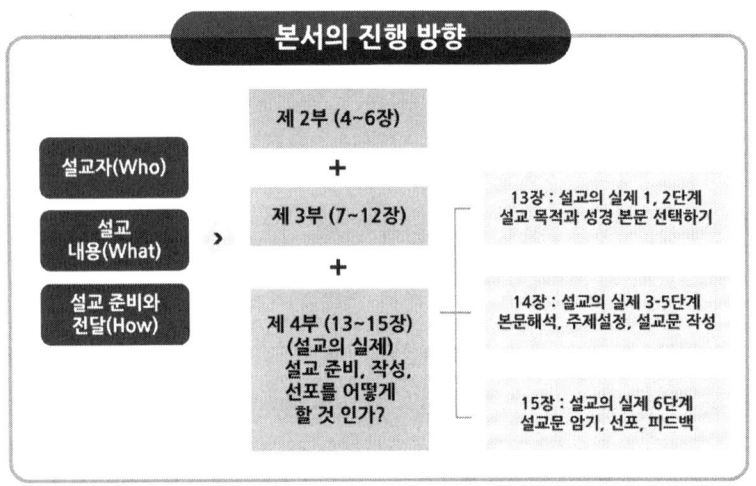

우리는 이번 장에서 설교문을 직접 작성하는 과정을 살필 것이다. 앞장에서 설명한 것처럼 설교의 준비와 선포와 관련된 일련의 과정에서 제일 중요한 과정이다. 본서를 손에 쥐고 1장에서 시작하여 여기까지 따라왔다면 이제는 설교에 대한 약간의 자신감도 생겼을 것이다. 설교문도 작성할 수 있을 것 같다. 그러나 손쉽게 생각하고 시작하면 곧 낭패감을 맛볼 것이다. 설교문 작성을 위한 제반 원리와 기법을 이해하였어도 그것이 손에서 '술술' 써지는 것이 아니기 때문이다. 수없이 고민하고 많이 써 보아야 한다. 자신이 꿈꾸었던 설교에 대한 로망을 이루려면 어쩌면 밥 로스처럼 수만 번의 설교문 작성 훈련이 필요할지 모른다. 무엇이 필요한가? 재능보다는 땀과 헌신의 자세가 필요하다. 은혜에 빚진 자가 되어 주님이 맡기신 양 떼를 위해 헌신하겠다는 자세, 말씀 연구를 통해 얻게 되는 기쁨을 회중들과 함께 나누겠다는 자세가 필요하다. 설교문 작성 과정에 들어가기 전에 먼저 '설교자는 태어나는 것이 아니고 만들어진다'라는 자세를 가지는 것이 중요하다.

앞의 13장에서 '설교의 실제 1, 2 단계: 설교 목적과 성경 본문 선택하기'를 설명하였다. 14장에서는 이를 바탕으로, '설교의 실제 3~5단계: 본문 해석과 주제 설정 및 설교문 작성' 과정을 설명한다.

Ⅱ. 설교의 실제(實際) 3단계: 성경 본문 해석하기

1. 성경 해석의 본질

우리는 앞 장에서 성경 본문을 선택할 때는 전략적으로 접근해야 한다고 설명했다. 설교는 이상이 아니고 현실이기 때문이다. 이런 전략적 접근은 성경 본문을 해석할 때도 마찬가지이다. 가능한 한 짧은 시간에 해석 과정을 마치되, 설교 작성의 재료가 되는 소재(素材)를 많이 확보할 수 있어야 한다. 성경 해석에 지나치게 많은 시간을 소비하면 다음 단계인 설교문 작성에 충분한 시간을 배정할 수 없다. 성경을 오래 잡고 있다고 해서 깊이 이해하거나 소재를 많이 확보할 수 있는 것이 아니다. 꼭 필요한 만큼의 시간을 배정하되 효과적인 해석 방법을 사용할 수 있어야 한다.

그러면 한 편의 설교문을 준비하고 작성하려면 어느 정도의 시간이 필요할까? 다니엘 바우만은 설교 1분당 1시간이 필요할 것이라고 말한다.[331] 그렇다면 30분가량의 설교를 위해서는 30시간 정도가 소요될 것이다. 물론 이런 경우는 설교 준비에서 선포에 이르는 전 과정을 충실하게 이행하는 경우일 것이다. 그러나 보통의 설교자는 이 정도는 아닐지라도 많은 시간을 설교 작성에 투자하고 있다.

목회자는 주일 오전 설교만 준비해야 하는 것이 아니다. 주간에 보통 10편 이상 설교를 한다. 여기에 심방, 상담, 전도, 외부 활동 등 다른 목회 활동도 수행해야 한다. 이런 상황에서 주일 설교를

---

331) J. Daniel Baumann, *An Introduction To Contemporary Preaching*, 정장복 역, 『현대 설교학 입문』 (서울: 도서 출판 엠마오, 1983), 161.

위해 일주일에 많은 시간을 투자하는 것은 쉽지 않다. 그렇다고 설교 준비 시간을 줄이면 그만큼 설교의 질이 떨어지게 된다. 따라서 주일 설교를 충실히 준비하고 선포하려면 목회의 최우선 순위를 설교에 두어야 한다. 또한 설교 준비에서 선포에 이르는 일련의 과정을 전략적이면서 효과적으로 임해야 한다. 필요한 과정에만 집중하되 시간을 절약하고 대신에 설교문 작성에 집중해야 한다. 성경 해석 과정도 마찬가지이다. 지나치게 이상에 젖어 효용도가 입증되지 않는 성경 해석 방법을 동원하면 성과도 못 거두면서 시간만 허비하게 된다.

일부 설교학 교재에서는 성경 해석을 석의(exegesis)와 주해(exposition)로 나누어 소개하기도 한다. 성경 본문을 이렇게 나누어 해석하는 것이 보기에는 깊이 있는 해석을 할 것 같지만 현실에서는 그렇지 않다. 불필요하게 절차만 늘릴 뿐이다. 'exegesis'와 'exposition'은 어원이 모두 '밖으로 끄집어내다'의 뜻을 가진 것으로, '해석하다', '설명하다'라는 의미가 있다. 같은 의미를 각기 다른 용어로 설명하고 있을 뿐이다. 설교자는 이런 용어에 크게 구애받지 않고 가장 효과적으로 성경을 해석하는 방법을 확보하고 있어야 한다. 이를 위해서는 설교를 위한 성경 해석의 본질이 무엇인가를 이해해야 한다.

그러면 설교문 작성에 필요한 성경 본문 해석의 본질은 무엇인가? 그것은 '독해(讀解)'를 의미한다. 영어로는 해석(interpretation)에 해당한다. 성경 본문을 읽고 그 뜻과 의미하는 바가 무엇인지를 이해하는 것을 말한다. 이런 독해 과정은 성경 해석에만 있는 것이 아니다. 중고등학교 국어 시험에서도 자주 출제되었던 방식이기도 하다.

예를 들어 보자. 중학교 국어 교과서에 나오는 나다니엘 호손(Nathaniel Hawthorne)의 『큰 바위 얼굴(Great Stone Face)』이 아래와 같이 국어 시험지에 출제되었다고 하자.

⟨다음 지문을 읽고 아래 질문에 답하시오.⟩

…그의 이야기에 귀를 기울이고 있던 시인은 어니스트의 품격이 자기가 쓴 어느 시보다 더 아름답고 고상하다고 느꼈다. 그는 물기 어린 눈으로 그 준엄한 얼굴을 우러러보았다. 그리고 온화하고 다정하고 사려 깊은 얼굴에 백발이 흩어져 있는 모습이야말로 예언자의 성자다운 모습이라고 혼자서 생각했다.

저 멀리 서쪽으로 넘어가는 태양의 황금빛 속에 큰 바위 얼굴이 뚜렷하게 드러났다. 그 주위를 둘러싼 흰 구름이 어니스트의 이마를 덮고 있는 백발과도 같았다. 그 광대하고 자비로운 모습은 온 세상을 감싸 안은 듯하였다.

그 순간, 어니스트의 얼굴은 그가 말하려던 생각에 일치되어 자비심이 섞인 장엄한 표정을 지었다. 시인은 참을 수 없는 충동으로 팔을 높이 들고 외쳤다.

"보시오! 보시오! 어니스트 씨야말로 큰 바위 얼굴과 똑같습니다!"

모든 사람들이 어니스트를 쳐다보았다. 그리고 그 지혜로운 시인의 말이 사실인 것을 알았다. 마침내 예언이 실현되었다.

그러나 할 말을 마친 어니스트는 시인과 함께 천천히 집으로 돌아가면서, 아직도 자기보다 더 현명하고 착한 사람이 큰 바위 얼굴 같은 모습으로 나타나기를 마음속으로 기원하는 것이었다.[332]

⟨위 지문을 읽고 다음 질문에 답하시오.⟩

· 본 지문의 주제는 무엇인가?
· 지문에서 밑줄 친 구절의 뜻은 무엇인가?
· 본 지문에서 저자는 '큰 바위 얼굴'은 어떤 사람임을 보여 주려고 하는가?
· 본 지문을 읽고 알 수 있는 교훈은 무엇인가?

---

332) 조재도 엮음, 『세계 단편 소설』 (파주: 작은 숲 출판사, 2015), 38,39.

학생들이 질문에 답하려면 **빠른** 시간에 지문을 읽고 정확히 독해할 수 있어야 한다. 출제자는 학생의 독해력을 테스트하고자 하는 것이다.

설교자가 성경 본문을 읽고 해석한다는 것은, 학생이 국어 시험의 독해력 테스트에 응하는 것과 같다. **빠른** 시간에 성경 본문을 읽고 해석하여 핵심 내용, 주제, 교훈 등을 파악할 수 있어야 한다. 그 결과로 설교 작성에 필요한 다양한 소재를 본문에서 추출할 수 있어야 한다. 따라서 설교를 위한 성경 해석의 본질은 해당 본문에 대한 '독해 과정'이다.

성경 해석이 일종의 독해 과정이라고 한다면 어떤 과정으로 설교에 필요한 '답'을 찾아낼 수 있을까? 이것 역시 학생이 국어 독해력 시험에 사용하는 방법을 응용하여서 사용하면 된다. 학생 시절에 어떻게 국어 시험을 풀었는지 기억을 살려 보자. 다음의 과정을 거쳤을 것이다.

■ 국어 시험 독해 과정
- 긴 지문을 몇 번이고 정독한다. → 단락을 나누면서 중요한 단어를 표시한다. → 단락의 요지(要旨)를 적어 본다. → 전체 단락의 요지와 주제를 적어 본다. → 본문에 들어 있는 저자의 의도와 교훈 등을 적어 본다.

성경 해석도 이런 독해 방식을 사용하여서 해석하면 된다. 물론 국어 시험의 독해와 성경 본문의 해석이 같은 것은 아니다. 성경은 하나님의 말씀이기에 사람의 이성을 활용하여 해석하는 것에는 한계가 있다. 더 온전한 성경 해석을 위해서는 성령님의 개입과 도움이 있어야 한다. 성경 해석의 최종 주도권은 설교자가 아니고 말씀을 주시고 깨닫게 하시는 성령님이시기 때문이다(요 14:17, 14:26).

그러나 성령님의 깨닫게 하심도 먼저는 성경에 대한 이성적인 독해 과정을 거친 후에, 묵상과 기도를 통하여 은혜로 주어지는 것이다. 따라서 성경 해석에 특별한 방법이 있는 것으로 생각하여 두리번거리기보다는 중고등학교 시절 국어 시험에서 활용했던 '독해 기법'을 사용하면 된다. 최대한 시간을 절약하여 독해하고 설교에 필요한 '답'을 찾는 것이 중요하다.

2. 성경 해석의 방법과 절차

그렇다면 독해 기법을 활용하여 성경 해석을 할 때 어떤 과정을 거칠 것인가를 살펴보자. 다음의 2단계 과정으로 나눌 수 있다.

■ one step 단계: 성경 본문 이해하기

가장 먼저 해야 할 일은 성경 본문을 문자 그대로 이해하는 것이다. 그러기 위해서는 심사숙고하여 읽되 단락(문단) 단위로 나누어서 이해해야 한다. 단락을 나눌 때는 하나의 개념만 들어가도록 한다. 단락이란 사람의 생각을 말이나 글로 표현하는 최소 단위이기 때문이다. 본문을 이렇게 몇 개의 단락으로 나누었으면 다음의 표처럼 다시 단락에서 주요 단어를 표시하면서 요지를 파악한다. 이렇게 표가 완성되면 성경 해석의 1단계가 완료된다. 이런 방식으로 누가복음 13장 10-17절(안식일 등 굽은 여인 치유)을 해석한 결과를 표로 만들면 다음과 같이 된다.

〈성경 본문의 1단계 해석 방법 예시〉

■ 누가복음 13장 10-17절의 '안식일 등 굽은 여인 치유 사건'

구분	본문	중심 단어	핵심 내용(요지)
❶ 10, 11절	10 예수께서 안식일에 한 회당에서 가르치실 때에 11 열여덟 해 동안이나 귀신 들려 앓으며 꼬부라져 조금도 펴지 못하는 한 여자가 있더라	• 안식일 • 열여덟 해 동안 등이 꾸부러진 병을 앓고 있던 여인	• 가련한 여인의 등장
❷ 12, 13절	12 예수께서 보시고 불러 이르시되 여자여 네가 네 병에서 놓였다 하시고 13 안수하시니 여자가 곧 펴고 하나님께 영광을 돌리는지라	• 보시고 • 놓였다	• 회복시키시는 예수

❸ 14절	14 회당장이 예수께서 안식일에 병 고치시는 것을 분 내어 무리에게 이르되 일할 날이 엿새가 있으니 그 동안에 와서 고침을 받을 것이요 안식일에는 하지 말 것이니라 하거늘	• 회당장 • 분 내어	• 분노하는 회당장
❹ 15, 16절	15 주께서 대답하여 이르시되 외식하는 자들아 너희가 각각 안식일에 자기의 소나 나귀를 외양간에서 풀어내어 이끌고 가서 물을 먹이지 아니하느냐 16 그러면 열여덟 해 동안 사탄에게 매인 바 된 이 아브라함의 딸을 안식일에 이 매임에서 푸는 것이 합당하지 아니하냐	• 합당하지 않으냐	• 옹호하시는 예수님
❺ 17절	17 예수께서 이 말씀을 하시매 모든 반대하는 자들은 부끄러워하고 온 무리는 그가 하시는 모든 영광스러운 일을 기뻐하니라	• 기뻐하니라	• 함께 기뻐하며 축복함

■ two step 단계: 주석서를 활용하여 더 깊게 해석하기

1단계에서 성경 본문을 문자적으로 이해하였으면 다음에는 해석한 내용이 올바른지를 검증해야 한다. 또한 본문 이면에 숨어 있는 보다 깊은 내용을 파악할 수 있어야 한다. 수준 높은 설교를 하려면 본문을 문자로 해석한 것만 가지고는 어렵기 때문이다. 이를 위해서는 내용이 충실한 주석서와 성경 배경사, 조직신학서 등의 책과 기타 자료를 활용하여 다음과 같은 질문을 던져 본다.

• 성경 본문의 역사적 배경은 무엇인가?
• 성경 본문에서 등장하는 주인공이 처한 상황은 어떠한가?
• 성경 본문을 이해하는 데 필요한 신학은 무엇인가?
• 성경 본문을 통하여 알 수 있는 삼위일체 하나님의 뜻은 무엇인가?
• 성경 본문의 교훈은 무엇인가?

위의 사항을 고려하면서 성경 본문을 해석하였으면 이를 종이에 정리하는 것이 좋다. 이렇게 하

면 생각이 정리되고 설교 소재를 다양하게 얻을 수 있다. 그럼, 우리가 예로 들었던 누가복음 13장 10-17절의 '안식일 등 굽은 여인 치유 사건'을 정리하여 보자.

<누가복음 13장 10-17절의 '안식일 등 굽은 여인 치유 사건'>

누가복음 13장 10-17절의 사건은 예수님의 후기 유대 사역(A.D. 29년 10~12월) 중에 발생한 사건이다.[333] 이 시기는 예수님과 예루살렘 종교 지도자 사이의 갈등이 최고조에 이른 시기이다. 제사장, 바리새인, 서기관으로 대표되는 유대 지도자들은 예수님을 비난하며 적대적인 모습을 감추지 않았다. 이런 상황에서도 예수님은 회당에서 그것도 안식일에 한 여인의 병을 고쳐 주셨다. 이 사건은 세상에서 외면받는 사람에 대한 예수님의 깊은 관심과 사랑을 보여 준다.

설교자는 18년 된 허리 병으로 고통받던 여인이 치유의 은혜를 입은 곳이 '회당'이며 '안식일'이란 점에 주목해야 한다. '회당과 안식일'은 이 사건의 의미를 파악하는 중요한 배경이 된다. 더 깊게 해석하려면 당시 상황과 특히 회당에서 여인들이 어떤 대우를 받았는가를 이해해야 한다. 그래야 오랜 질병을 앓으면서도 위로받기는커녕 유대 사회에서 소외된 여인의 처지를 이해할 수 있다. 나아가 이 여인을 향한 예수님의 치유가 왜 특별한 사건인가를 설교에 담아낼 수 있다.

예수님 당시에 여자의 사회 지위는 보잘것없었다. 남자들의 부속물로 여겼다. 또한 여성들은 회당에서 안식일 예배에 정식으로 참석할 수가 없었다. 성인 남자만 참석하여 예배를 드렸다. 여자들은 방청객의 신분으로, 회당 한편에 마련된 공간에서 예배를 드렸다. 그런데 오랫동안 병을 앓아온 여인이 회당으로 들어왔다. 보통 여인도 쉽게 들어오지 못하는 곳이다. 더구나 깊은 병에 걸린, 그것도 귀신이 들렸다는 소리를 들었던 여인이다. 회당에서 환영받을 수 없는 여인이 들어왔다. 예수님이 설교를 하신다는 소문을 듣고 왔을 것이다. 사람들 눈에 띄면 쫓겨날지 모른다는 두려움 때문에 살그머니 들어왔을 것이다. 회당 기둥 뒤편으로 가서 몸을 숨겼을 것이다.

---

333) 예수님의 공생애를 시기별로 나누어 이해하는 것이 주님의 사역을 종합적으로 이해하는 데 필요하다. 미국의 로버트슨(A. T. Robertson)은 *A Harmony of the Gospels for Students of the Life of Christ*에서 예수의 생애를 시기별로 나누어 설명하고 있다. 이 책에 의하면 누가복음 13장 10-13절의 사건은 예수님의 후기 유대 사역(A.D. 29년 10~12월)에 발생한 사건이다. 예수님의 사역을 시기별로 나누어 살펴보려면 양동욱, 『그리스도의 생애와 사건 순서에 따른 백 번만 사복음 대조 성경』(서울: 쿰란출판사, 2018)을 참고하라.

그런데 예수님이 설교하시면서 이 여인을 보신 것이다. 여기에서 '보다'는 원어로는 'ἰδὼν(idōn)'으로 '자세히 보다(look upon, discern, beware)'의 뜻을 가진다. 예수님이 이 여인을 눈여겨보았다는 뜻이다. 이 단어는 또한 현재 진행형의 의미가 있다. 예수님이 '계속' 지켜보았다는 뜻이 된다. 여인이 목을 길게 빼고 예수님을 바라보며 설교를 듣는 모습을 그려 보라! 이런 여인의 모습을 예수님은 유심히 보신 것이다. 예수님은 설교가 끝난 후 여인을 앞으로 나오도록 한다. 그곳은 어떤 자리인가? 남자들만의 자리이다. 가장 존경받는 사람만이 앉을 수 있는 상석이다. 그런데 이곳으로 부른 것이다. 주변의 남자들은 동요했을 것이다.

그런데 앞으로 나아오게 할 뿐 아니라 안수하며 치료하여 주신다. 그러자 곧 이 여인의 허리가 펴졌다. 기적이 일어난 것이다. 이 여인의 기쁨은 얼마나 컸겠는가? 그러나 회당장이 이의를 제기한다. 안식일을 구실로 트집을 잡고 있다. 회당장은 여인을 집에서 기르는 짐승만큼도 여기지 않고 있다(눅 13:15). 그런데 예수님의 반응은 어떠한가? 회당장의 위선을 폭로하고 있다. 한 걸음 더 나아가 이 여인을 아브라함의 가족이라고 선언한다. 천대받던 여인이 '하나님의 형상'을 회복하고 하나님의 가족으로 복귀한 것이다. 회당장은 분을 참지 못하고 있다. 그러나 주변 사람들은 예수님의 모습을 보고 여인을 향해 함께 기뻐한다. 잃어버린 양을 찾기 위해 산속을 헤매던 목자가 양을 찾아 어깨에 메고 돌아왔다. 크게 잔치를 베풀자 사람들이 와서 함께 기뻐하는 모습을 연상케 한다.[334] 본문에서 우리는 천대받는 가련한 인생일지라도 예수님을 만나면 회복되고 함께 기쁨을 누리는 인생이 된다는 교훈을 얻게 된다.

---

334) 누가복음 15장 4-6절 "너희 중에 어떤 사람이 양 백 마리가 있는데 그 중의 하나를 잃으면 아흔아홉 마리를 들에 두고 그 잃은 것을 찾아내기까지 찾아다니지 아니하겠느냐 또 찾아낸즉 즐거워 어깨에 메고 집에 와서 그 벗과 이웃을 불러 모으고 말하되 나와 함께 즐기자 나의 잃은 양을 찾아내었노라 하리라".

III. 설교의 실제(實際) 4단계: 주제와 주 이미지 설정하기

1. 주제의 의미와 구성 요소

❶ 주제의 의미와 역할

설교문 작성을 위하여 성경 본문 해석이 끝났으면 다음 단계는 주제를 설정하는 것이다. 설교문 작성에 있어 주제의 중요성은 아무리 강조해도 지나침이 없다. 주제가 얼마나 중요한 것인지를 이해하는 것이 필요하다. 설교학 교재에서는 같은 대상을 가리키면서도 학자마다 다른 용어를 사용하여 설명하는 경우가 많다.

중요하기에 학자마다 강조점에서 차이가 나는 것이다. 이런 용어 가운데 하나가 '주제(subject)'이다. 주제를 해돈 로빈슨은 빅 아이디어(big idea), 토마스 롱은 중심 진술(focus statement), 도널드 스누키안은 중심 주제 및 내용(main theme, main thesis)이라고 부르며 그 외에도 central idea, theme, topic 등 다양하게 불린다.

그럼, 주제가 왜 중요한가? 그것은 선박에서 키(rudder)의 역할을 하기 때문이다. 선장은 배의 선교(船橋)에서 키를 움직여서 원하는 방향으로 몰고 간다. 배에서 키는 자동차의 운전대와 같은 역할을 한다. 만약에 선박에 키가 없다면 어떻게 될까? 방향을 잡지 못하고 헤매게 될 것이다. 설교에서 주제도 설교문 작성에 있어 '키'의 역할을 한다. 주제는 설교가 나아갈 '방향'을 보여 주고, 내용이 일정한 '선'을 따라가도록 한다. 만약에 주제를 명확히 하지 않고 설교문을 작성하면 방향을 잃고 헤매는 설교를 하게 된다. 당연히 회중은 설교를 이해하지 못하고 갈팡질팡하게 된다. 명연설가로 이름을 날리거나 위대한 설교자라고 불리는 사람들은, 한결같이 단 하나의 주제를 가지고 일관되게 내용을 전개했다는 공통점을 가진다.[335] 도날드 밀러(Donald G. Miller)는 설교에서 '단 하나의 주제'를 가지는 것이 얼마나 중요한지를 다음과 같이 말한다.

> 가치 있는 설교가 되기 위해서는 어떤 설교이든 하나의 주제(theme)를 가져야 한다. 이상적인 설교가 되려면 하나의 설교는 단 하나의 주된 아이디어를 가져야 한다. 그리고 이어지는 요소들은 이런 주된 아이디어의 부분이 되어야 한다. … 그래서 설교의 부분들은 하나의 주제 안에 있는 특정한 섹터를 이루는 구성이 된다.[336]

설교에서 주제가 이처럼 중요한 이유는 방향을 설정할 뿐 아니라, 내용을 쌓아 가는 토대가 되기 때문이다. 주제는 일종의 '씨앗'과 같은 역할을 한다. 씨앗은 땅에 심길 때 작은 조각에 불과하다. 그러나 농부가 땅에 심고 가꾸기 시작하면 싹이 나고 줄기가 자라서 열매를 맺게 된다. 설교한다는 것은 성경 연구를 통해 확보된 소재와 설교자의 머리에 저장하고 있던 각종 지식을 결합하여 완결된 내용을 만들어 가는 것이다. 그런데 설교자는 이런 설교의 소재들을 무턱대고 결합하는 것이 아니다. 일정한 기준에 따라 배열하고 결합하여 내용을 완성하여 간다. 여기에서 기준이 되는 것이 주제이다. 주제를 기점(起點)과 기준(基準)으로 삼아 다양한 소재들을 결합하여 쌓아 가면서 한 편의 설교문이 된다. 이렇게 주제는 설교에서 방향을 제시하고 내용을 채워 가는 역할을 한다.

❷ 주제 구성 요소

설교에서 주제의 역할을 강조한 설교학자의 한 사람이 해돈 로빈슨이다. 그는 *Biblical Preaching*에서 성경적 설교를 설명하고 이를 이루기 위한 장치로 주제를 제시한다. 이에 대하여 다음과 같이 설명한다.

> 강해 설교는 '성경적 개념의 전달이다'라는 것이다. … 설교란 명중탄이 되어야지 산탄

---

335) William Norwood Brigance, Speech: *Its Techniques and Disciplines in a Free Society* (Appleton: Century Crofts., 1952), 35.
336) Donald G. Miller, *The Way to Biblical Preaching* (New York: Abingdon, 1957), 53.

이 되어서는 안 된다. 이념적으로 모든 설교는 단 하나의 지배적인 아이디어에 대한 설명이거나 혹은 해석 혹은 적용인데, 이 지배적인 아이디어는 성경의 한 본문 혹은 여러 본문 가운데서 나온 다른 여러 아이디어에 기초한 것이어야 한다.[337]

해돈 로빈슨은 설교 작성에서 핵심 역할을 하는 것이 '지배적인 아이디어'라고 말한다. 이것은 주제를 의미한다. 그는 주제를 말할 때 통상적으로 사용하는 용어인 subject를 사용하지 않고 지배적인 아이디어 혹은 빅 아이디어(big idea)로 바꾸어 설명한다. 일종의 이미지 언어를 사용하여 독자에게 강렬한 인상을 남기려는 것이다. 그만큼 주제가 설교문 작성에서 중요하다는 것을 강조하고 있다.

그런데 해돈 로빈슨은 주제를 다시 주된 요소(subject)와 보조 요소(complement)로 나누어 설명한다. 그의 설명에 의하면 주된 요소는 '내가 무엇을 말하려는가?'를 의미하고 보조 요소는 '내가 말하고자 하는 바에 대하여 내가 무엇을 이야기하는가?'를 대답하는 것이라고 한다.[338] 그런데 목회 현장에서 이런 방식에 따라 성경 본문에서 주제를 뽑아내고 설교에 활용하려면 어려움에 부딪치게 된다. 주된 요소와 보조 요소를 설명하는 단어의 개념이 모호하기 때문이다. 주제 개념을 보다 명확히 설정할 필요가 있다. 이를 위해서는 다니엘 바우만의 방식을 따르는 것이 좋다. 해돈 로빈슨의 빅 아이디어 이론도 다니엘 바우만에게 크게 영향을 받았기 때문이다.[339] 바우만은 주제를 명제와 구분하여 다음과 같이 설명한다.

> 주제(subject)란 설교에서 설교자가 말하려는 '무엇'에 해당하며 하나의 단어 혹은 구로 구성되어야 한다. 그리고 명제(proposition)는 주제에 대한 보다 자세한 설명으로, '그 무엇'을 하나의 문장으로 설명한 것으로 이것은 한편으로 한 문장으로 압축한 설교 요약이

---

[337] Haddon W. Robinson, *Biblical Preaching: The Development and Delivery of Expository Messages*, 박영호 역, 『강해 설교』 (서울: 기독교문서선교회, 2007), 42, 43.
[338] Haddon W. Robinson, *Biblical Preaching: The Development and Delivery of Expository Messages*, 박영호 역, 『강해 설교』 (서울: 기독교문서선교회, 2007), 57.
[339] 해돈 로빈슨의 *Biblical Preaching: The Development and Delivery of Expository Messages*는 1980년에 초판본이 발행되었는데 이 책은 1972년에 발행된 바우만의 *An Introduction to Contemporary Preaching*에서 많은 영향을 받았다. 특히 해돈 로빈슨의 주제 설명 방식은 바우만의 주제와 명제 설명 방식을 상당 부분 따르고 있다.

라고 할 수 있다.[340]

본서에서는 다니엘 바우만의 방식을 따라 주제를 다음과 같이 정의하여 사용한다.

■ 주제[341]
- 주제란 설교자가 전하려는 '그 무엇(what)'에 해당하며, 설교의 중심 사상을 말한다. 주제어와 명제문으로 구성된다.

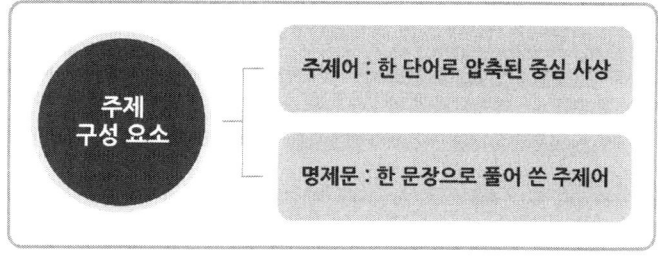

▶ 주제어: 설교의 중심 사상을 단 하나의 단어(구)로 압축한 것이다.
▶ 명제문: 주제어를 다시 하나의 문장으로 설명한 것으로, 압축된 설교 요약이다.

그럼, 이에 대한 예를 들어 보자.

■ 예시 1) 창세기 12장 1-9절(아브라함의 출발과 도착)
- 주제어: 믿음
- 명제문: 믿음은 순종에서 시작하여 경배(제단)로 끝난다.

---

340) J. Daniel Baumann, *An Introduction to Contemporary Preaching*, 정장복 역, 『현대 설교학 입문』 (서울: 엠마오, 2001), 170-175.

341) 최진봉은 설교 작성에 있어 주제와 명제의 중요성을 강조한다. 설교의 주제는 '본문이 가리키는 것'을 받아 설교자가 '나는 신자들에게 결국 무엇에 대해 말할 것인가?'에 대한 응답이라고 한다. 주제는 하나의 사상을 담은 하나의 낱말 형태로 정해야 한다고 말한다.
명제는 주제를 상세하게 설명한 것으로 설교 내용을 한 문장으로 축약한 '메시지 중의 메시지'라고 한다. 명제의 효과적인 작성을 위해 다음의 세 가지를 강조한다.-최진봉, 『주제와 명제로 잡는 설교』 (서울: 장로회신학대학교 출판부, 2023), 65, 85, 90.
- 명제는 낱말이 아닌, 한 문장으로 진술한다.
- 주제가 명제 문장의 주어가 된다.
- 명제 문장의 서술부는 짧고 명확하게 진술한다.

- **예시 2) 시편 1편(의인과 악인)**
  - 주제어: 구별
  - 명제문: 말씀만이 의인과 악인을 구별하는 기준이 된다.

- **예시 3) 누가복음 23장 39-43절(십자가의 두 강도)**
  - 주제어: 십자가
  - 명제문: 십자가 위에서 저주의 운명이 축복의 인생으로 바뀐다.

2. 주제 설정 방법

❶ 주제 설정에서 고려할 요소들

주제를 효과적으로 설정하여 설교에 활용하기 위해서는 다음 요소를 고려하여야 한다.

- **'단 하나의 주제'를 설정하되 이미지 언어와 결합하여 사용한다**
  - 설득에 성공하는 설교가 되려면 '단 하나'의 주제가 분명하게 제시되어야 한다. 그뿐만 아니라 수시로 주제를 언급하여 회중이 주제를 따라 듣도록 유도해야 한다.

  - 주제는 개념의 효과적인 전달을 위해 추상 명사를 사용할 수밖에 없다. 이를 이미지 언어와 결합하여 함께 사용하면 회중이 더욱 선명하게 설교를 이해하게 된다.

- **'관련성' 있는 주제를 도출하여 사용한다**
  - 주제는 성경 본문의 해석 과정에서 도출되어야 한다. 이것은 다시 설교문 작성의 뼈대가 되어야 한다. 주제는 성경 본문 해석과 설교 작성에서 깊은 관련성을 가지고, 연결되어야 한다.

- **임시적인 성격을 가진 주제여야 한다**
  - 주제를 설정할 때 처음부터 완벽한 모습을 갖추려고 해서는 안 된다. 시작부터 주제를 확정

하여 작성하면 창의적인 설교를 하기가 어렵다. 처음에는 대략적으로 주제를 설정하되, 미처 생각지 못한 부분이 작성 과정에서 발견되면 이것을 반영하면서 주제를 다듬어 간다. 설교문 작성의 마지막 단계에서 주제를 완성토록 한다.

❷ 주제 설정 방법

그럼, 주제를 어떻게 설정할 것인가? 다음 단계를 거쳐 주제를 마련토록 한다.

■ 성경 본문을 몇 개의 단락으로 나눈다
- 성경 본문을 단락으로 나누어야 할 이유는 앞에서 설명했다. 이것은 마치 집을 지을 때 몇 단계의 과정을 거치면서 하나의 집을 만들어 가는 것과 같다. 집은 기초 부분, 몸체 부분, 인테리어 부분 등 여러 부분이 모여 완성된다. 성경도 마찬가지이다. 도입 부분, 본론 부분, 결론 부분으로 나누어 전체가 결합한다. 그렇다면 주제를 뽑아낼 때도 이렇게 성경을 단락별로 나누고 이를 다시 도입, 본론, 결론 부분으로 분류하여 도출하도록 한다.

■ 각 단락의 핵심 내용을 뽑아서 이를 합하여 주제를 만든다
- 단락을 나눈 후에는 각각에서 중심 단어와 핵심 내용을 뽑아내고 이것을 모아 전체 주제를 설정하도록 한다. 앞에서 살펴본 누가복음 13장 10-17절의 '안식일 등 굽은 여인 치유 사건'을 예로 들어 어떻게 주제를 설정하는지를 알아보자.

〈누가복음 13장 10-17절의 '안식일 등 굽은 여인 치유 사건'〉

■ 도입부
- 가련한 여인의 등장(10, 11절)

■ 본론부
　a. 치유하시는 예수님(12, 13절)

b. 항의하는 회당장(14절)
   c. 품어 주시는 예수님(15, 16절)

■ **결론**
- 함께 축복하며 기뻐하다(17절)

이렇게 사건 진행 순으로 단락을 나누고 이들의 핵심 내용을 모아서 주제를 뽑아 보면 다음과 같이 될 것이다.

■ **주제**
- 주제어: 회복.
- 명제문: 그리스도는 소외된 자를 치유하고 회복시켜 주신다.

■ **주 이미지**
- 불청객에서 환영객으로.

이를 표로 표시하여 설명하면 다음과 같다.

⟨성경 본문 단락 나누기와 주제 설정 방법: 누가복음 13장 10-17절⟩

구분		본문	중심단어	핵심 내용(요지)	주제
도입부 (10, 11절)		10 예수께서 안식일에 한 회당에서 가르치실 때에 11 열여덟 해 동안이나 귀신 들려 앓으며 꼬부라져 조금도 펴지 못하는 한 여자가 있더라	• 안식일 • 열여덟 해 동안 등이 꾸부러진 병을 앓고 있던 여인	• 가련한 여인의 등장(불청객)	■ 주제 • 주제어: 회복 • 명제문: 그리스도는 소외된 자를 치유하고 회복시켜 주신다. ■ 주 이미지: 불청객에서 환영객으로.
본론 (12-16절)	a	12 예수께서 보시고 불러 이르시되 여자여 네가 네 병에서 놓였다 하시고 13 안수하시니 여자가 곧 펴고 하나님께 영광을 돌리는지라	• 보시고 • 놓였다	• 회복시키시는 예수님(관심과 치유)	
	b	14 회당장이 예수께서 안식일에 병 고치시는 것을 분 내어 무리에게 이르되 일할 날이 엿새가 있으니 그동안에 와서 고침을 받을 것이요 안식일에는 하지 말 것이니라 하거늘	• 회당장 • 분 내어	• 분노하는 회당장(정죄)	
	c	15 주께서 대답하여 이르시되 외식하는 자들아 너희가 각각 안식일에 자기의 소나 나귀를 외양간에서 풀어내어 이끌고 가서 물을 먹이지 아니하느냐 16 그러면 열여덟 해 동안 사탄에게 매인 바 된 이 아브라함의 딸을 안식일에 이 매임에서 푸는 것이 합당하지 아니하냐	• 합당하지 않느냐	• 옹호하시는 예수님(하나님 자녀 회복)	
결론 (17)		17 예수께서 이 말씀을 하시매 모든 반대하는 자들은 부끄러워하고 온 무리는 그가 하시는 모든 영광스러운 일을 기뻐하니라	• 기뻐하니라	• 함께 기뻐하며 축복함(축복의 인생)	

IV. 설교의 실제(實際) 5단계: 설교문 작성하기

1. 설교문 작성의 필요성과 유익

❶ 설교문 작성이 필요한 이유

우리는 설교 준비에서 선포에 이르는 전 과정을, 설교문을 작성하여 선포하는 것을 전제로 설명하고 있다. 그런데 설교문을 작성하여 설교하여야 하는가에 대해 견해가 엇갈린다. 다음과 같이 세 가지 견해가 있다.

- **■ 무원고 방식**
    - 설교문을 작성하지 않고 머리로 궁리한 내용을 강대상에서 선포하는 방식.

- **■ 메모로 작성하여 설교하는 방식**
    - 설교 내용을 종이에 간략히 요점만 기록하여 선포하는 방식.

- **■ 원고(설교문) 작성 방식**
    - 설교 내용을 설교문으로 작성하여 선포하는 방식.

위의 방식들은 크게 무원고주의와 원고주의로 나눌 수 있다. 메모로 설교 요점만 작성하여 설교하는 방식은, 격식을 갖추지 않고 설교하는 것이기에 무원고 방식에 가깝다. 그러면 왜 원고 작성 여부를 두고 논란이 있는 것일까? 다음과 같은 이유를 가지고 있다.

- **■ 설교문 작성에는 많은 시간이 필요하다**
    - 많은 사람이 원고 작성 방식을 달가워하지 않는 가장 큰 이유는 설교문을 작성하는 데 많은 시간이 필요하기 때문이다. 30분 안팎의 설교를 위해서는 A4 용지로 약 7, 8매 정도의 원고

(11포인트)가 필요하다. 이 정도의 양을 작성하려면 최소한도 10시간 정도가 필요하다. 분주한 목회 활동에서 이렇게 많은 시간을 투자하여 설교문을 작성하는 것이 쉽지 않다.

- 그래서 설교문 작성에 따른 시간을 절약하기 위하여 대안으로 메모식으로 간략히 요약하여 설교하는 방식이 나오게 되었다. 그러나 이런 방식은 설교 내용의 완성도와 질적 수준에 있어 온전히 설교문을 작성하여 설교하는 것과 비교가 되지 않는다.

■ 설교문 작성 방식은 자연스러운 설교를 어렵게 한다
- 설교자가 원고를 완벽히 암기하여 설교하는 것이 어렵기에, 설교 도중에 설교문을 자주 보게 된다. 그러면 회중과 눈길을 나누면서 자연스럽게 설교하기가 어려워진다. 여기에 설교문 작성에서 문어체를 많이 사용하게 되면 딱딱한 설교가 되어 자연스러운 설교를 어렵게 한다는 것을 이유로 든다.

■ 설교문 작성 방식은 성령님의 도우심을 제한한다
- 설교는 하나님의 말씀이며 이를 위해서는 강대상에서 성령님의 개입과 도우심이 임해야 한다. 그런데 사전에 설교문을 작성하여 설교하면 성령님이 개입할 여지가 줄어든다는 것이다.

이런 이유로 일부에서는 설교문 작성 방식을 피하고 무원고 혹은 메모식 설교를 주장한다. 과연 이런 주장이 타당한가? 그렇지 않다. 설교문을 작성키 위해 많은 시간이 드는 것은 사실이다. 그렇다고 원고 없이 혹은 간단하게 줄인 것으로 강대상에 올라가면 좋은 설교가 가능할까? 설교문을 작성하지 않기에 그만큼 시간은 절약할 수 있다. 그러나 절약된 시간만큼 설교의 질은 떨어진다. 설교문 작성에 들어가는 시간은 낭비가 아니다. 설교의 내용을 더 알차게 채워 수준 높은 설교로 만들기 위해 필요한 시간이다.

또한 문어체로 된 설교문에 의존하여 설교하기에 딱딱한 설교가 되기 쉽다고 하는 견해도 기우에 불과하다. 우리가 생각하는 만큼 문어체와 구어체의 차이는 크지 않다. 어떤 문체를 사용하느냐 하는 것이 중요한 것이 아니고 명쾌한 논리를 가지고 귀에 착 감기는 언어를 사용하여 실감나게 설교하는 것이 더 중요하다.

그리고 설교문에 의존하여 설교하면 어색한 설교가 되거나 성령님의 도우심이 어렵다는 주장도 설득력이 떨어진다. 설교문을 작성하여 전달하는 방식을 습관화하면 처음에는 어색하지만, 차츰 자연스럽게 전달할 수 있다. 또한 최선을 다하여 설교문을 작성하여 준비하는 설교자에게 성령님의 도우심은 풍성하게 나타나는 법이다.

❷ 설교문을 작성하여 설교할 때 유익

그럼, 설교문을 작성하여 설교할 때 어떤 유익이 있는 것인가? 다음과 같은 장점이 있다.

■ 설교를 보다 논리적인 내용으로 구성할 수 있다
- 설교문을 작성하여 설교하면 논리정연한 설교가 가능하다. 글쓰기 원칙의 하나는 논리적으로 내용을 풀어 쓰는 것이다. 그래야 독자가 듣고 이해하게 된다. 설교문을 써서 설교하면 논리적인 설교가 되어 회중이 이해하기 쉬운 설교가 된다.

■ 설교 능력 향상은 글쓰기 실력에 비례한다
- 설교를 '말'로 잘하려면 먼저 '글'로 잘 쓸 수 있어야 한다. 사람의 말하기와 쓰기 능력은 서로가 연결되어 있다. 잘 말하려면 먼저 잘 쓸 수 있어야 한다. 설교 능력은 궁극적으로 글쓰기 능력의 향상에 비례한다. 설교문을 작성하면서 글쓰기 능력이 늘어나면 설교 능력도 비례하여 향상된다.

■ 정확한 언어와 다양한 언어 표현으로 수준 높은 설교가 가능하다
- 적당히 메모하거나 혹은 메모 없이 무원고인 상태에서 설교하면 내용을 정확히 말할 수 없어 횡설수설하게 된다. 이에 대하여 리 에클로브(Lee Eclov)는 다음과 같이 말하며 원고 없이 설교하는 것에 대한 위험을 지적한다.

대부분의 설교자들은 원고 준비 없이 임기응변식으로 설교하기 때문에, 그들의 설교는 어떤 특정 부분에서 헤어나지 못하는 경향이 있다. 진부한 예화를 들 때도 있고, 이미 분명하게 말한 요지를 장황하게 설명하거나, 어떤 대목에서는 유머를 억지로 끌어내기 위해 노력하는 것이 바로 그런 경우이다.[342]

• 더구나 회중의 귀를 사로잡을 수 있는 수사법을 활용하거나 다양한 언어 표현도 어렵다. 평범한 언어를 사용하면 평범한 설교가 된다. 설교문 작성에 들어가는 시간은 더 좋은 표현과 풍부한 언어를 사용하여 수준 높은 설교를 만들기 위해 투자하는 시간이다.

2. 설교문 작성 과정

성경 본문 연구를 통하여 설교 목적과 주제가 설정되었으면 다음과 같이 설교문을 작성하는 단계로 나아간다.

• 설교 형태 결정하기
　↓
• 설교 개요 작성하기
　↓
• 설교문 실제 작성하기

이를 다시 아래와 같이 세부적으로 나눌 수 있다.

❶ 설교 형태(구조) 결정하기

a. 설교 형태를 결정할 때 고려해야 할 요소

---

342) Haddon Robinson, Craig Brian Larson, eds, *The Art and Craft of Biblical Preaching*, 주승중 등 공역, 『성경적인 설교 준비와 전달』 (서울: 두란노, 2006), 553.

설교 형태를 결정한다는 것은 성경 연구와 해석을 통하여 확보된 주제와 기타 설교의 소재를 어떤 구조를 사용하여 배열할 것인가를 정하는 것이다. 설교자는 어떤 형태의 도움도 받지 않고 '생각나는 대로' 설교문을 작성할 수는 없다. 그러면 내용이 중구난방이 되고 그만큼 작성하기도 어렵게 된다. 더 쉽게 설교문을 작성하고 회중에게 더 잘 들려지게 하기 위해서는 일정한 형태에 따라 내용을 배열해야 한다.

인류는 언어로 의사소통하면서 공동체를 이루는 가운데 문명을 이룰 수 있었다. 이런 과정에서 효과적인 의사소통 방식을 탐구하게 되었고 그 결과가 아리스토텔레스의 『수사학』에서 열매를 맺게 된다. 아리스토텔레스는 연역적 전개 형태와 귀납적 전개 형태를 제시한다. 아리스토텔레스가 제시한 이런 방식은 현대에 이르기까지 큰 변화 없이 소통 현장에서 사용하고 있다. 그만큼 효과성이 입증되었다는 것이다. 아리스토텔레스가 제안한 연역식과 귀납식 형태를 설교학에서도 차용하여 설교 형태를 결정하는 데 사용하고 있다.

설교자는 성경 본문의 해석과 목적 설정 그리고 설교의 주제가 설정되었으면 이제 연역식이나 혹은 귀납식의 어느 한 형태를 정해서 설교문을 작성하게 된다. 그런데 설교 형태를 결정할 때, '형태' 자체에 지나치게 많은 의미를 부여하거나 혹은 신비화하는 것은 바람직하지 않다. 어떤 특정한 형태를 선택하면 그것이 곧 성경적 설교가 되면서 수준 높은 설교가 되는 보증수표로 생각해서는 안 된다. 설교 형태는 일종의 '도구'에 불과하다. 설교자의 머리에 있는 다양한 설교 소재를 종이 위에 논리적으로 배열하고 구조화시키는 '틀'인 것이다. 각각의 도구들은 장단점을 함께 가지고 있다. 가장 효과적으로 설교문을 작성할 수 있는 형태를 선택하면 된다. 형태를 선정할 때는 다음의 요소를 고려해야 한다.

■ **형태는 단순한 구조로 되어 있어야 한다**
- 설교 형태가 복잡하면 설교자가 능숙하게 사용할 수 없다. 회중도 복잡한 형태의 설교를 따라오려면 쉽게 피로감을 보이고 들려지지 않을 가능성도 높다.

■ **형태는 설득에 더 효과적인 것을 사용해야 한다**

- 설교의 목적인 설득에 더 유리한 형태를 선택해야 한다. 연역식이나 귀납식 형태 모두 설득을 목적으로 한다. 그러나 방식에 차이가 있다. 연역식은 '직접' 설득 방식을 취하나, 귀납식은 '간접' 방식을 취한다.

■ 단 하나의 형태만 사용해야 한다
- 사람은 여러 종류의 형태를 자유자재로 사용할 만큼 능력이 크지 않다. 기본에 충실하면서 손쉽게 사용할 수 있는 형태를 선택해야 한다. 대가는 오직 하나의 연장을 가지고 '신기(神技)'에 가깝게 사용하는 사람이다. 능력 있는 설교자가 되기를 꿈꾼다면, '단 하나'의 형태를 자유자재로 사용하도록 훈련을 쌓는 것이 중요하다. 설교 능력이 일정 수준에 도달한 후에 다양한 형태의 설교를 시도해도 늦지 않다.

b. 연역식 형태를 사용하는 것이 효과적이다

그럼, 연역식과 귀납식 형태 가운데 어느 것을 기본으로 삼을 것인가? 설교를 하나님 말씀의 '선포'이자, 회중을 향한 '설득'으로 본다면 연역식이 더 적합하다. 연역식이 더 명쾌하게 주장(주제)을 논리적으로 풀어 나갈 수 있기 때문이다. 여기에 덧붙여 연역식을 택하여야 하는 이유는 다음과 같다.

■ 연역식 설교 형태가 더 단순하다
- 연역식과 귀납식 설교 형태의 차이는 설교 주제의 위치에서 비롯된다. 연역식은 설교의 주제가 설교 전반부에 나온다. 그 뒤의 부분은 주제가 왜 참된 것인가를 설명하고 증명하는 과정이 된다.

- 귀납식은 설교 주제가 설교 후반부에 위치한다. 전반부는 후반부에 있는 주제를 모색하며 찾아가는 과정이 된다. 일종의 보물찾기이다. 그만큼 모호하면서 과정이 복잡할 수밖에 없다. 보물찾기가 흥미롭기는 하다. 그러나 찾는 과정이 어렵고 자칫하면 길을 잃을 위험이 있다.

■ 연역식 설교 형태는 '조립'이기에 사용하기가 쉽다

- 형태는 일종의 도구라고 설명하였다. 좋은 도구는 손쉽게 사용할 수 있어야 한다. 설교 형태는 초보적인 설교자라도 쉽게 사용할 수 있을 정도로 단순해야 한다. 그렇다면 연역식 설교 형태를 취해야 한다. 연역식 구조가 단순할 뿐 아니라 사용하기도 쉽기 때문이다. 왜 그런가? 구조를 살펴보면 쉽게 이해가 된다.

- 연역식과 귀납식은 모두 구조가 도입부, 본론, 결론의 세 부분으로 되어 있다. 물론 도입부를 빼고 본론으로 들어가서 결론에 도달할 수도 있다. 아예 결론도 빼고 본론만 설교할 수도 있다. 이런 방식은 성경 본문을 주석식으로 설교하는 설교자에게서 많이 나타난다. 설교학에 대한 기본 훈련을 받지 않았다는 방증이기도 하다.

- 설교학 훈련을 받은 설교자라면 설교 형태는 도입부-본론-결론의 형태를 취해야 한다. 그런데 연역식과 귀납식의 차이는 본론에서 차이가 난다. 연역식은 도입부가 끝나고 본론에 들어가면 바로 설교의 주제가 나오고 이어서 설명, 증명, 적용의 형태가 나온다. 그런데 귀납식은 설교의 주제가 후반부에 나오기 때문에 그 앞부분은 다양한 사례들이 나오면서 주제로 끌고 가게 된다. 이런 방식의 전개법은 전문적인 글쓰기를 하는 신문 기자나 평론가조차도 어려워한다.

- 그러나 연역식 형태는 조금만 훈련을 받으면 손쉽게 설교문을 작성할 수 있다. 왜냐하면 설교 내용을 '짜서 맞추어 가는' 과정이기 때문이다. 가령 조선소에서 선박을 건조한다고 하자. 방법은 두 가지이다. 배의 처음부터 마지막 과정을 한 사람이 순차적으로 만들어서 배를 완성하는 방법이다. 이와 달리 배를 크게 몇 개의 부분으로 나누고 각 부분을 따로 만든 후 마지막에 모아서 '조립'하는 방식이 있다. 어느 방식이 손쉽고 효율적일까? 후자이다. 몇 개의 부분으로 각각 나누어 만들고 나중에 조립하는 것이다. 배의 첫 부분부터 마지막까지 만들어 가는 방법은 귀납식 방식이다. 이와 달리 배의 각 부분을 몇 개의 부분으로 나누고 나중에 이를 조립하는 것은 연역식 방식이다. 연역식 방식은 이렇게 '부분적으로 완성하여 전체를 조립'하는 과정이기에 손쉽게 사용하고 또한 '효율'도 높다.

그러나 연역식 설교 형태도 약점은 있다. 자칫하면 강의식의 지루한 설교가 되며 일방적인 선포로 끝날 위험이 있다. 이런 약점을 보완키 위해 귀납식 형태의 장점을 일부 빌려와 연역식에서 사용하면 된다. 그러면 연역식 설교의 단점이 보완되면서 회중이 관심을 가지고 듣는 설교를 할 수 있다. 이를 위한 구체적인 방법은 다음과 같다.

■ **사람의 이야기가 포함되도록 해야 한다**
- 회중은 개념을 일방적으로 전하는 정보 전달 방식을 지루해한다. 사람들은 이야기 듣는 것을 좋아하고 귀를 기울인다.

■ **극적인 반전이 들어 있는 '사건'이 되도록 하면 효과적이다**
- 사람의 이야기라도 단순한 것은 회중의 귀를 끌어당기지 못한다. 갈등이 있는 사건을 들려주고 반전이 있어야 한다. 예컨대 설교가 사람들의 실패와 절망에서 시작하여 후반부에서 하나님의 도우심으로 축복과 기쁨으로 끝나는 구조를 취하는 것이다.

■ **설명하기보다 보여 주는 방식을 많이 사용해야 한다**
- 연역식 설교는 추상 명사를 사용하여 개념을 전달하는 방식을 주로 사용한다. 연역식 설교가 지루한 설교가 되기 쉬운 이유가 여기에 있다. 이를 방지하려면 11장에서 설명한 것처럼 그림 언어나 구상(具象) 언어의 사용 그리고 비유법 같은 수사법이나 일화와 같은 예증법을 사용한다. 설명하기보다 보여 주는 설교를 하는 것이다. 그러면 명쾌하면서도 선명한 설교가 되어 회중들이 관심을 가지고 듣는 설교를 하게 된다.

❷ **설교 개요 작성하기**

a. 개요 작성의 의미

설교 형태를 결정했으면 이제 설교문을 작성하는 단계에 이른다. 그런데 이를 위해 먼저 설교 개요(槪要, outline)를 작성하는 것이 효과적이다. 설교문을 일목요연하면서도 손쉽게 작성하도록 하기 때문이다. 설교 개요란 설교문의 주요 내용을 간결하게 추려서 배열한 것이다. 이런 점에 착안하여 제리 바인스는 설교 개요를 "두 개 혹은 그 이상의 요점에 따른 설교 주요 부분의 배열"[343]이라고 정의한다.

설교의 개요를 먼저 작성하는 것은, 마치 책을 쓸 때 목차를 정하는 것과 같다. 어떤 사람이 책을 쓴다고 하자. 그러면 무턱대고 첫 문장을 시작하여 마지막까지 한꺼번에 쓰지 않는다. 그렇게 쓸 수도 없다. 먼저 자신이 쓰려는 전체 구조와 내용을 대강(outline) 그려본다. 그리고 이를 1장, 2장, 3장과 같이 순서를 정하고 제목을 붙여 목차를 만든다. 이렇게 목차가 만들어졌으면 여기에 세부 내용을 채워 가면서 책을 완성한다. 설교의 개요는 이처럼 책을 쓸 때 먼저 목차를 정하는 것과 같다.[344]

설교 개요를 잘 세웠으면 설교문 작성의 절반 정도는 이루어졌다고 볼 수 있다. 그만큼 개요를 정하는 것이 중요하다. 설교문 작성은 이렇게 준비된 개요에 살을 붙이는 과정이 되기 때문이다.

b. 개요 작성하기

앞부분에서 설교 형태를 연역식으로 작성할 것을 제안한 바 있다.[345] 그럼 연역식으로 설교문을 작성한다면 어떻게 설교 개요를 짜면 될까? 연역식 전개 방식은 주제를 먼저 제시하고 이를 설명하여 주제가 왜 참인지를 설득해 가는 과정이다. 따라서 설교 개요를 작성할 때도 주제를 먼저 제시해야 한다. 그리고 이 주제가 성경 본문과 어떤 관계가 있는지를 제시한다. 이어서 주제가 왜 참인지를 설명하고 증명하고 적용하는 과정이 진행된다. 이것이 설교의 몸통이 된다. 몸통을 효과적으로 드러내고 마무리하기 위해 도입과 결론 부분이 덧붙여진다. 이를 표로 만들어 설명하면 다음과 같다.

---

343) Jerry Vines, Jim Shaddix, *Power In The Pulpit*, 유희덕 등 공역, 『설교의 능력』 (서울: 서로사랑, 2019), 253.
344) 일리온 존스는 설교 개요의 필요성을 다음과 같이 말한다.
 "설교의 윤곽(개요)을 잡는다는 것은, 말하고자 하는 바를 질서 정연한 순서로 단순하게 조직하는 방법이다. 효과적인 설교자는 자신의 생각을 무분별하게 분산시키는 것이 아니라 제한된 영역에 집중시키고 초점을 맞추어 말하고자 하는 방향으로 이끌어 간다. 이 초점을 집중시키는 것은 개요에 의해 이루어진다."-Ilion T. Jones, *Principles and Practice of Preaching*, 정장복 역, 『설교의 원리와 실제』 (서울: 생명의 말씀사, 1986), 128.
345) 귀납식(이야기식) 설교의 작성 방법은 별도로 설명하지 않는다. 다만 본서 뒤에 부록으로 귀납식 설교문 예시("행복으로 가는 길")를 제시하여 귀납식 설교가 어떤 것인가를 '맛'을 보는 선에서 그친다.

〈설교 개요 작성하기〉

I. 도입부[346]
- 설교의 시작을 알리면서 주제를 암시하는 단계이다.
- 본 설교가 회중에게 의미가 있다는 것을 흥미롭게 제시한다.

II. 본론부
- 주제를 제시하고 설명하여 주제가 '참'이라는 것을 설득하는 단계이다.
- 주제 제시 → 성경 본문 배경 설명 → 주제 추가 설명, 증명, 적용 단계로 나누어 작성한다.

A. 주제 제시 단계
- 설교의 주제를 간략하면서도 인상 깊게 제시한다.

B. 성경 본문 소개 단계
- 설교의 주제가 성경 본문과 어떻게 관련이 있는지를 설명하는 단계이다.
- 성경 본문을 주제의 관점에서 간략히 요약하고 배경을 설명한다.

C. 3개 대지로 주제 상세 설명 단계
- 주제를 다시 3개의 대지로 나누어 설명하고 증명하고 적용하면서 설득한다.

첫째, ….

둘째, ….

셋째, ….

III. 결론부
- 설교를 마무리하고 회중에게 수용을 촉구하는 단계이다.
- 설교를 들은 회중이 '그렇다면 나는 무엇을 하여야 할 것인가?'를 결단토록 한다.

---

346) ■ 설교문 작성에서 도입 부분과 결론 부분은 자칫하면 소홀히 하기 쉽다. 그러나 도입과 결론 부분은 음식에서 애피타이저(appetizer, 전채)와 후식(dessert)과 같다. 일반 음식점에서는 애피타이저와 후식이 없다. 그러나 고급 레스토랑에서는 반드시 애피타이저와 후식이 나온다. 애피타이저나 디저트는 본체 음식에 곁들인 것이 아니고 애피타이저와 본체 음식과 후식이 합해져서 하나의 작품인 요리가 되기 때문이다.

■ 도입 부분과 결론 부분에 대하여 사무엘 맥콤(Samuel L. McComb)은 "설교를 쉽게 무너트리게 만드는 부분이 두 개가 있다. 그것은 서론과 결론 부분이다"라고 말한다. Samuel L. McComb, *Preaching in Theory and Practice* (New York: Oxford University Press, 1926), 72.

c. 개요 작성에서 유의 사항[347]

- 설교 개요는 설교문의 뼈대이며 간추린 핵심 내용이 된다. 설교문 각 부분의 핵심 내용을 배열하여 작성한다.

- 개요 작성에서 각 부분의 요약은 주제를 중심으로 서로 논리적으로 연관되게 배열한다.

- 설교 개요는 단지 설교문 작성의 사전 절차로만 끝나지 않는다. 주일 오전 예배 설교는 설교 개요에 따라 완전한 설교문을 작성하여 설교한다. 그 외 공적 예배는 설교문을 작성하지 않고 개요만을 작성하여 설교토록 한다(개요식 설교). 그러면 시간도 절약되고 내용을 논리적으로 전개하는 능력도 향상된다.

3. 실제 설교문(연역식) 작성하기

❶ 설교문을 작성할 때 필요한 자세

이제 설교문을 작성하는 단계에 도달했다. 지금까지 설교에 대한 제반 원리와 방법을 소개한 것은 한 편의 설교문을 온전하게 작성키 위한 것이었다. 본서의 핵심 부분에 도달한 것이다. 어떻게 하면 효과적으로 설교문을 작성할 것인가? 이를 위해 먼저 아래 사항을 이해하는 것이 필요하다.

■ 설교 작성의 일곱 가지 원리를 기억해야 한다

---

[347] 일리온 존스는 설교 개요가 갖추어야 할 요소로 다음을 말한다.-Ilion T. Jones, *Principles and Practice of Preaching*, 정장복 역, 『설교의 원리와 실제』 (서울: 생명의 말씀사, 1986), 135-144.
  ■ 설교 개요가 갖추어야 할 요소.
  - 개요는 통일성이 있어야 한다.
  - 개요는 순서가 있어야 한다.
  - 개요의 각 부분은 전체에서 적절한 비율을 차지해야 한다.
  - 개요에는 결론을 향해 진행되는 진전이 있어야 한다.
  - 개요에는 절정이 있어야 한다. 이 부분에서 회중이 결단과 행동을 할 수 있도록 해야 한다.

- 먼저 설교자는 설교문 작성의 시작에서 마지막까지 방향을 잃지 않고 나아가야 한다. 이를 위해 본서 13장에서 제시했던 '설교문을 효과적으로 준비하고 작성하기 위한 일곱 가지 요소'를 기억해야 한다. 이것은 성공적인 설교문 작성을 위해 곳곳에 세워야 할 이정표가 되기 때문이다.

〈설교 작성의 일곱 가지 원리〉
- 하나의 목적(one purpose)
- 하나의 필요(one needs)
- 하나의 본문(one text)
- 하나의 주제와 이미지(one subject & image)
- 하나의 교리(one doctrine)
- 하나의 행동(one action)
- 하나의 복음(one gospel)

■ 직접 써 보아야 한다
- 설교문 작성에 있어, 또 한 가지 유의할 것은 본인이 직접 써 보아야 한다는 것이다. 본서에서 제시하는 원리와 방법을 이해하였다면 그다음에는 설교 '형태(틀)'에 따라 손으로 써 보는 것이다. 백문이 불여일견이라고 했다. 백 번 읽는 것보다 한 번 써 보는 것이 더 중요하다. 시작이 반이다. 연습이 대가를 만든다.

■ 설교문 작성은 개요에 살을 붙이는 과정이다
- 설교문 작성은 준비된 설교 개요에 살을 붙여 가는 과정이다. 설교 틀에 따라 각 부분에 세부 내용을 채워 가면 된다.
- 설교문 각 부분을 따로 작성하고 나중에 한꺼번에 '조립'한다는 느낌으로 쓰면 훨씬 쉽게 작성할 수 있다.

■ 주제를 선명하게 제시하고 효과적으로 설득해야 한다

- 연역식 설교의 핵심은 주제를 선명하게 제시하고 이것을 어떻게 알기 쉽고 명쾌하게 설득하느냐에 있다. 3개의 대지로 나누어 설명하면 효과적이다.

■ 꼭 필요한 내용만 가져와야 한다
- 설교자는 설교문을 작성할 때, 성경 본문의 모든 것을 옮겨 오려고 하면 안 된다. 그럴 것 같으면 회중에게 주석서를 읽어 주는 편이 좋다. 설교는 하나님 말씀에 대한 선포이다. 강의가 아니다. 따라서 설교자는 성경 본문에서 주제와 관련이 있는 것 몇 가지만 붙들고 가야 한다. 그 외의 성경 내용은 '아까워도' 과감히 제외해야 한다. 그래야 단순하면서 힘 있는 설교가 된다.

■ 초안을 작성하고 수정을 거듭할수록 다듬어지고 질이 높아진다
- 설교문 작성이 끝났으면 계속 수정하면서 완성도를 높여가야 한다. 소설가나 평론가 등 전문적으로 글을 쓰는 사람도 소위 '일필휘지(一筆揮之)'로 단번에 글을 쓰는 경우는 드물다. 먼저 초안을 작성하고 수정을 거듭하면서 점차 글의 완성도를 높여 간다. 글쓰기에 상당한 수준에 도달한 설교자도 설교문 초안을 쓰고 최소한 5, 6회의 수정 과정을 거치면서 완성한다는 것을 기억하라. 설교문은 수정을 거듭하면서 틀이 잡히고 내용이 다듬어지고 언어 표현이 다양하면서 정확하게 자리를 찾아가게 된다.

■ 주중에 적절하게 작업을 안배해야 한다
- 설교문 초안을 작성하고 수정 과정을 거치면서 설교문을 완성하려면 하루 만에 완성하는 것은 불가능하다. 주중의 요일별로 각 과정을 적절하게 분배하여 작업하는 것이 필요하다. 표의 <주간 설교 준비 과정>과 같이 요일별로 작업을 배분하여 설교문 작성을 하는 것이 효과적이다.

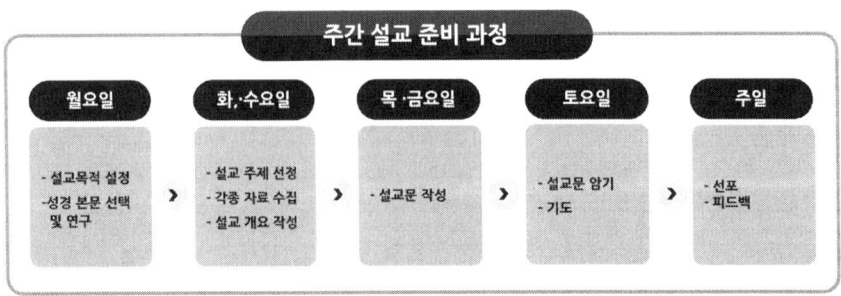

❷ 효과적인 작성을 위한 원리와 방법

다음에 설명하는 원리와 방법을 참고하여 연역식 설교 구조(틀)에 맞추어 '그대로' 따라 작성한다. 설득에 성공하여 변화를 끌어내는 설교문이 되기 위해서는 다음 요소들이 설교문에 적절히 배어 있어야 한다.

a. 마음에 와닿는 설교여야 한다

- 아무리 명문장으로 쓰인 설교문이라도 회중의 가슴을 울리지 않으면 소용없다. 설교자는 다음의 자세로 설교문을 작성해야 한다.

- 회중이 앞에 앉아 있다고 상상하면서 설교문을 작성하라. 그러면 더 실감 나게 설교문을 작성할 수 있다.

- 앞에 앉아 있는 회중은 삶의 여러 문제와 고난으로 지쳐 있어 말씀으로 위로받고 해결받기를 원한다는 것을 생각하라. 그래야 말씀으로 치유하고 도와주겠다는 목자의 마음을 가질 수 있다.

- 회중이 문제를 해결하고 은혜를 받게 하려면 설교 구조가 '문제 제시(고난) ▶ 해결과 축복(복음)'의 모습을 갖도록 해야 한다. 이를 위해서 설교의 도입 부분에서 문제(곤경)를 제시하고 본론에서 이를 해결하는 방법을 제시한다. 그리고 결론에서 답을 제시하고 결단을 촉구하는 '수미상관(首尾相關)'의 구조가 되도록 한다.

b. 단순하면서도 충실한 설교여야 한다

- 설교의 구조가 단순하면서 내용이 충실해야 은혜를 받는다. 이를 위해 다음과 같이 '3-3-3 구조'가 되도록 한다.

```
                    연역식 설교의 3-3-3- 구조

         3개의 부분        3개의 대지         3개의 요소

           도입            첫째, ……           설명
           본론     >      둘째, ……    >      증명
           결론            셋째, ……           적용
```

• 설교의 전체 구조는 도입부-본론-결론의 '3개 부분'으로 구성토록 한다.

• 본론부는 '3개의 대지'로 배열하여 주제를 지지하고 강화하도록 해야 한다.

• 각각의 대지는 대지에 들어 있는 소주제를 '설명하고 증명하고 적용'하는 '3개 요소'로 구성토록 한다.

c. 단락 단위로 작성하되 논리성과 변화가 있어야 한다[348]

• 단락 위주로 작성하되 하나의 문단(단락)에는 하나의 개념만 들어가도록 한다.

• 한 단락의 끝을 그다음 단락의 처음과 일치시키도록 한다. 그러면 단락이 서로 연결되면서 논리성이 확보된다.

• 단락을 평범하게 연결하면 지루한 설교가 된다. 변화와 반전을 주어 회중이 흥미를 잃지 않도록 해야 한다.

• 변화와 반전을 주는 방법은 3개의 대지를 전개할 때 각 대지의 전개에 변화를 주는 것이다. 설

---

[348] 데이비스는 설교의 각 부분은 주제를 중심으로 성장(expansion)하고, 연결(continuity)되고 통일성(unity)을 갖추어야 한다고 말한다.-Henry G. Davis, *Design for Preaching* (Philadelphia: Muhlenberg Press, 1958), 79-80,171.

교문 작성이 초보 단계일 때는 성경 본문의 단락에서 대지를 끌어오는 '단순 나열 전개법'을 사용토록 한다.

• 점차 설교문 작성 역량이 향상되면 다음과 같은 방법을 사용해 대지 전개에 변화를 주도록 한다.

〈3개 대지의 다양한 전개 방법〉[349]
• 단순 나열법
• 점층(점강) 전개법
• 긍정-부정-통합 전개법
• 문제 제기-문제로 인한 고통-문제 해결 전개법
• 과거-현재-미래 전개법
• 기-승-전-결 전개법

d. 언어는 간결하면서 적합해야 한다

• 설교 언어는 단순하면서 짧은 문장 위주로 쓴다. 그래야 설교가 명확하게 들리면서 힘이 있는 설교가 된다.

• 문장에 부사와 같은 수식언이 들어가지 않도록 한다. 부사가 들어가면 설교의 간결성이 떨어지면서 복잡해진다.

• 내용에서 설명이 어려운 부분, 설교의 핵심이 되는 부분, 더 강조해야 할 부분에서는 일화나 은유법과 같은 예증법과 비유법 그리고 그림 언어와 상징어를 사용하여 내용을 풀어 간다. 그러면 회중이 쉽고도 강렬하게 듣고 기억한다.

---

349) 이처럼 대지 전개를 다양하게 하면, 연역식 설교가 가지는 한계인 지루한 설교, 강의식 설교, 뻔한 설교의 한계를 벗어날 수 있다. 명쾌한 논리와 설명으로 귀에 쏙옥 들어오면서도 아울러 흥미를 느끼게 하는 설교를 만들 수 있다.

e. 은혜가 배어 있는 설교문이 되어야 한다

• 회중을 격려하며 소망을 주는 설교가 되도록 한다.

• 하나님의 행동하심을 설교에서 드러내야 한다. 문장의 주어를 삼위일체 하나님으로 하고 복음을 선포하는 방식을 취한다.

• 적용 부분에서는 십자가 복음이 들어가도록 한다. 복음에 의해 고난에서 축복으로 바뀌는 과정을 간략하게 설명한다.

❸ 구체 작성 방법

설교문 작성은 먼저 표제부를 정리하고 이어서 연역식 설교 형태에 맞추어 각 부분을 채우도록 한다. 설교문 작성의 구체적인 원리와 방법을 예시에 따라 설명하면 다음과 같다.

<설교문 작성 방법과 예시>

표제	■ 본문 · 누가복음 13장 10-17절의 '안식일 등 굽은 여인 치유 사건' ■ 설교의 목적 · 버림받은 인생이라도 주님 안에서 회복의 역사가 일어날 수 있다는 소망의 메시지를 전한다. ■ 설교의 주제와 주 이미지 · 주제어: '회복' · 명제문: 그리스도는 소외된 자를 치유하고 회복시켜 주신다. · 주 이미지: 불청객에서 환영객으로. ■ 제목 · 초대받지 못한 손님

	☞ 제목 작성 요령
	· 제목은 설교문의 중요한 부분의 하나이다. 회중은 주보에서 설교 제목을 보면서 설교가 어떨 것인가를 상상하며 기대한다.[350]
	· 제목 설정 방법은 주제와 연관성을 갖되, 설교 내용을 함축적으로 드러낼 수 있고 관심을 끌 수 있는 제목을 설정한다.
	· 본 예시에서는 '초대받지 못한 손님'으로 정하여 주제를 암시하면서도 흥미를 끌도록 했다.
	· 그 외에 '믿음의 법칙', '기도 응답의 원리', '신앙 성장의 단계'와 같이 '법칙, 원리, 단계' 등의 단어가 들어가면 좋다.

	구분		내용을 채우는 방법	설교문 예시
연역식 설교 형태	I. 도입부		■ 주제를 암시하고 흥미를 돋우는 부분 · 회중이 계속 들을 것인가를 결정하는 단계. 회중의 관심을 잡아 두지 않으면 설교에 귀를 기울이지 않음. · 전체 설교에서 10%를 차지할 수 있도록 분량을 정함. 30분의 설교를 기준으로 3분 안팎으로 함.[351] · 설교 주제와 연관된 내용으로 채워 주제를 암시토록 하되, 짧은 에피소드, 일화, 성경 구절, 신문 기사, 책의 일부 내용을 제시하며 내용을 풀어감. · 가능한 한 사람들의 삶과 관련이 있는 것으로 채우되, 삶에서 부딪히는 문제를 제시하면서 시작하면 회중이 깊은 관심을 보임. · 그리고 이에 대한 답을 결론 부분에서 제시하고 결단을 촉구하는 수미상관(首尾相關)의 방식을 취하면 효과적임.	성도 여러분! 이런 말을 들어 보셨습니까? '은퇴자 십계명'입니다. 정년퇴직하고 집에 들어앉은 남자들이 지켜야 할 계명이라는 것이지요. 첫째, 주면 주는 대로 먹어라! 반찬 투정은 이제는 안 통합니다. 차려 주는 대로 먹으라는 것입니다. 둘째, 시키면 시키는 대로 해라! 처지가 바뀌었다는 것입니다. 군소리 말고 아내가 시키는 대로 하라는 것입니다. (생략)
	II. 본론	1. 주제 제시	■ 주제를 제시하는 단계 · 도입 부분에서 암시되었던 주제를 간략하고 명확히 제시.	성도님 가운데 이런 아픔을 가지고 계신 분이 계십니까? 쓸모없는 인생을 사는 것 같습니까? 그렇다면 오늘 말씀에 주목하십시오.

---

350) 최진봉은 효과적인 제목은 회중의 설교에 대한 기대를 높이고 또한 설교가 끝난 후에도 설교 내용을 기억하도록 한다고 말한다. 따라서 제목을 심사숙고하여 정하되 주제와 연관성을 갖도록 해야 한다고 말한다. 그는 "설교의 주제가 설교자를 위한 것이라면, 제목은 설교를 듣게 될 신자의 것"이라고 말한다. 최진봉, 『주제와 명제로 잡는 설교』(서울: 장로회신학대학교 출판부, 2023), 133.

351) 헨리 데이비스와 같은 설교학자는 서론의 시간을 전체 설교 시간의 10% 이내로 잡을 것을 권한다. 예로 20분에서 25분 정도 되는 설교는 서론 부분이 2분 이내가 되어야 한다고 말한다. Henry G. Davis, *Design for Preaching* (Philadelphia: Muhlenberg Press, 1958), 188.

		·주제어와 명제문이 모두 포함되도록 함. ·주제를 이후에도 수시로 들려주도록 함. 그래야 회중이 주제를 따라오면서 쉽게 이해하게 됨.	(생략) 예수님은 여러분을 치유하고 회복시켜 주시기를 원합니다. 회복의 기쁨을 함께 누리시기를 바랍니다.
	2. 성경 본문 소개	■ 성경 본문 내용 소개 단계 ·'주제 제시 부분'에서 소개한 주제가 성경 본문과 어떤 관련이 있는가를 보여 줌. ·성경 본문의 배경 혹은 주인공의 특별한 행동 등을 중심으로 설명하여 설교에 대한 흥미를 높이도록 함. ·성경 본문에서 주제와 관련된 부분만 가져와 소개하고 그렇지 않은 부분은 과감하게 생략함. 그래야 간결하면서도 힘이 있는 설교가 됨.	오늘 말씀은 유대의 한 회당에서 일어난 사건입니다. 안식일에 예수님을 만난 여인의 이야기입니다. (생략) 예수님을 만나면 불청객에서 환영받는 인생으로 변한다는 것을 이 여인의 모습을 통해 우리에게 보여 주십니다. 여러분 중에 인생의 낙오자, 불청객으로 낙심하는 성도님이 계십니까? 그렇다면 여러분이 이제는 주인공이 되실 차례입니다. 그러기 위해 오늘 예배에서 어떤 자세로 있어야 할까요?
	3. 대지 전개	■ 주제를 3개의 대지로 나누어 설득하는 단계: ·주제를 제시하고 성경 본문을 설명하였으면, 주제가 왜 참된 것인지를 논리적으로 설명하면서 회중을 설득하는 단계. ·3개의 대지로 나누어 설득하되, 각각의 대지는 단순 나열식을 사용하여 성경의 주요 단락에서 가져온 내용을 중심으로 설명함. ·각 대지의 명칭은 해당 단락을 한 줄로 요약한 것을 명칭으로 삼도록 함. ·각각의 대지는 그 안에서 추가적인 설명과 증명과 적용의 과정을 거치도록 함. ·설명은 대지와 관련된 성경 본문을 설명하는 것이고 증명은 이것이 참된 것임을 증명하는 것이며 적용은 이것을 회중에게 적용시키는 것임.	첫째로 소망을 가지고 예수님께 나와야 합니다. 예수님의 은혜를 받으려면 먼저 밖으로 나와야 합니다. 교회로 나와야 합니다. 어두운 골방에서 숨어 있으면 소용이 없습니다. 오늘 말씀의 11절을 보면 "열여덟 해 동안이나 귀신 들려 앓으며 꼬부라져 조금도 펴지 못하는 한 여자가 있더라"라고 설명합니다. (생략) 둘째는 행동하시는 예수님을 기대해야 합니다. 예수님은 여인을 발견하시고는 행동으로 옮기십니다. 앞으로 나아오도록 합니다. 가장 좋은 자리인 예수님 앞에 앉히십니다. (생략) (☞ 예화-입으로 소변을 받아낸 의사) 2019년 12월 12일 중앙일보에 실린 기사입니다. 중국 광저우에서 미국 뉴욕으로 향하는 비행기에서 일어난 일입니다. 비행기에서 응급환자가 발생하였습니다. 70대 할아버지가 숨을 헐떡이며 괴로워했습니다.

	· 설명, 증명, 적용의 방법은 신문 기사, 독서 자료, 명언, 일화 등을 사용함. 가장 강력한 효과를 내는 것은 관련 성경 구절을 인용하거나 적절한 일화를 사용하는 것임. 성경 구절 인용을 한 설교당 6, 7개 정도 사용하는 것이 좋음. · 1개 대지는 대략 3, 4개 안팎의 단락으로 채움. 너무 적으면 설득하기가 어렵고 너무 많으면 지루한 느낌을 줌.	승무원은 급하게 의사를 찾는다고 방송합니다…. (생략) 셋째는 치유 이상의 것을 선물로 주실 것을 소망해야 합니다. 성도 여러분! 세상에는 좋은 일에 손뼉을 치는 사람도 있지만, 어깃장 부리는 사람도 있습니다. 좋은 일을 경험하고도 꼭 심술부리는 사람이 있기에 마음이 상하기도 하지요. 오늘 본문을 보면 여인에게 일어난 기적 때문에 사람들이 손뼉을 쳐 준 것이 아닙니다. (생략)
Ⅲ. 결론	■ 설교 마무리와 결단 촉구 · 결론 부분은 설교 내용을 요약하고 결단을 촉구하는 부분임. · 설교를 들은 회중이 '그렇다면 나는 무엇을 하여야 하는가?'를 결단토록 함. · 일화, 성경 구절, 시 구절, 책의 일부 인용, 설교자의 개인 경험 등을 사용하되 효과적인 것은 일화를 사용하여 마무리하면서 결단을 촉구하는 것임. · 효과적으로 결단을 촉구하려면 결론 직전에서 설교의 절정을 만들고 이어서 회중의 결단을 촉구함. · 도입 부분에서 제기했던 성도의 문제와 곤경에 대한 답을 결론에서 제시하고 결단을 촉구하는 구조를 가지면 효과적임. · 결론 부분은 전체의 10%가 되도록 하되, 약간은 아쉬운 느낌이 들도록 짧게 끊는 것이 좋음.	(예화-곱사등을 치유받은 백기현 교수) 충남 공주대학교에 백기현 교수님이 계셨습니다. 장애인으로 살았던 분입니다. 2살 때 높은 곳에서 떨어져서 척추에 큰 상처가 생겼답니다. 곱사등을 한 채 평생을 살아야 했습니다. 불구가 되었으니 얼마나 상처가 컸겠습니까? (생략) 예수님은 백기현 교수님만의 하나님이 아니십니다. 우리 모두의 하나님이십니다. 지금 이 자리에 오셔서 여러분을 쳐다보고 계십니다. 문을 두드리고 계십니다. 문을 활짝 열고 주님을 맞이하십시오. 여러분의 풀 수 없는 문제를 주님의 손에 올려놓으십시오. 하나님을 향하여 외치십시오. "저는 지금 주님이 필요합니다. 고쳐 주시옵소서!" 회당에서 일어난 사건의 주인공이 되게 하여 주십시오. 기도하시겠습니다.

☞ **설교문 전문은 부록에 있음.**

V. 대가가 되려면 땀과 눈물의 양이 차야…

　많은 목회자가 표상으로 삼고 싶은 인물이 사도 바울일 것이다. 그의 열정과 헌신 덕분에 로마 제국 각지에 초대 교회를 세울 수 있었다. 바울이 헌신의 열매를 거둘 수 있었던 것은 다메섹 도상에서 주님을 영적으로 만났기 때문이다. 이런 영적 체험은 그의 열정과 평소에 가지고 있던 해박한 성경 지식과 합해져서 신약 성경의 반에 해당하는 서신서를 집필케 했다. 그러나 그가 주님을 만난 후 실제 사역의 현장에서 쓰임을 받기까지는 오랜 시간을 기다려야 했다는 것을 아는 사람은 많지 않다. 바울이 사도행전 9장에서 예수님을 만나고 몇 달이 못 되어 세계 전도의 길을 나선 것으로 알고 있는 사람이 많다. 그러나 바울이 예수님을 영접한 후 1차 세계 선교 여행을 나서기까지 대략 14, 15년을 기다려야 했다.[352]

　그럼, 바울은 선교 여행에 나서기까지 15년 안팎의 세월을 무엇을 하고 있었을까? 이 부분에 대해 알려진 사실은 많지 않다. 그러나 대체로 아라비아와 다메섹과 예루살렘을 거쳐(갈 1:17,18) 고향인 길리기아 다소에서 머물렀을 것으로 짐작한다. 이 기간에 바울은 얼마나 답답했을까? 주님을 향한 사랑과 열정이 합하여져서 세계로 복음을 전하려는 열망이 가득했을 것이다. 그러나 주님은 이를 허용하지 않으셨다. 14, 15년을 기다리도록 하신 것이다. 준비 기간이 필요한 것이었다. 큰 그릇으로 쓰임받기 위해서는 그만큼 갖추어야 할 것이 많고 긴 시간이 필요한 것이다. 기한이 차자 주님은 그를 사용하였다. 바울은 불과 10여 년 동안 3차에 걸쳐 세계 전도 여행을 하면서 교회를 세우고 서신서를 집필하게 된다.

　지금까지 한 편의 설교문을 작성하기 위한 원리와 방법과 절차를 설명했다. 본서에서 제시하는 '설교 형태(틀)'에 맞추어 매주 설교문을 작성하다 보면 멀지 않은 시기에 본인도 놀랄 정도로 논리 정연한 설교문을 작성할 수 있다고 확신한다. 대체로 30~40편 정도의 설교문을 작성하면 설교 쓰기의 노하우(know-how)가 생기면서 설교문을 작성할 수 있게 된다. 또한 설교문 작성 능력이 향

---

[352] 바울이 다메섹 도상에서 영접한 시기가 A.D. 32, 33년이고 1차 선교 여행을 떠났을 때는 A.D. 47년이다. (『그랜드 주석 사도행전 편』, 30.) 그렇다면 예수님을 만나고 대략 14, 15년이 지난 후 세계 선교 여행을 나섰다는 것이 된다.

상되는 것과 비례하여 교회 회중들이 은혜를 받는 모습도 보게 될 것이다.

이렇게 설교 틀에 맞추어 작성하는 것이 익숙해지면 그다음에는 어떻게 다양한 내용으로 채울 것인가를 고민하는 단계가 온다. 능숙하게 설교문을 작성하기는 하지만 설교 소재가 빈약하여 깊고 다양한 설교를 할 수 없어 고민하게 된다. 설교문을 다채로우면서도 풍성한 내용으로 채우려면 평소에 독서 등을 통해 설교 소재를 미리 확보하고 있어야 한다. 설교 소재는 어떤 의미에서 음식을 만드는 재료와 같다. 주부가 손님이 와서 음식을 만든다고 하자. 그제야 슈퍼마켓에 가서 재료를 사 오면 이미 늦는다. 탁월한 주부는 다양한 재료를 사서 '미리' 냉장고에 보관해 놓는다. 그러면 손님이 급하게 와도 '척척' 멋진 음식을 만들어 내놓을 수 있게 된다.

탁월한 설교자일수록 다양한 설교 소재를 머리에 기억하고 서재(컴퓨터)에 자료로 보관해 둔다. 충분할 정도로 소재를 준비해 두지 않으면 좋은 설교문을 바로바로 작성할 수 없다. 성경 본문을 잘 연구하면 되지 않느냐고 할지 모른다. 좋은 설교문을 작성하려면 성경 본문에서 뽑아낸 설교 소재를 기본 재료로 삼아야 한다. 그러나 그것의 몇십 배에 해당하는 많은 설교 소재가 미리 준비되어 있어야 한다. 그렇지 않으면 '뻔한' 설교를 할 수밖에 없다. 설교 소재가 이렇게 필요한 이유를 스펄전은 다음과 같이 말한다.

> 생각과 표현들을 수집하여 놓는 일이 굉장히 도움이 됩니다. 이 문제와 관련해서 풍부함도 있고 빈곤도 있습니다. 많은 정보를 갖고 있고, 또한 그것을 잘 정리해 놓고 완전히 이해하고 있어서 좌우의 무리들에게 그것을 마음껏 뿌려 주는 임금처럼 될 수 있습니다. 여러분, 하나님의 말씀을, 내적인 신령한 삶을, 시간과 영원에 관한 위대한 문제들을 아주 친숙하게 접하는 것이 우리에게는 필수 불가결합니다.[353]

설교문을 써서 말씀을 선포하는 이유의 하나는, 말하는 것과 글로 쓰는 것은 밀접하게 관련이 있기 때문이라고 설명했다. 말을 잘하려면 글로 잘 쓸 수 있어야 한다. 그런데 말을 잘하고 글로 잘 표현하려면 여기에 다른 것이 더 있어야 한다. 읽기와 듣기이다. 말하고 쓰고 읽고 듣는 것은

---

353) Charles H. Spurgeon, *Lectures to my students*, 원광연 역, 『목회자 후보생들에게』 (고양: 크리스천다이제스트, 2009), 230.

어느 한 부분만을 따로 떼어내어 별도로 활용할 수 있는 것이 아니다. 인간이 효과적으로 언어를 구사하여 탁월한 소통을 하려면 말하기, 글쓰기, 읽기, 듣기가 뫼비우스의 띠처럼 서로가 밀접하게 연결되어 있어야 한다. 잘 말하려면 잘 쓸 수 있어야 한다. 이를 위해서는 많은 책을 읽어야 한다. 다른 설교자의 설교도 많이 들어야 한다. 명설교자가 되기 위해서는 이들 네 가지 능력이 서로 연관되어 동시에 성장하도록 해야 한다. 따라서 설교문을 잘 쓰려면 많이 읽고 많이 들어야 한다. 그러면 탁월하게 말할 수 있다.

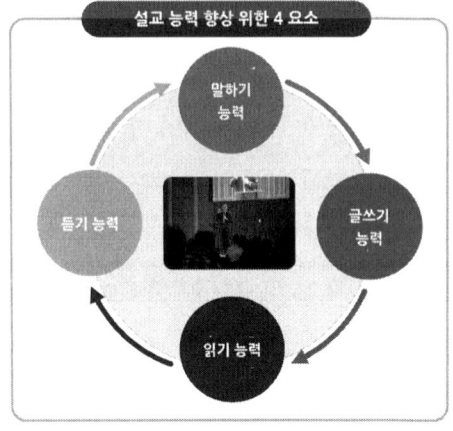

그런데 많이 읽고 듣는 이유가 글쓰기와 말하기 능력을 키우려는 것도 있지만 한편으로는 설교 소재를 확보하려는 이유도 있다. 다양한 책을 읽고 명설교자의 설교를 들으면서 감동이 오는 명언이나 일화 혹은 세상과 성경을 바라보는 독특한 관점이 있으면, 이것을 자료화하여 설교 소재로 활용하는 것이다. 이런 자료가 계속 쌓여 가면서 1,000개, 2,000개로 늘어난다고 하자. 그러면 설교문을 작성하면서 쓸 거리가 없어 힘들어하는 문제가 생기지 않는다. 오히려 너무 많은 설교 소재 때문에 고민하는 행복한 단계가 온다. 세상에 이름이 알려진 설교자치고 독서광이 아닌 경우가 없으며 다른 사람의 설교를 듣지 않는 설교자가 없으며, 읽고 들은 것을 메모화하지 않은 사람이 명설교자가 되는 비결은 없다.

그러나 다양한 책을 읽고 메모화하고 다른 설교자의 설교를 들으면서 배우고 자료를 모으는 과정은 결코 쉬운 일이 아니다. 얼마간은 하겠지만 꾸준히 하는 것은 인내가 있어야 한다. 탁월한 성실성과 함께 말씀의 종으로서의 사명 의식도 가져야 가능하다. 땀을 흘리며 수고를 아끼지 않기 위해서는 분명한 목적의식을 가져야 한다. 설교가 하나님의 말씀이라는 사실, 설교가 세상에 선포되는 진리의 말씀이자 생명의 말씀이라는 확신, 이런 말씀으로 주님이 맡기신 양 떼를 목양하겠다는 헌신 그리고 주님을 사랑하고 기도하는 자세가 있어야 한다. 사도 바울은 이런 땀과 눈물을 채우기 위해 고향에서 오랜 기간을 준비했다. 오늘날 제2의 사도 바울이 되어 말씀의 종으로 헌신하려는 사람에게도 주님은 같은 시간과 땀과 눈물을 요구하고 있다.

15장

설교의 실제(實際) 6단계: 설교문 암기와 선포 및 피드백하기

I. 설교는 연기이다

1. 영화가 흥행에 성공하려면

「명량」은 한국 역사상 가장 많은 관객을 동원한 영화로 알려져 있다. 관람 관객이 무려 1,761만 명이나 된다. 영화 「명량」이 흥행에 성공할 수 있었던 것은 이순신 장군에 대한 국민의 사랑의 결과였다. 임진왜란이라는 국난을 맞이하여 '죽고자 하면 살 것이요, 살고자 하면 죽을 것이다(必死則生 必生則死)'라는 자세로 나라를 구했기 때문이다. 여기에다 이순신 장군의 역을 충실하게 그려낸 최민식 배우의 역할도 빼놓을 수 없다. 그의 열정적이면서 실감 나는 연기는 관객을 임진왜란 당시 남해로 이끌어, 실제 전투 장면을 보는 것과 같은 감동을 주었다. 이 영화에서 이순신 장군의 역할을 다른 배우가 맡았다면 역사상 가장 많은 관객을 동원한 영화라는 명예를 얻지 못했을 것이다. 영화계에서는 최민식을 '흥행 보증 수표'라고 부른다고 한다. 최민식이 주연으로 등장하는 영화는 흥행에 큰 성공을 한다는 것이다. 관객들은 영화 포스터에서 최민식이라는 이름 석 자만 보고도 기대를 품고 극장을 찾는다고 한다.

그러나 「명량」이 대흥행을 이룬 가장 큰 요인은 잘 준비된 시나리오가 있었기 때문이다. 최민식은 감독이 쥐여 준 시나리오대로 연기했을 뿐이다. 영화가 흥행에 성공하기 위해서는 탁월한 연기력을 가진 배우뿐 아니라 수준 높은 시나리오가 확보되어야 한다. 여기에 한 가지 더 보태야 할 것이 있다. 배우와 시나리오가 확보되었다고 흥행이 보증되는 것이 아니기 때문이다. 마지막에는 배우가 카메라 앞에서 감독의 지시 아래 연기로 표현해야 한다. 아무리 역량 있는 배우가 좋은 대본을 손에 들고 있어도 영상으로 '표현'되지 않으면 소용이 없다. 배우가 시나리오에 따라 카메라 앞에서 연기하는 것을 연출(演出, directing)이라고 한다. 연출이란 '대본에 따라 배우가 연기를 하여 작품이 의도하는 것을 표현하여 완성하는 것'을 뜻한다. 영화계에서는 영화가 흥행에 성공하기 위해서는 이렇게 "배우, 대본, 연출의 3요소가 효과적으로 결합하여 작동할 때 가능하다"[354]고 말한다.

2. 설교는 '드라마이면서 연기'이다

14장에서 성공적인 설교를 위해서는 무엇보다도 잘 준비된 설교문이 있어야 한다는 것을 강조했다. 그리고 이를 위한 원리와 방법을 설명했다. 만약에 설교자가 본서가 제시하는 방식대로 설교문을 작성하였다고 하자. 많은 시간을 연구하고 기도하면서 한 편의 설교문을 작성했을 것이다. 설교문의 마지막 문장을 완성하였을 때 안도의 숨을 쉬면서 마무리할 것이다. 설교문을 힘겹게 작성하면서 느꼈던 어려움과 고단함은 사라지고 성공적으로 설교문을 완성했다는 뿌듯함도 생길 것이다. 마치 산고를 경험하고 태어난 아기를 바라보는 산모의 마음을 가질 것이다. 그러나 여기에서 멈춰서는 안 된다. 강대상에서 설교문대로 '표현'하여 '완성'하는 일이 남아 있다. 달리 말하면 설교문대로 선포하여 효과적으로 '전달'하는 일이 설교자에게 남아 있다. 설교의 전달이 제대로 이루어지지 않으면, 배우가 수준 높은 시나리오를 가지고도 제대로 연기하지 못하여 관객을 실망하게 하는 것과 같다.

많은 설교자는 설교문이 완성되면 그것으로 설교의 모든 준비가 끝났다고 생각한다. 이런 자세는 애써 설교문을 완성하고도 정작 전달에 실패하여 설교를 도중에 망치는 결과를 가져올 수 있다. 설교가 은혜롭게 선포되려면 잘 준비된 설교문이 있어야 한다. 그러나 선포 단계에서 제대로 전달하여야 한다. 설교문 자체에 의미가 있는 것이 아니다. 설교문은 원고에 불과하다. 강대상에서 성공적으로 선포되어 하나님의 뜻이 온전히 전달될 때, 많은 시간을 준비하고 작성하면서 쏟았

---

354) 편집부, "'치인트', 흥행 3요소는 기본… '+a'가 있다," 『조선일보』 2016.1.20.

던 땀의 열매를 거두게 된다. 본 장은 본서 4부의 마지막 장으로서 '설교의 실제(實際) 6단계: 설교문 암기와 선포 및 피드백하기' 부분에 해당한다. 설교의 마지막 부분을 어떤 자세와 전략으로 마무리하여 기대했던 설교 목적을 거둘 것인가와 관련이 있다.

그렇다면 설교자는 성공적인 선포와 전달을 위해 어떤 자세를 가져야 할까? 여기에서는 최근 미국 설교학계에서 대두되고 있는 설교에 대한 새로운 접근법을 가지고 설명하고자 한다. 설교를 하나의 드라마(preaching as a drama)로 보는 것이다. 미국의 아미 리(Ahmi Lee)는 설교를 '하나님의 대하드라마(preaching as God's grand drama)'로 볼 것을 제안한다. 그는 성경은 인간과 세상을 향한 하나님의 구원의 역사가 펼쳐지는 드라마라고 설명한다. 설교는 이런 대하드라마를 교회라는 극장(theater)에서 공연(performance)하는 것이라고 말한다. 그는 다음과 같이 말한다.

공연으로서의 설교는 말씀 공동체 안에 있는 모든 구성원의 배역을 잠재적인 예술가 (potential artist)로 여기고 재구성하게 만든다. 공연이라는 관점에서 회중은 단순히 수동적으로 설교를 '듣는 사람'에만 속하지 않는다. … 오히려 교회는 다양한 배우들로 구성된다. 이 중의 핵심은 설교가 된다. 교회는 극장이 되고, 성경은 설교자에 의해 설교라는 대본으로 바뀌어 극장에서 공연하는 연극 사건(theatrical event of preaching)이 치러진다.[355]

설교가 하나의 드라마라면 지역 교회는 극장이며 무대가 된다. 그곳에서 삼위 하나님이 연출자가 되시고 설교자는 하나님이 세우신 연기자가 된다. 설교자는 하나님이 쥐여 주신 대본인 설교문을 회중 앞에서 '선포'라는 이름으로 '연기'를 한다. 회중은 관객이 되어 세상을 향한 구원의 복음을 드라마로 보면서 구원의 장정에 참여하게 된다.

---

355) • Ahmi Lee, *Preaching God's Grand Drama* (Grand rapid: Baker academic, 2019), 116-119.
 • 아미 리는 미국 풀러 신학교의 설교학 교수로서 기존의 설교학의 흐름을 통합하는 방향으로 설교신학을 구성하려고 시도한다. 그는 기존의 전통적 설교학과 새로운 설교학의 두 패러다임을 'epic, lyric'이라는 상징어로 접근하고 이것을 통합하여 drama라는 용어로 제시하고 있다. 이런 그의 설교신학은 Kevin J. Vanhoozer의 'theology as dramaturge'에 크게 영향을 받았다. 드라마로서 설교학에 대한 보다 상세한 사항은 Kevin J. Vanhoozer, *The Drama of Doctrine* (Louisville: John knox press, 2005)의 3장(the dramaturge)과 4장(the performance)을 참고하라.

물론 우리는 설교란 하나님의 말씀이며 설교자는 '선포자(proclaimer)'이며 진리의 '전령사(herald)'로 보는 전통적인 설교관을 지지한다. 그러나 한편으로 성경을 구원의 역사에 대한 '드라마'로 본다면, 이것이 설교문이란 이름으로 구체화되어 강대상에서 설교자에 의해 '연기'된다는 관점도 일정 부분 타당성을 갖는다.

설교를 구원에 대한 하나님의 드라마로 보는 관점은 설교자에게 '연기자'와 같은 책임감을 가지고 강대상에 서도록 촉구하는 효과가 있다. 카메라 앞에 선 연기자는 비록 역할이 사소할지라도 최선을 다하여 연기를 하기 때문이다. 지금까지 설교학에서는 설교의 실제를 다룰 때 설교문 작성에서 끝을 맺는 경우가 많았다.[356] 설교의 전달은 큰 비중을 차지하지 않았다. 이런 설교학계의 경향은 설교자에게 그대로 영향을 미친다. 전달의 중요성을 이해하지 못하고 적당하게 선포하는 것으로 만족하기 때문이다. 이는 설교자가 애써 설교문을 작성하고서도 그 가치를 강대상에서 충분히 발휘하지 못하는 결과로 나타난다.

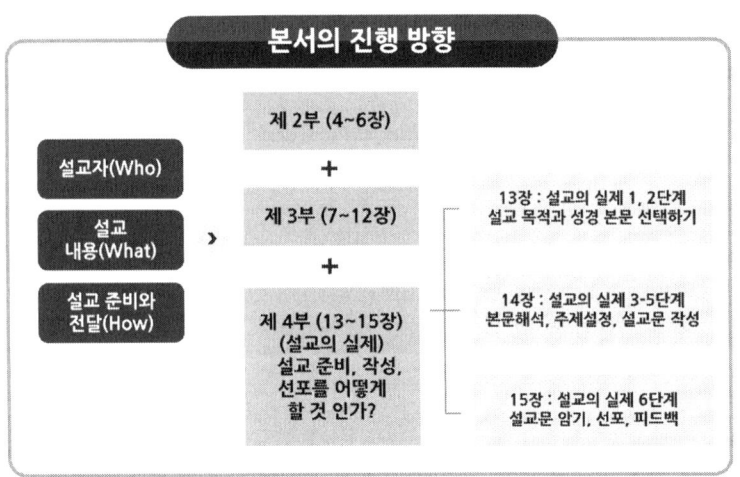

---

356) 국내에 소개된 설교학 관련 저서에서 설교 전달을 자세하게 설명한 책을 찾아보기가 쉽지 않다. 정장복의 『한국 교회의 설교학 개론』에서 '설교의 전달'이란 항목으로 설교자의 몸가짐과 음성과 제스처로 나누어 설명할 뿐이다(정장복, 『한국 교회의 설교학 개론』, 285-320). 본서에서는 이를 보다 효과적으로 다루기 위하여 '설교는 드라마'라는 이미지로 설명할 것이다. 이것은 설교의 전달 부분에서 설교자는 어떤 자세로 준비하고 선포해야 하는가를 실감 나게 설명하기 위한 것이다.

설교가 하나님이 연출자가 되시고 설교자가 연기자가 되어 강대상에서 '연기'하는 것이라면 설교자는 특별한 각오와 자세를 가지고 회중 앞에 서야 한다. 연기자로 뽑아 주신 하나님께 감사해야 한다. 귀중한 시간을 내어 극장을 찾아온 관객인 회중을 향하여 최선을 다해 '연기'하듯 선포해야 한다. 은혜로운 선포를 위해 마지막 단계인 설교 전달의 중요성을 아무리 강조해도 지나침이 없다. 이에 필요한 자세가 무엇인지를 알아보기 위해, 우리는 '설교는 드라마이면서 연기이다'라는 명제를 가지고 유비적으로 설명코자 한다. 본 장에서는 연기자로서 설교자에게 무엇이 필요한가(설교자의 자세), 효과적인 연기를 위해 무대 아래에서 어떻게 준비할 것인가(설교문 암기), 실제 강대상에서 어떻게 표현할 것인가(효과적인 전달)를 설명할 것이다.

Ⅱ. '연기자'로서 설교자가 갖추어야 할 자세

앞에서 연기자에게도 차이가 있다는 것을 설명했다. 평범한 배우가 있는가 하면 흥행을 보증하는 탁월한 연기자가 있다. 영화를 홍보하는 포스터에 명연기로 소문난 배우의 이름이 있으면 관객들은 기대를 품고 영화관을 찾는다. 평소에 배우가 보여 준 실력이 관객의 머리에 남아 연기자의 '이름'을 보는 순간 기억이 떠오르기 때문이다. 연출자가 시나리오를 확보하면 이에 걸맞은 뛰어난 연기자를 확보하려는 이유가 여기에 있다.

설교자 역시 이와 다르지 않다. 모두가 하나님의 귀한 말씀의 종이다. 그러나 현실에서는 설교자 사이에도 차이가 있게 마련이다. 이름이 알려진 설교자가 부흥회를 한다고 하면 멀리서도 말씀을 듣기 위해 찾아온다. 19세기 영국의 위대한 설교자였던 스펄전이 목회하는 런던의 메트로폴리탄 터버너클(Metropolitan Tabernacle) 교회는 주일이 되면 영국뿐 아니라 멀리 미국에서까지 사람들이 찾아와 자리를 메웠다고 한다.

설교자는 각자의 이름을 가지고 있다. 여기에는 설교자의 평소 인격과 설교에 대한 사람들의 평가가 들어 있다. 어떤 이름은 성공적인 설교를 보장하는 수표 역할을 하기도 하고 그렇지 못한 예도 있다. 설교자의 인격과 설교 자세가 성공적인 설교를 위한 마중물 역할을 한다. 설교는 사람을 통해 선포되는 말씀이기 때문이다. 필립스 브룩스는 "설교란 두 가지의 본질적인 요소를 통해서 이루어지는데, 그것은 진리(truth)와 인격(character)"[357]이라고 말한다. 진리의 말씀인 설교는 설교자 개인의 인격적 특성이라는 통로를 통해 회중에게 전달된다.

효과적인 말씀 선포는 잘 준비된 양질의 설교문이 준비되어 있어야 한다. 그러나 이에 못지않게 좋은 인격과 설교 자세를 갖춘 목회자를 필요로 한다. 설교자 개인의 인격적 특성과 태도가 성공적인 선포에 절대적으로 영향을 미친다. 로버트 레이드(Robert Stephen Reid)는 "회중은 설교 내용만큼이나 설교에서 풍겨 나오는 설교자의 인격을 보고 설교의 진정성을 판단한다. … 점차로 시

---
357) Phillips Brooks, *The Joy of Preaching* (Grand Rapids: Kregel Publications, 1984), 25-28.

간이 지나면서 최고의 설교로 평가받는 것은 설교의 진정성이 확보될 때이다"라고 말한다.[358] 같은 설교문을 전할지라도 어떤 설교자가 전할 때는 회중이 은혜롭게 받아들인다. 그러나 다른 설교자가 전하면 시들한 반응을 보인다. 설교자에 따라 회중은 다른 반응을 보인다.

우리는 설교자의 인격과 설교 자세가 설교의 선포에 얼마나 중요한지를 한경직 목사를 보고 알 수 있다. 그는 한국 교회의 영적 거성이며 탁월한 설교자의 한 사람이었다. 한국의 대표적 교회인 영락 교회를 설립한 목회자이었다. 종교계의 노벨상이라고 불리는 템플턴상을 1992년에 수상하기도 하였다. 그가 한국 교회에 남긴 발자취는 이루 말할 수 없다. 특히 탁월한 설교자로서 영락 교회를 부흥시키고 한국 교회 설교자에게도 큰 영향을 미쳤다. 그가 이렇게 존경받는 목회자, 은혜로운 설교자가 될 수 있었던 이유의 하나는 그의 인격과 설교 자세가 회중에게 사랑과 신뢰를 받았기 때문이다. 그의 설교는 일상의 삶을 통해 전달된 메시지였으며 그의 인품이 녹아난 삶 속에서 보여 주는 말씀이었다. 이에 대하여 김병희는 다음과 같이 말한다.

> "한경직 목사의 설교는 곧 그의 인격의 표출이다. 그분의 설교는 눈으로 보는 설교와 귀로 듣는 설교, 그리고 성령으로 감동받는 설교라 일컬어지고 있다. 그분의 설교는 인자함과 간절함과 성실함으로 일관한다."[359]

한경직 목사는 삶과 설교가 일치를 이룬 설교자였다. 이런 자세가 그의 설교, 나아가 목회를 성공적으로 이끄는 견인차 구실을 했다. 설교자는 강단에 서기 전부터 설교에 대한 기대감을 회중에게 심어 주어야 한다. 이를 위해서는 다음의 세 가지 측면에서의 신앙 인격과 설교를 대하는 자세를 가져야 한다.

---

358) Robert Stephen Reid, *The Four Voices of Preaching: Connecting Purpose and Identity behind the Pulpit* (Grand Rapid: Brazos Press, 2006), 16, 17.
359) 김병희 편, 『한경직 목사』, 김운용, "강단의 거성 한경직의 설교 세계," 『장신논단』 18(2002.12.), 513에서 재인용.

■ 성숙한 그리스도인으로서의 설교자

설교문이 잘 준비되고 성공적으로 선포되었음에도 회중이 반응을 보이지 않을 수 있다. 그러면 실패하는 설교가 된다. 이런 결과가 생기는 이유의 하나는 회중이 처음부터 설교자에게 기대하지 않고 귀를 막기 때문이다. 설교자는 강단에서 하나님의 말씀을 선포한다. 회중에게는 선포된 말씀대로 살 것을 권면한다. 그러면 회중은 설교자인 목회자는 그런 말씀대로 살 것으로 생각한다. 그런데 설교자의 삶에서 말과 행동이 다르면 크게 실망하게 마련이다.

목회자가 한 교회에서 오래 목양하면, 회중은 목회자의 속 모습까지 알게 된다. 그런 속 모습을 알게 될 때, 설교자가 선포한 말씀대로 살아가는 것을 보게 되면, 설교는 힘을 얻게 된다. 회중은 설교자에 대한 전폭적인 신뢰와 존경을 보내게 된다. 선포되는 말씀을 그대로 수용하고 은혜를 받게 된다. 그러나 설교자의 삶에서 위선적인 모습이 노출되면 회중은 서서히 강대상에 선 설교자를 외면하게 된다. 아우구스티누스는 "가르치는 말과 생활이 일치하는 교사(설교자)는 가르침의 효과가 더 크다"[360]라고 말하면서 말씀과 삶의 일치를 강조한다.

설교자는 목회자 이전에 그리스도를 닮아가는 신앙 인격을 가진 그리스도인이 되어야 한다. 사도 바울이 이에 대하여 모범을 보인다. 그는 로마 감옥에 갇혀서도 빌립보 교인을 향하여 "내가 그리스도와 함께 십자가에 못 박혔나니 그런즉 이제는 내가 사는 것이 아니요 오직 내 안에 그리스도께서 사시는 것이라 이제 내가 육체 가운데 사는 것은 나를 사랑하사 나를 위하여 자기 자신을 버리신 하나님의 아들을 믿는 믿음 안에서 사는 것이라"(갈 2:20)라고 고백하고 있다. 그리스도 안에서 그리스도를 위하여, 그리스도에 의해, 자신은 죽고 그리스도를 드높이는 모습이 그리스도인의 모습이자 설교자가 갖추어야 할 신앙 인격이 된다.[361] 설교자가 이런 모습을 갖추기 위해 날마다 기도하고 헌신하는 모습을 보이면 회중은 설교자를 사랑하고 존경하는 가운데 말씀을 기쁨으로 받아들이게 될 것이다.

---

360) St. Augustinus, *De Doctrina Christiana*, 김종흡 역, 『기독교 교양』(서울: 크리스천다이제스트, 1992), 224.
361) 존 엘리슨(John Ellison)은 설교자는 성실한 그리스도인으로서, 종교 지도자로, 인격적 표준인으로 자신을 보여 주어야 할 책무가 있다고 말한다. John Ellison, *They Who Preach*, 정장복, 『한국 교회의 설교학 개론』(서울: 예배와 설교 아카데미, 2001), 89에서 재인용.

■ 말씀의 전문가로서 설교자

오늘날은 전문가의 시대이다. 전문가의 조언과 활동은 일반인과는 비교할 수 없는 권위와 신뢰감을 준다. 회중은 설교자가 말씀의 전문가로서 강단에 서기를 원한다. 우리는 설교의 풍년 속에 살고 있다. 유튜브를 통해서 각양각색의 설교가 넘쳐나고 있다. 과거처럼 말씀이 희귀하던 시대가 아니다. 이런 사회에서 설교자는 성경과 설교에 대한 전문가로서의 모습을 보여야 한다. 선포하는 설교가 일반인들에게 깊은 신뢰감을 주지 못하는 이유의 하나는 뻔한 설교를 하기 때문이다. 여기에 성경을 인용하면서 정확성이 떨어지는 경우도 있다. 회중은 강단에서 선포되는 설교를 실시간으로 인터넷에서 검색하면서 검증하려고 한다. 이런 상황에서 성경에 대한 깊은 지식이 없다면, 정확한 인용이 없다면, 설교가 성경의 깊은 부분을 터치하지 못하면 회중은 설교자에 대한 신뢰를 거둘 것이다. 회중은 설교자가 말씀의 전문가가 되어 하나님의 말씀을 전해 주기를 원한다.

성경과 말씀의 전문가로서 모습을 보이기 위해서는 연구하는 학자로서의 모습을 보이는 것이 중요하다. 설교자는 서재의 등을 끄지 않는 학자여야 한다. 끊임없이 연구하는 모습은 지식의 세계를 넓혀 줄 뿐 아니라 회중에게 말씀의 전문가로서 신뢰감도 준다. 또한 설교에서 성경이나 기타 자료를 인용할 때도 신중히 처리하고, 검증해야 한다. 연구 및 신중한 설교 준비 그리고 검증하는 자세는 전문가로서 설교자의 능력을 보여 준다. 회중은 설교를 들으면서 작은 의심도 없이 깊은 신뢰감을 가지고 듣게 된다.

■ 확신을 가지고 선포하는 설교자

자신의 주장으로 다른 사람을 설득하려면, 전하려는 내용에 대하여 자기부터 확신을 가져야 한다. 설교 역시 마찬가지이다. 설교자가 진리의 말씀이라는 확신을 가지고 선포할 때 회중은 하나님의 말씀으로 받아들인다. 설교를 준비하면서 그 내용에 설교자가 먼저 은혜받고 확신하지 못하면 다른 사람을 설득할 수 없다. 설교문 작성이 끝났으면 주일 예배가 기다려질 정도로 기대감이 차 있어야 한다. 빨리 강대상에 올라가서 귀중한 말씀을 전해야겠다는 다급함과 자신감이 없으면 그 설교는 회중에게 큰 감동을 줄 수 없다.

따라서 설교자는 성경 본문 해석 단계에서부터 하나님의 뜻을 깨달아 그 뜻에 은혜받고 그것을 한 편의 설교문에 충분히 담아내야 한다. 성경 본문을 선정하고 연구하고 묵상하면서 하나님의 깊은 섭리를 만나고 가슴이 벅차오르는 감격을 경험했다면 그 설교는 반은 성공한 것이다. 여기에서 한 걸음 더 나아가 설교문을 완전히 암기하여 소화해야 한다. 그래야 주저하지 않고 선포할 수 있다. 또한 설교문을 준비하면서 기도의 충분한 양을 채워야 한다. 설교문에 대한 자신감과 완벽한 소화 그리고 충분한 기도로 무장되어 있으면 설교자는 강대상에서 확신 있게 선포할 수 있다.

Ⅲ. 강대상에서 어떻게 효과적으로 선포할 것인가?

1. 연기자로서 설교자가 먼저 준비해야 할 것들

❶ 설교문 암기가 필요하다

이제 설교자에게 완벽히 준비된 설교문이 마련되었다. 수준 높은 설교문이 손에 쥐어져 있다. 그러면 바로 강대상으로 올라갈 것인가? 그렇지 않다. 연출자이신 하나님이 선발해 준 연기자라면 준비도 없이 무대인 강대상에 올라갈 수 없다. 설부르게 강대상에 서게 되면 실패한 선포가 되기 쉽다. 설교에서 '전달'의 중요성은 아무리 강조해도 지나침이 없다. 칼빈은 수사학의 예를 들면서 설교에서 전달의 중요성을 다음과 같이 말한다.

> 어느 수사학자는 언변에 있어서 가장 중요한 원칙이 무엇이냐를 질문을 받고서 '전달(delivery)'이라고 대답했고, 두 번째 원칙은 무엇이냐고 묻자 똑같이 '전달'이라고 했고, 세 번째 원칙은 무엇이냐고 묻자 마찬가지로 '전달'이라고 했다.[362]

연설에서 마지막 단계인 전달이 중요하다는 것이다. 설교 역시 마찬가지이다. 탁월한 설교문이 마련되었다고 그것이 성공적인 선포를 보장하는 것은 아니다. 설교문이 완성되었다는 것은 산모의 배에서 아기가 태어날 준비가 되었다는 것을 뜻한다. 아기가 세상으로 나와야 의미가 있다. 설교문이 가장 효과적으로 세상에 모습을 드러내도록 해야 한다. 이를 위해 무엇이 필요한가? 우리는 연기자가 무대에 올라가기 전에 준비하는 모습에서 단서를 얻을 수 있다.

일반인들이 생각하기에 연기자들은 큰 준비 없이 대본을 몇 번 읽고 카메라에 서는 것으로 이해한다. 감독이 대강 알려 주면 배우가 알아서 연기하는 것으로 생각한다. 실상은 그렇지 않다. 연기자는 시나리오대로 엄격하게 연기해야 한다. 대본에는 영화 「명량」의 각본집에서 보는 것처럼, 배

---

362) John Calvin, *Institutes of the Christian Religion* Ⅰ, 원광연 역, 『기독교강요(상)』 (고양: 크리스천다이제스트, 2003), 326.

우가 취할 행동과 대사가 자세히 묘사되어 있다. 이를 그대로 연기해야 한다. 이를 위해서 촬영 현장에서는 엄청난 준비와 연습을 한다고 한다. 연습의 양에 따라 영화나 드라마의 수준과 흥행 여부가 판가름 나기 때문이다. 연출가인 손영국은 연습의 중요성을 다음과 같이 말한다.

> 연기는 인간을 진실하게 표현하기 위하여 끊임없이 방법론적 연기술을 통하여 훈련하는 예술가의 또 다른 고행인 것이다. 공연을 앞둔 상황에서 연습 시간의 양은 메소드(연기)에 영향을 준다. 배역의 실제적인 준비에 있어서 연습 시간이 부족할 때 제작 과정 중 무엇보다 연기자의 준비는 항상 문제가 될 수밖에 없다.[363]

연기자들이 가장 많은 시간을 들여 준비하는 것이 대사를 완벽하게 암기하는 것이라고 한다. 단순히 암기하는 것이 아니라, 표정과 목소리와 제스처를 만들어 가면서 외워야 한다. 이러기 위해서는 대사 전체를 외워야 한다고 한다. 자신의 몫만 외워서는 안 된다. 상대방 역의 대사까지 외워야 호흡을 맞춰 가며 연기할 수 있다고 한다. 그렇다면 외워야 할 양이 엄청나다는 것을 알게 된다.

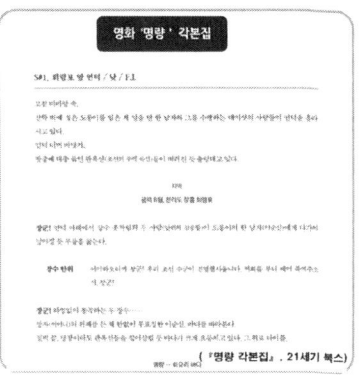

대사 암기는 경험이 많은 대배우라도 예외가 아니라고 한다. 국민 배우인 이순재의 대사를 대하는 자세가 한 언론에 소개된 적이 있다. 그는 2023년에 89세의 나이에도 불구하고 연극 「리어왕(King Lear)」의 무대에 올랐다고 한다. 총연극 시간이 3시간이나 되는 엄청난 대작이라고 한다. 그가 주연이다 보니 소화해야 할 대사도 많았을 것이다. 그는 어떻게 했을까? 이순재는 「리어왕」의 "200분(分)이나 되는 대본을 다 외웠다"[364]라고 전한다.

하나님과 회중에게 최선을 다하여 '연기'하듯 설교하려면, 먼저 설교문을 암기해야 한다. 단순히 암기하는 것이 아니라 자신의 것으로 소화해야 한다. 우리는 설교문을 자신이 썼으니 별다른 준비

---

363) 손영국, 『연기학 개론』 (서울: 도서출판 청어, 2003), 12.
364) 이도은, "200분 대본 다 외우는 89세, 그런 이순재도," 『중앙일보』, 2024.2.19.

를 하지 않고 강대상에 올라가도 설교를 할 수 있을 것으로 생각한다. 그렇지 않다. 자신이 쓴 것이라도 제대로 소화하지 않으면 강대상에서 어설프게 전할 수밖에 없다. 설교가 실패하는 가장 큰 이유는 설교문에 있다. 적당히 준비된 설교문은 은혜로운 말씀으로 선포될 수 없다. 그러나 아무리 잘 준비된 설교문이라도 이를 암기하여 소화하지 않으면 은혜롭게 전달할 수 없다. 설교문 암기를 사소하게 취급해서는 안 된다. 설교문을 완벽히 소화하여 설교하면 다음과 같은 유익이 있다.

■ **자신감이 넘치는 설교가 가능하다**

그럼, 설교문을 완전히 암기하여 강대상에 올라갔을 때 어떤 효과가 있는가? 무엇보다도 자신감이 생긴다. 적당히 외워서 설교하면 머릿속에 기억된 설교문을 끄집어내기에 바빠 설교가 엉성할 수밖에 없다. 또 설교문에 포함된 내용 중에 중요한 부분을 잊어버리고 설교할 수 있다. 그러나 완벽하게 암기하면 설교문에서 벗어나 자유롭게 설교할 수 있다. 설교자가 생동감을 가지고 역동성 있게 설교하게 된다. 설교를 듣는 회중은 하나님의 말씀이 더욱 은혜롭게 들리게 된다.

■ **성령의 역사가 일어나는 설교가 가능하다**

잘 준비된 설교문을 암기하여 자신의 것으로 만든다고 은혜로운 설교가 되는 것은 아니다. 성령님의 임재하심이 말씀을 선포할 때 설교자와 회중에게 임해야 한다. 성령의 설교가 되어야 한다. 성령께서는, 이를 간절히 사모하는 자에게 하나님의 뜻을 이루기 위하여 임하신다. 설교자는 설교문을 암기하면서 동시에 성령의 역사가 임하실 것을 기도해야 한다. 설교자가 사명자로서 최선을 다하고 하나님의 은혜를 구할 때 성령님의 역사가 일어난다. 성령의 기름 부으심이 말씀 선포의 현장에 임하게 된다.

■ **예상치 않았던 은혜의 말씀이 선포된다**

영화를 보다 보면 특별히 깊은 인상을 주는 표정 연기나 혹은 대사들을 접할 때가 있다. 그런데 이런 연기는 대부분이 대본에 없는 경우가 많다고 한다. 노련한 배우들이 자신도 모르게 순발력을 발휘하여 대사에 없던 부분을 연기하는 것이다. 영화계에서는 이를 '애드립(ad lib)'이라고 한다. 평소 같으면 감독에 의해 꾸중을 듣고 삭제되지만 이런 연기는 오히려 칭찬을 듣는다고 한다. 영화의 재미와 수준을 한층 높여 주기 때문이다.

수준 높은 설교문이 준비되었어도 설교 과정에서 큰 은혜를 받으려면 설교문에 없던 내용이 순간순간 설교자의 입에서 '튀어' 나와야 한다. 이는 성령님이 설교를 선포하는 과정에서 개입하여 은혜를 주실 때 가능하다. 이렇게 되기 위해서는 최선을 다해 암기하고 기도해야 한다. 설교문을 자신의 것으로 만들지 못하면 결코 이런 은혜의 현장을 만들어 낼 수 없다.

❷ 어떻게 설교문을 암기할 것인가?

설교문을 효과적으로 암기하려면 먼저 충분한 시간을 배정해야 한다. 설교문을 제대로 소화하지 못하는 이유는 암기의 중요성을 모르기 때문이다. 그러면 필요한 시간을 투자할 수 없다. 많은 설교자는 토요일 저녁에 설교문을 완성하면 설교 준비가 끝난 것으로 생각하고 손을 놓는 경우가 많다. 여기에서 멈추지 않고 설교문을 소화하는 노력을 하여야 한다. 이것이 습관이 되어야 한다. 이렇게 하지 않으면 은혜로운 말씀 선포가 되지 않는다. 또한 설교 능력이 점진적으로 향상하지도 않는다. 그러면 목회 경력이 쌓여도 설교에 발전이 없게 된다. 신학교를 졸업할 때 그 수준에 머물게 된다. 다음과 같은 과정을 거쳐 암기하는 것이 하나의 방법이 될 것이다.

■ 정독과 속독으로 반복하며 읽는다

먼저 소리를 내면서 정독으로 3번 정도 읽는다. 이어서 2번 정도는 속독으로 빠르게 읽도록 한다. 이렇게 5번 정도 읽으면 자신이 쓴 것이기에 대략적인 암기가 끝난다. 그리고 마지막 3~5번 정도는 단락별로 중요한 단어 혹은 문장을 표시하면서 읽도록 한다. 이렇게 8~10번 정도를 정독과 속독을 번갈아 가며 읽으면 설교문이 대체로 암기된다. 물론 여기에도 개인 간의 차이가 있으나 그 폭은 크지 않을 것이다. 강대상에 올라갈 때는 설교문을 가지고 간다. 말씀을 선포하면서 필요한 경우에는 '살짝살짝' 설교문을 보면서 설교하도록 한다. 설교문을 암기한다는 것은 전체 설교문을 완벽하게 머리에 집어넣는다는 의미가 아니다. 선포할 때 설교문에 매이지 않으면서도 설교문에 있는 내용이 단락별로 순서대로 자연스럽게 입에서 나올 정도로 연습한다는 것이다.

■ 설교문 그대로보다 자연스럽게 설교하라

이제 설교문에 대한 암기가 끝났다. 그러면 설교에 대한 자신감이 생긴다. 그런데 설교문을 암기하는 것과 실제 설교하는 것에는 차이가 있다. 무엇보다도 자연스럽게 전해야 한다. 설교문을 암기하고 설교할 때 자칫하면 머릿속에서 기억을 떠올리어 책을 읽듯이 할 수 있다. 그러면 설교가 부자연스럽고 딱딱해진다. 자연스럽게, 대화하듯이 선포해야 한다. 이를 위해서는 시행착오를 거치면서 스스로 터득하여야 한다. 자신의 설교를 촬영하고 끝난 후 몇 번이고 영상을 보면서 어색한 부분을 찾아내어 이를 다음 설교에 반영해야 한다. 설교를 '자연스럽게', '대화하듯' 하기 위해 어느 부분을 고치고 보완할 것인가를 찾아가면서 노하우를 터득해야 한다. 이런 문제점 때문에 일부 목회자는 설교문을 작성하거나 암기하는 것을 반대한다. 그러나 설교문을 암기해서 설교하면 처음에는 어색한 설교가 되나 서서히 자연스럽게 전할 수 있게 된다.

■ 주일 1부 예배에서 먼저 설교하거나 프롬프터(teleprompter)를 활용한다

어느 정도 규모가 있어 주일 예배를 몇 차례 드리는 교회는 1, 2부 예배를 활용해 설교문을 암기하는 방법도 있다. 주일 대예배 전에 드리는 주일 7시나 9시 예배에서는 대략 암기한 설교문을 가지고 설교하되 자주 보면서 설교한다. 주일 1, 2부 예배를 마치면 설교문이 대체로 암기된다. 그러면 본 예배에서는 1, 2부 예배에서 '실습'을 하였기에 보다 자신 있게 말씀을 전할 수 있다. 만약에 대예배 전에 시간이 허락된다면 목양실에서 1, 2부 예배 설교 영상을 보면서 고쳐야 할 부분을 점검한다. 그리고 이를 주일 대예배에 반영하면 완성도가 높은 설교를 할 수 있다. 대형 교회의 설교자들이 능숙하게 설교하는 이유의 하나는 대예배 전에 몇 차례 설교하면서 '실습'하였기 때문이다.

교회 규모가 어느 정도 있어 재정적인 여유가 있다면 프롬프터[365]를 활용하여 설교한다. 프롬프터에 비치는 설교문을 참고하면서 설교하면, 설교문 암기에 들이는 시간을 절약하고 또 능숙하게 설교할 수 있다. 그러나 프롬프터를 활용한다고 해도 설교문 암기에 필요한 기본 시간을 투자하고 설교해야 한다. 투자하는 시간만큼 설교 내용이 충실해지고 또 전달도 원숙하게 이루어지기 때문이다.

2. 강단에서 어떻게 '연기'하여 선포할 것인가?

이제 모든 준비를 마쳤다. 정성스럽게 준비된 설교문, 이것을 완벽히 자신의 것으로 소화했으면 설교자의 마음은 강대상을 향하여 달려간다. 자신이 받는 진리의 말씀을 회중에게 전달하고자 하는 열망을 품게 된다. "좋은 소식을 전하며 평화를 공포하며 복된 좋은 소식을 가져오며 구원을 공포하며 시온을 향하여 이르기를 네 하나님이 통치하신다 하는 자의 산을 넘는 발이 어찌 그리 아름다운가"(사 52:7)라는 말씀이 무엇을 뜻하는지를 실감하게 된다. 그러나 열망만 가지고는 아직 부족하다. 강대상에서 효과적으로 선포할 수 있는 전달 방법을 터득하여 실행해야 한다. 이를 위해서 설교자는 복장에서 표정 그리고 목소리와 제스처에 이르기까지 세심하게 준비하고 실천해야 한다.

우리는 '설교는 연기이다'라는 명제를 가지고 설교자가 강단에서 가져야 할 자세를 설명하고 있다. 연기자는 어떤 준비를 할까? 무대에 설 때 준비 없이 임의대로 올라가지 않는다. 연기자들이 카메라 앞에 서면 다음 상황을 고려하면서 연기를 한다고 한다.

> 관객이 보는 연기예술을 창조하는 것은 연기자의 목소리, 연기자의 얼굴, 연기자의 손짓, 연기자의 개성, 연기자의 뛰어난 영혼이다. … 진실한 눈물, 진실한 웃음, 진실한 표정이나 몸짓, 목소리는 결국 리얼리티를 창조해 가는 콘텐츠인 것이다.[366]

---

365) 프롬프터를 사용하여 설교를 하면 영상에서는 이 기기를 사용하는 것이 드러나지 않는다. 따라서 설교문을 보지 않고 자연스럽게 설교하는 모습을 보여 줄 수 있다.
366) 손영국, 『연기학 개론』 (서울: 도서출판 청어, 2003), 16, 20.

연기자에게 적합한 복장이 있다. 여기에다 대사를 연기로 '표현'하기 위해서는 대사 하나하나에도 맞는 표정을 짓는다. 대사가 관객들에게 좋은 목소리로 들리도록 음성에도 각별한 신경을 쓴다. 또 대사의 내용에 맞게 적절한 몸짓이나 손짓 등 제스처를 써 연기한다. 그래야 관객들이 입체적으로 감상하며 즐길 수 있다.

설교 역시 마찬가지이다. 설교자로서 적합한 복장이 있다. 이를 갖추고 강대상에 올라가야 한다. 그리고 회중이 입체적으로 말씀을 듣도록 표정, 목소리, 제스처 등을 고려하면서 선포해야 한다. 효과적인 전달을 위해서는 용모(복장)와 표정 그리고 목소리와 제스처의 네 가지 요소가 적절하게 결합하여 '표현'되어야 한다.

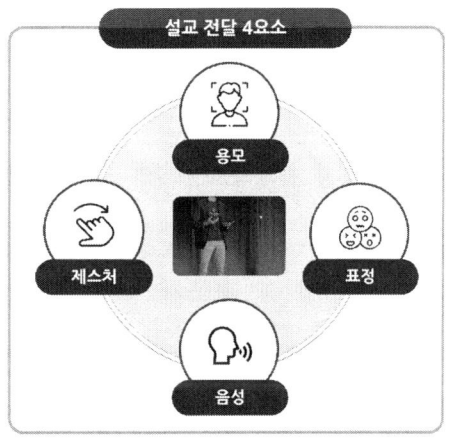

❶ (용모) 단정한 용모(容貌)와 복장으로 강대상에 서라

설교자는 하나님과 회중 앞에서 말씀을 선포한다는 마음으로 임해야 한다. 이것은 예의이자 배려이기도 하다. 해돈 로빈슨은 설교자는 강대상에 설 때는 회중이 기대하는 용모와 복장을 갖추어야 한다고 말한다. 그는 "대부분의 사람이 설교자에게 기대하는 것은 단정히 빗은 머리와 깨끗이 닦은 구두이다. 의복은 스타일과 관계없이 단정해야 한다"[367]라고 말한다. 미국과 같이 자유분방

---

367) Haddon W. Robinson, *Biblical Preaching: The Development and Delivery of Expository Messages*, 박영호 역, 『강해 설교』 (서울: 기독교문서선교회, 2007), 258.

한 사회에서도 목회자로서 설교자는 강대상에 설 때 지켜야 할 예의가 있다는 것을 뜻한다.

❷ (표정) 효과적인 표정을 지으며 설교하라

배우가 연기를 할 때 가장 중점을 두는 부분이 얼굴 표정이라고 한다. 표정 연기는 연기의 핵심이기 때문이다. 대사에 맞는 표정을 지어야 한다. 그러나 설교자는 이 정도까지 신경을 쓸 필요가 없다. 자연스럽게 설교하면 된다. 우리나라 대통령이 미국을 방문하여 오바마 대통령에게 연설을 잘하는 법을 물었다고 한다. 그러자 그는 '자연스럽게 하라(be natural!)'라고 조언했다고 한다.[368]

자연스럽게 설교하는 것은 몸에서 힘을 빼며 선포하는 것을 뜻한다. 우리가 실제 생활에서 의사소통할 때 몸에 힘이 들어간 상태에서 말을 하지 않는다. 힘을 빼고 대화한다. 자연스럽게 설교하려면 얼굴에서 긴장을 빼야 한다. 일부 설교자는 일부러 근엄한 표정을 지으며 설교하는 경우가 있다. 그래야 회중이 설교를 진지하게 듣는다고 생각하는 것 같다. 그러나 역효과가 난다. 자애로운 부모가 사랑하는 자녀에게 대화하듯 그렇게 설교해야 한다. 이를 위해서는 약간 미소를 짓는 얼굴로 설교하는 것이 좋다. 그래야 설교를 들으면서 회중이 긴장하지 않고 편안한 마음으로 듣는다.

또한 눈빛을 주고받으며 설교하는 것이 좋다. 설교자가 시선을 어느 한 곳에 고정하고 설교하면 회중들은 그 설교가 자신을 위한 설교라고 생각하지 않는다. 시선을 회중과 골고루 맞추어 가면서 설교한다. 그래야 그 설교가 자신에게 향한 설교라고 생각하고 관심 있게 듣는다. 그러나 현실에서는 설교자들이 회중들과 시선을 교환하는 데 어려움을 느낀다. 애써 시선을 맞추어도 형식적인 것으로 끝나는 경우가 많다. 이것은 동양적인 사고방식에서 오는 것 같다. 한국인들은 눈을 빤히 쳐다보면서 대화하면 민망히 여기는 정서가 있기 때문이다. 이를 극복하는 방법의 하나는 회중의 눈동자가 아니고 눈꺼풀 아랫부분을 바라보며 설교하는 것이다. 그러면 설교자는 상대방을 직접 응시하는 것에서 오는 부담감을 줄일 수 있다. 그러나 회중은 자신을 응시하면서 설교한다고 생각한다.

---

368) 유성은, "연설 잘하는 팁 물었더니… 朴 웃게 만든 오바마의 답," 「중앙일보」, 2023.11.21.

❸ (음성) 듣기 좋은 목소리로 변화 있게 설교하라

지금까지 설교자가 강단에 설 때 필요한 자세를 설명했다. 단정히, 웃으면서 그리고 시선을 골고루 나누며 설교하는 것이 중요하다고 설명했다. 그러나 이 정도로는 아직 부족하다. 실감 나면서 감동 있는 설교를 하려면 목소리, 제스처 부분에도 각별하게 신경을 써야 한다.

한국의 정치인과 미국 정치인들의 대중 연설을 들어본 적이 있는가? 차이는 무엇인가? 한국인들의 연설은 무덤덤하다. 준비된 원고를 읽는 것으로 끝난다. 그러나 서양 정치인들은 다르다. 연설에 감정이 있고 변화가 있고 강약이 있다. 대중 연설을 할 때 음성과 표정과 제스처를 적절하게 써 가장 효과적으로 전하려고 한다.

설교는 듣는 회중의 마음을 움직여야 한다. 은혜를 체험하고 변화된 삶을 위한 결단이 일어나도록 해야 한다. 설교자는 음성과 몸짓과 같은 제스처를 효과적으로 사용하는 방법을 익혀야 한다. 미국의 심리학자인 메라비언(Albert Mehrabian)은 상대방에 대한 인상이나 호감을 결정하는 데는 표정과 제스처 등의 몸짓은 55%, 목소리는 38%, 말의 내용은 7%만 작용한다고 말한다.[369] 이것은 소위 메라비언 법칙이라고 불린다. 우리는 메라비언의 이런 견해에 동의할 수 없다. 설교의 현장에서 중요한 것은 설교의 내용이기 때문이다. 그러나 효과적으로 전하는 것 역시 강조해야 한다.

a. 듣기 좋은 목소리로 설교하라

앞에서 효과적인 전달을 위해 용모(복장), 얼굴 표정, 목소리, 제스처의 네 부분이 효과적으로 결합하여 표현되어야 한다고 설명했다. 이 중에서 어느 부분이 가장 중요할까? 목소리이다. 아무리 단정한 용모와 자연스럽고 웃는 표정으로, 제스처를 동원하며 설교해도 목소리가 좋지 않으면 설교 효과는 급격히 추락한다. 이런 예는 유튜브의 영상에서 쉽게 확인할 수 있다. 비슷한 내용의 영상을 유튜브에서 방송해도 목소리가 좋지 않으면 보는 사람의 눈을 계속 잡아 둘 수 없다. 뭉개듯이 불명확하게 발음하거나 무엇인가 막힌 듯이 그리고 얕게 발음하면 시청자는 금세 채널을 돌려 버린다.

---

369) Flora Davis, *"How to Read Body Language,"* Reader's Digest (December 1969), 54.

설교의 효과적인 전달에 가장 중요한 것이 목소리임에도 설교자들은 이것에 대하여 신경을 쓰지 않는다. 그 필요성을 실감하지 않고 또 목소리는 타고난 것이려니 생각하기 때문이다. 음색은 타고나는 것이지만 그러나 회중이 호감을 갖고 들을 수 있는 음성은 훈련을 통하여 가능하다. 요즘에는 전·현직 아나운서나 연기자들이 유튜브에서 보이스 트레이닝(voice training) 채널을 개설하고 발성법 훈련을 제공하는 곳이 많다. 자신에게 적절한 채널을 찾아 매일 10분 정도씩 6개월 정도 발성법 훈련을 하면 놀랄 정도로 듣기 좋은 목소리로 설교할 수 있다.

그럼 듣기 좋은 목소리란 무엇인가, 그리고 이를 위한 목소리 훈련 방법이 무엇인가를 알아보자. 좋은 목소리란 듣는 사람이 분명히 알아들으면서 막히지 않고 시원하게 그러면서 볼륨 있게 말하는 음성을 말한다. 먼저는 정확히 발음하는 것이 중요하다. 대부분 사람은 자신이 말을 할 때 정확하게 발음한다고 생각한다. 그러나 실험해 보면 그렇지 않다. 예를 들어 보자. 우리가 14장에서 예시를 들었던 설교문인 '초대받지 못한 손님' 중 아래 부분을 휴대전화의 녹음 기능을 활용하여 녹음해 보라.

> 성도 여러분! 이런 말을 들어 보셨습니까?
> '은퇴자 십계명'입니다. 정년퇴직하고 집에 들어앉은 남자들이 지켜야 할 계명이라는 것이지요.
> 첫째, 주면 주는 대로 먹어라!
> 반찬 투정은 이제는 안 통합니다. 차려 주는 대로 먹으라는 것입니다.
> 둘째, 시키면 시키는 대로 해라!
> 처지가 바뀌었다는 것입니다. 군소리 말고 아내가 시키는 대로 하라는 것입니다.
> 셋째, 따로 놀아라!
> 젊었을 때 못 해 준 것 해 준다고 귀찮게 굴지 말라는 것입니다. 혼자 놀라는 것이지요.
> 어떻습니까? 힘을 잃은 남자의 처지가 느껴지지 않습니까? 한때는 힘센 사자였습니다. 벌판을 누비며 호령을 하였습니다. 그러나 지금은 늙은 수사자가 되어 버렸습니다. 눈치나 보며 살아가는 인생이 되었지요. 불청객이 되었습니다…

전문적인 훈련을 받지 않은 사람은 발음이 명확하지 않고 뭉개져 있다는 것을 알게 된다. 이것은 발음의 기본 요소인 자음과 모음을 정확히 발음하지 않기 때문에 발생한다. 정확한 발음은 단어의 자음과 모음을 얼마나 바르게 소리 내느냐에 달려 있다. 자음과 모음을 정확히 발음하려면 입안에서 혀를 바른 자리에 위치시키고(자음), 여기에 입의 모양을 정확히 모양 지으면(모음) 된다.

좋은 목소리는 발음이 정확할 뿐 아니라 목에서 탁 트이고 가슴 깊은 곳에서 울리는 소리이다. 복식 호흡으로 발음하되 목을 트이게 소리를 내는 것이다. 그러면 시원하게 트이면서 깊은 울림이 있는 목소리가 된다.

좋은 목소리란 정확한 발음, 복식 호흡을 이용한 소리 그리고 탁 트이면서 깊은 발성이 골고루 갖추어진 음성을 말한다. 전직 아나운서이자 보이스 트레이너인 우지은은 발음, 호흡, 발성이 좋은 소리를 내기 위한 3요소라고 말한다.[370] 이들 3가지 요소를 적절하게 배합하여 훈련하는 것이 발성 연습이다. 발성 연습용 '자모음표'를 보면서 혀의 위치와 입의 모양을 정확히 형성하면서 매일 10분 정도를 빠르게 읽는 것이다. 자음과 모음을 정확하게 발음할 수 있게 되면 짧은 문장을 가지고 읽으면서 연습하되 이번에는 목의 아치를 둥글게 열고 복식 호흡을 하면서 발음을 내는 것이다. 이런 방법으로 훈련을 쌓으면 큰 노력과 시간을 들이지 않아도 명확하면서 듣기가 좋은 목소리로 설교할 수 있다.[371]

b. 목소리에 변화를 주면서 설교하라

마지막으로 목소리에도 변화를 주어야 한다. 음성의 높낮이가 없거나 속도가 일정하면 단조로워 회중이 설교에 집중하지 않는다. 음성에 변화를 주어야 한다. 설교의 부분마다 강조하여야 할 부분이 있게 마련이다. 목소리의 높고 낮음, 빠르고 느림의 기법을 사용하여 목소리에 적절하게

---

370) 우지은, 『30일 완성 목소리 트레이닝』 (고양: 위즈덤하우스, 2019), 26,27/80,81.
371) 발성 훈련에 대한 자세한 내용은 우지은의 『30일 완성 목소리 트레이닝』을 참고하거나 유튜브 채널을 참고하라.

강조하며 변화를 만들어 간다. 다음과 같이 다섯 가지 방법으로 변화를 만들어 낼 수 있다.[372]

- **높임 강조: 목소리를 조금 높게 낸다**
  - "목표는 조금은 높고, *대담하게* 설정하는 것이 좋습니다."

- **낮춤 강조: 목소리를 조금 낮게 낸다**
  - "해가 뜨기 직전이 가장 *어둡습니다.*"

- **속도 강조: 목소리 속도를 조금 빠르거나 느리게 한다**
  - "사라지는 시간은 *우리의 책임*입니다."

- **모음 강조: 강조해야 할 모음을 길게 발음한다**
  - "부모가 줄 수 있는 가장 *소:~중한* 선물은 가치관입니다."

- **포즈(pause) 강조: 단어 사이를 잠시 쉬어 강조한다**
  - 이번 사건의 진실 /// 과연 무엇일까요?

❹ (제스처) 적절한 몸짓으로 강조점을 만들며 설교하라

서양에서는 연설이나 설교할 때 제스처를 적절히 쓰면서 전하는 것을 자주 본다. 그러나 한국은 이런 모습이 매우 부족하다. 지나치게 몸짓이 많으면 경박하게 보인다고 생각하는 것 같다. 그러나 적절한 동작은 효과적인 전달에 있어 매우 중요하다. 강대상에서 약간씩 움직이면서 설교하는 것이 좋다. 한자리에서 계속 설교하는 것보다 변화를 주어 회중의 집중을 끌어올 수 있다. 여기에 더하여 손을 통한 몸짓으로 제스처를 적절히 하도록 한다. 아래와 같은 방법이 있다.[373]

---

372) 우지은, 『30일 완성 목소리 트레이닝』 (고양: 위즈덤하우스, 2019), 80,81.
373) 정장복, 『한국 교회의 설교학 개론』 (서울: 예배와 설교 아카데미, 2006), 298.

■ **집게손가락 몸짓**
- 설교에서 강조점을 말할 때 사용.

■ **주먹을 쥔 몸짓**
- 설교에서 극적인 부분에 이르거나 강조할 때 강한 어조와 함께 사용.

■ **손바닥을 위로 향한 몸짓**
- 설교에서 긍정적인 부분을 보이거나 설득 혹은 탄원의 감정을 보일 때 사용.

■ **손바닥을 내리는 몸짓**
- 설교에서 부정적인 의미 혹은 반대의 뜻을 나타낼 때 사용.

위의 제스처는 예에 불과하다. 목소리와 함께 제스처도 효과적인 전달에 중요하다는 것을 깨닫고 자신에게 맞는 제스처를 찾아내어 만드는 것이 중요하다.

IV. 부르심의 상을 위하여 달려가는 설교자

1. 마지막을 향하여 올라가라

❶ '조금만 더'라는 자세로 땀을 흘린 대가들

어느 한 분야에서 최고의 권위를 인정받는 사람을 '거장(巨匠)' 혹은 '대가(大家)'라고 부른다. 이런 칭호를 받는 사람들의 특징이 있다. '비범함'이다. 평범한 사람에게는 볼 수 없는 자신만의 특별함이 있다. 이것이 무엇인지를 보여 주는 예가 첼로의 거장 파블로 카살스(Pablo Casals, 1876~1973)이다. 그는 전설적인 첼로 연주자로도 불린다. 어떻게 최고의 반열에 오르게 되었을까? 다음의 인터뷰 기사를 보자.

> "카살스 선생님, 당신은 이미 세상에서 가장 위대한 첼리스트로 잘 알려져 있습니다. 그런데도 여전히 매일같이 하루에 6시간씩 연습하는 이유가 무엇입니까?" 첼로의 성자라 불리는 카살스에게 기자가 질문했다. 그는 이렇게 대답했다. "난 아직 매일, 조금씩 실력이 좋아지는 것을 발견하기 때문입니다." 인터뷰 당시 카살스의 나이는 95세였다.[374]

그는 왜 90대의 노년임에도 장시간 연습을 했을까? 왜 쉬엄쉬엄해도 해도 될 나이에 하루에 6시간씩 첼로를 붙잡고 있었을까? 인터뷰 기사를 보면, 그에게는 '조금만 더'라는 '열심'이 있다는 것을 알 수 있다. 조금 더 연습을 하여 조금 더 실력을 향상시키고, 조금 더 완전한 연주를 하여 최상의 음악을 들려주려는 열정이 있었을 것이다. 보통 사람에게는 볼 수 없는, 그의 비범함은 바로 '조금만 더'라는 자세이다. 이런 자세는 그의 대표적인 연주곡으로 알려진 '바흐 무반주 첼로 모음곡'을 보면 알 수 있다. 그는 13살 때에 헌책방에서 우연히 이 곡의 악보를 발견했다고 한다. 12년 동안 연습한 후에 25세에 공개 연주를 했다. 그리고 다시 35년을 연습한 후에 60세에 첫 녹음을 마치고 세상에 선을 보였다. 카살스는 첼리스트들의 구약 성경이라고 불리는 '바흐 무반주 첼로 모음곡'을

---

374) 안우성, "'난 매일 발전한다'… 95세에도 6시간씩 연습한 첼리스트," 『문화일보』, 2021.3.25.

완벽하게 연주하기 위해 47년의 시간이 필요했다.

왜 이렇게 한 곡을 오랫동안 붙잡고 있어야 했을까? 그는 오선지 악보를 보면서, 선율(旋律)의 놀라운 미(美)의 세계를 발견했을 것이다. 그런 세계를 연주하기에는 자신의 솜씨가 양에 차지 않았을 것이다. '조금만' 더 연습하면 조금 더 실력이 늘고 그러면 더 완전한 연주가 가능하다고 여겼을 것이다. 연습하는 만큼 기량은 향상되고 세상은 그것을 알아보기 때문이다. 이런 자세는 그가 죽기 직전인 95세가 될 때까지 계속되었다. 어느 한 분야에서 대가라고 불리는 사람은 자신의 '현재' 실력에 만족하지 않는 사람이다. '조금만 더'라는 자세로 연습하고 실력을 쌓으면서 정상을 향하여 올라가는 사람이다. 미완(未完)의 완성을 향하여 땀을 흘리는 수고를 아끼지 않는 사람이다.

대가들의 이런 모습은 서예의 최고봉에 오른 추사(秋史) 김정희(1786~1856)에게서도 발견된다. 그가 조선 시대 최고의 명필가라고 불린 비결이 무엇일까? 우리는 이것이 세상에서 흔히 말하는 천재성에서 비롯된 것이 아님을 본서 2장에서 설명한 바 있다. 그의 지독한 서예 사랑과 끊임없는 연습의 결과였다. 이런 모습을 그는 "내 글씨는 비록 말할 것도 못 되지만, 나는 70 평생에 벼루 열 개를 밑창 냈고 붓 일천 자루를 몽당붓으로 만들었다"[375]라고 말한다. 도대체 얼마나 많은 종이에 글을 썼으면 붓 일천 자루를 몽당붓으로 만들고 벼루 열 개를 밑창을 냈는가? 십 년, 이십 년 정도 쓴다고 몽당붓이 되고 밑창이 나지 않을 것이다. 그는 죽기 직전까지 손에서 붓을 놓지 않았다. 계속 연습하여 다듬고 쓰면서 필력을 끌어올렸다. 그에게 서예(書藝)는 인생이며 삶이며 소망이었을 것이다. 하얀 종이 위에 쓰이는 검은 붓글씨를 통해 자신이 발견한 '아름다움'의 세계를 세상에 알리며 소통하였다. 쓰면 쓸수록 재주의 둔탁함을 깨달았을 것이다. '조금만 더'라는 안타까움을 가지고 붓을 들고 종이 위에 쓰고 또 썼다. 이렇게 해서 서예의 정상을 향하여 올라갔다. 그 결과물이 그의 독창적인 서체로 알려진 '추사체'로 나타났다.

그럼, 김정희는 추사체를 언제 완성했을까? 기력이 왕성하던 젊은 나이에 완성했다고 생각하는 사람이 많다. 추사체를 완성하기까지 40년의 세월이 필요했다는 것을 아는 사람은 많지 않다. 25세에 서예의 훈련을 시작하여 제주도로 유배를 가던 55세(1840년)에 추사체를 선보이기 시작했

---

375) 본 문장은 충남 예산 소재 '추사 김정희 기념관'에 전시된 김정희 어록의 일부이다.

다고 한다. 그리고 다시 10년의 기간을 거쳐 64세 (1849년)에 추사체를 완성했다.[376] 추사체를 완성하기 위해 무려 40년의 시간이 필요했다. 그러나 여기서 붓을 멈추지 않는다. 계속 먹을 갈고 쓰면서 서예의 정상을 향하여 조금씩 올라갔다. 60대 후반기가 되어서야 '비로소 나의 글씨를 세상에 내놓을 수 있게 되었다'라고 말했다고 한다.[377] 이런 모습에서

김정희가 붓 일천 자루를 몽당붓으로 만들고 벼루 열 개를 밑창 내었다는 것이 허언이 아님을 알 수 있다.

❷ SKTS 법칙을 활용해 최상의 설교를 선포하라

혹자는 설교가 첼로나 서예와 무슨 관련이 있는지 의아해할 것이다. 그러나 세상과의 소통이라는 측면에서 공통점이 많다. 첼로의 선율이나 서예의 붓글씨나 설교나 본인들이 가진 내면의 세계를 선율과 붓글씨 혹은 언어로 표현하며 세상과 소통한다. 첼로나 서예 같은 예술은 선율과 붓글씨라는 도구를 통하여 사람에게 기쁨, 행복, 활력을 주고 함께 즐거워하며 공감한다.[378] 설교 역시 마찬가지이다. 설교자가 만나고 경험한 하나님의 진리의 세계를 설교라는 언어로 세상에 드러내

---

376) 최열, 『추사 김정희 평전』 (파주: 돌베개, 2021), 11~15.
377) 한국의 대표적인 김정희 연구가의 한 사람으로 알려진 최열은 김정희가 66세가 되던 해에 추사체가 최고조(개화기)에 이르렀다고 평가한다. 그는 70세에 생을 마쳤다. 그렇다면 죽기 직전에 서예의 최고봉에 올라간 것이 된다. 최열, 『추사 김정희 평전』 (파주: 돌베개, 2021), 15.
378) 프린스턴 신학교의 설교학 교수였던 앤드류 블랙우드는 The Fine Art of Preaching(1937)을 펴내면서, 1930년대 미국 설교 강단을 비판한다. 그는 당시 미국 신학교와 설교자들이 설교는 예술이어야 한다(art of preaching)는 사실을 외면하고 있다고 말한다. 설교를 과학과 이성으로 분석하고 전달하려는 경향이 강했다고 한다. 그 결과로 설교가 추상적인 개념으로 가득 차고 율법을 강조하는 메마른 말씀이 되고 있다고 비판한다. 그는 설교가 왜 예술이어야 하는지를 윌러드 스페리(Willard L. Sperry)의 말을 인용하면서 다음과 같이 말한다.
"설교자는 예술가의 시각으로 보편적인 진리(universal truth)를 찾도록 해야 한다. 설교자가 시인과 화가와 음악가가 자신들의 과업을 어떤 방식으로 풀어 가는가를 배우지 않으면 현재 설교 강단이 부딪히는 어려움은 해결되지 못할 것이다."- Andrew W. Blackwood, The Fine Art of Preaching (New York: Macmillan comy, 1937), 1.

고, 설교자가 맛보았던 감격을 회중과 공감하며 기뻐한다.[379] 예술가들은 인본주의적 관점에서 그들이 발견한 세계의 아름다움을 음악이나 글씨나 그림이나 조각으로 표현하지만, 우리는 십자가를 통하여 발견한 하나님의 놀라운 사랑의 세계를 언어로 표현한다는 점에서 차이가 있다.

설교자는 자신이 캐고 발견한 성경의 보화를, 자신이 만난 하나님의 놀라운 세계를 본인이 먼저 기뻐하고 이를 다시 회중에게 들려준다. 문제는 하나님의 놀라운 진리와 생명의 세계를 인간의 입으로 표현하기에는 턱없이 부족하다는 것이다. 하나님의 광대무변한 세계를 어찌 사람의 언어로 제대로 표현할 수 있는가? 보다 온전한 드러냄과 전달을 위해 끊임없이 손과 입을 훈련시켜야 한다. 땀을 흘려야 한다. 카살스와 김정희가 첼로와 서예에 흘렸던 땀의 양을 뛰어넘어야 한다. 사람의 영혼을 살리는 진리의 말씀인 설교를 이들과 비교할 수 없기 때문이다. 매주 선포되는 한 편 한 편의 설교에 자신의 모든 것을 쏟아부어야 한다. 최상의 설교가 되도록 하여야 한다. '조금만 더'라는 자세를 가지고 설교의 능력을 매일 조금씩 향상시켜야 한다. 이를 위해 필자는 'SKTS 법칙'을 제안하고자 한다. 이 법칙은 최상의 설교가 되기 위해 갖추어야 할 조건이라고 할 수 있다.

〈최상의 설교가 되기 위한 SKTS 법칙〉

- ■ Skill(기량) 향상의 법칙[380]
  - 다른 모든 조건이 동일하다면 '설교의 기량'에 따라 설교의 수준이 결정된다.
  - 설교자의 글쓰기와 말하기 기량이 높아질수록 더 잘 들려지고 공감할 수 있는 설교를 할 수

---

379) 이에 대하여 느헤미야 8장 8-10절에서 다음과 같이 말씀한다.
"하나님의 율법책을 낭독하고 그 뜻을 해석하여 백성에게 그 낭독하는 것을 다 깨닫게 하니 백성이 율법의 말씀을 듣고 다 우는지라 총독 느헤미야와 제사장 겸 학사 에스라와 백성을 가르치는 레위 사람들이 모든 백성에게 이르기를 오늘은 너희 하나님 여호와의 성일이니 슬퍼하지 말며 울지 말라 하고 느헤미야가 또 그들에게 이르기를 너희는 가서 살진 것을 먹고 단 것을 마시되 준비하지 못한 자에게는 나누어 주라 이 날은 우리 주의 성일이니 근심하지 말라 여호와로 인하여 기뻐하는 것이 너희의 힘이니라 하고"

380) 설교자는 말하기와 쓰기 등 설교의 기술 향상을 위해 평생 노력하고 훈련해야 한다. 이에 대하여 일리온 존스는 다음과 같이 말한다.
"기술의 향상이란 단번에 이룩되는 것이 아니고 점진적으로 이루어지는 것이다. 설교자가 '현재의 나는 초보 단계를 벗어난 완벽한 설교자이다'라고 자랑할 수 있는 시간은 결코 오지 않는다."-Ilion T. Jones, *Principles and Practice of Preaching*, 정장복 역, 『설교의 원리와 실제』 (서울: 생명의 말씀사, 1986), 9.

있다.

- **Knowledge(지식) 축적의 법칙**
  - 다른 모든 조건이 같다면 설교자가 가진 '지식의 총량'에 따라 설교의 수준이 결정된다.
  - 설교자는 지식의 총량을 늘리기 위해 평생을 성경과 신학 그리고 각종 인문학을 연구하며 땀을 흘려야 한다. 지식의 양이 늘어날수록 보다 풍성하고 다양하면서 깊은 설교를 할 수 있다.

- **Time(시간) 투자의 법칙**[381]
  - 다른 모든 조건이 동일하다면 설교 한 편에 투자하는 시간의 양에 따라 설교의 수준이 결정된다.
  - 한 편의 설교를 위해 투자하는 시간이 많을수록 설교의 짜임새와 완성도가 높아진다. 설교 한 편에는 최소한도 10시간의 시간이 필요하다.

- **Spirit(성령) 도우심의 법칙**[382]
  - 다른 모든 조건이 같다면 설교자에게 임하시는 성령님의 도우심에 따라 설교의 수준이 결

---

[381] • 앤드류 블랙우드는 '설교학은 설교를 예술(혹은 기술)로 보고 설교문 작성이라는 결과물을 만들도록 돕는 학문(Homiletics is the science of which preaching is the art and the sermon is the product)'이라고 설교학을 정의한다. 설교문 작성과 선포는 하나의 기술로 배우고 예술로 승화시켜야 한다는 블랙우드의 설교관을 읽을 수 있다. 설교문 작성과 선포의 이런 특징에 대하여 블랙우드는 다음과 같이 말한다.
"설교자가 연륜이 쌓이고 설교 작성 기술이 향상되면서 설교문 작성(sermon)이 점차 용이해지는 것을 알게 된다. 그럼에도 불구하고 한 편의 설교문의 수준은 설교자가 쏟는 노력만큼의 가치만 가진다(The sermon which comes without effort is sometimes worth only what it costs). 회중은 설교자가 한 편의 설교를 준비하면서 쏟는 노력의 양에 따라 설교를 보다 쉽게 이해하고 영향을 받는다."-Andrew W. Blackwood, *The Fine Art of Preaching* (New York: Macmillan company, 1937), 25,26.
• 설교의 수준은 본서에서 주장하는 것처럼 설교자의 설교 작성 기술이 향상됨에 따라 올라간다고 할 수 있다. 그러나 아무리 높은 수준의 설교 기술을 가지고 있어도 한 편의 설교 준비에 투자하는 시간이 적다면 그 설교의 수준은 올라갈 수 없을 것이다.

[382] 제임스 스튜어트(James S. Stewart)는 설교자에게 임하시는 성령님의 도우심을 다음과 같이 표현한다.
"설교자는 성령님이 주시는 언변(utterance)의 도움을 받아야 한다. 그런데 이런 도움은 매일의 삶에서 설교자가 보여 주는 헌신의 정도에 따라 조건적으로 주어지는 것이다. 성령님은 설교자가 설교를 준비하면서 보여 주는 진실성과 신실성 그리고 시간을 아까워하지 않는 성실성의 비율에 따라 도움을 주실 것이다."-James S. Stewart, *Preaching* (London: Hodder & Stoughton, 1955), 102.

정된다.
- 설교자는 인간적인 노력인 기술, 지식, 시간을 투자하여 최상의 설교가 되도록 하여야 한다. 그러나 설교를 인간의 말이 아닌 하나님의 말씀으로 되게 하시는 이는 성령님이시다. 설교에서 성령님의 감동, 감화하심이 있어야 은혜롭고 감동 있는 설교가 될 수 있다.[383]

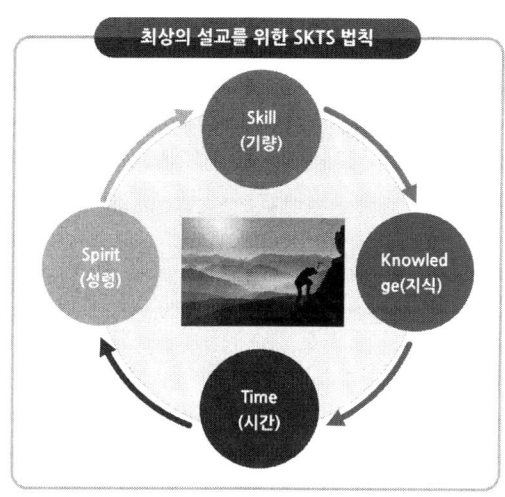

이렇게 SKTS 법칙을 활용하여 '조금만 더' 정신을 가지고 매 설교마다 땀을 흘리면 설교의 능력이 조금씩 올라간다. 이런 자세가 계속된다면 서서히 명설교자라는 명칭을 얻게 될 것이다.

2. 부르심의 상을 향하여 달려가는 설교자

많은 목회자들이 묻는다. 어떻게 하면 설교의 정상에 올라갈 수 있는가? 드높은 진리의 봉우리를 정상까지 올라갈 수 있는 사람은 없다. 다만 하나님이 허락한 범위까지, 최대한의 높이까지 끌

---

383) 설교의 준비와 선포의 전 과정에서 성령님의 개입과 도우심이 있을 때 설교는 명실상부한 하나님의 살아 계신 말씀이 될 것이다. 벌코프는 성령님을 '계시와 조명의 영'이라고 말한다.-Louis Berkhof, *Systematic Theology*, 이상원 등 공역, 『벌코프 조직신학』(파주: 크리스천다이제스트, 2001), 151.

어울릴 뿐이다. 설교자는 미완의 완성을 향해 달려가는 경주자이다.[384] 설교자의 책상은 시간이 지날수록 닳아야 하며 컴퓨터 자판기는 뭉개져서 교체해야 한다. 생애 마지막 순간에 강대상에서 한 편의 설교를 선포한 후에 '비로소 나의 설교를 세상에 내놓게 되었다'라고 고백할 수 있어야 한다.

그러기 위해 무엇이 필요한가? 설교를 사랑해야 한다. 그리고 자신의 둔한 손과 입을 연마하여 설교 실력을 계속 향상시켜야 한다. 결코 쉬운 길이 아니다. 그러나 봉우리로 올라가면서 계곡 이곳저곳에서 만나는 놀라운 은혜를 발견하고 힘을 얻으면 불가능한 것도 아니다. 이러기 위해 무엇이 필요한가? 자신의 힘이 아닌 주님의 도우심이 필요하다. 하나님의 특별하신 은혜를 날마다 공급받아야 한다. 이를 위해 우리는 무엇을 바라보아야 하는가? 바울이 그 모범을 우리에게 보여 주었다.

톰 라이트는 *Paul*(『바울 평전』)의 마지막 부분에서 독자에게 다음과 같은 질문을 던진다.

> 그는 왜 쉼 없이 일했을까? 왜 어떤 때는 동시에 세 곳에 있으려 하고, 어떤 때는 동시에 다섯 교회에 서신을 써 보내며, 설명하고 좋은 말로 달래며, 가르치고 선포하며, 여행하고 또 여행하고 좀 더 여행하기를 쉬지 않았을까? 그를 계속 일하게 만들었던 동력원은 무엇이었으며, 그 동력원은 다메섹 도상에서 있었던 첫 사건 그리고 그 후에 그 사건을 생각할 때마다 그 내면에서 늘 느꼈던 강박과 어떤 관련이 있을까? 심지어 한 번은 그 동력이 다 떨어지기도 했는데, 이때 과연 무엇이 그의 믿음과 소망을 되살렸는가?[385]

그 답은 바울이 다메섹에서 예수님을 만난 생생한 기억과 주님을 사랑하는 마음 그리고 그리스도의 공동체를 만들려는 열망에 있다고 말한다.[386] 이런 그의 불굴의 투지와 열정은 사역의 어느

---

384) 일리온 존스는 자신이 지켜오는 두 가지 원칙이 있다며, 다음과 같이 말한다.-Ilion T. Jones, *Principles and Practice of Preaching*, 정장복 역, 『설교의 원리와 실제』 (서울: 생명의 말씀사, 1986), 2.
"첫째로 사람이 설교의 방법론을 배울 수 있다면 정상적으로 계속된 목회의 설교 사역에서 배울 수 있다는 점이다. 둘째로 설교를 배울 수 있다는 점은 영원히 끝나지 아니한다는 사실이다."
385) Nicholas T. Wright, *Paul*, 박규태 역, 『바울 평전』 (파주: 비아토르, 2020), 633.
386) Nicholas T. Wright, *Paul*, 박규태 역, 『바울 평전』 (파주: 비아토르, 2020), 642, 685.

한 기간에만 해당되지 않았다. 부르심의 상을 향하여 달려갔다. 마지막 달리기를 마치고 그는 세상을 향해 다음과 같이 고백한다.

> "전제와 같이 내가 벌써 부어지고 나의 떠날 시각이 가까웠도다 나는 선한 싸움을 싸우고 나의 달려갈 길을 마치고 믿음을 지켰으니 이제 후로는 나를 위하여 의의 면류관이 예비되었으므로 주 곧 의로우신 재판장이 그 날에 내게 주실 것이며 내게만 아니라 주의 나타나심을 사모하는 모든 자에게도니라"(딤후 4:6-8)

'오직 하나님께 영광을(Soli Deo Gloria)!'

참고 문헌

곽안련. 『설교학』. 서울: 대한기독교서회, 1925.
건국대학교 글쓰기 교재 편찬위원회. 『대학 글쓰기』. 서울: 도서출판 역락, 2017.
김미경. 『아트 스피치』. 파주: 21세기 북스, 2017.
김연태. 『바울 해석』. 서울: 대한기독교서회, 1994.
김운용. 『설교의 새로운 패러다임』. 서울: 장로회신학대학교 출판부, 2004.
김운용. 『새롭게 설교하기』. 서울: 예배와 설교 아카데미, 2005.
김용규. 『설득의 논리학』. 서울: 웅진지식하우스, 2020.
김훈. 『칼의 노래』. 서울: 문학동네, 2014.
남수현 외 공저. 『건축의 정석』. 서울: 도서출판 집, 2021.
리헌석. 『우리 시의 얼개』. 대전: 오늘의 문학사, 2014.
박승찬. 『그리스도교 이야기』. 서울: 가톨릭 출판사, 2021.
손영국. 『연기학 개론』. 서울: 도서출판 청어, 2003.
송숙희. 『150년 하버드 글쓰기 비법』. 서울: 유노북스, 2022.
양동욱. 『그리스도의 생애와 사건 순서에 따른 백 번만 사복음 대조 성경』. 서울: 쿰란출판사, 2018.
영산 신학 연구소 편. 『영산의 목회와 신학 Ⅲ』. 군포: 한세대학교 출판부. 2008.
오규원. 『현대시작법』. 서울: 문학과 지성사, 1990.
우지은. 『30일 완성 목소리 트레이닝』. 고양: 위즈덤하우스, 2019.
유시민. 『유시민의 글쓰기 특강』. 서울: 생각의 길, 2015.
윤석민. 『커뮤니케이션의 이해』. 서울: 커뮤니케이션북스, 2007.
윤철호. 『설교의 영광 설교의 부끄러움: 설교 비평의 이론과 실제』. 서울: 장로회신학대학교 출판부, 2013.
윤치영. 『거침없이 말하려면 잡담력을 키워라』. 서울: 시아컨텐츠그룹, 2021.
윤치영. 『사람의 마음을 사로잡는 아하! 스피치』. 서울: 미래지식, 2010.
장중호. 『세상을 바꾸는 힘, 절실함』. 서울: 메이트북스, 2020.
정장복. 『한국 교회의 설교학 개론』. 서울: 예배와 설교 아카데미, 2001.
정장복. 『예배학 개론』. 서울: 예배와 설교 아카데미, 2003.
지태일. 『칼빈의 삶과 신학의 모티프』. 용인: 도서출판 레노바레, 2021.
조재도 엮음. 『세계 단편 소설』. 파주: 작은 숲 출판사, 2015.
존 칼빈 주석 출판 위원회 역. 『신약성경 주석 9권』('엡 4:11'). 서울: 성서교재간행사, 1982.
존 칼빈 주석 출판 위원회 역. 『구약성경 주석 7권』(시편 주석 '서문'). 서울: 성서교재간행사, 1982.
주승중. 『은총의 교회력과 설교』. 서울: 장로회신학대학교 출판부, 2014.

차배근. 『커뮤니케이션학 개론(상)』. 서울: 세영사, 1978.

최열. 『추사 김정희 평전』. 파주: 돌베개, 2021.

최진봉. 『주제와 명제로 잡는 설교』. 서울: 장로회신학대학교 출판부, 2023.

채경락. 『쉬운 설교』. 서울: 생명의 양식, 2015.

Allen, Arthur. *The Art of Preaching*. New York: Philosophical Lib., 1943.

Beker, John C. *Paul the Apostle: The Triumph of God in Life and Thought*. Philadelphia: Fortress, 1980.

Blackwood, Andrew Watterson. *The Preparation of Sermons*. Nashville: Abingdon-Cokesbury, 1948.

Blackwood, Andrew W. *The Fine Art of Preaching*. New York: Macmillan company, 1937.

Brigance, William Norwood. *Speech: Its Techniques and Disciplines in a Free Society*. Appleton: Century Crofts., 1952.

Brooks, Phillips. *The Joy of Preaching*. Grand Rapids: Kregel Publications, 1984.

Brooks, Phillips. *Lectures on preaching*. New York: Dutton, 1877.

Brown, Raymond E. *An Introduction to the New Testament*. New York: Doubleday, 1997.

Buttrick, David. *Homiletic: Moves and Structures*. Philadelphia: Fortress Press, 1987.

Calvin, John. *Commentary on the Book of Psalms I*. Grand Rapids: Wm. B. Eerdmans publishing Co., 1949.

Campbell, Charles L. *Preaching Jesus: The New Directions for Homiletics in Hans Frei's Postliberal Theology*. Michigan: Eerdmans, 1997.

Craddock, Fred B. *Preaching*. Nashville: Abingdon Press, 2010.

Craddock, Fred B. *As One without Authority*. Enid: The phillips university, 1974.

Davis, Henry Grady. *Design for Preaching*. Philadelphia: Muhlenberg Press, 1958.

Davis, Flora. "How to Read Body Language." *Reader's Digest* (December 1969).

Dodd, Charles H. *The Apostolic Preaching and Its Developments*. New York: Harper, 1935.

Eslinger, Richard L. *A New Hearing: Living Options in Homiletic Method*. Nashville: Abingdon, 1986.

Fant JR, Clyde E. *20 Centuries of Great Preaching: An Encyclopedia of Preaching, vol. 6*. Waco: Word, 1971.

Fosdick, Harry E. "What is the Matter with Preaching." *Harper's Magazine*.

Harnack, Adolf von. *The expansion of Christianity in the first three centuries II*. London: Williams & Norgate, 1905.

Hybels, Bill. *Mastering Contemporary Preaching*. Portland: Christianity Today Inc., 1989.

Broadus, John A. *On the Preparation and Delivery of Sermons*. New York: Harper & Row, 1944.

Jung, Carl G. *The undiscovered self*. New York: Mentor Book, 1958.

Killinger, John. *Fundamentals of Preaching*. London: SCM, 1985.

Knox, John. *The Integrity of Preaching*. New York: Abingdon press, 1957.

Lazar, Shawn C. *One Point Preaching: A Law and Gospel Model*. Independently published, 2019.

Lee, Ahmi. *Preaching God's Grand Drama*. Grand rapid: Baker academic, 2019.

Lewis, Ralph L. *Inductive Preaching: Helping People Listen*. Wheaton: Crossway Books, 1983.

Lowry, Eugene L. *The Sermon: Dancing the Edge of Mystery*. Nashville: Abingdon, 1997.

Lowry, Eugene L. *The Homiletical Plot: The Sermon as Narrative Art Form*. Atlanta: John Knox, 1980.

Markquart, Edward F. *Quest for Better Preaching*. Minneapolis: Augsburg publishing house, 1985.

Mayhue, Richard. *Rediscovering Expository Preaching*. Dallas: Word, 1992.

McComb, Samuel L. Preaching in Theory and Practice. New York: Oxford University Press, 1926.

Meyer, Frederick B. *Expository Preaching: Plans and Methods*. New York: George H. Doran co., 1912.

Milton Crum Jr. *Manual on Preaching: A New Process of Sermon Development*. Valley Forge: Judson, 1977.

Old, Hughes O. *The Reading and Preaching of the Scriptures in the Worship of the Christian Church Vol. Ⅰ The Biblical Period*. Grand Rapids: Wm. B. Eerdmans Publishing Co., 1998.

Old, Hughes O. *The reading and preaching of the scriptures in the worship of the Christian church Ⅱ*. Grand Rapids: W.B. Eerdmans, 1998.

Parker, T.H.L. *The Oracles of God*. Cambridge: James Clarke, 2002.

Quicke, Michael J. *360 Degree Preaching*. Grand Rapids: Baker Academic, 2003.

Reid, Robert Stephen. *The Four Voices of Preaching: Connecting Purpose and Identity behind the Pulpit*. Grand Rapid: Brazos Press, 2006.

Rice, Charles L. *Preaching the Story*. Philadelphia: Fortress, 1980.

Sanders, James A. *God Has a Story Too*. Philadelphia: Fortress Press, 1979.

Sangster, W. E. *The Craft of Sermon Construction*. Grand Rapids: Baker, 1972.

Stewart, James S. *Preaching*. London: Hodder & Stoughton, 1955.

Tillich, Paul. "Communicating the Gospel." *Union Seminary Quarterly*, Ⅶ/4.

Tizard, Leslie J. *Preaching: The Art of Communication*. New York: Oxford University Press, 1959.

Vanhoozer, Kevin J. *The Drama of Doctrine*. Louisville: John knox press, 2005.

Wardlaw, Don M. *Preaching Biblically*. Philadelphia: Westminster, 1983.

Watson, Philip S. *Let God Be God*. Eugene: Wipf and Stock, 1947.

Wilson, Paul S. *Preaching As Poetry: Beauty, Goodness, and Truth in Every Sermon*. Nashville: Abingdon Press, 2014.

_____. *Preaching and Homiletical Theory*. St. Louis: Chalice Press, 2004.

_____. *God Sense: Reading the Bible for Preaching*. Nashville: Abingdon Press, 2001.

_____. *The Four Pages of the Sermon: A Guide to Biblical Preaching*. Nashville: Abingdon Press, 1999.

_____. *The Practice of Preaching*. Nashville: Abingdon Press, 1995.

_____. *A Concise History of Preaching*. Nashville : Abingdon Press, 1992.

_____. *Imagination of the Heart: New Understandings in Preaching*. Nashville : Abingdon Press, 1988.

"Census 2021 in charts: Christianity now minority religion in England and Wales." *The Guardian*.

Smith, Gregory A. "About Three-in-Ten U.S. Adults Are Now Religiously Unaffiliated." Pew Research Center.

Aristoteles. *Techne Rhetorike*. 박문재 역. 『아리스토텔레스 수사학』. 파주: 현대지성, 2020.

Barth, Karl. *Die Kirchliche Dogmatik(Ⅰ-2)*. 신준호 역. 『교회 교의학(Ⅰ-1)』. 서울: 대한기독교서회, 2010.

Barth, Karl. *Die Kirchliche Dogmatik(Ⅰ-2)*. 신준호 역. 『교회 교의학(Ⅰ-2)』. 서울: 대한기독교서회, 2010.

Baumann, J. Daniel. *An Introduction To Contemporary Preaching*. 정장복 역. 『현대 설교학 입문』. 서울: 도서출판 엠마오, 1983.

Beale, Gregory K. *The Temple and the Church's Mission*. 강성열 역. 『성전 신학: 하나님의 임재와 교회의 선교적 사명』. 서울: Holy Wave Plus, 2014.

Bebbington, David W. *Patterns in History*. 김진홍 등 역. 『역사관의 유형들』. 서울: 한국기독교학생회 출판부, 1997.

Berkhof, Louis. *Systematic Theology*. 이상원 등 공역. 『벌코프 조직신학』. 서울: 크리스천다이제스트, 2001.

Brandle, Rudolf. *Johannes Chrysostomus*. 이종한 역. 『요한 크리소스토무스: 고대 교회 한 개혁가의 초상』. 칠곡군: 분도, 2016.

Brooks, Phillips. *On Preaching*. 서문강 역. 『설교론 특강』. 서울: 크리스천다이제스트, 1995.

Bruce, F. F. *The Spreading Flame*. 서영일 역. 『초대 교회 역사』. 서울: 기독교문서선교회, 2009.

Buttrick, David. *A Captive Voice*. 김운용 역. 『시대를 앞서가는 설교』. 서울: 요단출판사, 2002.

Calvin, John. *Institutes of Christian Religion Ⅰ*. 원광연 역. 『기독교강요(상)』. 고양: 크리스천다이제스트, 2003.

Calvin, John. *Institutes of the Christian Religion Ⅱ*. 원광연 역. 『기독교강요(중)』. 고양: 크리스천다이제스트, 2003.

Calvin, John. *Institutes of the Christian Religion Ⅲ*. 원광연 역. 『기독교강요(하)』. 서울: 크리스천다이제스트, 2003.

Calvin, John. "교회 개혁의 필요성." 박건택 역. 『칼뱅 작품 선집 Ⅲ』. 총신대학출판부, 2009.

Carr, Edward H. *What is History*. 김택현 역. 『역사란 무엇인가』. 서울: 까치글방, 1997.

Chrysostom, John. *On the Priesthood*. 채이석 역. 『성직론』. 서울: 엠마오, 1992.

Clowney, Edmund P. *Preaching and Biblical Theology*. 류근상 역. 『설교와 성경 신학』. 고양: 크리스챤출판사, 2003.

Cox, James W. *Preaching*. 원광연 역. 『설교학』. 서울: 크리스천다이제스트, 1999.

Cox, Richard H. *Rewiring Your Preaching: How the Brain Processes Sermons*. 김창훈 역. 『뇌는 설교를 어떻게 받아들이는가』. 서울: 기독교문서선교회, 2014.

Craddock, Fred B. *As One Without Authority*. 김운용 역. 『권위 없는 자처럼: 귀납적 설교의 이론과 실제』.

서울: 예배와 설교 아카데미, 2003.
Daane, James. *Preaching with Confidence*. 장택수 역. 『확신에 찬 설교』. 서울: 도서출판 디모데, 2018.
Dargan, Edwin Charles. *A History of Preaching Ⅰ*. 김남준 역. 『설교의 역사 Ⅰ』. 서울: 솔로몬, 1994.
Duduit, Michael. *Preaching with Power*. 권영주 역. 『능력 있는 설교 이렇게 한다!』. 서울: 국제제자훈련원, 2009.
Durkheim, Emile. *Les Formes Elémentaires de La Vie Religieuse*. 노치준 역. 『종교 생활의 원초적 형태』. 서울: 민영사, 1992.
Eslinger, Richard. *The Web of Preaching*. 주승중 역. 『설교 그물 짜기』. 서울: 예배와 설교 아카데미, 2008.
Gladwell, Malcolm. *Outliers: The Story of Success*. 노정태 역. 『아웃라이어: 성공의 기회를 발견한 사람들』. 서울: 김영사, 2009.
Greef, de Wulfert. *Johannes Calvin*. 박경수 역. 『칼뱅의 생애와 작품 세계』. 서울: 대한기독교서회, 2016.
Greidanus, Sidney. *Preaching Christ from the Old Testament*. 김진섭 등 공역. 『구약의 그리스도, 어떻게 설교할 것인가?』. 서울: 이레서원, 2002.
Halsema, Thea B. *This was John Calvin*. 강변교회 청소년학교 도서위원회 역. 『이 사람 존 칼빈』. 서울: 성약, 2007.
Isaka, Yasushi. *Drucker Feedback Diary*. 김윤수 역. 『드러커 피드백 수첩』. 서울: 청림출판, 2017.
Jones, Ilion T. *Principles and Practice of Preaching*. 정장복 역. 『설교의 원리와 실제』. 서울: 생명의 말씀사, 1986.
Keller, Timothy. *Preaching*. 채경락 역. 『팀 켈러의 설교』. 서울: 두란노 서원, 2016), 27,28.
Kimmelman, Michael. *The Accidental Masterpiece*. 박상미 역. 『우연한 걸작』. 서울: 세미콜론, 2009.
Lewis, Clive Staples. *Mere Christianity*. 장경철 역. 『순전한 기독교』. 서울: 홍성사, 2001.
Lloyd-Jones, David Martyn. *Preaching and Preachers*. 정근두 역. 『설교와 설교자』. 서울: 복 있는 사람, 2005.
Long, Thomas G. *Witness of Preaching*. 이우제 등 역. 『증언 설교』. 서울: 기독교문서선교회, 2019.
Lowry, Eugene L. *The Homiletical Plot*. 이연길 역. 『이야기식 설교 구성』. 서울: 한국장로교출판사, 1996.
Michael, Larry J. *Spurgeon on Leadership*. 조계광 역. 『스펄전의 리더십』. 서울: 생명의 말씀사, 2005.
Miller, Donald G. *The Way to Biblical Preaching*. New York: Abingdon, 1957.
Morland, Paul. *The Human Tide*. 서정아 역. 『인구의 힘-무엇이 국가의 운명을 좌우하고 세계사의 흐름을 바꾸는가?』. 서울: 미래의 창, 2022.
Niebuhr, Reinhold. *Faith and History*. 종로서적 편집부 역. 『신앙과 역사』. 서울: 종로서적, 1983.
Parker, Thomas H.L. *The Oracles of God*. 황영철 역. 『하나님의 대언자』. 서울: 익투스, 2006.
Richard, Ramesh. *Scripture Sculpture*. 정현 역. 『7단계 강해 설교 준비』. 서울: 도서출판 디모데, 2005.
Robinson, Haddon. *Biblical Preaching: The Development and Delivery of Expository Messages*. 박영호 역. 『강해 설교』. 서울: 기독교문서선교회, 2007.
Robinson, Haddon eds. *The Art and Craft of Biblical Preaching*. 전의우 등 공역. 『성경적인 설교와 설교자』. 서울: 두란노, 2006.

Robinson, Haddon eds. *The Art and Craft of Biblical Preaching*. 주승중 등 공역.『성경적인 설교 준비와 전달』. 서울: 두란노, 2006.

Shiono, Nanami. *Romajin No Monogatari X*. 김석희 역.『로마인 이야기 10』. 파주: 한길사, 2002.

Shiono, Nanami. *Romajin No Monogatari 14*. 김석희 역.『로마인 이야기 14권』. 파주: 한길사, 1976.

Spurgeon, Charles H. *You Follow Me!*. 송용자 역.『예수가 가르친 제자도』. 고양: 터치북스, 2023.

Spurgeon, Charles H. *Treasury of the Bible*. 고성대 역.『스펄전 설교 전집: 로마서』. 고양: 크리스천다이제스트, 2010.

Spurgeon, Charles H. *Lectures to my students*. 원광연 역.『목회자 후보생들에게』. 고양: 크리스천다이제스트, 2009.

Stark, Rodney. *The Triumph of Christianity*. 허성식 역.『기독교 승리의 발자취』. 서울: 새물결플러스, 2020.

St. Augustinus. *De Doctrina Christiana*. 김종흡 역.『기독교 교양』. 파주: 크리스천다이제스트, 1992.

St. Augustinus. *The City of God*. 조호연 역.『신국론: 하나님의 도성』. 서울: CH 북스, 1998.

Storr, Will. *The Science of Storytelling*. 문희경 역.『이야기의 탄생』. 서울: 흐름출판, 2019.

Stott, John R. *The Preacher's Portrait*. 채경락 역.『설교자란 무엇인가』. 서울: 한국기독교학생회출판부, 2010.

Stott, John R. W. *Challenge of Preaching*. 박지우 역.『설교: 말씀과 현실을 연결하는 살아 있는 설교』. 서울: IVP, 2016.

Tolstoy, Graf Leo. *What Is Art*. 동완 역.『예술이란 무엇인가』. 서울: 신원문화사, 2007.

Vines, Jerry. Shaddix, Jim. *Power In The Pulpit*. 유희덕 등 공역.『설교의 능력』. 서울: 서로사랑, 2019.

White, James F. *Introduction to Christian Worship*. 정장복 외 1인 역.『기독교 예배학 입문』. 서울: 예배와 설교 아카데미, 2000.

Wiersbe, Warren. *Elements of Preaching*. 남병훈 역.『설교의 정석』. 서울: 한국기독학생회출판부, 2012.

Wright, Nicholas T. *Paul*. 박규태 역.『바울 평전』. 파주: 비아토르, 2020.

김대혁. "현대 설교의 위기와 그리스도 중심적 설교의 재발견."『복음과 실천신학』제62권.

김선권. "칼뱅의 소명론: 활동하는 하나님, 활동하는 인간."『한국 조직 신학 논총』제52집

김운용. "삶의 변형이라는 관점에서 본 설득 커뮤니케이션과 설교에 대한 연구."『장신논총』1(2008).

김운용. "강단의 거성 한경직의 설교 세계."『장신논단』18(2002. 12.).

김운용. "포스트모던 시대에서의 설교."『장신논단』17(2001).

류응렬. "예수 그리스도 중심의 설교: 그 기초와 방법론."『신학지남』제70권(2003).

(사)기독교윤리실천운동.『2023 한국 교회의 사회적 신뢰도 여론조사 결과 자료집』.

선한용. "어거스틴의 '신국론'에 나타난 '두 도성'에 대한 문제 연구."『신학과 세계』12(1986. 5).

안인규. "하나님 말씀의 삼중적 형태에 대한 칼 바르트의 견해: 말씀 선포를 중심으로."『조직 신학 연구』29(2018).

왕성상. "음악 기록을 통해서 본 '가수들의 노래와 삶'."『기록인』27(2014 여름호).

양동욱. "모방하기를 통한 설교 작성 및 전달 교습(教習)법' 연구 - 아리스토텔레스의 『수사학』과 『시학』을 바탕으로 -." 『신학과 실천』 77(2021.11).
양동욱. "폴 스캇 윌슨의 설교 신학에 대한 연구" (미간행 신학석사 학위 논문, 장로회신학대학교, 2007).
윤철호. "성서해석과 설교." 『장신논단』 34(2009.4.).
이상규. "기독교적 역사 이해." 『통합 연구』 7(1994).
주승중. "새로운 설교 형태의 연구: 4페이지 설교." 『장신논단』 18(2002.12.).
천병욱. "교역을 위한 소명과 은사에 관한 연구." 『신학과 선교』 22권(1997).
최종수. "커뮤니케이션에 있어서 피드백 작용." 『관훈저널』 14(1969.4.).
채규식. "고전 수사학의 탐구 대상으로서의 바울." 『수사학』 35(2019).

『국민일보』.
『그랜드 주석 사도행전 편』.
『기독교연합신문』.
『기독신문』.
『문화일보』.
『매일경제』.
『세계일보』.
『연합뉴스』.
『인천일보』.
『위키 백과』.
『조선일보』.
『중앙일보』.
『표준국어대사전』.
『한국일보』.
『한국경제』.
『한겨레』.

부록 1 연역식 설교문 예시 - '초대받지 못한 손님!'

- 본문: 누가복음 13:10-17
- 제목: 초대받지 못한 손님!
- 주제
  - 주제어: 회복
  - 주제문: 버려진 인생을 회복하시어 기쁨을 함께하시는 예수님!
  - 주 이미지: 불청객과 환영객
- 형태: 연역식 3대지 설교

■ 설교문

Ⅰ. 도입부: 주제에 대한 흥미와 암시

성도 여러분! 이런 말을 들어 보셨습니까?

'은퇴자 십계명'입니다. 정년퇴직하고 집에 들어앉은 남자들이 지켜야 할 계명이라는 것이지요.

첫째, 주면 주는 대로 먹어라!

반찬 투정은 이제는 안 통합니다. 차려 주는 대로 먹으라는 것입니다.

둘째, 시키면 시키는 대로 해라!

처지가 바뀌었다는 것입니다. 군소리 말고 아내가 시키는 대로 하라는 것입니다.

셋째, 따로 놀아라!

젊었을 때 못 해 준 것 해 준다고 귀찮게 굴지 말라는 것입니다. 혼자 놀라는 것이지요.

어떻습니까? 힘을 잃은 남자의 처지가 느껴지지 않습니까? 한때는 힘센 사자였습니다. 벌판을 누비며 호령을 하였습니다. 그러나 지금은 늙은 수사자가 되어 버렸습니다. 눈치나 보며 살아가는 인생이 되었지요. 불청객이 되었습니다.

이런 불청객이 어찌 은퇴자에게만 해당하겠습니까? 아파서 병원 신세를 져야 하는 사람이 있습니다. 실직하고 가정에서 눈칫밥을 먹는 사람이 있습니다. 사업에 실패하고 쫓기는 사람이 있습니다. 가정에서나 사회에서 환영받지 못하는 불청객들은 있게 마련입니다.

II. 본론: 주제 제시 및 배경과 주제에 대한 설명, 증명, 적용

1. 주제의 제시

성도님 가운데 이런 아픔을 가지고 계신 분이 계십니까? 쓸모없는 인생을 사는 것 같습니까? 그렇다면 오늘 말씀에 주목하십시오. 여러분의 아픔에 귀를 기울여 주실 분이 계십니다. 예수 그리스도이십니다. 세상에서는 불청객이라고 할지라도 예수님은 'NO'라고 하십니다. 예수님에게는 필요 없는 인생이 없습니다. 잃어버린 양을 찾기 위해 이 세상에 오셨기 때문입니다. 예수님은 여러분을 치유하고 회복시켜 주시기를 원합니다. 회복의 기쁨을 함께 누리시기를 바랍니다.

2. 본문 배경 설명

오늘 말씀은 유대의 한 회당에서 일어난 사건입니다. 안식일에 예수님을 만난 여인의 이야기입니다. 불치병을 치유받았습니다. 불청객에서 환영객으로 바뀌는 축복을 누리게 되었지요. 오늘 본문의 회당은 다른 날보다 더 사람이 붐볐을 것입니다. 예수님이 설교를 하시기 때문입니다. 일찍 와서 앞자리를 차지하려고도 했을 것입니다. 그러나 예수님의 축복은 이런 사람의 몫이 아니었습니다. 가장 외딴곳에 앉아 있는 여인에게 돌아갔습니다.

당시는 누구나 회당에 참석하여 공평하게 예배를 드리는 시대가 아니었습니다. 회당의 본당은 남자들만 입장할 수 있었습니다. 여자들은 회당 한쪽에 마련된 별도의 자리에 앉아 예배를 드렸습니다. 마음 놓고 남자처럼 찬양을 드리고 말씀을 듣지도 못했습니다. 여자들은 방청객에 불과했습니다.

그런데 오늘 등장하는 여인은 어떻습니까? 18년 된 병으로 허리가 꼬부라진 여자입니다. 더구나 귀신에 들려 그렇게 되었다는 소문까지 있습니다. 회당에 들어오면 외면을 했을 것입니다. '여자가!', '귀신 들려 병 걸린 여자가!' 하며 눈총을 받았을 것입니다.

그런데 이 여인은 회당에 나왔습니다. 숨을 죽이고 들어왔습니다. 회당 뒤편으로 갔습니다. 여자 방청석의 후미진 곳에 겨우 앉았을 것입니다. 용기를 내어 나온 것이지요. 무엇을 가지고 나왔나요? 믿음입니다. 무엇을 믿었나요? 예수님이지요. 성경은 "상한 갈대를 꺾지 아니하며 꺼져가는 심지를 끄지 아니하기를 심판하여 이길 때까지 하리니"(마 12:20)라고 하십니다. 사람들은 꺾어진 갈대는 소용없다고 뽑아 버립니다. 낡은 등불을 쓸모가 없다고 치워 버립니다. 그러나 예수님은 그렇지 않을 것이라고 믿고 나왔을 것입니다. 맞습니다. 예수님은 건강한 양을 위해 오신 것이 아닙니다. 잃어버린 양을 찾기 위해 오셨습니다. 예수님을 만나면 불청객에서 환영받는 인생으로 변한다는 것을 이 여인의 모습을 통해 우리에게 보여 주십니다.

여러분 중에 인생의 낙오자, 불청객으로 낙심하는 성도님이 계십니까? 그렇다면 여러분이 이제는 주인공이 되실 차례입니다. 그러기 위해 오늘 예배에서 어떤 자세로 있어야 할까요?

3. 3대지 전개로 주제 설명, 증명, 적용

첫째로 소망을 가지고 예수님께 나와야 합니다.

예수님의 은혜를 받으려면 먼저 밖으로 나와야 합니다. 교회로 나와야 합니다. 어두운 골방에서 숨어 있으면 소용이 없습니다. 오늘 말씀의 11절을 보면 "열여덟 해 동안이나 귀신 들려 앓으며 꼬부라져 조금도 펴지 못하는 한 여자가 있더라"라고 설명합니다. 척추병을 앓은 여인이 회당으로 나왔다는 것을 가장 먼저 설명합니다.

평소에는 어두운 방에서 홀로 지냈을 것입니다. 사람을 만나기가 두려운 것이지요. 그런데 용기를 내어 밖으로 나왔습니다. 회당으로 나왔습니다. 어떻게 가능했을까요? 예수님에게 소망을 뒀기 때문입니다. 시편 121편 1-2절에서 "내가 산을 향하여 눈을 들리라 나의 도움이 어디서 올까 나의 도움은 천지를 지으신 여호와에게서로다"라고 하십니다. 우리의 유일한 소망은 예수님이십니다.

여인은 회당 뒤편에 숨어서 예수님의 말씀을 들었을 것입니다. 그런데 12절에서 "예수께서 보시고 불러 이르시되"라고 말씀합니다. 예수님이 말씀을 마치시고 주변을 둘러보셨다는 것입니다. 그리고 이 여인을 바라보았다는 것이지요. 예수님은 맨 앞에 앉은 사람, 상석에 앉은 사람을 찾으신 것이 아닙니다. 멀리서 기둥에 몸을 숨기며 고개를 빼꼼히 내민 가련한 여인에게 눈길을 주셨다는 것입니다.

헬라어 원문을 보아야 실감이 납니다. 본문에서 '보시고'라는 단어가 나옵니다. 헬라어 원어는 'ἰδὼν(idōn, 이돈)'이라는 단어입니다. '자세히 쳐다보다, 유심히 보다(look upon, beware)'라는 뜻입니다. 어떤 뜻일까요? 어린 시절 소풍 가서 보물찾기하셨지요? 보물을 찾기 위해 이곳저곳을 살살이 살피는 모습입니다. 그런데 이 단어는 현재 완료형입니다. 한번 쳐다보고 마는 것이 아닙니다. 계속하여 여인을 주시하고 계셨다는 것입니다. 여인이 회당에 들어와 앉을 때까지 유심히 지켜보았다는 것이지요.

쓸모없다고 여기는 여인입니다. 병들어 사람들에게 부담만 되는 여인입니다. 이런 여인을 예수님은 줄곧 지켜보신 것입니다. 여인은 자격이 없다고 한쪽으로 숨어 버리지만, 예수님의 눈길은 뒤를 계속 쫓아갑니다. 왜요? 세상 사람에게는 초대받지 못했지만, 예수님께는 가장 소중한 하나님의 딸이니까요! 이것이 이 여인에게 축복의 시작입니다. 예수님이 발견하셨습니다. 예수님 얼굴에는 기쁨이 가득하셨을 것입니다. 성경에는 예수님의 이런 마음을 잘 표현하는 말씀이 있지요. 누가복음 15장 4-6절 말씀이지요. 함께 보실까요?
"너희 중에 어떤 사람이 양 백 마리가 있는데 그중의 하나를 잃으면 아흔아홉 마리를 들에 두고 그 잃은 것을 찾아내기까지 찾아다니지 아니하겠느냐 또 찾아낸즉 즐거워 어깨에 메고 집에 와서 그 벗과 이웃을 불러 모으고 말하되 나와 함께 즐기자 나의 잃은 양을 찾아내었노라"

왜 양들 중 한 마리가 무리에서 떨어졌습니까? 병들었기 때문입니다. 문제 있는 양이지요. 포기하고 떠날 만도 한데 목동은 그렇게 하지 않습니다. 이곳저곳을 살살이 찾아 나서지요. 발견하면 어떻게 하나요? 잃어버린 양을 찾았기에 잔치를 베풉니다. 배보다 배꼽이 큰 경우이지요. 그러나 목동에게는 찾았다는 기쁨이 더 크지요. 돈 계산을 하는 것도 잊고 잔치를 베풀게 됩니다.

이것이 우리에게는 소망의 시작이 됩니다. 세상 사람은 외면하지요. 그러나 예수님이 우리를 먼저 찾아내십니다. 샅샅이 찾아내십니다. 발견하고는 크게 기뻐하십니다. 잔치까지 베풀 준비를 하십니다. 여러분이 불청객의 인생을 살고 있습니까? 그렇다면 사람의 시선을 물리치십시오. 그리고 주님 앞에 모습을 드러내십시오. 두려워하지 말고 밖으로 나오십시오. 예배의 자리로 나서십시오. 예수님께 나오십시오.

둘째는 행동하시는 예수님을 기대해야 합니다.

예수님은 여인을 발견하시고는 행동으로 옮기십니다. 앞으로 나아오도록 합니다. 가장 좋은 자리인 예수님 앞에 앉히십니다. 그리고 "여자여 네가 네 병에서 놓였다!"(눅 13:12)라고 하시며 안수기도를 하여 주십니다. 그러자 즉시 여자의 허리가 펴집니다. 완전히 건강을 회복했습니다. 18년 동안 땅만 보고 걷던 여인입니다. 그 여인의 허리가 꼿꼿이 펴진 것입니다. 비로소 하늘을 보게 되었습니다. 예수님을 바라볼 수 있게 된 것이지요.

성도 여러분! 이것이 이 여인에게는 얼마나 놀라운 특권이자 축복인지 아십니까? 우리 시대로 보면 목사님이 안수기도 해 주시니 그런가 보다 할 것입니다. 그러나 그 시대는 그렇지 않았습니다. 안수기도는 나의 능력을 다른 사람에게 나누어 준다는 의미가 있습니다. 내가 가진 축복을 상대방에게 건네주었다는 뜻이 있습니다. 창세기 48장을 보면 야곱이 죽기 직전에 손자인 에브라임과 므낫세를 품에 안고 안수기도를 하며 축복을 빌어 주는 모습이 나오지요(창 48:14-16).

당시 랍비들은 안수기도를 쉽게 해 주지 않았습니다. 해 줄지라도 남자들만 해 주었습니다. 지위가 높은 사람만 골라서 해 주었습니다. 그러나 예수님은 여자에게 안수기도를 해 주십니다. 남자도 아닌 여자에게 말입니다. 큰 병에 걸린 볼썽사나운 여인에게 말입니다. 회당에서 가장 누추한 옷을 입고 있었을 것입니다. 초대받지 못한 손님에 불과합니다. 그러나 예수님은 개의치 않았습니다. 다가가서 안수기도를 해 주십니다. 왜요? 예수님의 사랑 때문입니다. 예수님의 사랑 앞에는 장애물이 없지요. 못 할 일이 없으신 예수님이십니다.

(일화-입으로 소변을 받아낸 의사)
2019년 12월 12일 중앙일보에 실린 기사입니다. 중국 광저우에서 미국 뉴욕으로 향하는 비행기에서 일어난 일입니다. 비행기에서 응급환자가 발생하였습니다. 70대 할아버지가 숨을 헐떡이며 괴로워했습니다. 승무원은 급하게 의사를 찾는다고 방송을 합니다.

마침 의사가 달려왔습니다. 진찰에 들어갔습니다. 노인은 전립선에 문제가 생긴 것입니다. 오줌이 제대로 배출이 안 되어 방광이 1,000mL 되는 오줌으로 가득 찬 것입니다. 그대로 두면 방광이 터져 죽을 위험한 상황입니다. 오줌을 빼내야 살 수 있습니다. 그런데 수술 도구들이 비행기에 있을 리 만무하지요. 발을 동동 구르는 형편이 되었습니다.

그러나 샤오잔샹이라는 의사가 포기치 않습니다. 갑자기 우유 빨대를 찾더랍니다. 수술 도구 대신에 우유 빨대를 이용해 오줌을 빼내려고 한 것입니다. 급하게 배에 구멍을 뚫고 방광에 빨대를 연결했습니다. 입을 대어 오줌을 빨아내기 시작합니다. 순식간에 비행기는 썩은 오줌 냄새로 가득 찼습니다. 사람들은 코를 막기에 바쁩니다. 그러나 의사는 계속 오줌을 뽑아냅니다. 그러자 부풀어 올랐던 배가 꺼지면서 의식이 돌아왔답니다. 살아난 것입니다.
무엇이 이 의사가 악취 나는 소변을 빨아대도록 만들었습니까? 37분 동안을 말입니다. 다름이 아닙니다. 안타까운 마음입니다. 죽어가는 환자를 불쌍히 여기는 마음이지요. 세상에는 학력이 화려한 의사가 넘쳐납니다. 일류 대학을 나오고 의과대학 교수를 하는 의사도 많지요. 그러나 가장 좋은 의사는 누구인가요? 학력이나 경력이 중요한 것이 아닙니다. 사랑으로 환자를 찾고 돌보는 의사입니다.

이 여인을 향한 예수님의 마음이 바로 사랑입니다. 불쌍히 여기는 마음이지요. 긍휼히 여기는 마음이지요. 그래서 예수님은 이 여인을 지켜보시고 앞으로 나오게 하십니다. 서슴지 않고 안수하시며 치유를 해 주십니다.

성도 여러분! 오늘도 예수님은 우리를 향하여 말씀하십니다. 치료하시는 '여호와 라파'라고 말입니다. 출애굽기 15장 26절에서 "내가 애굽 사람에게 내린 모든 질병 중 하나도 너희에게 내리지 아니하리니 나는 너희를 치료하는 여호와임이라"라고 말씀하십니다. 예수님은 우리에게 말씀하십니다.

"내가 너희를 치료하여 주리라!"
"내가 너의 병을 고쳐 주리라!"
"내가 너의 인생을 수리하여 주리라!" 아멘이십니까? 그렇다면 다시 믿음으로 외치시겠습니다.
"여자여 네가 네 병에서 놓였다"(눅 13:12). 이번에는 자기 이름을 넣고 외치시겠습니다.
"○○○ 집사야! 네가 네 병에서 놓였다!" 하나님께 영광의 박수를 올려드리겠습니다.

셋째는 치유 이상의 것을 선물로 주실 것을 소망해야 합니다.

성도 여러분! 세상에는 좋은 일에 손뼉을 치는 사람도 있지만, 어깃장 부리는 사람도 있습니다. 좋은 일을 경험하고도 꼭 심술부리는 사람이 있기에 마음이 상하기도 하지요. 오늘 본문을 보면 여인에게 일어난 기적 때문에 사람들이 손뼉을 쳐 준 것이 아닙니다. '왜 저런 여인에게!'라며 입을 삐쭉 내민 사람도 있을 것입니다. 심지어 시비 거는 사람도 있었습니다. 회당장입니다. 그 마을의 유지이지요. 예수님을 향해 '평일에 해야지 왜 안식일에 그런 일을 하느냐?'고 타박을 합니다(눅 13:14). 주위는 갑자기 조용해졌습니다.

회당장은 예수님을 향해 분을 내며 질책을 하고 있습니다. 안식일을 어겼다는 것이지요. 그런데 예수님을 보십시오. 당당하게 말씀합니다. "그럼 당신은 우리에 있는 소나 나귀를 안식일에는 그대로 가두어 두시오? 밖으로 끌고 가서 풀을 뜯게 할 것이 아니요?"(눅 13:15)라고 나무라십니다.
만약에 회당장의 딸이 이런 치유의 기적을 받았다면 어떨까요? 예수님께 무릎을 꿇고 절을 하며 고맙다고 했을 것입니다. 그러나 이 가련한 여인이 치유받자 화를 내고 있습니다. 왜 그럴까요? 자기 일이 아니니까요. 남의 일이니까요. 그러나 예수님에게 이 여인은 남이 아닙니다. 적당히 무시해도 좋을 거추장스러운 인생이 아닙니다.

이제 예수님은 여인을 향해 말씀하십니다. "그러면 열여덟 해 동안 사탄에게 매인 바 된 이 아브라함의 딸을 안식일에 이 매임에서 푸는 것이 합당하지 아니하냐"(눅 13:16). 이 여인도 아브라함의 딸이라고 선언하십니다. 쓸모없는 인간으로 여겼습니다. 저주받은 여자라고 손가락질당했습니다. 그러나 예수님이 말씀하십니다. "딸아! 너도 이제는 아브라함의 딸이란다. 하나님의 가족이란다. 하나님이 너를 풀어 주시고 회복시켜 주셨단다!" 하나님 앞에서는 누구도 버려진 존재가 없기 때문입니다. 이제는 모두가 여자를 축복합니다. 함께 기뻐하게 되었지요.

이 여인이 이런 말씀을 들었을 때 감격을 상상해 보십시오. 병에서 치유받는 것도 축복입니다. 그러나 그것만 가지고는 부족합니다. 세상 사람에게 인간 대접을 받아야 합니다. 병에 걸렸다가 회복된 여자가 아닙니다. 그 이상의 자격이 필요합니다. 아브라함의 후손이며 선민이며 하나님의 자녀라는 새로운 신분증이 필요한 것입니다.

여러분, 조선 시대에 종이 있었습니다. 당시에는 큰 병에 걸리면 마을 외진 곳에 버려졌다고 합니다. 비싼 돈을 들여 고쳐 줄 가치가 없었기 때문입니다. 그러나 지나가던 양반이 이를 발견합니다. 불쌍히 여겨 자신의 집으로 가서 고쳐 줍니다. 그리고 예전 주인에게 데려가서 그 종을 위해 큰돈을 들여 노비 문서를 삽니다. 그 종 앞에서 노비 문서를 태우면서 '너는 이제 자유인이다', '우리와 같은 가족이다'라고 하였습니다. 종에게 이보다 큰 감격이 있습니까? 예수님은 여인을 위해 피로 값을 치르고 풀어 주신 것입니다. 하나님의 자녀로 회복시켜 주신 것입니다. 육신을 치유해 주시는 것 이상을 주시고 있지요.

이 여인이 어떻게 예수님의 은혜를 받았습니까? 순전히 은혜입니다. 다만 한 가지만 했을 뿐입니다. 회당에 나갔습니다. 예수님을 바라보았습니다. 예수님은 그것을 믿음으로 받아 주셨습니다. 이 작은 믿음이 은혜를 입는 기적의 출발이 되었습니다.

예수님이 우리 앞으로 다가오십니다. 그리고 말씀하십니다. "볼지어다 내가 문밖에 서서 두드리노니 누구든지 내 음성을 듣고 문을 열면 내가 그에게로 들어가 그와 더불어 먹고 그는 나와 더불어 먹으리라"(계 3:20). 문을 열어 드려야 들어가십니다. 문을 열어 드리는 것은 우리의 몫입니다.

그러면 우리가 생각했던 것 이상의 것을 주십니다.

VI. 결론: 말씀을 들은 회중의 결단을 촉구

(일화-곱사등을 치유받은 백기현 교수)

충남 공주대학교의 백기현 교수님이 계셨습니다. 장애인으로 살았던 분입니다. 2살 때 높은 곳에서 떨어져서 척추에 큰 상처가 생겼답니다. 곱사등을 한 채 평생을 살아야 했습니다. 불구가 되었으니 얼마나 상처가 컸겠습니까? 사람들하고는 접촉을 안 하고 공부만 했답니다. 다행히 공부를 잘해서 서울대 성악과에 들어갔답니다. 그런데 생각을 해 보세요. 성악가는 똑바로 서서 노래를 불러야 하는데 곱사등의 모습으로 하니 얼마나 창피했겠습니까? 쓸모없는 인간, 태어나서는 안 되는 인간이라는 자격지심 속에서 살았지요. 다행히 대학교 교수가 되었습니다. 오페라단을 창단해서 경영하게 됩니다.

그런데 오페라단을 운영하면서 오히려 큰 빚을 지게 되었습니다. 자살하려고도 했답니다. 그때 동료 교수 중 한 분이 논산 도곡 기도원에 가자고 하더랍니다. 그때 나이가 55세였답니다. 마지못해 따라갔답니다. 부흥회에 참석했는데 목사님이 "십자가를 바라보세요. 성령이 함께하십니다. 오늘 밤 기적이 일어납니다. 주님이 고치십니다. 믿고 아멘 해 보세요."라고 하더랍니다. 짜증이 났답니다. 중간에 돌아가려고도 했습니다. 백 교수님은 40년 신앙생활을 하면서도 진정으로 예수님을 '아멘' 하며 불러 본 적이 없었던 것이지요.

그런데 자꾸 누가 뒤에 와서 등을 만져 주시는 것 같더랍니다. 뒤를 돌아보면 아무도 없는 것입니다. 이상하다는 생각이 들었답니다. 앞에서 목사님이 자꾸 '아멘' 하라고 하십니다. 그럼 한번 해 볼까 하며 '아멘'이라고 했답니다. 그러자 등 뒤에서 더욱 세게 만지시는 것을 느꼈답니다. 하나님의 손길이지요. 지금까지 한 번도 느껴 보지 못한 편안함과 시원함이 등과 온몸에 밀려오더라는 것입니다.

처음 경험하는 것이라 겁이 덜컥 나더라는 것입니다. 움츠리니까 하나님께서 "두려워 마라. 내가 너의 등을 고쳐 주겠다"라고 하시더라는 것입니다. 그렇게 5일 동안 방바닥에 누이시고 계속해서 만져 주시며 고쳐 주시더라는 것입니다. 50여 년을 곱사등으로 살아온 인생입니다. 그 등이 펴지고 있는 것입니다. 너무나 감격스러워 백 교수님이 하나님께 물었답니다. 왜 자신을 고쳐 주시느냐고 말입니다. 그러자 "너는 나의 사랑하는 아들이란다!"라는 말씀만 하시고 고치시더라는 것입니다. '내 아들아, 이 병 때문에 얼마나 고통스럽고 힘들었니?' 하시는 하나님의 마음이 울림으로 다가오더랍니다. 그는 계속 눈물을 흘렸다고 합니다. 6일째 되는 날 새벽 6시에 "일어나 보아라. 내가 너의 등을 다 폈다" 하시면서 "이제부터는 나를 찬양하고 세상에 나를 널리 알리거라" 하시더랍니다.

성도 여러분! 예수님은 과거의 시간에 갇히신 분이 아니십니다. 2천 년 전에 계셨던 예수님이 오늘 이 자리에 계신 줄 믿습니다. 예수님은 백기현 교수님만의 하나님이 아니십니다. 우리 모두의 하나님이십니다. 지금 이 자리에 오셔서 여러분을 처다보고 계십니다. 문을 두드리고 계십니다. 문을 활짝 열고 주님을 맞이하십시오. 여러분의 풀 수 없는 문제를 주님의 손에 올려놓으십시오. 하나님을 향하여 외치십시오. "저는 지금 주님이 필요합니다. 고쳐 주시옵소서!" 회당에서 일어난 사건의 주인공이 되게 하여 주십시오. 기도하시겠습니다. 끝.

부록 2 귀납식 설교문 예시 - '행복으로 가는 길목에서!'

- 본문: 신명기 33:26-29
- 제목: 행복으로 가는 길목에서!
- 주제
  - 주제어: 행복
  - 주제문: 마음에 하나님이 계실 때 행복한 인생이 가능하다.
  - 주 이미지: 갈림길
- 형태: 귀납식 설교

■ 설교문

Ⅰ. 행복은 내가 찾는 것_도입부: 주제 암시

 부부가 급하게 집으로 들어옵니다. 냉장고 문을 열고 물병을 꺼내지요. 큰 컵에 물을 가득 따릅니다. 꿀꺽꿀꺽 삼킵니다. 밖에서 운동을 하고 들어왔습니다. 목이 말랐지요. 시원하게 마시고 식탁에 놓습니다. 남편은 컵을 바라보면서 "에이, 반밖에 안 남았잖아!"라며 투덜거립니다. 아내는 달랐습니다. "아직도 반이나 남았네."

 물이 반 컵 남은 것은 남편이나 아내나 똑같습니다. 그러나 바라보는 사람의 마음은 정반대였습니다. 한쪽은 불평했습니다. 한쪽은 만족했습니다. 가정은 화평해야 합니다. 마음이 둘로 나누이면 싸움밖에 나지 않지요. 한마음으로 합해야 합니다. 그리고 가정은 행복해야 합니다. 누구나 행복한 가정을 꿈꾸지 않습니까? 그러려면 한마음으로 합하되 더 좋은 마음으로 뭉쳐야 합니다. 그래야 행복한 가정이 될 수 있지요.
 행복은 거저 주어지는 것이 아니지요. 힘써 찾고 선택하고 움켜쥐어야 누릴 수 있습니다. 여러분의 가정이라면 어느 쪽을 선택하시겠습니까? 반밖에 없다고 투덜거리는 남편입니까? 아직도 반이나 남았다고 만족해하는 아내입니까? 불평하는 남편 쪽을 선택하면 행복은 저 멀리 도망가 버립니다. 더 많은 물을 채우려고 노력을 하지만 결과는 항상, "겨우 이것밖에 안 돼!"라고 말할 터니까요.

우리는 행복으로 가는 길목에 서 있습니다. 찾고 구하되 더 좋은 쪽을 선택하는 지혜와 믿음이 있기를 축복합니다. 하나님이 예비하신 행복을 누리며 살아가시는 인생들이 되시기를 축원합니다.

Ⅱ. 행복한 존재로 만들어 주신 하나님_성경 본문 인용하여 주제 재차 암시

오늘 본문 말씀에서 하나님은 모든 그리스도인들은 행복한 인생을 살아야 한다고 말씀합니다. 이미 하나님이 행복한 인생으로 살도록 하셨다는 것이지요. 그 방법만 찾아 누리라는 뜻입니다.

오늘 말씀은 모세가 그의 인생을 마치고 죽음 직전에 유언으로 남긴 말씀입니다. 신명기는 모세가 쓴 모세 오경의 마지막 책입니다. 하나님이 모세를 통해 이스라엘 백성에게 베푸신 구원의 역사를 다시 한번 들려주는 말씀입니다.

모세와 이스라엘이 애굽을 탈출하여 젖과 꿀이 흐르는 가나안 땅을 향하여 진군한 지 40년이 흘렀습니다. 광야에서 잘 인내하며 견뎌냈습니다. 드디어 가나안 땅 인근까지 도착했습니다. 저 멀리 요단강이 보입니다. 그 너머에는 꿈에도 그리던 약속의 땅이 지평선 너머로 펼쳐지는 것을 보게 되지요.

모세는 이제 120세가 되었습니다. 마지막으로 하나님 말씀을 가나안 땅 언저리 모압 평지에서 백성들에게 들려줍니다. 구절 하나, 글자 하나마다 백성들을 사랑하는 마음이 가득합니다. 그리고 마지막으로 당부한 말씀이 오늘 본문입니다. 다시 한번 볼까요? "이스라엘이여 너는 행복한 사람이로다 여호와의 구원을 너 같이 얻은 백성이 누구냐 그는 너를 돕는 방패시요 네 영광의 칼이시로다 네 대적이 네게 복종하리니 네가 그들의 높은 곳을 밟으리로다"(신 33:29)

모세는 새로운 땅에 들어가 새 삶을 시작하려는 사람들에게 힘을 주어 격려하지요. 하나님이 주신 약속의 땅입니다. 젖과 꿀이 흐르는 언약의 땅입니다. 그러나 새로운 도전이 기다리고 있습니다. 어려움과 위기도 있을 것입니다. 그럴 때마다 기억하라는 것이지요. "너희는 행복한 사람이로다." 이 말씀은 오늘날에는 그리스도인들에게 주시는 말씀입니다. 그래서 "그리스도인이여! 당신들은 행복한 사람들입니다."라고 말할 수 있습니다.

그런데 더욱 중요한 것이 있습니다. 그 행복은 이미 지난 것도 아니고 미래의 것도 아니라는 것입니다. 행복이 언제 오느냐가 중요하지 않겠습니까? 영어 성경을 보면 분명하게 표시되어 있습니다. "Happy are you, O Israel!"(KJV)이라고 말입니다. 이스라엘에게 하나님이 주신 행복은 과거에 이미 지나간 것이 아닙니다. 다가올 미래의 것도 아닙니다. 오늘 행복하도록 하셨다는 것입니다. 현재 사건이라는 것이지요.

성도 여러분은 현재 행복하십니까? 행복한 것 같기도 하고 그렇지 않은 것 같기도 하지요. 행복은 마음과 관련된 것입니다. 손을 더듬어 찾으면 꽉 잡히는 물건이 아닙니다. 그래서 자신 있게 말하기 어려운 것입니다. 그러나 측정할 방법은 있습니다. 입술과 표정을 보면 알 수 있습니다. 행복이란 "생활 속에서 기쁘고 즐겁고 만족을 느끼는 마음"입니다. 기쁘고 즐거우면 반드시 입으로 말이 나오게 되어 있습니다.

III. 감사와 기쁨이 가득한 사람이 행복한 사람-주제의 내용이 서서히 드러남

어떤 사람이 행복한 사람인가를 알려면 그렇게 살았던 사람을 살피면 됩니다. 성경에서 믿음의 사람으로 일컫는 사람들이 모두 해당하지요. 그중에 모범으로 삼을 사람은 사도 바울입니다. 사도 바울은 행복한 인생을 살았던 사람입니다. 죽음을 앞두고 유언으로 남긴 말을 들어 보면 알 수 있습니다.

디모데후서 4장 6-8절에서 "전제와 같이 내가 벌써 부어지고 나의 떠날 시각이 가까웠도다 나는 선한 싸움을 싸우고 나의 달려갈 길을 마치고 믿음을 지켰으니 이제 후로는 나를 위하여 의의 면류관이 예비되었으므로 주 곧 의로우신 재판장이 그날에 내게 주실 것이며 내게만 아니라 주의 나타나심을 사모하는 모든 자에게도니라". 나이가 70이 다 되었습니다. 감옥에 갇혀 참수형을 당할 사형수입니다. 그러나 그의 마음은 그렇지 않습니다. 곧 천국에서 하나님을 만난다는 감격으로 가득합니다. 행복한 인생을 살았다는 것을 보여 주지요. 죽을 때 웃을 수 있는 사람이 행복한 인생을 살았던 사람이 아닙니까?

　사도 바울은 주변 성도들에게 누누이 강조한 말이 있습니다. 감사와 기쁨입니다. 행복한 인생을 살아가는 성도는 감추려고 해도 감출 수 없습니다. 입에는 감사가 넘쳐나고 얼굴에는 기쁨이 가득합니다. 천사처럼 환하게 빛나는 것이지요. 어떻습니까? 지난 주간에도 세상에서 살 때 감사가 넘쳤습니까? 얼굴이 환하게 빛났습니까? 자! 옆의 성도님들을 서로 쳐다보세요. 어떻습니까? 천사가 앉아 있지요? 축복하며 말씀하시지요. "집사님이 천사입니다. 장로님이 천사입니다." 아멘. 우리 모두 하나님께 영광의 박수를 올려 드립니다.

　사도 바울은 행복한 인생을 살아가는 것이 하나님의 뜻이라고 했지요. 그러기 위해서 감사와 기쁨으로 살아가는 그리스도인이 되라고 말하지요. 데살로니가전서 5장 16, 18절에서 "항상 기뻐하라", "범사에 감사하라"라고 합니다. "이것이 그리스도 예수 안에서 너희를 향하신 하나님의 뜻이니라"라고 하지요. 중간에 17절을 두고서는 "쉬지 말고 기도하라"라고 다시 말하지요. 왜 기도하라고 할까요? 감사와 기쁨은 하늘에서 오기 때문이지요. 땅에서 나는 것이 아닙니다. 나의 노력으로 얻는 것이 아닙니다. 하나님에게서 오는 것이지요. 그래서 기도하라고 합니다. 하나님 앞에서 예비하신 행복을 누리기 위해 찾고 움켜쥐도록 기도하라고 하는 것입니다.

IV. 무엇 때문에 감사와 기쁨이 넘쳐야 합니까?
_주제의 보다 진전한 모습 드러냄: 행복은 지갑의 돈이 아닌 마음에 있는 것

　그럼 하나님이 주시는 그것이 무엇이기에 감사하고 기뻐해야 할까요? 물컵에 물이 반밖에 안 남았다고 투덜대면서 하나님께 반을 채워 달라고 기도해야 할까요? 그런 것 때문에 감사하고 기뻐했다면 사도 바울은 행복은커녕 제일 불행한 사람이었을 것입니다. 바울의 인생은 예수님을 만나면서 세상적으로 보면 고생문이 환히 열린 그런 인생을 살았습니다. 세계를 다니며 복음을 전하고 교회를 세웠습니다. 어느 한 지역, 한 시간도 쉬운 곳이 없었습니다. 매를 맞고 돌에 맞아 피를 흘리며 길에 버려지기도 했습니다. 굶주리기도 했습니다. 핍박을 당하기도 했습니다. 그런 어려움을 겪으면서도 바울은 그가 쓴 서신서 곳곳에서 감사를 노래하며 기쁨을 드러내고 있는 것입니다.

심지어는 60이 넘어 감옥에 갇혀서도 감사와 기쁨이 넘치는 삶을 살았습니다. 그것을 보여 주는 것이 빌립보서입니다. 감옥에 갇혀서 쓴 서신서입니다. 곳곳에서 감사를 노래하고 기쁨을 노래하고 있습니다. 빌립보서를 기쁨의 서신이라고 하는 이유지요.

사도 바울이 어떻게 가혹한 환경에서 행복을 노래할 수 있었나요? 행복은 지갑에서 오는 것이 아니기 때문입니다. 돈이 많고 적느냐에 따라 행복이 결정된다면 가장 행복해야 할 사람은 솔로몬입니다. 그는 역사상 가장 큰 지식과 지혜, 권력, 명예와 심지어는 아내를 1,000명(왕상 11:3)을 거느리고 호사를 누리며 살았습니다. 그러나 말년에 그의 입에서 무엇이 나왔습니까? 감사가 나왔나요? 기쁨이 나왔나요? 솔로몬은 말년에 쓴 전도서에서 그의 인생을 "헛되고 헛되며 헛되고 헛되니 모든 것이 헛되도다"(전 1:2)라고 하고 있습니다. 후회하는 인생을 살았다고, 실패하는 인생을 살았다고 말하지요.

행복은 내가 살고 있는 집이 평수가 늘어난다고 생기는 것이 아니지요. 좋은 차로 바꿔 타고 다닌다고 행복이 늘어나는 것도 아니지요. 높은 지위에 올라간다고 감사와 기쁨이 나오는 것이 아니지요. 지금 우리가 감사하지 못한다면 왜 그럴까요? 기쁨을 누리지 못한다면 왜 그럴까요? 행복은 우리가 가진 것 때문에 오는 것이 아니기 때문입니다. 행복은 나의 손에 무엇이 있느냐가 아니라, 나의 마음에 무엇이 있느냐에 달려 있기 때문이지요. 솔로몬의 손에는 황금과 왕이라는 권력이 쥐어졌지만 불행한 인생을 살았습니다. 바울은 아무것도 쥐어진 것이 없지만 행복하다고 했습니다.

성도 여러분! 진정으로 행복한 인생을 살고 싶습니까? 감사와 기쁨이 넘치는 인생을 살고 싶습니까? 마음을 무엇으로 채울 것이냐를 생각하십시오. 무엇으로 채워야 하나요?

V. 충남 서산시 해미읍성의 순교자들_일화를 통해 주제를 분명히 드러냄

충남 서산에 해미읍성이라는 곳이 있습니다. 지금은 조그마한 시골에 불과하지만 150여 년 전 대원군이 통치하던 조선 말기에는 제법 큰 곳이었습니다. 이곳은 대원군 시대에 예수님을 믿던 신자들 수천 명이 순교를 당한 곳입니다. 해미읍성 주변의 공주, 예산, 서산 곳곳에 있는 신자들을 체포합니다. 해미읍 군영 한쪽에 마련된 고문장에서 온갖 고문을 다 합니다. 예수 믿는 것을 포기하면 석방시켜 준다고 말합니다. 십자가가 놓여 있는 길을 걸어가게 합니다. 그러면 석방시켜 줍니다. 거부하면 처형장으로 데려갑니다. 그래서 수천의 사람들이 순교를 당했습니다.

해미읍성 주변이 낮에는 이곳저곳에서 고문받아 신음하는 소리들로 가득했다고 합니다. 그러나 밤에는 갇혀 있는 감옥에서 찬송하는 소리가 주변을 가득 메웠다고 합니다. 찬양은 누가 하는 것일까요? 마음속에 감사와 기쁨이 있는 사람이지요. 무엇이 있었기에 찬양을 할 수 있습니까? 가진 것은 아무것도 없었지요. 그러나 마음에는 가장 귀한 것을 품었기 때문입니다.

VI. 행복은 어디에서 오는가?_단어 설명을 통해 주제의 타당성 설명함

바울이 행복한 인생을 살도록 권면한 이유는 무엇일까요? 굶주리고 무시당하고 핍박당하는 바울이 도대체 무엇 때문에 행복을 노래할 수 있었을까요? 감사와 기쁨을 뜻하는 성경의 원어를 살펴보면 답이 나옵니다. 감사를 나타내는 헬라어는 '유카리스테오(ευχαριστεω)'입니다. 기쁨을 나타내는 단어는 '카라(χαρά)'입니다. 두 단어가 어원이 같습니다. 감사와 기쁨은 서로 연관되어 있다는 것입니다. 그런데 여기에 어원이 같은 단어가 또 있습니다. 은혜입니다. '카리스(χαρισ)'라고 하지요. 감사와 기쁨은 카리스라고 일컫는 은혜를 깨달을 때 온다는 것입니다. 은혜란 무엇일까요? 예수님을 만나면서 내가 누구인가를 깨닫고 감격해하는 것입니다. 구원받은 하나님의 백성이 된 것에 감사하는 것이지요. 이런 은혜를 깨달으면 그곳에서부터 감사와 기쁨이 흘러넘친다는 것이지요. 산속에 들어가 보세요. 옹달샘이 있습니다. 그곳에서 맑고 시원한 물이 계속 흘러나오지요. 예수님을 만난 은혜가 가득하면 주님으로 인하여 감사와 기쁨의 물이 계속 흘러나오지요.

사도 바울의 마음 깊은 곳에는 무엇이 있었습니까? 충남 해미읍성에서 고문을 받으면서도 찬송하였던 순교자들의 마음에는 무엇이 있었습니까? 하나님이 자리 잡고 계셨던 것이지요. 이길 힘을 주시고 찬송할 능력을 주신 것입니다. 오늘 본문으로 삼은 신명기 33장 29절에서도 이스라엘을 향하여 행복한 사람이라고 말씀하시는 이유를 알 수 있습니다. 다시 말씀을 보겠습니다. "이스라엘이여 너는 행복한 사람이로다 여호와의 구원을 너 같이 얻은 백성이 누구냐 그는 너를 돕는 방패시요 네 영광의 칼이시로다 네 대적이 네게 복종하리니 네가 그들의 높은 곳을 밟으리로다". 하나님 때문에 행복하다는 것이지요. 구원 때문에 행복하다는 것입니다.

Ⅶ. 일화-먼저 구해야 할 것은!_일화로 주제를 최종 제시하며 행동 촉구

제법 오래된 일입니다. 어느 목사님의 설교에서 들은 것이 귀에 쟁쟁합니다. 목회를 하시게 된 계기를 간증으로 소개하는 것이었습니다. 목사님이 오래전에 6.25 전쟁에서 경험한 것을 소개하더군요. 6.25 전쟁이 일어나서 서울에서 아버지 손을 붙잡고 급하게 빠져나와 부산으로 피난 가는 길이었다고 합니다. 그런데 길에서 그만 인민군이 쏜 총에 아버지는 즉사하였답니다. 자신도 한쪽 다리가 잘려 나가는 중상을 당했다고 합니다. 다행히 인심 좋은 미군을 만나 수술을 받아 목숨을 구할 수 있었습니다. 겨우 부산까지 와서 피난 생활을 하게 되었다고 합니다. 어머니는 노점상을 하고 자신은 동냥질을 할 수밖에 없었다고 합니다. 그런 상황에서도 어머니의 손에 붙잡혀 주일에는 인근 교회로 예배를 드리러 나가곤 했답니다.

한 달이 되었습니다. 어머니는 아들과 자신이 번 돈을 모아 둔 곳으로 가서 돈을 꺼내 세더랍니다. 일부를 딱 떼어 봉투에 넣더랍니다. 아들이 물었답니다. 어머니는 "오늘 십일조를 하려고 한단다." 그러자 아들은 자신도 모르게 소리를 질렀다고 합니다. "어머니, 하나님이 우리에게 해 준 것이 무엇이 있어서 십일조를 한다고 해요." 아들은 서러웠던 것입니다. 서울에서는 하나님을 잘 믿는 가정이었다고 합니다. 그런데 피난길에 아버지가 죽고 말았습니다. 자신도 불구가 되었습니다. 판잣집에서 걸인으로 살아가고 있습니다. 그러자 어머니가 아무 말도 안 하고 부엌으로 가시더랍니다. 봉투에 따로 마련한 돈을 꺼내 불구덩이에 넣고 태우더랍니다. 아들은 기가 막혔지요. 그 돈을 모아 기술이라도 배울 요량이었는데 말입니다.

그런 아들을 향해 어머니가 조용히, 그러나 단호하게 말씀합니다.

"아버지 잃고 네 다리를 잃은 것은 작은 것을 잃은 것이란다. 그러나 하나님을 잃으면 모든 것을 잃은 것이란다. 돈 때문에 하나님을 버리느니 돈을 없애고 하나님을 모시고 사는 것이 더 좋다."

필요한 것은 돈이 아니라 하나님이라고 말씀하시는 것이지요. 하나님 때문에 행복한 인생이 되자고 아들에게 말하고 있지요.

Ⅷ. 결론_주제와 관련된 결단 촉구

이런 말이 있습니다. 하나님이 거하시는 곳은 두 곳이랍니다. 한 곳은 하늘에 있는 천국이지요. 다른 한 곳은 감사하는 성도의 마음에 거하신답니다. 하나님은 우리 모두를 행복한 인생이라고 말씀하십니다. 우리는 행복한 인생을 살기를 원합니다. 무엇이 필요할까요? 우리 지갑에 있는 돈 때문에 감사하는 것이 아니지요. 은혜를 주신 하나님 때문에 감사해야 하지 않을까요? 기뻐해야 하지 않을까요? 그곳에 거하시는 하나님으로 인하여 행복을 노래해야 하지 않을까요? 오늘 말씀을 통해 행복으로 가는 길목에서 우리는 무엇을 찾고 있는지 살펴보는 시간이 되시기를 축복합니다. 우리 모두 찬양을 하면서 기도하시겠습니다. (함께 찬양하며 기도하면서 끝을 맺는다).

- 날 구원하신 주 감사 -
날 구원하신 주 감사 모든 것 주심 감사
지난 추억 인해 감사 주 내 곁에 계시네
향기로운 봄철에 감사 외로운 가을 날 감사
사라진 눈물도 감사 나의 영혼 평안해…

부록 3 4페이지 설교문 예시 - '노란 냄비의 추억'[387]

- 본문: 누가복음 10:38-42
- 제목: 노란 냄비의 추억
- 교리(Doctrine): 그리스도의 사랑(기독론)
- 필요(Need): 스트레스 생산 공장에서 어떻게 탈출할 것인가?
- 이미지(Image): 첫사랑 회복하기(노란 냄비)
- 미션(Mission): 우리의 불평은 다른 사람을 위한 찬송으로 바뀔 수 있다.
- 페이지 순서(Page Order): 장면 '2-1-4-3'(변형)
- 주제 또는 본문의 중요 관심사(Theme or Major concern of the text):
  그리스도의 사랑은 삶의 현장을 기쁨으로 바꾸어 놓는다.

■ 설교문

[도입부]

목회자 가정도 부부 싸움을 합니다. 차이가 있다면 여느 집과는 다르게 문을 꼭 닫고 커튼을 치고, 그리고 안방 깊숙한 곳에서 싸움을 한다는 것입니다. 며칠 전에 저는 아내와 말싸움을 한 적이 있습니다. 여느 날처럼 옷을 갈아입고 식탁에 앉았습니다. 그날은 바쁜 날이었습니다. 몇 가정 심방을 마치고 서울을 급하게 다녀와야 했기 때문입니다. 그래서 아내에게 밥상을 재촉하며 급하게 자리에 앉았습니다. 그런데 아내는 밥을 차리면서 슬금슬금 제 눈치를 살피는 것이었습니다. 밥그릇을 놓고, 김이 모락모락 나는 된장국 그릇을 놓으면서 말입니다. 무심코 밥그릇에 숟가락을 떠서 입으로 가져가는 순간 그 행동이 이해가 되었습니다. 다른 날의 밥과는 차이가 있었습니다. 아내는 그제야 그 밥은 시중에서 사 온 것이라고 말을 하였습니다. 요즘 유행하는 '햇반'이라는 것이

---

[387] 본 설교문은 필자의 장로회신학대학교 대학원 신학 석사 논문인 "폴 스캇 윌슨의 설교신학에 대한 연구"에서 필자가 폴 스캇 윌슨이 제시하는 4 pages preaching의 방법에 따라 예시 설교문으로 작성한 것을 전문 인용하였다. 본 예시 설교문을 정독하고 분석하면 폴 스캇 윌슨이 제시하는 4 pages 설교의 원리와 방법을 이해하게 될 것이다. 양동욱, "폴 스캇 윌슨의 설교 신학에 대한 연구" (미간행 신학석사 학위 논문, 장로회신학대학교, 2007), 105-115.

었습니다. 저는 순간 짜증이 목구멍 끝까지 올라왔습니다.

"아니, 당신 요즘 이상해진 것 아니요? 밥까지도 인스턴트로 이용해야겠소?"

나는 시멘트 바닥을 긁는 듯한 목소리로 아내를 탓하였습니다. 요즘 와서 아내가 주방을 떠나는 시간이 부쩍 늘었던 것입니다. 아내는 이런 나의 말에 고개를 꼿꼿이 세웠습니다. 이제는 자기도 주방 일에서 벗어나 자신만의 일을 하고 싶다고 하였습니다. 평생을 아이들과 남편 밥 시중드느라 자신만의 시간을 갖지 못했다는 것입니다. 그 말엔 결연한 의지가 배어 있었습니다. 갑작스런 아내의 해방 선언에 저는 한동안 어안이 벙벙했습니다. 그 아주 먼 옛날 기억도 가물가물한 신혼 시절의 모습과 너무나 멀리 떨어져 있었습니다. 조그만 부엌에서 콧노래를 부르며 '노란 냄비'에 된장찌개를 끓이던 그 모습은 이제 옛말이 되어 버린 느낌이었습니다.

☞ (분석) 도입부는 흥미를 유발해야 한다. 짧은 시간에 회중들이 설교를 들을 가치가 있다는 생각이 들게 해야 하는 부분이다. 그래서 '부부 싸움'이라는 평이한 내용을 선택했지만, 흥미를 돋우기 위해 목회자 가정에서의 부부 싸움으로 약간 변화를 주었다. 부부 싸움 끝부분에 아내의 변화된 모습을 신혼 시절과 대비하여 설명한다. 본 설교의 이미지인 '첫사랑 회복하기'를 노란 냄비로 연결시켜 회중에게 흥미와 주제문에 대한 인식을 심어 주는 시도를 하였다.

[장면 2: 오늘의 삶 속의 곤경]

요즘 황혼 이혼이 늘고 있다고 합니다. 우리나라에서 이혼율이 급상승하는 것은 어제오늘의 일이 아닙니다. 주위에서 이혼을 했다고 하면 놀랄 일도 못 됩니다. 그러나 며칠 전 신문을 보니 60대, 심지어 70대에서도 이혼이 급증하고 있다고 합니다. 작년과 비교해서 30%로 늘었다고 합니다. 젊은 사람도 아닌, 삶의 끝자락을 살고 있는 사람이 다시 출발선상에 선다는 것은 이해하기 어렵습니다. 그런데 더 놀라운 것은 이런 황혼 이혼의 대부분이 할머니 쪽에서 요구해서 일어난다는 사실입니다. 그들은 나이가 들어서 새로운 삶을 살기를 원한다고 합니다. 이제는 자유를 얻고 싶은 것입니다. 주방을 떠나 저 세상으로 날아가고 싶은 것이지요. 그들에게 있어 주방은 새장이었습니다. 가족에게 자신의 젊음과 인생을 바쳐 어머니와 아내란 이름 아래 갇혀 살았습니다. 그 새장에서 앵무새처럼 예쁜 옷을 입고 '스위트 홈'을 노래 부르는 그런 신세 말입니다. 이제 자식이 떠나고 남편도 방 한구석으로 밀려나는 나이가 되어서야 새장에서 빠져나오기를 바라며 발버둥 치는 것입니다.

우리는 어떤 의미에서 모두가 새장에 갇혀 사는 존재입니다. 직장이란 곳이 남자에게는 새장입니다. 그곳에서 가족의 부양을 위하여 가장들은 평생을 갇혀 지내게 됩니다. 때로는 동료와 경쟁 속에 윗사람의 눈치를 보며 지내느라고 얼마 안 남은 머리카락 빠지는 것도 모르게 지내는 시간들이 많았을 것입니다. 학교는 또한 우리 자녀에게 어떤 의미를 가지고 있나요? 그 누구도 학교를 비전을 품고 미래를 준비하는 곳이라고 생각하지 않습니다. 미래의 일꾼을 만들어 낸다는 명목 아래 치열한 경쟁의 불꽃들이 타오르는 곳이 학교입니다. 점수 1점 차이로 인생이 바뀔 수 있는 치열한 전쟁이 일어나는 곳입니다. 이렇게 아내는 부엌에서, 남편은 직장에서, 아이들은 학교에서 하루하루를 힘겹게 살아가는 것이 우리의 모습입니다. 입에서는 온갖 쇳소리를 내면서 말입니다. 아내들에게, 남편들에게, 학생들에게 어떤 말로 위로를 할 수 있겠습니까? 자칫 몇 마디 위로는 입술에 값싼 사탕을 물려주면서 조용히 하라고 하는 것과 같습니다.

☞ (분석) 본 설교문에서는 '오늘의 삶 속의 곤경'인 장면 2를 도입부 다음에 위치시켰다. 이것은 도입부와의 매끄러운 연결을 위한 것이다. 각 장면을 이동할 때, 이처럼 원활한 움직임을 위한 고려가 필요하다. 그것은 각 장면의 끝과 시작을 비슷한 내용으로 연결시키는 것이다. 만약 전혀 다른 내용을 서로 연결시키려면 징검다리 역할을 하는 문장을 그 사이에 위치시켜야 한다.

본 장면에서 우리는 주방, 집, 직장, 학교와 같은 삶의 터전이 불평의 온상임을 밝히고 있다. 그리고 이의 이미지화를 위하여 '새장에 갇힌 앵무새'를 사용하였다. 단순히 '울타리에 갇힌 새'라고 하기보다는 '앵무새'를 사용하여 더욱 이미지화를 높이고 있다. 오늘의 우리는 치열한 노력에도 불구하고 끝없는 실패와 좌절 속에 살고 있다. 그런 삶에서 '첫 출발'의 감각을 잃어버리고 불평의 소리가 점점 더 솟구쳐 올라가는 것이 우리 '곤경'이다.

[장면 1: 성경 속의 곤경]

　이런 지쳐 있는 모습은 오늘의 우리만의 모습이 아닙니다. 예수님과 함께 있었던 사람들도 별수가 없었습니다. 우리는 비록 그렇다고 치더라도 예수님과 함께 있었던 사람들은 분명 우리와 다른 믿음의 사람일 것이라고 생각을 하지만 실상은 그렇지 않았다는 것입니다. 마르다가 바로 그런 사람입니다. 그는 지금 주방에서 일하면서 조금 전 자신의 판단을 후회하고 있을지도 모릅니다. 예수님이 지나가신다는 소리에 급하게 길로 나갔습니다. 그는 그 순간 예수님과 눈이 마주쳤습니다. 그리고 자기도 모르게 초대를 하고 말았습니다. 그러나 "아차" 하고 곧 후회를 하고 말았습니다. 예수님 혼자만 자기 집으로 들어오면 좋겠는데 그의 제자며 한 무더기의 사람들이 모두 들어오는 것입니다. 오히려 예수님은 주춤주춤대는 사람들의 옷자락을 끌기까지 하셨습니다. 애써 마음먹고 담임 목사님을 식사에 초청을 하면 부목사님과 교역자들까지 잔뜩 와서 집 안을 가득 채우는 그런 모습이었습니다.

　마르다는 순식간에 온 집에 가득 찬 사람을 보고 그만 눈이 아득했을 것입니다. 도대체 이 많은 사람들에게 어떻게 식사 대접을 할 것인가. 그렇다고 예수님에게만 상을 가져다줄 수도 없는 일입니다. 그는 할 수만 있었으면 '원 위치' 하고 소리를 지르고 싶었을지 모릅니다. 식사 초대를 취소하고 싶었을 것입니다. 그러나 어쩔 수 없어서 주방으로 들어갔습니다. 그 주방은 얼마 전에 큰돈을 들여 한껏 치장을 하였습니다. 부엌 한쪽에는 200리터짜리 대형 김치 냉장고가 있었고, 독일에서 막 들여온 냉장고하며, 전자레인지들이 독일어로 된 라벨을 자랑스럽게 붙인 채 당당하게 자리 잡고 있었습니다. 마르다는 음식을 만들기 시작합니다. 시간은 흘러가는데 음식은 좀처럼 만들어지지 않습니다. 한여름의 태양은 집 안마저 찜질방으로 만들어 놓고 있었습니다. 이마에 송골송골 흐르는 땀을 닦아내기도 이제는 지쳤습니다. 마르다는 그 순간 마리아를 보았습니다. 그리고 피가 얼굴에 확 몰렸습니다.

　"아니, 지금 이런 상황에서 저런 모습을 하고 있다니!"

　마리아는 마르다가 주방에서 이리 뛰고 저리 뛰며 바쁘게 움직이는 모습이 전혀 눈에 들어오지 않는가 봅니다. 오히려 예수님 옆에 찰싹 달라붙어 무엇인가 물어보기도 하고, 그러다가 까르르 웃기도 하면서 시간을 보내는 것이었습니다. 마르다는 갑자기 눈에서 불이 번쩍거렸습니다.

"얼씨구? 재주는 곰이 부리고 돈은 그 주인이 가진다고. 지금이 바로 그런 모습이잖아? 내가 애써서 예수님을 대접하고 점수 좀 따려고 하는데 마리아가 그 밥상을 움켜쥐려고 해? 더구나 그런 마리아를 보면 예수님이 점잖게 한 말씀 하실 만도 한데 오히려 함께 놀고 있네?"

마르다는 자신도 모르게 예수님에게 달려갔습니다. 달려가는 그 모습은 마치 소가 투우사를 향하여 달려가는 모습이었습니다. 그러고는 자신도 모르게 큰 소리로 예수님에게 말합니다.

"예수님, 도대체 무엇 하시는 것입니까? 제가 예수님을 대접하려고 이리도 땀방울을 범벅이며 일을 하는 것을 보시지 못합니까? 그런데 마리아를 이대로 두다니요? 가서 함께 언니를 도와주라고 말씀을 왜 안 하시지요? 도대체 이런 상황이 가당키나 합니까?"

이렇게 외쳐 대는 마르다의 목에는 찬바람이 폭풍처럼 몰아쳤습니다. 오늘이나 예전이나 사람들은 불공평하다고 생각되는 삶의 현장에서 새장에 갇힌 새처럼 입을 벌리고 헐떡거리고 있습니다.

☞ (분석) 이제 장면 1에서는 '성경 속의 곤경'으로 장면이 바뀐다. 이 장면에서 한 부유한 여인을 만나게 된다. 마르다이다. 그는 최신식 주방 기구로 장식된 주방에서 일을 하지만 전혀 기쁨을 누리지 못하고 있다. 잘못된 의도로 시작된 일들은 비록 즐거운 마음으로 시작을 했지만, 우리에게 언제나 족쇄로 변하기 때문이다.

우리는 마르다란 여인을 등장시켜 비록 부유하지만 일에 대한 보람과 의미를 찾지 못하고 불평을 늘어놓는 성경 속의 곤경을 소개하고 있다. 이의 효과적인 묘사를 위해 이야기 형태로 풀어 가고 있다. '새로운 설교학 운동'에서는 회중의 참여와 관심을 이끌어 내기 위해 설교 진행에 있어 이야기를 강조한다. 그러나 이런 이야기 전개는 불가피하게 성경의 내용을 확장해야 한다. 이때 지나친 확장으로 성경이 왜곡되지 않도록 주의해야 한다.

[장면 4: 세상 속에서 곤경이 은혜로]

저의 집은 이곳 교회로 부임하기 전까지 모두 합해서 13번의 이사를 했습니다. 대전에서 시작하여 천안으로, 부산으로, 예산으로 이렇게 오르내렸습니다. 그래서 이사란 말만 들어도 이제는 손에서 힘이 쭉 빠지게 됩니다. 보통은 이사하기 일주일 전부터 틈틈이 짐을 싸게 됩니다. 가게에서 종이 박스를 가져다가 책들을 싸고 보자기를 찾아 옷이며 이불들을 싸게 됩니다.

그런데 2년에 한 번꼴로 이사를 하면서 느끼는 것은 신기하게도 이삿짐이 계속 늘어난다는 것입니다. 분명히 전번에 이사를 할 때는 5톤 트럭 하나면 족하였는데, 이번에 이사를 할 때는 그것 가지고는 턱도 없을 정도로 늘어났다는 것입니다. 평소에 열심히 버렸는데도 말입니다. 아내가 주범입니다. 아내는 한사코 물건을 버리는 것을 거부하고 되가져옵니다. 특히 주방의 그릇과 냄비며 살림살이를 버리는 것을 못마땅해합니다. 더 좋은 것으로 사 준다고 해도 막무가내입니다.

그것은 바로 그 그릇에 아내의 추억이 담겨 있기 때문입니다. 결혼해서 변변한 살림살이 하나 없을 때, 노란 냄비에 밥을 해 먹던 시절, 그 시절을 그리워합니다. 그리고 아이가 태어나서 이제는 작은 노란 냄비 가지고는 감당이 안 되어서 조금 더 큰 노란 냄비로 밥이며, 찌개를 해 먹던 그 옛 모습이 담긴 추억들 말입니다. 부엌에서 남편과 아이들에게 맛깔나는 음식을 만들어 먹이기 위한 그녀의 지난 시간들이 아로새겨져 있던 것입니다. 그 옛날 남편이 돼지고기 비계가 둥둥 떠다니는 김치찌개가 가득한 노란 냄비를 앞에 두고 연신 "당신 찌개 솜씨가 최고야"라고 말하던 사랑의 목소리가 그 그릇들에 배어 있던 것입니다. 그래서 아내는 지금도 힘들고 어려울 때, 남편과 아이들의 온기를 느껴 보고 싶어질 때면, 그 옛날의 노란 냄비며 살림살이들을 쳐다보면서 아름다웠던 시간들을 가슴에서 끄집어내고 있습니다. 이런 아내에게 이사를 가면서 자질구레한 그릇들을 버리자고 하는 것은 바로 아내의 추억을 지우개로 지워 버리자고 하는 것과 같습니다.

부부간의 사랑은 안방에서 나옵니다. 안방에서 사랑을 확인하며 아름다운 대화를 나누는 부부에게는 주방은 더 이상 새장이 될 수 없습니다. 바로 자신이 사랑하는 남편과 아이들을 위하여 음식을 즐겁게 만드는 신혼 때의 부엌의 모습으로 언제나 새롭게 다가옵니다. 그러므로 부엌에서 일하는 진정한 의미와 이유는 부엌에서가 아니라 안방에서 찾아져야 합니다. 안방과 거실에서 터져 나오는 웃음이 아내의 주방을 기쁨의 부엌으로 바꾸어 버립니다. 직장의 새장은 결코 월급 몇 푼 더 준다고 해서 그 문이 활짝 열리는 것이 아닙니다. 사장이 사원을 얼마나 가족처럼 아끼고 사랑하며 보살피는가 하는 아름다운 관계에 의하여 새장이 기쁨의 궁전으로 바뀌게 됩니다. 진정으로 우리에게 필요한 것은 얼마나 월급을 많이 받느냐 하는 것에 있는 것이 아니고 사장과 어떤 관계 속에서 일하느냐에 달려 있습니다. 남편의 사랑스런 한마디는 아내의 입에서 콧노래가 나오게 만듭니다. 아이들의 감사하다는 한마디는 엄마의 어깨를 두드려 대는 안마기입니다.

☞ (분석) 이 장면에서는 이제 곤경이 은혜로 변한다. 이곳 역시 폴 스캇 윌슨의 4장면 설교 기본형에서 약간 변형을 주어 장면 4를 장면 3보다 앞세워 배치하였다. 폴 스캇 윌슨의 4장면 설교의 장점 중 하나가 기본형을 중심으로 설교자가 설교 목적에 따라 얼마든지 변형이 가능하다는 것이다. '세상 속의 은혜'인 이 장면에서는 우리가 일을 기쁨으로 할 수 있는 것은 그 일의 결과로 받을 사람과의 '관계' 때문이라고 밝히고 있다. 그리고 이의 이미지화를 위해 주방의 기쁨은 안방에서 남편과의 관계에서 비롯된다고 밝히고 있다. 그리고 남편의 사랑스런 한마디, 즉 바른 관계는 이런 주방의 힘든 일을 불평이 아닌, 찬송으로 바꾸는 원동력이라는 본 설교문의 주제를 전면에 내세우고 있다. 즉 교회를 비롯한 삶의 현장에서 기쁨을 얻을 수 있는 것은 그리스도와 바른 관계에서 시작된다는 것을 의미한다. 그리고 그런 그리스도의 사랑이 우리의 입을 감사로 바꾸게 한다는 뜻이다.

[장면 3: 성경 속에서 곤경이 은혜로]

그래서 예수님은 말씀하십니다. "마르다야, 네가 애써 음식을 만들며 고생하는 것을 내가 잘 알고 있단다. 얼마나 수고가 많으냐. 그런데 너는 그 즐거워야 할 일들로 인하여 오히려 새장에 갇힌 그런 신세가 되어 버렸구나. 왜 그렇게 되었느냐?" 하고 마르다에게 따스한 음성으로 물어보십니다. "마르다야, 마리아 때문에 그렇다고 하지 말거라. 애쓰게 혼자 일하는데 함께 일을 해야 할 사람이 도와주지 않으면 얼마나 속이 상하는지 나도 알고 있단다. 그러나 마리아 때문만이 아니란다. 너는 그 일을 하면서 가장 중요한 것을 놓치고 있단다."

우리는 여기에서 예수님이 말씀을 듣는 것이 더 우선이라고 하시기 위하여 이런 말씀을 하는 것이 아니라는 사실을 알아야 합니다. 그것은 주일 예배 시간도 잊어버릴 정도로 교회 주방에서 열심히 음식을 만드는 여자 집사님들에게 담임 목사님이 "봉사보다 예배가 우선"이라고 하시면서 야단을 치는 것과 같습니다. 예수님은 과연 마르다에게 무엇을 말씀하시려는 걸까요? 도대체 마리아는 왜 예수님의 발치에서 그 바쁜 와중에도 꿈쩍을 하지 않고 듣고 있는 것일까요? 예수님은 예수님 자신이 어떤 분인지 마르다가 바로 알기를 원하셨습니다. 바로 신랑 예수로서 자신을 받아들이기를 원하시는 것입니다. 신분도 천하고 아무 가진 것도 없는 촌뜨기 아가씨를 보고 첫눈에 반해서 왕궁을 포기하고 결혼하기를 원하는 그런 왕자의 진정한 모습을 보기를 원하십니다. 그리고 안방에 앉아서 자신과 사랑의 대화를 나누기를 원했던 것입니다. 이것이 이 세상에서 가장 귀하고 이 세상을 이기는 승리의 비결입니다. 안방에서의 사랑은 부엌에서의 힘든 사역을 기쁨으로 만드는 힘이 되기 때문입니다. 마리아는 바로 이런 안방에서 예수님과 함께 있는 모습을 선택했습니다.

우리는 이 세상을 살아가면서 우리들의 삶의 터전을 땀이 절절 흐르는 주방으로 생각할 수 있습니다. 그러나 또한 기쁨과 즐거움이 가득 넘치는 그런 반들반들한 주방으로도 만들 수 있습니다. 그것은 그리스도의 십자가의 사랑이 이 교회에서 우리 가슴에 스며 넘칠 때, 그래서 신랑 예수 되신 주님께서 우리를 얼마나 귀한 신부로 여기고 거실에서 대화를 나누기를 원하시는지를 깨닫게 될 때 가능합니다. 십자가의 사랑이 우리 삶의 현장을 기쁨과 소망이 넘치는 아름다운 꽃밭으로 노랗고 빨갛게 색칠해 주고 있습니다.

오늘 저는 이 예배가 끝나면 아내의 주방을 위해 나의 사랑을 전하려고 합니다. 아내가 가장 좋아하는 장미꽃을 선사하려고 합니다. 아내는 다시금 신혼 때의 노란 냄비를 끄집어내고 새 힘을 얻을 것입니다. 내일 아침이면 나는 다시 주방에서 콧노래를 부르는 아내의 모습을 볼 수 있을 것입니다. 여러분들도 이 예배가 끝나면 조그마한 사랑의 선물을 아내에게, 남편에게, 아이들에게 선사해 보시지 않겠습니까?

☞ (분석) 이제 장면 3에선 '성경 속의 은혜'를 발견하게 된다. 마르다가 열심히 일을 하고 있지만 기쁨이 없는 것은 예수님과의 관계가 바로 서 있지 못하기 때문이다. 이런 지적을 통하여 우리

는 예수님의 사랑을 회복할 때, 진정한 일의 보람을 찾을 수 있다고 말을 하고 있다. 그리고 남편의 장미꽃 선물을 상징으로 하여 예수님의 사랑이 언제나 우리 손에 들려지고 있음을 말하고 있다. 그래서 본문의 주제문인 '그리스도의 사랑이 삶의 현장을 기쁨으로 만든다'를 자연스럽게 부상시키고 있다. 이것은 '그리스도의 사랑이 마르다가 부엌에서 하는 일을 기쁨으로 만들어 간다'는 본문의 중심 주제(major concern of the text)를 설교의 주제문(major concern of the sermon)으로 바꾼 것이다. 따라서 이 주제문이 각 페이지의 소주제(sub-subject)와 연결되면서 설교의 통일성을 갖추어 가도록 하였다. 참고로 각 장면의 소주제는 다음과 같이 나눌 수 있다.

장면 2: 우리들은 자신들이 하는 일을 기쁨으로 하는 방법을 모르고 있다.
장면 1: 마르다는 자신이 하는 일을 기쁨으로 하는 방법을 몰라 불평하고 있다.
장면 4: 우리들이 삶의 현장에서 기쁨으로 일을 하는 비결은 그리스도와 올바른 관계를 맺는 것이다.
장면 3: 그리스도의 사랑이 마르다의 주방을 기쁨으로 바꾸게 한다.

이런 소주제가 주제문과 긴밀하게 연결될수록 그 설교는 탄탄한 설교가 된다. 즉 폴 스캇 윌슨의 설교 방법론에서 통일성을 유지해 주는 것은 주제문과 교리와 주 이미지이다. 이 세 가지가 탄탄히 연결될수록 그 설교는 강한 이미지와 원활한 움직임과 짜임새를 갖춘 설교문이 될 수 있다. 그런 의미에서 본 설교문의 주제문 외에 '그리스도의 사랑'이란 교리와 이를 연상시켜 주는 신혼부부 때의 노란 냄비가 하나로 연결되어 강력한 상상력을 갖춘 통일성 있는 설교문으로 만들어 주고 있다.

폴 스캇 윌슨의 설교 방법론에 있어 핵심은 본문에서 주제문과 소주제들이 얼마나 통일성을 이루면서 연결되고, 이것이 교리로 뒷받침되고, 주 이미지로 색칠되느냐에 달려 있다. 이와 덧붙여 언어 사용에 있어 간결하면서 단순한 문장을 사용하되, 또한 구체적 이미지를 가진 구상 언어를 사용한다면 회중들의 마음에 영상을 투사할 수 있다.

'뻥' 뚫리는 설교학

ⓒ 양동욱, 2025

초판 1쇄 발행 2025년 6월 20일

지은이　양동욱
펴낸이　이기봉
편집　좋은땅 편집팀
펴낸곳　도서출판 좋은땅
주소　서울특별시 마포구 양화로12길 26 지월드빌딩 (서교동 395-7)
전화　02)374-8616~7
팩스　02)374-8614
이메일　gworldbook@naver.com
홈페이지　www.g-world.co.kr

ISBN　979-11-388-4379-9 (03230)

- 가격은 뒤표지에 있습니다.
- 이 책은 저작권법에 의하여 보호를 받는 저작물이므로 무단 전재와 복제를 금합니다.
- 파본은 구입하신 서점에서 교환해 드립니다.